McGraw-Hill Education
Advanced
Spanish
Grammar

Luis Aragonés and Ramón Palencia

New York   ens   London   Madrid
Mexico City   ore   Sydney   Toronto

Published by McGraw-Hill Global Education Holdings, LLC © 2014, under license from SM™.

1 2 3 4 5 6 7 8 9 10   RHR/RHR   1 0 9 8 7 6 5 4

ISBN   978-0-07-183899-3
MHID   0-07-183899-6

e-ISBN   978-0-07-183900-6
e-MHID   0-07-183900-3

Library of Congress Control Number 2014940124

Proyecto editorial
Equipo de Idiomas de SM

Autores
Luis Aragonés
Ramón Palencia

Coordinación editorial
Yolanda Lozano Ramírez de Arellano
María Álvarez Pedroso

Edición
Marta Oliveira Ramírez
Mariane Kato Amaral

Revisión lingüística inglés
Gregory John Backes

Ilustración
Ángel Trigo

Diseño
Estudio SM

Maquetación
Pasión Gráfica, S.L.
Diego Garciá Tirado

Dirección editorial
Pilar García García

¿Cómo es?

McGraw-Hill Education: Advanced Spanish Grammar está dirigida a estudiantes de nivel superior. Está desglosada en 106 unidades que abordan temas gramaticales muy concretos organizados en dobles páginas de teoría y práctica:

Viñetas de presentación en contexto.

Ejercicios que trabajan lo expuesto en la página de teoría.

TEORÍA

PRÁCTICA

Explicaciones gramaticales sencillas y secuenciadas.

Remisiones a otras unidades para aclarar o completar conceptos, y remisiones al apéndice.

Cuadros de *Atención* para incidir sobre los puntos que producen mayor dificultad.

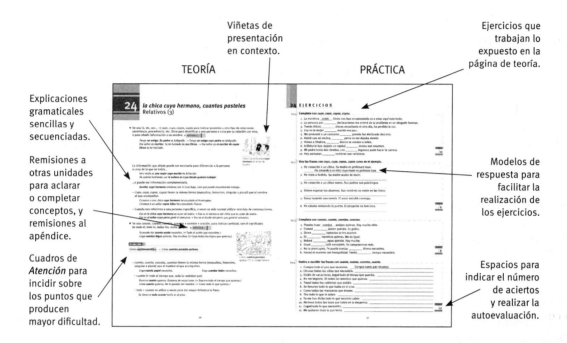

Modelos de respuesta para facilitar la realización de los ejercicios.

Espacios para indicar el número de aciertos y realizar la autoevaluación.

- Es una **gramática clara** en la exposición de los contenidos teóricos.

- Es una **gramática práctica** que incluye gran número de ejemplos y ejercicios.

- Es una **gramática de uso** con un vocabulario actual y rentable, con ejemplos contextualizados en situaciones cotidianas.

- Es una **gramática visual** con estructura clara y numerosas ilustraciones y referencias en color para resaltar los contenidos más significativos.

¿Cómo se usa?

- El libro puede trabajarse **en el aula** o bien emplearse como instrumento de **autoaprendizaje**. Por este motivo, se incluyen al final un **solucionario** con las respuestas a todos los ejercicios planteados y un **glosario** traducido al inglés, al francés y al alemán con todo el vocabulario necesario para comprender los ejercicios. Además, en la columna del español del glosario se indica el modelo de conjugación de cada verbo con una remisión al apéndice gramatical.

- **Cada una de las unidades del libro puede ser tratada de forma independiente**: profesor o alumno pueden acudir a resolver una cuestión determinada sin necesidad de seguir el libro de principio a fin.

- El acceso al libro se puede hacer, bien a través del **índice inicial**, en el que aparecen las unidades organizadas temáticamente; o bien a través del **índice analítico final**, en el que se incluyen, ordenados alfabéticamente, los conceptos y palabras clave.

Una propuesta de trabajo

● Para trabajar **aspectos gramaticales nuevos** para el estudiante:

  – Lectura de la teoría.

  – Realización de los ejercicios.

  – Revisión de los ejercicios con ayuda del solucionario, resaltando las respuestas incorrectas.

  – Nueva lectura de la teoría, centrándose en la búsqueda de la información que explique las incorrecciones detectadas en los ejercicios.

  – Nueva realización de los ejercicios y posterior revisión de los mismos.

  – Repetición del paso anterior unos días después.

● Para trabajar **aspectos gramaticales ya conocidos** por el estudiante:

  Realización del proceso anterior a partir del segundo paso. La lectura de la teoría se llevará a cabo únicamente para comprobar las razones por las que determinadas respuestas son incorrectas.

● Para trabajar **unidades que contienen aspectos gramaticales y temáticos comunes** y que están relacionadas entre sí a través de llamadas:

  – Para recordar contenidos anteriores necesarios para la comprensión de la nueva unidad, volver a la unidad o unidades indicadas en la llamada y leer la teoría.

  – Para avanzar y profundizar en el estudio de un contenido temático o gramatical, ir a la unidad o unidades indicadas en la llamada, leer la teoría y realizar los ejercicios.

● Para realizar una **autoevaluación** de cada unidad, completar con el número de aciertos el cuadro que aparece en el margen de cada ejercicio.

● Para resolver dudas relacionadas con las formas de diferentes categorías gramaticales, consultar el nuevo **apéndice** que se incluye en este nivel (págs. 222-237).

1 el capital / la capital
Masculino / femenino

● En español, los nombres son masculinos o femeninos.
  ***El secretario* del *Presidente* es *abogado*.**
  *¿Habéis reservado ya **el hotel**?*

▶ APÉNDICE 1

***La secretaria* de *la Presidenta* es *abogada*.**
*Me encanta **la miel**.*

● Algunas palabras tienen forma masculina en -*o* y forma femenina en -*a* con significados diferentes, pero relacionados.

– masculino = árbol   femenino = fruta
  el manzano / la manzana   *el cerezo / la cereza*   el naranjo / la naranja   ***La naranja** es el fruto*
  el ciruelo / la ciruela   *el castaño / la castaña*   el almendro / la almendra   *del **naranjo**.*

– masculino = uno   femenino = varios, el conjunto

el leño   la leña   *el madero   la madera*   *el fruto   la fruta*

*Pásame **un leño**, por favor.*
*¿Dónde guardáis **la leña**?*
***El fruto** del nogal es la nuez.*
*Este año hay **poca fruta**.*

– diferente tamaño, forma o uso

el huerto / la huerta   *el jarro / la jarra*   *el ramo / la rama*   *el partido / la partida*

el cuchillo / la cuchilla   *el barco / la barca*   *el gorro / la gorra*   *el anillo / la anilla*

– masculino = persona   femenino = disciplina

  el músico / la música   *el químico / la química*   *Me encanta **la música**, pero no tengo dotes para ser **músico**.*
  el físico / la física   *el matemático / las matemáticas* *–¿Qué estudia Jaime? –**Física**. Quiere ser **físico** nuclear.*

● Algunas palabras tienen significados totalmente diferentes según sean masculinas o femeninas.

el capital (= dinero) ***El capital** de esta empresa es de 20 millones.*
el orden (= colocación) *Tengo mis libros en **orden alfabético**.*

la capital (= ciudad) *Lima es **la capital** de Perú.*
la orden (= mandato) *La policía entró en el piso con **una orden** de registro.*

el batería (= músico) *Fredi es **el batería** de nuestro grupo.*

la batería (= instrumento) *Toca **la batería** desde muy joven.*

el cura (= sacerdote) ***El cura** de mi barrio es un hombre muy joven.*

la cura (= curación) ***La cura** de esa herida será muy dolorosa.*

el editorial (= artículo) *¿Has leído **el editorial** de hoy de El Sol?*

la editorial (= empresa) *Ana trabaja en **una editorial** china.*

el coma (= enfermedad) *¿Crees que Julia saldrá **del coma**?*

la coma (= signo ortográfico) *No se entiende bien tu redacción, Valentín. Le faltan **algunas comas**.*

el guía (= acompañante masculino) ***El guía** nos explicó los cuadros.*

la guía (= acompañante femenina o libro) *He comprado **una guía** de Praga. Me la recomendó **la guía** de la agencia, Paula.*

el disco (= soporte de información plano y circular)
***El disco** duro de este ordenador tiene mucha capacidad.*
el policía (= agente) *Ese es **el policía** que me puso la multa.*

la disco (= discoteca) *¿Te vienes a **la disco** esta noche?*

la policía (= cuerpo policial) *Carlos quiere ingresar en **la policía**.*

1 EJERCICIOS

1.1. **Complete con *el, la, los las*.** ▶ APÉNDICE 1

1. __La__ víctima se llamaba Pedro Martín.
2. Dice que por la noche se le aparece _____ fantasma de su madre.
3. _____ personaje principal es una mujer viuda.
4. _____ atleta que ha ganado es de Senegal.
5. _____ modisto de la reina es francés.
6. _____ infantas son las hermanas de __ príncipe.
7. _____ alcaldesa de mi pueblo es muy joven.
8. _____ ángeles son seres puros.
9. Raúl es _____ persona que más quiero.
10. Isabel Coixet es _____ cineasta española más conocida.

ACIERTOS ..../11

1.2. **Complete las frases con palabras del recuadro y *el, la, los, las* o *un, una, unos, unas* en los casos necesarios.**

1. Pásame *el/(la)*___jarra___ de agua.
2. Ese árbol tiene *unos/unas* _____ rotas.
3. –¿Qué estudia María? –_____ . Quiere trabajar en un laboratorio.
4. Tengo *un/una* _____ en mi chalé. He plantado tomates y judías verdes.
5. Me han regalado *un/una* _____ de flores.
6. Necesito *un/una* _____ para afeitarme.
7. Este verano vamos a hacer un crucero en *un/una* _____ griego.
8. ¿Quieres jugar *un/una* _____ de ajedrez?
9. Hace un buen día. Podemos alquilar *un/una* _____ y remar un poco.
10. –¡Es *un/una* _____ de diamantes! –Sí, me lo ha regalado Alberto.
11. –¿Qué hace el padre de Alfonso? –Es _____ . Trabaja en un laboratorio.
12. ¿Dónde está *el/la* _____ del pan? Este no corta.

anilla	barca
química	rama
barco	cuchilla
huerta	huerto
jarro	partido
partida	químico
anillo	ramo
cuchillo	~~jarra~~

ACIERTOS ..../12

1.3. **Rodee la forma correcta.**

1. Aquí hace falta *un/(una)* coma.
2. ¿Quién es *el/la* batería del grupo?
3. ¿Quién toca *el/la* batería?
4. Nos costó trabajo subir *la/el* pendiente en bici.
5. *La/El* disco de nuestra calle hace demasiado ruido.
6. Antes de morir el enfermo tuvo *un/una* coma muy breve.
7. Al general le llegó *el/la* orden demasiado tarde.
8. He viajado por *los/las* capitales europeas más importantes.
9. No me gustan *los/las* editoriales de ese periódico.
10. Jesús quiere ingresar en *el/la* policía.

ACIERTOS ..../10

1.4. **Complete con las palabras del recuadro y *el* o *la*.**

batería (2)	~~capital~~ (2)	coma	cura	editorial	guía	orden

1. Santiago es ___la capital___ de Chile.
2. Alberto toca _____ en un grupo pop.
3. Juan es _____ del grupo Ojos Negros.
4. _____ va a sacar una nueva colección de novela.
5. _____ es hermano de Ana.
6. Pobre chico. Aún no ha salido de _____ .
7. Esta lista está mal. _____ es incorrecto.
8. _____ de esta empresa es insuficiente. Hace falta más dinero.
9. Déjame _____ de Praga.

ACIERTOS ..../9

2 *carnés, líderes, airbags*
Singular, plural

- En español se usa el singular de un nombre –*médico, león, autobús*– para hablar de una persona, animal o cosa, y el plural –*médicos, leones, autobuses*– para hablar de dos o más personas, animales o cosas. ▸ APÉNDICE 2

> –¿*Te ha visto ya **el médico**? –He visto a **varios médicos** y todos dicen que no tengo nada.*
> –*Cuando estuvimos en Kenia vimos **un león** de cerca. –Si no tienen hambre, **los leones** no son peligrosos.*
> ¿*A qué hora llega **el autobús**?*   *Rafa vive muy lejos. Para ir a su casa hay que coger **dos autobuses**.*

- Formación del plural de palabras procedentes de otros idiomas
  - Las palabras acabadas en vocal suelen formar el plural añadiendo -*s*.

  > *boutique – boutiques /butikz/   kiwi – kiwis   espagueti – espaguetis   carné – carnés*

  > *La calle Serrano está llena de **boutiques**.   Yo me como dos **kiwis** todos los días.*
  > *A los niños les encantan **los espaguetis**.   Hay que dejar los **carnés** en la recepción.*

  - Muchas palabras que terminan en -*y* en el idioma original suelen acabar en -*i* en español y forman el plural añadiendo -*s*.

  > *penalti – penaltis   poni – ponis   samurái – samuráis   dandi – dandis*

  > *Ronaldo es muy bueno lanzando **penaltis**.   Los siete **samuráis** es una película extraordinaria.*

  > **PERO:** *hippy – hippies /xípis/   whisky – whiskys, whiskies /guískis/   rally – rallies /rális/*
  > *jersey – jerséis   espray – espráis*

  > *Mis padres fueron **hippies** de jóvenes.   Pónganos dos **whiskies**, por favor.*
  > *Necesito **jerséis** para este invierno.   Hay muchos tipos de **espráis** para rizar el pelo.*

  c Las palabras acabadas en -*s*, -*z* o -*x* añaden -*es*.

  > *fax – faxes   He recibido **varios faxes** de clientes descontentos.*
  > *interfaz – interfaces   La mayoría de televisiones y videos suelen tener **interfaces** para programarlos.*

  - Las palabras acabadas en -*l*, -*n*, -*r* forman el plural añadiendo -*es*, aunque muchas añaden solo -*s*.

  > *mitin – mítines   estándar – estándares   líder – líderes   escáner – * escáners / escáneres*
  > *eslogan – * eslogans / eslóganes   cruasán – * cruasáns /cruasanes   chándal – * chándals/chándales*
  > *máster – *másters/másteres   córner – córners   póster – pósters   fan – fans   pin – * pins/ pines*

  > *Fuimos a **dos mítines** de cierre de campaña.   Hay **demasiados * eslogans / eslóganes** publicitarios.*
  > **Los líderes** *de los países europeos se reúnen mucho.***Los estándares** *de calidad en Japón son muy altos.*
  > *Solo se sacaron **tres córners** en el partido.   Ángel necesita **dos chándals** para el colegio.*
  > *Ágata colecciona **pósters** de Julio Iglesias.   Julio tiene **dos másters**, uno en Derecho y otro en Economía.*
  > *En el aeropuerto nos hicieron pasar las maletas por **dos * escáners/escáneres**.*

  > **PERO:** no cambian o añaden -*s*: *óscar – óscar   híper – híper   súper – súper   best-seller – best-seller / best sellers*
  > *En mi barrio hay **dos híper**.   Gabriel García Márquez ha escrito **varios best-seller / best-sellers**.*

  - Las palabras acabadas en otras consonantes añaden -*s*.

  > *hábitat – hábitats   chat – chats   cómic – comics   referéndum – referéndums   tic – tics*
  > *pub – pubs   camping – campings   chip – chips   airbag – airbags   récord – récords*

  > **Los diversos hábitats** *de China posibilitan la vida de una enorme variedad de fauna.*
  > *Tengo más de **100 cómics** en mi colección.   Ayer se celebraron varios **referéndums** en Europa.*
  > *A Alfredo le tiembla la boca debido a **sus tics nerviosos**.   No hay **muchos campings** alrededor de Madrid.*

  > **PERO:** *sándwich – sándwiches   sketch – sketches   club – *clubs / clubes   álbum – *álbums/álbumes*
  > *test – test   kibutz – kibutz*

  > *Necesitamos al menos 50 **sándwiches** para la fiesta.   Los **sketches** son obras dramáticas cortas.*
  > *En esta ciudad hay dos ***clubs/clubes** de tenis.   He hecho varios **test** de inteligencia.*
  > *Tengo una foto de mis bisabuelos en uno de mis ***álbums/álbumes**.*

* Indica la alternativa más común en lengua oral.

EJERCICIOS

2.1. **Escriba el plural de las palabras entre paréntesis.** ▶ APÉNDICE 2

1. ¿Cuántas (o) ____oes____ hay en cocodrilo?
2. En la votación de la ley hubo más (sí) _____ que (no) _____.
3. Hay tres (hombre rana) _____ buscando el tesoro.
4. Algunos (carácter) _____ chinos son muy complicados.
5. Clara ya ha probado varios (régimen) _____ alimenticios
6. En el concurso de televisión sacaron a dos (niña prodigio) _____.
7. Algunas sociedades tienen muchos (tabú) _____.
8. Este gobierno ya ha superado varias (crisis) _____.

ACIERTOS ..... /9

2.2. **Rodee la forma correcta.**

1. Los hippis/(hippies) eran pacíficos.
2. Tengo que lavar los jerseys/jerséis antes de guardarlos.
3. Ten cuidado. Ya llevas tres whiskys/whiskyes.
4. Hoy nos han pitado tres penaltys/penaltis.
5. Los espráis/esprayes no son buenos para el pelo.
6. Los samurayes/samuráis eran guerreros japoneses.
7. Algunos paparazi/paparazis acosan a los famosos.
8. Los ponies/ponis son una raza de caballos enanos.

ACIERTOS ..... /8

2.3. **Escriba el plural de las palabras entre paréntesis.**

1. Miguel tiene la pared de su cuarto llena de (póster) ___pósters___.
2. Algunos (líder) _____ políticos dan más de cien (mitin) _____ al año.
3. Ronaldo es un especialista en sacar (córner) _____.
4. El coche de Alonso se averió y tuvo que entrar en (box) _____.
5. En Roma nos compramos algunos (pin) _____ con el Coliseo.
6. Los alumnos de ese colegio llevan (chándal) _____ verdes.
7. Han comprado varios (escáner) _____ nuevos para la oficina.
8. Mi nueva cámara tiene doce (megapixel) _____.
9. La mayoría de los (best-seller) _____ tienen poca calidad.
10. Algunos actores tienen varios (óscar) _____.
11. Me gusta tomar (cruasán) _____ para desayunar.

ACIERTOS ..... /12

2.4. **Escriba el plural de las palabras entre paréntesis.**

1. Cada vez se fabrican (chip) ___chips___ más potentes.
2. Ramón tiene todos los (álbum) _____ de los Beatles.
3. Algunos animales pueden adaptarse a diversos (hábitat) _____.
4. Esta mañana he desayunado dos (sandwich) _____ de pavo.
5. Había muchos (pub) _____ junto al cine.
6. ¿Te gustan los (cómic) _____ de Marvel?
7. A mis hijos les encantan los (bistec) _____ empanados.
8. Te será difícil hacer dos (máster) _____ al mismo tiempo.
9. En ese país ya ha habido varios (complot) _____ para derrocar al Presidente.
10. Voy ganando tres (set) _____ a uno.
11. Los (ballet) _____ rusos tienen gran fama.
12. Este coche es fantástico. Tiene siete (airbag) _____.
13. Muchos países padecen serios (déficit) _____ en educación y cultura.
14. En esta urbanización hay más de treinta (chalet) _____.
15. Hemos pasado las vacaciones de verano durmiendo siempre en (camping) _____.
16. Me ponen nervioso las personas con (tic) _____ nerviosos.
17. He escrito varios (sketch) _____ para televisión.

ACIERTOS ..... /17

3

El Presidente está preocupado. La han hecho directora.
Artículos: uso y omisión

● Generalmente se usa *un, una, unos, unas* para referirse a alguien o algo como parte de una clase o grupo...

*Vivo en **una urbanización**.*   *Los lémures son **unos animales** muy curiosos.*

y se usa *el, la, los, las* para referirse a una persona o cosa concreta porque es...

...algo único   ***El Presidente** está preocupado por la crisis.*

...algo específico por la situación.   *–**La cuenta**, por favor. –Ahora mismo, señor.*

● No se usan artículos con el objeto directo de un verbo cuando nos referimos a algo en general.

*–¿Qué habéis comido? –**Paella**.*   *Tengo **entradas** para la ópera.*
*Necesitamos **patatas** y **huevos**.*   *Esa máquina sirve para hacer **llaves**.*

> **PERO:** Se usan *el, la, los, las* cuando nos referimos a algo concreto.
>
> *–¿Qué buscas? –**Las llaves** del coche. No sé dónde las he dejado.*
> *–¿Quién tiene **las entradas** para el concierto de Lang Lang? –Las tiene Silvia. No te preocupes.*

● Cuando verbos que indican elección o designación, como *declarar, designar, hacer, nombrar, proclamar...* van con un complemento directo (persona o cosa) no se usan artículos con los nombres que indican el cargo o categoría designados.

*Han **elegido a Iliana delegada** de curso.*
*Han **declarado a Haití zona catastrófica**.*
*A lo mejor **me nombran embajador** en Filipinas.*
*A Marta **la han hecho directora** del departamento.*

Pablo lleva tres días **en cama**. Está con gripe.

● En algunas expresiones con medios de transporte o con nombres de lugares cuando se refieren a una situación no se usan artículos.

en + medio de transporte: autobús, avión, coche, metro, tren...
a/de/en + clase, prisión, casa, cama

*No me gustan los viajes largos **en autobús**.*
*No puedo hacerlo ahora. Tengo que ir **a clase**.*
*Pablo lleva tres días **en cama**. Está con gripe.*

> **PERO:** Se usan *el, la, los, las* cuando nos referimos al medio de transporte o al lugar como lugares físicos.
>
> *Me he dejado el bolso **en el autobús**.*
> *¿Cuántos alumnos hay **en la clase**?*
> *Deja la ropa **en la cama**.*

Deja la ropa **en la cama**.

Compare:

*–¿Cómo fuisteis a París? –**En tren**.*	*–¿Dónde comisteis? –**En el tren**. Había un vagón restaurante.*
*Ven **en metro**. No necesitas preocuparte de aparcar.*	*Ha habido un accidente **en el metro**.*
*Los ladrones ya están **en prisión**.*	*Ha habido un incendio **en la prisión**.*
*Vengo **de clase** de español.*	*Vengo **de la clase** y no había nadie.*

> **PERO:** *a/de/en la cárcel, el colegio, la iglesia, el cine, la universidad* y tiendas en general (*la panadería, la peluquería*...) para situación o lugar.
>
> *Los ladrones ya están **en la cárcel**.*   *Ha habido un incendio **en la cárcel**.*
> *Elvira estudia **en la universidad**.*   *Mañana hay una manifestación **en la universidad**.*
> *Mi hija no va **al colegio** por la tarde.*   *Me he dejado la cartera **en el colegio**.*

3 EJERCICIOS

3.1. Complete el texto con *un, una, unos, unas* o *el, la, los, las*.

En la habitación hay solo (1) __un__ pequeño cuadro, (2) _____ retrato realista de (3) _____ chico en (4) _____ playa desierta. (5) _____ chico lleva (6) _____ sombrero y está sentado en (7) _____ silla de lona. Tiene (8) _____ codo apoyado en uno de (9) _____ brazos de (10) _____ silla. A su lado hay (11) _____ perro y al fondo se ve (12) _____ mar. (13) _____ chico podría ser (14) _____ hijo de (15) _____ dueños de (16) _____ hotel.

3.2. Complete con *un, una, unos, unas* o *el, la, los, las*.

1. ¿Has estado en __las__ islas del Egeo?
2. La granada es _____ fruta muy dulce.
3. Vivo en _____ edificio de 30 pisos. _____ ascensor tarda 1 minuto en llegar arriba.
4. Mis hijos siempre cogen _____ autobús de las siete.
5. Ha venido _____ matrimonio a ver a _____ director. _____ mujer parecía nerviosa. _____ hombre parecía preocupado.

3.3. Complete con *el, la, los, las* solo en caso necesario.

1. Colecciono __ø__ plumas de escribir.
2. Me tienes que devolver _____ pluma que te dejé.
3. Me gusta tomar _____ vino con las comidas.
4. Cuidado. No pises _____ plantas de la terraza.
5. ¡Cuidado! Te vas a manchar _____ chaqueta.
6. Mira a ver si queda _____ leche en la nevera.
7. El fontanero nos ha cambiado _____ grifos del aseo.
8. Hoy vamos a comer _____ verduras a la plancha.
9. Esa panadería también vende _____ pasteles.
10. Hay que poner _____ plantas en el jardín.

3.4. Rodee la forma correcta.

1. El Gobierno ha nombrado a Salinas *un/ø* embajador en Honduras.
2. Me van a hacer *un/ø* ayudante de departamento.
3. Ha visto *al/a* director. Quiere hablar con nosotros.
4. Puede que elijan a Martín *el/ø* jefe de ventas.
5. ¿A quién van a designar *el/ø* candidato?
6. Llama *al/a* cónsul y pregúntale si necesitas visado.
7. Han declarado a Bolt *el/ø* mejor atleta del año.
8. Me han nombrado *el/ø* presidente de la comunidad.
9. Quieren hacerme *el/ø* capitán del equipo.
10. Han designado a París *la/ø* ciudad candidata a sede olímpica.

3.5. Complete las frases *el, la, los, las* solo en caso necesario.

1. Prefiero venir en __ø__ avión. Es más rápido.
2. Creo que hay una avería en _____ avión. Espero que no sea nada.
3. ¿Cuándo sale Luis de _____ cárcel?
4. Voy a _____ clases de español dos días a la semana.
5. Ve a _____ panadería y trae dos barras.
6. ¡Vaya! Está lloviendo y me he dejado el paraguas en _____ casa.
7. Tengo que ir a _____ peluquería.
8. No pongas los pies en _____ mesa, por favor.
9. El médico dice que tengo que estar tres días en _____ cama.
10. ¿Se puede llegar al lago en _____ bici?

4 un Picasso, el Madrid de los Austrias
Los artículos con nombres de personas y de lugares

● Normalmente, los nombres de personas no llevan artículo.

> **Luis** no trabaja mucho.
> –¿Quién es tu profesora? –**Lucía Moreno**.

> Hace mucho que no veo a **Sarasola**.

PERO: Llevan artículo cuando van con algún título, excepto cuando hablamos directamente a esa persona.

> **El agente Serrano** está enfermo. No va a venir hoy.

> –**Agente Serrano**, tengo un trabajo para usted. –Diga, teniente.

● Se usa *el, la, los, las* con nombres cuando queremos diferenciar a personas del mismo nombre o para referirnos de forma general a personas de esos nombres. Los nombres propios de personas siguen las reglas de masculino y femenino para personas: hombre = masculino, mujer = femenino, hombre + mujer = plural masculino.

> **El Julián** que llamó el otro día no es mi primo. Es un compañero de Ana.
> **La Aguirre** que tú dices no es mi doctora.
> **Los Javieres** suelen ser muy pesados.

> **Los Garcías** son muy numerosos en España.

● Se usa *un, una* con nombres cuando se les considera como modelos o cuando llevan un calificativo.

> Solo hay **un Leonardo da Vinci**. Es inimitable.

> En la entrevista se vio a **un Felipe Alonso emocionado**.

● Se usa *un, una* + *tal* + nombre para indicar que no conocemos a la persona a la que nos referimos.

> Te busca **un tal Armando Guerra**.

> Ha preguntado por ti **una tal Celia**.

● A veces, para referirnos a personajes famosos, usamos *el, la* + apellido.

> **La Jurado** cantaba muy bien.

> **La Callas** fue una cantante mítica.

● También se usa *el, la* con apodos y seudónimos.

> En mi pueblo me llaman **el Francés** porque viví muchos años en Francia.   **El Roto** es un excelente humorista.

● Se usa *los, las* + apellidos de familias históricas. Algunos apellidos van en plural, aunque la mayoría van en singular, como los apellidos de familias normales.

> **Los Borbones** reinan en España desde 1700.
> **Los Borgia** fueron grandes mecenas.
> Mañana vienen **los Moreno** a cenar.

> **Los Austrias** españoles gobernaron una zona muy extensa.
> **Las Bronte** fueron grandes escritoras.

● Con nombres propios de personas o marcas, se usan los artículos para referirse a objetos hechos por esas personas o de esas marcas...

> Tengo **un Picasso** en el salón. (= un cuadro de Picasso)
> Me gustaría tener **un Mercedes**. (= un coche de la marca Mercedes)

> **Los Picassos** que me enseñaste son falsos.
> Ese es **el Mercedes** que me gusta.

...pero cuando nos referimos a la marca, igual que cuando nos referimos a una persona, los nombres no llevan artículo.

> **Mercedes** es una buena marca.

> **Picasso** fue un pintor excepcional.

● Normalmente, los nombres de continentes, países, regiones o ciudades no llevan artículo.

> **Europa** es un continente pequeño.

> **Madrid** es la capital de **España**.

PERO: *El Salvador, (la) India, (el) Líbano, (los) Estados Unidos, las Alpujarras, la Mancha, la Pampa, la Rioja, Los Ángeles, La Habana, La Haya, La Paz, El Cairo*

– Se usa el, la con nombres de continentes, países, regiones o ciudades para referirse a una parte o un aspecto concreto de ese lugar. Los nombres propios de continentes, y los de la mayoría de países, regiones o ciudades acabados en -*a* son femeninos; los acabados en otras vocales o en consonante son, generalmente, masculinos.

> **La Europa del primer tercio** del siglo XX fue muy violenta.   **El Madrid de los Austrias** es la zona más antigua de Madrid.

– Se usa un, una con nombres de continentes, países, regiones o ciudades cuando van con un calificativo.

> Lo que se necesita es **una Europa unida**.

> Trabajamos por **un Madrid más limpio**.

4 EJERCICIOS

4.1. **Complete con el artículo adecuado en caso necesario.**

1. ¿Has visto a __ø__ Ramón?
2. _____ María, pregunta por ti _____ tal Ramón.
3. Quiero hablar con _____ doctor Meroño.
4. Mira, aquella es _____ Ana de la que te hablé.
5. _____ Vicente, venga a mi despacho, por favor.
6. En el cine español, solo ha habido _____ Buñuel.
7. Salió a saludar _____ Plácido Domingo agradecido.
8. _____ doctora Aguirre está ocupada.
9. _____ Sulleiros proceden de Galicia.
10. _____ Migueles suelen ser muy rebeldes.

ACIERTOS ..../11

4.2. **Complete con los nombres entre paréntesis en la forma adecuada y *el, la, los* o *las*.**

1. ¿Has visto la última película de (*Almodóvar*) __Almodóvar__.
2. (*Machado*) _____ eran poetas muy diferentes.
3. Me llaman (*Africano*) _____ porque tengo la piel muy morena.
4. ¡Cómo ha cantando hoy (*Caballé*) _____!
5. (*Loren*) _____ fue una actriz única.
6. (*García*) _____ son una familia encantadora.
7. Este fin de semana salimos con _____ (*Velasco*).
8. (*Gandhi*) _____ son una familia de larga tradición en la India.
9. (*Grimaldi*) _____ son los gobernantes de Mónaco.
10. Como ha nacido en Moscú, a Luisa la llaman (*Rusa*) _____.

ACIERTOS ..../10

4.3. **Rodee la forma correcta.**

1. Me venden *un*/ø Omega por 10 euros. Debe de ser falso.
2. *El*/ø Omega es una buena marca.
3. *El*/ø Matisse que tiene Carlos es falso.
4. *El*/ø Matisse fue un artista muy vanguardista.
5. Me van a regalar *un*/ø Rólex por mi cumpleaños.
6. *El*/ø Seat es una marca de coches española.
7. Ricardo va a cambiar su Seat por *un*/ø Opel.
8. El MOMA tiene *unos*/ø Picassos extraordinarios.
9. *La*/ø Yamaha de José Luis tiene ya muchos kilómetros.
10. Mi hija me ha regalado *unas*/ø Nikes azules por mi cumpleaños.

ACIERTOS ..../10

4.4. **Complete con *el, la* o *un, una* solo en caso necesario.**

1. __ø__ Italia es un país precioso.
2. _____ Brasil actual es un país muy desarrollado.
3. Todo el mundo quiere _____ México más seguro.
4. _____ África negra ocupa más de tres cuartas partes de _____ África.
5. _____ España de principios del siglo XXI es muy diferente de _____ España de principios del XX.
6. Recuerdo con cariño _____ Chile de hace cincuenta años.
7. Rubén escribió con maestría a _____ América indígena.
8. Queremos pasar la Navidad en _____ Egipto.

ACIERTOS ..../10

5 *una santa, un frío*
El artículo indefinido con valor intensificador

Aurora es **una santa**. Cómo se sacrifica por su familia.

¡Tengo un hambre!

- *Un, una, unos, unas* se pueden usar para indicar cantidad o intensidad.

- Para destacar o intensificar una cualidad se pueden usar las siguientes construcciones:

  – *un, una, unos, unas* + nombre o adjetivo

    *Miguel y Mario ya tienen 20 años. Están hechos **unos hombres**.*
    *Aurora es **una santa**. Cómo se sacrifica por su familia.*
    *Ese tío es **un chalado**. Está siempre haciendo cosas raras.*
    *Los hijos de Sebastián son **unos golfos**.*

  - Con los nombres a veces se usa *todo, toda* para destacar más la cualidad.

    todo, toda + *un, una* + nombre *Está hecho **todo un hombre**.*

  - Con nombres se usa también *señor, señora*.

    un, una, unos, unas + *señor, señora, señores, señoras* + nombre

    *Lucía es **una señora abogada**. Gabriel vive en **una señora casa**.*
    *Los Gómez tienen **un señor problema** con la hipoteca.*
    *Hemos traído de La Mancha **unos señores melones**.*

    Señor, señora no se utilizan con nombres que tienen un significado parecido a ellos: *caballero, dama, hombre, mujer...*

    *Jesús es ~~un señor caballero~~.→ Jesús es **todo un caballero**.*

  - *Todo, toda* pueden usarse junto con *señor, señora*.

    todo, toda + *un, una* + *señor, señora* + nombre

    *Lucía es **toda una señora abogada**.*
    *¡Excelente! Es **todo un señor cuadro**.*

  – *un, una* + nombre calificador + *de* + nombre singular o plural, con determinados nombres que indican algo positivo o negativo como *encanto, maravilla, desastre, calamidad, aburrimiento...*

    *–¿Has visto "Las golondrinas"? –Sí. Es **un desastre de película**.* (= una película desastrosa)
    *Juan es **un encanto de persona**. ¡Qué amable es!* (= una persona encantadora)
    *No te perdiste nada. Fue **un aburrimiento de fiesta**.* (= una fiesta muy aburrida)
    *Las Cícladas son **una maravilla de islas**.* (= unas islas maravillosas)

- Para indicar cantidad se pueden usar las siguientes construcciones:

  – *un, una* + nombre (+ adjetivo), en exclamaciones con verbos como *hacer, tener* o *pasar*.

    *¡Hace **un viento**!* (= mucho viento)   *¡Tienen **una suerte**!* (= mucha suerte)
    *¡Tengo **un sueño** terrible!* (= mucho sueño)
    *¡Pasamos **un hambre**!* (= mucha hambre)

  – *una* + *de* + nombre singular o plural

    *¡Tengo **una de trabajo**!* (= mucho trabajo)
    *Sonia está mal. Dice **una de tonterías**.* (= muchas tonterías)
    *¡Tengo **una de libros**!* (= muchos libros)

▶ UNIDAD 92: Oraciones consecutivas (3)

5.1. Complete con los nombres y adjetivos del recuadro en la forma adecuada y *un, una, unos, unas.*

> cobarde   impresentable   ~~infeliz~~   listo   mujer   roñoso   santo   sinvergüenza

1. Ese hombre es ____un infeliz____.
2. Julio está siempre engañando a sus padres. Es _____.
3. Elvirita ya tiene 22 años. Está hecha _____.
4. Pepe es _____. Nunca da la cara.
5. Ese tío es _____. Siempre intenta engañarme.
6. Rodrigo es _____. ¡Cómo cuida a sus padres!
7. ¿Oíste lo que dijo Carlos anoche? Es _____.
8. Mis primos nunca nos invitan. Son _____.

ACIERTOS ____/8

5.2. Complete con *todo/toda* o *señor/señora.*

1. Nos ganas a todos. Eres ____todo un____ campeón.
2. El doctor Barrios era _____ cirujano.
3. ¿Oyes a los vecinos? Tienen _____ bronca.
4. Tomás estornuda mucho. Tiene _____ catarro.
5. ¡Qué cuadros más buenos! Eres _____ artista, Raquel.
6. ¡Vaya paella que te ha salido! Eres _____ chef.
7. Lucas ha tenido _____ operación: cinco horas de quirófano

ACIERTOS ____/7

5.3. Vuelva a escribir las frases con *todo, toda* y *señor, señora.*

1. Antonio es un gran médico. ____Antonio es todo un señor médico.____
2. Tomás era un magnífico policía. _____
3. Charo López es una actriz formidable. _____
4. Bolaño fue un gran escritor. _____
5. La piscina de Juani es enorme. _____

ACIERTOS ____/5

5.4. Vuelva a escribir las frases con palabras de los recuadros.

1. El lago Titicaca es precioso. Es ____una preciosidad de lago.____
2. Praga es maravillosa. Es _____ .
3. Sara es encantadora. Es _____ .
4. Es una novela muy aburrida. Es _____ .
5. Esa casa es horrorosa. Es _____ .
6. Fue una boda desastrosa. Fue _____ .
7. Las Canarias son unas islas preciosas. Son _____ .
8. Ese peinado es espantoso. Es _____ .

> aburrimiento   boda
> desastre   casa
> encanto   ciudad
> espanto   islas
> horror   ~~lago~~
> maravilla   novela
> ~~preciosidad~~   peinado
> preciosidad   persona

ACIERTOS ____/8

5.5. Escriba exclamaciones con *un, una.*

1. Hace mucho viento. ¡Hace un viento!
2. Tengo mucha sed. _____
3. Hace mucho sol. _____
4. Hace mucho calor. _____
5. Tengo mucho dolor en el estómago. _____
6. María tiene mucha suerte. _____
7. Pasamos mucho frío. _____
8. Pasé mucho miedo. _____

ACIERTOS ____/8

5.6. Vuelva a escribir las frases subrayadas con *una de* + los nombres correspondientes.

1. Marisa tiene muchas amigas. ¡Marisa tiene una de amigas!
2. Tengo mucho trabajo. No sé por dónde empezar. ¡_____!
3. Celia es un desastre. Se gasta mucho dinero. ¡_____!
4. María está siempre comprando. Tiene mucha ropa. ¡_____!
5. Rafa conduce muy mal. Tiene muchos accidentes. ¡_____!
6. Ramón se mete siempre en problemas. Tiene muchos líos. ¡_____!

ACIERTOS ____/6

6 ¡El frío que hacía! ¡Lo mal que conduce!
El artículo definido y *lo* con valor intensificador

● *El, la, los, las, lo* se pueden usar para indicar cantidad o intensidad con las siguientes construcciones:

> *el, la, los, las* + nombre + *que* + verbo (+ sujeto) (+ tiempo o lugar)

– Puede usarse en exclamaciones independientes...
> *¡La sed que tengo!* (Tengo mucha sed.)
> *¡El frío que hacía ayer* en la sierra! (= hacía mucho frío)
> *¡Las calamidades que pasamos* en la guerra! (= pasamos muchas calamidades.)
> *¡El grito que dio tu madre* cuando vio la rata! (= dio un grito muy fuerte)

...o como parte de una frase.
> *No te imaginas los dolores que tengo.*
> *¿Te acuerdas del hambre que pasamos* en la guerra?

> *la* + *de* + nombre + *que* + verbo (+ sujeto) (+ tiempo o lugar)

– Puede usarse en exclamaciones independientes...

> *¡La de libros que tiene Jaime* en su casa! (= Jaime tiene muchos libros)
> *¡La de chistes que contó Álvaro* ayer! (= Álvaro contó muchos chistes)

...o como parte de una frase.
> *¿Te imaginas la de hambre que habrá pasado esa gente?*

**La de tonterías que
dice** Carlos.

> *lo* + adjetivo o adverbio + *que* + verbo (+ sujeto) (+ tiempo o lugar)

– Puede usarse en exclamaciones independientes...
> *¡Lo lista que es* esta niña! (Esta niña es muy lista.)
> *¡Lo bien que he comido* hoy! (Hoy he comido muy bien.)

...o como parte de una frase.
> *¿Has visto lo mal que canta Alfonso?*
> *No te imaginas lo bien que hemos comido* en ese restaurante.

Ten cuidado. No sabes **lo mal
que conduce** Pedro.

● Los adjetivos están en la misma forma (masculino, femenino, singular o plural) que el nombre al que se refieren.

> *¡Lo **contenta** que se puso **Aurora** cuando nos vio!*
> *¡Lo **traviesos** que son tus **hijos**, Carmen!*

> *lo que* + verbo (+ sujeto) (+ tiempo o lugar)

– Puede usarse en exclamaciones independientes...
> *¡Lo que te quiere Luis!* (Luis te quiere mucho.)
> *¡Lo que comió Andrés ayer!* (Andrés comió mucho ayer.)

...o como parte de una frase.
> *¿Visteis lo que comió Andrés ayer?*

● Esta construcción puede indicar exceso.
> *¡Lo que habla tu prima!* (=Tu prima habla demasiado.)

6 EJERCICIOS

6.1. **Vuelva a escribir las frases usando *el, la, los, las*.**

1. Tengo mucho sueño. ¡El sueño que tengo!
2. No sabes cuánto sueño tengo. No sabes el sueño que tengo.
3. Este verano ha hecho mucho calor. ¡_____ este verano!
4. Anoche teníamos mucho sueño. ¡_____ !
5. De pequeño pasé mucha hambre. ¡_____ de pequeño!
6. Bebimos mucho champán en la fiesta ¡_____ en la fiesta!
7. Juana dio un salto tremendo cuando nos vio. ¡_____ !
8. Nos hemos gastado mucho dinero estas vacaciones ¡_____ estas vacaciones!
9. He pasado muchos sufrimientos en mi vida. ¡_____ en mi vida!

6.2. **Vuelva a escribir la frase subrayada con *la de*.**

1. Alicia se compra mucha ropa. <u>Tiene muchísimos zapatos.</u> ¡La de zapatos que tiene!
2. Jorge es muy sociable. <u>Tiene muchos amigos.</u> ¡_____ !
3. Viajan mucho. <u>Jorge conoce muchos países.</u> ¡_____ !
4. Laila y Rosana eran muy inteligentes. <u>Laila hablaba muchos idiomas.</u> ¡_____ !
5. Roberto es muy buen vendedor. <u>Ha vendido muchísimos coches.</u> ¡_____ !
6. Alicia no ha tenido una vida fácil. <u>Ha pasado muchas calamidades.</u> ¡_____ !

ACIERTOS /6

6.3. **Complete con *lo* y la información dada.**

1. Manuela es muy inteligente. No sabes lo inteligente que es Manuela.
2. Los Aguirre son muy raros. No te imaginas _____ .
3. Arturo está muy feliz con su nuevo trabajo. ¡_____ con su nuevo trabajo!
4. Pedro cocina muy bien. ¿Has visto _____ ?
5. Este chico es muy aburrido. ¡_____ !
6. Aurora canta muy mal. ¿Has oído _____ ?
7. Paula está muy contenta con su niño. ¿Habéis visto _____ ?
8. Esta cama es muy estrecha. ¡_____ !

ACIERTOS /8

6.4. **Complete con *lo que* y la información dada.**

1. Aquí llueve demasiado. ¡ Lo que llueve aquí!
2. Carlos nos quiere mucho. ¡_____ !
3. En esta empresa se trabaja mucho. No sabéis _____ .
4. Lucio ronca mucho. ¡_____ !
5. Me reí mucho con los chistes de Tomás. ¡_____ con los chistes de Tomás!
6. Esta noche he dormido mucho. ¡_____ esta noche!

ACIERTOS /6

6.5. **Ordene las palabras para formar frases.**

1. Martín/fuma/que/lo ¡Lo que fuma Martín!
2. de pequeño/lo/dormía/que ¡_____ !
3. Alberto/que/monedas/tiene/de/la ¡_____ !
4. hoy/he dormido/bien/que/lo ¡_____ !
5. que/tenía/anoche/dolor/Cecilia/el ¡_____ !
6. Felipe/raras/dice/cosas/la/de/que ¡_____ !
7. de/la/que/sé/historias ¡_____ !

ACIERTOS /7

21

7 este..., ese..., aquel...
Demostrativos (1)

● Los demostrativos, *este...*, *ese...*, *aquel...* sirven para señalar e identificar a alguien o algo en el espacio, en el tiempo o en el contexto. Van en la misma forma (masculino, femenino, singular o plural) que el nombre al que se refieren.

▶ APÉNDICE 3

– Identifican a alguien o algo por su situación respecto al hablante y al oyente.

este... = cerca de mí	*¿Ves **esta flor** que tengo en la mano? Es una rosa.*
ese... = cerca de ti	*¿Has visto **esa mancha** que tienes en la camisa?*
= lejos de mí y de ti	*Tenemos que llegar a **esos árboles**.*
aquel... = lejos de mí y de ti	*¿Ves **aquellas casas** que están en la cima de la montaña?*

• Cuando se refieren a lugares, se usa *este...* para el lugar en el que están el hablante y el oyente y *ese...* o *aquel...* para un lugar alejado de los dos.

> *En **este restaurante** se come muy bien.* (= en el que estamos tú y yo)
> *En **esa/aquella playa** hay muy poca gente.* (= la que está alejada de ti y de mí)

• Se pueden usar con nombre o sin nombre. En los dos casos pueden ir con adjetivos.

> *–Yo vivo en **aquella casa alta**. –¿En cuál? ¿En **aquella verde**?*
> *–¿Te gustan **esos cuadros**? –Me gusta **aquel abstracto**.*

• *Este...*, *ese...* y *aquel...* suelen ir delante del nombre, pero también pueden ir detrás. En este caso necesitan *el*, *la*, *los*, *las*.

> *¿Ves **aquel edificio** del fondo? Allí vivo yo. / ¿Ves **el edificio aquel** del fondo? Allí vivo yo.*

– Indican proximidad o lejanía en el tiempo.

este... = presente o futuro próximo	*Estoy libre **esta mañana**. / ¿Qué haces **esta noche**?*
ese... = pasado cercano mencionado	*Nací **en 1969**. **Ese año** llegó el hombre a la Luna.*
aquel... = pasado lejano (o que se recuerda como lejano)	***Aquellos** días en el campo fueron muy divertidos.*

– Señalan elementos del contexto.

• *este...* se refiere a algo que se va a mencionar a continuación.

> *Cuando llegamos a casa de Alicia, nos recibió de **esta manera**: descalza, con una camisa larga y el pelo rapado.*

• *ese...* se refiere a algo previamente mencionado.

> *¿Quién es **esa chica** de la que hablabas?*

– Para referirse a dos elementos previamente mencionados, se puede usar *este...* para referirse al elemento más próximo y *aquel...* para el más alejado.

> *En una plaza había **hombres y mujeres**. **Estas** estaban en la parte derecha y **aquellos** en la parte izquierda.*

● *Esto*, *eso* y *aquello* se usan solos. Se usan para señalar algo (una cosa o un conjunto de cosas) sin decir el nombre correspondiente porque no se sabe o no es necesario.

> *¿Qué es **eso** que hay sobre el armario? No lo veo bien.*
> *Coge **esto** y tíralo. No lo quiero aquí.*

– También se usa *esto* y *eso* para referirse a una información o a una idea, algo dicho anteriormente o que se va a decir a continuación. Normalmente se usa *esto* para algo cercano al hablante en el espacio o en el tiempo, y *eso* para algo alejado del hablante.

> ***Eso** que me dijiste **ayer** me parece lógico, pero **esto** que me dices **ahora**, no.*
> ***Esto** que os voy a contar no se lo digáis a nadie.*

PERO: *He tenido carta de Andrea. –De **eso** quiero hablarte.*

7 EJERCICIOS

7.1. Complete con *este...*, *ese...* o *aquel...*

① __Este__ cine es magnífico.

② En ____ teatro vi mi primera obra

③ Tengo una herida en ____ dedo.

④ ¿Ves ____ montañas? Ahí tenemos que llegar.

⑤ ____ casa es demasiado grande para nosotros.

ACIERTOS ...... / 5

7.2. Ponga las palabras entre paréntesis en la forma y el orden adecuados.

1. ¿Ves (*ese, coche, negro, el*) __el coche negro ese__? (*Ese*) __ese__ es el mío.
2. –¿Ves (*esa, barca*) _____? –¿Cuáles? ¿(*esa, azul*) _____?
3. ¿Es tuya (*verde, chaqueta, esta, la*) _____? Sí. (*verde, esa*) _____ es la mía.
4. No he podido encontrar (*película, esa, la*) _____ de la que te hablé.
5. (*maceta, la, esta*) _____ huelen muy bien. ¿Por qué no me regalas (*esa*) _____ dos?
6. ¡Cuidado! (*losa, esta*) _____ están levantadas. Puedes resbalar con (*esta*) _____ lluvia.

ACIERTOS ...... / 11

7.3. Complete con *este, esta, ese, esa* o *aquel, aquella*.

1. –Lola, te estoy esperando. –Ya voy. En __este__ momento estoy saliendo de casa.
2. Recuerdo _____ verano. Fue terrible. Incendios por todas partes.
3. En _____ momento no tenemos mucho trabajo.
4. _____ domingo vamos a ir a la costa. ¿Te vienes?
5. ¿Te acuerdas cuando nació Javi? _____ primavera llovió muchísimo.
6. Llegué tarde y en _____ preciso momento sonó el teléfono.
7. –¿Qué haces _____ tarde? –Nada.

ACIERTOS ...... / 7

7.4. Complete con *este...*, *ese...* o *aquel...*

1. Conozco Pekín y Shangai. De __esta__ me gusta la parte moderna y de __aquella__ la parte tradicional.
2. ¿Quién es _____ novelista que le recomendaste a Raquel?
3. Lo siento. Lo hiciste mal. No se pueden hacer las cosas de _____ manera.
4. Nos recibió con _____ palabras: "Bienvenidos a mi humilde hogar."
5. He hablado con Armando y Julio. _____ dice que no quiere saber nada de _____ .
6. Lo siento, pero no me acuerdo de _____ película de que me hablas.
7. ¿Te acuerdas de _____ mujer que conocimos en Tánger? Está muy enferma.

ACIERTOS ...... / 9

7.5. Complete con *esto, eso* y *aquello*.

1. Toma. Pon __esto__ en la mesa.
2. Y una vez dicho _____, creo que podemos pasar a otro tema.
3. Ya te avisé. _____ es lo que ocurre cuando no se tiene cuidado.
4. Lo siento, pero _____ es todo el dinero que tengo.
5. –¿Qué es _____ que hay en la cima? –Parece una bandera.
6. –Tienes que ayudar. –No sé por qué dices _____. Yo ayudo.
7. Paseamos, nos damos un baño, dormimos. _____ es lo que hacemos cuando estamos de vacaciones.
8. –La familia de Jorge no tiene dinero. –¿Y crees que _____ importa?

ACIERTOS ...... / 8

8 ¡esta Ana!, el tío este
Demostrativos (2)

¡**Estos niños**! Mira que son traviesos.

El **tío** ese está loco.

● Se puede usar *este...* con nombres para expresar queja o admiración moderadas hacia alguien o algo.

> ¡**Esta Ana**! *Siempre metiendo la pata.*
> ¡**Estos niños**! *Siempre haciendo ruido.*
> ¡**Este coche**! *Ya no va bien. Es muy viejo.*
> ¡**Este Arroyo** *es encantador! Ha traído regalos para todos.*

● Se puede usar *este...* y *ese...* con o sin nombre para referirse a personas de forma despectiva.

> ¡**Este tío** *es tonto!*
> **Ese amigo** *tuyo no me gusta nada.*
> **Esta** *no tiene ni idea de nada.*
> ¡Mira **esta** *qué lista!*
> *No vendrá* **ese**, *¿verdad?*
> *No quiero saber nada de* **esos**. *Son unos sinvergüenzas.*

– *Este...* y *ese...* suelen ir delante del nombre, pero también pueden ir detrás. En ese caso necesitan *el, la, los, las*.

> **Este tío** *es tonto.* / **El tío este** *es tonto.*
> **Esa niña** *no tiene ni idea de nada.* / **La niña esa** *no tiene ni idea de nada.*

● *Este...* y *aquel...* se pueden usar en exclamaciones con *¡qué!* En ese caso van detrás del nombre.

¡Qué hombre este!
¡Siempre viendo fútbol!

¿Te acuerdas de cuando éramos estudiantes? ¡**Qué días aquellos**!

– *Este...* expresa una queja o admiración moderadas hacia alguien o algo.

> ¡**Qué hombre este**! *No hay forma de que coma bien.*
> ¡**Qué chicas estas**! *Solo piensan en divertirse.*
> ¡**Qué ciudad esta**! *Hay un ruido terrible.*
> ¡**Qué ratos estos**! *¿Qué sería de nosotros sin ellos?*

– *Aquel...* se refiere a épocas pasadas y generalmente expresa admiración o recuerdos gratos.

> *¿Te acuerdas de la selección de 1980?* ¡**Qué jugadores aquellos**! *Esos sí que eran buenos.*
> *En 1988 empecé a trabajar y me tocó la lotería.* ¡**Qué año aquel**!

ATENCIÓN:

¡Quién pudiera tener 20 años! ¡Qué ~~días esos~~! → *¡Qué* **días aquellos**!

24

8 EJERCICIOS

8.1. **¿Qué diría? Exprese queja o admiración con *este*...**

1. (Amelia llega tarde.) ¡___Esta Amelia___! Siempre llega tarde.
2. (Unas niñas han manchado de barro las escaleras.) ¡_____! Lo ensucian todo.
3. (Pablo le ha pedido dinero a un amigo.) ¡_____! Está siempre pidiendo dinero.
4. (Rocío ha vuelto a pagar los cafés.) ¡_____! No me deja pagar nunca.
5. (El niño está llorando otra vez.) ¡_____! Es un poquito llorón.
6. (Alicia deja al perro dormir en su cama.) ¡_____! Se pasa con el perro.
7. (Todos los alumnos han aprobado.) ¡_____! ¡Qué listos son!
8. (Las chicas se han ido sin hacer las camas.) ¡_____! Nunca se hacen la cama.
9. (Belén nos ha dado dos entradas para la ópera.) ¡_____ es un encanto!
10. (Daniel les ha dejado el coche lleno de gasolina.) ¡_____! ¡Qué amable es!

ACIERTOS /10

8.2. **Complete con *este*..., *ese*... y *el, la, los, las* en caso necesario.**

1. ___Esos___ amigos tuyos me parecen unos descarados.
2. Ayer me llamó Lorenzo. _____ tío _____ es un sinvergüenza.
3. Sara todavía no me ha devuelto el coche. ¡ _____ chica tiene una cara...!
4. Lorena se ha cortado el pelo al cero. _____ chica _____ debe de estar mal de la cabeza.
5. ¡Qué nervioso! _____ chico _____ no para.
6. ¿Has oído lo que ha hecho Ángel? _____ hombre está mal.
7. –¿Has visto lo que han hecho mis vecinos? –Sí, _____ gente _____ es increíble.

ACIERTOS /11

8.3. **Escriba las exclamaciones para expresar queja o admiración con las palabras entre paréntesis.**

1. (*mujer*) ¡___Qué mujer esta___! No me deja dormir la siesta en paz.
2. (*chicos*) ¡_____! No se acuestan nunca antes de las dos.
3. (*hombre*) ¡_____! Se olvida de todo.
4. (*empresa*) ¡_____! Tiene más de quinientos empleados.
5. (*chicas*) ¡_____! No paran en casa.
6. (*calle*) ¡_____! Nunca hay sitio para aparcar.
7. (*tráfico*) ¡_____! No vamos a llegar a tiempo al aeropuerto.

ACIERTOS /7

8.4. **Escriba las exclamaciones con las palabras del recuadro.**

actriz	año	canción	~~día~~	director	noche	partido

1. ¿Recuerdas cuando estuvimos en México? ¡___Qué días aquellos___!
2. El cine italiano era magnífico: Rosellini, Pasolini, Antonioni. ¡_____!
3. En 1998 regresaron mis padres a Argentina y nacieron mis hijas. ¡_____!
4. ¿Recuerdas la final entre Nadal y Federer? ¡_____!
5. A mí también me encantaban la Loren y la Bardot. ¡_____!
6. Las noches en casa de Tere eran agotadoras. ¡_____!
7. He vuelto a oír los discos de Los Beatles. ¡_____!

ACIERTOS /7

9 casas altas, altos rascacielos
El adjetivo

● Los adjetivos dan información sobre las características o cualidades de una persona, animal o cosa. Nos dicen cómo son (*feroz, amable, grande*), cómo están (*enfermo, sucio*) o cuál es su origen (*africano, japonés, andaluz*). Tienen la misma forma (masculino, femenino, singular o plural) que la persona, animal o cosa a la que se refieren.

▸ APÉNDICE 4

● Los adjetivos suelen ir detrás del nombre y sirven para describirlo y diferenciarlo de otros nombres del mismo tipo.

   *No soporto a las **personas egoístas**.* (Las diferencia de personas de otro tipo: desinteresadas, amables...)
   *Julián vive en unas **casas prefabricadas**.* (Describe el tipo de casas.)

   – *bueno/buen, malo/mal, mejor, peor, último, primer(a), segundo, tercer(a)*, suelen ir delante del nombre aunque tengan sentido diferenciador.

   *Carolina tiene muy **mal gusto**.*   *Armando es una **buena persona**.*
   *Rosario es la **mejor alumna** que tengo.*   *Es la **última vez** que te aviso.*

● Muchos adjetivos pueden ir también delante del nombre cuando no se usan para diferenciar.

   – Cuando indican características conocidas o consideradas propias del nombre al que se refieren.

   *Tiene una casa en la **sevillana calle** Sierpes.* (La calle Sierpes famosa es la de Sevilla; no la diferencia de ninguna otra calle Sierpes.)
   *Los **feroces leones** y los **juguetones chimpancés** pueden compartir hábitat.* (Todos los leones se consideran feroces y todos los chimpancés juguetones; no los diferencia de otro tipo de leones o chimpancés)

Compare:

*Jesús vive en aquellas **casas altas**.* ("Altas" diferencia e identifica las casas a las que se refiere.)	*Me impresionan los **altos rascacielos** de Shangai.* ("Altos" no diferencia ni identifica los rascacielos a los que se refiere. Todos los rascacielos son altos.)

   – Cuando se usa el adjetivo de forma irónica, para decir lo contrario de lo que se expresa.

   ***Bonita forma** de contestar.* (La respuesta no me ha gustado; no ha sido bonita.)
   ***Valiente compañero** me he buscado.* (No lo considero valiente.)

   – De manera optativa, cuando se expresa un sentimiento ante algo.

   *Ha sido un **feliz encuentro**. / Ha sido un **encuentro feliz**.*
   *Hemos hecho un **sensacional descubrimiento** sobre la gripe. / Hemos hecho un **descubrimiento sensacional** sobre la gripe.*

● Algunos adjetivos tienen significado diferente según vayan delante o detrás del nombre.

un antiguo novio (= pasado)	*un reloj antiguo* (= de hace tiempo)
cierto día (= indefinido)	*una muerte cierta* (= segura)
diferentes personas (= varias)	*ideas diferentes* (= de tipos distintos)
un gran músico (= excelente)	*un armario grande* (= mucho tamaño)
medio tonto (= parcialmente)	*de estatura media* (= normal)
un nuevo piso (= otro más)	*un piso nuevo* (= sin usar) / *un libro nuevo* (= diferente)
un pequeño problema (= sin importancia)	*un niño pequeño* (= de poca edad) / *una casa pequeña* (= de poco tamaño)
un pobre hombre (= de poca personalidad)	*un hombre pobre* (= sin dinero)
en raras ocasiones (= pocas)	*una gente rara* (= extraña)
un solo hombre (= uno)	*un hombre solo* (= no acompañado)
una única mujer (= una)	*una mujer única* (= excepcional)
	▐ PERO: *hijo único* (= uno)
un viejo amigo (= de mucho tiempo)	*un amigo viejo* (= de edad)

9 EJERCICIOS

9.1. **Complete con los nombres y adjetivos del recuadro en la forma y colocación adecuados.**

▸ APÉNDICE 3

amiga	conocimiento	divinidad	gusto	~~tipo~~
medias	memoria	película	pintor	zapato

~~bueno~~ (2)	elemental	español	hindú
malo (2)	mejor	marrón oscuro	violeta

1. Susana tiene muy ___buen tipo___.
2. Me he comprado unos _____.
3. ¡Qué mal viste Lucas! Tiene muy _____.
4. ¿Conoces a algún _____?
5. *"Casablanca"* me parece una _____.
6. Visna es una _____.
7. Pilar lleva _____.
8. Amalia es mi _____.
9. Tengo _____ de informática.
10. Luis tiene _____.

ACIERTOS ...../10

9.2. **Complete con las palabras entre paréntesis en el orden correcto.**

1. Me encanta pasear por las (*praderas, verdes*) ___verdes praderas___.
2. Me encanta ir de compras por la (*calle, madrileña*) _____ Serrano.
3. La (*estepa, fría*) _____ rusa es desoladora.
4. Todos lo lamentamos. Ha sido un (*incidente, triste*) _____.
5. Echo de menos a mi (*esposa, adorada*) _____.
6. ¡(*amigo, valiente*) _____ eres tú! Te vas cuando más te necesito.
7. Me gusta contemplar la (*blanca, espuma*) _____ de las olas.
8. ¡(*menudo, cocinero*) _____ estás hecho! Esta sopa es pura agua.

ACIERTOS ...../8

9.3. **Complete con las palabras entre paréntesis en el orden correcto.**

1. Catalina vive en el (*piso, primer*) ___primer piso___.
2. Me he comprado una (*chaqueta, azul*) _____.
3. Yuan toca muy bien la (*guitarra, española*) _____.
4. Ha sido el (*día, peor*) _____ de mi vida.
5. Me emocionó contemplar las (*cumbres, altas*) _____ del Everest.
6. Pon (*platos, limpios*) _____.
7. Rubén estuvo casado antes. Marta es su (*esposa, segunda*) _____.
8. Una (*parte, buena*) _____ del público abandonó el cine antes del final de la película.

ACIERTOS ...../8

9.4. **Complete con los nombres y adjetivos del recuadro en la forma y colocación adecuados.**

1. Falla fue un (*músico, grande*) ___gran músico___.
2. Adela es una (*mujer, pobre*) _____. No tiene ninguna personalidad.
3. Me han regalado unos (*elefante, pequeño*) _____ de cerámica.
4. Alberto y Ronaldo son (*hijo, único*) _____.
5. Los (*hombre, grande*) _____ son siempre humildes.
6. Solo hay un (*acertante, único*) _____. Se va a llevar unos millones.
7. Cuando salgas, compra una (*botella, grande*) _____ de agua.
8. Todavía me agrada volver por mi (*colegio, antiguo*) _____.
9. El café estaba vacío. Había una (*persona, solo*) _____.
10. Ese tipo de tormenta ocurre (*vez, raro*) _____.
11. Estos nuevos vecinos son (*gente, raro*) _____.
12. –¿Es muy grande el piso? –No. De (*tamaño, medio*) _____.

ACIERTOS ...../12

10 Parece antigua. Vivo tranquilo.
El adjetivo con verbos

Los adjetivos se usan también con verbos.

● Se usan con verbos que expresan estado, existencia o cambio –*estar*, *ser*, *continuar*, *hacerse*, *parecer*, *permanecer*, *resultar*, *seguir*, *volverse*– para referirse al sujeto. Van en la misma forma (masculino, femenino, singular o plural) que la persona, animal o cosa a la que se refieren.

> **Esa casa es nueva**, pero **parece antigua**. **Los Bravo están enfermos**. Han comido algo en mal estado. Hay que limpiar mejor. **El suelo sigue sucio**.
>
> Me gustan **los hermanos** de Laura. **Parecen serios**. Julián **se ha vuelto perezoso**. No quiere salir nunca.

● Con verbos en *se*, como *casarse*, *ponerse*, *quedarse*, *sentirse*...

> **Nos casamos muy viejos**, por eso no tenemos hijos. No **os pongáis tristes**.
>
> **Se quedaron dormidos**.

● Con otros verbos, para indicar el resultado de la acción o cómo se hace o cómo sucede algo. El adjetivo va en la misma forma que el sujeto del verbo al que se refiere.

> Nerea **caminaba descalza** por la arena. Las tropas **avanzaban lentas** y **cautelosas**. Todos **hablaban** de la película **entusiasmados**.
>
> Mis padres **viven tranquilos**. El río **bajaba turbi**o. Respondió **orgulloso** a todas mis preguntas.

– Cuando el verbo lleva otros complementos, el adjetivo puede también colocarse entre comas detrás del sujeto, o puede ir delante de él, separado por una coma.

> El director nos explicó la situación **avergonzado**. El director, **avergonzado**, nos explicó la situación. **Avergonzado**, el director nos explicó la situación.

● También pueden usarse los adjetivos para referirse al objeto directo del verbo. En ese caso van en la misma forma que este.

> Voy a comprar los **muebles** bastante **baratos**. Antonio siempre lleva **manchada la corbata**.
>
> Elisa tiene los **ojos grandes**. Ver a la gente feliz **me pone contento**.

● Algunos adjetivos tienen significados diferentes con los verbos *ser* y *estar*.

ser	estar
aburrido = que no sabe divertirse o que no divierte	*aburrido* = no tener nada para divertirse o no tener ganas de hacer nada
atento = amable	*atento* = con atención
blanco = de ese color	*blanco* = pálido
bueno = de buena calidad o buen comportamiento	*bueno* = sabroso o con salud
ciego = no ver	*ciego* = no ver temporalmente o no querer ver figurativamente
consciente = darse cuenta, responsable	*consciente* = despierto y lúcido
despierto = inteligente	*despierto* = no dormido
interesado = egoísta	*interesado en* = con interés o afición hacia algo
listo = inteligente	*listo* = preparado
malo = de mala calidad o mal comportamiento	*malo* = no sabroso o enfermo
moreno = de pelo o de piel oscuros	*moreno* = bronceado
orgulloso = vanidoso, que se cree superior	*orgulloso* = sentir satisfacción por alguien o algo
rico = tener dinero	*rico* = sabroso
verde = de ese color o indecente	*verde* = sin madurar, inexperto o poco preparado
vivo = listo o intenso	*vivo* = que tiene vida

> El profesor de Lengua **es muy aburrido**. Los chistes que cuenta Jorge **son muy verdes**. La novela **era bastante mala**. No pude terminarla. Carlos **es muy interesado**. ¡Qué **morenos son** tus hijos! ¡Con lo blanca que tú eres!
>
> Abel **está aburrido** de trabajar en su oficina. Jorge **está muy verde** en informática. Marta **está mala**. Ha cogido una infección en los oídos. Marta **está muy interesada** en las culturas precolombinas. ¡Qué **morena estás**! ¡Cómo se nota que has ido a la playa!

10 EJERCICIOS

10.1. Complete las frases con adjetivos del recuadro en la forma correcta.

callado	cansado	descalzo	enfermo	limpio	mojado	pálido	roto	silencioso	~~sordo~~	sudoroso	viejo

1. No hagáis tanto ruido. Me voy a quedar __sordo.__
2. ¿Te acabas de comprar esos pantalones? Pues parecen _____.
3. Ten cuidado. Ha llovido y el suelo está _____.
4. –¿Cómo está Ángela? –Sigue _____. Los médicos no saben qué le pasa.
5. –No sé qué ha pasado, pero los huevos han llegado _____.
6. Cuando les dije que no iba a ir con ellos de vacaciones, se quedaron _____.
7. –¿Cómo te encuentras, Carla? –Me siento _____.
8. ¿Te pasa algo, Raúl? Te has puesto _____.
9. No caminéis _____, niños. Os podéis cortar con algún cristal.
10. Nuria ha pasado un trapo a las ventanas y han quedado _____.
11. El público, _____, escuchaba el inicio del concierto.
12. Luisa llegó _____ porque había estado corriendo.

ACIERTOS ..../12

10.2. Complete las frases con adjetivos del recuadro en la forma correcta.

alegre	caro	pálido	rojo	rubio	seco	sucio	~~triste~~

1. Ver sufrir a otros nos pone __tristes.__
2. Creo que vendes la casa muy _____. Te va a ser difícil encontrar comprador.
3. ¿Por qué tienes los pantalones _____? ¿Dónde has estado?
4. He encontrado a tu hermana algo _____. ¿Qué le pasa?
5. Tienes el brazo _____. ¿Qué te ha pasado?
6. Me han devuelto la ropa _____.
7. Recibir regalos nos pone _____.
8. ¿Qué se ha hecho Aurora? ¿Por qué tiene el pelo _____?

ACIERTOS ..../8

10.3. Complete las frases con adjetivos del recuadro en la forma correcta y el verbo *ser* o *estar*.

aburrido	atento (2)	ciego	consciente (2)	interesado (2)	listo	malo	moreno	orgulloso	rico	~~verde~~ (2)

1. No se puede comer esa fruta. __Está verde.__
2. Me encantan mis hijos. _____ de ellos.
3. La sopa _____. ¿Quién la ha hecho?
4. No quiero ir a la sierra. _____. No hay nada que hacer.
5. Es difícil explicarles algo a estos alumnos. No _____.
6. No cuentes aquí esos chistes. _____.
7. El médico dice que pronto podremos hablar con Ana. _____ dentro de un par de horas.
8. –¿Por qué no viniste ayer? –_____. Me dolía mucho la cabeza.
9. ¿_____ de lo que estás haciendo, Lucas?
10. No te preocupes por Rubén. Aprobará. _____.
11. Lucía no _____ conmigo. Nunca me saluda.
12. Sandra _____. No se da cuenta de que Lolo la engaña.
13. No _____ tan _____, Adolfo. A veces hay que ser más altruista.
14. Sofía es rubia, pero _____ bastante _____ de piel.
15. –¿Por qué _____ tan _____ en el derecho internacional, Lola? –Quiero especializarme en relaciones internacionales.

ACIERTOS ..../18

29

11 *nada de gracioso, de lo más divertido*
Modificación de adjetivos

● Para intensificar la cualidad expresada por un adjetivo se pueden usar las siguientes construcciones:

– *muy, bastante, algo, poco, nada* + adjetivo

ser +	*muy* (+++) *bastante* (++) *algo* (+) *poco* (-) *nada* (--)	+ adjetivo	*Ana es **muy atractiva**.* *Leandro es **bastante honrado**.* *Teo es **algo cabezón**.* *Santi es **poco hablador**.* *Ernesto no es **nada listo**.*

● Los adjetivos van en la misma forma (masculino, femenino, singular o plural) que el nombre al que se refieren.

> ***Marta** no es **nada trabajadora**.* ***Tus compañeros** son **bastante desagradables**.*

● Se suele usar la construcción con *nada* para corregir parcialmente una opinión o indicar que algo no es lo que parece.

> *–La última película de Almodóvar no es muy buena. –Pues no es **nada mala**. (No digo que sea muy buena, pero tampoco pienso que sea mala.)*
> *–Lorena no es muy alta. –Pues no es **nada baja**. (No digo que sea muy alta, pero tampoco pienso que sea baja.)*
> *Esta **camisa** no es **nada cara**. (Aunque parezca que es cara.)*
> *–No es lógico que no quiera trabajar necesitando dinero. –Pues tampoco es **nada extraño**. Siempre le han ayudado sus padres.*

– *mucho de, bastante de, algo de, poco de, nada de* + adjetivo

tener haber +	*mucho de* *bastante de* *algo de* *poco de* *nada de*	+ adjetivo	*Hay **mucho de bueno** en ese muchacho.* *Pepe tiene **poco de simpático** y **bastante de pesado**.* *Hay **algo de maternal** en esa mujer.* *Esa película tiene **algo de maternal**.* *Juan tiene **poco de amable**.* *Esta novela no tiene **nada de original**.*

● Los adjetivos pueden ir en masculino singular o en la forma del nombre al que se refieren.

> *Ana no tiene **nada de tímido**. /Ana no tiene **nada de tímida**.*
> ***Tus amigas** no tienen **nada de gracioso**. /**Tus amigas** no tienen **nada de graciosas**.*

● Cuando se refiere a una idea, el adjetivo va en masculino singular.

> *¿Hay **algo de malo** en que me guste dormir?*

– *bien* (= muy) + adjetivo

> *Este café está **bien caliente**. (Este café está muy caliente.)*
> *Los hijos de Laura son **bien listos**. (Los hijos de Laura son muy listos.)*

– *más/tan* (= muy) + adjetivo

> *Esos chicos son **más tontos**... (= Esos chicos son muy tontos.)*
> *Tu primo es **tan guapo**... (= Tu primo es muy guapo.)*

– *de lo más* (= muy) + adjetivo

> *Conozco un club **de lo más animado**. (= muy animado)*

● Los adjetivos suelen ir en masculino singular, aunque también pueden ir en la forma del nombre al que se refieren.

> *Tengo **un tío de lo más cariñoso**.*
> *He visto **una película de lo más divertido**. / He visto **una película de lo más divertida**.*
> *Pablo se ha comprado **unas camisas de lo más caro**./ Pablo se ha comprado **unas camisas de lo más caras**.*

11.1 Complete las frases con *muy, mucho de, bastante, bastante de, algo, algo de, poco, poco de, nada* o *nada de* y los adjetivos dados.

> muy, mucho de: (+++)   bastante, bastante de: (++)   algo, algo de: (+)   poco, poco de: (-)   nada, nada de: (--)

1. Sofía es muy humilde. Tiene (-, *orgulloso*) _poco de orgullosa._
2. No logro resolverlos. Estos problemas son (+++, *complicado*) _____.
3. No te creo. No hay (--, *sincero*) _____ en tus palabras.
4. Marta es muy rutinaria. No es (--, *creativo*) _____.
5. A mí no me cae bien Guillermo. Tiene (-, *simpático*) _____.
6. No sé por qué os reís. Estas bromas tienen (-, *divertido*) _____.
7. No sé qué hacer. Estos zapatos son (+, *caro*) _____.
8. Santi no se enfrenta nunca a sus padres. Hay (+++, *cobarde*) _____ en su actitud.
9. No entiendo a Laura. Hay (+, *primitivo*) _____ en su comportamiento.
10. No me gustan las ideas de Carlos. Son (++, *pesimista*) _____.

ACIERTOS ...../10

11.2 Vuelva a escribir las frases con *nada* y los adjetivos del recuadro en la forma correcta.

> ~~baja~~   caro   cerca   fácil   limpio   malo   raro   soso   tonto

1. –Lorena no es muy alta. –Pues _no es nada baja._
2. –Ramón no es muy listo. –Pues _____.
3. –Este restaurante no es muy barato. –Pues estos platos _____.
4. –Esa aldea no está muy lejos. –Pues _____.
5. –El examen no era tan difícil. –Pues _____.
6. –No es normal que nieve ahora. –Pues tampoco _____.
7. –Estas fotos no son muy buenas. –Pues _____.
8. –Esta camisa no está muy sucia. –Pues _____.
9. –Este caldo no está salado. –Pues _____.

ACIERTOS ...../9

11.3 Vuelva a escribir las frases con la palabra dada entre paréntesis.

1. Felisa es muy guapa. (*bien*) _Felisa es bien guapa._
2. Los de este pueblo son muy brutos. (*más*) _____
3. Alberto es muy interesante. (*tan*) _____
4. Agustín está muy fuerte. (*bien*) _____
5. "*Casablanca*" es una peli muy buena. (*tan*) _____
6. Lola está muy morena. (*bien*) _____
7. Mis tíos son muy majos. (*más*) _____
8. Me han regalado una corbata muy bonita. (*bien*) _____

ACIERTOS ...../8

11.4 Vuelva a escribir las frases con *de lo más*.

1. Sonia tiene unos amigos muy divertidos. _Sonia tiene unos amigos de lo más divertido/divertidos._
2. Ese bar es muy cutre. _____
3. He visto una película muy violenta. _____
4. Sonia sale con un chico muy pijo. _____
5. Paco contó unos chistes muy desagradables. _____
6. Tengo que hacer una traducción muy complicada. _____
7. Luis lleva siempre unas chaquetas muy elegantes. _____
8. Jorge tiene unos modales muy bastos. _____

ACIERTOS ...../8

12 *todo mojada, mucha moto*
Modificación de adjetivos y nombres

Me pilló un chaparrón y llegué a la oficina **toda mojada**.

Ten cuidado, Raúl, es **mucha moto** para ti.

● Para intensificar la cualidad expresada por un adjetivo, cuando indica estado o resultado, se puede usar la siguiente construcción.

> *todo, toda* (= completamente) + adjetivo

sujeto masculino singular + *todo* + adjetivo masculino singular: **El paquete** llegó **todo roto**.
sujeto femenino singular + *todo, toda* + adjetivo femenino singular: **Esta pluma** está **todo/toda rota**.
sujeto plural + *todo* + adjetivo masculino o femenino plural: **Los coches** llegaron **todo llenos** de barro.
                                                   Las paredes se pusieron **todo sucias** con las obras.

● Para intensificar las cualidades de lo designado por un nombre, se pueden usar las siguientes construcciones.

Javier es **todo corazón**. (Javier tiene muy buenos sentimientos.)
Margarita era **todo risas**. (Margarita se reía mucho.)

> *todo, toda* + nombre

sujeto masculino singular + *todo* + nombre
Javier es **todo corazón**.   **Ese libro** es **todo poesía**.   **Felipe** es **todo huesos**.

sujeto femenino singular + *todo, toda* + nombre:
Elisa es **todo/toda corazón**.   **Esa chica** es **todo/toda pasión**.   **Margarita** era **todo/toda risas**.

sujeto plural + *todo* + nombre:
Tus hermanos son **todo corazón**.   **Tus hermanas** son **todo corazón**.

> *muy, mucho, mucha, demasiado, demasiada* + nombre

– *Muy* + nombre se usa para intensificar las cualidades de lo designado por un nombre.
     Luis es **muy hombre de su casa**. Hace la compra, la comida.   Consuelo es **muy bruja**. Siempre adivina lo que piensas.

– *Mucho, mucha, demasiado, demasiada* + nombre intensifican el nombre, expresando que es más de lo conveniente para alguien o algo.

mucho, demasiado + nombre masculino singular: Eso es **mucho bocadillo** para un niño tan pequeño.
               + nombre masculino o femenino plural: Esas chicas son **demasiado mujeres** para vosotros.
mucha, demasiada + nombre femenino singular: ¡Cuidado! Es **mucha moto** para ti.

● *mucho* + adjetivo masculino singular con significado negativo (= muchos)
     En esta empresa hay **mucho cotilla**. (= muchas personas que son cotillas)
     Hoy en día hay **mucho sinvergüenza**. (= muchas personas sinvergüenzas)

– No se usa con adjetivos que tienen un significado positivo.
     En este centro hay **mucho inteligente**. → En este centro hay **muchos alumnos inteligentes**.

● Se usa *el, la, los, las* + adjetivo/nombre + *de* + nombre para calificar a un nombre con adjetivos y nombres que tienen generalmente significado negativo.

     El sinvergüenza de Andrés piensa que todos somos iguales.   **El vago del portero** limpia el portal una vez a la semana.
     No nos merecemos **la porquería de carretera** que tenemos.   **El caradura de mi hijo** está siempre pidiéndome dinero

12.1. **Vuelva a escribir las frases usando *todo* o *toda*.**

1. La carne estaba muy quemada. ___La carne estaba todo/toda quemada.___
2. Los vecinos han bajado muy preocupados. _____
3. Las niñas salieron del colegio muy contentas. _____
4. Los platos estaban muy sucios. _____
5. La piel se me ha quedado muy seca. _____
6. Me pilló la tormenta y llegué a casa muy empapada. _____
7. Cuando perdieron se quedaron muy tristes. _____
8. Tenéis que dejar la casa muy limpia. _____

ACIERTOS /8

12.2. **Complete con *demasiado*, *mucho*, *muy* o *todo* en la forma correcta.**

1. Alberto es muy frío. Es ___todo___ cabeza.
2. Blanca es _____ mujer para Eduardo.
3. ¡Menudo abrigo! Es _____ abrigo para ti, Agustín. Tú no eres tan alto.
4. Esa es _____ bici para Juanito. Apenas llega a los pedales.
5. Tus primas son todavía _____ niñas para llegar a casa tan tarde.
6. Ramón es _____ caballero. Siempre cede el asiento en el metro.
7. Elisa estaba muy, muy nerviosa. Era _____ nervios.
8. Éramos _____ oídos. No queríamos perdernos ni una palabra.
9. Ese Rolex es _____ reloj para llevarlo a la playa, Jorge.
10. Aquel era _____ chalé para nosotros dos. Tenía seis dormitorios.

ACIERTOS /10

12.3. **Vuelva a escribir las frases usando *mucho*.**

1. En esta empresa hay muchas personas vagas. ___En esta empresa hay mucho vago.___
2. En ese equipo hay muchos jugadores torpes. _____
3. En este país hay muchos farsantes. _____
4. Cuidado que en esta ciudad hay muchos ladrones. _____
5. En esta empresa hay muchas personas pelotas. _____
6. En este pueblo hay muchas personas canallas. _____

ACIERTOS /6

12.4. **Complete las frases con *todo*, *toda*, *muy*, *mucho* o *demasiado* y el nombre o adjetivo necesario en la forma adecuada.**

1. Rodrigo está muy enfadado. Rodrigo está ___todo enfadado___ .
2. En este partido hay muchas personas interesadas. En este partido hay _____.
3. Es un filete enorme y yo como poco. Es _____ para mí.
4. Ana y Sonsoles son muy huesudas. Son _____.
5. En esta empresa hay muchos hombres machistas. En esta empresa hay _____.
6. Pablo tiene 14 años y sale con chicas. Se cree _____.
7. Eva y Joaquín se han comprado una casa enorme en la playa. Es _____ para ellos.
8. Juan ha cumplido 18 años y su padre le ha regalado una Harley Davidson. Es _____ para él.
9. El viento rompió la puerta. Estaba _____.
10. Ana tiene 14 años y aún le gustan las muñecas. Es _____ todavía.

ACIERTOS /10

12.5. **Complete las frases con la información dada y la estructura *el, la, los, las* + nombre + *de* + nombre.**

1. La comida que dan es una basura. La cobran muy caro. Cobran muy caro ___la basura de comida que dan.___
2. Paco es un caradura. Nos da siempre plantón. _____ nos da siempre plantón.
3. Este sueldo es una miseria. No se puede vivir. No se puede vivir con _____.
4. Jorge es un buenazo. Nos ha prestado el chalé. _____ nos ha prestado el chalé .
5. Tu hermano es muy pesado. No me deja en paz. _____ no me deja en paz.
6. La directora es una mandona. Nos hace trabajar mucho. _____ nos hace trabajar mucho.
7. Mis vecinas son muy antipáticas. Nunca saludan. _____ nunca saludan.

ACIERTOS /7

13 mi, mío, lo mío
Posesivos

- Los posesivos –*mi, tu, su..., mío, tuyo, suyo...* –se usan para indicar posesión y otro tipo de relaciones como familia, origen, autoría o adjudicación temporal. Tienen la misma forma (masculino, femenino, singular o plural) que el nombre al que acompañan o al que se refieren. ▶ **APÉNDICE 4**

  –*¿Qué haces con **mi ordenador**?* (El ordenador de mi propiedad.) –*Es que el mío está roto.*
  –*¿Por qué vais a Zaragoza?* –*Se casa **una sobrina nuestra**.* (De nuestra familia.)
  *Esas son **vuestras habitaciones**.* (En las que vais a alojaros estos días.)

- *Mi, tu, su...* se pueden usar para indicar que un elemento es considerado característico de algo o de alguien, para resaltar la persona implicada o para intensificar.

  *Me regaló un reloj de cuco con **su casita tirolesa** y **su pajarito**.* (Es lo que suelen tener los relojes de cuco.)
  *Prefiero ver el fútbol en casa, en **mi sillón**, con **mi cerveza**.* (Es mi costumbre.)
  *Tenía **mis buenas razones** para no ir a la fiesta de Laura.* (Razones mías personales.)
  *Esta traducción tiene **su dificultad**.* (Es bastante difícil.)

  – Se usa *lo* + *mío, tuyo...*

  ...para referirse a una cosa o a un conjunto de cosas, o a acciones, situaciones o sentimientos que no hace falta especificar por ser conocidas por los hablantes.

  *¿Dónde está **lo mío**?* (= algo que me pertenece y que todos sabemos qué es; no hace falta especificarlo)
  ***Lo vuestro** es demasiado.* (= alguna acción o comportamiento conocido por los hablantes)
  ***Lo mío** con María es inexplicable.* (= mis sentimientos o mi relación con María)

  ...para indicar esfuerzo o sufrimiento, o cantidad.

  *Hemos pasado **lo nuestro**.* (= mucho sufrimiento o muchas dificultades)
  *Esta semana has trabajado **lo tuyo**.* (= mucho)
  *Tus hijos comen **lo suyo**.* (= mucho)

  ...para indicar interés o capacidad.

  ***Lo mío** es la literatura de calidad.* (= a lo que yo me dedico o lo que me interesa)
  *Está claro que la informática no es **lo tuyo**.* (No tienes capacidad para ello o no te interesa.)

- Se usa *mío/mía* en algunas expresiones para referirse a alguien cariñosamente: *hijo mío / hija mía* (para dirigirse a alguien más joven), *cariño mío, amor mío, señor mío / señora mía, pobrecito mío, amigo mío*.

  *Gracias, **hijo mío**. Has sido muy amable.*

- Se usa *mío/mía, tuyo/tuya...* en algunas expresiones muy comunes.

  – *Salirse con la mía, la tuya, la suya...* (= hacer su voluntad)

  *No me gusta que siempre quieras **salirte con la tuya**. A veces hay que ceder.*
  ***Raquel** siempre **se sale con la suya**. Hace lo que le da la gana.*

Gracias, **hijo mío**.
Eres muy amable.

  – *Yo a lo mío, tú a lo tuyo...* (= ocuparse de sus propios asuntos, centrarse en lo que se está haciendo)

  *No te entretengas. **Tú a lo tuyo**.*   ***Vosotros a lo vuestro**. Esto no os concierne.*

  – *Esta es la mía, la tuya...* (= la oportunidad que se estaba esperando)

  *Inés se ha dejado las llaves de la moto. **Esta es la mía**.*   *Se han dormido. **Esta es la nuestra**. Podemos irnos.*

  – *Ser muy mío, tuyo...* (= muy testarudo)   *Es **muy suyo**. No hay manera de que entienda.*
  (= especial)   *Lo reconozco. Soy **muy mío**.*
  (= característico de esa persona)   *Es **muy tuyo** decir que no a todo.*

  – *Hacer (una, alguna, otra) de las mías, tuyas...* (= hacer algo negativo característico de esa persona)

  *Jaime ha vuelto a **hacer otra de las suyas**.*

  – *Ir a lo mío, tuyo, suyo...* (= tener un comportamiento egoísta)
  *¡Qué egoístas son tus hermanas! Siempre **van a lo suyo**.*

13.1. **Complete con *mi, tu, su… mío, tuyo, suyo…* en la forma adecuada.**

1. –No me gustan esas bromas ___tuyas___, Andrés. –A mí tampoco me gustan _____.
2. Mañana vamos de boda. Se casa un amigo _____.
3. –No estoy de acuerdo con _____ opiniones. –Pero al final siempre tenemos razón.
4. –Mis hijos están mejor educados que los de Marcos. –Sí, pero _____ son más simpáticos.
5. He encontrado dos fotos _____, de cuando éramos pequeños.
6. –Don Antonio, ¿es _____ este móvil? –No, yo no tengo móvil.
7. –¿Te está gustando la novela? –Sí, tiene _____ interés.

ACIERTOS
....../8

13.2. **Vuelva a escribir las frases con *mi, tu, su…***

1. Como de costumbre, Luis estaba tumbado en el sillón, con un *whisky*, viendo un partido de fútbol.
   Luis estaba tumbado en su sillón, con su *whisky*, viendo su partido de fútbol.
2. Dibujé un paisaje con árboles, montañas, un río… _____
3. Nos costó un buen dinero. _____
4. Mis "vicios" son pocos: libros y música. _____
5. Siempre, antes de ir a trabajar, tomamos un café y unos churros. _____
6. Adela está muy organizada. En la habitación tiene una televisión, un ordenador y un equipo de música.
   _____
7. Tengo motivos personales para no querer llamar a Rebeca. _____

ACIERTOS
....../7

13.3. **Vuelva a escribir las frases sustituyendo lo subrayado por *lo + mío, tuyo…***

1. ¿Qué hay del asunto de mi comisión? ___¿Qué hay de lo mío?___
2. Tu relación con Carmen es fenomenal. _____
3. María ha pasado muchas dificultades. _____
4. –Esto es de Marta. –¿Y dónde está lo que me corresponde a mí? _____
5. Luis ha vivido mucho. _____
6. ¿Le has hablado a Dolores de los planes de negocios que tenemos? _____
7. Sois periodistas. Vuestro campo de actuación es la radio y la televisión. _____
8. Tu comportamiento es exagerado. Estás siempre quejándote. _____
9. Los López han viajado por todo el mundo. _____
10. Para ese examen, Elvira ha estudiado mucho. _____

ACIERTOS
....../10

13.4. **Complete las frases con las expresiones del recuadro.**

amigo mío	~~amor mío~~	cariño mío	hijo mío	¡Pobrecito mío!

1. Sandra, ___amor mío___, ayúdame a quitarme estas botas.
2. _____ ¡Qué frío debe de estar pasando!
3. Gracias por tu ayuda, _____. Yo ya no puedo agacharme.
4. Luis, _____, déjame 50 euros.
5. Verá usted, _____, lo único que quiero es tranquilidad.

ACIERTOS
....../5

13.5. **Vuelva a escribir las frases usando una de las expresiones del recuadro.**

es muy suyo	~~esta es la tuya~~	hacer alguna de las tuyas
nosotros a lo nuestro	salirse con la suya	va a lo suyo

1. Esta es la oportunidad que estás esperando. ___Esta es la tuya.___
2. Elisa es tremenda. Siempre tiene que hacer su voluntad. Siempre tiene que _____.
3. Eso a nosotros no nos interesa. _____.
4. Mario es muy especial. _____.
5. Siempre tienes que hacer alguna de tus trastadas. Siempre tienes que _____.
6. Nadie te va a ayudar. Aquí cada uno _____.

ACIERTOS
....../6

14 *todos, cada, sendos*
Cuantificadores

● Se usa *todos, todas* para referirse a la totalidad de componentes de un grupo.

> *todos, todas* + *los, las /mis, tus… /estos, esos…* + nombre plural
> *todos, todas* + *nosotros, nosotras, vosotros, vosotras, ustedes, ellos, ellas*

> ***Todas las habitaciones*** *de esta casa tienen ventanas a la calle.*
> *Quiero agradecerles a* ***todos ustedes*** *la ayuda que me han dado.*

– Se pueden usar solos cuando está claro a quién o a qué nos referimos.

> *Os espero a* ***todos****. No faltéis.* (= a todos vosotros)
> *Ya he acabado estos libros. Te los puedes llevar* ***todos****.* (= todos los libros)

● Se usa *todo, toda* + nombre singular para referirse a algo o alguien en sentido general.

> ***Todo hombre*** *quiere ser libre.* (= todos los hombres)
> ***Toda precaución*** *es poca.* (= todas las precauciones)

– preposición + *todo* hace referencia a una totalidad (en sentido general).

> *Es una chica muy lista. Sabe* ***de todo****.*   *Este aparato es fenomenal. Sirve* ***para todo****.*

● Se usa *cada* para referirse a todos los componentes de un grupo considerados individualmente, uno a uno.

> *cada* + nombre singular
> *cada uno/cada una de* + *los, las /mis, tus… /estos, esos…* + nombre plural
> *cada uno/cada una de* + *nosotros, nosotras, vosotros, vosotras, ustedes, ellos, ellas*

> *Hay un televisor en* ***cada habitación****.*
> ***Cada uno de mis hijos*** *es diferente, pero los quiero a* ***todos*** *por igual.*
> *La tía Mari quería regalarnos un ordenador portátil a* ***cada una de nosotras****, pero Julia no ha querido. Prefiere un buen*
> *ordenador de sobremesa para* ***todas****.*

– Para indicar progresión, se usa *cada* con el nombre que indica la unidad que se toma como medida: *hora, día, paso…*

> *Me estoy recuperando.* ***Cada día*** *me siento mejor.*
> *No hay manera de avanzar. Se para a* ***cada paso****.*

– Se usa *cada* + número + nombre plural para referirse a personas o cosas consideradas en grupos de una
cantidad determinada.

> *En este pueblo, dos de* ***cada tres habitantes*** *son extranjeros.*
> *Tiene que tomar una de estas píldoras* ***cada ocho horas****.*

● Se puede usar *cada uno, cada una* para referirse a todas las personas de un grupo de forma individual. Cuando
se refieren a *nosotros/nosotras* o *vosotros/vosotras*, el verbo va en plural.

> ***Cada uno se fue*** *por su lado.* (= cada uno de ellos)
> ***Cada una nos acostamos*** *a una hora diferente.* (= cada una de nosotras)

– Puede usarse con un significado impersonal, sin referirse a nadie concreto.

> *En este país* ***cada uno*** *hace lo que le da la gana.*

● Se usa *sendos, sendas* + nombre plural con el significado de "uno para cada una" de las personas mencionadas.

> *Todos los niños comieron* ***sendos helados****.* (= un helado cada niño)
> *Las tres chicas dormían en* ***sendas camas****.* (= tres camas, cada una en una cama diferente)

Compare:

He dejado esta casa a ***todos mis hijos****.* (como grupo, una casa para todos)	*He dejado una casa a* ***cada uno de mis hijos****.* (individualmente, una casa para cada uno)	*He dejado* ***sendas casas*** *a mis tres hijos.* (tres casas, una para cada uno de mis tres hijos)

14 EJERCICIOS

14.1. **Complete con *todo, toda, todos* o *todas*.**

1. Los jueves nos reunimos ___todas___ las amigas.
2. Esos muebles combinan con _____.
3. Quiero quitarme de encima _____ preocupación y olvidarme de _____.
4. Bajad _____ las persianas, que hace frío.
5. Con los niños hay que estar pendiente en _____ momento. ¡Bajaos _____ de ahí, chicos!
6. En este hotel, _____ las habitaciones tienen baño.

14.2. **Complete con *todos, todas* y *los, las /mis, tus… /estos, esos… /nosotros, nosotras, vosotros, vosotras, ustedes, ellos, ellas* en caso necesario.**

1. Creo que ___todos nosotros___ nos merecemos un descanso.
2. No necesito esos periódicos. Puedes tirarlos _____.
3. Quiero hacer una comida con _____ hijos, pero nunca tienen tiempo.
4. En esta urbanización _____ casas son grandes.
5. Escuchad, chicas. Os quiero ver a _____ aquí mañana a las ocho.
6. −Come patatas. −No me gustan. Te las puedes comer _____.
7. ¿De quién son _____ papeles?
8. Si tienen entradas, pueden pasar _____.

14.3. **Complete con *cada, cada uno de, cada una de*.**

1. Hay que pintar ___cada una de___ estas habitaciones.
2. _____ alumno es diferente. Unos son buenos en una cosa y otros en otra.
3. _____ hora que pasa hay menos esperanzas de encontrar a los desaparecidos.
4. En España nace un niño _____ tres minutos.
5. En verano paso un mes con _____ mis hermanas.
6. _____ nosotras tiene un horario diferente.
7. Tienes que comprar un regalo para _____ tus hijos.

14.4. **Complete con *cada, cada uno/una de, cada uno/una*.**

1. Mi padre ha comprado una mesa para ___cada uno de___ nosotros.
2. _____ debería ayudar en lo que pudiera.
3. Aquí _____ hace lo que quiere.
4. _____ hijo es diferente.
5. Quiero poner calefacción en _____ habitación.
6. Somos cinco hermanas y nos han regalado un ordenador para _____.
7. _____ vosotros tiene diferentes opiniones.
8. Podéis iros. _____ ya sabe lo que tiene que traer mañana.

14.5. **Vuelva a escribir las frases con *sendos, sendas*.**

1. He regalado un reloj a cada uno de mis hijos ___He regalado sendos relojes a mis hijos.___
2. Los dos amigos fueron en una moto cada uno. _____
3. Los cinco turistas se alojaron cada uno en una tienda. _____
4. El alcalde y la ministra pronunciaron su discurso cada uno. _____
5. Los cuatro niños llevaban su bici y su mochila cada uno. _____

14.6. **Complete con la forma adecuada.**

1. ___Cada___ hijo es diferente. ___Todos___ los hijos son hijos únicos.
2. −_____ día estás más joven, Ana. −Pues yo _____ año me siento más vieja.
3. _____ las hermanas somos diferentes. A _____ le interesan cosas distintas.
4. Amalia no está bien. Se tiene que parar _____ pocos metros.
5. Esas muchachas vienen _____ martes a practicar ballet.
6. El discurso lo van a televisar en _____ las cadenas nacionales.
7. Todos los manifestantes iban en _____ bicicletas.

15 *él mismo, ello*
Pronombres personales de sujeto

● Los pronombres personales de sujeto –*yo, tú...*– se usan para indicar la persona que hace la acción del verbo o de la que se dice algo (sujeto). ▶ APÉNDICE 6 ▌ Normalmente no es necesario usar *yo, tú...* con verbos; la terminación del verbo suele indicar la persona.

> *Tú vives con tus padres, ¿verdad?*
> *¿Cuándo acabaste* (tú) *la carrera?*

> *Lo siento, pero **nosotras** no tenemos móvil.*
> *Vivimos* (nosotros) *en las afueras.*

– No se usa nunca *ellos, ellas* cuando se refieren a un sujeto desconocido.

> –~~Ellos~~ *me han quemado la camisa. –¿Quién ha sido? –No sé. No me he dado cuenta.*

● Se usa *yo, tú...* con verbos en los casos siguientes:

– con el verbo *ser* para identificarse. El uso es obligatorio y suelen ir detrás del verbo.

> *–¿Quién es? –**Somos nosotras**.*

> *–¿Quién ha usado mi móvil? –He sido **yo**.*

– para expresar contraste o cuando hay cambio de sujeto en la frase.

> *No hay derecho. **Yo** recogiendo la casa y **tú** viendo la tele.*
> *¿**Vosotros** sabéis algo de Lidia?* (Yo no sé nada.)
> *–¿Se va a comprar Isabel la casa? –Sí, cree que es una ganga, pero **yo** no estoy tan seguro.*

– para dejar claro a qué persona se refiere cuando las terminaciones verbales coinciden:

> *–¿Por qué no me avisaste? –Perdona, pero **yo** no **sabía** que **él** iba a llegar tarde.*
> *–¿Por qué no nos avisó? –Porque **él** no **sabía** que **yo** iba a llegar tarde.*
> *–Jorge dice que vas a ir con él a la fiesta. –¡Qué más **quisiera él**!* (Eso es lo que le gustaría a Jorge.)
> *–Jorge dice que vas a ir con él a la fiesta. –¡Qué más **quisiera yo**!* (Es lo que me gustaría a mí.)

– para hacer énfasis en un sujeto determinado por diversos motivos.

> *–Ana ha estropeado el ordenador. –¡Pero si **ella** no ha hecho nada!* (Negar participación de una persona concreta.)
> *–¿Sabes dónde vive Rosa? –No lo sé, pero **tú** deberías saberlo.* (Dirigir la acción a otro.)

– en las exclamaciones con *¡que!* para rechazar una sugerencia. El uso del pronombre es obligatorio y va detrás del verbo.

> *–El jefe quiere que le prepares un café. –¡Que se lo prepare **él**!*
> *–Dice Paula que tenemos que venir el martes. –¿Nosotros? ¡Que venga **ella**!*

– en las exclamaciones con *¡qué!* para rechazar una idea o situación.

> *–Dice que va a ganar la carrera. –Sí, ¡qué más quisiera **él**!*

– con el imperativo, para reforzar una orden o un consejo.

> ***Vosotros** estaos ahí quietos.*

> ***Tú** hazme caso. Es lo mejor para ti.*

● Se usa *yo, tú...* + *mismo/a/os/as* (= personalmente) o + *solo/a/os/as* (= sin ayuda de nadie), incluso cuando se menciona el sujeto con un nombre, para reforzar la idea de la realización de la acción por esas personas, sin intervención de otros.

> ***Mis hijos** se hacen la cama **ellos mismos**.* (Ellos, personalmente, se hacen su propia cama.)
> *–¿Te despierto por la mañana? –No hace falta. Me despierto **yo solo**.* (No necesito ayuda de nadie para despertarme.)

– Se puede usar *él, ella* + *solo/a/os/as* para referirse a cosas.

> *–Apaga la luz. –No hace falta. Se apaga **ella sola**.*

● En ocasiones, usados con un nombre como sujeto, *yo, tú...* indican un deseo de participación personal.

> *No te doy el regalo porque **Ana** quiere dártelo **ella**.* (= personalmente)

● Se usa *ello* para referirse a una acción o información anterior.

> *Tenemos problemas económicos. **Ello** no significa que no podamos ayudarte.*
> *Tienes que decírselo a Laura aunque **ello** suponga perder una amiga.*

– Actualmente no se usa mucho *ello*. Se prefiere *esto/eso*.

> *Tenemos problemas económicos. **Eso** no significa que no podamos ayudarte.*

15.1. **Indique la persona a la que se refiere el verbo.**

1. Veraneo en la costa. ___yo___
2. ¿Cuándo fuisteis a Bolivia? _____
3. ¿Saben algo de Andrés? _____
4. ¿Dónde has comprado eso? _____
5. Lo compré en el mercado. _____
6. ¿A qué hora acabaste? _____
7. No la conocemos. _____
8. Se fue temprano. _____

15.2. **Elija la forma más adecuada. En algunos casos sirven las dos respuestas.**

1. (Yo)/ø trabajo en una multinacional.
2. –¿Dónde vive Raúl? –*Yo*/ø no lo sé, pero ellas/ø sí lo saben.
3. –¿Quién es? –Soy *yo*/ø, Virgilio.
4. *Vosotras*/ø no sois españolas, ¿verdad?
5. –¿Qué quieren tus amigos? –*Él*/ø quiere un café y *ella*/ø quiere un té.
6. –Perdonad, ¿*vosotros*/ø habéis oído ruidos en el sótano?
7. –No sé quién ha sido pero *ellos*/ø me han quitado la cartera.
8. Te has equivocado. *Yo*/ø soy panameño y *él*/ø es uruguayo.

15.3. **Complete con el pronombre personal adecuado.**

1. ¡Qué equivocado estaba mi padre! ___Él___ decía siempre que ___yo___ nunca sería médico. Y ahora soy cirujano en un gran hospital.
2. –Raúl dice que Marta y él son novios. –¡Qué más quisiera _____! Pero a Marta le gusta Ramón.
3. –¿Dónde estaba _____ cuando Alonso tuvo el accidente? –Estaba trabajando.
4. Su sobrino me ha regalado una agenda. Espero que _____ sea más generoso, don Joaquín.
5. –Sandra y Roberto dicen que van a comer con los reyes. –¡Qué más quisieran _____! Les saludarán en la recepción y luego se irán.
6. El otro día soñé con usted. _____ iba por la calle y _____ venía en un coche. Cuando _____ me vio, detuvo el coche y se bajó.

15.4. **Complete con el pronombre personal adecuado.**

1. –Mamá quiere que vayamos a ver al abuelo. –¡Que vaya ___ella___!
2. _____ escucha y aprende.
3. –Te has vuelto a dejar la luz encendida, Lolo. –¡Pero si _____ no he sido!
4. _____ pasad, niñas. Y _____, Juan, espera.
5. _____ quédese aquí sentada. _____ salgan, por favor.
6. –Daniel y Gloria quieren que hagas una fiesta. –¡Que la hagan _____!

15.5. **Complete las frases con *yo, tú, él...* y *solo, sola...*, o *mismo, misma...* en los casos necesarios.**

1. No te preocupes por Arturo. Sabe prepararse la comida ___él solo___.
2. –¿Y quién te lava el coche, María? –Lo lavo _____.
3. –¿Hay que conectar la alarma? –No hace falta. Se conecta _____.
4. No te digo nada porque tus padres quieren darte la noticia _____.
5. –¿Cómo enfrías el motor? –No hay que hacer nada. Se enfría _____.
6. –¿Dónde te cortas el pelo? –En ningún sitio. Me lo corto _____.
7. –¿Os acompañó alguien al aeropuerto? –No. Fuimos _____.
8. Yo haría la tortilla, pero no la hago porque sé que María prefiere hacerla _____.

15.6. **Relacione las frases con *ello* o *eso*.**

1. Me duele la pierna. / No me impide ir a verte. ___Me duele la pierna. Ello no me impide ir a verte.___
2. Llegué tarde. / Pero no justifica que me gritaras. _____
3. No me acuerdo de eso que dices. / Pero no significa que no haya leído el libro. _____
4. Martín no nos ha llamado. / No significa que esté enfadado con nosotros. _____

A esta chica la conozco. No se le ve muy bien.
Pronombres personales de objeto directo

- *Me, te, lo…* se usan como objeto directo (OD) del verbo para referirse a alguien presente o a personas, animales o cosas mencionados anteriormente, a los que afecta directamente la acción del verbo. ▸ APÉNDICE 6

  > *Esa señora **nos** está mirando.* (OD = a nosotras) *¿**La** conoces?* (OD = a esa señora)
  > *He estado hablando con Jesús. **Lo/Le** (OD = a Jesús) han elegido Presidente.*

  – En construcciones impersonales con *se*, es preferible el uso de *le/les* en lugar de *lo/los* para referirse a personas masculinas.

  > *–¿Qué lleva Ronaldo en la cabeza? –No sé. No se ~~lo~~ ve muy bien. - No **se le** ve muy bien.*

Compare:

–¿Oyes bien a los cantantes?	–¿Qué te parecen los cantantes?
–Sí, **los** oigo fenomenal.	–No **se les** oye muy bien.

▎**PERO:** *–¿Ves a **Leila**? –Un poco, pero no **se la ve** muy bien.*

– *Me, te, lo…* van normalmente delante del verbo, pero van detrás del infinitivo, del gerundio o del imperativo afirmativo.

> *–¿Dónde está el cuchillo del pan? –No **lo encuentro**. Tengo que **buscarlo**.*
> *–¿Qué haces con las uvas? –Estoy **lavándolas**.*
> *¡**Mírame** cuando te hablo!*

– Se usa *lo, la, los, las* además de la persona, animal o cosa a la que se refiere cuando decimos esta en primer lugar para destacarla. Si hay sujeto, va detrás del verbo.

> *A esa chica la conozco. ¡Es Ángela!* *Este libro lo he leído. ¡Es extraordinario!*
> *Ese edificio lo he diseñado yo.* *Este cuadro lo ha pintado Isabel.*

- *los, las* + *hay* + *que* + oración = algunos, algunas (personas). Suele indicar una queja suave hecha en sentido general.

  > *Ten cuidado con la gente. **Los hay que** son muy malpensados.* (**Hay algunos que** son muy malpensados.)
  > *Voy a tener que hacerlo yo todo. **Las hay que** no ayudan nada.* (**Hay algunas que** no ayudan nada.)

- Algunas expresiones llevan siempre un pronombre de objeto directo.

  Arreglárselas = vivir o desenvolverse bien.   *Se las arregla muy bien sola.*
             = encontrar la manera de hacer algo.   *A ver cómo **me las arreglo** para pintar la casa yo sola.*

  Tomarla con alguien = ser pesado o insistente.   *La han tomado conmigo. Quieren que me case.*

  Fastidiarla = estropear o echar a perder una situación.   *La hemos fastidiado. Se nos ha ido la luz.*

- Se usa *lo* con los verbos *ser, estar, parecer* para referirse a nombres y adjetivos mencionados anteriormente.

  > *–Rodrigo dice que es **ingeniero**. –Pues no **lo** es. Es ayudante de un ingeniero.*
  > *Algunos son muy **listos**, aunque no **lo** parecen.*
  > *–Elena parece muy **preocupada**. –Sí, **lo** está. Tiene problemas en casa.*

  – También se usa para referirse a una acción o una información mencionada anteriormente.

  > *–Javi tiene que ayudarnos. –Pues no quiere hacer**lo**. **Lo** siento.*
  > *–¿Sabes que Alberto se marcha a Taiwán? –Sí, **lo** sé.*

16.1 Escriba frases con los verbos entre paréntesis y los pronombres adecuados.

1. –Me gustan esas botas. –(*compra*) __Cómpralas.__
2. –¿Ves a Sofía? –Sí, (*veo*) _____.
3. –¿Quieres que haga café? –Sí, por favor, (*haz*) _____.
4. No sé dónde están los niños. No puedo (*ver*) _____.
5. –¿(*Oyes*) _____, Luis? –Sí, (*oigo*) _____ perfectamente, Ramón.
6. –¿Cómo va el rey? –No sé. Desde aquí no se (*ve*) _____ muy bien.
7. A ver niños. (*Mirad*) _____ cuando os estoy hablando.
8. –¿Has hecho ya los ejercicios? –No, tengo que (*hacer*) _____.
9. –¿Qué está diciendo la presentadora? –No sé. No se (*entiende*) _____ muy bien.
10. –¿Ves al cantante? –Sí, desde aquí se (*ve*) _____ bastante bien.
11. A mi hermano y a mí (*critican*) _____ por todo.
12. –¿Qué haces con las gambas? –(*Estoy pelando*) _____.

ACIERTOS ...../13

16.2 Vuelva a escribir las frases destacando el objeto directo.

1. Ya he visto esa película. _____Esa película ya la he visto._____ _
2. No te preocupes. Yo pago los helados. _____ _
3. Ya hemos hecho estos ejercicios. _____
4. Yo he redactado el informe. _____
5. Un camión ha provocado el accidente. _____ __ ____
6. Ya conocemos a tus hermanas. _____ _

ACIERTOS ...../6

16.3 Vuelva a escribir las frases con *los, las.*

1. Hay gente que no ayuda nunca. _____Los hay que no ayudan nunca._____
2. Hay algunos que no hacen nada. _____
3. Hay algunas que tienen mucha suerte. _____
4. Hay algunos que son muy molestos. _____
5. Hay gente que vive del cuento. _____
6. Hay gente que no tiene sentido del ridículo. _____

ACIERTOS ...../6

16.4 Utilice una de las frases del recuadro.

arreglártelas	la he fastidiado	la han tomado	no la fastidies
no la toméis	~~se las arregla~~		

1. No sé cómo Arturo ___se las arregla___ para vivir con 500 euros.
2. _____ contigo, Pep. Quieren que te cases a toda costa.
3. _____. Luisa me ha visto con Pepa.
4. Tienes que _____ para devolverme el dinero que te presté.
5. _____ conmigo. Yo no tengo la culpa de nada.
6. Ten cuidado y _____. No le digas a nadie que estamos aquí.

ACIERTOS ...../6

16.5 Complete con *lo* o *la.*

1. –¿Has preparado la comida? –No, no _la_ he preparado. No he tenido tiempo. _Lo_ siento.
2. –Felipe es muy inteligente. –Sí, pero la verdad es que no ____ parece.
3. –¿Sabéis dónde está Rosario? –No, no ____ sabemos. Hace mucho que no ____ vemos.
4. –¿Quieres conducir tú un poco? –No, gracias, prefiero no hacer ____.
5. –¿Estás cansado? –Sí, la verdad es que ____ estoy.
6. –Elena dice que es actriz. –Pues no ____ es. Es esteticista.
7. –¿De dónde es Lucía? ¿Es chilena? –No, no ____ es. Es peruana.
8. –Jesús y Ángel dicen que son actores. –Pues no ____ son.

ACIERTOS ...../10

17 No te nos escondas. Nos cayó encima.
Pronombres personales de objeto indirecto

● *Me, te, le...* se usan como objeto indirecto (OI) del verbo para referirse a alguien presente o a personas, animales o cosas mencionados anteriormente, a los que afecta indirectamente la acción del verbo. ▶ APÉNDICE 6

> **Me** (OI) *han regalado unas entradas* (OD) *para el concierto de Baremboim.*
> *Están un poco deprimidos. No* **les** (OI) *hace caso* (OD) *nadie.*
> *¿***Os** (OI) *caen bien mis amigos?*

– Se usa *le, les* además del nombre al que se refiere cuando se menciona este por primera vez.

> *–¿Qué* **le** *vas a decir* **al jefe***? –La verdad. Que he perdido el autobús.*
> *Se enfadó y* **le** *pegó una patada* **a la cartera***.*

– *Me, te, le...* van normalmente delante del verbo, pero van detrás del infinitivo, del gerundio o del imperativo afirmativo.

> **Nos ha enviado** *una postal Sara.*   *Hay que* **quitarle** *la piel al plátano.*
> *Estoy* **cambiándole** *el aceite al coche.*   *¡***Dale** *una torta!*

– También van delante de los pronombres personales de objeto directo. En este caso, *le, les* cambian a *se.*

> *–¿Quién te ha enviado la postal? –***Me la** *ha enviado Sara.*
> *–¿***Se lo has dicho** *ya a tus padres? Tienes que* **decírselo***.*

● Se suele usar *me, te, le...* para señalar la persona afectada por algo hecho a su cuerpo o a un objeto personal suyo.

> **Me** *han sacado* **una muela***.*   **Le** *manché* **la falda** *a Andrea.*

● Se usa *me, te, le...* para indicar un interés en una acción de otra u otras personas.

> *No te* **nos** *escondas.*
> *El niño* **me** *come de maravilla, pero no* **me** *duerme bien.*

● Se usa *me, te, le...* en lugar de una construcción con *de* + pronombre con expresiones de lugar: *encima de, al lado de, enfrente de, alrededor de, detrás de...*

> *Cayó* **encima de nosotros***. =* **Nos** *cayó* **encima***.*
> *Se sentó* **al lado de ellos***. = Se* **les** *sentó* **al lado***.*
> *Va* **detrás de ella***. =* **Le** *va detrás.*

● Generalmente se usa *le* con *a cualquiera / a alguien / a nadie/ a todo el mundo*, cuando nos referimos a algo en sentido general.

> *Esto* **le** *sienta mal* **a cualquiera***.*   *Eso no* **le** *importa* **a nadie***.*
> *¿***Le** *importa* **a alguien** *lo que yo pienso?*

● Algunas expresiones llevan siempre un pronombre de objeto indirecto. En algunos casos se trata de expresiones fijas, que no cambian...

– *¡No te fastidia!* = exclamación ante algo que disgusta o molesta

> *¡***No te fastidia***! ¡Ahora me dice Carlos que no puede sacar las entradas!*

– *¡Qué le voy/vas/vamos a hacer!* = expresión de paciencia o resignación

> *¡***Qué le vamos a hacer***! Hoy no hemos tenido suerte.*

...y en otras pueden cambiar los pronombres según el referente.

– *¡Me las pagarás! ¡Nos las pagarás!* = expresión de amenaza hacia otra(s) persona(s)

> *No te preocupes. ¡Ya* **me las pagarás***!*
> *¡***Me las pagaréis***!*

17 EJERCICIOS

17.1. **Escriba frases con los verbos entre paréntesis y los pronombres adecuados de OD y OI.**

1. –¿Quieres que te sirva café? –Sí, por favor. (*Sirve*) ___Sírvemelo.___
2. –He recibido una postal de Carmen. –¿Qué (*dice*) _____?
3. Tengo que (*comprar*) _____ algo a Jesús.
4. Llama a Lola y (*di*) _____ si quiere salir esta noche.
5. Javi, (*lava*) _____ el coche cuando puedas. Lo necesito para mañana.
6. ¿(*Has preguntado*) _____ a Delia si viene? Tienes que (*preguntar*) _____.
7. –¿Qué (*pasa*) _____ a Juan? –Que (*duele*) _____ la cabeza.
8. ¿Por qué estáis tan contentos? –(*han subido*) _____ el sueldo.
9. No me encuentro bien. (*Trae*) _____ una aspirina, por favor.
10. –¿Por qué está enfadada Charo? –(*He roto*) _____ las gafas sin querer.
11. ¿(*Has invitado*) _____ a tus primos? Tienes que (*invitar*) _____.
12. –¿Por qué estás enfadado? –(*han bajado*) _____ el sueldo.
13. –¿Qué estás haciendo? –(*Arreglando*) _____ la lavadora a Lidia.
14. –Ayer vi a Antonio (*haciendo*) _____ los ejercicios a Sara.
15. –¿Qué hacia Mara en tu casa? –Estaba (*ayudando*) _____ a preparar la fiesta.
16. ¿(*Has devuelto*) _____ el diccionario a María? Tienes que (*devolver*) _____.
17. ¿(*Has dado*) _____ las notas a los estudiantes? Hay que (*dar*) _____.

ACIERTOS ...../22

17.2. **Escriba una frase con las palabras subrayadas y los pronombres adecuados como en el ejemplo.**

1. <u>Se muere</u> Arlindo. Era nuestro amigo. ___Se nos muere.___ 4. <u>Se casa</u> tu hijo, María. _____
2. <u>Se va de casa</u> nuestro hijo mayor. _____ 5. <u>No te escondas</u>. Quiero hablar contigo. _____
3. El niño de Pati <u>no come nada</u>. _____ 6. Está muy triste por su mujer. <u>Se muere</u>. _____

ACIERTOS ...../6

17.3. **Vuelva a escribir las frases usando pronombres de OI.**

1. Anoche cayó encima de nosotros una lluvia tremenda. ___Anoche nos cayó encima una lluvia tremenda.___
2. Colocó un altavoz al lado de él. _____
3. Pusieron flores alrededor del monumento. _____
4. Van a abrir un bar enfrente de vosotros. _____
5. La rama ha caído delante de mí. _____
6. Los perros venían detrás de ellos. _____

ACIERTOS ...../6

17.4. **Vuelva a escribir las frases con *le*.**

1. No gusta a nadie. ___No le gusta a nadie.___
2. Esto preocupa a todo el mundo. _____
3. Eso no importó a nadie. _____
4. Esto interesa a cualquiera. _____

ACIERTOS ...../4

17.5. **Complete con las expresiones del recuadro.**

> ¡Me las pagarás!   ¡Nos las pagaréis!   ¡No te fastidia! (2)   ¡Qué le voy a hacer!
> ¡Qué te vas a hacer!   ¡Qué le van a hacer!   ¡Qué le vamos a hacer!

1. ___¡Qué le vas a hacer!___ Otro día te tocará ganar.
2. _____ Quería que le invitara a cenar. ¡Con el dinero que tiene!
3. Nos habéis estropeado las vacaciones. Pero no os preocupéis. _____.
4. _____ Tenemos que tener paciencia.
5. _____ Ahora dice que le tengo que pagar las gafas que le rompí.
6. Me has quitado el puesto, pero no te preocupes. _____.
7. Su hija no quiere estudiar. _____. Tendrán que aceptarlo.
8. Yo no quiero, pero en el banco me quieren prejubilar. _____. No puedo decir que no.

ACIERTOS ...../8

43

Se han hecho un chalé. Me bebí un café.
Usos de *me, te, se...*

● Se usa *me, te, se...*

– para indicar que una acción se hace sobre la misma persona que realiza la acción o sobre el cuerpo o un objeto personal de esa persona...

> Mario **se afeita** ya. Está hecho un hombre
> Juan **se hace la cama** él solo. (= su cama)

> **Me he dislocado el tobillo**.
> ¡Tened cuidado! **Os vais a matar**.

...o en interés de esa persona.

> Los Viruzela **se han hecho** un chalé en la sierra. (Lo ha hecho el constructor para ellos.)
> Tengo que cortar**me** el pelo. (Lo hará el peluquero.)   **Me he comprado** un coche.

– para indicar que la acción afecta al sujeto de la acción, no a otra persona o cosa.

> **Se alegró** de verme.

> Arturo no **se enfada** por nada.

Compare:

Me canso fácilmente cuando hago ejercicio. Elisa es muy miedosa. **Se asusta** fácilmente.	Hacer ejercicio **cansa** a cualquiera. No **asustes** a los niños, Ramón.

● *Me, te, se...* suelen ir delante del verbo, pero detrás del infinitivo, del gerundio o del imperativo afirmativo.

> En verano **nos acostamos** tarde.
> Estoy **afeitándome**. Tardo dos minutos.

> Tengo que **lavarme el pelo**.
> **Hazte** la cama.

● Algunos verbos llevan siempre *me, te, se...*: *abstenerse, acatarrarse, accidentarse, acordarse, apiadarse, arrepentirse, atenerse, atreverse, jactarse, obstinarse, quejarse, suicidarse, ufanarse...*

> ¿**Te atreves** a tirarte desde el puente?

> María **se está quejando** siempre.

> **ATENCIÓN:**
>
> No ~~arrepiento~~ de nada. → No **me arrepiento** de nada.

● Se usa *me, te, se...* con verbos que indican ingerir –*comer, beber, tomar, cenar, fumar*– procesos mentales –*aprender, conocer, creer*– y otros como *ganar, gastar, apostar, jugar...* cuando se menciona una cantidad determinada, con expresiones con *todo/a/os/as*, o cuando se quiere enfatizar determinado comportamiento.

> ¡Qué chica más lista! **Se ha aprendido dos lecciones** en una semana.
> **Nos comimos toda la tortilla**.

> Son unos incrédulos. **Se lo creen todo**.

Compare:

Rocío **come** muchos kiwis. (hábito)	**Se come dos** kiwis para cenar. (énfasis en cantidad)

> **ATENCIÓN:**
>
> ~~Me bebí~~ café. → **Bebí café**. o **Me bebí un café**.

● Algunos verbos tienen diferente significado según se usen con o sin *me, te, se...*

acordar (= llegar a un acuerdo)	acordarse (= recordar)
bajar (= descender)	bajarse (= salir de un vehículo o descargarse contenidos de internet)
dejar (= abandonar o permitir)	dejarse (= olvidar algo en un sitio)
encontrar (= hallar)	encontrarse (= sentirse o estar ubicado)
ir (= dirigirse a un lugar)	irse (= alejarse de un lugar)
llamar (= decir en voz alta o avisar)	llamarse (= tener un nombre)
llevar (= transportar)	llevarse (= tomar consigo)
marchar (= caminar, andar)	marcharse (= salir, partir)
parecer (= tener aspecto)	parecerse (= tener idéntico aspecto)
perder (= quedarse sin algo)	perderse (= extraviarse)
salir (= irse)	salirse (= abandonar o rebosar)
venir (= dirigirse a un lugar)	venirse (= regresar definitivamente)

18.1. **Rodee la forma correcta.**

1. _Me_/ø aburro cuando no trabajo.
2. _Me_/ø he hecho daño en el cuello.
3. ¡José es un pesado! _Se_/ø aburre a cualquiera.
4. Josefa _se_/ø arregla mucho. Va siempre muy elegante.
5. Cuando voy a fiestas, _me_/ø pinto un poco.
6. Nosotros _nos_/ø hacemos la comida todos los días. No nos gusta comer fuera.
7. Si seguís en la terraza _os_/ø vais a quedar helados.
8. Mi hijo pequeño _se_/ø asusta de los perros grandes.
9. Si puedo, _me_/ø haré un traje azul a medida.
10. Esa película de zombis _se_/ø asusta a cualquiera.
11. Miguel _se_/ø enfada mucho a sus padres.
12. Roque _se_/ø enfada fácilmente.
13. Estos alumnos _se_/ø cansan rápido.
14. Estos niños _se_/ø cansan a cualquiera.

ACIERTOS ....../14

18.2. **Complete con la forma entre paréntesis y _me, te, se..._ en caso necesario.**

1. Tienes que (cortar) ___cortarte___ el pelo, Mario. Lo tienes muy largo.
2. Algunos cantantes (enloquecen) _____ a los jóvenes.
3. Cuando Ramón (enfada) _____, (convierte) _____ en otra persona.
4. Tengo que (cortar) _____ las ramas a este árbol.
5. –¿A qué hora (levantas) _____ entre semana? –Yo (levanto) _____ a las siete y luego (levanto) _____ a los niños a las ocho.
6. Las flores (alegran) _____ mucho una casa.
7. No (preocupes) _____. Ya he reservado los billetes por internet.
8. Tengo prisa. Hoy no me va a dar tiempo a (maquillar) _____.

ACIERTOS ....../11

18.3. **Complete con la forma entre paréntesis y _me, te, se..._ en caso necesario.**

1. Si quieres, (come) ___cómete___ la tarta. Yo ya no quiero más.
2. –¡Limonada! –(Bebe) _____ si tienes sed. Hay mucha.
3. Si tienes hambre, (come) _____.
4. No (quejes) _____, Rocío. Yo trabajo más que tú.
5. ¿(Sabes) _____ la lección, Armando?
6. No tienes que (arrepentir) _____ de nada. Tú no tienes la culpa.
7. No dejes nada. (Toma) _____ toda la sopa, por favor.
8. No (creo) _____ ni la mitad de lo que dices.
9. ¿(Habéis comido) _____ toda la fabada?
10. Sofía (gasta) _____ cien euros en una blusa.

ACIERTOS ....../10

18.4. **Rodee la forma correcta.**

1. Se ve que son madre e hija. Parecen/Se parecen mucho.
2. ¿Acuerdas/Te acuerdas de cuándo estuvimos en Manila?
3. Tienes que llamar/llamarte a Lydia.
4. Hemos acordado/Nos hemos acordado cerrar los sábados.
5. ¿A qué hora sale/se sale tu avión?
6. No bajes/te bajes películas de internet. Es ilegal.
7. Mi pueblo encuentra/se encuentra en lo alto de una colina.
8. Salimos/Nos salimos de la película a la mitad. Era terrible.
9. Marcha/Márchate ya si quieres llegar a tiempo a la estación.
10. ¿Quién ha llevado/se ha llevado mi paraguas?

ACIERTOS ....../10

19 *para sí, consigo*
Pronombres con preposición

● *Mí, ti, él...* se usan con preposiciones para referirse a alguien presente o a personas, animales o cosas mencionadas anteriormente. ▶ APÉNDICE 6

> *¿No estaréis hablando **de mí**?*
> *Y **a ti**, ¿quién te ha invitado a esta fiesta?*
> *–¿**Para quién** es ese paquete? –**Para vosotras**.*
> *¿Qué haríais **sin nosotros**?*
> *Dile a Julio que tengo un recado **para él**.*
> *¿Quién se sienta **delante de ti**?*
> *Olvida ese asunto. No quiero hablar más **de ello**.*

*Póngase **detrás de nosotros**, por favor.*

– Se pueden usar las preposiciones + *él, ella* para referirse a una cosa.

> *Me gusta **esta película**. **En ella** hay mucha acción.*
> *Es **un piso** muy malo. No sé qué habrán visto **en él**.*

– Detrás de *entre, excepto, hasta* (= incluso), *incluso, menos, según,* se usa *yo* y *tú.*

> *Aquí manda todo el mundo, **hasta tú**.*
> *Creo que **excepto yo**, todos sabían lo de Elena.*

– *con + mí = conmigo, con + ti = contigo*

> *¿Vienes **conmigo** a ver a Joaquina? Le va a gustar.*
> *Quiero hablar **contigo** un momento, Bernardo.*

● Se usa *sí* para referirse a *él, ella, ellos* y *ellas*, cuando el objeto de la preposición es el mismo que el sujeto de la frase.

> *Lo pensó (él) **para sí** (él).*
> *¿Sabes si el piso lo quieren (ellos) **para sí** (ellos) o para sus hijos?*

Compare:

He visto a Rosana con su hija. Estaba comprando ropa **para ella**. (para su hija)	He visto a Rosana con su hija. Se estaba comprando ropa **para sí**. (para Rosana)

– *con + sí = consigo*

> *Se enfadó **consigo** y se fue.*
> *Abel se ha llevado todo el dinero **consigo**.*

– Con *sí* y *consigo*, y con *mí, ti, usted, ustedes, conmigo* y *contigo*, cuando se refieren al sujeto de la frase, se usa frecuentemente *mismo, misma, mismos, mismas* para hacer énfasis.

> *Habla **para sí misma**.*
> *Solo piensa **en sí mismo**.*
> *¿Lo quieres **para ti mismo** o es para un amigo?*
> ***Me enfado conmigo mismo** porque siempre cometo los mismos errores.*
> *No te enfades conmigo, **enfádate contigo mismo**.*

*Parece un poco loco. Siempre va hablando **consigo mismo**.*

19.1. Observe las situaciones y complete las frases con los pronombres adecuados.

① Esa chica se sienta detrás de __mí__ en clase.

② Alguien pregunta por _____, Ivana.

③ Ten cuidado con el árbol. No te apoyes en _____

④ Siéntate aquí, entre Rafa y _____.

⑤ Aquí trabaja todo el mundo menos _____

⑥ Perdone, pero he llegado antes que _____.

⑦ Esa silla está rota. No te sientes en

⑧ No lo entiendo. Se ríen todos menos

19.2. Complete con el pronombre adecuado.

1. ¿Este paquete es para ____mí____? Yo estoy esperando uno.
2. Lo siento, estas raciones no son para _____. Son para otra mesa.
3. Si vienes con _____, te invito.
4. No os vayáis sin _____. Nosotras también queremos ir.
5. Hay quien piensa que hay algo entre _____ y _____, Rocío.
6. Me encanta esta ciudad. He pasado muy buenos años en _____.
7. −Siéntate a mi lado. −No, prefiero sentarme detrás de _____. Quiero tenerte delante.
8. ¿Te importa que vaya con _____? Es que no conozco muy bien el camino.
9. El director tiene mucha confianza en _____, Martín.
10. Elisa, según _____, ¿quién es el culpable?
11. No le digas nada a Juan. Prefiero hacer el viaje sin _____.
12. −¿Para qué te has hecho un chalé? −¿Para que va a ser? Para vivir en _____.
13. ¡Qué mala suerte, David! Han aprobado todos el carné de conducir menos _____.

19.3. Complete con el pronombre adecuado.

1. Nunca puedo hablar ___contigo___ a solas, Elisa.
2. Ten cuidado. El gato está debajo de _____, Mariano.
3. Eso lo diría Alberto para _____, porque nadie le oyó.
4. Nuria quiere mucho a su madre. Todo lo que gana lo quiere para _____.
5. Es muy egoísta. Lo quiere todo para _____.
6. Todo lo que he conseguido ha sido gracias a _____, Doña Inés.
7. El escritor siempre escribe para _____ y publica para los demás.
8. Cuando Carlota se fue, se llevó toda su ropa con _____.

19.4. Complete con *mí, ti, usted, ustedes, sí* y *mismo, misma, mismos, mismas*.

1. Roberto es un egoísta. Solo piensa en __sí mismo.__
2. Es un hombre muy raro. Se corta el pelo a _____.
3. ¡Qué creídas son! Siempre hablando de _____.
4. ¿Lo quieren para _____ o es para regalar?
5. Lorenzo me ha dado la mano con tal fuerza que se ha hecho daño a _____.
6. Me voy. Voy a abrir mi propia empresa. Prefiero trabajar para _____.
7. Cuidado. Te vas a hacer daño a _____ con esos comentarios.
8. Me gusta estar a solas con _____. Así puedo pensar.
9. Lo importante, Lorena, es que estés contenta con _____.

20 *Aquí se come bien. Se esperaba que lloviera.*
Se impersonal

En *este restaurante* **se come** *de maravilla*

Se rumoreaba que el Presidente iba a dimitir, pero lo ha negado esta mañana.

● Se usa *se* con un sentido general en algunas construcciones que no tienen un sujeto concreto.

  – *se* + 3ª persona del singular

  > *Cada vez* **se trabaja** *más y* **se gana** *menos.* (En general; no nos referimos a nadie concreto.)
  > *Aquí antes* **se vivía** *bien, pero esto ha cambiado mucho.*

  PERO: esta construcción no es posible con verbos que ya llevan *se.* En ese caso, para hablar de algo en sentido general se usa *la gente* o *uno.*

  > *En estas fiestas* ~~se lo pasa~~ *en grande.* → *En estas fiestas* **se lo pasa uno** *en grande.*
  > *En el campo en invierno* ~~se acuesta~~ *muy temprano.* → *En el campo en invierno* **la gente se acuesta** *muy temprano.*

  • *Uno* suele ir detrás del verbo.

  > *En algunos países* **no se siente uno** *libre.*

  – *se* + 3ª persona del singular + infinitivo, con determinados verbos que suelen ir seguidos de infinitivo: *deber, necesitar, poder, saber, soler…*

  > *En las familias grandes, no* **se puede ser** *egoísta.*
  > *No* **se necesita ser** *muy listo para darse cuenta de que ciertas cosas están mal.*
  > *Estoy seguro de que pronto* **se podrá viajar** *por el espacio.*

  – *se* + 3ª persona del singular + *que* + indicativo con verbos como *creer, decir, pensar, rumorear, saber, sospechar, suponer, ver,* para expresar algo de forma impersonal, general, sobre alguien o algo concreto.

  > **Se dice que ha habido** *una explosión en la fábrica de cemento.*
  > **Se rumoreaba que** *el Presidente* **había dimitido***, pero lo ha negado esta mañana.*
  > **Se piensa que** *en esa cueva* **hay** *enterrado un tesoro.*
  > **Se sabe que hay** *unas ruinas romanas en la zona, pero no se sabe dónde.*

  – *se* + 3ª persona del singular de *esperar* + *que* + subjuntivo

  > **Se espera que** *el paro* **aumente** *en los próximos meses.*

  • Se usa el presente de subjuntivo cuando nos referimos al futuro.

  > **Se espera que haya** *elecciones pronto.*
  > **No se espera que venga** *mucha gente a la conferencia.*

  • Se usa el pretérito imperfecto de subjuntivo cuando nos referimos al pasado.

  > **Se esperaba que lloviera***, pero al final no cayó ni una gota.*
  > **No se esperaba que viniera** *mucha gente, pero luego se llenó el local.*

20 EJERCICIOS

20.1. **Complete con los verbos del recuadro y *se, y uno o la gente* donde sea necesario.**

> acostarse   comer   dormir   gastarse   ~~madrugar~~   respirar   sentirse   tratar   viajar   vivir

1. En verano en el campo ___se madruga___ mucho.
2. Fuera de la ciudad _____ un aire más puro.
3. En esta empresa, _____ muy a gusto.
4. En estos colchones _____ estupendamente, se lo aseguro.
5. En algunas partes, _____ muy mal a los animales.
6. Estoy seguro de que pronto _____ a otros planetas.
7. En Italia _____ de maravilla.
8. En el sur de España _____ muy tarde.
9. Aquí, como hace calor, _____ poco en ropa.
10. Como aquí no _____ en ningún sitio.

ACIERTOS ...../10

20.2. **Vuelva a escribir las frases con el verbo entre paréntesis y *se*.**

1. No es posible ir en coche por este bosque. (*poder*) ___No se puede ir en coche por este bosque.___
2. En España antes era costumbre cenar muy tarde. (*soler*) _____ .
3. Es necesario tener visado para viajar a China. (*necesitar*) _____ .
4. No es posible vivir bien sin trabajar. (*poder*) _____ .
5. No es aconsejable usar el móvil mientras se conduce. (*deber*) _____ .
6. Antes no era posible viajar a los países de la Europa del Este. (*poder*) _____ .
7. Antes, para ser policía, no era necesario tener estudios. (*necesitar*) _____ .
8. En España es costumbre beber vino en las comidas. (*soler*) _____ .
9. No es aconsejable hacer fuego en el campo. (*deber*) _____ .
10. Antes no era posible viajar de España a Portugal sin pasaporte. (*poder*) _____ .
11. Pronto se tendrán conocimientos para curar el cáncer. (*saber*) _____ .

ACIERTOS ...../11

20.3. **Complete las frases con el verbo entre paréntesis en el tiempo adecuado y *se*.**

1. (*rumorear*) ___Se rumorea que___ va a haber cambios en el gobierno.
2. (*decir*) _____ Eva era hija de Alfonso.
3. (*sospechar*) _____ esa empresa está a punto de quebrar.
4. (*pensar*) _____ iba a cambiar el tiempo, pero ha seguido haciendo frío.
5. (*esperar*) _____ ganen los candidatos del gobierno.
6. (*decir*) _____ en esa casa había fantasmas.
7. (*rumorear*) _____ el tesorero había robado dinero.
8. (*saber*) _____ Colón nació en Génova.
9. (*suponer*) _____ la nueva secretaria es una enchufada del director.
10. Antes no (*saber*) _____ la Tierra era redonda.

ACIERTOS ...../10

20.4. **Complete con la forma adecuada de los verbos entre paréntesis.**

1. Se espera que el secretario (*dimitir*) ___dimita.___
2. Se sospecha que (*haber*) _____ bastantes heridos en el accidente.
3. No se esperaba que los controladores (*ponerse*) _____ en huelga.
4. Se rumoreaba que Adela (*estar*) _____ enamorada de Agustín.
5. Se decía que Juan (*estar*) _____ en la cárcel de joven, pero no era cierto.
6. Se espera que (*volver*) _____ a bajar la Bolsa.
7. Se piensa que (*mejorar*) _____ la economía, pero yo veo que está todo igual.
8. No se esperaba que (*haber*) _____ tantos alumnos este año.
9. Se esperaba que el gobierno (*subir*) _____ los impuestos, pero no lo ha hecho.
10. No se espera que (*cambiar*) _____ el tiempo.

ACIERTOS ...../10

49

21 *Se acusó a los detenidos. Se necesitan extras.*
Otras construcciones con *se*

● Se usa *se* en algunas construcciones en las que no se considera necesario o importante expresar el agente activo de una acción.

– *se* + 3ª persona singular + *a* + complemento de persona

> *Nada más comenzar el congreso, **se dio** la bienvenida **a los participantes**.* (No se considera relevante quién dio la bienvenida.)
> *Tras el juicio, **se consideró** culpables **a los detenidos**.*

Compare:

La policía acusó a los detenidos de robo con violencia. (Se indica quién hizo la acusación.)	*Se acusó a los detenidos de robo con violencia.* (No se indica quién hizo la acusación; no se considera relevante.)

– (*a* + complemento de persona +) *se* + *me, te, le/lo/la, nos, os, les/los/las* + 3ª persona singular

> *A algunas personas **se les/las engaña** fácilmente.*

> ● Se usa esta construcción con determinados verbos psicológicos de influencia: *asustar, convencer, engañar, animar, divertir, impresionar, sorprender...*
>
> > *A los niños **se les/los asusta** enseguida.*
> > *Soy muy influenciable. **Se me convence fácilmente**.*

– (sujeto +) *se* + 3ª persona singular o plural (+ sujeto)

> *Al principio del acto, **se leyó la lista** de participantes.* (No se considera relevante quién leyó la lista.)
> *Hace unos años **se podían** comprar **estas casas** muy baratas.*
> ***Se necesitan extras** para una película de romanos. ¿Por qué no nos presentamos?*
> ***Las becas se piden** en la Secretaría.*
> *Es posible que **las elecciones se celebren** este verano.*
> *En algunos hospitales **no se permiten visitas** después de las ocho de la noche.*
> *Cuando era joven s**e llevaban los pantalones campana**.*

● Se usa *se* en algunas construcciones con verbos de acción y sujetos que no son los agentes de la acción.

– (sujeto +) *se* + 3ª persona singular o plural (+ sujeto)

> ***La ventana se cerró** de repente.*
> *¿Crees que **se habrá enfriado** ya **el caldo**?*
> ***Las heridas se curan** con el sol.*
> ***Se ha derrumbado el puente** por la riada.*

> **ATENCIÓN:**
>
> Hacía viento y la ventana ~~abrió~~. → Hacía viento y la ventana **se abrió**.

> ● En algunos casos, *se* es opcional:
>
> > *Esta puerta no **(se) cierra** bien.*

– *se* + *me, te, le...* + 3ª persona singular o plural + sujeto para indicar que algo pasa en el sujeto.

> *Tengo mucho sueño. **Se me cierran los ojos**.*
> ***Se nos llenaron los ojos** de lágrimas.*
> *A mí **se me encoge el corazón** cuando veo llorar a un niño.*
> *A Ricardo **se le alegra el alma** cuando ve a Sonia.*

21 EJERCICIOS

21.1 **Vuelva a escribir las frases con se.**

1. Acusaron a los agentes de traición. _____ Se acusó a los agentes de traición. _____
2. Dieron un gran aplauso a la orquesta. _____
3. Allí respetaban mucho a los ancianos. _____
4. Auxiliaron a los heridos inmediatamente. _____
5. Vieron a los jugadores bajar del autobús. _____
6. Criticaron mucho al entrenador. _____
7. Recibieron a los socios en el gimnasio del club. _____
8. Alojaron a los turistas en un buen hotel. _____

ACIERTOS / 8

21.2 **Vuelva a escribir las frases con se.**

1. Es fácil engañarme. _____ A mí se me engaña fácilmente. _____
2. Es fácil convencer a algunas personas. _____
3. Es fácil asustar a los ratones. _____
4. Es fácil divertir a los turistas. _____
5. Es fácil impresionar a los niños. _____
6. Es fácil irritar a mi jefe. _____
7. Es fácil animar a Julio a salir. _____

ACIERTOS / 7

21.3 **Vuelva a escribir las frases subrayadas con se.**

1. Cuando era joven, la gente llevaba pantalones campana. _____ se llevaban los pantalones campana. _____
2. La gente compra los billetes en la taquilla. _____
3. No está permitido fumar en la oficina. _____
4. En la orquesta municipal necesitan músicos. _____
5. En España la gente come poca pasta. _____
6. La gente vende pocos pisos ahora. _____
7. Antes, la gente no pagaba impuestos. _____
8. Ahora, la gente puede ver muchas cadenas de televisión. _____

ACIERTOS / 8

21.4 **Escriba las frases con se y las palabras entre paréntesis.**

1. Se va a caer el cuadro. (no sujetar, bien) _____ No se sujeta bien. _____
2. Cuelga aquí la ropa, si no (no secar, bien) _____ .
3. Pon los vasos en la alacena, así (no ensuciar) _____ .
4. Si esto sigue así, la empresa (arruinar) _____ muy pronto.
5. Pon la camisa en una percha, así (no arrugar) _____ .
6. Engrasa un poco la cerradura, así (no oxidar) _____ .
7. Cierra bien la ventana, así el tráfico (no oír) _____ .
8. Esta puerta (abrir) _____ muy mal.
9. No podemos seguir. El coche (averiar) _____ .
10. No hay nada de agua en esta zona. El río (secar) _____ .

ACIERTOS / 10

21.5 **Escriba las frases con se con las palabras entre paréntesis.**

1. Tengo hambre. (abrir, la boca) _____ Se me abre la boca. _____
2. Me da mucha pena ver mendigar a niños. (partir, el corazón) _____
3. Con la televisión, (al abuelo, cerrar, los ojos) _____
4. Cuando oímos la música, (hacer, un nudo en la garganta) _____
5. Cuando conduce Almudena. (poner, el pelo de punta) _____
6. Cuando estoy de vacaciones, (alegrar, el ánimo) _____
7. Al ver toda esa comida, no pude comer. (quitar, el apetito) _____
8. Cuando viene Carlos a comer, (a Eva, iluminar, el rostro) _____

ACIERTOS / 8

22 *la mujer que, la chica con (la) que*
Relativos (1)

Los relativos introducen una oración que añade información sobre un elemento de una oración anterior. En muchos casos, la información sirve para identificar o definir a la persona, animal o cosa de la que se está hablando, o decir de ella algo que la diferencia de otros nombres de su misma clase. ▶ **APÉNDICE 7**

▶ **UNIDAD 83:** Oraciones de relativo especificativas

> *¿Habéis visto **los documentos que** estaban en mi mesa?* (Identifica los documentos a los que me refiero.)
> *–¿Qué manzanas quiere? –Deme **esas que** tiene en esa caja.* (Identifica las manzanas a las que me refiero.)

● Cuando la información sirve para identificar o diferenciar, se pueden usar *que, el que, la que, los que, las que* para referirse a personas, animales o cosas, *y quien, quienes* para referirse únicamente a personas.

> *Está aquí **la mujer que** ha llamado antes.*
> ***Aquellos que** quieran ir al teatro, que pasen por secretaría.*
> *Mira, esta es **la casa en la que** vivía de pequeño.*

> *Me encantan **los poemas que** has escrito.*
> ***Los chicos con los que / con quienes** vivo son rusos.*
> *Hoy he conocido a la profesora **de la que / de quien** me habías hablado.*

ATENCIÓN:

> *He hablado con ~~la persona quien~~ se encarga de las matrículas.* → *He hablado con **la persona que** se encarga de las matrículas.*

– Actualmente, *quien, quienes* no se usan mucho. Se prefiere *el que, la que, los que, las que*.

> *Los compañeros **con quienes** trabajo son extraordinarios.* → *Los compañeros **con los que** trabajo son extraordinarios.*

– Con *a, con, de, en + el que, la que, los que, las que*, en muchos casos se puede omitir *el, la, los* o *las* cuando se refieren a objetos.

> *Mira, esta es **la casa en (la) que** vivía de pequeño.* *Aquí tengo **la novela de (la) que** te hablé.*

> **PERO:** *¿Sabes la hora ~~a que~~ llegaron?* → *¿Sabes **la hora a la que** llegaron?*
> *Esa es la ~~calle por que~~ paso todos los días.* → *Esa es **la calle por la que** paso todos los días.*
> *Te tengo que presentar ~~al chico con que~~ salgo.* → *Te tengo que presentar **al chico con el que** salgo.*

– Cuando está claro en el contexto, se puede omitir el nombre al que se refiere el relativo.

> *–¿En qué cama duermo? –**En la (cama) que** tú quieras.*
> *–¿Qué tipo de pluma quieres? –**Una (pluma) que** use cartuchos.*
> *–¿Qué tipo de chica prefieres? –**Una (chica) con quien** pueda hablar.*

> ***La (persona) que** manda aquí soy yo.*
> *–¿Qué manzanas quiere? –Deme **esas (manzanas) que** tiene ahí.*

● Para referirnos a personas en sentido general o cuando está claro a quién nos referimos se puede usar *quien, quienes* o *el que, la que, los que, las que* sin referirse a ningún nombre específico.

> ***Quien / El que** come mucho, engorda.* (= todas las personas que comen mucho)
> ***Quienes / Los que / Las que** tengan las entradas, que pasen.* (= todas las personas o todas las chicas de un grupo)

– *El que, la que, los que, las que* se pueden usar con sentido generalizador pero dirigido a personas concretas. En ese caso, van en la forma que corresponda a la persona a la que se refieren.

> *Ya lo sabes, **Julia**. **La que** estudia, aprueba.*
> *Venga, **Ángel**. **El que** invita, paga.*

● Se usa *lo que* para referirse a una información o a una idea (= la cosa que)

> *Lo siento, pero no entiendo **lo que** dices.*
> *Quiero hablar contigo **de lo que** comentaste anoche.*

> *Estoy a tu servicio **para lo que** tú quieras.*

– Se puede usar *lo que* en las siguientes construcciones:

   • *lo que* + verbo + 3ª persona singular o plural *ser* + nombre o infinitivo

   > *–Necesitas un empleo. –**Lo que necesito es dinero**.*
   > ***Lo que me molesta son los atascos** de tráfico.*

   > ***Lo que no me gusta es madrugar**.*

   • *lo que* + verbo + 3ª persona singular *ser* + *que* + oración

   > ***Lo que quiero es que** me ayudes.*
   > ***Lo que no me gustó fue que** no nos avisaras.*

   > ***Lo que pasa es que** no tengo sueño.*

22.1. Rodee el relativo correcto.

1. He hablado con la persona (que)/*quien* está encargada de la exposición.
2. Hoy va a venir el amigo *del que / de que* te he hablado tanto.
3. El hombre *con quien / con que* Elena vivía era un espía.
4. Esta es la pluma *con quien / con que* firmo los contratos. Me da suerte.
5. Esa es la puerta *por que / por la que* salen los actores.
6. *El que / Que* decides eres tú.
7. Aquellos *que / los que* no lleven equipaje, pueden embarcar directamente.
8. –¿Cuál es tu abrigo? –Uno *que / el que* tiene solapas rojas.

ACIERTOS
....../8

22.2. Complete con *que, el que, la que, los que, las que, quien* o *quienes*.

1. Hicimos parte del viaje con un coreano con __el que/quien__ habíamos hecho amistad.
2. Miguel nos quiere presentar a la chica con _____ sale.
3. No olvidéis que _____ tiene el coche soy yo.
4. No debo ser yo _____ haga eso.
5. Por ahí va el vecino nuevo de _____ nos han hablado.
6. Estos son los conciertos para _____ tengo entradas.
7. Yo quiero unos amigos con _____ poder divertirme.
8. Se me ha roto la máquina con _____ me afeito.
9. ¿Te han dicho la hora a _____ empieza la fiesta?
10. Esta es la ranura en _____ tienes que insertar la tarjeta.

ACIERTOS
....../10

22.3. Complete con los relativos adecuados.

1. __Quien / El que__ diga eso, se equivoca.
2. _____ quieran participar en la obra, tienen que venir el viernes a las seis.
3. Anímate Ángel. _____ tiene boca, se equivoca.
4. _____ paga, descansa.
5. Venga, chicas. _____ acabéis, os podéis marchar.
6. Escuchad, chicos. _____ griten no salen al recreo.
7. _____ dicen eso, aciertan.
8. Cuidado, Arturo. _____ la hace, la paga.

ACIERTOS
....../8

22.4. Complete con *el que, la que, los que, las que* o *lo que*.

1. Podemos hablar de __lo que__ quieras.
2. Mira, ese es el artista en _____ estaba pensando para la nueva exposición.
3. ¿Quiénes son _____ te han insultado?
4. Me he arrepentido de _____ te hice.
5. Piensa en una cosa en _____ pienses mucho.
6. De _____ me asombro es de que seáis tan cabezotas.
7. –No me interesa la nota. –_____ te pasa es que tienes miedo de haber suspendido.
8. A ver, chicas, _____ estéis preparadas podéis ir empezando a entrenar.
9. –Tienes que ir al médico. –_____ yo necesito es descansar.

ACIERTOS
....../9

22.5. Complete los diálogos con las palabras entre paréntesis y *lo que*.

1. –Se te abre la boca. Tienes sueño. –No, no tengo sueño. (*hambre*) Lo que tengo es hambre.
2. –No te gusta trabajar. –Me gusta trabajar. (*trabajar gratis*) _____.
3. –Tú quieres que haga el ejercicio. –No quiero que lo hagas. (*decirme cómo se hace*) _____.
4. –No te gustó que te despertáramos. –No me importó. (*despertarme con tanto ruido.*) _____.
5. –No fuisteis al concierto. –Fuimos. (*pasar / llegar tarde*) _____.
6. –¿No te gusta la fruta? –Sí. (*las verduras*) _____.
7. –Te veo triste. –No estoy triste. (*pasar / estar aburrido*) _____.
8. –Me pediste que te dijera la verdad. –No. No te pedí eso. (*no mentirme*) _____.

ACIERTOS
....../8

La mujer, que había llamado antes,...
Relativos (2)

En algunos casos la información que introduce un relativo es complementaria, no necesaria para identificar o definir a la persona, animal o cosa de la que se está hablando. Esta información va entre comas en el lenguaje escrito o separada del resto por una pausa en el habla. ▶ **UNIDAD 84: Oraciones de relativo explicativas** ▮

> *Julián quiere jubilarse. Es más joven que yo.*
> ***Julián, que es más joven que yo***, *quiere jubilarse.*

● Cuando la información que añade un relativo es complementaria se pueden usar los siguientes relativos:

▶ APÉNDICE 7 ▮

– *que*, para referirse a personas, animales o cosas.

> *La **mujer**, **que** había llamado antes, se presentó en casa a la media hora.*
> *Entraron dos hombres y se llevaron **el Picasso**, **que** estaba en el salón principal.*
> *Entraron dos hombres y se llevaron todo el dinero y **el cuadro que tenía en el salón**, **que** yo había pintado ese verano.*
> *Me encanta ese **programa**, **que ya he visto** alguna vez.*

– (*a, con, de...+*) *quien, quienes*, para referirse únicamente a personas.

> *Los ladrones asaltaron primero al **portero**, **quien** acababa de abrir la puerta del edificio.*
> *Siempre recordaré a **mis padres**, **a quienes** tanto debo.*

  ● En el habla corriente, se prefiere *que* o *a, con, de + el que, la que, los que, las que*.

> *Los ladrones asaltaron primero al **portero**, **que** acababa de abrir la puerta del edificio.*
> *Siempre recordaré a **mis padres**, **a los que** tanto debo.*

– *a, con, de... + el que, la que, los que, las que*, para referirse a personas, animales o cosas.

> ***Andrés**, **del que** ya te he hablado, quiere que vayamos todos a Italia.*
> *Fernando descolgó **la lámpara**, **de la que** colgaban trozos de tela.*

– (*a, con, de... +*) *el cual, la cual, los cuales, las cuales*, para referirse a personas, animales o cosas.

> *Se puso a discutir con **Alfredo**, **el cual** había dicho que su libro era muy malo.*
> *Aquí se guarda el **agua**, **la cual** se distribuye a los pisos a través de una tubería central.*
> ***Elena**, **a la cual** ya conoces, quiere que nos reunamos el sábado.*
> *Faltaba **el director**, **sin el cual** no podía empezar el concierto.*

  ● Estas formas no se usan mucho en el habla corriente. En su lugar se prefiere *que* o *a, con, de + el que, la que, los que, las que*.

> *Se puso a discutir con **Alfredo**, **que** había dicho que su libro era muy malo.*
> *Aquí se guarda el **agua**, **que** se distribuye a los pisos a través de una tubería central.*
> ***Elena**, **a la que** ya conoces, quiere que nos reunamos el sábado.*
> *Faltaba **el director**, **sin el que** no podía empezar el concierto.*

– *lo que, lo cual*, para referirse a una idea o una información anterior.

> ***Me dijo una mentira**, **lo que/lo cual** no me gustó nada.*

  ● *Lo cual* es muy formal. En el habla corriente se prefiere *lo que*, o una expresión del tipo *algo que, cosa que, hecho que*.

> ***Me dijo una mentira**, **lo que / cosa que** no me gustó nada.*
> *Eva se fue sin despedirse, **lo que / hecho que** molestó a Javi.*

23.1. Complete con *que, quien, quienes, el que, la que, los que* o *las que*.

1. Sonia, ___que___ estaba duchándose, no pudo coger el teléfono.
2. Logramos hablar con el director, _____ nos dijo que solicitáramos el crédito.
3. Cogió la silla, en _____ había algunos libros, y la colocó junto a la ventana.
4. Raúl, con _____ estuve en Marruecos, quiere que vayamos a la India.
5. La herida, de _____ salía sangre, estaba bastante sucia.
6. El sindicato apoyó a los estudiantes, _____ estaban en huelga por la subida de las matrículas.
7. Reunió a sus amigos, _____ estaban en la Facultad, y les dio la noticia.
8. Subió las escaleras, _____ estaban resbaladizas por la lluvia.

ACIERTOS ...../8

23.2. Una las frases con relativos.

1. El director del museo nos enseñó la exposición. Habíamos hablado con él antes.
   El director del museo, con quien / el que habíamos hablado antes, nos enseñó la exposición.
2. Agustín nos recomendó que viéramos esta película. Es muy aficionado al cine.
   _____
3. El viento se llevó todas las nubes. Era muy fuerte.
   _____
4. A mi madre le alegró ver a Roberto. Roberto había estado antes en casa.
   _____
5. Esa película bate récords de taquilla. Ganará un Óscar.
   _____
6. Los invitados brindamos por los novios. Yo estaba entre ellos.
   _____
7. Esos pueblos están abandonados. Antes vivía mucha gente.
   _____
8. Juani se ha casado con un futbolista. La conozco desde pequeña.
   _____
9. Al novio de Rebeca le ha tocado la lotería. Es de Irlanda.
   _____
10. El restaurante de Andrea está siempre lleno. Tiene una estrella Michelin.
    _____
11. Un periodista argentino fue secuestrado ayer. Estaba en Ucrania.
    _____

ACIERTOS ...../11

23.3. Complete con *que, el que, la que, los que, las que, lo que* o *lo cual*.

1. Me dijo que era cirujano, ___lo cual/lo que___ me extrañó mucho.
2. La profesora de Hans, _____ es cubana, tiene un acento muy bonito.
3. La novela de Jorge, _____ tan buenas críticas ha tenido, se ha agotado.
4. Lucas se fue sin Pilar de la fiesta, _____ me resultó extraño.
5. Este manantial, de _____ ya casi no sale agua, antes rebosaba.
6. Aquí el único que trabaja es Luis, _____ no me parece justo.
7. La casa de Altea, a _____ voy en verano, es de mis padres.
8. Amelia y Rosa, con _____ me viste ayer, trabajan con mi mujer
9. Los países del Este asiático, por _____ he viajado mucho, me parecen fascinantes.

ACIERTOS ...../9

23.4. Complete utilizando la palabra entre paréntesis y el relativo correspondiente.

1. (*cosa*) Santi siempre nos hace esperar, cosa que me molesta bastante.
2. (*hecho*) En 2009 hubo una gran crisis económica, ____ tuvo graves repercusiones en nuestra economía.
3. (*algo*) Sonia se presentó en la fiesta con tres amigos, _____ no me hizo ninguna gracia.
4. (*cosa*) Adolfo se fue a vivir con Marta, _____ nadie esperaba.
5. (*algo*) Hemos recibido numerosas felicitaciones, _____ me sorprende.
6. (*hecho*) Hay mucha gente en el paro, _____ sorprendentemente no parece preocupar a nadie.

ACIERTOS ...../6

24 *la chica cuyo hermano, cuantos pasteles*
Relativos (3)

● Se usa (*a*, *de*, *con...* +) *cuyo*, *cuya*, *cuyos*, *cuyas* para indicar posesión y otro tipo de relaciones: parentesco, procedencia, etc. Sirve para identificar a una persona o cosa por su relación con otra, o para añadir información a un nombre. ▶ APÉNDICE 7

> *Tengo **un amigo**. **Su** padre es fotógrafo.* → *Tengo **un amigo cuyo padre** es fotógrafo.*
> *Ese señor es **escritor**. Te he hablado de **sus libros**.* → *Ese señor es **el escritor de cuyos libros** te he hablado.*

Mira. Esa es la chica **cuyo hermano** es actor de teatro.

La información que añade puede ser necesaria para diferenciar a la persona o cosa de la que se habla...

> *Una viuda es **una mujer cuyo marido** ha fallecido.*
> *He estado hablando con **la señora en cuya tienda quieres trabajar**.*

...o puede ser información complementaria.

> ***Aurelia**, **cuyo hermano** colabora con la Cruz Roja, cree que puede encontrarme trabajo.*

– *Cuyo*, *cuya*, *cuyos*, *cuyas* tienen la misma forma (masculino, femenino, singular o plural) que el nombre al que acompañan.

> *Conozco a una chica **cuya hermana** ha escalado el Aconcagua.*
> *Conozco a un señor **cuyos hijos** han estudiado Físicas.*

– Cuando nos referimos a una persona específica, a veces es más normal utilizar otro tipo de construcciones.

> *Esa es **la chica cuyo hermano** es actor de teatro. = Esa es la hermana del chico que es actor de teatro.*
> *Ese es **el señor cuyo perro** ganó el concurso. = Ese es el dueño del perro que ganó el concurso.*

● Se usa *cuanto*, *cuanta*, *cuantos*, *cuantas* + nombre + oración, para indicar cantidad, con el significado de *todo el*, *toda la*, *todos los*, *todas las que*. ▶ APÉNDICE 7

> *Te puedo dar **cuanto aceite** necesites. (= Todo el aceite que necesites.)*
> *Coge **cuantos higos** quieras. Hay muchos. (= Coge todos los higos que quieras.)*

ATENCIÓN:

> Come ~~cuantos pasteles~~. → *Come **cuantos pasteles** quieras.*

Come **cuantos pasteles** quieras. Yo no tengo hambre.

– *cuanto*, *cuanta*, *cuantos*, *cuantas* tienen la misma forma (masculino, femenino, singular o plural) que el nombre al que acompañan.

> *Coge **cuanto papel** necesites.*　　　　　*Coge **cuantas hojas** necesites.*

• *cuanto* (= todo el tiempo que, toda la cantidad que)

> *Duerme **cuanto** quieras. Estamos de vacaciones. (= Duerme todo el tiempo que quieras.)*
> *Come **cuanto** quieras. No te quedes con hambre. (= Como todo lo que quieras.)*

• *todo* + *cuanto* se utiliza a veces para dar mayor énfasis a la frase.

> *Se llevaron **todo cuanto** había en el piso.*

24 EJERCICIOS

24.1 **Complete con *cuyo, cuya, cuyos, cuyas*.**

1. La escritora __cuyos__ libros nos han recomendado va a estar aquí esta tarde.
2. La persona por _____ declaraciones me enteré de tu problema es un abogado famoso.
3. Tomás Albiol, _____ discos escuchaste el otro día, ha perdido la voz.
4. Esa es la mujer _____ marido era juez.
5. Me presenté a un concurso _____ premio fue declarado desierto.
6. Hablé con mi vecina, _____ perra no me dejaba dormir.
7. Vimos a Shakira, _____ discos se venden a miles.
8. A Elvira le han dejado un capital _____ rentas son enormes.
9. Mi padre tenía dos tiendas, con _____ ingresos pude hacer la carrera.
10. Hay personas _____ nombres son rarísimos.

24.2 **Una las frases con *cuyo, cuya, cuyos, cuyas* como en el ejemplo.**

1. He conocido a un chico. Su madre es profesora tuya.
   _____He conocido a un chico cuya madre es profesora tuya._____

2. He visto a Andrés. Su madre acaba de morir.
   _____

3. He conocido a un chico nuevo. Sus padres son psicólogos.
   _____

4. Deben esperar los alumnos. Sus nombres no están en las listas.
   _____

5. Estoy leyendo una novela. El autor estudió conmigo.
   _____

6. He estado revisando la puerta. El picaporte no funciona.
   _____

24.3 **Complete con *cuanto, cuanta, cuantos, cuantas*.**

1. Puedes traer __cuantos__ amigos quieras. Hay mucho sitio.
2. Comed _____ jamón queráis. Es gratis.
3. Dicen _____ tonterías se les ocurren.
4. Di _____ mentiras quieras. Me da igual.
5. Bebed _____ agua queráis. Hay mucha.
6. Usad _____ café necesitéis. Ya compraremos más.
7. No te preocupes. Te puede prestar _____ dinero necesites.
8. Haced el examen con tranquilidad. Tenéis _____ tiempo necesitéis.

24.4 **Vuelva a escribir las frases con *cuanto, cuanta, cuantos, cuanta*.**

1. Compra todo el pan que necesites. _____Compra cuanto pan necesites._____
2. Llevaos todas las sillas que necesitéis. _____
3. Estáis de vacaciones. Jugad todo el tiempo que queráis. _____
4. No me importa. Di todas las mentiras que quieras. _____
5. Traed todos los cubiertos que podáis. _____
6. Se llevaron todo lo que había en el piso. _____
7. Come todas las manzanas que desees. _____
8. Tira todo lo que te sobre. _____
9. Ya me has dicho todo lo que necesito saber. _____
10. Abrimos todas las latas que había en la despensa. _____
11. Coged todo lo que necesitéis. _____
12. Me quitaron todo lo que tenía. _____

25 ¿Quién...? ¿Cuál...? ¿Qué...?
Interrogativos (1)

Los interrogativos se usan principalmente para pedir información. ▶ APÉNDICE 8

● Para pedir información sobre personas se usa *quién, quiénes, qué, cuál, cuáles*:

– *para preguntas generales.*

*¿**Quién** ha llamado?* *¿**A quién** viste en la exposición?*
*¿**Quiénes** faltaron a clase ayer?* *¿**Qué** es un samurái?*

– *para preguntas específicas.*

*¿**Con qué profesor** estás?* *¿**Qué pintor hispanoamericano** pinta personas gordas?*

ATENCIÓN:

*¿**Con ~~quién arquitecto~~** trabajas? → ¿**Con qué arquitecto** trabajas?* o *¿**Con quién** trabajas?*

*¿**Cuál de vosotros** sabe conducir?* *¿**A cuál de mis primos** conoces?*
*De ese grupo, ¿**cuáles** son tus alumnos, María?* *¿**Con cuál de las hermanas** de John está casado Jorge?*

● Para pedir información sobre animales o cosas se usa *qué, cuál, cuáles*:

– *para preguntas generales.*
*¿**Qué** es una probeta?*

– *para preguntas específicas.*

*¿**Qué** prefieres, carne o pescado?* *¿**Qué tren** tenemos que coger?*
*¿**En qué libro** salen las fotos del monte Emei?* *¿**Cuál** es la casa de Anita?*
*¿**Cuál de estas fotos** quieres guardar?* *¿**Cuáles** son los accidentes de carretera más frecuentes?*

ATENCIÓN:

*¿~~**Qué**~~ es mi habitación? → ¿**Cuál** es mi habitación?*
*¿~~En cuál restaurante~~ quieres comer? → ¿**En qué restaurante** quieres comer?*

● Para pedir información sobre acciones o situaciones se usa *qué*.

*¿**Qué haces**?* *¿**Qué te ocurre**?* *¿**Qué pasó** anoche?*

● Para pedir información sobre un lugar se usa *dónde, adónde*.

*¿**Dónde** está la Torre 101?* *¿**De dónde** vienes?* *¿**Adónde** han enviado a Rodríguez?*

● Para pedir información sobre el momento de realización de una acción se usa *cuándo*.

*¿**Cuándo** acabaste la carrera?* *¿**Hasta cuándo** vais a estar en casa de Aurora?*

● Para pedir información sobre cantidad se usa *cuánto, cuánta, cuántos, cuántas*.

*¿**Cuánto dinero** necesitas?* *¿**Cuántos estudiantes** hay en tu clase?* *¿**A cuántos de tus amigos** has invitado?*

● Para pedir información sobre el modo o la manera en que se realiza una acción, las características o el estado de alguien o algo se usa *cómo*.

*¿**Cómo se abre** esta ventana?* *¿**Cómo es** tu nueva casa?* *¿**Cómo está** Roberto?*

● Para pedir información sobre las causas o motivos de una acción se usa *por qué*.

*¿**Por qué** te vas de la empresa?*

● Para pedir información sobre la finalidad de una acción o sobre el uso de un objeto se usa *para qué, a qué*.

*¿**Para qué** quieres aprender chino?*

  ● Se usa *a qué* con verbos de movimiento para pedir información sobre la finalidad de una acción.
  *¿**A qué** has venido?*

25.1 **Complete con cuál, qué, quién y la palabra entre paréntesis donde corresponda.**

1. –¿(*vosotros*) ___Cuál de vosotros___ quiere tener clase el sábado? –Ninguno.
2. –¿(*tus hijas*) _____ trabaja en Milán? –Rosana.
3. –¿Con (*profesor*) _____ te examinas? –No lo sé.
4. –¿ _____ ha escrito esto? –Una amiga mía.
5. –¿A _____ de los que te robaron conocías? –Al jefe de la banda.
6. ¿(*ustedes*) _____ ha estado aquí antes?
7. ¿A (*mis hermanas*) _____ conoces?
8. ¿ _____ son ustedes? ¿Los padres de Tamara?

25.2 **Complete con el interrogativo adecuado y la palabra entre paréntesis donde corresponda.**

1. –¿En (*periódico*) ___qué periódico___ lo has leído? –En La Nación.
2. –¿(*estos libros*) _____ has leído? –Ninguno.
3. –¿ _____ es una quena? –Una flauta andina.
4. –¿En (*hotel*) _____ se alojan? –En el Nacional.
5. –¿ _____ son tus patines? –Los que están encima de la silla.
6. ¿(*gafas*) _____ te has puesto? ¿Las de cerca o las de lejos?
7. ¿(*esos*) _____ es el ordenador de Gómez?
8. ¿ _____ es tu dirección de correo electrónico?

25.3 **Complete con el interrogativo adecuado.**

1. –¿ ___Dónde___ has escondido los regalos? –En el armario.
2. –¿ _____ quieren? –Hablar contigo.
3. –¿ _____ tenemos que ir? –Hasta aquel grupo de casas.
4. –¿ _____ me has despertado? – Porque ya son las diez.
5. –¿ _____ has ido a casa de Teresa? –A llevarle un libro.
6. –¿ _____ has encontrado la calle? –He preguntado a un policía.
7. –¿ _____ tenemos que esperar? –Hasta que venga alguien a cerrar.
8. –¿ _____ quieres mi informe? –Quiero buscar trabajo.
9. –¿ _____ empleados trabajan aquí? –Casi cien.
10. –¿ _____ vale esa cazadora negra? –Quinientos yuanes.

25.4 **Complete las preguntas con el interrogativo y las preposiciones adecuadas.**

① ¿Para quién es el paquete?

Para Julián.

② ¿ _____ está hablando?

Con un cliente.

③ ¿Sabes _____ archivadores están las facturas?

En el del centro.

④ ¿ _____ aula tienes clase?

En la 10.

⑤ ¿ _____ estás escribiendo?

A un compañero.

⑥ Perdone, ¿ _____ se sale?

Por el pasillo de la derecha.

⑦ ¿ _____ sirve esta tecla?

Para mover el cursor al final.

⑧ ¿ _____ os conocéis?

Desde que éramos niños.

26 ¿Qué demonios...? ¿Cómo es que...? ¿Para qué va a ser?
Interrogativos (2)

Los interrogativos también pueden usarse con otras funciones. ▶ APÉNDICE 8

● Para hacer sugerencias.

¿Por qué no + presente de indicativo?

–*¿Por qué no llamamos* a Lola? –Buena idea.   –*¿Por qué no le pides* a Jesús que te ayude? –A lo mejor lo hago.

● Para expresar recriminación, sorpresa, enfado.

¿interrogativo + *diablos/demonios*?

¿Quién diablos te ha vendido este coche? No funciona.   *¿Dónde diablos* vive Mónica? No llegamos nunca.
¿Qué demonios haces aquí a esta hora?   *¿Cómo demonios* se abre esta caja?

● Para pedir una explicación ante una situación que nos causa sorpresa.

¿Cómo (es que)...?

–*¿Cómo (es que) estás en casa*? Deberías estar en la oficina. –Es que no me siento bien.
–*¿Cómo (es que) no hay leche*? Si yo compré dos litros ayer. –Se la ha bebido Rosa.

● Para mostrar desacuerdo con una información anterior:

– informaciones afirmativas

¿Cómo que + información anterior? (presente y pasado) ¿Cómo + presente de indicativo *ir* + *a* + infinitivo? (presente y futuro)

–Rocío *ayuda mucho*. –*¿Cómo que ayuda mucho*? Si no está nunca en casa.
–Luis *ha pagado* dos rondas. –*¿Cómo que ha pagado Luis*? He pagado yo.
–Creo que *las tiendas están cerradas*. –*¿Cómo que están cerradas*? | *¿Cómo van a estar cerradas*? Si ya son las 11.
–Espero que *me den el puesto*. –*¿Cómo te van a dar el puesto*? Si no has acabado la carrera.

– informaciones negativas

¿Cómo que no + información anterior? (presente habitual y pasado) ¿Cómo no + presente de indicativo *ir* + *a* + infinitivo + información anterior? (presente temporal)

–Antonio *no hace nada*. –*¿Cómo que no hace nada*? Es el que más trabaja.
–García *no vino ayer*. –*¿Cómo que no vino ayer*? Si acabó el informe...
–*No sé* dónde vive Marta. –*¿Cómo que no lo sabes*? | *¿Cómo no vas a saberlo*? Si es muy amiga tuya.
–*No creo* que *me den el puesto*. –*¿Cómo no te van a dar el puesto*? Si eres el mejor.

  ● Al repetir la información anterior, hay que tener cuidado con los cambios lógicos.

    –Ahora (yo) *conduzco* mejor. –*¿Cómo que (tú) conduces* mejor? Pero si eres un peligro.
    –No creo que Eva *me invite* a su boda. –*¿Cómo no te va a invitar*? Os conocéis hace años.

● Para expresar que una pregunta anterior es improcedente porque consideramos obvia la respuesta. Denotan extrañeza y enfado.

¿Cómo que + pregunta anterior?

–¿Con quién se va a casar Laura? –*¿Cómo que con quién se va a casar*? Con Jaime, su novio.
–¿Para qué quería dinero Rosa? –*¿Cómo que para qué quería dinero*? Para comprar comida.

  ● Al repetir la información anterior, hay que tener cuidado con los cambios lógicos.

    –Te he estado buscando. ¿Dónde *estabas*? –*¿Cómo que dónde estaba*? En la oficina.

26.1. **Haga sugerencias con ¿Por qué no…?**

1. (tú, venir a mi casa) ____¿Por qué no vienes a mi casa?____
2. (ustedes, coger un taxi) _____
3. (nosotros, ver una peli) _____
4. (ella, prepararse una oposición) _____
5. (vosotros, hacer un máster) _____
6. (nosotros, montar un negocio) _____

ACIERTOS __/6

26.2. **Exprese sorpresa o enfado con diablos/demonios y el interrogativo adecuado.**

1. ¿____Qué diablos/demonios____ haces aquí? No estás invitado.
2. ¿_____ ha llamado a estas horas? Ya estaba dormido.
3. ¿_____ estudia Ángela? No sabe nada.
4. ¿_____ va a llegar Rosa? Estoy harto de esperar.
5. Pero… ¿_____ abres mis cartas? Ya sabes que no me agrada.
6. ¿_____ se come esto? ¿Con las manos, con palillos…?
7. ¿_____ están mis gafas? No las encuentro nunca.

ACIERTOS __/7

26.3. **Pida explicaciones ante las situaciones siguientes.**

1. Ayer compró fruta y hoy no hay fruta. ____¿Cómo es que no hay fruta?____
2. Un alumno llega ahora; el examen empezó hace media hora. _____
3. Su hermano está en casa; debería estar en clase. _____
4. Luis no llama a un amigo; debería haberlo hecho. _____
5. Una amiga va sola a una fiesta; debería haber ido con su novio. _____
6. Un amigo ha suspendido; debería haber aprobado. _____

ACIERTOS __/6

26.4. **Exprese desacuerdo con las informaciones siguientes.**

1. –Luis trabaja mucho. –____¿Cómo que trabaja mucho?____ No hace nada.
2. –Estoy agotado. –_____. Si no has hecho nada.
3. –No creo que esté abierto el banco. –_____. Si son solo las dos.
4. –No tengo tiempo. –_____. Si estás todo el día en casa.
5. –Ya estoy mejor. –_____. Pero si estás totalmente pálido.
6. –No creo que nos devuelvan el dinero. –_____. Si el ordenador no funciona.
7. –Este mes no hemos pagado la luz. –_____. Si la pagué yo la semana pasada.
8. –Espero que me dejes algo de dinero. –_____. Si luego no lo devuelves.
9. –Ana está durmiendo. –_____. Si no está en su habitación.
10. –A Rodrigo lo van a ascender. –_____. Si el director no lo puede ver.
11. –No creo que me seleccionen para este partido. –_____. Si eres el mejor.

ACIERTOS __/11

26.5. **Indique que las preguntas siguientes son improcedentes.**

1. –¿Qué haces aquí? –____¿Cómo que qué hago aquí?____ Me has llamado tú.
2. –¿Cómo has conseguido mi número de teléfono? –_____. Mirando en el listín telefónico.
3. –¿Para qué me has llamado? –_____. Para preguntar por tus padres.
4. –¿Para qué quería verte Lucía? –_____. Somos amigos.
5. –¿Quién te ha arreglado el abrigo? –_____. El sastre, naturalmente.
6. –¿Qué quieres? –_____. Que me devuelvas el dinero que te presté.
7. –¿Por qué no vienes a la fiesta de Rosa? –_____. Porque no me han invitado.
8. –¿Cuándo has llegado a la oficina? –_____. A las nueve, como siempre.

ACIERTOS __/8

¡Quién fuera más joven! ¡Qué mala suerte! ¡Vaya casa!
Exclamativos (1)

● Se usa *quién* con verbos como *pensar, suponer, sospechar, imaginar...* para expresar sorpresa ante algún hecho o situación inesperada.

quién +	*iba a* *podía* + *podría*	infinitivo de *pensar, suponer...* +	*que* (+ sujeto) + *iba a* + infinitivo (+ sujeto) *que* (+ sujeto) + condicional (+ sujeto) *que* (+ sujeto) + imperfecto de indicativo (+ sujeto)

> **¡Quién iba a pensar que Ana se iba a divorciar!** / **¡Quién iba a pensar que Ana se divorciaría!**
> **¡Quién iba a pensar que Lourdes estaba deprimida!**

> **¡Quién podía pensar que íbamos a trabajar** juntos! / **¡Quién podía pensar que trabajaríamos** juntos!
> **¡Quién podía pensar que Lorenzo tenía** dos hijas!

> **¡Quién podría pensar que iba a bajar la Bolsa!** / **¡Quién podría pensar que bajaría la Bolsa!**
> **¡Quién podría pensar que la empresa tenía pérdidas!**

● También se utiliza *quién* para expresar deseos.

quién +	imperfecto de subjuntivo *pudiera* + infinitivo	**¡Quién cocinara** como tú! Yo soy un desastre en la cocina. **¡Quién pudiera viajar** como tú! Me gustaría conocer África.

● Para hacer valoraciones sobre las características de alguien o algo, sobre la manera de hacer algo o sobre una situación, y para intensificar cualidades, sensaciones o sentimientos, se usan las siguientes construcciones con *qué* y *vaya*

   – ¡*Qué* + adjetivo (+ verbo) (+ sujeto)!   **¡Qué jóvenes** (son tus amigos)! (Son muy jóvenes.)

   – ¡*Qué* + adverbio (+ verbo) (+ sujeto)!   **¡Qué mal** (cocina) (Ana)! (Cocina muy mal.)

   – ¡*Qué* (+ adjetivo) + nombre (+ verbo) (+ sujeto)!   **¡Qué sueño** tengo! (Tengo mucho sueño.)

                                              ¡Qué mala suerte (tiene Andrés)! (Tiene muy mala suerte.)

  • Cuando no se usa un adjetivo, la exclamación puede indicar aspectos positivos o negativos dependiendo del contexto y de la entonación.

   > **¡Qué casa!** (Es una casa maravillosa, extraña o desastrosa.)
   > **¡Qué sueño** he tenido! (He tenido un sueño extraño, desagradable o maravilloso.)

   – ¡*Qué* + nombre + *el mío/la mía, el tuyo/la tuya!*... para hacer énfasis en la persona.
   > **¡Qué suerte la tuya!** (¡Qué suerte tienes **tú**!)   **¡Qué valor el vuestro!** (¡Qué valor tenéis **vosotros**!)

   – ¡*Qué* + nombre + *tan/más* + adjetivo (+ verbo) (+ sujeto)!   **¡Qué documental tan/más interesante** (hemos visto)!
                                                          ¡Qué moneda tan/más rara me he encontrado!

   – ¡*Vaya* + nombre (+ adjetivo) (+ verbo) (+ sujeto)!   **¡Vaya casa!** ¡Es preciosa!
                                                        ¡Vaya cuadro! ¡Es horrible!
                                                        ¡Vaya zapatos bonitos se ha comprado María! ¡Me encantan!

  • Cuando no se usa un adjetivo, la exclamación puede indicar aspectos positivos o negativos dependiendo del contexto y de la entonación.

   > **¡Vaya casa!** ¡Es preciosa!   **¡Vaya cuadro!** ¡Es horrible!
   > **¡Vaya traje!** Estás muy elegante.   **¡Vaya traje!** Así no puedes ir a la fiesta.

   – ¡*Vaya* + nombre + *más/tan* + adjetivo (+ verbo) (+ sujeto)!   **¡Vaya ciudad más/tan bonita!**
                                                              ¡Vaya camisa más/tan fea te has comprado!

  • Algunas personas usan *que* delante del verbo en todas las construcciones anteriores.

   > **¡Qué jóvenes que son** tus amigos!   **¡Qué sueño que tengo!**
   > **¡Vaya zapatos bonitos que se ha comprado** María! ¡Me encantan!

27.1. **Exprese sorpresa o deseos con _¡quién!_**

1. Nadie podía pensar que tendríamos un accidente. _____¡Quién iba a / podía / podría pensar que_
   tendríamos un accidente!
2. Me gustaría hablar español como tú. _____
3. Me gustaría tener tantos amigos como Elsa. _____
4. Nadie se imaginaba que tendría gemelos. _____
5. Nadie sospechaba que Pilar nos engañaba. _____
6. Nadie pensaba que Ángel y Luisa salían juntos. _____
7. Nadie imaginaba que Eugenio iba a jubilarse. _____

27.2. **Escriba exclamaciones con _¡qué!_ sobre lo indicado.**

1. Lo bien que escribe Luisa. _____¡Qué bien escribe Luisa!_____
2. El buen gusto que tiene Fermín. _____
3. Un paisaje. _____
4. Lo guapas que son tus hijas. _____
5. Lo listo que es mi hijo. _____
6. La sed que tengo. _____
7. Unas olas. _____
8. Lo tarde que acaba la ópera. _____
9. La buena suerte que tenemos. _____

27.3. **Escriba exclamaciones con _¡qué!_ y los posesivos adecuados.**

1. Juan tiene mala suerte. _____¡Qué mala suerte la suya!_____
2. Vosotros tenéis poca vergüenza. _____
3. Tengo mucha suerte. _____
4. Sandra hace buenas paellas. _____
5. Los Stones han hecho gran música. _____
6. Te olvidas de todo. Tienes poca memoria. _____

27.4. **Escriba exclamaciones sobre las informaciones dadas con _¡qué!_ y _tan_ o _más_.**

1. Es un vestido muy elegante. _____¡Qué vestido tan/más elegante!_____
2. Son unas montañas muy altas. _____
3. Es una chica muy amable. _____
4. Es una mujer muy valiente. _____
5. Es un piso muy acogedor. _____
6. Son personas muy raras. _____

27.5. **Exprese admiración ante lo indicado con _¡vaya!_ y _más/tan_ en los casos necesarios.**

1. Una casa. _¡Vaya casa!_____
2. Unas montañas _____
3. Una idea interesante. __ _____

4. _____ Un paseo agradable.
5. _____ Unas montañas altas.
6. _____ Una película aburrida.

27.6. **Escriba una exclamación con _¡qué!_ sobre las informaciones dadas**

1. Me han dado un golpe. _____¡Qué golpe (que) me han dado!_____
2. Los padres de Sofía se han muerto muy jóvenes. _____
3. La conferencia ha empezado muy tarde. _____
4. Nos ha dado un susto tu padre. _____
5. Sara actúa muy bien en esta obra. _____
6. He tenido una bronca con Rafa. _____

28 ¡Qué de niños! ¡Cuánta gente! ¡Cuánto inútil!
Exclamativos (2)

● Para hacer valoraciones, intensificar y expresar diversos sentimientos –alegría, sorpresa, admiración, desagrado...– ante una cantidad se pueden usar las siguientes construcciones con *qué* y *cuánto/a/os/as*.

– *¡Qué de* + nombre singular o plural (+ verbo) (+ sujeto)!

> *¡Qué horror! ¡**Qué de niños**!* (= muchos niños)
> *¡Qué fastidio! ¡**Qué de trabajo (ha llegado)**!* (= mucho trabajo)

– *¡Qué de* + nombre + gerundio!* para indicar una gran cantidad de haciendo la actividad indicada por el gerundio.

> *¡Cómo estaba el restaurante! ¡**Qué de gente comiendo**!* (¡Cuánta gente estaba comiendo!)
> *Es horrible. ¡**Qué de niños gritando**!* (¡Cuántos niños están gritando!)

¡**Qué de gente**! No vamos a poder entrar.

▶ UNIDAD 81-82: Gerundio ▮ ▮

– *¡Qué*+ *poco, poca* + nombre singular (+ verbo) (+ sujeto)!

>   + *pocos, pocas* + nombre plural

> *¡**Qué poca gente hay**! ¡Fenomenal!*
> *¡**Qué pocos huevos tenemos**! No podemos hacer una tortilla.*

  ● Se puede omitir el nombre cuando está claro de qué estamos hablando.

> *–Mira si hay leche. –¡**Qué poca** queda! Hay que comprar.*
> *¡**Qué pocos** somos! No podemos jugar un partido.*

– *¡Qué* + *poco* + verbo (+ sujeto)!* para referirse a acciones.

> *¡**Qué poco come Rosa**! Así está de delgada.*
> *¡**Qué poco trabaja esta gente**! Es una vergüenza.*

– *¡Cuánto/a/os/as* + nombre (+ verbo) (+ sujeto)!

> *¡Qué horror! ¡**Cuánta gente**!* (= mucha gente)
> *¡Qué maravilla! ¡**Cuántos libros tiene Marcela**!* (= muchos libros)

¡**Cuánto humo**! Debe de haber un incendio.

– *¡Cuánto/a/os/as* + adjetivo (+ verbo)!

> *¡**Cuánto loco vive** en esta ciudad!* (Viven muchos locos en esta ciudad.)
> *¡**Cuánto inútil hay** en el gobierno!* (Hay muchos inútiles en el gobierno.)
> *¡**Cuantos inútiles hay** en el gobierno!* (Hay muchos inútiles en el gobierno.)

  ● Se usa generalmente con adjetivos de cualidades negativas, y se puede usar con el adjetivo en singular o en plural.

> *¡**Cuánto imbécil** hay!*   *¡**Cuántos imbéciles** hay!*

● Para intensificar una acción, se usa *cuánto* con verbos.

> *¡**Cuánto lo siento**!* (= Lo siento mucho.)
> *¡**Cuánto trabaja** Ana! Le va a pasar algo.* (= Trabaja mucho.)

● En exclamaciones con nombres, adjetivos o adverbios, algunas personas usan *que* delante de las formas personales del verbo.

> *¡Qué jóvenes **que son** tus amigos!*   *¡Qué pocos **que somos**!*
> *¡Cuánto imbécil **que hay**!*

28.1. **Escriba exclamaciones con *¡qué!* sobre lo siguiente.**

1. Vino mucha gente. _____¡Qué de gente vino!_____
2. Hay mucha gente corriendo. _____
3. Hay mucho ruido. _____
4. Hay mucho polvo. _____
5. Vinieron muchos extranjeros a la conferencia. _____
6. Habéis comprado mucha comida. _____
7. Hay mucha contaminación en Madrid. _____
8. Han salido muchos coches estas fiestas. _____

ACIERTOS
......./8

28.2. **Escriba exclamaciones con *¡qué!* y *poco/a/os/as* o *¡cuánto/a/os/as!***

1. Este coche tiene muy pocos kilómetros. ____¡Qué pocos kilómetros tiene este coche!_____
2. Queda mucho tiempo para las vacaciones. _____
3. No hay muchos pasajeros en este vuelo. _____
4. No queda mucho tiempo para Año Nuevo. _____
5. Hay mucho vago en esta empresa. _____
6. Hay muchos locos en el mundo. _____
7. No tengo muchas ganas de trabajar. _____
8. Hay muchos turistas. _____
9. En esta oficina hay mucha gente sin vergüenza. _____
10. Hay mucha hambre en el mundo. _____

ACIERTOS
......./10

28.3. **Escriba exclamaciones con *¡qué poco!* o *¡cuánto!***

1. Ese perro ladra mucho. ____¡Cuánto ladra ese perro!_____
2. A Javier le interesan mucho las ciencias. _____
3. Sara no duerme mucho. _____
4. Lorena quiere mucho a sus padres. _____
5. Miguel viaja mucho. _____
6. Rebeca no estudia mucho. _____
7. Me arrepiento mucho de no haber estudiado. _____
8. Lamento mucho la marcha de Anselmo. _____
9. Comes poca verdura. _____

ACIERTOS
......./9

28.4. **Escriba una exclamación con *¡qué!* o *¡cuánto/a/os/as!* sobre las informaciones dadas.**

1. Nos trajeron muchos regalos. ____¡Qué de regalos (que) nos trajeron! ¡Cuántos regalos (que)___
    __nos trajeron!_____
2. Me duele mucho tener que darle una mala noticia. _____
3. Hay mucha gente que vive del cuento. _____
4. El año pasado no hubo muchos corredores en la maratón. _____
5. Vinieron muchos niños al concierto de Navidad. _____
6. Siento mucho no poder ir a vuestra boda. _____
7. No hemos recaudado mucho dinero para el regalo de Silvia. _____
8. He recibido muchos mensajes de felicitación. _____
9. Marcos se compró muchas camisas en China. _____
10. Este año no ha llovido mucho. _____

ACIERTOS
......./10

29 ¡Cómo come! ¡Por dónde nos llevan!
Exclamativos (3)

● Para valorar, intensificar una acción o expresar sentimientos de sorpresa, admiración, desagrado, etc. ante la manera de hacer algo, se pueden usar las siguientes construcciones con *cómo*.

– *¡Cómo* + verbo (+ sujeto)!

> *¡Cómo pinta Miguel!*
> *¡Cómo nevaba!* (Nevaba mucho.)

● En muchos casos, el significado concreto de la exclamación depende del contexto y de la entonación del hablante.

> *¡Cómo canta Ángela! ¡Tiene una voz preciosa!* (¡Qué bien canta Ángela!)
> *¡Cómo canta Ángela! Es la que más desafina del coro.* (¡Qué mal canta Ángela!)

> *¡Cómo come! Ya va por el tercer plato de espaguetis.* (Come mucho.)
> *¡Cómo come! No tiene educación.* (Come muy mal.)

> *¡Cómo estaba el restaurante! Lleno de gente.* (¡Qué lleno estaba!)
> *¡Cómo estaba el restaurante! Había suciedad por todas partes.* (¡Qué sucio estaba!)

● Para expresar claramente aspectos positivos o negativos, se usa *¡Cómo!* + verbo + *de bien/de mal*!

> *¡Cómo canta de bien Ángela!* (¡Qué bien canta Ángela!)
> *¡Cómo canta de mal Ángela!* (¡Qué mal canta Ángela!)

● Para intensificar una cualidad, se puede usar la siguiente construcción con *cómo*.

– *¡Cómo* + *ser* + *de* + adjetivo (sujeto)!

> *¡Cómo es de alto (tu amigo)!*
> *¡Cómo eran de listas las niñas de Aurora!*

● Para expresar algún sentimiento de sorpresa, admiración, desagrado, etc. ante un lugar se usan *dónde* y *adónde*.

– (preposición +) *dónde* (+ OI/OD) + verbo (+ sujeto)

  adónde

> *¡Dónde vive Luisa! Es un barrio precioso.*
> *¡Por dónde nos llevan! ¡Qué carretera más peligrosa!*
> *¡Adónde nos querrá llevar este hombre! Ya llevamos andando dos horas.*

● En muchos casos, el significado concreto de la exclamación depende del contexto y de la entonación del hablante.

> *¡Dónde trabaja Raquel! Es una empresa modelo.*
> *¡Dónde trabaja Raquel! Es una oficina horrible.*

● Para expresar sentimientos de hartazgo, impaciencia o irritación ante un hecho o situación se usa *cuándo*

– (*desde, hasta* +) *¡cuándo* (+ OI/OD) + verbo (+ sujeto)!

> *¡Desde cuándo decides tú quién puede venir a casa!*
> *¡Cuándo querrás escucharme!*
> *¡Hasta cuándo nos va a estar engañando Sonia!*

● Para expresar desacuerdo con una información anterior se usa la siguiente construcción con *qué* La información puede referirse al presente, al pasado o al futuro.

– *¡Qué* + presente de indicativo de *ir* + *a* + infinitivo (+ sujeto)!

> –Teresa es encantadora. –*¡Qué va a ser encantadora! Si es un horror.*
> –El director pagó la comida. –*¡Qué va a pagar la comida el director! La pagó la empresa.*
> –Creo que vamos tarde. –*¡Qué vamos a ir tarde! Si son solo las cuatro.*
> –Te pedirán el carné. –*¡Qué van a pedir! Esos nunca piden nada.*

29 EJERCICIOS

29.1. **Escriba exclamaciones con *¡cómo!* y *de bien* o *de mal* en caso necesario.**

1. Lorenzo quiere mucho a Teresa. _____¡Cómo quiere Lorenzo a Teresa!_____
2. Nos recibieron muy bien. _____
3. Lucía escribe de maravilla. _____
4. Los niños se lo pasaron bien en el circo. _____
5. Lolo habla muy mal. _____
6. Eva ha adelgazado mucho. _____
7. Gabriel toca muy bien la guitarra. _____
8. Tus alumnos cantan muy mal. _____
9. Su novio cocina estupendamente. _____

ACIERTOS ...../9

29.2. **Escriba exclamaciones con *¡cómo!***

1. El perro de Manuel era muy listo. _____¡Cómo era de listo el perro de Manuel!_____
2. Tu hermano es muy guapo. _____
3. Tus amigas son muy bordes. _____
4. Mis vecinos son muy atentos. _____
5. Aquí las leyes son muy duras. _____
6. Tu hija es muy rebelde. _____
7. Jorge es muy trabajador. _____
8. Mi abuela era muy generosa. _____
9. Esa chica era muy rara. _____
10. Nuestro profesor es muy testarudo. _____

ACIERTOS ...../10

29.3. **Escriba las exclamaciones correspondientes con *¡dónde!, ¡adónde!***

1. Tomás nos envió a un sitio horrible. _____¡Adónde nos envió Tomás!_____
2. Estuvimos paseando por un sitio precioso. _____
3. El chalé de Luis está en un sitio increíble. _____
4. Paco vive en un sitio horroroso. _____
5. Sergio compra en un sitio muy sucio. _____
6. Cristina nos llevó a un sitio muy caro. _____
7. Selma aparcó encima de una zanja. _____
8. Valentín duerme en un viejo sofá. _____

ACIERTOS ...../8

29.4. **Escriba las exclamaciones correspondientes con *¡cuándo!***

1. A un amigo que se está riendo de nosotros. ¡_Hasta cuándo_ te vas a reír de nosotros!
2. A un compañero que se cree el jefe. ¡_____ eres el jefe!
3. A un amigo que no te hace caso. ¡_____ querrás hacerme caso!
4. A un hijo que no arregla nunca su habitación. ¡_____ vas a arreglar tu habitación!
5. Por teléfono, a un amigo que no llega a una cita. ¡_____ nos vas a tener esperando!
6. A los hijos que protestan siempre por la comida ¡_____ vais a protestar por la comida!
7. A una hija que no deja los videojuegos ¡_____ vas a dejar los videojuegos!

ACIERTOS ...../7

29.5. **Exprese desacuerdo con las siguientes afirmaciones con *¡qué!***

1. Anoche hizo frío. _____¡Qué va a hacer frío!_____
2. Ese edificio es precioso. _____
3. Creo que tengo razón. _____
4. El año pasado subieron las pensiones. _____
5. Antonia ayudó mucho. _____
6. Te harán pagar lo que rompas. _____

ACIERTOS ...../6

instintivamente, sigilosamente
Adverbios en –mente (1)

● Algunos adverbios se forman añadiendo la terminación –mente a la forma del femenino singular de un adjetivo. Mantienen la tilde del adjetivo.

instintivamente   **técnica**mente   **evidente**mente

● Generalmente, los adverbios en –mente se usan para indicar la forma de hacer algo o el resultado de una acción.

Cuando oyó la explosión, *se agachó instintivamente*.
Cuando nos vio, nos *saludó cordialmente*.   *Movió* la cortina *imperceptiblemente*.
Me dijo claramente que no.   *Hirieron gravemente* al hombre.

– Pueden referirse al instrumento o al medio o expresar una idea de comparación.

Roland me *ha felicitado telefónicamente*. (por teléfono)
Fernando *hizo* los cálculos *mentalmente*. (por medio de la mente)
Alonso tiene la costumbre de *saludar militarmente*. (como un militar)

El ladrón entró
***sigilosamente** en la casa.*

– Estos adverbios pueden sustituirse por expresiones con preposición + nombre o *de modo / de manera* + adjetivo. El adjetivo va en la misma forma que "modo" (masculino) o "manera" (femenino).

Cuando oí el disparo, *reaccioné instintivamente / por instinto / de manera instintiva* y me agaché.
Lo repitió *enfáticamente / de modo enfático*.
Levantó la mesa *fácilmente / con facilidad*.
Roland me *ha felicitado telefónicamente / por teléfono*.

● También se pueden usar adverbios en –mente para matizar el significado de una oración.

– Matizar la verdad de una afirmación u opinión: *indudablemente, innegablemente, ciertamente, supuestamente, aparentemente, verdaderamente, lógicamente, correctamente, erróneamente, indiscutiblemente, simplemente, exageradamente...*

Aparentemente, le han robado la cartera. (Es lo que parece.)
Innegablemente, Sofía es la más agradable de todas. (Considero que es algo obvio.)
Lucía opinaba *erróneamente* que la habíamos engañado. (Pienso que no tenía razón.)

– Evaluar la información respecto a la necesidad, posibilidad u obligación de que ocurra: *forzosamente, fatalmente, indefectiblemente, inevitablemente, irremediablemente, irreparablemente, supuestamente, posiblemente, probablemente, necesariamente, obligatoriamente...*

Forzosamente, el comité no optará por recomendar la publicación.
Tendrás que presentarte *obligatoriamente* al examen.

– Indicar bajo qué punto de vista se comenta algo: *geográficamente, técnicamente, políticamente...*

Geográficamente, España está en un rincón de Europa. (Desde el punto de vista de la geografía.)

• Para expresar punto de vista, es muy frecuente la construcción adverbio + *hablando*.

Políticamente hablando, la democracia española tiene muchas lagunas.
Humanamente hablando, la situación de África es inaceptable.

● Hay bastante libertad en la colocación de los adverbios en –mente. Cuando se refieren a toda una oración suelen ir detrás del verbo o al final, pero también pueden ir al principio o en el medio de la oración separados por comas.

Me dijo **claramente** que no. / Me dijo que no **claramente**. / **Claramente**, me dijo que no.
Políticamente, sus palabras eran inaceptables. / Sus palabras eran inaceptables **políticamente**. / Sus palabras, **políticamente**, eran inaceptables.

● Se puede negar un adverbio en -mente con no.
Hay que operarla, pero **no urgentemente**.

30.1. **Vuelva a escribir lo subrayado con un adverbio en –mente.**

1. Me saludó <u>con cariño</u>. ____cariñosamente____
2. La pobre Eva ha enfermado <u>de gravedad</u>. _____
3. Se comportó <u>como un héroe</u>. _____
4. A veces hay que actuar <u>con sigilo</u>. _____
5. Nos atendieron <u>con amabilidad</u>. _____
6. Hay que llevarla a un hospital <u>con urgencia</u>. _____
7. Nos dijeron, <u>con claridad</u>, que no querían volver a vernos. _____
8. Encontramos a Clara en la bolera <u>por casualidad</u>. _____
9. Elisa trazó el círculo <u>con facilidad</u>. _____
10. El público contemplaba el cuadro <u>en silencio</u>. _____

ACIERTOS /10

30.2. **Vuelva a escribir lo subrayado con *de modo / de manera* + adjetivo.**

1. Juan ha mejorado <u>imperceptiblemente</u>. ____de modo/manera imperceptible.____
2. Lorenzo consiguió el premio <u>fraudulentamente</u>. _____
3. El alumno expuso el tema <u>correctamente</u>. _____
4. Lucas vive <u>sencillamente</u>. _____
5. El conductor salvó la vida <u>milagrosamente</u>. _____
6. Esa medicina se está aplicando <u>experimentalmente</u>. _____
7. El piloto ganó la carrera <u>magistralmente</u>. _____
8. Lolita logró el ascenso <u>sospechosamente</u>. _____
9. Lara hace todo <u>precipitadamente</u>. _____

ACIERTOS /9

30.3. **Vuelva a escribir las frases utilizando adverbios en –mente.**

1. Es evidente que no dice la verdad. ____Evidentemente, no dice la verdad.____
2. Al parecer, Toñi no tiene el título de enfermera. _____
3. No quieren trabajar el domingo. Es lógico. _____
4. Se supone que Arturo nos envío la invitación hace dos semanas. _____
5. Andrea pensaba, de manera falsa, que nosotros íbamos a ocuparnos de todo. _____
6. Es indudable que la crisis va para largo. _____
7. La empresa tendrá que cerrar muy pronto. Es irremediable. _____
8. Me parece cierto que estamos atravesando un mal momento. _____
9. Es evidente que nadie sabe cómo solucionar esto. _____
10. Es innegable que la empresa no va bien. _____
11. Es indiscutible que yo a Juan no le resulto simpático. _____
12. Tenéis que presentaros a los tres exámenes. Es obligatorio. _____

ACIERTOS /12

30.4. **Vuelva a escribir las frases con un adverbio + *hablando*.**

1. Desde el punto de vista técnico, es posible levantar aquí un puente.
   ____Técnicamente hablando, es posible levantar aquí un puente.____

2. De manera egoísta, no deberíamos ayudaros.
   _____

3. De manera teórica, aumentando el consumo se mejora la economía.
   _____

4. Desde el punto de vista histórico, en España se produjo un encuentro entre Occidente y Oriente.
   _____

5. Desde el punto de vista científico, el inglés es el idioma universal.
   _____

6. Desde el punto de vista gramatical, el texto está bien traducido.

ACIERTOS /6

_____

31 locamente enamorados, cuidadosamente tallada
Adverbios en –mente (2)

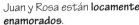

Juan y Rosa están **locamente enamorados**.

¡Fíjate! Está **cuidadosamente tallada**.

● Se usan los adverbios en –mente con adjetivos, participios y otros adverbios para matizar su significado. Entre otros significados, los adverbios en –mente pueden expresar:

– grado: *absurdamente, ampliamente, considerablemente, enormemente, exactamente, excesivamente, extraordinariamente, igualmente, infinitamente, locamente, plenamente, terriblemente, totalmente, profundamente, débilmente, escasamente, vagamente, verdaderamente...*

  *Me enseñó un bolso que era **absurdamente caro**. (= muy caro)*
  *Este modelo es **infinitamente mejor** que el que tú tienes. (= mucho mejor)*
  *Esta gramática es **extraordinariamente práctica**. (= muy práctica)*
  *Deberíamos irnos a casa. Es **excesivamente tarde**. (= muy tarde)*
  *Lo que dijo el alcalde me resultó **escasamente convincente**. (= poco convincente)*
  *Desde la carretera la playa quedaba **débilmente iluminada** por la luna. (= poco iluminada)*

– percepción y conocimiento: *visiblemente, notoriamente, notablemente, sensiblemente, claramente, evidentemente, expresamente, obviamente, manifiestamente, supuestamente, indiscutiblemente, simplemente...*

  *Tu visita fue una gran sorpresa. Tus padres estaban **visiblemente emocionados**.*
  *Fumar en hospitales está **expresamente prohibido** por ley.*
  *La política de la empresa ha quedado **claramente expuesta** por el director.*
  *Eso que dices es **simplemente falso**.*

– tiempo: *brevemente, constantemente, definitivamente, eternamente, finalmente, largamente, ocasionalmente, recientemente, sucesivamente, temporalmente...*

  *¿Cómo se llama ese actor **recientemente fallecido**?*
  *Gracias por tu ayuda. Te estoy **eternamente agradecida**.*
  *Por fin ha llegado el éxito **largamente esperado**.*

– calidad: *correctamente, cuidadosamente, debidamente, fácilmente, perfectamente, pésimamente, pobremente...*

  *La estatuilla estaba **cuidadosamente tallada**.*
  *¡Qué pena! Este libro está **pésimamente traducido**.*
  *La habitación que ocupé estaba **pobremente amueblada**.*

– relación: *conjuntamente, estrechamente, internamente, mutuamente...*

  *Creo que el acuerdo es **mutuamente beneficioso** para todos.*
  *Estamos **internamente divididos** y **enfrentados**, y por eso no avanzamos.*

● Algunos adverbios pueden expresar varios conceptos.

  *El cadáver estaba **profundamente enterrado**. (espacio: a gran profundidad.)*
  *Carlos está **profundamente triste** por la muerte de su perra. (grado: muy triste.)*

  *Las dos amigas estaban **estrechamente unidas**. (relación)*
  *Los alumnos se hallaban **estrechamente situados** en el aula. (espacio)*

31.1. **Vuelva a escribir las frases con adverbios en –*mente*.**

1. Es absurdo lo caros que son algunos restaurantes modernos. _Algunos restaurantes modernos son absurdamente caros._

2. Es excesivo lo temprano que es. _____

3. Es terrible lo lejos que está ese pueblo. _____

4. Es extraordinario lo inteligente que es tu gata. _____

5. Es enorme lo útil que es ese libro. _____

6. Es considerable lo difícil que es aparcar aquí. _____

7. Es verdad lo tímido que es Alfonso. _____

8. Es horroroso lo maleducados que son tus hijos. _____

ACIERTOS ...... / 8

31.2. **Complete las frases con los adverbios del recuadro.**

1. Esta zona está ____escasamente____ poblada.

2. Son _____ iguales. Parecen hermanos.

3. Está _____ enamorada de su trabajo.

4. Estoy _____ convencido de que conseguirás aprobar.

5. No tenéis razón ninguna. Los dos estáis _____ equivocados.

6. Tu última novela es _____ mejor que todas las anteriores.

7. Jorge es un desastre. Va siempre _____ vestido, con unas camisas chillonas.

8. La película está _____ inspirada en una novela de Delibes.

| escasamente |
| exactamente |
| horriblemente |
| igualmente |
| infinitamente |
| plenamente |
| profundamente |
| vagamente |

ACIERTOS ...... / 8

31.3. **Complete con adverbios del recuadro.**

definitivamente   eternamente   expresamente   largamente   notoriamente   posiblemente
recientemente   sucesivamente   visiblemente   temporalmente

1. Cuando llegaron a la meta, estaban ____visiblemente____ cansados.

2. Ya sabes que todo lo que dicen sobre Alberto es _____ falso.

3. No comeremos nunca más en Casa Rodri. Está _____ cerrado.

4. ¿Vamos a ese restaurante _____ abierto?

5. Al irse la luz, el partido quedó _____ interrumpido. Se reanudó cuando volvió la luz.

6. No me gusta mucho el Picasso que me enseñaste. Creo que es _____ falso.

7. Por fin estrenan la última película de Amenábar. Ha sido _____ esperada.

8. Los reyes de España han sido _____ enterrados en esta cripta.

9. La música fue _____ compuesta para el nuevo ballet.

10. Seguro que Juan te estará _____ agradecido por el empleo.

ACIERTOS ...... / 10

31.4. **Complete con adverbios del recuadro.**

ampliamente   conjuntamente   cuidadosamente   debidamente   estrechamente
internamente   mutuamente   perfectamente   pésimamente   profundamente

1. Este pescado está ____pésimamente____ frito.

2. El informe ha sido _____ elaborado por dos empresas importantes.

3. La decisión del juez fue _____ aceptada por las partes.

4. Sus palabras no fueron _____ interpretadas por la prensa.

5. La derrota del Real Madrid ha sido _____ comentada por la prensa.

6. El piso, a pesar de tener muchos años, se halla _____ conservado.

7. Se cree que en esta zona hay barcos antiguos _____ enterrados en el lecho marino.

8. La familia se halla _____ dividida por la herencia de los padres.

9. La boda estaba _____ preparada. Habían pensado hasta en el más mínimo detalle.

10. Desde la muerte de sus padres, Tomás y Pedro están _____ unidos.

ACIERTOS ...... / 10

32 Soy soltera. / Estoy soltera.
Ser y estar

Formación: ▶ APÉNDICE 9 (19, 9)

● Se usa *ser* para identificar a alguien o algo.

> Este **soy** yo cuando era pequeño.

> Esta **va a ser** nuestra habitación.

● En general, se usa *ser* para hablar de características o situaciones consideradas permanentes, y *estar* para hablar de características o situaciones temporales.

> Mario **es muy estudioso**.
> Julián y yo **somos primos**.
> Mis padres **eran de Chile**.
> Esta falda **es de cuero**.

> **Estoy un poco resfriado**.
> Me preocupa Juan. **Está bastante deprimido**.
> ¿**Estáis listos**? Nos vamos.
> No me gusta el café. **Está frío**.

– *Estar* sirve para hacer énfasis en que algo es temporal o para comparar con la situación habitual o con una situación anterior.

> **Soy soltera**. (Es mi estado civil.)
> Alberto **es** muy alto. (Es una característica suya.)
> La gata de Lola **es vieja**. Tiene quince años.

> **Estoy soltera**. (Es mi situación en este momento, pero puede cambiar.)
> ¡Qué **alto está** Mario! (Se ha puesto muy alto; antes no lo era.)
> Lola es increíble. Tiene 70 años, pero **está jovencísima**. (No es lo habitual a los 70 años.)

– *Estar* con participios indica el resultado de una acción o de un acontecimiento.

> Ten cuidado con el vaso. **Está roto**.
> **Estábamos asombrados** por la cantidad de gente que vino a la conferencia.

¡**Qué delgada está** Juani!
Si ella **ha sido siempre gordita**.

● Se usa *ser* para indicar el lugar, la hora y la fecha de un acontecimiento y *estar* para indicar situación física o temporal.

> –¿Dónde **fue** la fiesta? –En mi casa.
> –¿Cuándo **es** la conferencia? –El viernes a las 7.

> –¿Dónde **estabas** anoche? –En casa.
> –¡Qué bien! Ya **estamos a viernes**.

● Expresiones con *estar*

– *estar de/en/con* + nombre = estado, posición o situación temporales

> Pili **está de baja**. Le duele el cuello.
> Lucía **está con gripe**.

> ¿Por qué **estás de pie**? Siéntate.
> El mar **está en calma**.

– *Estar para, estar a punto de* + infinitivo indican que algo es inminente.

> **Estaba para salir** pero llegó Julio y tuve que quedarme.

> Espera un momento. **Estoy a punto de acabar**.

– *Estar para* + infinitivo sirve para hacer valoraciones.

> ¡Qué rico está el niño! ¡**Está para comérselo**!

> ¡Cómo está el sillón! ¡**Está para tirarlo**!

– *Estar para* + nombre o infinitivo indica que se considera a alguien demasiado viejo para algo, o en un estado físico o anímico que impide hacer algo.

> **Estás para pocas juergas**, Luis. Estás viejo.
> Voy a coger un taxi. **No estoy yo para andar** mucho hoy. (Estoy cansado. No tengo ganas de andar.)
> –¿Te vienes al cine? –**No estoy para cine** hoy. Tengo problemas. (Estoy de mal humor. No tengo ganas de ir al cine.)

– *Estar por* + infinitivo = acción sin realizar, intención o duda

> La cocina **está por barrer**. (No se ha barrido la cocina.)
> Estoy **por no hacerte** ni caso. (Tengo ganas de no hacerte caso.)
> No sé. **Estoy por coger** el coche. Tengo mucha prisa. (Estoy dudando si cogerlo o no.)

– *Estar por* + nombre/infinitivo = a favor de

> Yo **estoy por tu propuesta**.

> **Estamos** todos **por ir** a la huelga.

▶ UNIDAD 38: Presente de *estar* + gerundio

32 EJERCICIOS

32.1. **Complete con la forma correcta de *ser* o *estar*.**

1. Ana ___era___ más trabajadora antes.
2. Las nuevas sillas _____ de metal.
3. Hoy no viene Rodrigo. _____ enfermo.
4. –¿Quiénes _____ vosotros? –_____ los nuevos alumnos.
5. Te he lavado la camisa. _____ muy sucia.
6. Esta maleta _____ llena. No me caben más cosas.
7. Juana _____ de un pequeño pueblo de Córdoba.
8. Nacho y yo _____ vecinos cuando vivíamos en Bremen.

ACIERTOS ...... /9

32.2. **Complete con la forma correcta de *ser* o *estar*.**

1. ¡Qué viejo ___está___ Rafa! Con lo guapo que ___era___ .
2. Lo siento pero no puedo salir esta noche con vosotros. Recordad que _____ casado.
3. _____ sorprendido por tu actitud. No me lo puedo creer.
4. Rocío _____ muy torpe para sus años.
5. _____ muy torpe, Raúl. Siempre lo tiras todo.
6. –_____ fuerte, Mario. –Es que voy a un gimnasio.
7. –¡Qué guapa _____ Silvia! Tiene unos ojos preciosos. –Sí, y qué guapa _____ con ese vestido rojo.
8. No compré el pescado porque no _____ muy fresco.
9. Mi madre _____ azafata de Iberia cuando _____ soltera.
10. Ayer _____ genial, Freddy. ¡Cómo jugaste!

ACIERTOS ...... /13

32.3. **Complete con la forma correcta de *ser* o *estar*.**

1. –¿Cuándo ___fue___ la conferencia? –La semana pasada. _____ en el Centro de Juventud –¿Dónde _____? –Frente a la Biblioteca.
2. Ya he encontrado las gafas. _____ en un cajón de la cocina.
3. Juan José _____ ayer en un funeral y no pudo venir a vernos.
4. La presentación de mi libro _____ esta noche en la librería Cervantes.
5. Hoy _____ el 25 aniversario de la boda de mis padres.
6. Nos queda mucho para el verano. Solo _____ a últimos de noviembre.
7. El circo _____ en Madrid el verano próximo.

ACIERTOS ...... /9

32.4. **Complete con la expresión de *estar* adecuada.**

1. –¿Dónde está Joaquín? –___Está de___ vacaciones.
2. Lo siento, no puedo acompañaros. _____ gripe.
3. Estoy preocupado. _____ llamar a la policía.
4. El otro día me encontré con Pedro. _____ camarero en una discoteca.
5. ¡Cómo tiene la camisa! _____ echarla a la lavadora.
6. –¿Por qué no vas a la oficina? –Es que _____ baja.
7. ¡Date prisa! _____ cerrar las tiendas.
8. La paella _____ comerla ya mismo.
9. No me cuentes nada, Pablo. Hoy no _____ historias raras.
10. No puedo salir esta noche. _____ guardia.
11. Me has enfadado. _____ irme y dejarte aquí solo.
12. ¿Quién _____ mi propuesta?

ACIERTOS ...... /12

73

33 El sol sale por el Este. Hablamos mañana.
Presente de indicativo para presente y futuro

Formación del presente de indicativo ▶ APÉNDICE 9 ▌▌

● El Presente de indicativo se usa principalmente para referirnos a acciones o situaciones que consideramos ciertas en el momento presente. Puede ser…

…una situación que consideramos permanente.

> –¿Dónde **trabajas**? –**Colaboro** con una ONG internacional.
> –Los padres de Rocío **viven** en un pueblo de Cádiz.

…una costumbre o una acción habitual.

> –¿Cómo **tomas** el café? –Lo **tomo** siempre sin azúcar.
> **Salimos** a cenar de vez en cuando.

…una acción que tiene lugar en el momento de hablar.

> –¿Por qué **sonríes**? –Es que me estoy acordando de la película de anoche.
> –¿En qué **piensas**? –En nuestro viaje a Praga.

…una situación temporal.

> –Estamos pasando unos días en Sevilla. –¿Y dónde os **alojáis**?

…un hecho establecido.

> Ni hao! **significa** ¡Hola! en chino.
> El sol **sale** por el Este y se **pone** por el Oeste.

▶ UNIDAD 36: Presente de indicativo: duración ▌▌   ▶ UNIDAD 37: *Llevar* para expresar duración ▌▌

▶ UNIDAD 38: Presente de *estar* + gerundio ▌▌

● El Presente de indicativo se usa también para referirnos al futuro. Se usa para:

– hablar de acciones futuras inmediatas. En algunos casos se trata de decisiones tomadas en ese momento.

> Espérame un poco. **Acabo** pronto.
> –Llaman a la puerta. –No te levantes. **Abro** yo.
> –Hay que tomar una decisión. –De acuerdo. **Hablamos** mañana.

– hablar del futuro próximo cuando algo está ya acordado o programado.

> –¿Cuándo **empiezan** las clases? –El 7 de octubre.
> –¿Cuándo **son** las elecciones? –En marzo, creo.

● Con frecuencia, estas acciones futuras están referidas a horarios.

> –Date prisa. El avión **sale** a las seis y veinte.

– hacer predicciones de algo que estamos totalmente convencidos de que va a suceder.

> Seguro que me **contratan**.
> Hay mucha niebla. Hoy no **despegan** los aviones, ya verás.

¡Ganamos seguro!

33.1 Complete con los verbos del recuadro en forma afirmativa o negativa, según su caso.

1. ___Empiezo/No empiezo___ a trabajar a las nueve.
2. _____ a un club deportivo.
3. _____ bien cuando engaño a alguien.
4. _____ a mi madre.
5. Cuando hago un ejercicio, _____ las frases.
6. _____ siempre a poca velocidad.
7. _____ los platos en casa.
8. _____ cosas con mucha frecuencia.
9. _____ con mucha frecuencia.
10. _____ más de 1 metro 80 centímetros.
11. _____ me _____ la espalda cuando cojo peso.
12. _____ insomnio.

conducir
doler
~~empezar~~
fregar
medir
padecer
parecerse
perder
pertenecer
sentirse
soñar
traducir

33.2 Complete las frases con los verbos del recuadro.

1. La Tierra ___gira___ sobre su eje.
2. ¿A qué hora _____ el sol en verano?
3. El Ebro _____ en el Mediterráneo.
4. Las mujeres _____ diez años más que los hombres.
5. Te _____ tu ayuda, pero _____ hacerlo sola.
6. Las plantas _____ mucho en primavera y verano.
7. He visto al médico. Dice que _____ una enfermedad rara.
8. Me _____ la cabeza.
9. –¿A qué _____? –A gasolina. Tened cuidado.
10. José Luis _____ mucho. No _____ nunca la verdad.
11. –_____ que querrás desayunar... –¡Por supuesto!
12. –¿Qué río _____ Lima? –El Rímac.
13. –¿A qué temperatura _____ el agua? –A 100 ºC.
14. –¿De qué _____? –Me estoy acordando de un chiste que me contaron ayer.

agradecer	mentir
atravesar	oler
crecer	padecer
decir	ponerse
desembocar	preferir
doler	reírse
~~girar~~	suponer
hervir	vivir

33.3 Complete los diálogos con los verbos del recuadro.

ayudar	cerrar	~~coger~~	durar	empezar	examinarse	llamar
llegar	llover	nevar	operar	terminar	tropezar	ver

1. –Está sonando el teléfono. –Vale, yo lo ___cojo.___
2. –¿Cuándo _____ los Juegos Olímpicos? –El 8 de agosto.
3. –Tenemos que hablar, Juan. –Vale, nos _____ mañana.
4. –Tengo que acabar este informe y no sé cómo. –No te preocupes. Yo te _____.
5. –Entra frío. –Ahora _____ la ventana.
6. –¡Qué frío hace! –Esta noche _____ seguro.
7. –Van totalmente distraídos. –Ya verás cómo _____ con la valla.
8. –Hay que llamar a Sofía. –La _____ yo esta noche.
9. –¿Qué te pasa? –Estoy un poco nerviosa. _____ mañana.
10. –Ernesto no estudia nada. –Este no _____ la carrera.
11. –Vienen muchas nubes. –Mañana _____ seguro.
12. Raquel no _____ mucho en esa empresa. Tiene que trabajar los domingos.
13. Julio está en el hospital. Le _____ mañana.
14. Hay huelga en el transporte público. Hoy _____ todos tarde.

34 Recibe el Premio Nobel en 1971.
Presente de indicativo para pasado

El presente de indicativo se puede usar también para hablar del pasado. Se usa para:

● hablar de hechos históricos ya pasados, generalmente en textos escritos.

*Pablo Neruda **nace** en Chile en 1904. Su madre **muere** cuando él **tiene** un mes de edad y su padre **se traslada** a Temuco en 1906. Con 9 años **ingresa** en el Liceo de Hombres de Temuco, donde **hace** el Bachillerato.*

– En conversación se prefiere usar el pretérito indefinido.

    *–¿Dónde **nació** Neruda? –En Parral, en el sur de Chile.*
    *–¿Y cuándo **murió** su madre? –Cuando Neruda tenía un mes.*

● narrar un hecho pasado contado como si estuviera pasando en ese momento.

*Voy por una calle muy estrecha. **Está** todo muy oscuro. **Veo** a un hombre que **viene** hacia mí, y cuando **está** a mi altura, se **para** y me **dice**…*

– En conversación normal se prefiere usar el pretérito imperfecto para acciones en desarrollo y circunstancias…

    Iba por una calle muy estrecha.   *Un hombre **venía** hacia mí.*
    Estaba todo muy oscuro.

…y el pretérito indefinido para acciones puntuales.

    Vi a un hombre.   *Se **paró** y me **dijo**.*

● dar noticias recientes en titulares de prensa y pies de fotos.

    *Turquía **pide** formar parte de la Unión Europea.*
    *El equipo español **gana** el Mundial de Fútbol.*

– En conversación se prefiere usar el pretérito perfecto.

    *–Turquía **ha pedido** formar parte de la Unión Europea. –Me parece muy bien.*
    *–España **ha ganado** el Mundial de Fútbol. –¿En serio?*

*El Presidente **saluda** a la Embajadora de Guatemala.*

● hablar de posibles consecuencias de acciones pasadas con *casi* y *por poco*.

    *Me dio un golpe y **por poco** me **mata**.*
    *Apareció un coche a toda velocidad que **casi** me **atropella**.*

34.1 Complete el texto sobre Cristóbal Colón con los verbos del recuadro en presente de indicativo.

> comenzar   desembarcar   hacer   llegar   morir   ~~nacer~~   organizar   pensar   sentir

Cristóbal Colón ___nace___ en Génova en 1451. Ya desde joven _____ afición por la vida marina. En Portugal _____ en buscar una ruta marítima hacia China e India, y _____ su primera travesía con el respaldo de Isabel de Castilla. En 1492 _____ a América con tres carabelas y _____ en la isla de San Salvador. Posteriormente, Colón _____ tres viajes más a América. Durante su segundo viaje, _____ la exploración de América. _____ en Valladolid en 1508.

ACIERTOS /9

34.2 Vuelva a escribir este texto con el presente de indicativo.

En 1976 se celebró en España un referéndum a favor de la reforma política y en 1977 se llevaron a cabo elecciones generales, que dieron la victoria a la UCD, que consiguió un 31% de los votos. En 1978 se aprobó una nueva Constitución, que permitió iniciar todas las reformas de la España actual.

_____En 1976 se celebra en España un referéndum a favor de la reforma política_____
_____
_____
_____ .

ACIERTOS /6

34.3 Relate la siguiente narración con el presente de indicativo.

Oíd lo que me pasó el otro día. Estaba yo solo en casa cuando sonó el teléfono. Lo cogí y una voz de hombre me preguntó si yo era familia de un famoso deportista. Le dije que si sabía qué hora era. Pero él volvió a hacerme la pregunta. No le contesté, colgué y desenchufé el teléfono.

_____Oíd lo que me pasó el otro día. Estoy yo solo en casa cuando_____
_____
_____
_____ .

ACIERTOS /13

34.4 Convierta estas noticias en titulares de prensa.

1. Ha muerto un premio nobel. ____Muere (un) premio nobel.____
2. El Partido Centrista ha ganado las elecciones. _____
3. Unos piratas han raptado a dos periodistas. _____
4. Talibanes han atacado la base española. _____
5. El Discovery ha vuelto a la Tierra sin problemas. _____
6. Grupos gais han exigido un avance en sus derechos. _____

ACIERTOS /6

34.5 Complete las frases con los verbos del recuadro.

> darse   ~~estrellarse~~   matarse   morder   romperse   sacarse

1. Giró el volante y casi __se estrella__ .
2. Me di con una rama y por poco _____ un ojo.
3. Se cayó del caballo y casi _____ .
4. Tropecé, caí al suelo y casi _____ la nariz.
5. Cuando iba en bici por el parque, por poco me _____ un perro.
6. Ten cuidado. Por poco _____ contra la farola.

ACIERTOS /6

35 ¿Salimos esta noche?
Presente de indicativo: otros usos

▶ APÉNDICE 9 ▮▮

● El presente de indicativo se puede usar también para otras funciones. Se usa para:

– dar instrucciones.

> –¿Cómo cambio la bombilla? –Primero **desenchufas** la lámpara, luego **sacas** la bombilla vieja y **compruebas** que está fundida. Si lo está, **pones** una nueva. Es muy sencillo.

Cuando terminéis el examen, lo **dejáis** sobre la mesa y **abandonáis** el aula.

– hacer sugerencias.

> Mañana no tengo que madrugar. **¿Salimos** esta noche?

● Para hacer sugerencias, también son frecuentes las siguientes construcciones.

> ¿Qué tal si + presente de indicativo?

> **¿Qué tal si comemos?** Estoy muerta de hambre.

> ¿Por qué no + presente de indicativo?

> Hace mucho que no vemos a Ana. **¿Por qué no la llamas y quedas** con ella?

– pedir consejo u opinión.

> –Me gusta este piso. ¿Lo **compro**? –No sé. Me parece muy caro.
> –¿**Abro** la ventana? Hay mucho humo.

– ofrecer ayuda, pedir favores o hacer peticiones educadas.

> ¿Te **plancho** esta camisa?
> ¿Me **pasas** la jarra de agua, por favor?
> ¿Nos **trae la cuenta**, por favor?

O me **decís** quién ha escondido aquí las llaves o no **salís** esta tarde.

– amenazar. Son comunes las siguientes construcciones:

> o + presente de indicativo + o + presente de indicativo

> **O dejas** de gritar **o** me **marcho** de aquí.
> **O quitas** la tele **o** te **mando** a tu cuarto, Raúl.

> imperativo + o + presente de indicativo

> **Estudia o llamo** a tus padres.
> **Pídeme** disculpas **o** me **voy** ahora mismo.

● Cuando ya se ha indicado o no hace falta indicar el motivo de amenaza, se puede expresar la amenaza sola.

> –O me dices qué ha pasado o **no te ayudo**. –Es que no puedo decírtelo. **–No te ayudo**.
> –Bueno, pero no se lo digas a nadie...

¡**Llamo** a mamá!

– expresar órdenes o mandatos, con mayor énfasis y fuerza que el imperativo.

> Ahora mismo te **pones** a trabajar. (= **Ponte** a trabajar ahora mismo.)
> Te **callas** ya. (= **Cállate** ya.)

▶ UNIDAD 94: Oraciones condicionales (1) ▮▮

35.1. **Complete las instrucciones con los verbos del recuadro.**

apretar (2)	batir	echar (2)	enchufar	cortar	dar	hervir
meter	~~poner~~	romper	volver	pelar	marcar	esperar

1. ___Pones___ un poco de aceite en la sartén. _____ un huevo, lo _____ y lo _____ en la sartén cuando el aceite esté caliente.
2. Primero _____ el ordenador y luego _____ a este botón. _____ el disco en la bandeja y _____ a apretar el botón.
3. _____ las patatas durante diez minutos y luego, cuando todavía están calientes, las _____. Después, las _____ en rodajas y les _____ un poco de aceite.
4. –¿Cómo funciona este teléfono? –Primero _____ el botón verde y _____ el número al que quieres llamar. Luego _____ a que te contesten. Cuando terminas de hablar, _____ el botón rojo.

ACIERTOS ....../16

35.2. **Haga sugerencias con _¿Por qué no...?_ o _¿Qué tal si...?_**

1. Sugiera a unos amigos alquilar todos un coche. ___¿Por qué no / ¿Qué tal si... alquilamos un coche?___
2. Sugiera a unos amigos que busquen hotel en internet. _____
3. Sugiera a una amiga que aprenda japonés. _____
4. Sugiera a unos desconocidos que cojan un taxi. _____
5. Sugiera a un amigo dar una vuelta por el centro. _____
6. Sugiera a unos amigos sacar las entradas para un concierto. _____

ACIERTOS ....../6

35.3. **¿Qué diría? Escriba las frases.**

1. Pida consejo a un amigo: qué hacer. ___¿Qué hago?___
2. Ofrezca ayuda a un amigo: explicarle un problema. _____
3. Pida consejo a un amigo: llamar a Marta. _____
4. Pida un favor a un amigo: coserle un botón. _____
5. Pida un favor a un amigo: echarle una mano. _____
6. Ofrezca ayuda a un vecino enfermo: hacerle la compra. _____
7. Ofrezca ayuda a una señora mayor: bajarle el carrito de la compra. _____
8. Pida un favor al portero: abrirle el garaje. _____
9. Haga una petición a un desconocido: decirle la hora. _____

ACIERTOS ....../9

35.4. **Vuelva a escribir las amenazas con el presente de indicativo.**

1. Si no cuidas bien el coche, no te lo dejo. O ___cuidas bien el coche___ o ___no te lo dejo___.
2. Si no te portas bien, se lo digo a tus padres. _____ o _____.
3. Si no deja el perro fuera, aquí no entra. O _____ o _____.
4. Si no sacas un poco la llave de la cerradura, no abres esa puerta. _____ o _____.
5. Si no escuchas, me callo. O _____ o _____.
6. Si no vienes, me voy. O _____ o _____.
7. Si Nacho no viene, no doy la fiesta. O _____ o _____.

ACIERTOS ....../14

35.5. **Vuelva a escribir las órdenes con el presente de indicativo.**

1. ¡Vete ahora mismo! ___¡Te vas ahora mismo!___
2. Siéntate a mi lado y no te muevas, Carlitos. _____
3. Es muy tarde. Id a vuestro cuarto, apagad la luz y dormíos. _____
4. ¡Hazlo ahora mismo! _____
5. Devuélvemelo ya. _____
6. ¡Cállate ya y déjame! _____

ACIERTOS ....../6

36
Hace mucho que no como tacos.
Presente de indicativo: duración

● El presente de indicativo se usa también para hablar de la duración de acciones o situaciones que empezaron en el pasado y continúan en el presente.

> *hace* + período de tiempo + *que* + presente de indicativo

> > ***Hace mucho que no como*** *tacos.* (La última vez que comí tacos fue hace mucho.)
> > ***Hace diez años que conocemos*** *a Yumiko.* (Conocimos a Yumiko hace diez años.)

> presente de indicativo + *desde hace* + período de tiempo

> > ***No veo*** *a Carla* ***desde hace seis meses.*** (La última vez que vi a Carla fue hace seis meses.)
> > ***Estudio*** *chino* ***desde hace dos años.*** (Empecé a estudiar chino hace dos años.)

> presente de indicativo + *desde* + fecha

> > ***Marieta vive*** *con unos amigos* ***desde el verano pasado.*** (Empezó a vivir con unos amigos el verano pasado.)
> > *No* ***sé*** *nada de de mis primas* ***desde Nochevieja.*** (La última vez que supe algo de mis primas fue en Nochevieja.)

> presente de indicativo + *desde que* + oración

> > ***No como*** *jamón* ***desde que me lo prohibió el médico.*** (La última vez que comí jamón fue antes de que me lo prohibiera el médico.)
> > ***Trabaja*** *con su padre* ***desde que acabó la carrera.*** (Empezó a trabajar con su padre cuando terminó la carrera.)

● Para preguntar por la duración desde el pasado hasta el presente, se usan las siguientes construcciones.

> *¿Cuánto (tiempo) hace que* + presente de indicativo?
> *¿Desde cuando* + presente de indicativo?

> > *¿****Cuánto tiempo hace que tienes*** *ese móvil?*
> > *¿****Desde cuando no te duchas****? Apestas.*

● El presente de indicativo se puede usar también para expresar períodos de tiempo desde el pasado a un momento determinado del futuro.

> momento futuro + *hace* + período de tiempo + *que* + presente de indicativo

> > *El día 17* ***hace tres años que nos conocemos****.*
> > *Dentro de unos días* ***hace un año que trabajo*** *en la empresa.*

El día 25 **hace cinco años que nos casamos**.

36 EJERCICIOS

36.1. **Vuelva a escribir las frases con *hace* y el presente de indicativo.**

1. La última vez que fui a la ópera fue hace mucho. _____Hace mucho que no voy a la ópera._____
2. Se fue a vivir a Roma el año pasado._____
3. Empecé a trabajar en esta agencia hace dos meses. _____
4. La última vez que vi a Luis fue hace dos semanas. _____
5. Empecé a usar lentillas hace años. _____
6. Gregorio empezó a estudiar grafología el año pasado._____
7. La última vez que Iliana vino aquí fue hace tiempo. _____
8. La última vez que vi a Nerea fue el mes pasado. _____
9. El agua empezó a hervir hace cinco minutos. _____

ACIERTOS ...... /9

36.2. **Vuelva a escribir las frases con *desde* o *desde hace* y el presente de indicativo.**

1. La última vez que hablé con Teresa fue hace seis meses. __No hablo con Teresa desde hace seis meses.__
2. Empecé a dirigir la empresa el verano pasado. _____
3. Empecé a padecer insomnio hace tres años. _____
4. La última vez que vi a Juan fue en su boda. _____
5. Emilio comenzó a salir con Laura en Navidad. _____
6. Amelia empezó a tocar el violín hace mucho tiempo. _____

ACIERTOS ...... /6

36.3. **Vuelva a escribir las frases con *desde* que.**

1. Empezó a trabajar en un banco cuando acabó la carrera; sigue trabajando allí.
   _____Trabaja en un banco desde que acabó la carrera._____
2. Empecé a dormir mal cuando nació mi hijo; sigo durmiendo mal.
   _____
3. Marisa empezó a soñar con ser bailarina cuando era niña. Sigue soñando.
   _____
4. María empezó a escribir novelas cuando tenía 19 años; sigue escribiendo novelas.
   _____
5. A Paco le empezó a doler la espalda cuando llegó a Ávila y sigue doliéndole.
   _____
6. Mario se hizo abogado cuando tenía 24 años y aún lo es.
   _____

ACIERTOS ...... /6

36.4. **Escriba preguntas para las respuestas.**

1. ¿_____Cuánto tiempo hace que eres traductor_____? Hace cinco años que soy traductor.
2. ¿_____? Conduzco desde que tenía 18 años.
3. ¿_____? Llevo gafas desde que era niña.
4. ¿_____? Trabajo en Iberia desde que me casé.
5. ¿_____? Hace un mes que tengo perro.
6. ¿_____? Hace ya diez años que Juan es director.

ACIERTOS ...... /6

36.5. **Escriba las frases con las palabras dadas como en el ejemplo.**

1. El domingo / una semana en Taiwán / estar, nosotros __El domingo hace una semana que estamos__
   __en Taiwán.__
2. En enero/ un año /trabajar en esta empresa, yo _____
3. El día 3 / 10 años / estar casados, nosotros _____
4. El 5 de enero/ 2 años/ vivir juntos, Óscar y Ana _____
5. Mañana / un mes / salir con Olga, yo _____
6. El sábado/tres meses/estar en el hospital, mi abuelo _____
7. Mañana / dos meses / no fumar, yo _____

ACIERTOS ...... /7

81

Llevamos tres semanas en Japón.
Llevar para expresar duración

● Se usa el presente de indicativo del verbo *llevar* para resaltar la duración de una acción o situación desde el pasado hasta el presente.

– Con expresiones de lugar (*en Japón, en casa, aquí*), adjetivos (*enfermo, despierto*) o participios (*jubilado, reunido*), se usan las siguientes construcciones.

llevar + período de tiempo	Ya **llevamos tres semanas en Japón.** Lola ya **lleva dos años jubilada.**
llevar + *desde* + momento	**Llevo aquí desde las cinco.** **Llevan reunidos desde las ocho.**
llevar + *desde que* + oración	**Lleva enfermo desde que era joven.** Luis **lleva jubilado desde que lo conozco.**

Esa tienda **lleva cerrada dos meses**

• La expresión de lugar, el adjetivo y el participio pueden ir antes o después de la expresión de tiempo.

    *Solo llevo **una semana en esta empresa.** / Solo llevo **en esta empresa una semana.***

– Con verbos, se usan las siguientes construcciones:

llevar + gerundio + período de tiempo	**Lleva durmiendo doce horas.**
llevar + gerundio + *desde* + fecha/momento	**Llevamos esperando desde las dos.**
llevar + gerundio + *desde que* + oración	**Lleva jugando al tenis desde que tenía cuatro años.**
llevar + *sin* + infinitivo + período de tiempo	**Llevo sin ir al cine más de un año.**
llevar + *sin* + infinitivo + *desde* + fecha/momento	**Llevo sin comer nada desde esta mañana.**
llevar + *sin* + infinitivo + *desde que* + oración	Marisa **lleva sin escribir desde que se fue a Manila.**

• La acción puede ir antes o después de la expresión de tiempo.

    *Lleva **preparándose para el maratón seis meses.** / Lleva **seis meses preparándose para el maratón.***

• Para preguntas con *llevar*, se usa *cuánto* (tiempo) o *cuánto/a/os/as* + nombre.

    –¿**Cuánto lleva enferma Paz?** –Más de dos meses.
    –¿**Cuánto tiempo llevamos esperando?** –Solo quince minutos.
    –¿**Cuántas horas llevan durmiendo?** –Diez por lo menos.

¿Cuánto tiempo llevan jugando?

MARATÓN DE FÚTBOL A BENEFICIO DE

Más de cinco horas.

37.1. **Vuelva a escribir las frases con el presente de *llevar*.**

1. Estamos despiertos desde hace una hora. _____Llevamos una hora despiertos._____
2. Hace un mes que estamos en Manila. _____
3. La ducha se averió hace una semana. _____
4. Esa estatua hace cien años que está aquí. _____
5. El restaurante ese cerró hace meses. _____
6. Encendieron la calefacción hace un rato. _____

ACIERTOS / 6

37.2. **Vuelva a escribir las frases con el presente de *llevar* y *desde* o *desde que*.**

1. Llegué a Pekín en 2010. Todavía estoy aquí. _____Llevo en Pekín desde 2010._____
2. Fidel enfermó cuando tenía 30 años. Sigue enfermo. _____
3. Luis se jubiló en 2005. _____
4. Nos reunimos a las ocho. Todavía estamos reunidos. _____
5. El sofá se rompió cuando nos mudamos de casa. Sigue roto. _____
6. Emilio se deprimió cuando lo despidieron del banco. Sigue deprimido. _____

ACIERTOS / 6

37.3. **Vuelva a escribir las frases con el presente de *llevar* + gerundio.**

1. Empezamos a viajar hace un mes. ___Llevamos viajando un mes / Llevamos un mes viajando.___
2. Alberto empezó a hacer la carrera hace seis años. _____
3. Empezaron a vivir en el chalé hace treinta años. _____
4. Sandra empezó a conducir camiones hace tiempo. _____
5. Dicen que empezaste a hacer pilates hace un mes. _____
6. Empezaron a arreglar la calle hace cuatro años. _____

ACIERTOS / 6

37.4. **Vuelva a escribir las frases con el presente de *llevar* + gerundio y *desde* o *desde que*.**

1. Daniel empezó a operar cuando tenía 25 años. Todavía sigue operando.
   _____Daniel lleva operando desde que tenía 25 años._____
2. Charo empezó a quejarse de la muela ayer tarde y aún se queja.

   _____
3. Esta madrugada empezó a nevar y aún nieva.

   _____
4. Hace tiempo que compro la prensa en ese quiosco.

   _____
5. Blanca empezó a trabajar en Correos cuando acabó el Bachillerato.

   _____
6. Empecé a invertir en Bolsa cuando me jubilé y sigo haciéndolo.

ACIERTOS / 6

37.5. **Vuelva a escribir las frases con el presente de *llevar* + *sin* + infinitivo. Use *desde* o *desde que* en caso necesario.**

1. La última vez que fuimos a Escocia fue hace tres años. _____Llevamos tres años sin ir a Escocia._____
2. La última vez que probé el alcohol fue en la boda de Rocío. _____
3. La última vez que vi a Esteban fue cuando nos reunimos todos los amigos. _____
4. La última vez que jugué al billar fue el verano pasado. _____
5. La última vez que discutimos fue hace una semana. _____
6. La última vez que corrí una maratón fue hace mucho tiempo. _____

ACIERTOS / 6

37.6. **Escriba preguntas para las respuestas.**

1. (*hablar, ellos*) –¿_____Cuánto llevan hablando_____? –Más de tres horas.
2. (*Jorge, en cama*) –¿_____? –Cinco meses.
3. (*tú, no ver a Elena*) –¿_____? –Mucho tiempo.
4. (*Álvaro, peinarse*) –¿_____? –Más de veinte minutos.
5. (*Carla, dormir*) –¿_____? –Unas ocho horas.

ACIERTOS / 5

38 Le estamos cuidando los gatos a Clara.
Presente de *estar* + gerundio

● Se usa el presente de *estar* + gerundio para:

 – referirnos a acciones que están sucediendo en el momento de hablar o a acciones o situaciones que consideramos como temporales.

 *–¿Qué haces aquí? –**Estoy esperando** a Julia.*   *Le **estamos cuidando** los gatos a Clara mientras está de vacaciones.*

 • En ciertas narraciones de actividades en las que las acciones son rápidas se usa siempre el presente de indicativo.

 *Alberto **pasa** la pelota a Ramazzoti. Se **adentra** por la banda, **regatea** a un defensa y **centra** a Totó...*

 – expresar molestia o agrado por acciones o situaciones que se producen con demasiada frecuencia, con expresiones *como siempre, todo el rato, continuamente, a todas horas, todo el día.*

 ***Estáis todo el día escuchando** música. A ver si estudiáis.*

 *Álvaro es muy cariñoso. **Está siempre cogiéndome** la mano.*

 • Con *nunca* se prefiere el presente de indicativo.

 *No **ayudas nunca** a poner la mesa.*

 • Cuando nos referimos a acciones que están sucediendo en el momento de hablar, a veces se pueden usar tanto el presente de indicativo como el presente de *estar* + gerundio, especialmente en preguntas.

 *–¿Qué **haces**? / ¿Qué **estás haciendo**? –Nada especial. Estoy viendo la tele.*

● No se usa *estar* + gerundio:

 – con los verbos *ir* y *venir*, y con los verbos *ver* y *oír* (cuando no significan *mirar* o *escuchar*).

 *–¿De dónde **vienes**? –Del médico. Estoy un poco resfriado.   –¿Y adónde **vas**? –A la farmacia. Necesito unas pastillas.*
 *–¿**Oyes** algo? –No oigo nada. Están muy lejos.*

 ▌ **PERO:** *–¿Qué haces? –**Estoy oyendo** las noticias.* (=escuchando)

 – con verbos de entendimiento –*conocer, comprender, creer, entender, recordar, saber, sospechar, suponer...* – de comunicación –*responder...*– de sentido o percepción física –*oler (a), saber (a)...*– de sentimiento – *admirar, adorar, agradar, amar, asombrar, desear, despreciar, detestar, doler, envidiar, gustar, impresionar, preferir, odiar, parecer querer, sentir, satisfacer...* – y otros como: *carecer, contener, costar, existir, llevar (puesto), merecer, necesitar, poseer, pertenecer, significar, tener.*

 *–¿Te **gusta** la película? –No, es un poco infantil.*   *–¿Qué te pasa?–Me **duele** la cabeza.*
 *–Esta carne **sabe** a pescado. ¿Con qué aceite la has frito?*   *–¿**Desea** algo? –No, gracias. Solo estoy mirando.*

 • Algunos de estos verbos se usan con *estar* + gerundio con determinados significados.

	▌ **PERO:**
*Eres extraordinaria. Te **admiro**.*	*admirar (= mirar con deleite) –¿Qué haces? –**Estoy admirando** este cuadro.*
*–¿Qué **desea**? –Nada. Gracias.*	*desear (= querer con ganas) ¡Qué frío! **Estoy deseando** llegar a casa.*
*¡Qué mala está esta sopa! No me **gusta**.*	*gustar (= gustar de momento) El libro que me has prestado no me **está gustando** mucho. Espero que cambie.*
*¡Qué bien **huelen** estas flores!*	*oler (= la acción de oler) **Estoy oliendo** este perfume nuevo y me encanta.*
*Lo siento. No **tengo** ese libro.*	*tener (= no posesión) Este año no **estamos teniendo** suerte. Perdemos todos los partidos.*
*Este libro **cuesta** 40 euros.*	*costar (= causar problemas) Me **está costando** terminar este libro.*
*¿Qué te pasa? ¿Te **duelen** las muelas?*	*doler (= permanecer el dolor) Todavía me **está doliendo** el golpe de ayer.*
*Tengo gripe. No me **siento** bien.*	*sentir (= percibir) Estoy **sintiendo pasos** en el piso de arriba.*

38.1. Complete las frases con los verbos entre paréntesis en presente de indicativo o *estar* + gerundio.

1. –¿Dónde estás ahora? –(*vivir*) ___Estoy viviendo___ en casa de unos amigos hasta que encuentre piso.
2. ¡Qué juerguista es Ramón! Siempre (*salir*) _____ con los amigos.
3. Laura es muy desagradable. Nunca (*salir*) _____ con nosotros.
4. (*servir*) _____ Nadal. Federer le (*devolver*) _____ la pelota con fuerza, pero Nadal (*responder*) _____ con un buen revés. (*subir*) _____ a la red y…
5. –¿Qué (*hacer, tú*) _____ aquí? –Le (*cuidar*) _____ la casa a Rolf mientras está fuera.
6. Pilar ya ha acabado la carrera y ahora (*hacer*) _____ un máster en Dirección de Empresas.
7. (*bajar*) _____ los precios de los pisos.

ACIERTOS ...... /11

38.2. Complete las frases con los verbos entre paréntesis en presente de indicativo o *estar* + gerundio.

1. –¿Por qué no (*responder*) ___respondes___? –Es que me (*comer*) ___estoy comiendo___ una manzana.
2. –¿(*tú, ver*) _____ a Sofía? –No, no tengo las gafas y no (*ver*) _____ de lejos.
3. –(*querer, yo*) _____ hablar con Maite. –Ahora no puede. (*bañarse*) _____.
4. –¿(*tú, preferir*) _____ ir en tren o en coche? –(*pensar*) _____ ir en avión.
5. –¿Qué (*significar*) _____ esa palabra? –Un momento. (*buscarla*) _____ en mi diccionario.
6. –¿Te (*doler*) _____ algo? –Me (*fastidiar*) _____ una muela.

ACIERTOS ...... /12

38.3. Complete con los verbos entre paréntesis en presente de indicativo o *estar* + gerundio.

1. –¿Cómo te (*sentir*) ___sientes___? –No muy bien. Me (*costar*) ___está costando___ recuperarme.
2. No me (*gustar*) _____ nada este libro. (*desear*) _____ acabarlo.
3. –¡Qué bien (*tú, oler*) _____! –Es un perfume nuevo. ¡(*costar*) _____ carísimo!
4. –¿Qué haces en el jardín? –(*yo, admirar*) _____ las rosas y (*oler*) _____ su perfume.
5. (*yo, admirar*) _____ a Alberto. ¡Qué bien (*él, llevar*) _____ la separación de Maite!
6. ¡Eres muy burro. Todavía me (*doler*) _____ el golpe que me diste.
7. Los niños no se pueden levantar. Les (*costar*) _____ acostumbrarse al nuevo horario.

ACIERTOS ...... /12

38.4. Complete las situaciones con los verbos del recuadro en presente de indicativo o *estar* + gerundio, en afirmativa o negativa.

avanzar	desear	doler	~~esperar~~	~~hacer~~	llegar	pasar
regatear	saber	tirar	ver (3)			

① ¿Qué __haces__ aquí?

Estoy esperando a Tere.

② ¿ _____ algo?

No, _____ nada.

③ _____ los caballos a la recta final y el número 9 por el interior.

④ Estoy agotado.

_____ acostarme.

⑤ Tienes mala cara ¿ Te _____ algo?

Me _____ el estómago.

⑥ No molestes a papá. _____ el telediario.

⑦ Iniesta _____ a dos defensas, _____ a puerta y... ¡gol!

⑧ ¿Qué le has echado a la sopa? _____ bien.

ACIERTOS ...... /13

39

Cuando estudiaba. Mientras dormíamos.
Pretérito imperfecto

- Formación del pretérito imperfecto: ▸ APÉNDICE 9

- El pretérito imperfecto se usa para:
  - hablar de acciones o situaciones habituales en el pasado.

    *De pequeño, **comía** chocolate todos los días.*　　*De joven, Roberto **tenía** muchísimos amigos.*
    *Cuando vivíamos en Viena, **íbamos** a la ópera todas las semanas.*

  - hablar de acciones en desarrollo en el pasado.

    *Cuando **estudiaba** ruso, fui dos veces a Rusia.*　　*El incendio comenzó mientras **dormíamos**.*

  - describir personas, cosas o lugares situándolos en el pasado.

    *La madre de Arturo **era** muy alta.*　　*El pueblo de mis tíos **tenía** las casas de adobe.*

  - hablar de las circunstancias en las que sucedió algo en un momento pasado.

    *Ana y Tim se casaron el 10 de junio. **Hacía** un día espléndido y la iglesia **estaba** llena de gente.*

- El pretérito imperfecto se puede usar también para referirse al presente. Se usa para:
  - expresar cortesía.

    *Buenos días. **Quería** hablar con el director. (= Quiero…)*
    ***Llamaba** para preguntar por el puesto de traductor. (= Llamo…)*

    - expresar sorpresa o censura.

    ***Eras** tú. Menos mal. **Creía** que era la jefa. (= Eres tú.)*
    *¿Qué haces comiendo jamón? Si no te **gustaba**. (= No te gusta.)*

    • Se suele usar en forma negativa interrogativa, negando lo que el hablante creía que era lo verdadero.
    *¿Qué haces aquí? ¿**No estabas** en Marruecos? (Creía que estabas en Marruecos.)*
    *¿Qué haces viendo la tele? ¿**No tenías** que estudiar? (Creía que tenías que estudiar.)*

  - disculparse.

    *–Lo siento. No **sabía** que **estabas** durmiendo.*
    *Disculpen. **Creía** que este asiento no **estaba** ocupado.*

Perdón. **Pensaba** que no **había** nadie.

  - expresar un deseo fuerte.

    *¡Qué ganas tengo de vacaciones! **Dejaba** ahora mismo todo y **me iba** a una isla del Caribe a descansar.*

Me **comía** yo solo toda esa tarta.

  - indicar falta de responsabilidad.

    *He tirado el jarrón sin querer. **Había** poca luz.*
    –¿Por qué le has puesto tanta sal a la carne?
    *–Lo **ponía** en la receta.*

Lo siento. No es culpa mía. El paquete **venía** así.

- El pretérito imperfecto se puede usar también para expresar duda ante una información sobre el pasado, el presente o el futuro.

    *Hans y Gretel se fueron **ayer** a Munich. Creo que **iban** en avión.*　　*Al parecer, se **mudaban** de piso **mañana**.*
    *Creo que se **examinaban hoy**, pero no estoy segura.*

▸ UNIDAD 94: Oraciones condicionales (1)

39 EJERCICIOS

39.1. **Complete las frases con el pretérito imperfecto de los verbos entre paréntesis.**

1. –¿(*tú, hacer*) _Hacías_ algún deporte de joven? –Sí, (*yo, hacer*) _hacía_ esquí acuático.
2. ¿Dónde (*vosotros, estar*) _____ cuando se inició el incendio?
3. De pequeño, Luis (*jugar*) _____ muy bien al fútbol.
4. La madre de José (*ser*) _____ escritora. (*ella, escribir*) _____ novelas de misterio.
5. Ahora estoy jubilado, pero cuando (*yo, trabajar*) _____, (*yo, ganar*) _____ bastante dinero.
6. La casa donde vivíamos en Alicante (*tener*) _____ jardín y piscina.
7. A Andrés le dio un mareo mientras (*él, ducharse*) _____.

ACIERTOS ...../10

39.2. **Vuelva a escribir estas frases de forma más cortés.**

1. Quiero saber si tienen vacantes. ____Quería saber si tienen vacantes._____
2. Buenos días. Busco al Sr. Moreno. _____
3. Perdona, Alberto. ¿Quieres algo? _____
4. Llamo para preguntar por Rosario Alcocer. _____
5. Necesito dos días libres, don Manuel. _____

ACIERTOS ...../5

39.3. **Complete las expresiones de sorpresa o censura con las palabras entre paréntesis.**

1. –Lucía se ha ido al cine. –Pero ¿(*estar enferma*) _no estaba enferma_?
2. –¡Qué agradable es don Roque! –Pero si no (*poder verlo*) _____.
3. ¿Qué haces levantada? ¿(*tener gripe*) _____?
4. –No llevo dinero. No puedo pagar los bocadillos. –¡Pero si (*acabar*) _____ de sacar dinero del cajero...!
5. ¿Ahora que he sacado los billetes dices que no vienes? Pero ¿(*querer*) _____ ir de vacaciones?

ACIERTOS ...../5

39.4. **Complete las disculpas con los verbos entre paréntesis.**

1. Lo siento. (*creer*) _Creía_ que este móvil era el mío.
2. Disculpe. No (*saber*) _____ que estaba hablando por teléfono.
3. Perdone, señora. No (*querer*) _____ llamar a estas horas, pero (*necesitar*) _____ hablar con su hijo lo antes posible.
4. Hola, Carmela. No he ido a verte porque (*suponer*) _____ que estabas de viaje.

ACIERTOS ...../5

39.5. **Exprese deseos sobre lo indicado.**

1. Acostarse y no levantarse hasta dentro de dos días. ____Me acostaba y no me levantaba hasta dentro de dos días.____
2. Tomarse un par de cervezas bien frías. _____
3. Irse a Cancún y pasarse allí quince días. _____
4. Salir ahora mismo y no volver nunca más a esta oficina _____
5. Comerse una buena paella y echarse luego una siesta. _____

ACIERTOS ...../5

39.6. **Complete las frases indicando falta de responsabilidad o duda.**

| alojarse | empezar | estar | haber | operar | ~~ser~~ |

1. Lo siento pero este sillón _era_ así. Si usted no lo vio…
2. No es culpa mía. La televisión ya _____ rota.
3. Por lo visto, Jesús _____ a trabajar hoy con su padre.
4. Los amigos de Orlando llegaron ayer. Creo que _____ en su casa.
5. Mercedes está en el hospital. Creo que la _____ hoy o mañana.
6. Según dicen, esta semana _____ huelga en el metro.

ACIERTOS ...../6

87

40 *Anoche vi a Sofía.*
Pretérito indefinido

● Formación del pretérito indefinido ▶ APÉNDICE 9

● El pretérito indefinido se usa para:

 – hablar de acciones o situaciones pasadas que tuvieron lugar en un momento concreto del pasado: *anoche, ayer, el lunes (pasado), la semana pasada, hace seis meses, en 2008...*

 > *Anoche **vi** a Sofía.*   *Susana **acabó** la carrera en junio.*
 > *–¿Cuándo **comprasteis** el piso? –**Hace dos años**. Tuvimos suerte.*

 ●Podemos referirnos a una secuencia de acciones, todas acabadas una después de otra.

 > *Anoche no me encontraba bien. **Llegué** a casa, me **tomé** una aspirina y me **acosté**.*
 > *–¿Qué **hicisteis** el sábado pasado? –**Salimos** con Rosa y Carlos. Primero **fuimos** al teatro y luego **cenamos** en un restaurante indio.*

 > *Arnaldo **se despertó** y **miró** el reloj: las siete y veinte. **Se levantó** rápido, **se puso** lo primero que **encontró** y **salió** a la calle...*

 ● No hace falta referencia temporal cuando los hablantes saben que están hablando de algo pasado y acabado.

 > *La madre de Alberto **murió** a los noventa y dos años.*
 > *Los dinosaurios se **extinguieron** por el cambio climático.*

 – hablar de la duración de una acción pasada.

 > *El partido **duró** dos horas.*
 > *Ana **tardó** seis años en hacer la carrera.*

 – narraciones y biografías.

 > *Sonia **nació** en Albacete en 1989. En 2003 se **trasladó** a Granada con sus padres. Allí **hizo** el Bachillerato y **empezó** la carrera de Medicina, pero en 2009 **dejó** la carrera y se **fue** a Brasil.*

● Se usa el pretérito indefinido de *ser* para valorar hechos o situaciones del pasado.

 > ***Fue imposible*** *encontrar entradas para el concierto.*
 > *Tus amigos no **fueron muy amables** con el camarero.*
 > *Nos **fue difícil** escapar de la fiesta de Blas.*

● En Hispanoamérica y determinadas zonas de España se usa el pretérito indefinido en lugar del pretérito perfecto para hablar de acciones que tienen lugar dentro de un período de tiempo que incluye el presente: *hoy, esta semana, este mes...*

 > *Hoy **llegué** tarde.*
 > *Este año no **tuvimos** vacaciones.*

*Este verano **vinieron** menos turistas acá al Machu Picchu.*

40 EJERCICIOS

40.1. **Complete las frases con los verbos del recuadro.**

> acabar   andar   conseguir   ~~durar~~ (2)   empezar (3)   enterarse (2)
> hacer (2)   ir (2)   morir   nacer   tardar (2)   tener   ~~terminar~~

1. –¿A qué hora __terminó__ el concierto anoche? –A la una. __Duró__ tres horas.
2. –¿Cuándo _____ la carrera, Mario? –En 2005. _____ seis años en acabarla, y luego _____ un máster en Dirección de Empresas.
3. –¿Cuándo _____ el hijo mayor de César? –En el año 2001, creo.
4. Ayer (*nosotros*) _____ dos horas por el campo, pero no _____ llegar al lago.
5. –El domingo (*nosotros*) _____ a ver a Enrique al hospital. –¿Cómo _____? –En autobús. _____ mucho en pasar. _____ que esperar unos veinte minutos.
6. –¿Cuánto _____ la operación de Enrique? –Unas dos horas. _____ a las once y _____ a la una.
7. –¿Cuánto hace que _____ tu abuelo? –Ayer _____ un año.
8. –¿A qué hora _____ a llover anoche? –Tarde. Sobre las dos.
9. –¿Cuándo _____ de que Carlos se casaba? –_____ hace dos días.

ACIERTOS
...... /20

40.2. **Complete estas narraciones y biografías con los verbos del recuadro.**

> abrir   acercarse   decir   entregar   irse   regresar   salir   sonreír   ~~ver~~

A. Leo __vio__ a Renata en la ventana. _____ y le _____ algo. Entonces Renata _____ de la habitación y al cabo de un minuto _____ con un pequeño paquete. Se lo _____ a Leo. Este lo _____, _____ a Renata y _____.

> crear   crecer   comenzar   ganar   hacer   irse (2)   ~~nacer~~   terminar

B. Pedro Almódovar __nació__ en Calzada de Calatrava, Ciudad Real, en 1950. _____ en una familia de valores tradicionales. A los ocho años la familia _____ a vivir a Extremadura, donde Pedro _____ el bachillerato. A los dieciséis años _____ a vivir a Madrid, donde _____ a hacer sus primeras películas como aficionado y _____ un grupo de *glam-rock*. En 1980 _____ su primera película profesional. En 1999 _____ su primer óscar y en 2002 el segundo.

> casarse   conocerse   continuar   estudiar   ganar   morir   realizar   recibir   seguir   ~~ser~~   tener   volver

C. Los esposos Curie __fueron__ un ejemplo de grandes investigadores. Antes de conocer a su esposa, Pierre Curie y su hermano Jacques _____ importantes descubrimientos en el campo de la electricidad y del magnetismo. Pierre y su esposa, Maria Sklowdoska _____ en 1894 y _____ un año después. Los dos esposos _____ la radiactividad natural y _____ el Premio Nobel de Física en 1903 por sus investigaciones. Pierre _____ en un accidente en 1906, pero Maria _____ investigando y _____ a ganar el Premio Nobel, esta vez en Química, en 1911, por el descubrimiento del radio. Pierre y Maria _____ una hija, Irène, que _____ su labor investigadora. Irène y su esposo, Frédéric Joliot, _____ el Premio Nobel de Química en 1935 por sus estudios de la radiactividad artificial.

ACIERTOS
...... /30

40.3. **Escriba frases con las palabras dadas y el verbo *ser* en la forma correcta.**

1. –¿Pudiste convencer a Charo? –Sí, (*fácil/convencerla*) __fue fácil convencerla.__
2. –¿Cómo se portó Roberto? –(*desagradable con Eva*) _____
3. –¿Lograste hablar con Toñi? –No, (*imposible/localizarla*) _____
4. (*De la Cierva / un gran inventor*) _____
5. (*Los mayas / grandes astrónomos*) _____
6. (*Las olimpiadas de 2008 / espectaculares*) _____

ACIERTOS
...... /6

Se cayó del caballo mientras practicaba.
Contraste pretérito imperfecto / pretérito indefinido

● El pretérito imperfecto y el pretérito indefinido se usan con frecuencia en la misma frase.

– El pretérito imperfecto se usa para acciones en desarrollo y el pretérito indefinido para una acción puntual que tuvo lugar durante esa acción en desarrollo.

acción en desarrollo   acción puntual
*Cuando **estudiaba** alemán, **fui** dos veces a Alemania.*

*A Juan lo **atracaron** cuando **paseaba** por el parque.*

● A veces la acción puntual interrumpe la acción en desarrollo.

acción puntual   acción en desarrollo
*Alberto se **cayó** del caballo mientras **practicaba** saltos.*

PERO: Cuando hablamos de dos acciones en desarrollo al mismo tiempo, se emplea el pretérito imperfecto para las dos.

acción en desarrollo   acción en desarrollo
*Veíamos la tele mientras **comíamos**.*

acción en desarrollo   acción en desarrollo
*Mientras Alberto **preparaba** el desayuno, yo **hacía** las camas.*

Mientras Alberto **preparaba** el desayuno, yo **hacía** las camas.

– El pretérito indefinido se usa para hablar de algún acontecimiento sucedido en el pasado y el pretérito imperfecto para hablar de las circunstancias que lo rodeaban.

acontecimiento   circunstancias
*Mi primer hijo **nació** el 13 de enero de 2007. **Estaba** todo nevado y **hacía** un frío tremendo.*

● En una narración, se usa el pretérito imperfecto para las circunstancias y el pretérito indefinido para las diversas acciones que tienen lugar en la historia. Cuando las circunstancias son acciones en desarrollo, se puede usar el imperfecto de *estar* + gerundio.

circunstancias   circunstancias   circunstancias   acción en desarrollo
*Era de noche y **llovía**. Marta y yo **estábamos** en la cama; **estábamos durmiendo**.*

acción   acción   acción   acción
*De repente **oímos** un grito. Me **levanté**, me **puse** la bata y **bajé** a mirar.*

● Recuerde que no se puede usar *estar* + gerundio con algunos verbos y que con otros cambia el significado del verbo.

▶ UNIDAD 38: Presente de *estar* + gerundio ▮

Cuando me encontré con Yago, ~~estaba yendo~~ a clase. → *Cuando me encontré con Yago, **iba** a clase.*

– Cuando nos referimos a la duración de una acción pasada, usamos el pretérito imperfecto para la acción o situación que se desarrolló durante el tiempo indicado, y usamos el pretérito indefinido para la acción que sirve de referencia temporal. ▶ UNIDAD 39: Pretérito imperfecto ▮ ▶ UNIDAD 40: Pretérito indefinido ▮

```
----------------------2 semanas----------------------------------          ahora
— x ———————————————————————————— x ——— • —
  conseguí el carné                    tuve el accidente
```

*Hacía dos semanas que **tenía** el carné cuando **tuve** el accidente*

***Llevaba** un año en la empresa cuando **me ofrecieron** un puesto en Seúl.*
*Cuando me **encontré** con Akiro en Osaka, hacía mucho que no **nos veíamos**.*

41.1. Complete con los verbos entre paréntesis.

1. Cuando Rosa (*vivir*) ___vivía___ en Pekín, (*nosotros, ir*) ___fuimos___ dos veces a verla.
2. A Fidel le (*ellos, dar*) _____ un balonazo cuando (*jugar*) _____ al fútbol.
3. Cuando (*yo, ir*) _____ a la oficina en coche, siempre (*escuchar*) _____ la radio mientras (*conducir*) _____ .
4. A Helga la (*morder*) _____ un tiburón.
5. Al perro de Lolo lo (*atropellar*) _____ un coche cuando (*cruzar*) _____ la calle.
6. Los estudiantes (*tomar*) _____ apuntes mientras el profesor (*explicar*) _____ .

ACIERTOS ...... /12

41.2. Complete las frases con los verbos entre paréntesis.

1. Cuando (*nosotros, llegar*) ___llegamos___ a Oviedo, las calles (*estar*) ___estaban___ desiertas.
2. El pobre Adolfo (*morir*) _____ en un día terrible. (*nevar*) _____ y (*hacer*) _____ un frío insoportable. Mucha gente no (*poder*) _____ venir al entierro porque las carreteras (*estar*) _____ cortadas.
3. Cuando nuestro avión (*tomar*) _____ tierra en Mallorca, (*amanecer*) _____ y ya (*hacer*) _____ bastante calor.
4. El domingo (*nosotros, ir*) _____ a la boda de Arturo. (*salir*) _____ pronto de casa, pero se nos (*pinchar*) _____ una rueda y no (*tener*) _____ repuesto. (*llover*) _____ y (*tener*) _____ que llamar a un taxi. Afortunadamente (*llegar*) _____ a tiempo.
5. El sábado pasado nos (*pasar*) _____ algo muy desagradable. (*nosotros, dormir*) _____ , pero un ruido nos (*despertar*) _____ . (*ser*) _____ las tres de la mañana. (*yo, cerrar*) _____ la puerta de la habitación con llave y (*nosotros, quedarse*) _____ en la cama, muertos de miedo. Al cabo de un rato alguien (*llamar*) _____ a la puerta. (*yo, coger*) _____ el teléfono y (*llamar*) _____ a la policía. Cuando (*nosotros, oír*) _____ las sirenas de los coches, (*mirar*) _____ por la ventana. ¡Los policías (*hablar*) _____ con otros policías que habían salido de nuestra casa!

ACIERTOS 29

41.3. Complete las frases con los verbos del recuadro.

| ~~conocerse~~ cubrir darse empezar esperar estar golpear haber hacer ir llevar ser tirar ver |

1. Li y yo ___nos conocimos___ en Pekín. _____ muy temprano, pero ya _____ mucha gente en la calle. _____ bastante frío y yo _____ un gorro que me _____ toda la cara. Ella _____ a la universidad en su bicicleta y yo _____ para cruzar una calle. No _____ cuenta de que el semáforo _____ en rojo para los peatones y _____ a cruzar. Li no me _____ , me _____ con la bici y me _____ al suelo.

| bajar comentar hablar haber llegar llevar meter oír parar ~~salir~~ sangrar |

2. ___Salíamos___ del metro cuando _____ un sonar de sirenas y gran alboroto mientras _____ una ambulancia. _____ dos coches de policía al lado de una pareja de jóvenes, esposados. Uno de los policías _____ por teléfono. Cuando _____ la ambulancia, dos sanitarios _____ con camillas y _____ a uno de los jóvenes, que _____ por un oído, al interior del vehículo. Se lo _____ inmediatamente. El público _____ que habían intentado atracar una joyería.

ACIERTOS ...... /25

41.4. Complete con los verbos entre paréntesis.

1. Cuando (*yo, hacer*) ___hice___ el examen, (*llevar*) ___llevaba___ dos noches sin dormir.
2. Cuando (*nacer*) _____ Lola, hacía dos meses que (*nosotros, vivir*) _____ en Roma.
3. Ginés (*llevar*) _____ dos minutos en la parada del autobús cuando (*pasar*) _____ Ana en coche.
4. Ya (*hacer*) _____ tiempo que yo no (*ver*) _____ a Enrique tan enfadado.
5. –Ayer fui al teatro. –¿Cuánto (*hacer*) _____ que (*tú, no ir*) _____?
6. Los pasajeros (*llevar*) _____ dos horas de vuelo cuando (*oír*) _____ una explosión.

ACIERTOS ...... /12

42 *hice/ hacía/ he hecho/ estaba haciendo*
Contraste entre tiempos del pasado

- Con el pretérito perfecto, las acciones o situaciones expresadas se ven...

  – relacionadas con el presente. Se refieren a un período de tiempo todavía no acabado –*hoy, esta semana, este año*– o tienen consecuencias en el presente.

  ```
  ----------este año------------------
       ----esta semana-----------
         ---hoy-------------------- ahora
  _____•
            he hecho
  ```
  –¿Qué **has hecho** hoy? –Nada interesante. **Ha sido** un día aburrido.
  No podemos ver el partido. **Se ha roto** la tele.

  – como relacionadas con el pasado, pero sin referirse a un momento concreto. Se refiere a experiencias que hemos tenido, o no, en el pasado, a lo largo de nuestra vida.

  ```
                  ahora
  ___?_?__?_____•
     he hecho
  ```
  ¿**Has hecho** alguna vez senderismo?
  Alfredo **ha vivido** muchos años en Ecuador.
  No he probado nunca la comida mexicana.

- Con el pretérito indefinido, las acciones o situaciones se ven como realizadas y acabadas en un momento concreto del pasado: *ayer, la semana pasada, el otro día, en 1998, cuando estuve en Brasil...*

  ```
  ayer por la mañana        ahora
  _____x_____•
            hice
  ```
  Ayer por la mañana **hice** gimnasia.
  Yo **nací** en el año 1995. ¿Y tú?
  Conocí a Ricardo cuando estuve en Brasil.
  ¿**Cuándo** acabaste la carrera?

  – No hace falta referencia temporal cuando es obvio que se está hablando de algo pasado y acabado.
      Fleming **descubrió** la penicilina por azar.

- Con el pretérito imperfecto, las acciones se ven como habituales en un período de tiempo pasado o en desarrollo en un momento del pasado.

  ```
  cuando era joven          ahora
  ——x–x–x–x ——————————•
       hacía
  ```
  Cuando era joven, **hacía** gimnasia todas las mañanas.

  ```
  cuando entré en la habitación   ahora
  ——x–x–x–x ——————————•
       dormía
  ```
  Cuando entré en la habitación, Lola **dormía** profundamente.

Compare:

Pretérito indefinido: acción puntual	Pretérito imperfecto: acción habitual
El otro día **pensé** en ti.	Cuando estaba en Chile, **pensaba** en ti todos los días.
Pretérito indefinido: acción puntual	Pretérito imperfecto: acción en desarrollo
Anoche **dormí** mal.	Apagaron el televisor mientras **dormíamos**.

  – Cuando nos referimos a acciones en desarrollo, se puede usar también el pretérito imperfecto de *estar* + gerundio.
      Cuando entré en la habitación, Lola **estaba durmiendo** profundamente.
      Alberto llamó cuando **estábamos comiendo**.

  – El pretérito imperfecto se usa también cuando indicamos la duración de una acción o situación entre dos puntos del pasado.
      Cuando Ian tuvo el accidente **hacía seis días que tenía** el coche.

Compare:

Pretérito indefinido: acción puntual	Pretérito imperfecto: duración entre dos puntos del pasado
Conocí a Luisa **en 1978**.	Lucas murió en 2007. Nos **conocíamos desde que éramos niños**.

42.1. **Complete las frases.**

1. Luis (*viajar*) ___ha viajado___ mucho por Asia.
2. ¿Cuándo (*tú, estar*) _____ en Singapur?
3. ¿(*vosotros, perder*) _____ alguna vez algo importante?
4. −¿Por qué has ido al hospital? −Me (*morder*) _____ un perro.
5. −¿Cuánto te (*costar*) _____ esos pantalones? −30 euros.
6. −¿Por qué estás tan ocupado? −(*empezar*) _____ las clases esta semana.
7. −¿Quién (*inventar*) _____ la bombilla? −Edison.
8. ¡Cuánto (*crecer*) _____ Javi este verano!
9. No tengo suerte. No (*ganar*) _____ nunca un premio.
10. Cuando (*nosotros, ir*) _____ a China, (*nosotros, recorrer*) _____ una parte de la Gran Muralla.

42.2. **Rodee la forma correcta.**

1. Cuando (*llamaste*/*llamabas*, *estuve*/*estaba*) en casa de Ana.
2. Agustín *murió*/*moría* el mes pasado. Nos *conocimos*/*conocíamos* desde que *fuimos*/*éramos* niños.
3. De pequeños *jugamos*/*jugábamos* muchas horas en la calle. Nos *divertimos*/*divertíamos* mucho.
4. Ayer *tuve*/*tenía* que ir al dentista. Me *dolieron*/*dolían* mucho las muelas.
5. Cuando *sonó*/*sonaba* el despertador, *soñé*/*estaba soñando* con las vacaciones.
6. *Acabé* / *Estaba acabando* el informe cuando *llegó*/*llegaba* el director.

42.3. **Complete las frases.**

1. ¿Cuanto tiempo (*hacer*) ___hacía___ que no (*ir*) _____ al dentista, Iván?
2. Cuando (*yo, ver*) _____ a Feliciano, (*él, hablar*) _____ por el móvil.
3. Cuando (*yo, vivir*) _____ con mis padres, (*nosotros, discutir*) _____ todos los días.
4. El otro día (*nosotros, hablar*) _____ de ti, Carmen. Hacía meses que no nos (*llamar*) _____.
5. En el colegio (*yo, hacer*) _____ siempre muchas preguntas.
6. ¿(*preguntar*) _____ alguien por mí ayer?
7. Una señora me (*robar*) _____ la cartera mientras (*yo, hablar*) _____ con Teresa.
8. −¿Qué (*tú, hacer*) _____ cuando (*llegar*) _____ los bomberos? −(*intentar*) _____ apagar el fuego.

42.4. **Complete con los verbos entre paréntesis.**

1. Cuando (*yo, vivir*) ___vivía___ en Manila, (*traducir*) _____ artículos para una revista en español.
2. Ian (*regresar*) _____ a Escocia el verano pasado. (*llevar*) _____ cinco años fuera de su país.
3. Anabel no (*trabajar*) _____ en toda su vida. Le (*tocar*) _____ la lotería cuando (*ser*) _____ muy joven y (*vivir*) _____ siempre de las rentas.
4. −¿Qué te pasa Jesús? −Nada, que (*yo, discutir*) _____ con Ana.
5. Parece que anoche Julio (*divertirse*) _____ mucho en la fiesta de Mercedes. (*hacer*) _____ tiempo que no se lo (*pasar*) _____ tan bien.
6. Anoche no (*yo, poder*) _____ hablar contigo. Cuando (*tú, llamar*) _____, (*yo, visitar*) _____ a algunos enfermos.

Se había gastado todo el dinero.
Pretérito pluscuamperfecto

- Formación del pretérito pluscuamperfecto ▶ APÉNDICE 9

- Se usa el pretérito pluscuamperfecto para referirse a una acción pasada concluida antes de otra acción o situación también pasada.

*Cuando me **avisó** Alberto (2), ya **había firmado** el contrato. (1).*

*Cuando la policía lo **detuvo** (2), **se había gastado** todo el dinero. (1).*

– A veces sirve para explicar los resultados o consecuencias de una acción o situación pasadas.

    *–¿Por qué te detuvieron? –**Había robado** en una tienda.*

    *–No había luz porque se **había averiado** un enchufe.*

– Se usa con *ya* para decir o preguntar si una acción se había realizado antes de un momento pasado determinado.

    *–Como llegamos de madrugada las cafeterías **ya habían cerrado**.*

    *–¿A qué hora regresó Lucía? –No sé, pero a las doce **ya se había acostado**.*

    • *Ya* puede ir antes o después del verbo.

        *No los acompañé al cine porque **ya había visto** la película. / No los acompañé al cine porque **había visto ya** la película.*

– Se usa con *todavía no / no... todavía* para indicar que una acción no se había realizado antes de un momento pasado determinado.

    *Tuvimos suerte. Aunque llegamos tarde **todavía no se habían agotado** las entradas para el concierto de Barenboim.*

    *No pusimos cadenas para las ruedas porque **no se había helado todavía** la nieve.*

– Observe que para la acción o situación pasada de referencia se usa el pretérito indefinido.

    *Cuando **nació** Julia, sus padres ya **se habían separado**.*

    *Cuando **llamó** Sonia, ya me **había comprometido** con Pilar.*

- Cuando nos referimos a una acción que sucedió después de otra en el pasado, se usa el pretérito indefinido.

    *Cuando **salimos** del cine, **regresamos** a casa de Pati.*

    *Tan pronto como **bajamos** del tren, **buscamos** un hotel.*

Compare:

acción anterior a otra en el pasado	acción posterior a otra en el pasado
*Cuando acabé la carrera ya **había encontrado** trabajo.* (Encontré trabajo-- acabé la carrera)	*Cuando acabé la carrera **encontré** trabajo.* (Acabé la carrera-- Encontré trabajo)

- El pretérito pluscuamperfecto se usa también para referirse al presente.

– Se usa en lugar del pretérito perfecto para expresar cortesía.

    *–¿Me **habías llamado**, Andrés? –Sí, quería comentarte algo.*

    *¿**Habían reservado** mesa, señores?*

– Se usa para expresar sorpresa en forma negativa interrogativa, negando lo que el hablante creía que era lo verdadero.

    *¿Todavía eres profesor auxiliar? ¿**No te habían hecho** profesor titular?*

    *¿Por qué te quejas? ¿**No te había dicho** que no te compraras ese coche?*

43.1. Complete las frases con el pretérito indefinido o el pluscuamperfecto de los verbos entre paréntesis.

1. (*yo, regresar*) _____Regresé_____ a Perú porque se me (*caducar*) ___había caducado___ el permiso
2. Ayer no (*nosotros, poder*) _____ ir a la playa porque se me (*averiar*) _____ el coche.
3. Aunque (*yo, pagar*) _____ no me (*reservar*) _____ las entradas.
4. ¡Qué rabia! (*yo, llegar*) _____ a la consulta cuando el médico (*marcharse*) _____.
5. Los obreros no (*poder*) _____ cerrar la zanja porque (*llover*) _____ mucho.
6. Isabel (*cerrar*) _____ la tienda porque (*ella, arruinarse*) _____.
7. –¿Por qué no (*tú, ir*) _____ de vacaciones el año pasado? –Porque (*suspender*) _____.
8. A Alberto lo (*expulsar*) _____ del colegio porque (*copiar*) _____ en un examen.
9. No (*yo, poder*) _____ participar en la final porque (*yo, hacerse daño*) _____ en una pierna.
10. (*Nosotros, llegar*) _____ a la ópera porque (*averiarse*) _____ el metro.

43.2. Responda con *ya* o *todavía no*.

1. –¿Pudiste hablar con Julián? –No, (*marcharse*) ___ya se había marchado___.
2. –¿Lograste hablar con Sonia? –Sí, (*irse*) _____.
3. –¿Pudiste llegar a Bilbao a pesar de la nevada? –Sí, (*cortar las carreteras*) _____.
4. –¿Te dejaron entrar? –No, (*el concierto, empezar*) _____.
5. –¿Pudiste conseguir entradas? –No, (*las entradas, agotarse*) _____.
6. –¿Pudisteis cambiar el dinero? –No, (*los bancos, cerrar*) _____.
7. –¿Lograste tomar el vuelo? –Sí, (*embarcar*) _____.
8. –¿Pudieron mudarse al nuevo piso? –No, (*firmar el contrato*) _____.
9. –¿Conociste a tus abuelos? –No, (*fallecer*) _____ cuando nací.
10. –¿Lograste comprarle el coche a Margarita? –No, (*venderlo*) _____.

43.3. Una las frases comenzando con *cuando*.

1. Acabé el informe. Me fui a casa. _____Cuando acabé el informe, me fui a casa._____
2. El director se fue. Llegamos al banco. _____
3. Me tocó la lotería. Compré el piso. _____
4. Publicó cinco novelas. Le dieron el premio. _____
5. Heredó de sus padres. Puso un negocio. _____
6. Acabó la carrera. Tuvo un hijo. _____

43.4. Complete la frase de forma cortés.

1. –Mañana no xxxx. –Perdón, ¿qué (*tú, decir*) ___habías dicho___?
2. –¿Quién (*pedir*) _____ un café cortado? –Yo, lo he pedido yo.
3. –¿(*reservar*) _____ ustedes una mesa de seis? –Sí, la hemos pedido nosotras.
4. –Perdone, doña Rosario, ¿me (*llamar*) _____? –Sí, tengo que comentar algo con usted.
5. ¿(*Quedar*) _____ ustedes con el Sr. Cuñado? Pasen. Les está esperando.

43.5. Complete con los verbos del recuadro expresando sorpresa.

| aprobar | arruinarse | casarse | comprarse | dejar | encontrar | ~~irse~~ | mudarse | regañar |

1. ¿Qué haces aquí? ¿____No te habías ido____ a Egipto?
2. ¿Todavía trabajas aquí? ¿_____ un empleo en una multinacional?
3. ¿Aún vivís en un piso? ¿_____ a un chalé?
4. ¿Qué haces con ese coche? ¿_____ un Mercedes?
5. ¿Por qué fumas? ¿_____?
6. ¿Cómo que te queda Dibujo? ¿_____ en junio?
7. ¿Qué os vais a las Seychelles? ¿_____?
8. ¿Todavía sales con Encarna? ¿_____?
9. ¿Todavía vives con tus padres? ¿_____?

Hacía dos años que conocía a Sonia...
Duración en el pasado

● Para expresar la duración de acciones o situaciones entre dos puntos del pasado se usan las siguientes construcciones con el pretérito imperfecto.

> *hacía* + período de tiempo + *que* + pretérito imperfecto

conocí a Sonia nos casamos	**Hacía tres años que conocía** a Sonia cuando nos casamos.
a ------------------- b ahora	
____x_____x_____●	

> *¡Qué alegría, Ricardo! Hacía un siglo que no **nos veíamos**.*
> *–¿**Cuánto tiempo hacía que no tenías** vacaciones? –Desde que abrí la tienda.*

> pretérito imperfecto + *desde hacía* + período de tiempo

> *¡Qué buena está la comida! **No comíamos en un restaurante desde hacía casi un año.***

> pretérito imperfecto + *desde* + fecha

> *Yo no sabía que Tomás **no visitaba a sus padres desde Navidad.***

> pretérito imperfecto + *desde que* + oración

> *Esa librería **existía desde que acabó la guerra.***

– En algunos casos indica el final de una situación.

> *Mis hermanos **no se hablaban desde que murió mi padre.** (Ya se hablan.)*

*¡Qué rico está! **No comía regaliz desde que era pequeña.***

● Para expresar la duración de una acción o situación entre dos puntos del pasado se puede usar también el pretérito imperfecto de indicativo del verbo *llevar*.

– Con expresiones de lugar, adjetivos o participios, se usan las siguientes construcciones:

llevaba +	período de tiempo	*Cuando me puse enfermo, **llevábamos dos días en Sevilla.***
		*Cuando Lidia murió, **llevaba ya diez años jubilada.***
	desde + momento	*Cuando llegó Ruiz, **llevaban reunidos desde las ocho.***
	desde que + oración	*Ha muerto Lolo. **Llevaba enfermo desde que era joven.***

  • La expresión de lugar, el adjetivo y el participio pueden ir antes o después de la expresión de tiempo.

> *Cuando me despidieron, solo llevaba **una semana en la empresa.** / Cuando me despidieron, solo llevaba **en la empresa una semana.***

– Con verbos, se usan las siguientes construcciones:

llevar + gerundio +	período de tiempo	*Cuando me despertaste, **llevaba durmiendo diez horas.***
	desde + fecha/momento	*Ayer recibimos tu paquete. **Llevábamos esperándolo desde Navidad.***
	desde que + oración	*Se ha retirado Agassi. **Llevaba jugando al tenis desde que tenía dos años.***
llevar + *sin* + infinitivo +	período de tiempo	*Hoy he vuelto a coger el coche. **Llevaba sin conducir más de tres meses.***
	desde + fecha/momento	*¡Qué rico está este bocadillo! **Llevaba sin comer nada desde ayer.***
	desde que + oración	*Ayer vi a Carla. **Llevaba sin verla desde que se fue de aquí.***

  • La acción puede ir antes o después de la expresión de tiempo.

> *Lleva **preparándose para el maratón seis meses.** / Lleva **seis meses preparándose para el maratón.***

  • En algunos casos indica el final de una situación.

> *He vuelto a estudiar chino. **Llevaba más de un año sin ir a clases.** (Ahora voy otra vez a clases.)*

44.1. Vuelva a escribir las frases con *hacía*.

1. Ayer volví a hablar con Arturo después de seis meses. ___Hacía seis meses que no hablaba con Arturo.___
2. La semana pasada me despidieron. Llevaba dos años trabajando en la empresa. _____
3. Ayer volvió a funcionar el ascensor después de una semana. _____
4. Ayer volviste a fumar. ¿Cuánto tiempo llevabas sin fumar? _____
5. Lorenzo volvió a actuar el mes pasado después de un año sin actuar. _____
6. La semana pasada salí de casa después de dos semanas sin salir. _____

ACIERTOS /6

44.2. Complete las frases. Utilice *desde*, *desde hacía* o *desde que* y los verbos entre paréntesis.

1. Ayer volví a montar en moto. (*montar*) ___No montaba desde que___ era joven.
2. Ayer murió Agustín. (*nosotros, conocerse*) _____ éramos niños.
3. ¡Qué obra más buena vi ayer! (*yo, ir al teatro*) _____ más de un año.
4. Ana y Luis han vuelto a hablarse. (*ellos, hablarse*) _____ Navidades.
5. Ayer estuve en un gimnasio. (*yo, hacer ejercicio*) _____ estaba en la universidad.
6. Ayer me di un baño en el mar. (*yo, bañarse*) _____ el verano pasado.
7. Anoche fuimos a un restaurante español. (*nosotros, comer tortilla de patatas*) _____ regresamos de España.
8. Julio se lo pasó muy bien en la fiesta. (*él, divertirse tanto*) _____ mucho tiempo.

ACIERTOS /8

44.3. Vuelva a escribir las frases subrayadas con el pretérito imperfecto de *llevar*.

1. Ayer operaron a Marisol. <u>Hacía un año que estaba enferma.</u> ___Llevaba un año enferma.___
2. Cuando le dieron la nacionalidad a Roxana, <u>hacía ocho años que estaba en España.</u> _____
   _____
3. Cuando compramos el restaurante, <u>hacía seis meses que estaba cerrado.</u> _____
   _____
4. La semana pasada arreglaron las persianas. <u>Estaban rotas desde la tormenta.</u> _____
   _____
5. Cuando llegó el autobús, <u>hacía veinte minutos que estaba en la parada.</u> _____
   _____
6. Ayer regresamos de Sao Paulo. <u>Estábamos allí desde enero.</u> _____
   _____
7. Cuando tuvieron su primer hijo, <u>hacía dos años que estaban casados.</u> _____
   _____
8. <u>Mi última novela estaba acabada desde el verano.</u> La semana pasada la entregue. _____

ACIERTOS /8

44.4. Vuelva a escribir las frases subrayadas con el pretérito imperfecto de *llevar* + gerundio o + *sin* + infinitivo.

1. Cuando llegó Juana, <u>hacía media hora que esperaba.</u> ___Llevaba media hora esperando.___
2. Se ha jubilado Ramón. <u>Trabajaba desde los dieciséis años.</u> _____
3. Hoy he vuelto a escribir. <u>No escribía desde que gané el último premio.</u> _____
4. Hoy he vuelto a hablar italiano. <u>No hablaba italiano desde la última vez que estuve en Roma.</u> _____
   _____
5. Se ha retirado Raúl. <u>¿Cuánto tiempo hacía que jugaba al fútbol?</u> _____
6. Hoy he recibido un carta de Tomás. <u>Hacía una semana que la esperaba.</u> _____
7. He vuelto a tener noticias de Peter. <u>No sabía nada de él desde el año pasado.</u> _____
   _____
8. Sonia ha dejado de dar clase. <u>Daba clases desde que acabó la carrera.</u> _____
9. <u>Elena no pintaba desde el verano pasado.</u> Ha vuelto a hacerlo. _____
10. Tomó pastillas para dormir. <u>Hacía dos meses que tomaba pastillas para dormir.</u> Ya no las toma. ___
    _____

ACIERTOS /10

45 Nevará en el Norte.
Futuro simple (1)

● Formación del futuro simple ▶ APÉNDICE 9

● Se usa el futuro simple para:

– hablar de acciones o situaciones que pensamos que serán ciertas en algún
  momento del futuro: *mañana, el (próximo) lunes/martes..., el mes/año que
  viene..., pronto, dentro de una semana...*

  La semana que viene **llegarán** *los nuevos ordenadores.*
  No te preocupes. **Encontrarás** *empleo y te irá muy bien.*

  ● Cuando no queremos concretar el momento futuro, usamos *ya*.

    *–¿Cuándo vas a recoger tu habitación? –***Ya la recogeré***. Hay tiempo.*
    *–¿Cuándo quieres empezar las clases de informática? –***Ya te avisaré***. Ahora estoy muy ocupada.*

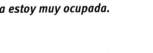

Se pondrá bien muy pronto.

– hacer predicciones.

  Nevará *en el Norte a partir de los 600 metros de altitud.*
  En el futuro, **viviremos** *más de cien años.*

– hacer promesas.

  Te prometo que no **volveré** *a usar tu cámara.*
  No os preocupéis. Os **invitaré** *cuando sea mi cumpleaños.*

No te preocupes. **Te compraré** una nueva.

– expresar opiniones, hipótesis, suposición o probabilidad sobre
  el futuro.

  –¿Quién va a venir a la fiesta? –No sé. **Vendrán** *todas las amigas de Clara.*
  Vienen siempre.
  –¿Qué vais a hacer este verano? –No sé. **Iremos** *a Tenerife*
  como todos los años.

  ● Se usa a menudo con algunas expresiones que expresan opinión o diferentes grados de probabilidad.

creo que	**Creo que ganaremos** *las elecciones.*
estoy seguro de que	**Estoy seguro de que** *pronto* **habrá** *elecciones.*
me imagino que	**Me imagino que tendréis** *que alquilar un coche para recorrer la isla.*
supongo que	**Supongo que nos darán** *los resultados mañana.*
probablemente	**Probablemente saldré** *del hospital mañana.*
posiblemente	**Posiblemente iremos** *a verte el domingo, Roni.*
seguramente	**Seguramente** *el Ayuntamiento* **convocará** *oposiciones este mismo mes.*

– dar órdenes.

  Tú **harás** *lo que te diga.*
  No saldréis *hasta que acabéis.*

Os quedaréis toda la semana hasta las
ocho.

45.1. **Complete las frases con los verbos entre paréntesis.**

1. No se preocupe, no es nada. (*recuperarse*) ____Se recuperará.____ usted pronto.
2. –¿Cuándo me vas a devolver lo que me debes? –No insistas. Ya te lo (*devolver*) _____.
3. Dicen que el domingo (*llover*) _____ en todo el país.
4. Dentro de cincuenta años, todos los coches (*ser*) _____ eléctricos.
5. No te preocupes. (*aprobar*) _____ la oposición. La has preparado muy bien.
6. –¿Cuándo vas a preparar el examen de Estadística? –Ya lo (*hacer*) _____. Hay tiempo.
7. Siéntese, por favor. El doctor le (*recibir*) _____ enseguida.
8. No te preocupes. El año que viene te (*ir*) _____ todo de maravilla. Te (*ascender*) _____
   en la empresa y (*tener*) _____ una intensa vida social.
9. Ya nos (*contar*) _____ cómo te fue en Río.
10. –Tienes que decirme cuándo vas a venir a ver la exposición. –Vale. Ya te (*avisar*) _____.
11. –¿Qué tal fue la reunión? –Ya te (*contar*) _____ cuando tenga más tiempo.
12. Tu horóscopo dice que la luna llena del martes te (*aportar*) _____ energía y te (*ayudar*)
    _____ a triunfar en los negocios.
13. En el futuro (*nosotros, poder*) _____ viajar por todo el mundo sin pasaporte.
14. Ya me (*decir*) _____ cuándo quieres que nos veamos.

45.2. **Complete las promesas siguientes, con el verbo en forma afirmativa o negativa.**

1. Os prometo que os (*preparar*) __prepararé__ una cena cuando encuentre piso.
2. –Tienes que traerme algo de Japón. –Descuida. Te (*traer*) _____ algo típico.
3. –Algunos accionistas quieren cerrar la empresa. –Ni hablar. No lo (*permitir*) _____ nunca.
4. Lo prometo. (*escribir*) _____ más en el pupitre.
5. Si te gusta el cocido ya te (*invitar*) _____ un día a casa.
6. De verdad le prometo que (*venir*) _____ cuanto antes.
7. La próxima semana os (*llevar*) _____ al circo sin falta.
8. Lo siento. (*volver*) _____ a hacerlo.
9. (*nosotros, tener*) _____ más cuidado la próxima vez.
10. Te juro que te (*devolver*) _____ el dinero en cuanto cobre.
11. No te preocupes, papá. El mes que viene (*sacar*) _____ mejores notas.
12. Te prometo que (*usar*) _____ tu ordenador nunca más.

45.3. **Complete las siguientes opiniones y suposiciones con los verbos entre paréntesis.**

1. –¿Quién va a dar el discurso? –Lo (*dar*) __dará__ el director. Le encanta dar discursos.
2. Ya estás mejor, Arturo. Supongo que mañana (*volver*) _____ a la fábrica.
3. –¿Crees que (*haber*) _____ entradas para el concierto? –Sí, todavía es pronto.
4. –¿Cuándo vuelve Yago? –(*volver*) _____ para Navidad. Seguro.
5. –¿Quién crees que va a ganar el Mundial? –(*ganar*) _____ Brasil, como siempre.
6. –Me imagino que (*tú, regresar*) _____ pronto a Alemania. –Sí, dentro de una semana.
7. –¿Quién crees que (*ganar*) _____ las elecciones? –El gobierno, como casi siempre.
8. Supongo que (*tú, venir*) _____ a la despedida de soltero de Ángel.
9. Supongo que no (*tú, querer*) _____ que le diga nada a Silvia.
10. Estoy segura de que muy pronto (*tú, encontrar*) _____ un buen empleo.
11. Creo que Andrea no nos (*molestar*) _____ más.

45.4. **Escriba las órdenes con el futuro simple.**

1. (Un padre a su hijo: sacar al perro este noche) ____Sacarás al perro esta noche.____
2. (Un padre a sus hijos: hablar cuando se os pregunte) _____
3. (Un profesor a alumnos castigados: quedarse en el centro hasta las ocho) _____
4. (Un profesor a alumnos: hacer los ejercicios que mande) _____
5. (Madre a niña que le duele una muela: ir al dentista esta misma tarde) _____
6. (Madre a sus hijos: no jugar con la consola hasta acabar los deberes) _____

¡Será egoísta! ¡Tú verás!
Futuro simple (2)

Dice Luisa que los bombones son solo para ella.

¡Será egoísta!

Mañana no voy a clase.

¡Tú **verás**! El examen es dentro de dos semanas.

● El futuro simple se usa también para expresar diversos significados sobre hechos o situaciones pasadas, presentes o futuras. Se usa para:

– expresar probabilidad o suposición en el presente.

> *Hace mucho frío. Probablemente **estaremos** bajo cero.*
> *Ese piso **costará** una barbaridad. Tiene 400 metros cuadrados.*

• Sirve para sugerir una explicación sobre un hecho o situación presente.

> *–No ha venido Rodríguez. –**Tendrá** gripe.*
> *–Está todo cerrado. Aquí no hay nadie. –**Estarán** de vacaciones.*

– expresar una objeción o rechazo a una afirmación anterior sobre una situación presente o futura.

> *–Francisco es muy listo. –**Será** muy listo, pero no consigue acabar la carrera.*
> *–Julia no conduce muy bien. –**No conducirá** bien, pero no ha tenido nunca un accidente.*
> *–Valverde puede ganar la carrera. –**Podrá**, pero no tiene muchas posibilidades. Contador está mucho mejor situado.*

Creo que este partido lo va a ganar Alemania.

Ganarán, pero no están jugando bien.

– expresar sorpresa, extrañeza o reprobación sobre una situación o un hecho presente, pasado o futuro, en exclamaciones y preguntas.

> *–Voy a pedirle a mi suegro el coche –¡No **tendrás** valor!*
> *–Voy a pedirle a Clara que se case conmigo. –¡No lo **dirás** en serio!*
> *–¿Viste a Laura en la fiesta? –Sí, ¿y **querrás** creer que ni me saludó?*

– hacer una afirmación tajante, con frecuencia con *si* o *no*.

> *–La vida está muy cara.   –¡**Si** lo **sabré** yo, que no llego nunca a fin de mes!*
> *–¡**No** lo **sabré** yo!*
> *–Esos nunca saludan.   –¡**Si** los **conoceremos**! Son unos maleducados.*

– enfatizar la responsabilidad de otras personas.

> *–¿Cuándo viene el fontanero? –¡Luz **sabrá**! Ella cogió el teléfono.*
> *–Prefieren venir mañana. –**Ellos sabrán**, pero a lo mejor mañana no estoy yo.*
> *–No me interesa ese empleo. –**Tú verás**, pero a lo mejor no te sale otro.*

46.1. **Exprese probabilidad o suposición con los verbos entre paréntesis.**

1. –¿Quién cocina aquí? –(cocinar) __Cocinará__ Alberto. Está todo el día en casa.
2. –Los Ramírez se van a mudar de casa. –(tener) _____ mucho dinero porque la vivienda está carísima.
3. –No hay luz en casa de Martín. –(estar) _____ acostado. Es bastante tarde.
4. –Carlos no para de llamarme. –(querer) _____ salir contigo.
5. –¿Crees que habrá entradas para el concierto? –(haber) _____. Todavía es pronto para comprarlas.
6. –Huele raro en la cocina. –(ser) _____ la basura de ayer. No la he sacado.
7. –¿Hay mantequilla en la nevera? –(haber) _____. Ayer compré bastante.
8. –¡Qué calor hace! –Sí, (hacer) _____ lo menos 38 grados.
9. –Emilia lleva dos días sin venir. –(estar) _____ enferma.
10. –Los camareros no hablan muy bien español. –(ser) _____ extranjeros.
11. –Ese coche debe de ser caro. –Seguro. (costar) _____ mucho más que el tuyo.
12. –Sonia no me contesta al teléfono. –No (querer) _____ hablar contigo.
13. –Juanjo se gasta mucho en quinielas. –(querer) _____ hacerse rico.
14. –El jefe siempre nos manda trabajo para casa –¡(estar) _____ hartos de él!

ACIERTOS /14

46.2. **Exprese objeciones a las informaciones siguientes.**

1. –Mi hermano gana mucho dinero. –__Ganará__ mucho dinero, pero no cambia de coche.
2. –Alberto entiende de vinos. –_____, pero ayer no distinguía entre un ribera y un rioja.
3. –Veo bastante bien. –_____ bien de lejos, pero de cerca necesitas gafas.
4. –Comen muy poco. –_____ poco, pero están bien gordos.
5. –Begoña manda mucho. –_____ mucho, pero nadie le hace caso.
6. –Mi hermana cocina bien –_____ bien, pero la última vez se le quemó la pasta.
7. –Marco conduce bien. –_____ bien, pero tiene el coche lleno de golpes.
8. –Miguel no tiene nunca tiempo para estar con nosotros. –No _____ tiempo para estar con nosotros, pero para sus amigos sí lo tiene.
9. –Roberto tiene mucha suerte. –_____ suerte, pero ya es el tercer accidente que tiene.
10. –Este grupo no es muy bueno. –No _____ buenos, pero venden muchísimos cedés.

ACIERTOS /10

46.3. **Exprese sorpresa, extrañeza o reprobación ante las informaciones dadas.**

1. –Elena no me ha dicho nada. –¡No (ir) __irás__ a decirme que no sabes nada de su boda!
2. ¡Les ha vuelto a tocar la lotería! ¡(tener) _____ suerte!
3. –Guillermo no ha aceptado el empleo. –¡(ser) _____ tonto! Era estupendo.
4. –Álvaro siempre cuenta chistes verdes. –¡(creerse) _____ muy gracioso!
5. –Lola siempre come con el jefe de personal –¡(tener) _____ cara!
6. –El Presidente va a dimitir. –¡No (ser) _____ verdad!
7. –Voy a estudiar Bellas Artes. –¡No lo (decir) _____ en serio!
8. –Voy a presentar una queja contra el director. –¡No (atreverse) _____!
9. –Alicia se ha enterado de todo. –¡No (tú, suponer) _____ que se lo he dicho yo!
10. Ayer vi a Gonzalo con Mary en la ópera. ¡Y (tú, creer) _____ que se hizo el despistado!

ACIERTOS /10

46.4. **Reaccione ante las informaciones o situaciones siguientes.**

1. –¿Dónde celebramos mi cumpleaños? –¡Tú (decir) __dirás__! Tú invitas.
2. –Mañana no voy a clase. –Tú (saber) _____ lo que haces.
3. –El chino es muy difícil. –¡Si lo (saber) _____ yo, que llevo diez años estudiando!
4. –No quieren venir el sábado. –Ellos (ver) _____. Pero yo el domingo no vengo.
5. ¡Si (ser) _____ lista Belén! Tiene dos carreras y habla tres idiomas.
6. –Pablo se casa con Rita. ¿La conoces? –¡Si la _____! Fue compañera mía de colegio!
7. –Oye, prefiero quedar otro día. –Tú (ver) _____, pero a lo mejor otro día no puedo yo.
8. ¡Si (tener) _____ dinero los Serrano! Tienen dos Jaguar y viven en un chalé de 500 m².

ACIERTOS /8

47 *En diciembre, ya habrá nacido el niño.*
Futuro compuesto

● Formación del futuro compuesto: ▶ APÉNDICE 9

● Se usa el futuro compuesto para referirse a acciones futuras (1) que estarán acabadas antes de un momento posterior en el futuro (2) o antes de otra acción posterior en el futuro (2).

*En diciembre (2), **ya habrá nacido** (1) el niño.*   *Cuando vengáis (2), **habré arreglado** (1) toda la casa.*

```
                                                ahora      arreglar  venir
                                                           la casa
    ahora      nacimiento  diciembre
    —•——————— — — —?— — —x——                    —•——————— — — —?— — — — —x——
                 (1)       (2)                              (1)       (2)
```

– Se usa *ya* y *todavía no / no... todavía* para reforzar la idea de que una acción o situación estará o no acabada antes de un momento concreto del futuro.

*No te preocupes. Dentro de unos años **ya habrás olvidado** todo.*
*En 2040 **todavía no habremos pagado** el piso. / En 2040 **no habremos pagado** el piso **todavía**.*

● También se usa el futuro compuesto para expresar diversas funciones sobre el pasado reciente.

– Probabilidad o suposición sobre un hecho del pasado reciente.

*–Arturo está de mal humor. –**Habrá tenido** problemas en la oficina.*
*Hace mucho viento. Supongo que **habrás cerrado** bien las ventanas del salón.*
*¿Quién **habrá roto** la puerta?*

● Generalmente expresa una posible explicación a un hecho o situación presente.

*–El suelo está muy mojado. –**Habrá llovido**.*

– Objeciones o diferencias de opinión sobre hechos pasados.

*–Pobre Julián. Ha estudiado mucho. –**Habrá estudiado** mucho, pero le han puesto un uno en el examen.*

He adelgazado cinco kilos.

Habrás adelgazado, pero no se nota mucho.

– Se usa con *no* para expresar esperanza en lugar de otras construcciones con *esperar, creer, confiar*.

*¿**No** me **habré olvidado** de nada? (Espero no haberme olvidado de nada. / Creo que no me he olvidado de nada.)*

*¿**No** te **habrá engañado** Sonia en lo del piso? (Confío en que Sonia no te haya engañado.)*

– Diversos sentimientos sobre hechos pasados: sorpresa, extrañeza, reprobación o temor, generalmente con *no*.

*–Le he pedido el coche a mi suegro. –¿**No habrás tenido** el valor?*
*–Raúl, me ha desaparecido dinero de la cartera. –¿**No habrás pensado** que he sido yo?*

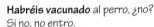

Habréis vacunado al perro, ¿no? Si no, no entro.

– Advertencias.

***Habrás echado** el cerrojo, Blanca. Ya no volvemos hasta el lunes.*

– Afirmaciones tajantes sobre alguna realidad pasada, con frecuencia con *si* o *no*.

*¿Que no conoces esa tienda? ¡(No) **Habrás pasado** veces por esa calle!*
*–Roberto ha tenido un accidente con la moto. –Sabía que pasaría. ¡No se lo **habré advertido** yo veces!*
*¿Que no conoces a Ángel? ¡Lo **habrás visto** lo menos diez veces!*
*–No he estado nunca en casa de Jorge. –¡Bueno! ¡Si **habrás estado** veces tú allí!*

47 EJERCICIOS

47.1. **Esto es lo que una persona piensa que habrá pasado o no dentro de diez años. Escriba las frases y utilice *ya* (√), *todavía no / no... todavía* (X) en los casos indicados.**

1. (nosotros, superar la crisis económica √) Dentro de diez años, ___ya habremos superado___ la crisis económica.
2. (mejorar la televisión √) _____
3. (acabarse el petróleo X) _____
4. (aumentar la población mundial) _____
5. (desaparecer las guerras X) _____
6. (detenerse el cambio climático √) _____

ACIERTOS ___/6

47.2. **¿Qué cree que habrá ocurrido antes del momento indicado? Complete las frases.**

1. Venid <u>mañana</u> al estudio. Ya (*acabar*) ___habré acabado___ el cuadro y os lo puedo enseñar.
2. Llamad <u>la semana que viene</u>. Lali (*tener*) _____ el niño para entonces.
3. ¡Qué pena! A <u>esas horas</u> ya (*cerrar*) _____ todas las tiendas.
4. No vengas a las seis. <u>A esa hora</u> todavía no (*yo, acabar*) _____ el informe.
5. Podéis venir <u>el verano que viene</u>. Ya (*nosotros, encontrar*) _____ piso.
6. Espero que <u>cuando yo llegue</u>, ya te (*llegar*) _____ el paquete.
7. <u>Dentro de diez años</u>, ya (*nosotros, pagar*) _____ la hipoteca.

ACIERTOS ___/7

47.3. **Escriba las suposiciones con las palabras entre paréntesis.**

1. –No encuentro mi móvil –(*cogerlo tu hijo*) ___Lo habrá cogido tu hijo.___
2. –Arturo sabía lo del accidente. –(*contárselo Adela*) _____.
3. –¿Quién ha empezado la tarta? –(*empezarla Ramón*) Supongo que _____.
4. –No encuentro el móvil. –(*dejártelo en la oficina*) _____.
5. –Parece cansada. –(*dormir poco*) _____.
6. –¿Quién ha comprado ese CD? –(*comprarlo Marta*) _____. Es de música pop.
7. –Hay una mancha en el suelo. –(*ser Mari*) _____. Tira comida por todas partes.
8. –Hay luz en la casa. –(*llegar Sole*) Supongo que _____.

ACIERTOS ___/8

47.4. **Exprese objeciones a las informaciones siguientes.**

1. –Este verano he hecho mucho ejercicio. –___Habrás hecho___ ejercicio, pero te veo más gordo.
2. –Este invierno ha nevado muchísimo. –_____ mucho, pero no hay agua.
3. –Lola ha hecho un curso de informática. –_____ un curso, pero no sabe nada.
4. –Han bajado los precios de la fruta. –_____, pero yo me gasto más que antes.
5. –Ha bajado el precio del dinero. –_____, pero el banco no me da la hipoteca.
6. –Elvira ha recogido su habitación. –La _____ hoy, porque nunca lo hace.

ACIERTOS ___/6

47.5. **Vuelva a escribir las frases con el futuro perfecto.**

1. Confío en que no te hayas dejado la cocina encendida. ___¿No te habrás dejado la cocina encendida?___
2. Eva tenía una reunión. Espero que no se haya quedado dormida. _____
3. Creo que no me he dejado la puerta abierta. _____
4. Confío en que no hayan aparcado mal. _____
5. Espero que no se nos haya acabado la gasolina. _____

ACIERTOS ___/5

47.6. **Reaccione a las informaciones siguientes.**

1. –Esta noche vamos a Casa Ricardo. –¿(*tú, reservar*) ___Habrás reservado___ mesa? Si no, no cenamos.
2. –¿Has comido higos chumbos? –¿Higos chumbos? ¡Si (*comer*) _____ yo higos chumbos!
3. –He hablado con el director del banco. –¡No (*ser*) _____ capaz!
4. –No he visto *"Casablanca"*. –¿Que no la has visto? La (*ver*) _____ veinte veces.
5. –Le he dicho al jefe que es un tacaño –¡No (*tener*) _____ el valor de decírselo!
6. –He dejado hecha la comida. Vámonos. –¿(*apagar*) _____ el gas?

ACIERTOS ___/6

48 *acabaré / habré acabado*
Contraste futuro simple / futuro compuesto

Prepararé la cena cuando regreses de clase.

Santiago de Compostela 518 Km

Cuando lleguemos a Santiago, **habremos recorrido** más de quinientos kilómetros.

● Se usa el futuro simple para:

– hablar de acciones o situaciones que pensamos que serán ciertas en algún momento del futuro.

> Creo que acabaré la carrera dentro de dos años.
> (Lo haré dentro de dos años.)
>
> *El año que viene arreglaré la casa.*
> (Lo haré el año que viene.)
> Cuando vengas, te **daré** los regalos.
> (Lo haré en ese momento.)

– expresar posibilidad o suposición sobre un hecho presente o futuro.

> –¡Qué frío hace! –Sí, **estaremos** a 4ºC bajo cero. (Creo que ahora estamos a 4ºC bajo cero.)
> –Eva dice que no puede salir mañana.
> –**Tendrá** problemas con sus padres.

– expresar objeciones sobre un hecho presente o futuro.

> –Sofía es muy guapa. –**Será** guapa, pero es muy antipática.
> –¡Vamos a ganar! –**Ganaréis**, pero sois muy malos.

– expresar sorpresa, extrañeza o reprobación sobre un hecho presente o futuro.

> –Luisa no quiere salir con nosotras.
> –¡**Será** antipática!
> –Voy a pedirle aumento de sueldo al director. –¡No **serás capaz**!

– Enfatizar una afirmación sobre una realidad presente.

> –Sonia es bastante antipática. –¡Vaya! ¡Si lo **sabré** yo!

● Se usa el futuro compuesto para:

– hablar de acciones o situaciones futuras acabadas antes de un momento concreto del futuro.

> Cuando mi hermano empiece la universidad, yo **ya habré acabado** la carrera.
> (Lo haré antes de que mi hermano empiece la universidad.)
> *El año que viene habré arreglado* la casa.
> (Estará hecho el año que viene o antes.)
> Cuando vengas, ya **habremos dado** los regalos. (Lo haremos antes de ese momento.)

– expresar posibilidad o suposición sobre un hecho pasado.

> –¡Qué frío hace! –**Habrá nevado** en la sierra. (Supongo que anoche nevó en la sierra.)
> –Marcos no ha podido abrir el restaurante.
> –**Habrá tenido** problemas.

– expresar objeciones sobre un hecho pasado.

> –He trabajado mucho en mi vida. –**Habrás trabajado** mucho, pero...
> –El Colo Colo ha ganado. –**Habrán ganado**, pero han jugado muy mal.

– expresar sorpresa, extrañeza, reprobación o temor sobre un hecho pasado.

> –Me han cogido 50 euros de la caja. ¿No **habrás sido** tú?
> –Le he pedido aumento de sueldo a don Matías. –¡**No habrás sido** capaz!

– Enfatizar una afirmación sobre una realidad pasada.

> –¿Que no sabes hacer una paella? Pero si **habrás hecho** miles en tu vida.

48.1. Complete las frases con el futuro simple o el futuro compuesto de los verbos entre paréntesis.

1. (ellos, acabar) __Acabarán__ las obras dentro de dos semanas.
2. No te preocupes, cuando llegues, (ellos, acabar) _____ las obras.
3. Te (yo, pagar) _____ la semana que viene.
4. Cuando sea mi cumpleaños (yo, dar) _____ una fiesta.
5. Cuando tenga 25 años, ya (yo, acabar) _____ la carrera.
6. Te lo (contar) _____ cuando no veamos.
7. Creo que a las seis ya (regresar) _____ Felipe. Podéis venir a esa hora.
8. Cuando llegues, yo ya (terminar) _____ con el ordenador.
9. Es mejor que vengáis en septiembre. Ya (irse) _____ muchos turistas.
10. La nueva secretaria (llegar) _____ dentro de unos días.
11. No te preocupes. Cuando llegues de clase, ya (yo, preparar) _____ la cena.
12. Tranquilos, nosotros cuidamos a la abuela. No (nosotros, irse) _____ hasta que regreséis.

ACIERTOS /12

48.2. Complete las frases con el futuro simple o el futuro compuesto de los verbos del recuadro.

cerrar ~~desayunar~~ haber hacer ser (3) quedarse salir suspender

1. –Mira qué hambre tienen. –No __habrán desayunado__ nada.
2. –¡Qué bien habla alemán esa chica! –_____ alemana.
3. –Mira esa ventana. Tiene los cristales rotos. –_____ el viento. Anoche fue tremendo.
4. –Te llama una chica pero no me ha dicho el nombre. –_____ Anita. Tenemos que vernos.
5. –Mira esas casas. Están totalmente negras. –_____ un incendio. Anoche oí a los bomberos.
6. –La carretera está helada. –_____ mucho frío. Seguro que anoche heló.
7. –No han venido tus padres. –No, _____ en la sierra.
8. –No me cogen el teléfono en el restaurante. –_____ los domingos.
9. –Agustín no se atreve a enseñarme las notas. –_____ alguna asignatura.
10. –Pili y Luis no están en casa. –_____ a dar una vuelta.

ACIERTOS /10

48.3. Exprese objeciones con el futuro simple o el futuro compuesto.

1. –Se ha dado mucha prisa. –__Se habrá dado prisa,__ pero ha llegado tarde.
2. –Sonia es inteligentísima. –_____ inteligentísima, pero no hace nada.
3. –Pablo ya se ha curado el catarro. –_____, pero todavía tose mucho.
4. –Han vendido todos los pisos. –Los _____, pero no al precio de antes.
5. –Tomás sale mucho. –_____ mucho, pero cuando llamo siempre está en casa.
6. –Se han vendido muchos coches este mes. –Se _____, pero los fabricantes se siguen quejando.
7. –Pepe ha subido la calefacción esta mañana. –La _____, pero sigue haciendo frío.
8. –Hay mucho trabajo. –Lo _____, pero yo no encuentro nada.
9. –Ya han arreglado el ascensor. –Lo _____, pero sigue haciendo un ruido extraño.
10. –Celia no cocina muy bien. –_____, pero tú te comes su comida con mucho gusto.

ACIERTOS /10

48.4. Reaccione ante las siguientes informaciones con el futuro simple o el futuro compuesto de los verbos entre paréntesis.

1. –Julio se ha ido de la empresa. –¡(ser) __Será__ tonto! Tenía un empleo muy bueno.
2. –Le he dicho a Sonia que tiene que ayudar, pero nada. –¡No se lo (decir) _____ yo veces!
3. –Amelia hace cocina de diseño. –¿Amelia? ¡(creerse) _____ que es una gran cocinera!
4. –Han vuelto a multar a Eusebio por correr con el coche. –¡No le (multar) _____ ya veces!
5. –El agua ha llegado hasta la segunda planta. ¡Si (llover) _____!
6. –Rocío no quiere invitarnos. –¡(ser) _____ tacaña! ¡Con el dinero que tiene!
7. –Tu hermano es muy desagradable. –¡No lo (saber) _____ yo, que vivo con él!
8. –¿Que no conoces a Sebastián? ¡No (estar) _____ veces en tu casa!

ACIERTOS /8

49 *Estaría en el jardín.*
Condicional simple

- Formación del condicional simple: ▶ APÉNDICE 9

- Se usa el condicional simple para referirnos a situaciones no reales en el presente. Puede expresar:

  – posibilidad teórica o situaciones imaginarias: *Estoy segura de que **viviríamos** más a gusto en el campo.*
  *Creo que **estaría** mejor con el pelo corto.*

  – consejos: *–¿Qué **harías** en mi lugar? –Yo que tú **reduciría** la velocidad.*
  ***Sería** mejor que lo hicieras tú misma.*
  ***Deberías** engordar un poco. Te veo muy delgado.*

  – deseos: *Me **gustaría** dar la vuelta al mundo.*
  *Yo **viviría** en el extranjero, pero no puedo.*

- El condicional simple se usa también para hacer peticiones, sugerencias o comentarios (opiniones) de una manera educada.

  > *¿**Podría** decirme dónde está la sección de ropa de niño?*
  > *¿Le **importaría** mostrarme el carné de identidad?*
  > ***Necesitaría** algo de dinero para la compra. ¿Cuánto tienes tú?*
  > ***Podríamos** llamar a Ana y Carlos.*
  > *–Rodolfo es un maleducado. –Yo **diría** más bien que es un grosero.*

- En noticias o al comentar lo dicho por otros, se usa el condicional para indicar que puede que lo dicho no sea cierto o que sea solo un rumor.

  > *Según las últimas noticias, el Partido Central **sería** el ganador de las elecciones. (Nosotros no estamos seguros, pero es lo que dicen las últimas noticias.)*
  > *Al parecer, Lola no **sería** enfermera. (Es lo que se comenta, pero yo no lo sé.)*
  > *Según Alfonso, Mercedes **tendría** más de cuarenta años. (Es lo que dice Alfonso, pero yo no lo sé seguro.)*

- También se usa el condicional simple para referirse al pasado. Se usa para:

  – expresar probabilidad o suposición en el pasado.
  > *–Esta mañana estaban agotados. –**Se acostarían** tardísimo anoche.*
  > *–Te llamé ayer y no cogiste el teléfono. –Me **estaría** duchando.*

  - Sirve para sugerir una explicación sobre un hecho o situación pasados.
  > *–Ayer no vino Rodríguez. –**Tendría** gripe.*

  – Expresar una objeción o rechazo a una afirmación sobre un hecho o situación pasados.
  > *–Mis hijos eran muy listos. –**Serían** muy listos, pero ninguno acabó la carrera.*
  > *–A mí no me importó que no nos invitara a su boda. –A ti te **daría** igual, pero a mí no.*

  – Expresar temor sobre una situación pasada.
  > *¿No **pensarías** que fui yo?*
  > *¿No **echarías** el cerrojo? No tengo la llave.*

- El condicional simple se usa también para referirse a una acción pasada (2) futura en relación a otra pasada (1).

2008	2009	ahora
x	x	•
(1)	(2)	
casarse	nacer su hija	

*Nos casamos en 2008 (1) y un año después **nacería** (2) nuestra hija.*

> *Mi abuelo emigró a Caracas en 1930. Al año siguiente **conocería** a Matilde, su esposa, y ya **se quedaría** y **moriría** allí.*

49.1. Complete las frases con los verbos entre paréntesis en condicional.

1. ¿Qué crees que (*yo, deber*) __debería__ hacer? –Yo, en tu lugar, (*buscar*) __buscaría__ otro empleo.
2. Me (*encantar*) _____ vivir en China, pero mi familia no quiere.
3. (*yo, dejar*) _____ ahora mismo mi trabajo y (*irse*) _____ a recorrer el mundo.
4. El pelo corto no te queda bien. (*tú, estar*) _____ mejor con el pelo largo.
5. Hace bastante frío. Yo que tú (*ponerse*) _____ un abrigo.
6. ¿Dónde te (*apetecer*) _____ cenar esta noche? Hoy es mi cumpleaños.
7. Os (*acompañar*) _____ al partido. Pero ya he quedado con Jaime.
8. De buena gana (*ir, yo*) _____ contigo a la exposición de Rubens.

ACIERTOS ___/8

49.2. Haga las siguientes peticiones, sugerencias o comentarios de forma educada.

1. Pida lo siguiente a un desconocido: ¿importar / dejarme el periódico? __¿Le importaría dejarme__ __el periódico?__
2. Sugiera lo siguiente a sus amigos: poder / reunirse en casa de Arturo. _____
3. Pida lo siguiente a un amigo: ¿importar / llevarle a casa en su coche? _____
4. Sugiera lo siguiente a un amigo: ¿poder / llevar un paquete a Correos? _____
5. Comente lo siguiente a un amigo: necesitar / ayuda con la mudanza. _____
6. Pida lo siguiente a un desconocido: ¿poder / recomendarle un buen restaurante? _____

ACIERTOS ___/6

49.3. Vuelva a escribir los comentarios expresando falta de seguridad en las afirmaciones.

1. Arnaldo dice que Lola es ingeniera. Según Arnaldo, __Lola sería ingeniera.__
2. El periódico dice que la economía está muy mal. Según el periódico, _____.
3. Dicen que Roberto tiene casi sesenta años. Al parecer, _____.
4. Enrique dice que Teresa tiene un hijo. Según Enrique, _____.
5. Esta revista dice que hay crisis en el cine. Según esta revista, _____.
6. Los alumnos dicen que Andrés trabaja de camarero. Según los alumnos _____.

ACIERTOS ___/6

49.4. Exprese probabilidad, objeciones o temor sobre las informaciones siguientes. Use los verbos del recuadro.

coger	decir	dejar	echar	estar (2)	~~ser~~	tener

1. –Sonia era muy graciosa de pequeña. – __Sería__ muy graciosa entonces, pero ahora es una antipática.
2. –Anoche no logré hablar con Tina. – _____ en casa de su madre.
3. –Roberto tuvo siempre muchos amigos. – _____ muchos amigos, pero murió solo.
4. –El fin de semana pasado me fui a la playa con unas amigas. –¿No _____ al perro solo?
5. –Tasio estuvo anoche en casa de Alfredo. –¿No _____ mi coche?
6. –Ayer no vine a trabajar porque estaba acatarrado. – _____ acatarrado, pero te vieron en el partido.
7. –Ayer el jefe me habló de ti. –¿No te _____ que me va a negar el adelanto que le pedí?
8. –Este pescado está soso. –No le _____ sal.

ACIERTOS ___/8

49.5. Una las frases usando el condicional simple.

1. Empecé a competir en 2003. Tres años después, gané mi primera carrera.
   __Empecé a competir en 2003 y tres años después, ganaría mi primera carrera.__
2. Me fui a México en 1997. Al año siguiente conocí a Rosalía, mi mujer.
   _____
3. Juan Carlos fue proclamado jefe del Estado Español en 1975. Horas después nombró su primer Gobierno.
   _____
4. Ramiro empezó en el restaurante de pinche de cocina. Dos años después, le hicieron cocinero.
   _____
5. Publicó su primera novela a los veinte años. Treinta años después le dieron el Premio Nobel de Literatura. _____

ACIERTOS ___/5

50 *habría estudiado*
Condicional compuesto

● Formación del condicional compuesto: ▶ APÉNDICE 9

● Se usa el condicional compuesto para referirnos a situaciones no reales en el pasado. Puede expresar:

– posibilidad teórica:

> *Nunca pudimos hacerlo, pero estoy segura de que **habríamos**
> **vivido** más a gusto en el campo.*
> *De no haber sido por el piloto, **habríamos muerto** todos.*

● En algunas ocasiones indica que algo sucedió (o no) en el pasado solo gracias a alguna circunstancia extraordinaria.

> *Con otro entrenador **no habríamos ganado** el partido. (Ganamos el partido.)*

No pude estudiar Medicina, pero creo que **habría sido** un buen médico.

– situación imaginaria.

> *–¡Qué elegante iba Elena! –Sí, pero **habría estado** mejor con el pelo corto.*

● En algunas ocasiones puede indicar coincidencia u oposición ante una acción de otro.

> *–Rosa ha aceptado el traslado a Seúl. –Ha hecho bien. Yo también lo **habría aceptado**.*
> *–Agustín ha vendido el coche por poco dinero. –Ha hecho mal. **Yo no lo habría vendido**.*

– consejos tardíos.

> *–No pude evitar el accidente. No supe reaccionar. ¿Qué **habrías hecho** tú en mi lugar? –Yo **habría reducido** la velocidad antes.*
> *–¿Quién te ha pintado la casa? Está fatal. **Habría sido** mejor que lo hubieras hecho tú misma.*

– deseos incumplidos.

> *Me **habría gustado** dar la vuelta al mundo, pero nunca tuve ni tiempo ni dinero.*
> *Yo **habría vivido** en el extranjero, pero mi familia no quería irse de España.*

● El condicional compuesto se usa también para:

– expresar probabilidad o suposición en el pasado, con referencia a otra acción pasada posterior. Generalmente expresa una de las posibles explicaciones a algo sucedido en el pasado.

> *–Ayer el jefe estaba de mal humor. –**Habría tenido** problemas con algún cliente.*
> *–Vi a Julio y tenía toda la cara hinchada. –**Se habría dado** un golpe.*

– expresar una objeción o rechazo a un comentario sobre una situación pasada (1) con referencia a otra acción pasada posterior (2).

> *–Había estudiado mucho (1). Es una pena que no aprobara las oposiciones (2). –**Habría estudiado mucho**, pero se salió del examen a los diez minutos.*

● Al comentar lo dicho por otros o noticias sobre hechos pasados anteriores al momento del comentario, se usa el condicional compuesto para indicar que puede que lo dicho no sea cierto o que sea solo un rumor.

> *Según el comunicado, los atentados **se habrían producido** entre las dos y las tres de la madrugada.*
> *Según la Agencia Nueva Voz, el Primer Ministro **habría dimitido** esta mañana.*

Según algunos representantes sindicales, la dirección de la constructora Tonsa **habría despedido** a veinticinco trabajadores.

50.1. Complete las frases en afirmativa o negativa expresando posibilidad o situaciones imaginarias.

1. –Ya está arreglado. –Gracias. Sin tu ayuda, (*yo, poder*) __no habría podido__ arreglar el coche.
2. –Sabéis mucho español. –Sí. Con otro profesor, (*nosotros, aprender*) _____ tanto español.
3. –Esto no está acabado. –Ya. con un poco más de tiempo, lo (*nosotros, acabar*) _____.
4. Sin tus indicaciones, (*ellos, encontrar*) _____ nunca esa calle.
5. –Lorenzo ha alquilado su apartamento. –Necesita dinero. Yo también lo (*alquilar*) _____.
6. –Agustín me ha conseguido un empleo. –Has tenido suerte. Lola no te lo (*conseguir*) _____.
7. –No me gustó cómo hizo Guillermo el proyecto. –Sí, lo (*hacer*) _____ mejor sin tanta prisa.
8. Nunca pudo hacerlo, pero a Jorge le (*encantar*) _____ ser primatólogo.

ACIERTOS __/8__

50.2. Complete estos consejos tardíos.

1. –Toda la fruta que compré estaba mala. –Yo no la (*comprar*) __habría comprado.__
2. –Se cayó y al día siguiente no podía levantarse. –Yo (*ir*) _____ al hospital.
3. –De madrugada, oí chillidos en el piso de al lado. –Yo (*llamar*) _____ a la policía, desde luego.
4. –Cogimos un taxi para ir al concierto y nos pilló una manifestación. –Yo (*coger*) _____ el metro.
5. –No quedaban billetes de tren. –Hay que ser precavido. Yo los (*reservar*) _____ mucho antes.
6. –No teníamos agua caliente en la ducha y los empleados del hotel no nos hacían ni caso. –Yo (*hablar*) _____ con el director.

ACIERTOS __/6__

50.3. Exprese los deseos no cumplidos con el condicional compuesto de los verbos entre paréntesis.

1. (*estudiar*) __Habría estudiado__ Arquitectura, pero no me admitieron en la Escuela.
2. (*gustarme*) _____ viajar por el mundo, pero nunca tuve tiempo para hacerlo.
3. (*casarse*) _____, pero nunca conocí a nadie que me gustara lo suficiente.
4. (*encantar*) _____ saludar a tus padres, pero tenía mucha prisa.
5. (*quedarse*) _____ en tu fiesta, pero era ya demasiado tarde.
6. (*llamar*) _____ a Cristina, pero no tenía su número de móvil.

ACIERTOS __/6__

50.4. Complete las explicaciones u objeciones. Use los verbos del recuadro.

| beber | comer | discutir | hacer | lesionarse | pelearse | prometer | ~~resfriarse~~ |

1. –Laura tenía algo de fiebre anoche. – __Se habría resfriado.__
2. –¡Qué lástima que no ganara Enrique! Lo había hecho muy bien. –Lo _____ bien, pero quedó el último.
3. –Ayer vi a Robertinho con la pierna vendada. – _____.
4. –Teresa y Enrique estaban de mal humor y no se hablaban. – _____.
5. –Elena no llamó anoche y había prometido hacernos una cena. –Lo _____, pero no la hizo.
6. –Ayer tuve el estomago mal todo el día. – _____ algo en mal estado.
7. –Gema vino sola al concierto. – _____ con Jaime.
8. –Julio nos decía cosas raras en la boda. – _____ demasiado.

ACIERTOS __/8__

50.5. Complete las noticias oficiosas.

1. –¿Por qué crees que liberaron a los rehenes? –Según este periódico, el gobierno (*pagar*) __habría pagado__ el rescate.
2. –¿Sabes por qué se fue Alonso a otra empresa? –Según Ramírez, una multinacional muy importante le (*ofrecer*) _____ un contrato fabuloso.
3. –¿Crees que seguirá el Primer Ministro? –Parece que no. Según Antena Cinco, el partido del Primer Ministro (*perder*) _____ las elecciones.
4. –¿Piensas que habrá un cambio climático? –Parece que sí. Según la prensa, la temperatura de los océanos (*subir*) _____ bastante en muy poco tiempo.
5. –¿Habrá fichado ya el Madrid a otro defensa? –No creo. Según rumores, el director deportivo todavía no (*iniciar*) _____ conversaciones con nadie.

ACIERTOS __/5__

51 *iría / habría ido*
Contraste condicional simple / condicional compuesto

¿Me acompañas al súper?

Te **acompañaría**, pero tengo que ir al dentista con mi madre.

Ayer estuve en la ópera.

¿Por qué no me lo dijistes?
Te **habría acompañado**.

● Se usa el condicional simple para:

– referirnos a situaciones no reales en el presente.

• Posibilidad teórica presente o futura

*No me gusta la ciudad. **Viviríamos** más a gusto en el campo. No **tendríamos** tanto estrés.*

*Vamos segundos, pero con otro entrenador, **ganaríamos** la Liga.*

*¡Qué pena que no esté Lotta aquí! **Practicaríamos** mucho alemán.*

• Deseos para el presente o el futuro

*Me **gustaría** dar la vuelta al mundo Tiene que ser muy interesante.*

*Me **vendría** bien un aumento de sueldo. Me han subido la hipoteca.*

• Consejos sobre algo presente o futuro

***Sería** mejor que lo hicieras tú misma. (Todavía puedes hacerlo.)*

*Yo **compraría** ese cuadro. Es una buena inversión.*

– expresar falta de seguridad sobre una noticia presente o futura.

*Según Antena 8, las elecciones **se celebrarían** dentro de dos meses.*

*Según la policía, los asesinos **serían** delincuentes comunes.*

– expresar probabilidad o suposición en el pasado.

*–Ayer no vino Luis.
–**Estaría** enfermo.*

– hacer objeciones a comentarios sobre un hecho o situación pasados.

*–Ana era muy educada de pequeña.
–**Sería** muy educada, pero no quería cuidarla nadie.*

● Se usa el condicional compuesto para:

– referirnos a situaciones no reales en el pasado.

• Posibilidad teórica pasada (posibilidad no cumplida)

*Nunca pudimos hacerlo, pero **habríamos** vivido más a gusto en el campo. No **habríamos tenido** tanto estrés.*

*Hemos terminado cuartos, pero con otro entrenador, **habríamos ganado** la Liga.*

*¡Qué pena que no viniera Lotti! **Habríamos practicado** mucho alemán.*

• Deseos pasados no cumplidos

*Me **habría gustado** dar la vuelta al mundo, pero nunca tuve tiempo ni dinero para hacerlo.*

*Me **habría venido** bien un aumento de sueldo, pero el jefe ni quería hablar de ello.*

• Consejos tardíos sobre algo del pasado que ya no se puede cambiar

***Habría sido** mejor que lo hubieras hecho tú. (Ya no puedes hacerlo; ya está hecho.)*

*Yo **habría comprado** el cuadro. Era una buena inversión.*

– expresar falta de seguridad sobre una noticia pasada.

*Según Antena 8, el Presidente se lo **habría comunicado** al jefe de la Oposición hace una semana.*

*Según la policía, los asesinos **habrían sido** detenidos cerca de la frontera.*

– expresar probabilidad o suposición con referencia a otra acción pasada posterior.

*–Cuando vino tenía toda la cara hinchada.
–**Habría tenido** un accidente.*

– hacer objeciones a comentarios sobre un hecho o situación pasados, con referencia a otra acción pasada posterior.

*–Adolfo conocía muy bien Egipto. Había vivido muchos años en El Cairo.
–**Habría vivido** en El Cairo, pero no hablaba ni una palabra de árabe.*

51 EJERCICIOS

51.1. Complete con el condicional simple o el condicional compuesto de los verbos entre paréntesis.

1. Tienen un gobierno horrible. (*Ellos, salir*) ___Saldrían___ antes de la crisis con otro gobierno.
2. Antes no había ayudas para las familias. Con más ayuda, (*nosotros, tene*r) _____ más hijos.
3. Sin su familia, mi difunto abuelo no (*triunfar*) _____ en los negocios.
4. Esta mañana yo no (*poder*) _____ arrancar el coche sin la ayuda del portero.
5. –¿Por qué no me dijiste la verdad? –Te (*decir*) _____ la verdad, pero sabía que te (*enfadar*) _____.
6. Sergio (*venir*) _____ más a visitarnos, pero está muy ocupado.

ACIERTOS ...../7

51.2. Complete los deseos o los consejos con el condicional simple o el condicional compuesto de los verbos entre paréntesis.

1. Os (*yo, invitar*) ___habría invitado___ a todos, pero no tenía dinero.
2. A Tomás le (*apetecer*) _____ quedarse a cenar anoche.
3. Yo en tu lugar (*cambiar*) _____ de coche. El que tienes está muy viejo.
4. (*tú, tener*) _____ más amigos con menos mal genio, Antonio.
5. Este verano (*irse, yo*) _____ a bucear al Caribe, pero no tengo dinero.
6. Perdimos mucho tiempo con los autobuses. (*ser*) _____ mejor alquilar un coche.

ACIERTOS ...../6

51.3. Indique falta de seguridad en las informaciones.

1. Según el Ministro, la economía (*recuperarse*) ___se recuperaría___ dentro de pocos meses.
2. Según rumores, para el año que viene, el Gobierno (*prohibir*) _____ fumar en todos los locales cerrados.
3. Según la Oposición, el Gobierno (*tener*) _____ los días contados.
4. Hay gente que dice que Vélez ya (*fichar*) _____ por el Betis para la próxima temporada.
5. Se dice que, a pesar de la crisis, el año pasado (*aumentar*) _____ la venta de coches.
6. Según la policía, la alarma de nuestro garaje (*sonar*) _____ dos veces esta madrugada.
7. Dice la prensa que muchos empresarios (*abandonar*) _____ ya el país para evitar las subidas de impuestos.

ACIERTOS ...../7

51.4. Complete las suposiciones.

1. –Ayer vi a Ernesto y estaba feliz. –Le (*tocar*) ___habría tocado___ la lotería. Es su sueño.
2. –Helga no pudo oír tocar a Javi. –(*ella, llegar*) _____ tarde.
3. –Ernesto no me saludó ayer. –(*estar*) _____ de mal humor. Tiene a sus suegros en casa.
4. –Es raro que Dani viniera en metro. –(*tener*) _____ averiado el coche. Ya tiene muchos kilómetros.
5. –Raquel no nos invitó a su boda. –Se lo (*pedir*) _____ Miguel. No le caemos bien.
6. –Ayer Berta se cenó toda la tortilla. –Seguramente no (*comer*) _____ mucho. Estuvo todo el día de excursión con el colegio.
7. –Con menos prisa, Toni (*hacer*) _____ ese dibujo mucho mejor. –No me gusta nada.

ACIERTOS ...../7

51.5. Complete las objeciones.

1. –Julia quería mucho a su madre. –La ___querría___ mucho, pero no le hacía ni caso.
2. –Arturo tenía muchos clientes en su taller. –Los _____, pero yo veía el local siempre vacío.
3. –Manuel ya había salido antes con Maite. –_____, pero, fíjate, yo nunca los vi juntos.
4. –David me había avisado de que la carretera estaba con nieve. –Te _____, pero no nos dijiste nada.
5. –Los niños de Adela se portaron muy bien en casa. –Se _____ bien, pero nos rompieron dos vasos.
6. –Lupe ya había trabajado de camarera. –_____, pero no sabía descorchar ni una botella.
7. –La lasaña no sabía bien. –No _____ bien, pero tú te la comiste toda.
8. –Cuando llegamos al chalé, ya habían arreglado la valla. –Pues la _____, pero estaba llena de pintadas.

ACIERTOS ...../8

111

52 *Haz eso y verás.*
Imperativo (1)

● Formación del imperativo: ▶ APÉNDICE 9

● El imperativo puede referirse al presente o al futuro.

> **Escuchad ahora**. *Luego tomáis notas.*
> **Llámame mañana**. *Estaré en casa.*

● Se usa el imperativo para:

– instrucciones y advertencias.

> **Aplique** *el champú con el pelo mojado.*
> **No toque** *la herida con las manos sucias.*

– órdenes.

> **Salid** *de aquí inmediatamente.*
> **Callaos**. *Va a empezar el concierto.*

Portaos bien, niños. Si no, os llevo a casa.

– peticiones.

> **Ayúdame** *a tirar estas cajas.*
> **Déjame** *algo de dinero hasta fin de mes.*

– invitaciones.

> **Tomad** *un poco más de helado.*
> **Prueba** *estos bombones. Seguro que te gustan.*

¿Podemos pasar?

Sí, **pasen**.

– consejos o sugerencias.

> **Cámbiate** *de silla. Estarás más cómodo.*
> **No hagas** *caso a Andrés. Siempre está de broma.*
> **Vuele** *con Aerojet a cualquier rincón del mundo.*
> **No lo piense** *más. Bancomás le da más por su dinero.*

– dar o negar permiso o prohibiciones.

> **No entre** *ahora, por favor. El doctor está ocupado.*

Corred, corred, que se va el autobús.

● Es frecuente repetir el imperativo en invitaciones y para dar permiso o para indicar urgencia.

> **Bebed, bebed**. *Si hay mucha leche.*
> *–¿Puedo preguntarle algo? –Cómo no,* **pregunta, pregunta**.
> **Callad, callad**, *que llega el jefe.*

● El imperativo se puede usar también para expresar condiciones. Va unido a la consecuencia con *y* u *o*.

> **Engrasa** *la cerradura y abrirás mejor.* (= Si engrasas la cerradura...)
> **Estudiad** *más y aprobaréis.* (= Si estudiáis más...)
> **No me hagas** *caso y verás.* (= Si no me haces caso...)
> **Ven** *pronto o me marcho.* (= Si no vienes pronto...)

– En algunos casos puede indicar una promesa o una amenaza.

> **Cómete** *todo y te llevo al parque.*

Toca eso y se lo digo a mamá.

● El imperativo se puede usar con *ya* para indicar que se haga algo inmediatamente o con *no... todavía* para indicar que esperen.

> **Guardad** *los libros* **ya**. (= inmediatamente)
> *Un momento.* **No los guardéis todavía**. (Esperad a guardarlos.)

52.1. Escriba las sugerencias, consejos, etc.

1. Sugerencia suya a unos amigos en un restaurante: dejar propina ___Dejad propina.___
2. Instrucciones de una empleada a unos pasajeros en un aeropuerto: embarcar por la puerta 3A _____
3. Consejo suyo a un amigo: no tomar tantas aspirinas _____
4. Orden de los bomberos a los vecinos de una casa en llamas: desalojar el edificio _____
5. Instrucciones de un dependiente a un cliente en una tienda: pagar en la caja _____
6. Advertencia de un médico a un paciente: no comer alimentos con grasas _____
7. Sugerencia suya a un amigo en un restaurante: pedirle la carta al camarero _____
8. Sugerencia de una chica a su compañera de piso: moler el café _____
9. Instrucciones de un profesor a sus alumnos en un examen: leer las instrucciones con cuidado _____
10. Consejo de un médico a un paciente: descansar después de comer _____
11. Invitación suya a unos amigos: venir a cenar el sábado _____
12. Consejo a un amigo: no preocuparse _____
13. Petición a un amigo: explicarle cómo se graba un DVD _____

____ / 13

52.2. Complete las frases dando o negando permiso o prohibiendo.

1. –¿Puedo llamar por teléfono? –Sí, por supuesto, __llama, llama.___
2. (*Usar*) _____ mi portátil, si quieres. Ahora no lo necesito.
3. –¿Se puede parar aquí? –No, (*seguir*) _____, _____, que te van a poner una multa.
4. –¿Puedo coger tu bici? –No, no _____ la bici. La necesito.
5. –¿Puedo irme? –No, no _____ todavía, Leila. No has recogido tu habitación.
6. –¿Podemos cerrar la ventana? –No, no _____ la ventana del todo, chicos. Hace mucho calor aquí dentro.

ACIERTOS ____ / 6

52.3. Vuelva a escribir las siguientes condiciones usando el imperativo.

1. Si responde esta pregunta, ganará 500 euros. ___Responda esta pregunta y ganará 500 euros.___
2. Si no me ayudas, me enfado. _____
3. Si no dices la verdad, me voy. _____
4. Si regresas tarde, se lo digo a mamá. _____
5. Si no se dan prisa, perderán el vuelo. _____
6. Si sigue por esta calle, verá el hospital a la derecha. _____
7. Si cogéis un taxi, llegaréis antes. _____
8. Si te gastas todo el dinero, no podremos ir a la India. _____

ACIERTOS ____ / 8

52.4. Escriba las instrucciones, peticiones etc. con *ya* o *no... todavía*.

1. A unos amigos: empezar a comer de inmediato ___Empezad a comer ya.___
2. A unos amigos: esperar a irse ___No os vayáis todavía.___
3. A unos alumnos: esperar a hacer el ejercicio _____
4. Un padre a su hijo: colgar de inmediato el teléfono _____
5. A unos amigos: esperar a aplaudir _____
6. A unas amigas: dejar de fumar _____ . Está todo lleno de humo. Aquí no hay quien respire.
7. A unos amigos: esperar a salir _____ . Está lloviendo a mares.
8. Un *maître* a los camareros: servir la cena inmediatamente _____

ACIERTOS ____ / 8

Pensemos, no nos precipitemos.
Imperativo (2)

Hagamos una pausa.
Estoy un poco cansado.

Hagamos es una forma de la
primera persona del plural del
imperativo.

imperativo 1ª persona plural	
pens-*ar*	pens-*emos*
com-*er*	com-*amos*
viv-*ir*	viv-*amos*

● La forma de la primera persona del plural del imperativo es la misma que la de la primera persona del plural del subjuntivo.▸ APÉNDICE 9   Las irregularidades son las mismas que las de esa forma.

    Divirtámonos ahora que podemos.   *Midamos la habitación.*
    No nos despidamos ahora.   *Durmamos un rato. Mañana tenemos un largo camino.*

– Cuando esta forma de imperativo lleva unida los pronombres *-nos* y *-se*, pierde la *-s* final.

    Levantemos esta mesa.   *Levantémonos.*
    Digamos la verdad.   *Digámosela.*

– El verbo *ir* tiene dos formas, *vamos* y *vayamos*. *Vayamos* no se usa mucho actualmente.

  ● Se usa *vamos* para sugerir ir a algún sitio.   ▸   UNIDAD 35: Presente de indicativo: otros usos

    Ese bar es muy cutre. ***Vamos*** *a otro.*

  ● Se usa *vamos a* + infinitivo para hacer una sugerencia. Es equivalente a la primera persona del plural del imperativo. Su uso es más común que el del imperativo.

    Tengo hambre. ***Vamos a comer****. = Tengo hambre.* ***Comamos****.*

  ● *irse* también tiene dos formas, *vámonos* o *vayámonos*. Las dos significan irse de un lugar, pero *vayámonos* no se usa mucho actualmente.

    Aquí hay muy mal ambiente. ***Vámonos****.*

● La primera persona del plural del imperativo se usa para invitar o urgir a un grupo de personas, del que forma parte el hablante, a hacer o no hacer algo.

    Pensemos *un momento. No* ***nos precipitemos****. ¿Es mejor que vayamos en coche o a pie?*

– Es, por ello, de uso común en determinado tipo de campañas publicitarias.

    Salvemos *a las ballenas.*
    Cuidemos *el medioambiente.*

● Colocación de los pronombres de objeto con el imperativo.

– Afirmativa:

OD	verbo-*lo, -la, -nos, -los, -las*

    Sentémonos *aquí un rato. Estoy cansado.*
    La tortilla está caliente. ***Comámosla*** *ahora.*

OI	verbo-*le, -nos, -les*
OI + OD	verbo-*se, -nos, -se/-lo, -la, -los, -las*

    Digámosles *la verdad. Tienen que saberla.*
    Les gusta nuestro coche. ***Vendámoselo****.*

– Negativa:

OD	*no + lo/la/nos/los/las +* verbo
OI	*no + le/nos/les +* verbo
OI + OD	*no + se/nos/se + lo/la/nos/los/las +* verbo

    No nos pongamos *nerviosos.*
    No le hagamos *nada.*
    No se lo demos*.*

EJERCICIOS

53.1. **Escriba la forma de la primera persona del plural del imperativo de los verbos siguientes.**

1. huir ____huyamos____
2. acostarse _____
3. ser _____
4. seguir _____
5. despertarse _____

6. poner _____
7. decir _____
8. recordar _____
9. cantar _____
10. ver _____

11. ponerse _____
12. correr _____
13. sentarse _____
14. sentir _____
15. pedir _____

...../15

53.2. **Complete con *vamos*, *vamos a* o *vámonos*.**

1. Julián quiere contarnos algo. __Vamos__ a su casa.
2. Este despacho esta muy sucio. _____ a otro.
3. Es muy tarde ya. _____ dormir.
4. Aquí hace frío. _____ ya.
5. _____ cantar algo, chicos. Tenemos que ensayar para la fiesta.
6. Parece que no hay nadie aquí, _____.
7. ¿Habéis terminado los ejercicios? _____ corregirlos.
8. Ya está puesta la mesa. _____ comer.

ACIERTOS
...../8

53.3. **Complete las frases con la forma correcta de los verbos del recuadro en afirmativa o negativa.**

| ayudar comprar cuidar esperar hacer (2) ir jugar (2) malgastar |
| mantener precipitarse salvar ~~sentarse~~ seguir ser (2) subir tener usar |

1. No tenemos prisa. __Sentémonos__ un rato.
2. _____ a esa colina. Desde allí podemos ver toda la comarca.
3. Como estamos aburridos, _____ a las cartas.
4. Tenemos que tener cuidado. _____ imprudentes.
5. Esta tienda es muy cara. _____ aquí. _____ a otro sitio
6. _____ memoria. ¿Cuándo fue la última vez que llamó Lucas?
7. _____ sinceros. Arturo no nos cae bien.
8. _____ un rato, y si no viene Carlos, nos vamos.
9. Tenemos que ponernos en forma. _____ corriendo.
10. A ver, chicos, _____ la calma y _____ con tranquilidad. Este partido es nuestro.
11. _____ a la economía. _____ la energía con prudencia. _____ los recursos nacionales.
12. _____ a los niños. Son nuestro futuro.
13. _____ la Tierra. No tenemos otra.
14. _____ paciencia. _____ a tomar una decisión.
15. _____ caso de lo que dicen. Sabemos que no tienen razón.

ACIERTOS
...../20

53.4. **Vuelva a escribir las sugerencias con formas de imperativo y los pronombres de objeto necesarios.**

1. –Vamos a comprar esa tarta. –Sí, __comprémosla.__
2. –Vamos a darle la noticia. –Sí, _____.
3. –¿Hacemos una paella? –Sí, _____.
4. –¿Lo pensamos? –Bueno, _____ un rato.
5. –¿Le decimos a Luis que no ha aprobado? –No, _____ ahora. Ya se enterará.
6. –¿Entregamos los regalos a los ganadores. –Sí, _____ ya.
7. –¿Qué, compramos el coche? –No, _____. Es muy caro y no tenemos dinero.
8. –¿Nos bajamos en esta parada? –Sí, _____ aquí. Es mejor.
9. –Creo que es mejor que lo olvidemos. –Sí, _____.
10. –¿Subimos las sillas a la terraza? –Sí, _____.
11. –¿Empujamos el coche? –Sí, _____.
12. –Vamos a hacer una hoguera. –Sí, _____.
13. –¿Soltamos al canario? –Sí, _____. A ver qué hace.

ACIERTOS
...../13

54 *Mira. Oye.*
Imperativo (3)

Algunas formas de imperativo pueden usarse con significados especiales.

- *Mira, mirad* (familiar) y *mire, miren,* (formal) se usan:

    – para llamar la atención del oyente para que preste atención a lo que se va a decir.

    > *Mira, creo que deberías cambiar de actitud. Tienes que ser más amable.*
    > *Miren ustedes, a nosotros nos parece muy importante que no se fume en las reuniones.*

    – para expresar ironía, a veces acompañados de *tú* o *usted, ustedes: mira, mire, miren.*

    > *No quiso ayudarnos, y **mira (tú)**, se arruinó completamente.*
    > *¿Así que no estaba averiada la bañera? Pues **miren**, ahora nos han mojado el dormitorio.*
    > *El padre de Andrés criticaba mucho a mis hijos, y **mire usted**, el suyo no logró acabar la carrera.*

    – para expresar satisfacción o ironía con *mira/mire qué bien.*

    > *–Mi hijo vuelve de Nueva York este sábado. –**Mire qué bien,** doña Concha. Todos lo echábamos de menos.*
    > *–Jorge ha acabado la carrera. –**Mira qué bien**. Me alegro muchísimo.*
    > *–¡Increíble! Pablo está saliendo con Teresa. –**Mira qué bien**.*

    – para resaltar algo: *mira/mire que* + oración.

    > *Mire que se lo he dicho. No puede usted salir solo.*

Mira que sois cabezones. Ese armario no cabe por la puerta.

> **ATENCIÓN:**
>
> ~~Mirad~~ que tenéis cara. → **Mira** que tenéis cara.
> ~~Miren~~ que son ustedes exagerados. → **Mire** que son ustedes exagerados.

    – para expresar la suposición de algo improbable: *mira/mire que si* + oración.

    > *Mira que si nos toca la lotería.* (Nos puede tocar la lotería.)
    > *¡Qué casualidad! ¡Mire que si su señora fuera prima de mi vecina!* (Su señora podría ser prima de mi vecina.)

    - Se puede usar indicativo o subjuntivo. En este caso, la suposición es más remota.

    > *Mira que si Emilia tiene/tuviera algo grave. No quiero ni pensarlo.*
    > *Mira que si ha sido/hubiera sido Raúl el que ha tenido el accidente.*
    > *Mira que si Alicia gana/ganara el concurso.*

- *Oye, oíd* (familiar) y *oiga, oigan* (formal) se usan:

    – para llamar la atención de la persona a la que nos dirigimos.

    > *Oye, Alfredo. Avísame cuando llegue don Antonio.*
    > *Oiga, ¿podría decirme dónde está el departamento de Historia de América?*

    – para expresar admiración o protesta.

    > *Oye, qué guapa estás con ese sombrero.*
    > *Oiga, este asiento está ocupado.*

Por favor, baje el volumen de la televisión.

Oiga usted, en mi casa hago lo que quiero.

¡Oigan, aquí no se puede fumar!

54.1. Complete las frases con *mira, mire, mirad, miren, mira tú, mire usted* o *mira/mire qué bien.*

1. –Elisa no me ha invitado a su boda. –____Mira qué bien____. Así te ahorras el regalo.
2. Cómo es la vida, don Sebastián. Antonio se fue a otra empresa para mejorar y, _____, esa empresa ha cerrado.
3. _____, lo mejor es que quedéis para repasar el sábado.
4. Dionisio quería ser abogado, pero _____, ha acabado en la cárcel.
5. –¡Me han ascendido! –_____. Ahora podrás comprarte piso.
6. _____, chico. Yo no creo nada de lo que dices.
7. _____, señora. Procure que su perro no me entre en el césped.
8. –Esta noche ha llovido a cántaros. –_____, doña Rosario. Así no tiene usted que lavar el coche.
9. _____. Me han vuelto a conceder la beca.
10. _____. Os lo repito. No tengo por qué decir a nadie lo que hago con mi dinero.
11. No quisieron instalar el ascensor por caro, y _____, ahora son ustedes los que lo necesitan.
12. Dijo que yo iba a acabar mal, pero _____, es usted el que tiene problemas con la justicia.
13. He cogido un avión porque quería llegar antes, y _____, hay huelga de controladores.
14. _____, procuraremos arreglarle el coche lo antes posible, pero no nos meta prisa.
15. _____, si no me pagan el alquiler, pongo el asunto en manos de mi abogado.

54.2. Vuelva a escribir las frases entre paréntesis resaltando lo dicho o expresando suposición con *mira/mire que, mira/mire que si.*

1. (*Eres muy pesado, Antonio.*) ____Mira que eres pesado, Antonio.____
2. (*A lo mejor se casa Félix.*) _____Mira que si se casa Félix._____
3. (*A lo mejor llueve mañana pero es muy improbable.*) _____. Tendríamos que quedarnos en casa.
4. (*Os lo he repetido.*) _____. Tenéis que ser más puntuales.
5. (*A lo mejor acierto la quiniela.*) _____. Te regalo un coche.
6. (*Son ustedes muy protestones.*) _____. Tienen que tener más paciencia.
7. (*Quizá le haya pasado algo a la abuela.*) _____.
8. (*A lo mejor me admiten en el ejército.*) _____. Sería maravilloso.
9. (*Tenéis mucha prisa.*) _____. Si tenemos mucho tiempo.
10. (*La lluvia casi nos coge en el parque.*) _____. Nos habríamos calado.
11. (*Li es muy tranquilo.*) _____ Li. Siempre hace la maleta en el último momento.
12. (*Quizá despidan a Ana pero es muy improbable.*) _____. ¿De qué va a vivir?
13. (*Quizá salgamos en la tele pero es muy improbable.*) _____, Don Fernando. Me van a ver en mi pueblo.
14. (*A lo mejor nos han concedido la beca pero es muy improbable.*) _____
15. (*Eres muy despistada, Sofía.*) _____

54.3. Complete con *oye, oíd, oiga* u *oigan.* Utilice *usted* o *ustedes* en caso necesario.

1. _____Oye_____, Ricardo. Explícame esto, que no lo entiendo.
2. _____, un poco de educación. Yo no le estoy insultando a usted.
3. _____, ¿sabe dónde hay un cajero automático por aquí?
4. _____, qué bien te sienta ese traje.
5. _____, perdonen pero no pueden quedarse aquí. Vamos a cerrar.
6. _____, no se cuele que todos tenemos prisa.
7. _____, no podéis entrar con los zapatos llenos de barro.
8. _____, ¿tú sabes si nos van a dar el puente?
9. _____, ¿tú crees que Ernesto va en serio con Amelia?
10. _____, apague el cigarro, que aquí no se puede fumar.
11. _____, lo mejor que podéis hacer es marcharos y no meteros en nada.
12. _____, o salen de aquí inmediatamente o llamo a la policía.

55 ¡Anda! ¡Venga! ¡Vamos!
Imperativo (4)

● Se usa *anda*:

– para expresar sorpresa, admiración o protesta.

> **Anda**, pero si estás aquí. Creía que estabas en Italia.
> **Anda** este tío. Se cree que es guapo.
> ¡**Anda**, pero si ya han inaugurado la nueva pizzeria!

> ¡**Anda**, esta película ya la habíamos visto!
> ¡**Anda**, cuánto han crecido tus plantas!

– para pedir un favor.

> Déjame diez euros, **anda**.
> **Anda**. Acompañadme a la farmacia.
> **Anda**, llévame a los toros, Manuel.
> Papá, apárcame el coche, **anda**.

Anda, mamá, déjame el coche.

– para expresar incredulidad ante una afirmación con *ya*: *¡Anda ya!*

> –Se casa Lola. –¡**Anda ya**! Eso es imposible.
> –Hemos visto a Almodóvar en el bar. –¿A Almodóvar? ¡**Anda ya**!

– para expresar reprobación ante una acción inadecuada con *que*: *¡Anda que!*

> ¿Que le has dejado el ordenador a Julián? ¡**Anda que**! Ya verás cómo te lo devuelve.

– para hacer énfasis en algo que, afortunada o desgraciadamente, no sucedió: *anda que si* + oración.

> **Anda que si te espero**, no llego nunca a casa. (Afortunadamente, no te esperé.)
> **Anda que si llego** a saberlo, no me molesto en traer helado. Tenéis de sobra. (Desgraciadamente, no sabía nada.)

> ● También se puede usar *anda que si* + oración para expresar la suposición de algo improbable.
>
> > **Anda que si ganamos** todos los partidos. (No es muy probable que ganemos todos los partidos.)

– para resaltar una cualidad o una acción: *anda que no* + oración.

> **Anda que no son** listos.
> **Anda que no tiene** usted cara.
> **Anda que no te he llamado** veces.

● Se usa *venga*:

– para dar ánimos o animar a alguien (una o más personas) a realizar una acción.

> **Venga**. Podéis ganar.
> **Venga**, levántate. Son las diez.

Venga, María, que el partido es tuyo.

– para expresar incredulidad ante alguna afirmación con *ya*: *¡Venga ya!*

> –Mañana viene el Presidente. –Sí, aquí va a venir. **Venga ya**.
> ¡**Venga ya**! Tú estás loco. El Santander no puede ganar esta liga.

● Se usa *vamos*:

– para animar a alguien (una o más personas) a realizar una acción.

> ¡**Vamos**, despierta ya!

– para rectificar o matizar una afirmación anterior.

> –Elena dice que tiene mucho trabajo. –**Vamos**, que no quiere ayudarnos.
> No he ido nunca a ese museo, pero, **vamos**, sé dónde está.

– para expresar protesta.

> Y quería que yo le pagara el viaje. ¡**Vamos**, hombre!
> **Vamos**, no me vas a decir que no sabes freír un huevo.

55 EJERCICIOS

55.1. Complete las frases con *anda*, *¡Anda ya!* o *¡Anda que!*

1. ___Anda___, llévame a casa, que hace frío.
2. –Ernesto ha acabado la carrera. –_____, pero si le quedan lo menos dos años.
3. _____, pero si hablas español muy bien.
4. _____ esa chica. Se cree que me va a engañar.
5. ¿Te has vuelto a matricular en un gimnasio? _____. No sabes en qué gastar el dinero.
6. ¡_____, eso que decís no tiene ninguna gracia!
7. ¡_____! Cómo va a salir Ricardo con Charo! ¡Si siempre se están peleando!
8. _____, me he dejado la cartera en casa.
9. Y decías que conocías a mucha gente. ¡_____! No hemos hablado con nadie.

ACIERTOS ..../ 9

55.2. Complete con *anda que sí* o *anda que no*.

1. ___¡Anda que no___ trabaja Carlos! Está siempre haciendo algo.
2. ¡_____ nos encontramos con Rosa! Se va a llevar una sorpresa.
3. _____ te hacemos caso, compramos una casa en ruinas.
4. _____ pierden las elecciones. Van a tener que ponerse a trabajar.
5. _____ no nos avisan, nos quedamos esperando al fontanero toda la tarde.
6. ¡_____ habla Carmela! No hay quien la calle.
7. ¡_____ es vago Ramón! Nunca quiere hacer nada.
8. _____ no te ayudo, todavía estás fregando platos.
9. _____ es buena la merluza que os he comprado. Ya veréis.

ACIERTOS ..../ 9

55.3. Complete las frases con *venga*, *venga ya* o *vamos*. En algunos casos hay más de una posibilidad.

1. –Rocío ha estudiado Económicas. – ___¡Venga ya!___ Es imposible. Si no sabe lo que es el Producto Interior Bruto.
2. _____, daos dos vueltas a la pista para entrar en calor.
3. No me gustan mucho las verduras, pero _____, las como.
4. ¿Y tú te consideras un buen amigo? _____, si nunca haces nada por nosotros.
5. _____, tenemos que sacar las maletas antes de aparcar el coche.
6. _____. Que yo sepa, Alfredo no ha leído a Bolaños en su vida.
7. _____, vámonos ahora mismo. No podemos esperar más a Paco.
8. _____, no puedes seguir así. Ahora mismo te vas al dentista.

ACIERTOS ..../ 8

55.4. Complete los diálogos con *anda*, *anda que*, *vamos*, *venga*, *venga ya*.

① ¡Anda! Pero si sabes hablar inglés.

② Voy a dejar el coche ahí. ¡_____! Menuda multa te van a poner.

③ Lo siento. No tengo tiempo. _____, que no me quieres ayudar.

④ No puedo, tengo que estudiar. _____, no me vas a decir ahora que no quieres salir.

⑤ _____ invítame a un helado. Invítame tú.

⑥ ¡_____! ¡Más deprisa!

⑦ ¡_____! Pero si tú eres la hermana de Nacho.

⑧ _____, levantaos, que ya son las ocho.

ACIERTOS ..../ 9

119

56 ¡Vaya! ¡Fíjate! Date cuenta. ¡Toma! ¡Dale!
Imperativo (5)

● Se usa *vaya*:

– para expresar contrariedad, sorpresa o admiración.

> *¡**Vaya**! Ahora no encuentro las gafas.*   *¡**Vaya**! Por fin venís a verme.*
> *¡**Vaya**! No sabía que tuvieras tan mal genio.*

– para expresar admiración o decepción: *vaya* + nombre.

> *¡**Vaya hotel**! Es estupendo.*   *¡**Vaya amigos**! No estáis nunca cuando se os necesita.*

– para expresar asombro: *vaya con* + nombre.

> *¡**Vaya con la niña**! Parecía buena.*

– para resaltar una acción o situación: *vaya si* + oración.

> *–¿Hace frío? –**Vaya si hace** frío.*   *–¿Y no le dijiste nada? –**Vaya si le dije**.*

● Se usa *fíjate* (familiar), *fíjese* (formal):

– para llamar la atención sobre una acción o situación.

> *–¡Te habrá gustado el regalo! –¡**Fíjate**! Era una pulsera de oro.*
> ***Fíjese**, don Anselmo. Hemos encontrado el libro que usted tanto buscaba.*
> *–¿Te llamó Luisa? –Sí, y **fíjate**, quería que le presentara al hermano de Manuel.*
> *A mí, **fíjate**, me llena mucho más el teatro que el cine.*

CASA RICARDO

¡Vaya si quiero!
¡Tengo un hambre!

¿Quieres que comamos algo?

● Se usa *date cuenta*, *daos cuenta* (familiar) y *dese cuenta*, *dense cuenta* (formal):

– para fijar la atención de alguien en algo.

> *–Mi hermano no quiere prestarme dinero para la tienda. –**Date cuenta**. Con todo lo que tiene.*
> ***Daos cuenta**. No es que vosotros y nosotros pensemos distinto. Sino al revés.*

● Se usa *toma*:

¡**Toma**! No funcionaba porque no estaba enchufado.

– para expresar sorpresa.

> *¡**Toma**! Pero si esa es Penélope Cruz.*
> *¡**Toma**! Pedro se ha traído un Ferrari de Italia.*

  ● Puede indicar que uno se da cuenta de algo que antes no veía o no entendía.

> *¡**Toma**! ¡Así también lo hago yo!*
> *¡**Toma**! El grifo no funciona porque está cortada el agua.*

– para indicar que lo que dice alguien resulta obvio para cualquiera...

> *–Me gustaría conocer Perú. –¡**Toma**! ¿Y a quién no?*
> *–No me agrada madrugar tanto los domingos. –¡**Toma**! ¡Y a mí tampoco!*

...o que es consecuencia lógica de una situación.

> *–¿No me digas que tienes que trabajar el domingo? –¡**Toma**! ¿Y qué remedio me queda?*

– para expresar satisfacción por algo favorable para nosotros o desfavorable para otros, a veces acompañado de *ya*.

> *He aprobado todo. ¡**Toma ya**!*   *¡**Toma (ya)** qué tortazo!*
> *–Berto se ha arruinado en la Bolsa. –¡**Toma**! Por listo.*

● Se usa *(y) dale*, *(y) dale con* + nombre, *(y) dale con que* + oración:

– para expresar irritación o enfado, generalmente ante la insistencia de otro en algo.

> *¡**(Y) Dale**! Te he dicho mil veces que no me gustan las acelgas.*   *¡**Y dale con la moto**! ¡Qué pesado!*
> *¡**Y dale**, pesados! ¡Os repito que no os cambio la fecha del examen!*
> *¡**Dale con que he roto yo el ordenador**! Se ha estropeado él solo.*

56.1. Complete las frases con *vaya*, *vaya con* o *vaya si*.

1. ¡_____Vaya con_____ tu jefe! Parecía agradable.
2. ¡_____ piscina! Es pequeñísima.
3. ¡_____! Ahora no me acuerdo del teléfono de Luis.
4. –¿Te han cambiado el libro? –_____ me lo han cambiado. Faltaban páginas.
5. ¡_____ la niña! Ahora va y me dice que necesita un coche.
6. ¡_____ los vecinos! ¡Qué ruido! Deben de estar con obras.
7. –¿Has visto a Eduardo? –¡_____ lo he visto! Y en un cochazo nada menos.
8. ¡_____! ¡Cómo huele! Seguro que se te han quemado las lentejas.
9. –¿Que no come Ana? –_____ come. Come como una lima.

ACIERTOS ..../ 9

56.2. Complete con *fíjate*, *fíjese*, *date cuenta*, *dese cuenta* y *daos cuenta*.

1. Yo, _____fíjate_____, prefiero que seas tú la que conduzcas.
2. Alfonso me parece un grosero. _____, ayer ni siquiera llamó para dar el pésame a mi abuela.
3. Arturo no hace nada, Sr. Martínez. _____, la semana pasada faltó dos días.
4. –Sebastián ha vuelto a suspender. –_____, con lo listo que es.
5. –Sonia no quiere ayudarnos a buscar trabajo. –_____, con la de gente que conoce.
6. Alberto se está quejando siempre del ruido. _____, si no tenemos vecinos.
7. _____, don Gregorio. ¡Quién lo iba a decir! A mí me ofrecieron ese mismo empleo el mes pasado.
8. –Me gusta este coche. Es muy económico. –_____, no hemos parado ni una vez para echar gasolina.
9. _____, después de tanto tiempo todavía no sé tu apellido.

ACIERTOS ..../ 9

56.3. Complete con *toma*, *toma ya*, *dale*, *dale con* y *dale con que*.

1. ¡_____Y dale con_____ ese cedé! Ya estoy harto de oír la misma música.
2. –Me gustaría hablar italiano bien. –¡_____ y a mí!
3. ¡_____! Así, copiando, también hago yo los ejercicios.
4. –El perro está nervioso. –¡_____, qué indirecta! ¿Pretendes que saque yo al perro?
5. ¡_____! ¡Te repito que no fue Pablo quien te vio con Carmen!
6. ¡_____ quieres el teléfono de Marga! Pídeselo tú.
7. ¡_____ el Gobierno! Siempre hablas de lo mismo, Blanca.
8. ¡_____! He sacado un nueve en Matemáticas.

ACIERTOS ..../ 8

55.4. Complete los diálogos con *vaya*, *vaya con*, *vaya si*, *fíjate*, *dale con*, *toma*, *toma ya*.

① _____¡Vaya!_____ Ahora no funciona el mando.

② ¡_____! No quería comer y va a acabar con todo.

③ Filarmónica de Viena, Novena de Beethoven.
Me encantaría escuchar ese concierto.
¡_____! Y a mí.

④ ¿Hace calor?
¡_____ hace calor!

⑤ ¡_____! He acertado cinco números.

⑥ ¡_____ Inés!

⑦ ¡_____ qué gol!

⑧ Necesito una guitarra.
¡_____ la guitarra! ¡Te he dicho que no!

ACIERTOS ..../ 8

57 ¡Ojalá estén en casa! ¡Que tengas buen viaje!
Presente de subjuntivo (1)

● Formación del presente de subjuntivo: ▶ APÉNDICE 9

● El presente de subjuntivo puede referirse al presente o al futuro.

Presente: ¡Ojalá **estén** en casa!
  –¿Tienes un metro? – No, pero puede que Juan **tenga** uno.

Futuro: ¡Ojalá tengas suerte **mañana**!
  –¿Ha venido Jorge? –No, pero quizá **venga** más tarde.

● Se usa el presente de subjuntivo:

  – para expresar deseos en exclamaciones.

  > ¡*que* + presente de subjuntivo (+ sujeto)!

  ¡**Que tengas** buen viaje!
  –Rocío y Eva van a intentar escalar el Everest. –¡**Que** no les **pase** nada!
  –Mañana tengo el examen de conducir. –¡**Que** te **salga** bien!

  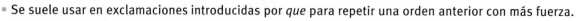
  ¡Que **vivan** los novios!

  > ¡*ojalá (que)* + presente de subjuntivo (+ sujeto)!

  –Juan ha tenido un accidente. –¡**Ojalá (que)** no **sea** grave!
  –La economía va mal. –Sí. ¡**Ojalá suba** la bolsa!
  –Mañana tengo una entrevista para un trabajo. –¡**Ojalá** te lo **den**!

  > *así* + presente de subjuntivo (+ sujeto)

  –Arturo se ha comido todos los bombones. –**Así** le **sienten** mal.

  ● *Así* + presente de subjuntivo se usa normalmente para expresar malos deseos.
  ¡Asesino! **Así** te **pudras** en la cárcel.

  – para expresar diversos sentimientos: alegría, tristeza, extrañeza... en exclamaciones.

  > ¡*qué* + nombre o adjetivo + *que* (+ sujeto) + presente de subjuntivo (+ sujeto)!

  ¡**Qué pena que** no **venga** Pilar!
  ¡**Qué raro que estén** en casa!
  ¡**Qué extraño que** no **haya** nadie en la oficina!
  ¡**Qué alegría que vengan** tus padres!
  ¡**Qué lástima que** Jesús **sea** tan desagradable! ¡Con lo listo que es!

  – para expresar probabilidad o duda con algunos adverbios: *acaso, quizá, quizás, tal vez, probablemente, posiblemente*.

  Quizá apruebe. No me parece tan difícil. **Tal vez consiga** un trabajo.
  –¿Has visto a Lola? –No, pero **probablemente esté** en su habitación.
  –Luis dice que está enfermo. **Acaso sea** una excusa para no ir a la boda de su sobrina.

  Ha llegado el Sr. Pinto.

  – para expresar órdenes con *que*.

  En cuanto llegue tu hermano a casa, **que** me **llame** inmediatamente.
  Los niños están haciendo mucho ruido. **Que se vayan** a su cuarto.

  Que **espere** un momento, por favor.

  ● Se suele usar en exclamaciones introducidas por *que* para repetir una orden anterior con más fuerza.
  –Estate quieto... ¡**Que** te **estés** quieto!
  –Cállate, por favor. –No quiero. –¡**Que** te **calles**!

57.1 **Exprese los siguientes deseos con *que*.**

1. A un amigo en su cumpleaños: vivir muchos años _____¡Que vivas mucho años!_____
2. A unos amigos que se van a otro país: tener un buen vuelo _____
3. Sobre un amigo: darle el trabajo _____
4. A unos amigos que van a una fiesta: bailar mucho _____
5. Sobre un amigo, Rodolfo: encontrar trabajo _____
6. A unos amigos: dormir bien _____
7. A un amigo pintor en su exposición: vender muchos cuadros _____
8. A unos amigos que han perdido el equipaje: encontrar las maletas _____

ACIERTOS /8

57.2 **Exprese los siguientes deseos con *ojalá (que)* y *así*.**

1. –Mañana me operan. –(*ir todo bien*) _____¡Ojalá vaya todo bien!_____
2. –Lorenzo no quiere dejarme el dinero que necesito para la tienda. –(*arruinarse*) _____
3. Hemos comprado un décimo de lotería. (*tocarnos*) _____
4. He solicitado ingresar en la policía. (*admitirme*) _____
5. –Román se ha puesto tu sombrero. –(*caérsele el pelo*) _____
6. –Paco y Maribel se han presentado a un concurso de baile. –(*ganar*) _____
7. –El avión de Lina tiene un problema en un motor. –(*ellos, aterrizar sin problemas*) _____
8. –El director no nos deja hacer horas extras. –(*hundirse la empresa*) _____

ACIERTOS /8

57.3 **Una las dos frases en una exclamación con *¡qué!***

1. No funcionan los autobuses. Es extraño. _____¡Qué extraño que no funcionen los autobuses!_____
2. Marta no contesta al teléfono. Es raro. _____
3. Luis paga hoy la cena. Eso está bien. _____
4. Mañana tenemos fiesta. Me da alegría. _____
5. La empresa está mal. Me da pena. _____
6. En algunos países aún hay mucha pobreza. Es una vergüenza. _____
7. No hay mucha gente en el teatro. Es extraño. _____
8. Rosa va a tener un niño. Es fenomenal. _____
9. Estás enfermo. No podemos ir a casa de Rodri. Es una lástima. _____

ACIERTOS /9

57.4 **Exprese probabilidad con los adverbios y verbos entre paréntesis.**

1. –¿Sabes si va a venir hoy Toni? –No, pero (*quizá, venir*) __quizá venga__ mañana.
2. –No encuentro el martillo. ¿Sabes dónde está? –(*Posiblemente, estar*) _____ en el garaje.
3. Jorge tiene mucha fiebre. (*Posiblemente, ser*) _____ la gripe A.
4. No me esperéis. (*Probablemente, yo, comer*) _____ fuera.
5. –¿Por qué estás tan contento? –Me han dicho que (*quizás, nombrarme*) _____ jefe de sección.
6. –¿Sabes dónde está Marta? –Yo no, pero (*acaso, saberlo*) _____ Lorenzo.
7. Todavía no es seguro, pero (*tal vez, nosotros, ir*) _____ a Argentina este verano.
8. He ido al médico por el dolor en la pierna, pero cree que (*probablemente, no ser*) _____ nada importante.

ACIERTOS /8

57.5 **Escriba las órdenes con *que*.**

1. –Han llegado los inspectores. –(*pasar*) __Que pasen.__
2. –Le llama su hijo. –No puedo ponerme. (*decir*) _____ qué quiere.
3. –Está aquí el cobrador de la imprenta. –(*venir*) _____ mañana.
4. Callaos. Es que le quiero explicar algo. _____
5. –Los delegados sindicales quieren hablar con usted. –Estoy ocupado. (*volver*) _____ más tarde.
6. –Están aquí otra vez los delegados sindicales. –(*entrar*) _____.
7. –Coge eso, Arturo. –No quiero. –_____ eso, te digo.
8. Esos niños hacen mucho ruido. (*callarse*) _____

ACIERTOS /8

58 Necesito que me ayudes. Quiero que escuches esto.
Presente de subjuntivo (2)

● El presente de subjuntivo se usa también para referirse al presente o al futuro en oraciones que dependen de otra oración, cuando los verbos de las oraciones se refieren a diferentes personas, o detrás de oraciones impersonales.

presente de indicativo imperativo	+ *que* + presente de subjuntivo

(Yo) **Espero que** (tú) me **llames** pronto.   **Déjame** (tú) **que** (yo) te **ayude**.
(A mí) **Me parece importante que** (vosotros) **habléis** con el director.
Es fundamental que lo **hagan** ellos solos.

● Se usa esta construcción en los siguientes casos:

– detrás de oraciones con verbos y adjetivos que expresan deseo, necesidad, esperanza.

  ● *querer, desear, preferir, necesitar, esperar, lograr, confiar en, conseguir, tener ganas de, hacer falta...*
  ● *conveniente, necesario, fundamental, importante, imprescindible, indispensable, preciso...*

(sujeto +) verbo *es* + adjetivo (*me, te, le...*) *parece* + adjetivo (sujeto +) *considerar/ver* + adjetivo	+ *que* + oración de subjuntivo

  Prefiero que vengáis mañana.   **Necesito que** me **ayudes**.
  Espero que acepten mi oferta.   No **logro que me hagan** caso.
  Mis compañeros **quieren que** me **presente** al examen.   **Es conveniente** que no **salgáis** tarde. Es un viaje muy largo.
  Es imprescindible que sepáis idiomas.
  Me parece importante que nos ayudemos los unos a los otros.
  Al gobierno **le parece imprescindible que suban** los impuestos.
  ¿Consideras necesario que vengamos todos mañana?   **No veo necesario que vengáis** todos.

– detrás de oraciones con verbos y expresiones que expresan consejos, órdenes, sugerencias.

  ● *aconsejar, decir, exigir, ordenar, recomendar, sugerir, permitir*
  ● *más vale, es mejor, lo mejor es*

(sujeto +) verbo *más vale* *es mejor / lo mejor es*	+ *que* + oración de subjuntivo

  Permítame que le **recomiende** la carne.   **Es mejor que os acostéis** pronto. Mañana tenéis que madrugar.
  Luisa **sugiere que reservemos** el vuelo ya.   –¿Dónde quedamos? –**Lo mejor es que quedemos** en la puerta del cine.
  Más vale que ahorres para este verano.

– detrás de oraciones con verbos que expresan petición o súplica.

  ● *pedir, rogar, suplicar*

(sujeto +) *me, te, le...* + verbo + *que* + oración de subjuntivo

  Le ruego que no **fume** aquí.   **Te suplico que** me **ayudes**. Estoy desesperado.

– detrás de oraciones con verbos que expresan permiso, obligación, disculpa.

  ● *dejar, hacer, perdonar, disculpar, permitir, sentir*

(sujeto +) verbo + *que* + oración de subjuntivo

  Mis padres no me **dejan que fume**.   **Perdona que** te **llame** a estas horas.
  Disculpe que no me **levante**. No me encuentro bien.   Siempre **haces que** me **sienta** mal.
  ¿Me permites que te **haga** una sugerencia?   **Siento que** no te **guste** mi regalo.

58 EJERCICIOS

58.1. **Una las frases. Haga los cambios necesarios.**

1. Esperad en casa de Elena. Lo prefiero. _____Prefiero que esperéis en casa de Elena._____
2. Presta atención. Es importante. _____
3. Plánchame los pantalones. Lo necesito. _____
4. Organizad vosotros la despedida de soltero. Juan lo quiere. _____
5. Reservad la mesa del restaurante. Lo veo conveniente. _____
6. No cantéis victoria antes de tiempo. Lo prefiero. _____
7. Tened buenas relaciones con los vecinos. Me parece importante. _____
8. Dime la verdad. Lo espero. _____
9. Venid a verme. Tengo ganas. _____
10. Trae raquetas y pelotas. Hace falta. _____
11. Acaba la carrera. Me parece fundamental. _____
12. Puedo quedarme a ayudaros. ¿Os parece necesario? _____

58.2. **Complete las frases con las palabras entre paréntesis.**

1. (despertarnos a las siete) Dile _____que nos despierte a las siete._____
2. (nosotros, coger un taxi) Más vale _____ .
3. (hacerme caso) Ordénale _____ .
4. (ponerse abrigo) Os aconsejo _____ .
5. (nosotros, esperar aquí) Lo mejor es _____ .
6. (Pedro, hacer la comida) Es mejor _____ .
7. (disculparse con Elena) Te recomiendo _____ .
8. (no decir nada) Te sugiero _____ .
9. (vosotros, tener una buena excusa) Más vale _____ .
10. (ir a Sevilla en el AVE) Nos han aconsejado _____ .
11. (tú, quedarse en la cama) Lo mejor es _____ .
12. (devolverme mis cosas) Te exijo _____ .
13. (ir todos juntos) Es mejor _____ .

58.3. **Complete las frases con las palabras entre paréntesis.**

1. (echarle una mano) Luis me ha pedido _____que le eche una mano._____
2. (hacerme un favor) Os quiero pedir _____ .
3. (no gritar) Te ruego _____ .
4. (contarte lo de Antonio) No me pidas _____ . No puedo.
5. (no decirle nada a Alberto) Os suplico _____ .
6. (escucharme un momento) Te pido _____ .
7. (no hacer nada) Os ruego _____ . Yo lo solucionaré.
8. (tener mucho cuidado) Te suplico _____ . No me gustaría que te pasara nada.

58.4. **Complete las frases con las palabras entre paréntesis.**

1. (recomendarle la carne) Permítame _____que le recomiende la carne._____
2. (enfadarme) No hagas _____
3. (darte un consejo) ¿Me permites _____ ?
4. (no levantarme) Disculpa _____ . No me encuentro bien.
5. (vosotros, no poder venir) Siento _____ .
6. (yo, pedirte un favor) Perdona _____ .
7. (yo, explicarte) Deja _____ .
8. (yo, llegar tarde) Siempre haces _____ .
9. (yo, pagar) Nunca me dejas _____ .
10. (hacerte una pregunta) ¿Me permites _____ ?

59

¿Te molesta que fume? Me pone nervioso que grites.
Presente de subjuntivo (3)

> presente de indicativo + *que* + presente de subjuntivo
> **¿Te molesta que fume?**   **Me pone nervioso que grites.**
> **Es preocupante que se niegue** a estudiar.

¿Te molesta que fume?

● El presente de subjuntivo se usa también para referirse al presente o al futuro en oraciones que dependen de otra oración, cuando los verbos de las oraciones se refieren a diferentes personas, o detrás de oraciones impersonales, en los siguientes casos:

– detrás de oraciones con verbos y expresiones que expresan diversos sentimientos: sorpresa, alegría, agrado, desagrado, asombro, miedo, enfado, preocupación, duda...

* *agradecer, dudar, odiar, reprochar, sentir, soportar*
* *estar contento de, estar encantado de, tener miedo de*

> verbo + *que* + oración de subjuntivo

> **Siento que** no **podáis** venir a mi fiesta.   Lo intentaré, pero **dudo que** lo **termine** para el viernes.
> **Marta está encantada de que quieras** ayudarla.   **Tenemos miedo de que** no nos **entiendan.**

* *admirar, agobiar, agradar, alegrar, alegrarse de, asombrar, asustar, desagradar, disgustar, divertir, doler, encantar, enorgullecer, extrañar, gustar, horrorizar, importar, inquietar, irritar, maravillarse de, molestar, ofender, preocupar, repugnar, reventar, sonrojar, sorprender, sorprenderse de...*

> *me, te, le...* + verbo + *que* + oración de subjuntivo

> **¡Cuánto me alegro de que estéis** todos bien!   **¿Te importa que venga** Carlos?
> **Me preocupa que sean** tan maleducados.   **Les irrita que cantes.**

* *ser/parecer/resultar... admirable/curioso/asombroso/extraño/horroroso/increíble/inquietante/preocupante/ repugnante/sorprendente/raro...*
* *parecer mentira*

es + adjetivo (*me, te, le...*) *parece/resulta* + adjetivo *parece mentira*	+ *que* + oración de subjuntivo

> **Es sorprendente que esté** aquí y **no venga** a vernos.   **Me resulta raro que Julia no quiera** salir.
> **Me parece extraño que** no **quieran** llegar a ningún acuerdo.
> Diego se porta a veces como un niño. **Parece mentira que sea** tan infantil.

* *dar... alegría/tristeza/vergüenza/asco/náuseas/miedo/pánico/terror/pena/rabia/risa/lo mismo/igual...*
* *llenar de... alegría/indignación/tristeza/rabia/vergüenza/pena...*
* *poner... de buen humor / de mal humor / alegre/triste/nervioso/contento/histérico/enfermo/furioso...*
* *hacer... gracia/ilusión*
* *sacar... de quicio / de mis casillas*

me, te, le... +	*da/llena de* + nombre *pone de* + nombre *pone* + adjetivo *hace* + nombre *saca de* + nombre	+ *que* + oración de subjuntivo

> **Me da pena que haya** tanta miseria.   **Nos llena de alegría que** la gente **mejore** su nivel de vida.
> **A María le pone de mal humor que** la casa **esté** desordenada.
> ¡Calla un poco! ¿No ves que **les pone nerviosos que hagas** ruido?
> **Me hace gracia que** el niño **sea** tan comilón.   **Me saca de quicio que** se **rían** de la gente.

59 EJERCICIOS

59.1. **Una las frases con *que*. Haga los cambios necesarios.**

1. Mariano habla gritando. No lo soporto. _____ No soporto que Mariano hable gritando. _____
2. A veces me mandan. Lo odio. _____
3. Te preocupas por nosotros. Te lo agradezco. _____
4. Me pueden despedir. Tengo miedo. _____
5. A María le van a subir el sueldo. Está encantada. _____
6. Juan dijo que iba a llamar. Lo dudo. _____
7. Tienen que esperar un rato. Lo sentimos. _____
8. Eres muy ambiciosa. No te lo reprocho. _____
9. Iván va siempre sucio. No lo soporto. _____ /9

59.2. **Una las frases con *que*. Haga los cambios necesarios.**

1. No viene Armando. No me importa. _____ No me importa que no venga Armando. _____
2. Son poco puntuales. Me molesta. _____
3. Van a suspender el concierto. Me sorprende. _____
4. Nos acompaña María. ¿Te importa? _____
5. Quiero abrir la ventana. ¿Le molesta? _____
6. A veces me dicen cosas bonitas. Me encanta. _____
7. Algunas personas maltratan a los animales. Me repugna. _____
8. Te digo la verdad. ¿Te ofende? _____
9. Las tiendas están cerradas. Me extraña. _____ ACIERTOS /9

59.3. **Una las frases con *que*. Haga los cambios necesarios.**

1. Alberto tiene mucha suerte. Resulta sorprendente. _____ Resulta sorprendente que Alberto tenga _____ tanta suerte. _____
2. Rosa no consigue encontrar trabajo. Es preocupante. _____
3. Julián está otra vez de baja. Parece sospechoso. _____
4. No hay nadie por la calle. Me resulta inquietante. _____
5. Te llama para pedirte dinero. Es increíble. _____
6. Ángel es tacaño. Parece mentira. _____
7. Javier cuida a sus padres. Me parece admirable. _____
8. No sales mucho. Me parece extraño. _____
9. Tomás no quiere ser amigo de Enrique. Me resulta asombroso. _____ ACIERTOS
10. Fermín sigue viviendo en casa de sus padres. Es increíble. _____ /10

59.4. **Una las frases con *que*. Haga los cambios necesarios.**

1. No puedes venir a mi boda. Me da rabia. _____ Me da rabia que no puedas venir a mi boda. _____
2. Te muerdes las uñas. Me pone nervioso. _____
3. Hace sol. Me pone de buen humor. _____
4. Nunca me hacen caso. Me saca de quicio. _____
5. No quieres ayudarme. Me da lo mismo. _____
6. Hay corrupción. Nos da asco. _____
7. Sois felices. Me llena de alegría. _____
8. Armando se ríe de la gente. Me llena de indignación. _____
9. Lola y Arturo se van a separar. Me llena de tristeza. _____
10. Sus hijos no estudian. A Roberto le pone de mal humor. _____
11. Toñín es muy decidido. Me hace gracia. _____
12 La economía mejora. Me da igual. _____
13. La gente es maleducada. Me saca de mis casillas. _____
14. La gente no respeta a los demás. Me pone histérica. _____ ACIERTOS
15. A veces me engañan. Me pone de mal humor. _____ /15

Es una lástima que dejes de trabajar. Puede que llegue tarde.
Presente de subjuntivo (4)

presente de indicativo + *que* + presente de subjuntivo
Me parece bien que protesten.
Es una lástima que dejes de trabajar.
No me esperéis para cenar. **Puede que llegue tarde.**

Me parece bien que protesten.
Tienen razón.

● El presente de subjuntivo se usa también para referirse al presente o al futuro en oraciones que dependen de otra oración, cuando los verbos de las oraciones se refieren a diferentes personas, o detrás de oraciones impersonales, en los siguientes casos:

– detrás de expresiones con nombres y adjetivos usadas para hacer valoraciones.

- *ser/considerar... una pena / una lástima / un escándalo / una injusticia / un acierto / un error / una vergüenza...*
- *parecer... de mal gusto / un acierto / un error / una equivocación / una injusticia / una pena / una vergüenza...*
- *resultar... de mal gusto...*

es *considerar* (*me, te, le...*) *parece/resulta*	+ nombre + *que* + oración de subjuntivo

Es una lástima que no sepas hablar español. *Sería muy útil.*
Considero un acierto que te matricules en Derecho.
Me parece una equivocación que Susana **deje** de estudiar. *¡Con lo lista que es!*
Resulta de mal gusto que no inviten a sus tíos a la boda.

- *ser/considerar... bueno/malo/mejor/peor/vergonzoso/absurdo/estupendo/incomprensible/injusto/ lógico/lamentable/fenomenal/útil/inútil/escandaloso...*
- *parecer... bien/mal/absurdo/estupendo/fatal/incomprensible/injusto/inútil/pésimo/fenomenal/ lamentable/vergonzoso...*
- *resultar... lamentable/vergonzoso/incomprensible...*

es *considerar* (*me, te, le...*) *parece/resulta* (*me, te, le...*) *parece*	+ adjetivo + *bien/mal*	+ *que* + oración de subjuntivo

Parad ya. **No es bueno que cenéis** tanto.
Luis considera injusto que tenga que hacer él todo el trabajo.
Parece vergonzoso que se niegue a cuidar a su madre.
Resulta lamentable que haya que tener dinero para que te traten bien.

– detrás de expresiones que expresan probabilidad.

- *puede, es posible, es probable, es dudoso, es imposible*

puede, es posible... + *que* + oración de subjuntivo

Es imposible que sea Adolfo. *Está en México.*
–¿Vas a presentarte al examen del miércoles?
*–***Es posible que** me **presente**, *pero no estoy seguro.*

No me esperéis para cenar.
Puede que llegue tarde.

60 EJERCICIOS

60.1. Una las frases. Haga los cambios necesarios.

1. Miguel es muy vago. Es una pena. _____ Es una pena que Miguel sea tan vago. _____
2. Eva solo invita a una tía a su boda. Resulta de mal gusto. _____
3. Quieren congelar las pensiones. Me parece una injusticia. _____
4. Marcelo no ayuda nunca a sus padres. Es una vergüenza. _____
5. Van a prohibir las corridas de toros. Me parece un error. _____
6. El gobierno baja los impuestos. Lo considero un acierto. _____
7. No hay dinero para mejorar la educación. Es una pena. _____
8. Sirven el gazpacho en vasos. Me parece de mal gusto. _____
9. Jessica regresa a Perú. Es una lástima. _____
10. Muchos niños no van a la escuela. Es una vergüenza. _____
11. María no quiere coger el trabajo que le ofrecen. Es un error. _____
12. Hay gente sin trabajo. Lo considero un escándalo. _____
13. Mario quiere estudiar Derecho. Me parece un acierto. _____
14. Trabajamos los sábados. Me parece una vergüenza. _____

ACIERTOS ...... /14

60.2. Una las frases. Haga los cambios necesarios.

1. Raúl tarda una hora en venir aquí; vive muy cerca. Es imposible. _____ Es imposible que Raúl tarde una _____ hora en venir aquí. _____
2. Quieres agradar al director. Es inútil. _____
3. Te resistes. Es peor. _____
4. Celia no sabe conducir. Me parece lamentable. _____
5. Carlota come mucha fruta. Me parece lógico. _____
6. No se oye nada en la calle. Es raro. _____
7. A estas horas mis padres están acostados. Es normal. _____
8. Las tiendas abren los domingos. Me parece fatal. _____
9. Hay muchos accidentes por la niebla. Parece lógico. _____
10. Hay farmacias abiertas 24 horas al día. Me parece fenomenal. _____
11. Arturo se va solo de vacaciones. No me parece bien. _____
12. María no tiene parte en el negocio de sus padres. Lo considero injusto. _____
13. No nos dejan entrar al Club de Campo. Resulta vergonzoso. _____
14. El marido de Mercedes no habla español. Me resulta incomprensible. _____
15. Venid pronto. Es mejor. _____

ACIERTOS ...... /15

60.3. Vuelva a escribir las frases subrayadas comenzando por la palabra indicada.

1. A lo mejor está enfermo. Puede _____ que esté enfermo. _____
2. Hay mucha nieve. A lo mejor cancelan el vuelo. Es posible _____ .
3. Rita y Jorge han regañado. A lo mejor no se casan ya. Es probable _____ .
4. Hace mucho frío. A lo mejor se hielan las plantas. Puede _____ .
5. Intentas convencerme. A lo mejor lo consigues. Es probable _____ .
6. Pregunta en esa tienda. A lo mejor venden pan. Puede _____ .
7. A lo mejor gana el Liverpool. Es dudoso. _____ .
8. Intentas engañarme, pero no creo que puedas. Es imposible _____ .
9. A lo mejor no actúa Plácido Domingo. Es dudoso _____ .
10. Hay crisis. A lo mejor me bajan el sueldo. Puede _____ .

ACIERTOS ...... /10

Creo que hay. /No creo que haya.
Verbos seguidos de indicativo o subjuntivo (1)

● En determinadas oraciones que dependen de otras, cuando los verbos de las dos oraciones se refieren a personas diferentes, o detrás de oraciones impersonales, el verbo puede ir en indicativo o en subjuntivo. Para referirse al presente o al futuro el verbo va en presente de indicativo o futuro simple o en presente de subjuntivo.

presente de indicativo + *que*	+ presente de indicativo + futuro simple	*Luis **cree que hay** entradas para el concierto.* ***Creo que vienen** mañana. / **Creo que vendrán** mañana.* *Es **evidente que** Alfonso **no quiere** ayudarnos.*
no + presente de indicativo + *que* + presente de subjuntivo		*Luis **no cree que haya** entradas para el concierto.* ***No creo que vengan** mañana.* ***No es evidente que no quiera** ayudarnos.*

● Se usa el **presente de indicativo o el futuro simple:**

– detrás de verbos y expresiones de opinión, pensamiento y percepción física o mental –*considerar, creer, notar, opinar, parecer, pensar, recordar, sentir, suponer, ver, estar seguro de*–...

...en forma afirmativa o interrogativa.
> ***Creo que habrá** alguien en la puerta.*
> *¿**Recuerdas que hoy tienes** que hacer tú la comida?*
> *¿**Estás segura** de que esta es tu maleta?*
> *¿**No te parece que está** más guapo con corbata?*
> ***Noto que** Juan **está** un poco triste.*
> *¿**Ves que tengo** más pelo?*

– detrás de expresiones de certeza –*es verdad/cierto/evidente, está claro, tengo claro/clarísimo, tener la seguridad de, tener constancia de, tener noticias de, (me, te...) consta*–...

...en forma afirmativa e interrogativa.
> ***Es evidente que** Héctor **está** en casa.*
> ***Tengo la seguridad de que** Rosa **dice** la verdad.*
> ***Me consta que** Sofía **está** ayudándote.*
> *¿**Es cierto que se divorcia** Elena?*

● Se usa el **presente de subjuntivo:**

...en forma negativa.
> ***No creo que haya** nadie en la puerta.*
> ***No recuerdo que hoy tenga** que hacer yo la comida.*
> *No, **no estoy segura** de que esta **sea** mi maleta.*
> ***No me parece que esté** más guapo con corbata.*
> *Pues yo **no noto que esté** triste.*
> *No, **no veo que tengas** más pelo.*
> ***Nadie piensa que** trabajar **sea** malo.*

...en forma negativa.
> *Pues **no es evidente que esté**.*
> *Pues yo **no tengo la seguridad de que** la **diga**.*
> *Pues a mí **no me consta que** lo **esté haciendo**.*

● Con expresiones de falsedad en frases afirmativas, negativas e interrogativas: *es mentira/falso/ dudoso que.*
> ***Es falso que** Luis **viva** con Ana.*
> ***No es mentira que** Antonio **tenga** novia.*

– detrás de verbos de lengua y habla –*comentar, decir, afirmar, admitir, reconocer, negar**–...

...en forma afirmativa e interrogativa.
> *El anuncio **dice que** la función **empieza** a las ocho y que **dura** tres horas.*
> *¿**Afirmas que necesito** gafas?*
> ***Admito que es** culpa mía.*

...en forma negativa.
> *¡Qué va! **No dice que** la función **empiece** a las ocho ni que **dure** tres horas.*
> *Los médicos **no afirman que tenga** nada grave.*
> ***No admito que sea** culpa mía.*
> ***Nadie afirma que tengas** tú la culpa.*

* *Negar* puede ir seguido de indicativo o subjuntivo en ambos casos sin diferencia importante de significado.
> ***Niega que es/sea** extranjero.*
> *¿**Niegas que eres** extranjero?*

> ***No niega que es/sea** extranjero.*

61.1. **Complete los diálogos con los verbos entre paréntesis en presente de indicativo o de subjuntivo.**

1. Luis cree que aún (*haber*) __hay__ entradas para el concierto. –Pues yo no creo que (hay) __haya__ ya.
2. –¿Te parece que (*yo, estar*) _____ mejor con corbata o sin corbata? –Creo que (*tú, estar*) _____ mejor con corbata.
3. –Veo que Luisa no (*querer*) _____ colaborar. –Sí, no parece que (*ir*) _____ a ayudar mucho.
4. –¿No te parece que (*tú, tener*) _____ que hacer algo? –No creo que (*ser*) _____ obligatorio estudiar.
5. –¿No crees que (*ser*) _____ muy pronto para salir a cenar? –No, no me parece que (*ser*) _____ pronto. Son las ocho.
6. –Noto que (*estar*) _____ más delgado, Luis. –Desgraciadamente, yo no noto que lo (*estar*) _____.
7. –¿Estás seguro de que Jorge (*saber*) _____ lo nuestro? –No, no creo que lo (*saber*) _____. Pero a mí me da igual.
8. –¿Ves mal que Ana no nos (*invitar*) _____ a su fiesta? –Sí, porque estoy seguro de que (*ella, ir*) _____ a invitar a Amelia.
9. –¿Opinas que López (*saber*) _____ mucho de coches? –Bueno, no parece que (*saber*) _____ mucho. La última vez nos quedamos tirados en plena calle Alcalá.
10. –¿Qué crees que Carmen (*estudiar*) _____ ahora? –No sé. Pero estoy seguro de que no _____ nada serio.
11. –¿Piensas que Julio (*decir*) _____ eso en broma? –No creo que lo _____ en broma. Él nunca bromea.
12. –¿Qué tal la nueva loción? –No sé. No veo que (*yo, tener*) _____ más pelo.
13. ¿Sabes que Eloisa (*dejar*) _____ la empresa?
14. –Juan está triste. –Pues yo no veo que (*estar*) _____ triste. Está todo el día con amigos.

ACIERTOS ...../25

61.2. **Vuelva a escribir la información entre paréntesis con la expresión de verdad o falsedad correspondiente.**

1. (*Dicen que Carlos está enfermo, pero no tengo constancia de ello.*) __No tengo constancia de que Carlos esté enfermo.__
2. (*Dicen que Tomás vende coches usados, pero es falso.*) _____
3. (*Sus jefes estiman a Roberto. No lo tengo claro.*) _____
4. (*Dicen que Ramón sabe chino, pero no está claro.*) _____
5. (*Dicen que en Escocia hace muy mal tiempo, pero no es cierto.*) _____
6. (*Dicen que Julio vive en Miami, pero no es cierto.*) _____
7. (*Lo tienen por superdotado, pero es dudoso.*) _____
8. (*Dicen que Alicia detesta a Iván, pero es mentira.*) _____
9. (*Dicen que el Gobierno va a cambiar, pero no tengo la seguridad.*) _____
10. (*Quieren subir la gasolina otra vez. Me consta.*) _____

ACIERTOS ...../10

61.3. **Complete las frases con los verbos entre paréntesis en presente de indicativo o de subjuntivo.**

1. El periódico dice que (*subir*) __suben__ los impuestos.
2. El presidente no ha confirmado que (*haber*) _____ crisis económica.
3. ¿Quién dice que no (*haber*) _____ crisis?
4. ¿Dónde dice que la baronesa (*casarse*) _____ otra vez?
5. Elena me ha explicado que su novio (*estar*) _____ en paro.
6. Me cuentan que mi sobrina (*acabar*) _____ de divorciarse.
7. Comentan que el director (*dimitir*) _____ dentro de unos días.
8. Nadie confirma que el director (*dimitir*) _____ pronto.
9. Diego afirma que Ramón (*saber*) _____ chino.
10. Nadie niega que Roberto (*ser*) _____ un mal alcalde.
11. –¿Quién dice que (*yo, tener*) _____ la culpa? –Nadie dice que _____ tú la culpa.
12. –Alberto dice que (*nosotros, tener*) _____ que llevar esmoquin a la recepción. –Pues en la invitación no dice que _____ que llevarlo.

ACIERTOS ...../14

62 ¡Qué más quisiera!
Pretérito imperfecto de subjuntivo (1)

● Formación del pretérito imperfecto de subjuntivo: ▸ APÉNDICE 9

● El pretérito imperfecto de subjuntivo se puede referir al pasado, al presente o al futuro.

> Pasado: *Luisa tenía un examen **ayer**. No sé cómo le fue. **¡Ojalá lo aprobara!***
> Presente: *No sé cómo puedes llevar esa chaqueta con este calor. **Ni que estuviésemos en invierno**.*
> Futuro: *–Celia dice que la van a invitar a la inauguración del museo. –**¡Qué más quisiera!***

● El pretérito imperfecto de subjuntivo se usa en exclamaciones:

– con *ojalá* o *quién*, para expresar un deseo sobre algo de imposible cumplimiento en el presente o de difícil cumplimiento en el futuro.

> *ojalá* (+ sujeto) + pretérito imperfecto de subjuntivo (+ sujeto)

> ***¡Ojalá tuviera** menos años!* (deseo sobre algo presente imposible)
> ***¡Ojalá ganase Pedro!** Pasaría a la semifinal.* (deseo sobre algo futuro difícil)

> *quién* + 3ª persona singular pretérito imperfecto de subjuntivo

> ***¡Quién tuviera** tus años!* (deseo sobre algo presente imposible)

● *Ojalá* también puede referirse al pasado, cuando no se sabe el resultado de una acción.

> ***Ojalá Luisa llegara** bien **ayer**. Las carreteras estaban llenas de nieve.* (No sé si llegó bien.)

– con *así*, normalmente para expresar un mal deseo.

> *así* + pretérito imperfecto de subjuntivo (+ sujeto)

> ***¡Así tuvieras** que volver a hacerlo todo entero otra vez!*

– con *qué más*, para indicar el difícil cumplimiento de algo.

> *¡qué más* + pretérito imperfecto de subjuntivo (+ sujeto)!

> *–Alberto piensa que lo van a nombrar director. –**¡Qué más quisiera!*** (No es muy probable que lo nombren director.)
> *–**¡Qué más pudiera** yo desear que un buen trabajo!*

– Con *ni que*, para resaltar una situación anormal.

> *ni que* (+ sujeto) + pretérito imperfecto de subjuntivo

> *Jorge se comió tres filetes. –**Ni que estuviese** muerto de hambre.* (No es normal comer tantos filetes.)
> *–Solo lleva una camiseta. –**Ni que estuviéramos** en verano.* (No es normal llevar solo una camiseta en invierno.)

– con *como si*, para expresar una comparación hipotética. Suele expresar ironía; creemos que la verdad es lo contrario de lo que decimos.

> *¡como si* (+ sujeto) + pretérito imperfecto de subjuntivo!

> *Yao dice que no sé usar el ordenador. **¡Como si él fuera** un experto!* (Él tampoco sabe usarlo muy bien.)
> *–No tienes ningún interés en llegar a un acuerdo. –**¡Como si tú tuvieses** mucho!* (Tú tampoco tienes mucho interés.)

– con *qué* + adjetivo, para expresar diversos sentimientos sobre un hecho del pasado: alegría, tristeza...

> *¡qué* + nombre o adjetivo + *que* (+ sujeto) + pretérito imperfecto de subjuntivo!

> ***¡Qué lástima que no pudierais** venir! Lo pasamos fenomenal.*
> *–Ayer visitamos a los Montoro. –**¡Qué raro que estuviesen** en casa! Están siempre fuera.*
> *–El domingo invitamos a Laura, pero no quiso salir. –**¡Qué extraño que no quisiera** salir! Si es muy sociable.*

● Con los verbos *deber* y *querer*, se puede usar el pretérito imperfecto de subjuntivo (solo la forma en *–ra*) en lugar del condicional para dar un consejo, hacer una sugerencia o una petición de forma educada.

> ***Debieras** disculparte.* (Deberías disculparte.)   ***Quisiera** pedirles un favor.* (Querría pedirles un favor.)

62.1. **Exprese los siguientes deseos con *ojalá* y *así*.**

1. Me gustaría ser más joven. _____¡Ojalá fuera/fuese más joven!_____
2. No lo sé, pero espero que anoche no helara. _____
3. Me gustaría que te atragantaras con el pastel. _____
4. Me gustaría que te arruinaras, por egoísta. _____
5. Quisiera que perdieras hasta la camisa en el casino. _____
6. Sé que es difícil, pero me encantaría ver a Inés en Navidad. _____
7. Sueño con ser director de cine. _____
8. Me ilusionaría viajar a Marte. _____

ACIERTOS ...../ 8

62.2. **Exprese los siguientes deseos con *¡quién!*.**

1. Le gustaría saber hablar muchos idiomas. _____¡Quién supiera/supiese hablar muchos idiomas!____
2. Le gustaría poder viajar al espacio. _____
3. Le gustaría tener un Picasso. _____
4. Es bajo, pero le gustaría ser alto. _____
5. Le gustaría tocar el piano como yo. _____

ACIERTOS ...../ 5

62.3. **Escriba las reacciones con *ni que*. Utilice las palabras entre paréntesis.**

1. –Rocío se pasa el fin de semana durmiendo. –(*trabajar mucho*) ___Ni que trabajara/trabajase mucho.___
2. –Ana nunca va en metro. –(*tener miedo a los sótanos*) _____
3. –Nerea salía de viaje con cuatro maletas. –(*ir a dar la vuelta al mundo*) _____
4. –Andrés corre dos horas todos los días. –(*ir a las Olimpiadas*) _____
5. –Jaime come mucho arroz. –(*ser chino*) _____
6. –Mis hijos casi nunca comen carne. –(*ser vegetarianos*) _____
7. –Hoy Eva se ha puesto dos jerséis. –(*nosotros, estar en el Polo*) _____
8. –Enrique cree que no le caes bien. –(*leer el pensamiento*) _____

ACIERTOS ...../ 8

62.4. **Reaccione con *¡como si!* Utilice las palabras entre paréntesis.**

1. –Eres una antipática. –(*tú, muy simpático*) ____¡Como si tú fueras/fueses muy simpático!____
2. –Pablo dice que no tienes paciencia. –(*él, mucha*) _____
3. –No sabes nada de política. –(*tú, mucho*) _____
4. –Vestís muy mal. –(*vosotras, muy bien*) _____
5. –Sonia dice que conduces muy mal. –(*ella, muy bien*) _____

ACIERTOS ...../ 5

62.5. **Exprese los sentimientos indicados sobre las situaciones siguientes con exclamaciones con *¡qué!*.**

1. –No acerté la quiniela por muy poco. –(*una pena*) ____¡Qué pena que no acertaras/acertases la quiniela por muy poco!____
2. –Miguel no vino a dormir anoche. –(*extraño*) _____
3. –Nos gustó mucho Japón. –(*una alegría*) _____
4. –Arturo no saludó a sus tíos. –(*una vergüenza*) _____
5. –Se les extravió el perro. –(*una desgracia*) _____
6. –Ronaldo falló el penalti. –(*raro*) _____·_____
7. –Luis no quiso beber nada. –(*extraño*) _____
8. –Nos encontramos a Lola en el Rastro. –(*casualidad*) _____

ACIERTOS ...../ 8

62.6. **Complete con la forma adecuada.**

1. –Creo que Sara tuvo un accidente ayer. –¡Ojalá no le __pasara/pasase__ nada!
2. (*nosotros*) _____ hablar un momento con usted.
3. –Susana dice que este verano va a ir a Brasil. –¡Qué más _____ ella!
4. –Juan habló con el director el lunes. –¡Ojalá le _____ el contrato!
5. –Paul cruzó Cuba en globo en 2010. –¡Ojalá _____ yo viajar en globo algún día!

~~pasar~~	poder
querer (2)	renovar

ACIERTOS ...../ 5

63

Quería que me ayudaras.
Pretérito imperfecto de subjuntivo (2)

● El pretérito imperfecto de subjuntivo se usa en determinadas oraciones que dependen de otra, cuando los dos verbos se refieren a personas diferentes o detrás de oraciones impersonales. Se usa para referirse al pasado, o para referirse al presente o al futuro detrás de un verbo en condicional.

presente de indicativo pretérito indefinido pretérito imperfecto de indicativo condicional	+ *que* + pretérito imperfecto de subjuntivo
(yo) **Siento que** *(vosotros)* **no pudierais** venir **anoche**. Fue una fiesta magnífica. **Ayer** te llamé a casa. *(Yo)* **Quería que** *(tú)* me **ayudaras** a preparar el examen. **Ayer** fui al médico. *(Él)* Me **recomendó que** *(yo)* **no abusase** del café. **No era necesario que trajeses nada**. Tenemos de todo. *¿Hacéis algo **el domingo**? (A mí) Me **gustaría que** (nosotros) **comiéramos** juntos.*	

● Se usa el subjuntivo detrás de verbos y expresiones que expresan:

▶ UNIDAD 58: Presente de subjuntivo (2) ▮   ▶ UNIDAD 59: Presente de subjuntivo (3) ▮

▶ UNIDAD 60: Presente de subjuntivo (4) ▮

– deseo, necesidad, esperanza.

> –¿Por qué no vinisteis ayer? –Susana **prefería que viniésemos** otro día.
> –**Sería importante que aprendieras** chino. Es la lengua del futuro.
> –¿Qué estudias? –Farmacia. Mis padres **querían que estudiara** Medicina, pero a mí no me gustaba.

– consejos, órdenes, sugerencias.

> Estuve hablando con Tomás y **sugirió que hiciéramos** una reunión.
> –Salgo. He quedado con Rosana. –**Más valía que estudiases** un poco.
> –¿Vais a ir a Toledo el domingo? –Sí, **lo mejor sería que fuéramos** todos juntos.

– peticiones o súplicas.

> Te **agradecería que no fumaras** aquí.
> –¿Qué pasó ayer? –Salimos muy tarde. El jefe **nos pidió que nos quedásemos** dos horas más.

– permiso, obligación, disculpa.

> Raquel **no me perdonó** nunca **que llegase** tarde a la boda.
> Ese día el policía **nos dejó que aparcáramos** en la esquina.
> Por no llevar billete, **me hicieron que pagara** doble en el metro.

– diversos sentimientos: sorpresa, alegría, agrado, desagrado, asombro, miedo, duda.

> **Me alegro de que me llamaras**. Estaba deseando verte.
> **Sentí que no pudieseis** venir al estreno. Fue muy emotivo.
> ¿**Te importaría que no te acompañara**? Estoy un poco cansada.
> **Sería increíble que nos despidieran** a todos.
> ¿Estás ocupada **ahora**? Me **gustaría que vieses** algo.

– valoraciones.

> Ya os dije que no **era bueno que cenarais tanto**.
> **Sería una vergüenza que suspendiera** el examen del carné de conducir. He dado cincuenta clases.
> **No me parecería bien que dejaseis** sola a Lola. Tenéis que ser amigas.

– probabilidad.

> –Te ha llamado alguien pero no ha dejado el nombre. –**Puede que fuera** Marita. Sé que quiere hablar conmigo.
> –Ayer me crucé con Adolfo en la calle. –**Es imposible que fuese** Adolfo. Está en México.

63.1. **Complete los diálogos con los verbos entre paréntesis.**

1. –¿Te gusta esta música? –No, preferiría que (*tú, poner*) __pusieras/pusieses__ algo más relajado.
2. –¿Qué quería Alicia? –Quería que (*nosotros, ver*) _____ sus últimas pinturas.
3. –¿Qué tal fue la conferencia? –Bien. No esperaba que (*venir*) _____ tanta gente.
4. –Necesitaría que me (*tú, hacer*) _____ un favor, Roxana. –Preferiría que se lo (*tú, pedir*) _____ a Merche. Estoy muy ocupada.
5. –Espero que los niños (*portarse*) _____ bien anoche. –Bueno, yo quería que (*ellos, acostarse*) _____ pronto, pero no lo conseguí.
6. –¿Por qué avisaste a Rob? –Me pareció importante que (*él, estar*) _____ informado de todo.
7. –¿Tenías suficiente dinero? –No, fue necesario que Alicia me (*prestar*) _____ algo.

ACIERTOS ___ / 9

63.2. **Complete las frases con las palabras entre paréntesis.**

1. (*no hacer muchos esfuerzo*) El médico me recomendó ___que no hiciera/hiciese muchos esfuerzos.___
2. (*no decirle nada a Sofía*) Sonia nos rogó _____.
3. (*acompañar a casa*) Te agradecería _____.
4. (*vosotras, hacer un poco de ejercicio*) Más valía _____.
5. (*acompañarla al dentista*) Mi madre me pidió _____.
6. (*no gritar*) Te agradecería _____.
7. (*no fumar mi pipa en su casa*) Alicia me suplicó _____.
8. (*pasar la aspiradora más a menudo*) Te agradecería _____.
9. (*no abusar del café*) Ayer fui al médico. Me recomendó _____.

ACIERTOS ___ / 9

63.3. **Una las dos oraciones con *que*. Haga los cambios necesarios.**

1. Quieren trasladar la empresa a otro país. Sería increíble. ___Sería increíble que trasladaran/__ ___trasladasen la empresa a otro país.___
2. Quiero llevarme este libro. ¿Te importaría? _____
3. No dijiste nada de mi vestido nuevo. Me sorprendió. _____
4. Jacinto se presentó sin regalo. Me molestó. _____
5. Me leían cuentos de pequeña. Me encantaba. _____
6. No me dejaban acostarme tarde. Lo odiaba. _____
7. Los domingos me ponían ropa especial. No lo soportaba. _____
8. A veces mis tías me llevaban al parque. Me encantaba. _____

ACIERTOS ___ / 8

63.4. **Vuelva a escribir las frases subrayadas comenzando por la palabra indicada.**

1. A lo mejor llamó Anabel cuando estábamos fuera. Puede ___que Anabel llamara/llamase___ ___cuando estábamos fuera.___
2. Jesús no me ha dado las gracias por el regalo. A lo mejor no le gustó. Es posible _____.
3. Llovió mucho. A lo mejor se inundó la carretera. Es probable _____.
4. Eduardo no se operó del oído. Tenía miedo. Puede _____.
5. Julio dice que vio a Carmen en París. A lo mejor no era ella. Es dudoso _____.
6. Santi no trajo la moto. A lo mejor había hielo en la carretera. Acaso _____.

ACIERTOS ___ / 6

63.5. **Una las dos oraciones con *que*. Haga los cambios necesarios.**

1. Ana no consiguió plaza en la Universidad. Es una lástima. ___Es una lástima que Ana no consiguiera/___ ___consiguiese plaza en la Universidad.___
2. Alberto quiere dejar la carrera. Sería una pena. _____
3. Quiere ponerse a trabajar. Sería mejor. _____
4. La cena fue mala. Alberto protestó. Era lógico. _____
5. Solo invitó a la boda a sus hermanos. Es una vergüenza. _____
6. Antonio repartió el premio con sus hermanos. Me pareció bien. _____
7. Todos los alumnos se pusieron en huelga. Me pareció mal. _____

ACIERTOS ___ / 7

Pensé que estabas. / No pensé que estuvieras.
Verbos seguidos de indicativo o subjuntivo (2)

● En determinadas oraciones que dependen de otras, cuando los verbos de las dos oraciones se refieren a personas diferentes, o detrás de oraciones impersonales, el verbo puede ir en indicativo o en subjuntivo. Para referirse al pasado el verbo va normalmente en pretérito imperfecto de indicativo, pretérito indefinido o en pretérito imperfecto de subjuntivo.

presente de indicativo pretérito imperfecto de indicativo + *que* pretérito indefinido	+ pretérito imperfecto de indicativo + pretérito indefinido
Parece que *anoche* **estabais** *cansadas.* ***Parecía que*** *esas chicas* **eran** *alemanas.*	*Me* ***dijeron que*** *la película* **era** *muy mala.* ***Creo que*** **salieron** *anoche.*

no + | presente de indicativo
pretérito imperfecto de indicativo + *que* + pretérito imperfecto de subjuntivo
pretérito indefinido

No parece que *anoche* **estuvieseis** *cansadas.* ***No me dijeron que*** *la película* **fuese** *muy mala.*	***No creo que*** **salieran** *anoche.* ***No parecía que*** *esas chicas* **fueran** *alemanas.*

● Se usa el pretérito imperfecto de indicativo o el pretérito indefinido:

● Se usa el pretérito imperfecto de subjuntivo:

– detrás de verbos y expresiones de opinión, pensamiento y percepción física o mental –*considerar, creer, notar*, opinar, parecer, pensar, recordar, sentir*, suponer, ver*, estar seguro de*–...

...en forma afirmativa o interrogativa.

> ***Opino que*** *la película* **era** *muy mala.*
> ***Estoy segura de que*** **vinieron** *todos.*
> *Fue una comida excelente.* ***Recuerdo que*** **pagó** *Andrés.*
> ***Creo que*** **lo hicieron** *ellas.*
> *Me* ***pareció que Miguel llegó*** *bastante tarde.*
>
> *Yo* ***veo que María no era*** *tan mala.*
> ***Vimos que teníais*** *unos cuadros preciosos.*
> ***Vi que tu amigo sabía*** *mucho español.*

...en forma negativa.

> *Pues* ***yo no opino que*** **fuera** *tan mala.*
> ***No estoy segura de que*** **vinieran** *todos.*
> *Comimos muy bien, pero* ***no recuerdo que*** **pagase** *Andrés.*
> ***No creo que*** **lo hiciesen** *ellas.*
> *–¿A qué hora llegó Miguel? –No sé.* ***No me pareció que*** **fuera** *tarde.*
> *Todos culpaban a María, pero* ***no veo que*** **fuera** *tan mala.*
> ***No vimos que*** **tuvieran** *ningún cuadro.*
> ***No vi que tu amigo*** **supiese** *mucho español.*

> **ATENCIÓN:**
>
> * Cuando se trata de percepción física pura –*ver, notar, sentir*– se usa siempre indicativo para referirse a hechos reales y verificables.

Vi que ***había*** *una roca en medio de la carretera y me paré.*   *No vi que* ***había*** *una roca en medio de la carretera y me estrellé.*

– detrás de expresiones de certeza –*ser verdad/cierto/evidente, estar claro, tener claro/clarísimo, tener la seguridad de, tener constancia de, tener noticias de, constar*...

...en forma afirmativa e interrogativa.

> ***Es cierto que*** *Ángel* **estaba** *casado.*
> ***Tengo constancia de que*** *Enrique no* **quería** *ayudarnos.*
> ***Me consta que*** *Alfonso* **llegó** *tarde.*

...en forma negativa.

> ***No es cierto que*** *Ángel* **estuviera** *casado.*
> *Pues yo* ***no tengo constancia de que*** *no* **quisiese** *hacerlo.*
> *Pues a mí* ***no me consta que*** **llegara** *tarde.*

● Con expresiones de falsedad en frases afirmativas, negativas e interrogativas: *es mentira/falso/dudoso que.*
> ***Era falso*** *que Ángel* **estuviera** *casado.*

– detrás de verbos de lengua y habla –*comentar, decir, afirmar, admitir, reconocer, negar*–...

...en forma afirmativa e interrogativa.

> *Aquí* ***dice que*** *la función* **empezaba** *a las ocho.*
> *Los médicos* ***dicen que*** **fue** *cáncer.*
> ***Reconozco que*** *Julia* **tenía** *razón.*

...en forma negativa.

> *Ahí* ***no dice que*** *la función* **empezase** *a las ocho.*
> *Los médicos* ***no dicen que*** **fuera** *cáncer.*
> *Pues yo* ***no reconozco que*** **tuviese** *razón.*

64 EJERCICIOS

64.1. **Complete los diálogos con los verbos entre paréntesis en pretérito imperfecto de indicativo, pretérito indefinido o pretérito imperfecto de subjuntivo.**

1. –¿Has visto a la chica que ha cogido el taxi? Estoy seguro de que (*ser*) ___era___ Marta. –Pues yo no estoy tan seguro de que (*ser*) ___fuera___ Marta.
2. –Ayer me pareció que (*haber*) _____ mucha gente en la playa. –Pues a mí no me pareció que (*haber*) _____ tanta gente.
3. –¿No crees que Ernesto (*estar*) _____ algo raro anoche? –No, no me pareció que (*estar*) _____ raro. Es siempre así.
4. –¿Estas seguro de que (*tú, quedar*) _____ con Rafa aquí? –No. No estoy seguro de que _____ aquí.
5. –¿No te parece que Carmen (*hablar*) _____ bien en la reunión? –No. No me parece que (*hablar*) _____ bien. Dijo lo de siempre.
6. –¿Recuerdas que el profesor nos (*explicar*) _____ algo anteayer? –No recuerdo que nos (*explicar*) _____ nada importante.
7. –Teresa opina que tú (*estar*) _____ demasiado serio en la fiesta de su despedida. –Pues yo no creo que (*estar*) _____ tan serio. A mí me pareció que ella (*estar*) _____ más seria que yo, ya ves.
8. –Seguro que anoche Nerea (*estudiar*) _____ hasta las tantas para el examen. –Algo estudió, pero no creo que (*estudiar*) _____ demasiado.
9. No vi que la silla (*estar*) _____ sucia y me manché los pantalones.
10. –¿No notaste que Armando (*estar*) _____ algo raro? –No, no noté que (*estar*) _____ diferente de otras veces.
11. –¿No viste que (*haber*) _____ un letrero de "Cerrado"? –Pues no, no vi que (*haber*) _____ ningún letrero.
12. No noté que el calentador (*estar*) _____ apagado y me duché con agua fría.

64.2. **Vuelva a escribir la información entre paréntesis con la expresión de certeza o falsedad correspondiente. Haga los cambios necesarios.**

1. (*Decían que Julio estaba loco, pero no es verdad.*) ___No es verdad que Julio estuviera/estuviese loco.___
2. (*Dicen que antes hacía más frío, pero es falso.*) _____
3. (*Dicen que antes había menos contaminación, pero no está claro.*) _____
4. (*Dicen que antes se vivía mejor, pero no es cierto.*) _____
5. (*Dicen que la ciudad estaba más limpia antes. Es cierto.*) _____
6. (*Dicen que Maradona fue mejor que Di Stéfano. Es falso.*) _____
7. (*Decían que Sandra tenía un problema de adicción. Era mentira.*) _____
8. (*Dicen que antes había menos paro. Es evidente.*) _____
9. (*Dicen que yo era más delgado antes. No es cierto.*) _____

64.3. **Complete las frases con los verbos entre paréntesis en pretérito indefinido o pretérito imperfecto de indicativo o subjuntivo.**

1. –Sebastián dice que el concierto del domingo pasado (*ser*) ___fue___ un gran éxito.
2. –El periódico dice que (*haber*) _____ mucha gente en la manifestación del sábado. –Pues la policía no dice que (*haber*) _____ tanta gente.
3. –El informe no dice que el accidente (*suceder*) _____ a las siete. –Pues los testigos afirman que (*suceder*) _____ a esa hora.
4. Aseguran que el domingo (*haber*) _____ un robo en el ministerio.
5. Nadie dice que la culpa (*ser*) _____ tuya, Paco.
6. El ministro no dijo que las carreteras (*estar*) _____ cerradas por las nevadas.
7. Nadie afirmó que ese cantante (*no*) pagar _____ impuestos en el país.
8. Elisa nos explicó que no (*ir*) _____ al taller porque los empleados (*estar*) _____ de huelga.
9. Alguien me contó que Ángela ya (*saber*) _____ que Andrés vivía con Antonia.

65 ¡Ojalá hayan regresado!
Pretérito perfecto de subjuntivo (1)

Ojalá hayan regresado ya mis padres. Me he olvidado las llaves.

¡Qué jarrón tan bonito!

Quizá lo **haya hecho** Rocío. Va a clases de cerámica.

Hayan regresado y *haya hecho* son formas del pretérito perfecto de subjuntivo.

Formación del pretérito perfecto de subjuntivo. ▶ APÉNDICE 9

● El pretérito perfecto de subjuntivo puede referirse...

...al pasado inmediato.

> *Luis y Pili no están en casa. Probablemente **hayan salido**.*

...a un período de tiempo no acabado: hoy, esta semana...

> ***Es raro que** Isabel no te **haya llamado** esta semana.*

...a experiencias pasadas sin referencia temporal.

> *Nacho habla muy bien chino. Quizá **haya vivido** en China.*

● El pretérito perfecto de subjuntivo se usa en exclamaciones para expresar deseos sobre hechos pasados inmediatos con importancia en el presente:

– con *ojalá (que)*.

> ¡Ojalá (que) + pretérito perfecto de subjuntivo!

> ***¡Ojalá hayan comprado** comida! Tengo un hambre...*   ***¡Ojalá Jorge haya conseguido** ese empleo!*

– con *que*.

> ¡Que + pretérito perfecto de subjuntivo!

> *–Ha habido un accidente en el vuelo en el que venía Clara. –¡Dios mío! **¡Que** no le **haya pasado** nada!*
> *–Ha habido una explosión en una casa del centro. –**¡Que no haya habido** víctimas!*

– con *así*, para expresar malos deseos.

> ¡Así + pretérito perfecto de subjuntivo!

> *¡Qué niño! ¡Cómo comía! **¡Así** se le **hayan indigestado** los pasteles!*
> *¡Vaya mujer! **¡Así** le **hayan dicho** lo que se merece!*

● El pretérito perfecto de subjuntivo se usa también en exclamaciones con *¡qué!* para expresar diversos sentimientos –alegría, tristeza, extrañeza...– sobre hechos pasados inmediatos, hechos referidos a períodos no acabados o experiencias pasadas.

> ¡Qué + nombre o adjetivo + *que* + pretérito perfecto de subjuntivo!

> ***¡Qué alegría que** todo **haya salido** bien!*   ***¡Qué** extraño que tus tíos no te **hayan felicitado** este año!*
> ***¡Qué raro que** María no **haya estado** nunca en la India! Con lo que ha viajado.*

● El pretérito perfecto de subjuntivo se usa también con algunos adverbios que expresan probabilidad o duda –*acaso, quizá, quizás, tal vez, probablemente, posiblemente*– para referirse a hechos pasados inmediatos, hechos referidos a períodos no acabados o experiencias pasadas.

> *–¿Te ha llamado Mario? –No lo sé. **Quizá me haya llamado**, pero me he dejado el móvil en casa.*
> *–¿Quién tiene información sobre Colombia? –Pregunta a Armando. **Probablemente haya estado** allí.*

65.1. Exprese deseos con exclamaciones con *¡ojalá!* y las palabras entre paréntesis.

1. Ha habido un incendio en mi casa. (*pasar nada a mi mujer*) ¡Ojalá no le haya pasado nada a mi mujer!
2. Ayer fue el sorteo de la lotería. (*tocarme*) _____
3. Hoy sabe las notas Mario. (*aprobar*) _____
4. Queremos comprar un piso que hemos visto. (*no venderlo todavía*) _____
5. Alberto se ha pinchado con un clavo. (*no infectarse*) _____
6. Me he presentado a un concurso de canto. (*seleccionarme*) _____
7. Mis padres por fin han vendido el piso. (*venderlo bien*) _____
8. Casto ya se ha operado de cataratas. (*salir bien la operación*) _____
9. Es raro. Mi cuñado todavía no ha llamado. (*no tener ninguna avería en el coche*) _____
10. Hay mucha cola para el concierto de Springsteen. (*René, reservar entradas*) _____

ACIERTOS ...... /10

65.2. ¿Qué diría? Exprese deseos con exclamaciones con *¡que!* o *¡así!*

1. –Han operado a Pablo. –(*ir todo bien*)) ¡Que haya ido todo bien!
2. –Anoche se perdió un niño en la sierra –(*encontrarlo ya*)) _____
3. –Han detenido a mucha gente en la manifestación. –(*no detener a Conchi*)) _____
4. –Mi jefe no vino ayer porque tuvo que ir al dentista. –(*sacarle todos los dientes*)) _____
5. –Han despedido a mucha gente en la empresa. –(*no despedir a Pablo*)) _____
6. –Han entrado ladrones en casa de Tomás. –(*no hacerle nada*)) _____
7. –Ha salido la lista de los seleccionados para las becas. –(*concedérsela a Miguel*) _____
8. –Ha habido un accidente muy grave en una mina. –(*no haber víctimas*)) _____

ACIERTOS ...... /8

65.3. Exprese los sentimientos indicados sobre las situaciones siguientes con exclamaciones con *¡qué!*

1. Los Serrano no han tenido hijos. Es una pena. ¡Qué pena que los Serrano no hayan tenido hijos!
2. Jesús no ha trabajado nunca. Es una vergüenza. _____
3. Me han devuelto una carta a unos amigos. Es raro. _____
4. Carmen no ha oído hablar de Madonna. Es extraño. _____
5. No hemos logrado sacar entradas para el concierto. Mala suerte. _____
6. Has vendido todos los cuadros. Es una maravilla. _____

_____

7. Yuri no ha visto nunca una jirafa. Es curioso. _____
8. No nos han ingresado la nómina todavía. Es un fastidio. _____

ACIERTOS ...... /8

65.4. Complete con los verbos adecuados en imperativo.

| cambiar | llamar | ~~pintar~~ | recibir | salir | tener |

1. –¿Quién ha pintado la habitación? Está preciosa. –Posiblemente la __haya pintado__ Daniel. Se le da muy bien.
2. –Luis y Pili no están en casa. –Probablemente _____. Los miércoles van siempre al cine.
3. –¿Para qué le ha llamado el director a Luisa? –No estoy segura. Probablemente la _____ por algún asunto urgente.
4. –Ramón y María no cogen el teléfono. –Posiblemente _____ que ir a Valdepeñas.
5. –No contestan. –Quizá _____ el horario de oficinas.
6. Jorge está preocupado. Tal vez _____ una mala noticia.

ACIERTOS ...... /6

● El pretérito perfecto de subjuntivo se usa también para referirse al pasado inmediato, a un período de tiempo no acabado –*hoy, esta semana*– o a experiencias pasadas sin referencia temporal, en oraciones que dependen de otra oración cuando los verbos de las dos oraciones se refieren a personas diferentes, o detrás de oraciones impersonales.

presente de indicativo + *que* + pretérito perfecto de subjuntivo

Ya he terminado el informe. –(Yo) *Espero que* (tú) *lo hayas hecho bien.*
(Yo) *Dudo que Jorge haya estado hoy aquí.*
–*Dice que fue traductor de joven.* –E*s imposible que haya sido traductor. Solo habla español.*

● Se usa el pretérito perfecto de subjuntivo detrás de oraciones con verbos y expresiones que expresan:

– deseo, necesidad, esperanza.

> *Espero que hayas reservado* habitación. Hay muchísima gente.
> *Espero que hayáis probado* la cocina mexicana antes. Puede ser un poco fuerte.
> *Prefiero que hayas venido* tú. Eres más simpático que tu hermano.
> *Para entrar en la universidad es imprescindible que hayáis aprobado* la selectividad.

– peticiones, sugerencias, agradecimiento.

> Le *agradezco que haya pensado* en mí para el trabajo.
> *Para entrar en esa empresa me exigen que haya hecho* el servicio militar.
> *Más vale que hayas estudiado*. Los exámenes de este profesor son muy difíciles.

– permiso, obligación, disculpa.

> *¿Cómo puedes haber permitido que le hayan despedido* a Antonio?
> *Perdona que no haya podido* llamarte, pero el móvil se quedó sin batería.
> *Has hecho que haya vuelto* a pensar en mi infancia.

– diversos sentimientos: sorpresa, alegría, agrado, desagrado, asombro, miedo, duda.

> *Me alegro de que hayáis podido* venir a la fiesta.
> *Siento que no hayas logrado* el ascenso. Otra vez será.
> *Tengo miedo de que me hayan visto*.
> *Dudo que Reinaldo haya vivido* en la India. No sabe quién es Gandhi.
> *Parece mentira que haya trabajado* tanto y le *haya quedado* una pensión tan miserable.

– probabilidad.

> –¿Cómo han quedado las elecciones? –*Puede que hayan ganado* los Liberales, pero quedan muchos votos por recontar.
> *No es posible que la inmobiliaria haya vendido* todos los pisos.

– valoraciones.

> *Es normal que hayan ganado*. Han jugado muy bien.
> *Es lógico que hayan llegado* tarde. Viven muy lejos.
> *No me parece bien que Javi haya visto* esa película. No es para niños.

Es imposible que lo haya hecho él.

▶ UNIDAD 58: Presente de subjuntivo (2)   ▶ UNIDAD 59: Presente de subjuntivo (3)
▶ UNIDAD 60: Presente de subjuntivo (4)

66 EJERCICIOS

66.1. Complete las frases con los verbos entre paréntesis en pretérito perfecto de subjuntivo.

1. Hoy es el último día para pagar el teléfono. Espero que (*tú, pagar*) ___hayas pagado___. No me gustaría que nos cortaran el teléfono.
2. Más vale que (*tú, traer*) _____ bastante dinero. Este restaurante es carísimo.
3. Perdona que (*yo, no ir*) _____ a verte, pero he tenido mucho trabajo.
4. Inés ha terminado por fin la carrera. Es muy importante que (*terminar*) _____. Ahora ya puede ejercer de arquitecta.
5. Necesitamos un vendedor con experiencia. Es importante que (*trabajar*) _____ antes en este sector.
6. –Aquí tiene el trabajo de Historia. –Espero que lo (*hacer*) _____ tú, que no lo (*copiar*) _____ de internet.
7. Perdona que (*llegar*) _____ un poco tarde, pero el tráfico estaba fatal.
8. –Por fin se ha comprobado que la avería no la causó Roberto. –Sí, me parece importante que no (*ser*) _____ él.

ACIERTOS /8

66.2. Una las frases. Haga los cambios necesarios.

1. No sé si me han reconocido. Tengo miedo. ___Tengo miedo de que me hayan reconocido.___
2. No sé si Luis ha asado el pollo. Lo dudo. _____. No sabe cocinar.
3. No has visto el paquete. Me sorprende. _____. Está encima de la mesa.
4. Has vivido en Marruecos y no hablas árabe. Parece mentira. _____
5. Habéis conseguido el premio. Nos alegramos. _____
6. Se ha bloqueado el ordenador. Me pone de mal humor. _____
7. Has escrito un poema. Me encanta. _____
8. Te has enfadado por la broma. Me divierte. _____

ACIERTOS /8

66.3. Vuelva a escribir las frases comenzando con la palabra dada.

1. No sé si me han elegido delegado. Puede ___que me hayan elegido delegado.___
2. No pueden haber llegado ya. Salieron muy tarde. Es imposible _____.
3. Puede haberlo escrito Raquel. Escribe muy bien. Es posible _____.
4. Por esa parte del país puede haber habido tormentas. Es probable _____.
5. No sé si han aplazado el partido. No es probable _____
6. Puede haber arreglado el enchufe Clara. Puede _____
7. El ascensor debe de haberse averiado. Es probable _____.
8. El avión de Marga debe de haber aterrizado ya. Puede _____.
9. No sé si han cerrado los bancos. Puede _____.

ACIERTOS /9

66.4. Una las frases. Haga los cambios necesarios.

1. Ha perdido nuestro equipo. Es una pena. ___Es una pena que haya perdido nuestro equipo.___ Estaban jugando muy bien.
2. Ha subido la Bolsa. Es lógico. _____. La economía va muy bien.
3. Han cerrado ya ese pub. Es natural. _____. Hacían mucho ruido.
4. Han suprimido el tráfico en el centro. Es lógico. _____.
5. Román se ha operado de la rodilla. Me parece bien. _____. Apenas podía andar.
6. Tu mujer ha utilizado el coche muy poco. Me parece normal. _____. Casi no lo necesita.
7. Te han regalado un libro de poemas. Es raro. _____. A ti no te gusta la poesía.
8. Han suspendido la venta de billetes de tren a Santiago. Es un desastre. _____. Ahora tendremos que coger un avión.

ACIERTOS /8

67

Creo que han tenido. / No creo que hayan tenido.
Verbos seguidos de indicativo o subjuntivo (3)

● En determinadas oraciones que dependen de otras, cuando los verbos de las dos oraciones se refieren a personas diferentes, o detrás de oraciones impersonales, el verbo puede ir en indicativo o en subjuntivo. Para referirse al pasado reciente, a un período inacabado o a experiencias del pasado se usa el pretérito perfecto de indicativo o el pretérito perfecto de subjuntivo.

presente de indicativo pretérito perfecto de indicativo	+ que + pretérito perfecto de indicativo

> **He oído que habéis contratado** a una nueva secretaria.
> Elena **dice que ha estudiado** mucho esta semana. No sé si creerla.
> –¿**Es cierto que Julián ha trabajado** mucho siempre? –Sí, toda su vida.

no + presente de indicativo pretérito perfecto de indicativo	+ que + pretérito perfecto de subjuntivo

> Pues yo **no he oído que hayamos contratado** a nadie.
> Bueno, **no dice que haya estudiado** mucho esta semana, pero ha salido poco.
> Felipe es un vago. **No creo que haya trabajado** en su vida.
> **No es cierto que** Ramiro se **haya dejado** bigote.

● Se usa el **pretérito perfecto de subjuntivo:** ● Se usa el **pretérito imperfecto de indicativo:**

– detrás de verbos y expresiones de opinión, pensamiento y percepción física o mental –*considerar, creer, notar, opinar, parecer, pensar, recordar, sentir, suponer, ver, estar seguro de*…

...en forma afirmativa o interrogativa.	...en forma negativa.
Creo que se ha quedado dormido.	**No creo que se haya quedado** dormido.
¿**Crees que te ha visto** alguien?	**No creo que me haya visto** nadie.
–Me han roto un cristal. **Estoy seguro de que han sido** sus hijos.	Bueno, yo **no estoy seguro de que hayan sido** ellos.
Creo que ha trabajado muchos años en un banco.	**No creo que haya trabajado** en su vida.
Os han castigado otra vez. **Veo que no habéis aprendido nada.**	**No veo que hayáis aprendido** nada.
Veo que te ha crecido pelo.	**No veo que me haya crecido** nada el pelo.
¿**He oído que te has casado**, Juan?	**No he oído que** Juan **se haya casado.**

– detrás de expresiones de certeza –*es verdad/cierto/evidente que, está claro que*–…

...en forma afirmativa e interrogativa.	...en forma negativa.
–¿**Es verdad que Rodrigo ha tenido** mucho dinero? –Sí, pero lo perdió todo en malas inversiones.	**No es cierto que Lucas haya sido** catedrático. Ha sido profesor auxiliar.
Está claro que ha sido ella.	**No es verdad que hayan querido** raptarme. Se lo inventó Sonia.

● Con expresiones de falsedad en frases afirmativas, negativas e interrogativas: *es mentira/falso que.*
  Es mentira que yo haya dicho nada contra ti.

– detrás de verbos de lengua y habla: *comentar, decir, afirmar, negar* *…

...en forma afirmativa e interrogativa.	...en forma negativa.
Dice que no lo ha hecho él, que fue un amigo suyo.	**No niega que lo haya hecho él**, pero dice que fue en defensa propia.
Comentan que han nombrado un nuevo ministro de Exteriores.	**No se comenta que hayan nombrado** un nuevo ministro de Exteriores.

* *Negar* puede ir seguido de indicativo o subjuntivo. En ambos casos sin diferencia importante de significado.
  Ha negado que **ha visto** / **haya visto** a Carmen.   No ha negado que **ha visto** / **haya visto** a Carmen.

67 EJERCICIOS

67.1. Complete los diálogos con los verbos entre paréntesis en pretérito perfecto de indicativo o pretérito perfecto de subjuntivo.

1. –Tardan mucho. ¿Qué crees qué (*pasar*) __ha pasado__? –No sé. No creo que (*tener*) __hayan tenido__ un accidente.

2. –Esos hinchas del Atleti están muy contentos. ¿Crees que (*ganar*) _____? –No creo que (*ganar*) _____. Jugaban contra el Real Madrid.

3. –¿Quién ha fregado los platos? –Me parece que los (*fregar*) _____ Ana. –No creo que (*ser*) _____ Ana. Nunca los friega.

4. –¿Recuerdas quién (*entrar*) _____ aquí hoy? –Pues no recuerdo que (*entrar*) _____ nadie.

5. –¿Piensas que Martín nos (*decir*) _____ todo lo que sabe de Lola? –No, no pienso que nos (*decir*) _____ toda la verdad.

6. –¿Por qué sospechas que alguien te (*seguir*) _____ hasta aquí? –No sé. Creo que un hombre (*venir*) _____ tras de mí todo el tiempo.

7. –Parece que Ana (*sacar*) _____ la oposición. –¡Increíble! No creo que (*suspender*) _____ nada en su vida.

8. –Se oyen muchas sirenas de ambulancia. Parece que (*pasar*) _____ algo. –No creo que (*pasar*) _____ nada extraordinario. Es siempre así.

9. –No recuerdo que Manuel (*pasar*) _____ alguna noche en casa. –Puede que no lo recuerdes, pero estoy seguro de que (*pasar*) _____ más de una.

10. –Me parece que (*volver*) _____ a subir el pollo. –Pues no creo que me (*cobrar*) _____ más esta mañana.

ACIERTOS
...../20

67.2. Vuelva a escribir la información entre paréntesis con la expresión de certeza o falsedad correspondiente. Haga los cambios necesarios.

1. (*Dicen que Alberto ha tenido boutiques, pero es falso.*) ____Es falso que Alberto haya tenido boutiques.____

2. (*Dicen que hoy ha hecho mucho calor, pero no es cierto.*) _____

3. (*No hemos sabido educar a Julia. Está claro.*) _____

4. (*Dicen que este año ha sido malo, pero no está claro.*) _____

5. (*Dicen que Jesús ha vivido en Nueva Zelanda, pero no es cierto.*) _____

6. (*Dicen que los Gómez han alquilado un barco, pero es mentira.*) _____

7. (*Se dice que Jiménez ha estado en la cárcel, pero no está muy claro.*) _____

8. (*Dicen que el precio del oro ha vuelto a subir. Es evidente.*) _____

9. (*Dice Ángel que ha visto un ovni, pero es falso.*) _____

10. (*Dicen que el presidente ha presentado su dimisión, pero no es verdad.*) _____

ACIERTOS
...../10

67.3. Complete las frases con los verbos entre paréntesis en pretérito perfecto de indicativo o pretérito perfecto de subjuntivo.

1. –El periódico dice que esta semana (*haber*) __ha habido__ pocos accidentes de tráfico. –Bueno, no dice exactamente que (*haber*) __haya habido__ pocos accidentes. Dice que (*haber*) _____ pocos muertos.

2. La televisión ha dicho que este año (*ser*) _____ muy malo económicamente.

3. El Gobierno niega que (*suspender*) _____ el acuerdo de pesca con Noruega.

4. Se comenta que la ministra (*preparar*) _____ ya el decreto para prohibir fumar en lugares públicos.

5. Ella no dice que (*terminar*) _____ el máster de empresas, dice que no lo (*terminar*) _____ todavía, que le (*faltar*) _____ tiempo.

6. Raquel afirma que le (*ofrecer*) _____ un puesto mejor en otra empresa.

7. Nadie nos ha dicho que Maite (*estar*) _____ en paro todo este tiempo. No nos han dicho que (*pedir*) _____ ayuda a nadie.

8. Nos han dicho que la empresa (*cerrar*) _____, pero han negado que (*ser*) _____ por quiebra.

9. ¿Y tú dices que esa empresa (*tener*) _____ pérdidas? ¿Desde cuándo?

10. Elena afirma que el transporte (*subir*) _____ una barbaridad.

ACIERTOS
...../16

143

68 ¡Ojalá hubiera ganado!
Pretérito pluscuamperfecto de subjuntivo

● Formación del pretérito pluscuamperfecto de subjuntivo: ▶ APÉNDICE 9

● El pretérito pluscuamperfecto de subjuntivo se usa en exclamaciones con *ojalá* o *quién* para referirse a un deseo en el pasado que no se cumplió.

> ¡*Ojalá (que)* + pretérito pluscuamperfecto de subjuntivo!

>> ¡*Ojalá hubiera aceptado* ese empleo! Ahora no estaría en el paro. (No lo acepté.)
>> ¡*Ojalá hubiese ganado Pedro!* (No ganó.)

> – Puede indicar arrepentimiento: ¡*Ojalá te hubiera hecho* caso! (No te hice caso y estoy arrepentido.)

> ¡*quién* + 3ª persona singular del pretérito pluscuamperfecto de subjuntivo!

>> ¡*Quién hubiera podido* estudiar! (No pudo estudiar.)

● El pretérito pluscuamperfecto de subjuntivo se usa también en oraciones dependientes de otra para referirse a una acción o situación pasada anterior a otra acción u otro momento pasados, cuando los sujetos de las dos oraciones son diferentes o detrás de oraciones impersonales.

```
                        ahora
———x—————————x—————————————•
estuve        se lo dije
enfermo       al director
(1)           (2)
```

El director **dudaba** (2) de que yo **hubiera estado** enfermo (1).

No les **importaba** (2) que **hubiésemos perdido** (1) el trabajo.

– Se usa detrás de verbos o expresiones que expresan lo siguiente:

  • deseo, necesidad, esperanza.

   *Susana **quería que le hubiese traído** fresas, pero no pude.*

  • consejos, órdenes, sugerencias.

   *–Carmela estaba siempre estudiando. –**Más valía que hubiera encontrado** un empleo. Su familia necesitaba el dinero.*
   *–**Habría sido mejor que hubierais hablado** con el cirujano antes de la operación.*
   *No pude matricularme en la universidad. **Me exigían que hubiese acabado** el Bachillerato.*

  • probabilidad o duda.

   *–El dinero de Alberto era robado. –Lo sabía. **Era muy difícil que lo hubiera ganado** en la lotería.*

  • diversos sentimientos: sorpresa, alegría, agrado, desagrado, asombro, miedo, duda.

   *Me llamaron para darme las gracias. **Les encantó que los hubiésemos invitado.***
   ***Me molestó que Carlos hubiera dicho** que yo estaba en paro.*
   ***Me alegré de que Eduardo hubiese conseguido** el ascenso.*

  • valoraciones.

   ***Era lógico que os hubieseis enfadado.** La broma fue bastante pesada.*
   ***Habría sido estupendo que hubiéramos llegado** a la final.*
   ***Habría sido mejor que hubieses venido** tú sola. A Raúl no le cae bien Guillermo.*

▶ UNIDADES 57-67

▶ UNIDAD 97: Oraciones condicionales (4)

68.1. **Complete los deseos con *¡ojalá!* y *¡quién!***

1. No pude ir a la universidad. ¡Quién ___hubiera/hubiese podido ir a la universidad!___
2. Nunca tuve tiempo para viajar. ¡Ojalá _____.
3. Tomás me invitó a visitarlo en Chile pero no fui nunca. ¡Ojalá _____.
4. Yo a Marta nunca le caí bien. Ahora es la directora de la sucursal. ¡Ojalá _____.
5. No pudimos ir al concierto de Barenboim. ¡Quién _____.
6. No pude ser bombero. ¡Quién _____.
7. No acepté el contrato. Ahora estoy en el paro. ¡Ojalá _____.
8. No presté atención a los consejos de mis padres y ahora estoy arrepentida. _____
   ¡Ojalá _____.

ACIERTOS ___/8

68.2. **Complete las frases con el verbo entre paréntesis en el tiempo adecuado.**

1. Ayer volví a ver a Sara. Esperaba que me (*perdonar*) ___hubiera/hubiese perdonado___, pero no me dijo nada.
2. Lo siento por Antonio. Quería que lo (*acompañar*) _____ al dentista, pero no pude.
3. Ángel veía necesario que (*terminar*) _____ ya la carrera para darnos el empleo.
4. Ella habría preferido que yo (*hablar*) _____ con sus padres para pedirles el apartamento.
5. Yo habría exigido a los bancos que (*conceder*) _____ más créditos al público. Así se habría acelerado el consumo.
6. Más valía que el Gobierno (*ayudar*) _____ a las ONG de África. Lo necesitaban.
7. Ayer hubo una reunión. Parecía importante que (*venir*) _____ todos los empleados, pero faltaron muchos.
8. Lo mejor habría sido que nosotros ya (*devolver*) _____ el préstamo del banco.
9. Yo te habría aconsejado que te (*dedicar*) _____ al tenis. Jugabas bien y ahora serías famoso.
10. Esperaba que Hans me (*comprar*) _____ el collar que habíamos visto, pero no lo hizo.

ACIERTOS ___/10

68.3. **Complete las frases con las informaciones dadas.**

1. El cuadro era falso. No podía haberlo pintado Goya. Era imposible ___que lo hubiera/hubiese pintado Goya.___
2. El poema estaba muy bien escrito y algunos decían que era de Quevedo. Puede _____.
3. Sabía que la canción no la podía haber compuesto Jaime porque no sabe música. Era bastante dudoso
   _____
4. Las joyas estaban en un cajón. No las habían robado. Era imposible _____.
5. Jacinto no se había llevado el libro. No le gusta la poesía. Era poco probable _____.
6. Descubrieron una tumba, pero no había nada en ella. Decían que había sido saqueada. Es probable

ACIERTOS ___/6

68.4. **Una las frases. Haga los cambios necesarios.**

1. Vinieron a la fiesta sin haber avisado. Me extrañó. ___Me extrañó que no hubieran/hubiesen avisado.___
2. Javier había vuelto de Francia sin Mariana. Me sorprendió. _____.
3. Armando me había engañado. No le perdoné. _____.
4. Los alumnos habían entrado a mi despacho sin llamar. Me molestó. _____.
5. Yo no había llamado a Charo. Me olvidé. A Charo no le gustó. _____.
6. Les habían atracado en pleno día. Parecía mentira. _____.
7. Decían que Sara se había casado en Venezuela. Yo dudaba. _____.
8. Se habían acordado de nosotros. Nos agradó. _____.

ACIERTOS ___/8

68.5. **Complete las frases con las informaciones dadas.**

1. Las noticias habían sido buenas. Se habían alegrado. Era lógico ___que se hubieran/hubiesen alegrado.___
2. Enrique me dijo que había abierto una pizzería. Necesitaba trabajar. Me pareció bien _____.
3. No cogisteis un taxi y llegasteis tarde. Habría sido mejor _____.
4. Habían cambiado los ordenadores. Los viejos funcionaban mal. Me pareció bien que _____.
5. Alberto había regalado la bici. La necesitaba yo. Fue una lástima _____.
6. Había acabado el plazo para presentar la solicitud de becas. No pudimos presentarla. Fue una pena
   _____

ACIERTOS ___/6

Creo que habían tenido. / No creo que hubieran tenido.
Verbos seguidos de indicativo o subjuntivo (4)

● En determinadas oraciones que dependen de otras, cuando los verbos de las dos oraciones se refieren a personas diferentes, o detrás de oraciones impersonales, el verbo puede ir en indicativo o en subjuntivo. Para referirse a acciones pasadas anteriores a otras acciones o momentos pasados, se puede usar el pretérito pluscuamperfecto de indicativo o el pretérito pluscuamperfecto de subjuntivo.

pretérito imperfecto de indicativo pretérito indefinido	+ *que* + pretérito pluscuamperfecto de indicativo

Cuando contrataron a Esteban, **yo creía que había acabado** *la carrera.*
*Cuando le preguntaron a **Sonia dijo que Carlos ya se había marchado**.*

no +	pretérito imperfecto de indicativo pretérito indefinido	+ *que* + pretérito pluscuamperfecto de subjuntivo

*Pues **no era verdad que hubiese acabado** la carrera.*
*Bueno, **no dijo que Carlos se hubiera marchado**.*

● Se usa el pretérito pluscuamperfecto de indicativo:

● Se usa el pretérito pluscuamperfecto de subjuntivo:

– detrás de verbos y expresiones de opinión, pensamiento y percepción física o mental –*considerar, creer, notar*, opinar, parecer, pensar, recordar, sentir*, suponer, ver*, estar seguro de*–...

...en forma afirmativa o interrogativa.

*Cuando hablé con Esteban **pensaba que ya se había jubilado**, pero le faltan dos años.*
*Cuando viste a Álvaro, **¿no notaste que había engordado**?*
*La verdad es que la última vez que vi a Merche **vi que había cambiado**.*

...en forma negativa.

*Cuando hablé con Rocío **no pensaba que se hubiera jubilado**.*
*Pues no, **no noté que hubiera engordado**.*
*Pues yo la última vez que la vi **no vi que hubiese cambiado**.*

* Cuando se trata de percepción física pura –*ver, notar*– se usa siempre indicativo para referirse a hechos reales y verificables.

*Vi que ya **habían cortado** la calle por la manifestación y me fui por otro lado.*
*Noté que una rueda del coche **había perdido** aire.*

*No vi que ya **habían cortado** la calle por la manifestación y tuve problemas con la policía.*
*No noté que las ruedas del coche **habían perdido** aire y casi me mato.*

– detrás de expresiones de certeza –*ser verdad/cierto/evidente que, estar claro que, tener claro/clarísimo, tener la seguridad de, tener constancia de, tener noticias de, constar*–...

...en forma afirmativa e interrogativa.

*El otro día Ramón estaba muy cansado. **Era evidente que había trabajado** mucho.*
*El verano pasado, Lucía parecía diferente. **Estaba claro que se había operado** la nariz.*
*¿**Es verdad que** Jaime se **había dejado** barba?*

...en forma negativa.

*Estaba cansado, pero **no es cierto que hubiese trabajado** mucho.*
*Algo se había hecho, pero para mí **no estaba tan claro que se hubiera operado**.*
*Quería dejársela, **pero no tenía claro que** el jefe se lo **hubiera permitido**.*

Con expresiones de falsedad en frases afirmativas, negativas e interrogativas: *es mentira/falso que.*

*Por supuesto. **Era mentira que yo hubiera dicho** nada contra Elena.*

– detrás de verbos de lengua y habla –*comentar, decir, afirmar, admitir, reconocer, negar*...

...en forma afirmativa e interrogativa.

*Cuando le pregunté, Carlos **me dijo que él no había discutido** con Marta.*
*Según Mario, el comentarista **afirmó que el árbitro le había regalado** el partido al Numancia.*

...en forma negativa.

*Pero a Sonia **no le dijo que no hubiesen discutido**.*
*Pero yo escuché el programa y el comentarista **no afirmó que le hubieran regalado** el partido al Numancia.*

69.1. Complete las frases con los verbos entre paréntesis en pretérito pluscuamperfecto de indicativo o pretérito pluscuamperfecto de subjuntivo.

1. Ayer me encontré con Julián. Pensaba que (*él, irse*) __se había ido__ a Venezuela.

2. –¿No notaste algo raro en Ana anoche? –Vi que (*ella, teñirse*) _____ el pelo, pero no noté que (*hacerse*) _____ nada más.

3. –¡Hemos aprobado! –¡Menos mal! No estaba muy seguro de que (*nosotros, aprobar*) _____.

4. Me presenté en casa de Gonzalo. No recordaba que (*irse*) _____ a Málaga.

5. Cuando Sandra tuvo el accidente con el coche, pensé que, (*ella, matarse*) _____.

6. Aunque todos creían que el director (*robar*) _____ dinero, yo no estaba tan seguro de que lo (*hacer*) _____.

7. No vimos que los pintores (*equivocarse*) _____ de pintura y pintaron las paredes de verde.

8. –La última vez que vi a Agustín noté que (*él, empeorar*) _____. –Pues yo no noté que (*haber*) _____ ningún cambio.

9. Al ver a Juan, noté que (*pasar*) _____ algo, pero no pensé que (*ser*) _____ algo tan grave.

10. –La última vez que estuvimos con Antonio, me pareció que (*él, cambiar*) _____ mucho. –Pues a mí no me pareció que (*él, cambiar*) _____ nada. Lo vi tan fresco como siempre.

11. No noté que me (*robar*) _____ la cartera y no pude pagar la comida.

ACIERTOS ...../16

69.2. Vuelva a escribir la información entre paréntesis con la expresión de certeza o falsedad correspondiente. Haga los cambios necesarios.

1. (*Decían que Sara había tenido otro novio antes de Pedro, pero no era cierto.*) __No era cierto que Sara__ __hubiera tenido__ otro novio antes de Pedro.

2. (*Decían que Luis había heredado una fortuna. Era falso.*) _____

3. (*Decían que Armando se había ido de la empresa. ¿Era verdad?*) ¿_____?

4. (*Decían que los Suárez se habían arruinado. Era evidente.*) _____

5. (*Se rumoreaba que la ministra de Hacienda había tenido un accidente. No era cierto.*) _____

6. (*Decían que el clima había cambiado. Era mentira.*) _____

7. (*Se comentaba que el Presidente había dimitido, pero no era cierto.*) _____

8. (*Decían que Martina había adelgazado mucho. Era evidente.*) _____

9. (*Se rumoreaba que el gobierno había perdido las elecciones, pero no estaba claro.*) _____

ACIERTOS ...../9

69.3. Complete las frases con los verbos entre paréntesis en pretérito pluscuamperfecto de indicativo o pretérito pluscuamperfecto de subjuntivo.

1. Según el periódico, el Ministro dijo que (*ellos, llegar*) __habían llegado__ a un acuerdo con los sindicatos, pero los sindicatos no dijeron que (*ellos, llegar*) __hubieran llegado__ a ningún acuerdo.

2. Una persona comentó que (*haber*) _____ un atraco en una tienda del barrio, pero la policía negaba que (*haber*) _____ ningún atraco.

3. El contable afirmó que el año pasado la empresa (*perder*) _____ un millón de euros, pero el director no confirmó que (*haber*) _____ pérdidas.

4. La Ministra dijo que la economía (*crecer*) _____ el año pasado, pero todos los expertos afirmaban que no lo (*hacer*) _____.

5. –Merche le dijo a María que Jesús y Ana (*divorciarse*) _____. – Perdona. No le dijo que (*ellos, divorciarse*) _____, dijo que (*ellos, separarse*) _____.

6. –¿No decías que la empresa de Paco (*cerrar*) _____ hacía unos meses? –No dije que (*cerrar*) _____. Dije que (*reducir*) _____ la plantilla.

7. Los agentes afirmaban que (*ellos, detener*) _____ a los ladrones del Banco Nacional, pero un portavoz de la policía negó que los (*detener*) _____.

8. En un programa de televisión comentaron que el dólar (*bajar*) _____ la semana pasada por la crisis económica, pero no dijeron que (*bajar*) _____ por la especulación. Eso es falso.

9. La policía llamó y nos dijo que (*saltar*) _____ la alarma en la casa de la Sierra, pero no dijeron que (*entrar*) _____ nadie.

ACIERTOS ...../20

Cuando quieras. Alguien que hable español.
El subjuntivo para expresar indeterminación

El subjuntivo se emplea en algunas construcciones con relativos que sirven para expresar indeterminación.

- *que, quien, quienes* + subjuntivo
  - *Me ha escrito Hans. En su empresa necesitan **alguien que hable** español.* (No se refiere a nadie concreto; una persona que hable español.)
  - *Compra todo **el pan que necesites**.* (No indica una cantidad concreta.)
  - *Nos dijo que pusiéramos **la música que nos gustara**.*
  - *¿Conoces a **alguien que haya estado** en Perú?*   *Pobrecillo. No tiene **quien le quiera**.*

Compare:

indicativo	subjuntivo
*Tengo **una persona extraordinaria**, Marta, **que** me **cuida** a los niños.* (Estoy hablando de una persona concreta) *Es **su hermana quien le cuida**.* (Se refiere a una persona concreta, su hermana.)	*Necesito alguien que me **cuide** a los niños.* (No hablo de nadie en concreto.) *No tiene **quien le cuide**.* (No se habla de nadie en concreto.)

- *el/la/los/las que, lo que* + subjuntivo
  - *–¡Qué novelas más interesantes! –Te regalo **la que quieras**.* (No menciona ninguna concreta, una cualquiera.)
  - *Esta empresa es fenomenal. Nos dejan hacer **lo que queramos**.*

Compare:

indicativo	subjuntivo
–¿Qué vamos a comer? *–Lo que **hay**. Macarrones.* (Se refiere a algo concreto, macarrones.)	*–¿Qué vamos a comer?* *–Lo que **haya** en la nevera.* (No se refiere a nada concreto. Desconoce las posibilidades.)

- *como, cuando, donde, adonde, cuanto* + subjuntivo
  - *Ahí hay un teléfono. Podéis llamar **adonde necesitéis**.* (No se indica nada concreto; lo deja abierto.)
  - *–¿Cómo soluciono lo del ordenador? –Hazlo **como puedas**.*
  - *–¿Cuándo quieres que nos veamos? –**Cuando quieras**.*   *Jugad **cuanto queráis**. Estáis de vacaciones.*

  - Estas construcciones se usan con frecuencia para ceder la decisión sobre alguna acción a nuestro interlocutor...
    - *–¿Adónde vamos? –**Adonde tú digas**.* (No indica ningún sitio concreto; lo deja abierto, a elección del interlocutor.)
    - *–¿Dónde comemos? –**Donde prefieras** tú.*

  ...o cuando se desconocen las opciones.
    - *–¿Qué película vamos a ver? –No sé. **Alguna que pongan** en el Moncloa.* (No sé qué películas ponen en ese cine.)

Compare:

indicativo	subjuntivo
*–¿Adónde va Agustín? –**Adonde** tú le **has dicho**.* (Un sitio concreto, el que tú le has dicho.)	*–¿Adónde vamos? –**Adonde** tú **digas**.* (No concreto ningún sitio; te dejo a ti la elección.)
*–¿Qué vamos a ver? –**La película que ponen** en Teletrés.* (Una opción concreta y conocida.)	*–¿Qué vamos a ver? –**Cualquier película que pongan** en la tele.* (Desconozco las opciones.)

- Se usan diferentes tiempos del subjuntivo según las referencias temporales.

Presente o futuro:	*Elegid **un libro que os guste**.* *Es conveniente que estudies en un país **donde se hable** español.*
Pasado:	*Les dije que podían venir **cuando quisieran**.* *Necesitaba contratar a alguien **que me tradujera** los manuales.*
Hecho reciente: Experiencia pasada:	*No conozco a nadie **a quien no le haya gustado** esta novela.* *Necesitamos a **alguien que haya vivido** en América Latina.* *Habría sido mejor que hubierais contratado a alguien que **hubiera sido licenciado**.*

70.1. Complete con el verbo entre paréntesis en indicativo o subjuntivo.

1. ¡Ojalá conociera a alguien que me (*poder*) ___pudiera___ colocar en esa empresa!
2. Vamos a ser ocho. Compra la carne que (*tú, creer*) _____ necesaria.
3. Fue Ignacio quien me (*ayudar*) _____. Es muy amable.
4. Tengo muchísimo trabajo y no tengo quien me (*echar*) _____ una mano.
5. ¿Conoces a alguien que (*dar*) _____ clases de árabe? Estoy buscando un profesor.
6. Me encanta Juan. Es una persona que (*estar*) _____ siempre dispuesta a ayudar.
7. Necesitamos alguien que (*vivir*) _____ mucho tiempo en Filipinas.
8. Elena me dijo que eligiera el vestido que más me (*gustar*) _____.
9. Son mis padres quienes más nos (*visitar*) _____.
10. Pobre Roldán. Está muy solo. No tiene quien lo (*querer*) _____.

ACIERTOS ....../10

70.2. Complete con el verbo entre paréntesis en indicativo o subjuntivo.

1. –¿Qué tenemos que hacer? –Lo que nos (*mandar*) ___manden.___
2. Estoy encantando en esta empresa. Hago lo que (*yo, querer*) _____.
3. –¿Qué diccionario compraste? –El que (*ser*) _____ más barato.
4. –¿En qué aerolíneas vamos a volar? –En la que (*nosotros, volar*) _____ siempre.
5. –¿Qué tipo de coche buscas? –Uno que (*consumir*) _____ poco.
6. –¿Por qué no has hecho lo que te (*decir*) _____? –Porque no pienso hacer lo que tú (*decir*) _____.
7. –¿Qué hotel reservamos? –El que (*estar*) _____ más céntrico.
8. Tenías que haber hecho lo que el jefe te (*ordenar*) _____.

ACIERTOS ....../8

70.3. Complete con el verbo entre paréntesis en indicativo o subjuntivo.

1. Podéis hacer las prácticas donde os (*resultar*) ___resulte___ más cómodo.
2. Tenéis que colocar el cartel donde lo (*poder*) _____ ver todo el mundo.
3. Debéis hacer el proyecto como (*yo, explicar*) _____ en clase.
4. Arturo, toma estas flores y llévalas adonde (*indicar*) _____ la nota.
5. Fue una gran fiesta. Comimos y bailamos cuanto (*nosotros, querer*) _____.
6. Jorge nos invitó por su cumpleaños. Nos dijo que comiéramos cuanto (*nosotros, querer*) _____.
7. No te preocupes. Puedes devolverme el dinero cuando mejor te (*venir*) _____.
8. Me voy a ir a vivir a cualquier parte donde no (*haber*) _____ contaminación.

ACIERTOS ....../8

70.4. Complete los diálogos con el verbo entre paréntesis en indicativo o subjuntivo.

1. –¿Cómo vamos a casa de Pili? –Como (*tú, querer*) ___tú quieras.___
2. –¿Qué crees que debería decirle a Antón? –No sé. Lo que te (*parecer*) _____ más oportuno.
3. –¿Cuándo nos vemos? –¿Cuándo te (*venir*) _____ bien.
4. –¿Qué vamos a comer? –El guisado que (*preparar*) _____ Elisa. Está riquísimo.
5. –¿Qué sombrero me compro? –El que te (*sentar*) _____ mejor.
6. –¿Adónde vamos a ir de vacaciones? –A cualquier sitio donde (*hacer*) _____ buen tiempo y se (*comer*) _____ bien.
7. –¿Qué zapatos te compraste por fin? –Los que me (*parecer*) _____ más cómodos.
8. –¿Qué quieres que hagamos? –Lo que a ti te (*apetecer*) _____.

ACIERTOS ....../8

70.5. Complete con los verbos entre paréntesis en los tiempos adecuados.

1. Alicia nos dijo que reserváramos los asientos que (*estar*) ___estuvieran___ más cerca del escenario.
2. No conozco a nadie que (*traducir*) _____ del finlandés al español.
3. Deberíais haber buscado un restaurante donde (*haber*) _____ menos gente. Este está lleno.
4. Julián me prometió que iríamos donde yo (*querer*) _____.
5. Pásame las tijeras que (*estar*) _____ en esa caja.
6. El director sugirió que ascendería al que (*estar*) _____ mejor cualificado.
7. Necesitamos alguien con experiencia, que (*realizar*) _____ investigaciones en laboratorio.

ACIERTOS ....../7

71 *descansar, haber descansado*
Infinitivo

● El infinitivo acaba en *-ar*, *-er* o *-ir* y expresa la acción. Puede referirse al presente, al pasado o al futuro y a cualquier persona.

> *–¿Qué están haciendo esos? –**Nadar**, ¿no lo ves?*
> *–¿Qué quería Luigi? –**Hablar** conmigo.*
> *–¿Cuál es tu sueño? –**Ser** feliz. No quiero nada más.*

– Para la forma negativa, se usa *no* delante del infinitivo.

> *Es peor **no querer** que **no saber**.*

– El infinitivo compuesto se refiere a una acción pasada anterior a otro momento o acción.

> *¿No queréis ir? **Haberlo pensado** antes.*
> *¿Que estás cansado? **Haber descansado** cuando pudiste.*

● El infinitivo se usa de manera independiente:

– en exclamaciones y preguntas para expresar deseo, sorpresa, asombro, admiración o reproche.

> *¡**Trabajar**! ¡Quién pudiera trabajar!*   *¿**Descansar**? ¿Quién quiere descansar?*
> *–Invítame a cenar. –¿**Invitarte** a cenar? Tú estás loco.*
> *¡**Volar** en globo...! ¡Qué emocionante!*
> *¿**Habértelo dicho**? ¿Por qué tenía yo que habértelo dicho?*

  ● Cuando se quiere dejar claro a quién se refiere, se usa un nombre o un pronombre generalmente detrás del infinitivo.

> *¿**Trabajar Luis**? ¿Cuándo se ha visto?*   *¿**Ayudarte yo**? Ni lo sueñes.*

– para corregir algo dicho anteriormente, a veces expresando ironía.

> *–Ayer estuvieron hablando Ana y Sonia. –Hombre, **hablar**, **hablar**, no hablaron. Más bien gritaron.*
> *–Soraya canta muy bien. –Hombre, **cantar**, lo que se dice **cantar**, no canta mucho.*

– para instrucciones y prohibiciones, generalmente en textos escritos: avisos, notas, manuales de instrucciones, recetas...

> ***No pisar** el césped.*   ***Lavar** en agua templada.*
> *Para participar en el concurso, **rellenar** el formulario y **enviarlo** a la siguiente dirección.*

  ● En lenguaje hablado, se usa *a* + infinitivo para dar órdenes o animar a hacer algo.

> *¡Venga! **A dormir** todo el mundo. Es muy tarde.*
> *Bueno, dejad ya los libros y **a divertirse**, chicos.*

● El infinitivo se puede usar como un nombre. Normalmente es masculino y singular.

> *Los viajes en avión son cansados. = **Viajar** en avión es cansado.*

– Como nombre, el infinitivo puede ir con *el* (optativo), *un, mi, tu..., este, ese, aquel.*

> *Con el nuevo detergente (**el**) **frotar** se va a acabar.*
> *Preparé la cena en **un abrir** y **cerrar** de ojos.*
> *A **mi entender**, la cena nos ha salido muy cara.*
> *Ese **piar** de pájaros no me deja dormir.*

– Algunos infinitivos se han convertido en nombres permanentes en algunos usos y pueden tener forma de plural.

> *¿Habéis hecho **los deberes**?*   *Rocío tiene **unos andares** un poco raros.*
> *No existe democracia sin división de **poderes**.*   ***El cantar** de las aves alegra el espíritu.*

71 EJERCICIOS

71.1. Complete las frases con infinitivo simple o compuesto. Use los verbos del recuadro.

acompañar	ayudar	dormir	estudiar	~~montar~~	pintar	querer	salir

1. –¿Por qué no montamos en camello? –¡___Montar___ en camello! ¡Ni hablar!
2. –¿Quieres que salgamos a dar un paseo? –¡_____ ahora! Pero si está a punto de llover.
3. –Me gustaría que me acompañaras al mercado. –¡_____ yo! ¡Con todo el trabajo que tengo!
4. ¿Que no puedes ayudarme porque tienes que estudiar? _____ antes.
5. –Julia pinta muy bien. –Bueno, _____, lo que se dice _____, no pinta mucho; hace cosas.
6. Ya sé que tienes sueño, pero _____ cuando era de noche.
7. –¿Te ayudó mucho Aurora? –_____, _____, no ayudó mucho, pero me hizo compañía.
8. –¿Quieres que vayamos a visitar a Lorenzo? Está enfermo. –Bueno, _____, _____, no quiero, pero si es necesario, voy.

ACIERTOS /11

71.2. Complete las instrucciones con los verbos del recuadro en afirmativa o negativa.

añadir	calentar	cocer	consultar	cubrir	echar	~~lavar~~ (2)	mantener	marcar	poner

1. ___No lavar___ a mano. _____ en seco.
2. Para llamadas al extranjero, _____ oo.
3. Paella:
   (1) _____ el pescado y el marisco en agua de mar. (2) _____ un poco de aceite en una paella, (3) _____ y (4) _____ el arroz, con un poco de cebolla. (5) _____ el pescado y el marisco y (6) _____ el arroz con el agua del pescado. (7) _____ a fuego lento hasta que el arroz esté en su punto.

4. En caso de accidente _____ al Servicio de Información Toxicológica.

ACIERTOS /11

71.3. Vuelva a escribir las frases con un infinitivo.

1. El descanso es necesario. ___Descansar es necesario.___
2. Las esperas me ponen nervioso. _____
3. La forma de andar de Esther es extraña. _____
4. Como yo lo entiendo, esto no es un Matisse. _____
5. La ida al pueblo no fue tan pesada como la venida. _____
6. La risa es sana. _____
7. Las mentiras suelen traer resultados nefastos. _____
8. Los cantos de mi tierra me conmueven. _____

ACIERTOS /8

71.4. Complete las frases con *a* + infinitivo.

1. ___¡A callar!___ Aquí no se habla.
2. ¡_____ bien y _____, que sois mejores!
3. ¡Que toque la orquesta y _____ todo el mundo!
4. Hay que sudar un poco así que ¡_____, chicos!
5. Venga, Raquel, ¡_____! Que para eso nos pagan.
6. Venga, ¡_____ y _____ todos, que ya son las nueve!
7. ¡Qué manos tan sucias!, ¡_____las ahora mismo, Pedro!
8. El arroz se está enfriando, así que... ¡todo el mundo _____!

bailar	~~callar~~
comer	correr
desayunar	ganar
jugar	lavarse
levantarse	trabajar

ACIERTOS /8

Nos complace invitarlos. Es fácil ganar.
Construcciones con infinitivo o subjuntivo

● El infinitivo se puede usar:

  – con verbos con *me, te, le…* como *agradar, alegrar, apetecer, complacer, costar, encantar, gustar, importar, interesar,* cuando los dos verbos se refieren a la misma persona.

  > *me, te, le… complace/encanta/interesa…* + infinitivo

  > (A nosotros) ***Nos complace invitarlos*** (nosotros) *a la boda de nuestra hija.*
  > (A mí) ***Me encanta viajar*** (yo) *en barco.*
  > *A Julia nunca **le interesó trabajar** (ella) en una empresa extranjera.*

  ● Cuando los dos verbos se refieren a personas distintas se usa la siguiente construcción.

  > *me, te, le… complace/encanta/interesa…* + *que* + (sujeto +) subjuntivo

  > (A mí) ***Me alegra que*** (vosotros) ***hayáis podido*** *venir.*
  > ¿(A usted) ***Le importa que*** (yo) ***salga*** *un poco antes esta tarde?*

  ● Se usa el presente de subjuntivo cuando nos referimos al presente o al futuro.

  > ***Me encanta que estéis*** *contentos.*
  > ¿***Te apetece que vayamos*** *a la playa este fin de semana?*

  ● Se usa el pretérito perfecto de subjuntivo para referirnos al pasado reciente o a experiencias en el pasado.

  > ***No me gusta que hayas invitado*** *a Mateo. Es un gorrón.*
  > ***No me importa que hayas sido*** *director de un banco. Yo necesito un buen contable.*

  ● Se usa el pretérito imperfecto de subjuntivo para referirnos al pasado o detrás de una forma condicional.

  > *Nunca me **importó que no tuvieras** dinero.*
  > ¿***Te importaría que no te acompañara*** *a la conferencia? Me duele un poco la cabeza.*

  – detrás de construcciones impersonales con verbos como *encontrar, hacerse, parecer, ponerse, resultar, ser…* + adjetivo, cuando el segundo verbo no se refiere a un sujeto concreto.

  > *es, parece, resulta…* + adjetivo + infinitivo

  > ***Es fácil ganar*** *al Real Madrid.*
  > ***Parecía imposible equivocarse***, *pero nos equivocamos.*
  > *Lo siento, pero **ha sido imposible arreglar** el coche.*
  > ***Resultó difícil encontrar*** *aparcamiento.*

  ● Cuando el segundo verbo se refiere a alguien o algo concreto, se usa la siguiente construcción:

  > *es, parece, resulta…* + adjetivo + *que* + (sujeto +) subjuntivo

  > *No **es fácil que la gente cambie**.*   ***Parece imposible que Rodrigo haya muerto.***

  ● Se usa el presente de subjuntivo para referirnos al presente o al futuro.

  > ***Es triste que tus amigos te engañen.***   ***Es posible que el Madrid gane el domingo.***

  ● Se usa el pretérito perfecto de subjuntivo para referirnos al pasado reciente o a experiencias en el pasado.

  > ***Es imposible que haya suspendido***. *Hice el examen perfecto.*

  ● Se usa el pretérito imperfecto de subjuntivo para referirnos al pasado o detrás de una forma condicional.

  > ***Parece increíble que la gente viera el accidente*** *y no hiciera nada.*
  > ***Sería lamentable que nos despidiéramos*** *enfadados.*

72.1. **Rodee la forma correcta.**

1. ¿Te importa (abrir) / que abras la ventana?
2. ¿Te importa fumar / que fume?
3. No me interesa cambiar / que cambie de empleo. Estoy bien aquí.
4. A Julián le cuesta ayudarnos / que nos ayude.
5. Me cuesta trabajo entender / que entienda tus quejas.
6. A Santiago le agrada acordarnos / que nos acordemos de su cumpleaños.
7. Me encanta venir / que hayas venido a verme.
8. Anoche no nos apeteció salir / que saliéramos.
9. Me costó conseguir / que consiguiera que me ayudaran.

ACIERTOS ...../ 9

72.2. **Complete las frases con las palabras entre paréntesis en la forma adecuada, afirmativa o negativa.**

1. No importa (tú, no hablar) ___que no hables___ inglés.
2. No me importa (yo, ser) _____ ayudante.
3. ¿Te importaría (yo, no ir) _____ a tu conferencia? Tengo mucho trabajo.
4. No me gusta que me (ellos, hacer) _____ regalos caros.
5. Estoy un poco disgustada. No me apetece (a mí, ver) _____ a nadie.
6. Me encantó (vosotros, llamarme) _____ para felicitarme.
7. No me importa (él, acabar) _____ la carrera todavía. Me gusta cómo trabaja.
8. Me costó (Pedro, entender) _____ por qué estaba enfadado.
9. Me cuesta (a mí, entender) _____ lo cara que está la vida aquí.
10. Alfredo, me encanta que no (tú, aceptar) _____ ese trabajo. No era para ti.

ACIERTOS ...../10

72.3. **Rodee la forma correcta.**

1. Ha sido imposible (encontrar) / que encuentres entradas.
2. Parece increíble caerse / que se haya caído la casa.
3. No resultó fácil llegar / que llegases al Machu Picchu.
4. Es imposible perder / que perdamos nosotros.
5. Es lógico ponerte / que te pongas un abrigo. Hace frío.
6. Es sencillo seguir / que sigas las instrucciones.
7. Nos fue difícil sacar / que sacáramos el coche de la arena.
8. Resultó normal multarme / que me multaran. Iba muy deprisa.

ACIERTOS ...../ 8

72.4. **Complete las frases con las palabras entre paréntesis en la forma adecuada.**

1. No es fácil (la gente, ayudarte) ___que la gente te ayude.___
2. Parecía imposible (la Bolsa, bajar) _____, pero bajó.
3. Es increíble (tú, perder) _____ las llaves otra vez. Ten cuidado.
4. Es imposible (Luisa, divorciarse) _____. No me lo creo.
5. ¿Crees que es posible (el euro, subir) _____?
6. Es difícil (los niños, leer) _____, si ven tanta televisión.
7. Es lógico (ellos, ganar) _____ siempre. Tienen los mejores jugadores.
8. Es triste (tú, estar) _____ siempre pidiendo favores a la gente.
9. Parece inevitable (el Gobierno, convocar) _____ elecciones.
10. Me pareció mal (decir) _____ eso de mí, Tomás.

ACIERTOS ...../10

Merecieron ganar. Mereces que te dé...
Verbos seguidos de infinitivo o subjuntivo

● Algunos verbos van seguidos de otro verbo en infinitivo cuando los dos verbos se refieren a la misma persona...

Es una gran pintora, **merece triunfar**.

verbo principal + infinitivo

> *Jugaron muy bien.* (Ellos) ***Merecieron ganar*** (ellos).
> (Nosotros) ***Pedimos salir*** (nosotros) *una hora antes para ir al dentista.*

...y de *que* más un verbo en subjuntivo cuando se refieren a personas diferentes.

Sí. **Espero que triunfe**.

verbo principal + *que* + subjuntivo

> *Lo has hecho muy bien.* (Tú) ***Mereces que*** (yo) ***te dé*** *un premio.*
> (Nosotros) ***Le pedimos al jefe que*** (él) ***nos dejara*** *salir antes para ver el partido.*

– Algunos verbos que siguen este modelo son: *buscar, conseguir, esperar* (= tener esperanza), *evitar, intentar, lograr, merecer, necesitar, negar, pedir, pensar* (= planear), *preferir, pretender, procurar, querer, sentir* (= lamentar), *solicitar, temer.*

> ***Procura*** (tú) ***llegar*** (tú) *puntual. Al director no le gustan los retrasos.*
> ***Procura*** (tú) ***que lleguen las cartas*** *a tiempo.*

● Los verbos de mandato, permiso o prohibición pueden ir seguidos de infinitivo o de *que* + subjuntivo cuando se refieren a personas diferentes: *aconsejar, dejar, exigir, hacer* (= obligar), *impedir, invitar a, mandar, ordenar, permitir, prohibir, recomendar, rogar.*

> *El jefe nos **hace** (él) **quedarnos** (nosotros) una hora extra los martes. / El jefe **hace que nos quedemos** una hora extra los martes.*
> *Nos **mandaron** (ellos) **subir** (nosotros) las maletas. / Nos **mandaron que subiéramos** las maletas.*
> *Eloisa me **invitó a ver** el partido. / Eloisa me **invitó a que viera** el partido en su televisor de pantalla gigante.*
> ***Rogó** al público **guardar** calma. / **Rogó** al público **que guardara** calma.*

● Cuando todos los verbos anteriores van seguidos de *que* + subjuntivo, se usa:

– el presente de subjuntivo para referirnos al presente o al futuro.

> ***Te recomiendo que leas*** *este libro. Es extraordinario.*
> ***Procura que no te vea*** *nadie. Es mejor.*

– el pretérito perfecto de subjuntivo para referirnos al pasado reciente o a experiencias en el pasado.

> ***Espero que las fotos hayan salido*** *bien.*
> ***Siento que no hayas conocido*** *a mis padres.*

– el pretérito imperfecto de subjuntivo para referirnos al pasado o detrás de una forma condicional.

> *El director **pidió que nos trajeran** algunos bocadillos a la oficina.*
> *Yo no **dejaría que me engañasen**.*

Preferiría que no fumarais aquí.
Están los niños.

73.1. **Rodee la forma correcta.**

1. Conseguí *aceptarme* / (*que me aceptaran*) en la universidad.
2. Creo que merecerías *aprobar* / *que aprobaras*.
3. Susana no quería *ver* / *que viera* a Pablo y evitó *encontrarse* / *que se encontrara* con él.
4. Me han pedido *hacer* / *que haga* un curso en Dirección de Empresas.
5. Prefiero *quedarme* / *que me quede* a acabar el proyecto.
6. Siento *llegar* / *que llegue tarde*, pero el metro estaba averiado.
7. ¿No pretenderás *engañarme* / *que me engañes*? Te conozco muy bien.
8. He logrado *alquilarme* / *que me alquilen* una plaza de garaje.
9. Algunos siempre buscan *salir* / *que salgan* en los medios.
10. Mis padres han pensado *estudiar* / *que estudie* una ingeniería, aunque no se me dan bien las matemáticas.

ACIERTOS ..../11

73.2. **Complete con los verbos entre paréntesis con las dos posibilidades.**

1. El profesor no nos deja (*usar*) _____ usar / que usemos _____ el móvil en clase.
2. El médico me ha aconsejado (*vacunarse*) _____ contra la gripe.
3. Es un profesor muy serio. Siempre está mandándonos (*callar*) _____.
4. No me vas a impedir (*hablar*) _____ con Rosario.
5. El jefe nos exige (*hacer*) _____ todo perfecto.
6. Un amigo me ha recomendado (*leer*) _____ esa novela.
7. A mi padre le han prohibido (*tomar*) _____ sal.
8. No te permito (*hablarme*) _____ de ese modo.
9. Las películas de amor siempre me hacen (*llorar*) _____.
10. Arturo nos invitó a (*pasar*) _____ una noche en su mansión.

ACIERTOS ..../10

73.3. **Complete con los verbos entre paréntesis en la forma correcta.**

1. Prefiero (*tú, enviar*) _____ que me envíes _____ el paquete por correo.
2. ¿Quieres (*yo, preparar*) _____ algo para cenar?
3. Rocío tiene mucha cara. Pretendía (*yo, ayudarla*) _____ gratis.
4. –¿Dónde pensáis (*vosotros, ir*) _____ este verano? –A Río.
5. Sara es tremenda. Siempre consigue (*yo, enfadarse*) _____.
6. Juanjo está desesperado. Ha solicitar (*él, ingresar*) _____ en el Ejército.
7. Lola, por favor, procura (*tú, cerrar*) _____ la puerta cuando salgas.
8. Raúl es un buen amigo. Logró (*ellos, subirme*) _____ el sueldo.
9. Siento (*vosotros, mojarse*) _____, pero no sabía que iba a llover.
10. No quiero hacer esto yo sola. Temo (*equivocarse*) _____.
11. ¿Qué tal en Portugal? Espero (*vosotros, pasarlo*) _____ bien.
12. Sonia escribió a su madre y le pidió (*ella, buscarnos*) _____ hotel en Sevilla.
13. Esperaba (*venir*) _____ mis padres, pero no pudieron.
14. Yo no dejaría (*nadie, asustarme*) _____.
15. Nos prohibieron (*entrar*) _____ el perro a la tienda.

ACIERTOS ..../15

74

Creo tener razón. / Creo que tengo razón. / No creo que tenga razón.
Verbos seguidos de infinitivo, indicativo o subjuntivo

● Algunos verbos pueden ir seguidos de otro verbo en infinitivo, en indicativo o en subjuntivo. Algunos verbos que siguen este modelo son: *admitir, afirmar, confesar, creer, decir, fingir, imaginar, parecer, reconocer, recordar.*

> *Perdona, pero **creo tener** razón. Eso es un hámster.*
> *Perdona, pero **creo que tengo** razón. Eso es un hámster.*
> ***No creo que tenga** suficiente dinero para las entradas. Tendrás que dejarme algo.*

– Cuando los dos verbos se refieren a la misma persona y el primero está en forma afirmativa, pueden ir seguidos de infinitivo o *que* + indicativo.

verbo principal + infinitivo
verbo principal + *que* + indicativo

> *(Yo) **Reconozco ser** (yo) un poco cabezón. / (Yo) **Reconozco que** (yo) **soy** un poco cabezón.*
> *(Yo) **Recuerdo habértelo dicho** (yo). / (Yo) **Recuerdo que** (yo) **te lo dije**.*
> *(Ella) **Confesó haberlo robado** ella. / (Ella) **Confesó que lo había robado** ella.*

– Cuando los dos verbos se refieren a personas diferentes y el primero está en forma afirmativa, solo pueden ir seguidos de *que* + indicativo.

verbo principal + *que* + indicativo

> *(Yo) **Creo que** (tú) **tienes** razón.*
> *(Yo) **Reconozco que Sara es** más rápida que yo.*

– Cuando los dos verbos se refieren a la misma persona y el primero está en forma negativa, pueden ir seguidos de infinitivo o de *que* + subjuntivo.

no + verbo principal + infinitivo
no + verbo principal + *que* + subjuntivo

> ***No creo equivocarme. / No creo que me equivoque.***
> ***No imaginaba ser** tan listo. / **No imaginaba que fuera** tan listo.*

– Cuando los dos verbos se refieren a personas diferentes y el primero está en forma negativa, solo pueden ir seguidos de *que* + subjuntivo.

no + verbo principal + *que* + subjuntivo

> ***No creo que Elisa sea** brasileña. No lo parece.*   ***El chico no dice que sea** banquero.*

▌ **PERO:** con el imperativo negativo o con interrogativas negativas estos verbos van siempre seguidos de *que* + indicativo:

> ***No finjas que no me conoces.***   ***No digas que** no os **he avisado**.*
> ***¿No crees que tengo** razón?*   ***¿No admites que te has equivocado?***

● Algunos verbos de percepción física como: *ver, notar, oír, sentir* pueden ir seguidos de infinitivo o de *que* + indicativo cuando están en afirmativa y se refieren a personas diferentes.

verbo principal + infinitivo
verbo principal + *que* + indicativo

> ***Oí** (yo) **toser** (él) a Santiago. / **Oí que Santiago tosía**.*
> ***Sentí temblar** la tierra. / **Sentí que la tierra** temblaba.*

– Cuando están en negativa van seguidos de infinitivo o de *que* + subjuntivo.

no + verbo principal + infinitivo
no + verbo principal + *que* + indicativo

> ***No oí toser** a Santiago. / **No oí que Santiago tosiera**.*
> ***No sentí temblar** la tierra. / **No sentí que la tierra temblara**.*

74 EJERCICIOS

74.1 **Rodee las formas correctas. En algún caso hay más de una posibilidad correcta.**

1. Creo *saber* / *que sé* la verdad.
2. Estuvimos hablando de Sonia. Alberto admitió *no ser* / *que no era* su novia.
3. De acuerdo. Reconozco *tener tú* / *que tú tienes* razón.
4. Recuerdo *haber aparcado* / *que he aparcado* el coche bien.
5. Laura confesó que sus padres *haberla castigado* / *la habían castigado*.
6. Reconozco *hablar* / *que hablas* español mejor que yo.
7. Raúl fingió *haber perdido* / *que había perdido* la cartera.
8. Parecía *ir* / *que iba* a saludarme, pero luego no lo hizo.

ACIERTOS ...... / 8

74.2 **Complete con el verbo en infinitivo simple o compuesto o indicativo.**

1. Confieso que (*yo, ser*) _____soy_____ adicto a los videojuegos.
2. Paco fingió que no me (*conocer*) _____.
3. Tu madre parecía (*ella, estar*) _____ enfadada.
4. Parece que aquí (*haber*) _____ una gotera.
5. Confieso (*yo, tener*) _____ miedo a los perros grandes.
6. La niña dice que (*ella, tener*) _____ hambre.
7. Eva reconoció no (*ella, estudiar*) _____ suficiente, por eso no había aprobado.
8. Reconozco que no me (*gustar*) _____ llevar el coche al centro.

ACIERTOS ...... / 8

74.3 **Complete con el verbo en infinitivo simple o compuesto, indicativo o subjuntivo.**

1. No creo que (*nevar*) _____nieve_____ esta noche.
2. Selma cree (*saber*) _____ mucho ruso, pero no sabe mucho.
3. Alberto reconoció que Marta le (*prestar*) _____ el dinero.
4. No creas que me (*tú, engañar*) _____.
5. No parecía que (*ellos, estar*) _____ de acuerdo contigo.
6. ¿Reconoces que (*yo, tener*) _____ razón ayer en lo del examen?
7. El ladrón confesó (*forzar*) _____ la cerradura.
8. ¿No reconoces que (*Anselmo, jugar*) _____ mejor que tú a las cartas?
9. No recuerda que (*Elsa, tener*) _____ una prima en Río.
10. Mariano no admite que (*nadie, saber*) _____ más de informática que él.
11. No digas que (*tú, llevar*) _____ razón, porque es discutible.
12. Ana finge no (*ella, estar*) _____ enamorada de Carlos, pero lo está.

ACIERTOS ...... / 12

74.4 **Rodee la forma correcta.**

1. Oí que Marisa *llegar* / *llegaba*.
2. No oí que Luis me *llamar* / *llamara*.
3. No oímos *cantar* / *cantaba* a Fermín.
4. Vimos a Santiago *entrar* / *entraba* en el ascensor.
5. He visto que Alicia *salir* / *ha salido* a saludaros.
6. Noté al niño *temblar* / *temblaba* de miedo por la película.

ACIERTOS ...... / 6

74.5 **Vuelva a escribir las frases en indicativo o en subjuntivo.**

1. Vi despegar el avión. _____Vi que el avión despegaba._____
2. ¿Viste a Pedro bailar con Pilar? _____
3. Noté toser a Jesús. _____
4. Valeria oyó maullar a su gato desde la escalera. _____
5. Sentí moverse el edificio. _____
6. No notamos arrancar el autobús. _____
7. Vimos a Julia esconderse. _____
8. No oí cantar a los pájaros. _____

ACIERTOS ...... / 8

75 *sin querer, difícil de creer*
El infinitivo con preposiciones

● El infinitivo se usa detrás de las preposiciones.

>***Sin estar** seguro, es mejor no hablar.*   *Eso te pasa **por no querer** ayudarme.*
>
>*No se debe cantar victoria **hasta no haber ganado**.*   *Eso te pasa **por haber querido** engañarme.*

– El infinitivo se puede referir a la misma persona que el verbo principal o una persona diferente.

>*Perdona. Lo **he hecho** (yo) **sin querer** (yo).*   ***Conocí** (yo) a Eva **antes de casarse** (ella).*
>
>*Paula **se marchó** (ella) **sin despedirs**e (ella).*   *Eso le **pasó a Marta por ser tú** tan egoísta.*
>
>*Eso te **pasa** (a ti) **por no querer** ayudarme (tú).*

– Cuando no está claro a quién se refiere el infinitivo, se puede usar un nombre o un pronombre personal como sujeto.

>*Nos llamaron **después de morir Ana**.*
>
>*Quieren que arreglemos la casa **antes de regresar ellos**.*

● El infinitivo se usa en algunas construcciones con nombre + preposición.

– *miedo* a

>*Olga tiene **miedo a salir** de noche.*

– *cuidado de, deseo de, ganas de, idea de, obligación de, placer de, sensación de*

>*Ten **cuidado de no tocar** el enchufe.*   *Tengo la **sensación de estar** ya de vacaciones.*
>
>*He venido sólo por el **deseo de hablar** contigo.*

– *interés en, confianza en*

>*No tengo **interés en conocer** a tu prima.*

– *esfuerzo por*

>*Haz un **esfuerzo por reconciliarte** con ella.*

● El infinitivo se usa también en algunas construcciones con adjetivo o participio + preposición.

– *acostumbrado a, decidido a, dedicado a, dispuesto a, distinto a, resuelto a*

>*No estoy **acostumbrado a madrugar**. Me cuesta.*   *Estamos **decididos a hacerlo**.*
>
>*Antonio está **resuelto a irse** a vivir a Colombia.*

– *capaz de, contento de, difícil de, fácil de, cansado de, harto de, satisfecho de*

>*¿No serás **capaz de engañarme**?*   *Eso que dices es **difícil de creer**.*
>
>*Estoy **contento de poder** colaborar con vosotros.*   *Estoy **cansado de oír** tus sandeces.*
>
>*Gonzalo está **harto de denunciar** irregularidades.*

– *loco por, preocupado por*

>*Está muy **preocupada por** encontrar un empleo.*   *Ramón está **loco por jubilarse**.*

– *preparado para, listo para*

>*La Gramática ya está **lista para** publicarse.*

– *empeñado en, interesado en*

>*Ahora no estoy muy **interesado en ir** a fiestas.*

● *al* + infinitivo = *cuando*

>***Al leer** la noticia, me asusté. (= Cuando leí la noticia...)*

● *de* + infinitivo = *si*

>***De tener** unos días libres, me iría a Canarias. (= Si tuviera unos días libres...)*
>
>***De haber sabido** que queríais salir, os hubiéramos llamado. (= Si hubiera sabido...)*

▶ UNIDADES 85-86, 88-89, 93, 94-98

75 EJERCICIOS

75.1 **Ordene las palabras entre paréntesis.**

1. Quieren que arreglemos la casa (ellos / regresar / antes de) _____antes de regresar ellos._____
2. Gracias (haberme denunciado / no / por) _____ .
3. Eso lo hago yo (esforzarme / sin) _____ .
4. No te vayas a casa (hasta / haber terminado / no) _____ .
5. Me fui (Roberto / después de / haber llamado) _____ .
6. No os vayáis (los profesores / saberlo / sin) _____ .

ACIERTOS ....../ 6

75.2 **Complete con la preposición adecuada y el infinitivo simple o compuesto, afirmativa o negativa, de los verbos del recuadro.**

| avisar | conseguir | enfadarse | invertir | pasar | ~~quedarse~~ | resfriarse | salir (2) | ver | volver |

1. ¡Pobre Enrique! Tiene mucho miedo ___a quedarse___ solo.
2. Tenemos muchas ganas _____ con vosotros. A ver cuándo quedamos.
3. Ten cuidado _____. Hace mucho frío.
4. Tienes que hacer un esfuerzo _____ con Marta. Es siempre muy amable.
5. No me gusta mucho la idea _____ en pisos. Es muy arriesgada.
6. Yo te conozco. Tengo la sensación _____ en alguna parte.
7. He venido sólo por el placer _____ un rato con vosotros. No me encontraba bien.
8. Tengo mucho interés _____ entradas para este concierto.
9. Me dan ganas _____ a verte, pero me aguanto.
10. Tenías la obligación _____, pero no lo hiciste.
11. Luis me ha dicho que no tiene confianza _____ pronto de la cárcel.

ACIERTOS ....../ 11

75.3 **Complete con la preposición adecuada y el infinitivo de los verbos del recuadro.**

| arreglar | comprar | creer | ~~decir~~ | dirigir | hacer | irse | sacar | separarse | tener |

1. Estamos cansados ___de decir___ que hay que arreglar el edificio.
2. Lo que dices es difícil _____. Parece increíble.
3. Rosa está decidida _____ de Agustín.
4. Eso es fácil _____. Solo hay que cambiar una pieza.
5. Luisa está loca _____ al campo. No aguanta vivir en una ciudad.
6. Creo que Isabel no está preparada _____ la obra.
7. ¿Conoces a alguien interesado _____ terrenos rústicos?
8. Lucía está resuelta _____ un diez en Lengua.
9. Luisa no es capaz _____ nada por nadie.
10. Cecilia está empeñada _____ su propio negocio.

ACIERTOS ....../ 10

75.4 **Vuelva a escribir las frases subrayadas con al o de.**

1. Ten cuidado <u>cuando cruces la calle</u>. _____al cruzar la calle._____
2. <u>Si hubiera tenido dinero</u>, te lo habría dejado. _____ .
3. <u>Si vamos a algún sitio</u> es a Toledo. _____ .
4. Me llamó <u>cuando lo supo</u>. _____ .
5. <u>Cuando vi el paraguas</u>, me di cuenta de que no era el mío _____ .
6. <u>Si puedo salir</u>, saldría el sábado. _____ .
7. <u>Si hubiera tenido tiempo</u>, te habría ayudado. _____ .
8. Ten cuidado <u>cuando cortes el jamón</u>. _____ .

ACIERTOS ....../ 8

159

76

Se niega a obedecer. Se sorprendió de que hablase español.
Verbos con preposición seguidos de infinitivo o subjuntivo

● El infinitivo también se usa como objeto detrás de algunos verbos con preposición, cuando los dos verbos se refieren a la misma persona. ▶ APÉNDICE 10 ▌

> | verbo principal + preposición + infinitivo |
> | --- |

>> Me **canso de explicártelo**. **Acostúmbrate a estudiar** tú solo.

– verbo + *a* + infinitivo

>> ¡Qué niño! **Se niega a obedecer**.
>> Begoña se **ha ofrecido a ayudar** en un hospital.
>> No me **acostumbro a madrugar**. Me cuesta.
>> Carlota siempre **se niega a salir** conmigo.
>> Javi **está aprendiendo a leer**.

– verbo + *de* + infinitivo

>> Nos **acusan de haber copiado** en el examen, pero es falso.
>> **Encárgate de organizar** tú todo, por favor.

– verbo + *con* + infinitivo

>> Siempre **he soñado con ser** escritor. ¡Cuánto me gustaría!

– verbo + *en* + infinitivo

>> Si tienes algún problema, no **dudes en llamarme**.
>> Estoy **pensando en hacer** un máster de dirección de empresas.

– verbo + *por* + infinitivo

>> Creo que **han optado por no decirle nada** a Laura.

  ● En respuestas a preguntas se suele usar la preposición correspondiente.

>> –¿En qué piensas? –**En irme** de vacaciones.

● Cuando los dos verbos se refieren a personas diferentes, el verbo principal va seguido de *que* + subjuntivo.

> | verbo principal + preposición + *que* + subjuntivo |
> | --- |

– Se usa el presente de subjuntivo para referirnos al presente o al futuro.

>> No sé por qué **te sorprendes de que la economía vaya** mal.

– Se usa el pretérito perfecto de subjuntivo para referirnos al pasado reciente o a experiencias en el pasado.

>> La mala gestión **ha contribuido a que la empresa haya tenido** que cerrar.

– Se usa el pretérito imperfecto de subjuntivo para referirnos al pasado o detrás de una forma condicional.

>> **Se empeñó en que hiciéramos** el viaje a pie y ya ves lo que pasó.
>> Yo me **encargaría de que todo saliera bien**.

  ● *Acordarse de* y *olvidarse de* van seguidos de *que* + indicativo cuando los dos verbos se refieren a personas diferentes.

>> Nunca **me acuerdo de que algunos bancos cierran** los sábados.
>> Siempre **me olvido de que no coméis** carne.

76.1. Rodee la forma correcta.

1. Siempre he soñado *con*/*de* ser astronauta.
2. Si tienes algún problema, no dudes *de/en* consultarme.
3. Jorge está aprendiendo *a/para* pilotar aviones ligeros.
4. Confío *de/en* poder veros pronto.
5. ¿Por qué te empeñas *en/por* llevarme la contraria?
6. Raúl no se acordó *de/en* devolverme el cedé.
7. Me acusan *con/de* haberme quedado con dinero de la empresa.
8. Me niego *a/por* escuchar más tonterías.

ACIERTOS ...../8

76.2. Complete las frases con la preposición correcta y un verbo del recuadro en infinitivo simple o compuesto, afirmativo o negativo.

| aparcar | decir | detener | ~~obedecer~~ | poder | renovar | saber | ver |

1. Mario es muy rebelde. Se niega ___a obedecer.___
2. –¿De qué te acusan? –_____ en doble fila.
3. Don Gregorio nos ha amenazado _____ el contrato.
4. La verdad es que no me acuerdo _____ esta película antes.
5. Hay que luchar _____ el deterioro ambiental.
6. Nunca te molestas _____ qué queremos.
7. Me alegro _____ venir. No creía que pudiera.
8. Nos hemos comprometido _____ nada a nadie.

ACIERTOS ...../8

76.3. Rodee la forma correcta.

1. A veces me sorprendo *de ser*/*que sea* tan ingenuo.
2. Tienes que encargarte de *organizar tú / que organices* el curso.
3. ¿Por qué te sorprendes de *Luis aprobar / que Luis haya aprobado*? Estudia mucho.
4. No te preocupes por la reunión. Yo me encargaré de *salir / que salga* bien.
5. Si necesitáis algo, no dudéis en *llamarme / que me llaméis*, Maribel.
6. Esos chicos se niegan a *obedecer / que obedezcan* a sus profesores.
7. Otra vez está esta tienda cerrada. Nunca me acuerdo de *cerrar / que cierra* los domingos.
8. No me defraudes, Joaquín. Confío en *terminar / que termines* el proyecto para junio.

ACIERTOS ...../8

76.4. Complete con la preposición y el verbo entre paréntesis en la forma adecuada.

1. Rosa insistió (*nosotros, ir*) ____en que fuéramos____ a la playa.
2. La verdad es que me sorprendió (*tú, defender*) _____ a Ana.
3. Tenemos que habituarnos (*nosotros, vivir*) _____ con menos medios.
4. Cuando María supo la noticia corrió (*ella, llamar*) _____ a su marido.
5. Me alegra saber que hemos contribuido (*haber*) _____ paz en el mundo.
6. Siempre me preocupé (*vosotros, tener*) _____ todo lo que necesitabais.
7. Me canso (*tú, cometer*) _____ siempre los mismos errores.
8. Leo se empeña (*nosotros, alquilar*) _____ una casa rural.
9. No me sorprende (*Lucía, dejar*) _____ a su marido. Era muy desagradable.
10. Mi primo Mateo se dedica (*entrenar*) _____ perros.
11. Siempre me olvido de (*vosotros, no tener*) _____ coche.
12. ¿Te acuerdas de (*nosotros, tener*) _____ una reunión a las ocho?

ACIERTOS ...../12

77

Rompió a llorar. Llegué a tomarle cariño.
Expresiones con infinitivo (1)

En cuanto le dijeron que había suspendido, **rompió a llorar**.

Una vez cuidé a un perro una semana y **llegué a tomarle** cariño.

Algunos verbos tienen significados especiales cuando van seguidos de infinitivo.

● *Echar(se) a, ponerse a, romper a* + infinitivo indican el comienzo de una acción.

> *Ha visto a la policía y* **ha echado a correr**. (= ha empezado a correr)
> *En cuanto me vio entrar,* **se puso a trabajar**. (= empezó a trabajar)
> *Cuando le dimos la noticia de la muerte de Jorge,* **rompió a llorar**. (= empezó a llorar)

– *Ponerse a* se puede usar con todo tipo de verbos.

> *En cuanto oigo hablar a Andrés,* **me pongo a reír**.　　*En cuanto vio el fuego* **se puso a correr**.
> **Tengo que ponerme** *a estudiar. Se acercan los exámenes.*

– *Echar a* se suele usar con verbos de movimiento –*correr, volar*...– y *echarse a* y *romper a* con verbos de sentimiento – *llorar, reír*...–. Indican el comienzo repentino (con ímpetu) de una acción.

> *Abrí la jaula y el pájaro* **echó a volar**.
> *Acabé el chiste y todos* **se echaron/rompieron a reír**.

▐ PERO: ~~Rompió/Se~~ ~~echó a trabajar~~ → **Se puso a trabajar**.

● *acabar de* + infinitivo indica que algo ha sucedido justo antes de ese momento o hace muy poco tiempo.

> *No te has perdido nada.* **Acabamos de empezar** *la reunión.* (Hemos empezado la reunión hace solo un momento.)
> *Cuando nació Alicia, Lorenzo* **acababa de regresar** *de Tokio.* (Había regresado de Tokio hacía poco.)

● *llegar a, acabar por* + infinitivo indican que algo se ha producido al final de un proceso.

> *Traté a Julia durante muchos años y* **llegué a tomarle cariño**. (Después de muchos años le tomé cariño.)
> *Se lo expliqué todo y* **acabó por darme** *la razón.* (Finalmente me dio la razón.)

● *dejar de* + infinitivo indica el final de una actividad o de un hábito o costumbre.

> **He dejado de estudiar** *chino. No tenía tiempo.* (Estudiaba chino, pero ya no lo estudio.)

– La forma negativa, *no dejar de* + infinitivo, se usa para indicar que es recomendable lo indicado por el infinitivo...

> *Cuando llegues a casa,* **no dejes de llamarme** (= llámame). *Quiero saber que has llegado.*

...o para indicar insistencia, generalmente molesta.

> *Estoy harta de Agustín.* **No deja de darme** *la lata.*

● *venir a* + infinitivo significa llegar a hacer lo indicado por el infinitivo.

> *La boda con Lina* **vino a cambiar** *su vida.* (= cambió)

– *venir a* + infinitivo indica también que algo no es exactamente como indica el infinitivo, sino aproximadamente.

> *Y* **vino a decir** *que yo era el culpable.* (No dijo eso exactamente, pero dijo más o menos que yo era el culpable.)

77.1. Sustituya las palabras subrayadas por expresiones con *echarse a*, *ponerse a*, *romper a*.

1. Lola en cuanto oye música, <u>empieza a cantar</u>.   *se pone a cantar.* _____
2. <u>No empieces a silbar otra vez</u>, por favor. _____
3. Al ver a Berta con ese disfraz, <u>empecé a reírme</u>. _____
4. Eva oyó un ruido extraño en la cocina y <u>empezó a gritar</u>. _____
5. Marta es muy sensible: <u>tan pronto comienza a reír como a llorar</u>. _____
6. <u>El pájaro comenzó a volar</u> cuando me acerqué al árbol. _____
7. Cuando Ángel oyó el disparo, <u>empezó a correr</u> y no paró hasta llegar a su casa. _____

77.2. Vuelva a escribir las frases con *acabar de* en el tiempo adecuado.

1. He terminado el proyecto hace un momento.   *Acabo de terminar el proyecto.* _____
2. No pises ese suelo. Lo he fregado hace un momento. _____
3. Había puesto a secar la ropa hacía nada cuando se puso a llover. _____
4. Llévate el paraguas. Han dicho hace un momento que hoy va a llover a cántaros. _____
5. Me había comprado el coche hacía unos días cuando me lo robaron. _____

77.3. Vuelva a escribir las frases subrayadas con *acabar de*, *acabar por* o *llegar a*.

1. Arturo se portó tan mal conmigo <u>que finalmente lo odié</u>.   *que acabé por odiarlo/que llegué a odiarlo.* _____
2. Se enfadó y <u>finalmente se fue</u>. _____
3. Luisa <u>se ha ido hace un momento</u>. _____
4. Después de algún tiempo el gato <u>finalmente se acercó a mí</u>. _____
5. Después de todo, creo que no <u>me gustan estos zapatos</u>. _____
6. Como faltaba tanto, el jefe <u>finalmente me amenazó con el despido</u>. _____

77.4. Vuelva a escribir las frases subrayadas con *dejar de* o *no dejar de*.

1. La verdad es que el problema de Ana <u>me molesta continuamente</u>.   *no deja de molestarme.* _____
2. <u>No hables ya más</u>, por favor. _____
3. Cuando quieras algo, <u>dímelo</u>. _____
4. <u>No fuméis más aquí dentro</u>, por favor. _____
5. Toni ha roto con Sonia y <u>se pasa llorando todo el día</u>. _____

77.5. Vuelva a escribir las frases subrayadas con *venir a* en el tiempo adecuado.

1. Este sofá <u>cuesta más o menos</u> 2000 euros.   *viene a costar.* _____
2. Casi todos los políticos <u>dicen lo mismo, más o menos</u>. _____
3. Ese documento <u>finalmente confirma</u> que yo tenía razón _____
4. Esa ley <u>definitivamente resolvió</u> la discusión sobre el tema. _____
5. Ese aviso <u>te dice más o menos</u> que o pagas o te embargan la moto. _____

77.6. Vuelva a escribir las frases subrayadas con *echarse a*, *ponerse a*, *romper a*, *acabar de*, *acabar por*, *llegar a*, *dejar de*, *no dejar de*, *venir a*.

1. Cuando vayas a Japón, <u>prueba el *sushi*</u>.   *No dejes de probar el sushi.* _____
2. Siempre que bebe, <u>empieza a bailar</u>. _____
3. <u>Comencé a correr</u> al ver el autobús. _____
4. Las dos cartas <u>decían casi</u> lo mismo. _____
5. Cuando necesites algo, <u>llámame</u>. _____
6. <u>Han llamado a la puerta</u> hace un momento. _____
7. Aunque detestaba a Emilio, <u>al final le tomé cariño</u>. _____
8. Al recibir el premio, Camila <u>comenzó a llorar</u> de alegría. _____
9. <u>No digas más sandeces</u>, Julio, por favor. _____
10. El hijo de los Gálvez <u>al final fue ministro</u>. _____

78

Tuve que ir. Hay que darse prisa.
Expresiones con infinitivo (2)

● *Tener que* + infinitivo indica una obligación o necesidad personal de hacer algo impuesto por las circunstancias o una petición u orden de hacer algo de forma obligatoria.

> *Tengo que ir* a visitar a Begoña. La acaban de operar.
> Ayer *tuve que ir* con Mario al hospital. No se encontraba bien.
> Lo siento, pero *tenéis que quedaros* hoy en la oficina hasta que acabéis el informe.

– Se usa *tenía que* + infinitivo compuesto para indicar que la acción no se realizó.

> *Tenía que haber llamado* a Pepa, pero me he olvidado totalmente. (No la he llamado.)

– *No tener que* + infinitivo indica que no es necesario hacer lo que indica el infinitivo.

> Hoy *no tenéis que quedaros*. No hay nada pendiente.

● *Haber que* + infinitivo indica obligación o necesidad de forma general, no personalizada. Se usa solo con las formas de 3ª persona de singular: *hay, había, hubo, habrá...*

> *Habrá que arreglar* esa luz un día u otro.

– A veces se usa en lugar de *tener que* para suavizar una orden.

> Venga. *Hay que darse* más prisa. (Tenéis que daros más prisa.)

● *Deber* + infinitivo indica una obligación, impuesta por el hablante, de hacer algo necesario o aconsejable. En algunos casos es como una orden.

> *Debes devolverme* el diccionario lo antes posible. Lo necesito.
> *Debéis traer* los ejercicios hechos.

– Es frecuente usar la forma condicional *debería* para dar un consejo o indicar que algo es conveniente.

> Sé que *debería hacer* más ejercicio, pero me da pereza.
> *Deberías usar* lentillas: verías mejor que con gafas.
> *Deberíamos tener* más paciencia.

– Se usa *debía* + infinitivo compuesto para indicar que la acción no se realizó.

> *Debía haber ido* al médico, pero preferí no hacerlo. (No fui al médico.)

– *No deber* + infinitivo indica que el hablante considera algo no aconsejable. En algunos casos es como una orden.

> *No debéis entrar* con el perro. A algunas personas no les gusta.
> *No debes hablar* así a la gente. Tienes que ser más educado.

● *Deber de* + infinitivo indica una suposición o deducción del hablante.

> *Debe de ser* algo importante. Llevan reunidos tres horas. (Creo que es algo importante.)
> El garaje está inundado. *Debe de haber llovido* mucho. (Deduzco que ha llovido mucho por la inundación del garaje.)

● Se usa el infinitivo solo en respuestas a preguntas en las que se sobreentiende alguno de los verbos anteriores.

> –Se ha ido el autobús. ¿Qué hacemos? –*Esperar*. No hay otra alternativa. (= Tenemos que esperar.)
> –¿Qué hay que hacer? –*Comprobar* que no haya ningún virus en los ordenadores. (= Hay que comprobar...)

78 EJERCICIOS

78.1. **Complete las frases con las formas adecuadas de *tener que, no tener que*.**

1. –¿Por qué estás preocupado? – _Tenía que_ haber ido al mercado. Mañana está cerrado.
2. –¿Qué _____ hacer mañana, Marta? –Por la mañana _____ ir a la Facultad y por la tarde _____ hacer nada.
3. –¿Por qué os vais tan deprisa? –Porque _____ llegar a casa antes que nuestros padres. Se han olvidado las llaves.
4. ¿Por qué _____ ser yo el que siempre paga los bocadillos?
5. –¿Cómo decís eso ahora? –¿Por qué _____ darte siempre la razón, Alba?
6. –¿Por qué no viniste ayer? –No pude. _____ acompañar a mi abuela al hospital.
7. ¿Por qué os habéis levantado tan temprano esta mañana? _____ ir a ninguna parte.
8. _____ haber abierto la tienda esta mañana, pero no he podido porque _____ llevar el coche al taller.

ACIERTOS ....../11

78.2. **Complete las frases con la forma adecuada de *haber que*.**

1. _Hay que_ acabar esto hoy. Hasta que no lo acabemos no podemos marcharnos.
2. Anoche _____ llamar a la policía. Se oyeron unos chillidos.
3. Va a _____ estar en los aeropuertos tres horas antes de que salga el avión.
4. No _____ hacer lo que a uno no le parece correcto.
5. –¿Tanto _____ pagar para oír el concierto? –Yo no habría ido.
6. Esa puerta no cierra bien. Si tú no la arreglas, _____ llamar a un cerrajero.

ACIERTOS ....../6

78.3. **Complete las frases con las formas adecuadas de *(no) deber, (no) deber de*.**

1. _Deben de_ ser las tres. Han empezado las noticias en la tele.
2. Creo que _____ ayudar más en casa, niños. Ya sois mayorcitos.
3. Ten cuidado, Juan. _____ tratar así a tus amigos. Se van a enfadar.
4. Hay un paquete en la salita que _____ ser para ti, Juan.
5. _____ haber acabado ya la carrera, pero me quedan tres asignaturas.
6. Cuando vimos a Humberto, _____ estar ya mal. No tenía buena cara.
7. No llevo el abrigo. Hoy _____ hacer mucho frío.
8. _____ tomar estas pastillas tres veces al día, Sr. Silva.
9. Hay mucha gente en la calle. _____ haber pasado algo.
10. Sé que _____ haberte avisado, pero me olvidé.

ACIERTOS ....../10

78.4. **Vuelva a escribir las frases subrayadas con las formas adecuadas de *(no) tener que, haber que, (no) deber, (no) deber de*.**

1. Está sonando el teléfono. Supongo que es para ti. Yo no espero ninguna llamada. _Debe de ser para ti._
2. Es necesario que vaya a la oficina esta tarde. Hay mucho trabajo. _____
3. Es conveniente que estudies Informática. _____
4. Era necesario que leyera el informe esta mañana, pero no he tenido tiempo. _____
5. No es mi obligación sacar al perro todas las noches. _____
6. Creo que no es conveniente hablar de eso delante de los niños. _____
7. Hubiera sido conveniente que ayudara a Álvaro, pero no lo hice. _____
8. Antes era obligatorio tener visado para viajar a los Estados Unidos. _____
9. Es obligatorio llevar repuestos de bombillas de faros en los coches. _____
10. Sería aconsejable que te revisaras la vista todos los años, Joaquín. _____

ACIERTOS ....../10

79 *¿sorprendida?, siempre cansado*
Participio (1)

● Formación del participio ▸ APÉNDICE 9

● El participio indica el resultado de una acción o un estado.

> *Mira los platos. Todos **rotos**. Tienes que fregar con más cuidado.*
> *¡Qué hombre! ¡Siempre **cansado**!*

Así me gusta.
Bien **peinados**.

– Cuando se usa como adjetivo o de manera independiente, tiene la misma forma (masculino, femenino, singular y plural) que la persona, animal o cosa a la que se refiere.

> *Ayala fue un **autor nacido y criado** en Granada.*
> *Están arreglando las **casas destruidas**.*
> *¡Qué **chicas**! ¡Siempre **dispuestas** a divertirse!*

● El participio se usa de manera independiente:

– para referirse a un estado o a una situación.

> *¿**Sorprendida**, Luisa? No sé qué esperabas que hiciera.*
> *Todo el día **encerrado** en casa. ¡Qué aburrimiento!*

– para expresar sorpresa o desacuerdo ante un estado o situación, en exclamaciones e interrogativas.

> *¡**Emilio arruinado**! ¡Quién lo hubiera dicho!*
> *–¿No estarás enfadado? –¿**Enfadado yo**? ¡Qué va!, si estoy muy contento.*

– para referirse a una situación o estado frecuente o repetido, con expresiones como *siempre, otra vez*.

> *Caramba con Luis. **Siempre rodeado** de chicas guapas.*
> *¡**Otra vez bloqueado**! Este ordenador no sirve para nada.*

¡Otra vez
averiado!

– para indicar una relación temporal entre dos acciones.

> ***Descubierta** la trama, la policía detuvo a la banda. (= Después de descubrir la trama...)*

• En algunos casos se indica la relación temporal exacta por medio de conectores temporales: *después de, hasta, una vez, nada más, recién...*

> ***Después de leído** el testamento, los familiares regresaron a sus casas.*
> *No pudimos irnos **hasta pasadas** las tres.*
> ***Una vez acabada** la asamblea, regresamos a nuestras casas.*
> ***Recién inaugurada** la tienda, tuvimos un robo.*

● El participio también se puede usar como nombre. En ese caso puede ir con *el, la..., un, una..., este...* y adjetivos.

> *Ha habido una pelea y hay **dos heridos**.*
> ***Los acusados** insistían en su inocencia.*
> *Elena ha conseguido **un puesto fijo** en Telefónica.*
> ***Los hechos recientes** confirman nuestras teorías.*

79.1. Complete con el participio de los verbos entre paréntesis en la forma correcta.

1. Hay que retirar todos los libros (*romper*) _____rotos_____.
2. Son ordenadores (*hacer*) _____ en Taiwán.
3. Hay que arreglar los tejados (*destruir*) _____ por la tormenta.
4. Hay dos ratas (*morir*) _____ en el sótano.
5. Siempre duermo con la ventana (*cerrar*) _____.
6. Hay que recoger los cristales (*romper*) _____. Son peligrosos.
7. Me encanta la cerámica (*pintar*) _____ a mano.
8. Tiene un piso (*decorar*) _____ por un diseñador famoso.
9. No nos han entregado el dinero (*acordar*) _____.

ACIERTOS
...... / 9

79.2. Complete con el participio de los verbos del recuadro en la forma correcta.

| acostar asustar casar despedir dormir expulsar ~~lesionar~~ tumbar |

1. Fíjate en Ronaldo. ¡Otra vez ____lesionado____!
2. ¿Emilio_____? Pero si le caía muy bien al director.
3. ¡Qué vagas son tus hermanas! ¡Siempre _____ en el sofá!
4. ¡Adolfo _____! Pero si era un soltero empedernido.
5. ¿Otra vez _____ de clase, Raúl? ¿Qué has hecho esta vez?
6. ¿_____ yo? Qué va. Solo tenía los ojos cerrados.
7. Esto de estar enfermo es un aburrimiento. Todo el día _____.
8. ¿_____, Paco? Ya te dije que esta película daba mucho miedo.

ACIERTOS
...... / 8

79.3. Vuelva a escribir las frases subrayadas utilizando un participio, como en el ejemplo.

1. <u>Después de derrotar al enemigo</u>, las tropas regresaron a sus cuarteles. ____Derrotado el enemigo.____
2. No pudimos salir del auditorio <u>hasta después de acabar la primera parte</u>. _____
3. Pudimos entrar <u>una vez que abrieron las puertas</u>. _____
4. <u>Después de que empiece el concierto</u>, no se puede pasar a la sala. _____
5. <u>Una vez que le declararon culpable</u>, ingresó en prisión. _____
6. <u>Cuando acabó la boda</u>, los invitados se fueron al restaurante. _____
7. <u>Cuando lo eliminaron del torneo</u>, Fernando regresó a España. _____
8. <u>Justo al terminar</u> el partido, salimos deprisa del estadio. _____
9. <u>En el momento de estrenar</u> la chaqueta, se le manchó de tinta. _____

ACIERTOS
...... / 9

79.4. Complete con las formas adecuadas de los verbos del recuadro.

| acusar hacer herir(2) invitar ~~morir~~ tostar volver |

1. Ha habido una explosión en una gasolinera y hay tres ____muertos.____
2. Se han llevado a los _____ al hospital.
3. Nuestras _____ no conocen nada de Madrid.
4. Los _____ se negaron a declarar ante el juez.
5. ¿Quién te ha curado esa _____?
6. La farmacia debe de estar a la _____ de esa esquina.
7. Desayuno café y dos _____.
8. Sería conveniente conocer bien los _____.

ACIERTOS
...... / 8

80 *Llega agotada. Tengo ahorrados mil euros.*
Participio (2)

● El participio se usa con los siguientes verbos:

– con el verbo *haber* para formar los tiempos compuestos. En este caso, tiene una forma única.

> *¿**Han inaugurado** ya las nuevas oficinas?*
> *Cuando llegué, Amelia **había salido**.*

– con el verbo *ser* para formar la voz pasiva. El participio tiene la misma forma (masculino, femenino, singular y plural) que la persona, animal o cosa a la que se refiere.

> *La muralla árabe de Madrid **fue destruida** en el siglo XVII.*

– con verbos que indican estado o resultado como *estar, parecer, quedar(se), permanecer, mostrarse, resultar...* El participio tiene la misma forma (masculino, femenino, singular y plural) que la persona, animal o cosa a la que se refiere.

> *El libro **está** escrito en árabe.*
> *Ha habido temporal y la cosecha **ha quedado destruida**.*
> *Elisa **se quedó callada** cuando supo que la habían despedido.*
> *El edificio **resultó dañado** en el incendio.*
> *El dibujo me **pareció hecho** a tinta.*

– con verbos en general para referirse al sujeto de la frase. Indica cómo hace la acción principal, o su estado como resultado de una acción o circunstancias de un hecho. El participio tiene la misma forma (masculino, femenino, singular y plural) que la persona, animal o cosa a la que se refiere.

> *Los niños **miraban** a los payasos **fascinados**.*
> *El director **salió a saludar aclamado por el público**.*
> *Maite siempre **llega agotada**.*

  ● También se puede referir al objeto directo. Indica el resultado de una acción.

> *Me dio **una pera comida** por los pájaros.*
> *Me devolvió **la carta rota** en mil pedazos.*

● Se usa el participio en algunas construcciones especiales.

– *tener* + participio indica el resultado de una acción frecuente, repetida o extendida en el tiempo. El participio va en la misma forma (masculino, femenino, singular o plural) que el objeto directo.

> ***Tengo ahorrados** mil **euros**.* (He ahorrado durante un tiempo y ahora tengo mil euros.)
> *Mi madre me **tiene dicho** que no abra la puerta a desconocidos.* (Mi madre me lo dice con mucha frecuencia.)
> ***Tengo guardado** este **vino** para una ocasión especial.* (Hace tiempo que guardo este vino para una ocasión especial.)

  ● En algunos casos, *tener* + participio indica únicamente el resultado final de la acción del verbo.

> *Ya **tengo hechas las fotocopias**.* (Ya he hecho y están hechas las fotocopias.)

– *dejar* + participio indica que el sujeto ha realizado la acción en un momento anterior por precaución. El participio va en la misma forma (masculino, femenino, singular o plural) que el objeto directo.

> *–¿Ha regresado Rafa? –No, pero **ha dejado dicho** que no lo esperemos.*
> *–¿**Has dejado cerrado** el gas? –Sí, no te preocupes.*

– *llevar* + participio indica el resultado acumulativo de una acción continua hasta el momento de referencia. El participio va en la misma forma (masculino, femenino, singular o plural) que el objeto directo.

> ***Llevo ganados** todos los **partidos**.* (He ganado todos los partidos jugados hasta ahora.)
> *La semana pasada Felipe ya **llevaba estudiados** veinte **temas**.* (Ya había estudiado veinte temas.)

80.1. Complete las frases con los verbos del recuadro en la forma adecuada.

afectar	aparcar	complacer	complicar	dañar	enamorar	grabar
	helar	herir	inundar	pintar	teñir	

1. Los futbolistas parecían ___afectados___ por la derrota.
2. El gerente se mostró _____ por el aumento de las ventas.
3. La camiseta está _____ de verde.
4. Los garajes quedaron _____ tras la tormenta.
5. Luisa resultó _____ en un accidente
6. Los nombres están _____ en una placa.
7. Ten cuidado. Siempre dejas el coche mal _____.
8. El piso de Lucía resultó _____ en el incendio.
9. ¿Sabes si la oficina está ya _____?
10. El examen no parecía _____.
11. Adela me dejó _____ cuando me dijo lo de su divorcio.
12. Parece que Joaquín y Estela están muy _____.

ACIERTOS ..../12

80.2. Una las frases como en el ejemplo.

1. La periodista habló en la radio. Estaba completamente enfadada.
   _____La periodista habló en la radio completamente enfadada._____
2. Mis hermanos llegaron de la excursión. Estaban aburridos.
   _____
3. Me devolvió el cartel. Estaba partido en dos.
   _____
4. Los representantes sindicales se fueron de la reunión. Estaban enfadados.
   _____
5. Encontré los juguetes de los niños. Estaban mordidos por los perros.
   _____
6. Pablo volvió a casa. Estaba totalmente empapado.
   _____
7. Los inquilinos volvieron a sus casas. Estaban muy asustados.
   _____
8. Ayer me encontré una cartera. Estaba perdida en el parque.
   _____

ACIERTOS ..../8

80.3. Complete las frases con una de las palabras del recuadro.

dejado (2)	dejó	dejar	llevamos	llevo	lleva	llevas	tengo (2)	tiene	tienes

1. Hace tiempo que ___tengo___ alquilada una casa en la sierra.
2. _____ vistos más de diez pisos y no nos ha gustado ninguno.
3. No tengo prisa. He _____ hecha la comida.
4. _____ ahorrados más de mil euros para las vacaciones.
5. No juegues más. Ya _____ mucho perdido esta noche.
6. Quiero _____ fregados los platos antes de acostarme.
7. Esta casa es una ruina. _____ gastados en ella más de 10 000 euros.
8. ¿Estás segura de que has _____ la luz apagada?
9. Felipe se tuvo que ir ayer, pero _____ dicho que volveré dentro de unos días.
10. ¿_____ ya redactado el informe, Laura?
11. Miguel es un desastre. Ya _____ rotos dos pares de zapatos este mes.
12. Julián es muy previsor. _____ guardados unos ahorros para la vejez.

ACIERTOS ..../12

81 ¡Siempre trabajando!
Gerundio (1)

● Formación del gerundio ▶ APÉNDICE 9

● El gerundio se refiere a la acción en desarrollo. Tiene una forma única y puede referirse al presente, al pasado o al futuro.

> –¿Qué haces? –Nada. **Estudiando** un poco.
> –¿Y Juan? ¿Qué hacía? –¿Juan? **Durmiendo** tranquilamente.
> Carolina y Nikos tienen muchos proyectos para el futuro. Quieren hacerse ricos **comprando** y vendiendo casas.

– El gerundio compuesto se refiere a una acción pasada anterior a la del verbo principal.

> Y **habiendo dejado** claro lo que pienso, me marcho. (Primero dejo claro lo que pienso, luego me marcho.)
> **Habiendo terminado** el partido, apagaron el televisor. (Primero terminó el partido, luego apagaron el televisor.)

● El gerundio se usa de manera independiente:

– para referirse al acto de realización de una acción.

> ¡Anda! **Aurora corriendo** por el parque.
> –¿Qué hacéis? –Nada. **Descansando** un rato.

– para describir una escena, en pies de fotos o cuadros.

> El Presidente, **recibiendo** al embajador de Guinea.

La ministra de Asuntos Sociales, **inaugurando** la nueva residencia de ancianos.

– para referirse a la repetición o excesiva duración de una acción considerada negativa, en exclamaciones e interrogaciones con expresiones como *siempre, otra vez, todavía, aún.*

> **¡Siempre trabajando!** Tienes que descansar un poco.
> **¡Otra vez comiendo!** Tienes que tranquilizarte.
> **¿Todavía viendo** la tele? Pero si llevas así toda la mañana.

– para expresar sorpresa o desacuerdo con una información anterior, interrogativas.

> –¡Qué día más malo tuvimos ayer! Estuvo lloviendo todo el día. –¿**Ayer lloviendo**? Pues si aquí no cayó ni una gota...
> –¡Qué día nos dio Toño! Estuvo protestando todo el rato. –¿**Toño protestando**? Eso sí que es raro.
> –Ayer te vi fumando. –¿**Yo fumando**? Debiste de ver a otra persona.

¿Así estudias? ¿con la consola?

– en preguntas sobre algo obvio, que no requiere respuesta.

> ¿Qué? ¿**Descansando** un poco?

● El gerundio se puede usar también para:

– dar órdenes.

> Ya es la hora. **Andando.** (= Andad.)
> Venga, **saliendo** que es gerundio. (= Salid.)

– expresar cómo se hace algo.

> **Entraron corriendo.**
> Me **recibieron cantando.**

– indicar posición.

> –¿Dónde está tu despacho? –**Entrando** en la oficina la segunda a la derecha.

– indicar que una acción se hace al mismo tiempo que otra.

> **Caminaba cantando** por el parque. (Caminaba al mismo tiempo que cantaba.)

▶ UNIDADES 28, 86, 89, 95, 100

81.1 Complete con el gerundio simple o el gerundio compuesto de los verbos del recuadro.

> beber   cerrar   conducir   contemplar   ~~dar~~   despegar   hacer   salir

1. –¿Qué hacéis? –Nada especial. ____Dando____ una vuelta.
2. Mira a Julián, _____ como un loco.
3. El conductor, _____ las puertas, arrancó el autobús.
4. –¿Qué hacéis aquí? –_____ el paisaje.
5. _____ el avión, me puse a dormir.
6. _____ crucigramas se distrae uno mucho.
7. Verás el estanco _____ a la derecha.
8. No pudo conducir _____ tanto.

ACIERTOS ...... / 8

81.2 Escriba exclamaciones o interrogaciones con las expresiones entre paréntesis sobre las situaciones planteadas.

¿Qué le dice a alguien que...

1. ...pide dinero con frecuencia? (*siempre*) ____¡Siempre pidiendo dinero!____
2. ...vuelve a beber? (*otra vez*) ¡_____!
3. ...lleva mucho tiempo fumando? (*todavía*) ¿_____? Creía que lo habías dejado.
4. ...juega mucho a las cartas? (*otra vez*) ¿_____?
5. ...lleva mucho tiempo estudiando? (*aún*) ¿_____? ¡Acuéstate ya!
6. ...se queja mucho? (*siempre*) ¡_____! ¡Eres un pesado!

ACIERTOS ...... / 6

81.3 Escriba las frases con las palabras entre paréntesis.

1. (*Ustedes, pasear, por aquí*) ____¿Ustedes paseando por aquí?____ Creí que estaban fuera.
2. –Te llamé anoche, pero estabas durmiendo. –(*Yo, dormir*) ¿_____? ¿Quién te dijo eso?
3. Esta mañana he visto a Tomás y Elsa discutiendo. (*Tomás y Elsa, discutir*) ¿_____ _____? Pero si se llevan muy bien.
4. ¿Qué? (Echar, *un cigarrito*) ¿_____?
5. –Anoche te oí roncando, Andrés. (*Yo, roncar*) –¿_____? ¡Venga ya!
6. ¿Así me escuchas? (*Mirar, para otro lado*) ¿_____?

ACIERTOS ...... / 6

81.4 Vuelva a escribir las frases subrayadas usando el gerundio del verbo adecuado.

> bajar   conducir   ~~correr~~   esforzarse   levantarse   llorar   pintar   subir   vender   ver

1. Venga, corred todos, que llegamos tarde. ____corriendo todos.____
2. Me recibió con lágrimas. _____
3. Celia quiere ganarse la vida con su pintura. _____
4. Miguel es muy raro. Le gusta leer mientras ve la tele. _____
5. Verás la sección de bolsos cuando subes a la izquierda. _____
6. Raquel se cayó cuando bajaba las escaleras. _____
7. Los López se hicieron ricos con la venta de fruta. _____
8. Vamos, levántate, que es ya la hora. _____
9. Felipe sacó la oposición con mucho esfuerzo. _____
10. Enrique una vez se durmió mientras conducía. _____

ACIERTOS ...... / 10

He estado limpiando. Iba conduciendo.
Gerundio (2)

● El gerundio se usa con el verbo *estar* para referirse a acciones en desarrollo.

 – Con el presente, se refiere a algo que está sucediendo en el momento de hablar o sirve para indicar que algo es temporal, no habitual, en el presente.

 Mis padres **están haciendo** un viaje por Japón.   **Están despidiendo** *a mucha gente en la empresa.*

 – Con el pretérito imperfecto se refiere a las circunstancias que rodeaban un hecho pasado.

 Cuando Tomás enfermó, **estaba trabajando** *en una plataforma petrolífera.*
 Estaba esperando *a Julia cuando de repente apareció María.*

 – Con el pretérito indefinido se refiere a una acción prolongada en un momento concreto del pasado.

 El año pasado **estuvimos investigando** *la música popular de Bolivia.*
 Hace unos años, **estuve viajando** *por Asia unos meses.*

 – Con el pretérito perfecto se refiere a una acción reciente. Suele usarse como explicación a una situación presente.

 Mira, Julia. **Hemos estado hablando** *y pensamos que es mejor que no aceptes ese empleo. No nos gusta.*
 –¡Qué sucios tienes los pantalones! –Sí, **he estado limpiando** *el coche.*

 – Con el futuro simple, para referirnos a algo que estará en pleno desarrollo en un momento futuro.

 Mañana a estas horas **estaremos volando** *hacia Chile.*
 Pasa mañana por casa a las 9. **Estaré viendo** *el partido en la tele.*

● Para referirse a acciones en desarrollo también se usan *ir*, *venir* y *andar* + gerundio.

 ¿Quién **va conduciendo** *el tren? –Nadie. Está totalmente automatizado.*
 Nos lo pasamos muy bien. **Fuimos hablando** *todo el viaje.*
 Esteban **anda diciendo** *que te vas a ir de la empresa.*

 – *Ir* + gerundio puede también indicar desarrollo gradual.

 Poco a poco fueron concienciándose *de la necesidad de reciclar la basura.*

 – *Andar* y *venir* + gerundio pueden también expresar repetición o insistencia.

 El problema nos **viene preocupando** *hace tiempo.*   *La prensa* **viene anunciando** *que habrá crisis para rato.*
 El gobierno **anda siempre prometiendo** *que va a acabar con el paro, pero no hace nada.*

● El gerundio se usa con *haber*, *hay*, *había*, *habrá* para informar de la presencia o existencia de algo o alguien.

haber, *hay*, *había*, *habrá* + nombre o pronombre + gerundio

 No te preocupes. Cuando llegues **habrá alguien esperándote.**

● El gerundio se usa con *seguir* y *continuar* para indicar la continuación de una acción.

 Callaos un poco y **seguid trabajando.**   *Hay que* **continuar luchando**. *No podemos abandonar ahora.*

● El gerundio se usa con *acabar* y *terminar* para indicar una acción realizada al final de un proceso.

 Y después de años saliendo, **terminaron casándose.** *(= Finalmente se casaron.)*
 Después de dar muchas vueltas, **acabamos cenando** *en un sitio horrible.*

● El gerundio se puede usar también para referirse a una acción del objeto directo de algunos verbos: *coger*, *conocer*, *dibujar*, *encontrar*, *filmar*, *fotografiar*, *hacer una foto de*, *imaginar*, *oír*, *pillar*, *pintar*, *representar*, *sorprender*, *ver*.

verbo + nombre objeto directo + gerundio		pronombre objeto directo + verbo + gerundio

 He filmado la lava bajando por la ladera del volcán.   *Tomás* **me pilló entrando** a casa por la ventana.
 La estatua representa a Teseo luchando contra la Gorgona.   **Nos hicieron** una foto **saludando** al Presidente.

82 EJERCICIOS

82.1. **Complete con la forma correcta de *estar* y el gerundio de los verbos del recuadro.**

cambiar (2)   esperar   perder   ~~pintar~~   trabajar   viajar   vivir

1. –¿Por qué estás tan cansado? –_____He estado pintando_____ mi habitación. Es agotador.
2. Cuando era joven, _____ en una plataforma petrolífera cinco meses.
3. Las costumbres _____. Hoy día casi nadie lava a mano.
4. No dejes de venir el jueves. Te _____.
5. Mira la hora. ¿No crees que _____ el tiempo con ese videojuego?
6. Jorge es un cara. Ya se ha ido, pero _____ aquí dos años sin pagar un euro.
7. En 2002 mis amigos Pablo y Silvia _____ por Indonesia.
8. Los ecologistas insisten en que _____ el clima.

ACIERTOS /8

82.2. **Vuelva a escribir las frases con los verbos entre paréntesis.**

1. Jorge estaba diciendo que la culpa era mía. (*andar*) _____Jorge andaba diciendo que la culpa era mía._____
2. –¿Dónde estáis ahora? –Estamos paseando por la playa. (*ir*) _____
3. Ese Mercedes cuesta unos 25 000 euros. (*venir*) _____
4. Seguro que Rafa está perdiendo el tiempo con esa chica. (*andar*) _____
5. Los problemas se estaban resolviendo poco a poco. (*irse*) _____
6. No veo bien a Lola. Hace tiempo que me preocupa. (*venir*) _____
7. Cuando tuvimos el accidente conducía Manuel. (*ir*) _____
8. Jesús siempre está pidiendo dinero a los amigos. (*andar*) _____
9. Mejoro muy lentamente. (*ir*) _____
10. Es algo que estoy meditando desde hace un tiempo. (*venir*) _____

ACIERTOS /10

82.3. **Complete con la forma correcta de *haber* y el gerundio de los verbos del recuadro.**

esperar
leer
llamar
pasear
~~subir~~
vivir

1. ¡Mira! _____Hay_____ una serpiente _____subiendo_____ por ese árbol.
2. No se podía estar en el parque. _____ mucha gente _____.
3. Creo que ayer _____ una multitud _____ a Brad Pitt.
4. Me parece que _____ alguien _____ al timbre.
5. El año que viene _____ más gente _____ libros electrónicos.
6. Debe de _____ pajaritos _____ en ese nido.

ACIERTOS /6

82.4. **Vuelva a escribir con *seguir, continuar, acabar* o *terminar*.**

1. Todavía vivo en Alicante. _____Sigo viviendo en Alicante._____
2. No dejéis de empujar. _____
3. Finalmente nos compramos el apartamento de la costa. _____
4. No dejaremos de estudiar español. _____
5. Al final os separaréis. _____
6. Marta todavía colabora con una ONG. _____
7. ¿Aún sales con Alicia? _____
8. No sé cómo al final nos hemos alojado en este hotel. _____
9. El bebé no paró de llorar hasta que nos fuimos. _____
10. Al cabo de un tiempo se hicieron grandes amigos. _____

ACIERTOS /10

82.5. **Vuelva a escribir las frases con el gerundio.**

1. Conocí a Pilar cuando hacía un crucero. _____Conocí a Pilar haciendo un crucero._____
2. Han fotografiado a nuestro director cuando hablaba con el Presidente. _____
3. Me he encontrado con Ezequiel cuando salía de su casa. _____
4. Esa estatua representa a Narciso mientras se miraba en el lago. _____
5. El jefe pilló a Pablo mientras leía la prensa en internet. _____
6. Te he hecho una foto cuando salías del museo. _____
7. Nos han filmado en la manifestación cuando llevábamos la pancarta. _____

ACIERTOS /7

83 *la fruta que compré, lo que yo quiero*
Oraciones de relativo especificativas

- Las oraciones de relativo especificativas dan información sobre algún elemento (personas, cosas, lugares, fechas, etc.) de una oración anterior. La información es esencial para definir e identificar a ese elemento o añadir información necesaria. ▶ UNIDADES 22, 23 y 24

> *Un prestidigitador es **una persona que hace trucos con las manos.*** (Define lo que es un prestidigitador.)
> *¿Has hablado alguna vez con **la señora que vive en el sexto?*** (Identifica a la señora de la que hablo.)
> *¿Es **aquí donde necesitan un dependiente?***   *Ana es tremenda. Hay que hacer **todo como ella diga.***

- Las oraciones de relativo especificativas van unidas a la oración anterior por un pronombre o adverbio relativo.

que	*¿Dónde está **la fruta que** compré ayer?* ***Aquellos que** quieran venir al teatro tienen que pagar 10 euros.*
a, con, de... + quien, quienes (solo personas)	*Ese es **el amigo con quien** fui a Portugal.*
(a, con, de... +) el que, la que, los que, las que	*Ha sido **ese el que** me ha insultado.* *Esta es la **casa de (la) que** te hablé.*
lo que	*No es **eso lo que** yo quiero.* *Eso es **más de lo que** necesitamos.*
(a, con, de...) cuyo, cuya, cuyos, cuyas + nombre	*Este es **el libro cuya** traducción no me gusta.* *Vine con **un chico a cuya** madre conoces.*
cuando, en que || **PERO:** Con fechas y referencias generales solo se puede usar *cuando*. *Es en **verano ~~en que~~** más calor hace. → Es **en verano cuando** más calor hace.*	*¿Recuerdas **la noche cuando / en que** nació Mario?* *¿Fue **en 2005 cuando** estuvimos en Egipto?*
como	*Escribe (**de esa manera) como** te ha dicho el profesor.*
cuanto/a/os/as + (nombre)	*Luisa me prestó **cuantos** (libros) tenía.*

- En algunas oraciones, cuando hablamos en general o está claro la persona, el lugar o el momento al que nos referimos, la oración de relativo va sola.

quien, quienes, el que, la que, los que, las que	***Quien dice eso** no sabe lo que dice.* ***El que dice eso** no sabe lo que dice.*
donde	***Donde tú vives** no hay nada.*
cuando	***Cuando el viento sopla,** se van las nubes.*
como	***Como tú cantas,** no canta nadie.*

- En las oraciones de relativo especificativas, el verbo va en indicativo cuando se refiere a alguien o algo conocido...

> *Tengo **un amigo que cocina** de maravilla.*   *Esa fue **la que** me **vendió** el cedé.*

...y va en subjuntivo cuando se refiere a alguien o algo de identidad desconocida.

> *¿Conoces a **alguien que cocine** bien?*   *¿Dónde hay **una tienda que venda** cedés?*
> *No sé quién lo dice, pero **quien diga** eso es tonto.*

– El verbo va en indicativo cuando nos referimos a hechos reales...

> *Esta es **la casa en la que vivo.***   *Siempre hacemos **lo que ella dice.***
> *Esta es **la lista de los que quieren** ir al teatro.*

...y va en subjuntivo cuando nos referimos a hechos o situaciones presentes o futuros considerados inciertos.

> *Me da igual **la casa en la que vivas.***   *Tú hazlo **como ella te diga.***

83.1 ▷ **Complete las frases con la información entre paréntesis. Use los relativos adecuados.**

1. Esta es la calle. (*Van a hacer obras.*) _Esta es la calle en la que / donde van a hacer obras._
2. He hablado con la señora. (*Su marido es capitán del Ejército.*) _____
3. Es aquí. (*Encontré los documentos.*) _____
4. ¿Dónde está la postal? (*La ha enviado Gema.*) _____
5. (*Yo quiero algo.*) No es eso. _____
6. Me vieron con Sandra. (*Estábamos desayunando en un café.*) _____
7. Conozco a los alumnos. (*Sus padres vienen siempre de excursión.*) _____
8. Compraremos un regalo. (*Los venden en tiendas de artesanía.*) _____
9. (*Me pongo malo.*) Es en invierno. _____
10. ¿Recuerdas el verano del 2005? (*Fuimos a Japón.*) _____

ACIERTOS ...... /10

83.2 ▷ **Una las frases *con quien, como, donde y cuando*.**

1. No sé quién hizo eso. No sabía nada de pintura. _Quien hizo eso no sabía nada de pintura._
2. Del modo en que tú cocinas, cocina cualquiera. _____
3. No sé quién dejó la jaula abierta. No vio que ahí estaba el canario. _____
4. No sabía dónde trabajabas. Ganabas poco. _____
5. No sé quién toca así. No sabe de música. _____
6. No conozco a quién escribió eso. No sabía nada de español. _____
7. Lucio trabaja en una empresa. Hay muchos trabajadores de fuera. _____
8. Siempre que llueve tenemos goteras. _____

ACIERTOS ...... /8

83.3 ▷ **Rodee la forma correcta.**

1. Tengo un robot de cocina que *hace/haga* de todo.
2. Necesito un piso que *tiene/tenga* garaje.
3. Estoy buscando una empresa en la que *pagan/paguen* bien.
4. ¿Por qué vais siempre dónde ella *quiere/quiera*?
5. Conozco un restaurante donde *preparan/preparen* el bacalao de maravilla.
6. Los que *llegan/lleguen* tarde son siempre los mismos.
7. Los que *llegan/lleguen* tarde tendrán que quedarse al final de la jornada.
8. Este ejercicio tienes que hacerlo como te *indica/indique* la profesora.
9. –¿Cómo hago esto? –Hazlo como *indican/indiquen* las instrucciones.
10. Lo siento, pero no hay quien se *cree/crea* esa explicación.
11. Son muy pocos los que te *creen/crean*.
12. ¿Conoces a alguien que *enseña/enseñe* chino?
13. No te preocupes. Lo haremos cuando tú *dices/digas*.
14. ¿Quiénes son los que *quieren/quieran* clases extras?
15. Hay una reunión el lunes para los que *quieren/quieran* clases extras.
16. Me gustaría encontrar un libro que *explica/explique* bien el subjuntivo.
17. Tengo un profesor que *explica/explique* de maravilla.
18. Hay muy pocos extranjeros que *hablan/hablen* chino bien.

ACIERTOS ...... /18

84 Mi padre, que está de vacaciones...
Oraciones de relativo explicativas

- Las oraciones de relativo explicativas dan información sobre algún elemento (personas, cosas, fechas, lugares, acciones, etc.) de una oración anterior. La información es complementaria, no necesaria para describir o identificar a la persona, animal o cosa de la que hablamos.

  *El domingo voy a visitar a **mi padre**, que **está de vacaciones en un pueblo de la sierra**. (La información extra es innecesaria para identificar a la persona de la que hablo: mi padre.)*
  *Ese **hospital**, donde **nacieron todos mis hijos**, pertenece ahora a una multinacional.*

  – Con frecuencia sirve para recordarnos algo ya conocido sobre el elemento al que se refiere...

  *Estoy leyendo "**Pedro Páramo**", que **es la obra más conocida de Juan Rulfo**.*

  ...o para decir algo de paso.

  *El **director** de la editorial, que **por cierto es de Santander**, quiere conocerte.*

  – Estas oraciones van separadas de la anterior por comas en la escritura o por una pausa en el habla.

  *El **novio** de Marta, al que **conocimos en la boda de Aurelia**, ha tenido un accidente.*

- Las oraciones de relativo explicativas se refieren a un elemento de una oración anterior y van unidas a ella por un pronombre o adverbio relativo ▶ UNIDADES 22, 23 y 24

que	*Paga **tú**, que tienes más dinero.*
(a, con, de... +) quien, quienes	*Volé con **Ernesto**, a quien tu ya conoces.* *Vamos a cenar con **los padres de Mizue**, quienes por cierto no hablan español.*
a, con, de... + el que, la que, los que, las que	*Llegaron tus **primos**, con los que no contábamos.*
cuyo, cuya, cuyos, cuyas + nombre	***Jacinto**, cuyo cumpleaños es el domingo, quiere dar una fiesta.*
(a, con, de... +) el cual, la cual, los cuales, las cuales	***Alicia**, con la cual ya has hablado, no quiere ayudar.*
donde, adonde *en, a... + el que, la que, los que, las que,*	*La **playa** de Laredo, adonde / a la que fuimos el año pasado, es una de las mejores de España.*
▌Pero: Con nombre de lugares solo se puede usar *donde* y *adonde*: ***Alcalá**, ~~en el que~~ nació Cervantes, es una ciudad preciosa.* ***Alcalá**, donde nació Cervantes, es una ciudad preciosa.*	
cuando	*En **febrero**, cuando más frío hace aquí, yo me voy de vacaciones.*

- Cuando la oración de relativo se refiere a toda la oración anterior, es común utilizar expresiones del tipo *algo que, cosa que, hecho que*.

  *Cuando se fue **dejó el piso sucio**, cosa que no me gustó.*

- Los relativos se pueden referir a un elemento de una frase anterior, si el elemento es el último de esa frase.

  *He discutido con **Juan**. Al que, por cierto, han echado de la fábrica.*
  *Paramos en lo alto de la **sierra**. Donde ya sabes que había tenido un accidente.*

84.1. **Rodee la forma correcta.**

1. Los trabajadores de la fábrica, *que/los que* están en huelga, van a manifestarse mañana.
2. Se rumorea que van a despedir a unas veinte personas, *que/lo que* no me sorprendería.
3. Ayúdame tú, *que/quien* tienes más fuerza.
4. Segovia, *en la que/donde* vive Rodrigo, es una ciudad muy agradable.
5. El pobre Martín, *el que/cuyo* entierro es mañana, no tuvo mucha suerte.
6. Se presentaron sin avisar, *que/lo cual* nos sorprendió un poco.
7. En verano, *en el que/cuando* tengo vacaciones, voy siempre a Grecia.
8. El secretario de Marta, *con que/con quien* estaba siempre discutiendo, se ha despedido.

ACIERTOS ...... / 8

84.2. **Una las frases con relativos.**

1. El padre de Andrea nos ha invitado a cenar a todos. Es multimillonario. _____
   El padre de Andrea, que es multimillonario, nos ha invitado a cenar a todos.
2. Que lo haga Sofía. Tiene más tiempo. _____
3. Lola quiere hacer una gran fiesta. Su aniversario de boda es la semana que viene. _____
   _____
4. Tomelloso es un pueblo manchego. Trabajé allí un año. _____
5. En agosto nos vamos de vacaciones. En agosto cierra la empresa. _____
6. Llama tú. Hablas español mejor. _____
7. Estoy leyendo "*Noches en blanco*". Es la última novela de Sara Mago. _____
8. Me ha llamado Alberto. Acaba de regresar de la India. _____
9. Dijeron que no venían cuando ya estaba todo preparado. No nos gustó nada. _____
10. Voy a trabajar con Ana. Tú ya la conoces. _____
11. El hotel Intercontinental es uno de los mejores de Datong. Nos alojamos en él. _____
12. Pídeselo a Andrés. Tiene más dinero. _____
13. Han ascendido a Alberto. Su jefe, por cierto, es amigo de su padre. _____
14. Me regalaron un grabado de Picasso. Me sorprendió mucho. _____
15. Ayer me encontré con Mercedes. Por cierto, su hermana ha tenido un hijo. _____

ACIERTOS ...... /15

84.3. **Una las frases usando la palabra entre paréntesis y el relativo correspondiente.**

1. Alberto salió dando un portazo. Nos extrañó a todos. (*algo*) ___ Alberto salió dando un portazo,
   algo que nos extrañó a todos.
2. Cuando se fueron dejaron dos meses sin pagar. Enfureció a la casera. (*hecho*) _____
3. Aurora es bastante desagradable. No me sorprende. (*cosa*) _____
4. Elsa siempre se acuerda de mi cumpleaños. Me hace muy feliz. (*cosa*) _____
5. Ha vuelto a subir la luz en enero. Es ya una costumbre. (*algo*) _____
6. Marita se va a vivir a Bélgica. No les ha gustado nada a sus padres. (*algo*) _____

ACIERTOS ...... / 6

84.4. **Vuelva a escribir la segunda frase comenzando con un relativo.**

1. Me ha llamado Marcos. Por cierto, hacía un año que no me llamaba.
   Me ha llamado Marcos. Quien, por cierto, hacía un año que no me llamaba.
2. Siempre vamos a Polop. Ya sabes que tenemos allí una casa.
   _____
3. Rosario está saliendo con Alonso. Por cierto, lo han nombrado jefe de Sección.
   _____
4. El domingo vamos a comer en casa de Lu. Por cierto, cocina de maravilla.
   _____
5. Se casa Inés. Por cierto, Mariano estuvo saliendo con ella.
   _____
6. Ayer nos presentó Miguel a Silvia. Por cierto, no la conocéis todavía.
   _____

ACIERTOS ...... / 6

85 *antes de que me lo preguntes*
Oraciones temporales (1)

● Las oraciones temporales dan información sobre el momento de realización de una acción.

> *–¿Cuándo vas al gimnasio? –Por la mañana, **antes de desayunar**.*

● *Antes de, antes de que* sitúan la acción principal como anterior a otra; *después de, después de que* sitúan la acción principal como posterior a otra.

> *Voy al gimnasio (1) **antes de desayunar** (2). (Primero voy al gimnasio y luego desayuno.)*
> *Lo entendí (2) **después de que me lo explicara Sonia** (1). (Primero me lo explicó Sonia y luego lo entendí.)*

– *Antes de / después de* + infinitivo, para hablar de algo general, de algo pasado o de algo futuro, cuando las dos frases se refieren a la misma persona.

> *En verano siempre (nosotros) damos un paseo **después de cenar** (nosotros).   **Antes de hacerlo** (tú), piénsalo (tú).*
> ***Después de haber volado** con nosotros, no querrá hacerlo con ninguna otra compañía.*

 • También se puede usar cuando nos referimos a personas diferentes. En ese caso se indica el sujeto del infinitivo para dejar claro a quién se refiere.

> ***Antes de llegar vosotros**, estaba yo tan tranquilo.   **D**espués de acostarse Marta*, nos fuimos de juerga Pepe y yo.*

– *Antes de que / después de que* + presente de subjuntivo para referirnos a algo futuro cuando las dos frases se refieren a personas diferentes.

> *Te lo voy a decir **antes de que** me lo **preguntes**.   Podemos quedar **después de que cierre** la tienda.*

– *Antes de que / después de que* + pretérito imperfecto de subjuntivo para referirnos a algo pasado o después de una forma condicional cuando las dos frases se refieren a personas diferentes.

> *Me fui (yo) **antes de que ellos pudieran** decir nada.   Ya sabía yo que Martín **se deprimiría después de que lo dejara** su novia.*

● *Antes de* + infinitivo sirve también para indicar que la acción no se realizó.

> *Se fue **antes de firmar el contrato**. (No firmó el contrato.)*

● *Antes de/que* + infinitivo (referencia a la misma persona), *antes (de) que* + subjuntivo (referencia a personas diferentes) sirven también para indicar preferencia entre dos hechos negativos.

> ***Antes de/que casarme** con Roberto prefiero quedarme soltera.   **Antes (de) que me lo quiten**, lo regalo.*

● *Desde* y *hasta* indican el momento inicial y el momento final de una acción.

– *Desde que / hasta que* + indicativo para referirnos al presente, a distintos aspectos del pasado o a acciones habituales.

> *Me siento mejor **desde que tomo** la nueva medicina.   Nunca me acuesto **hasta que escribo** mi diario.*
> ***Desde que se ha casado**, Pablo ya no es el mismo.   Lu era tremenda. **Hasta que no discutía** con Javi no paraba.*
> *Salgo con Ana **desde que teníamos** 16 años.   Esperé **hasta que me llamó** y luego me acosté.*
> *No he visto a Rafa **desde que se fue** a Japón.*

– *Hasta* + infinitivo indica el punto final de una acción pasada o futura (mismo sujeto).

> *Estuvimos de vacaciones **hasta gastarnos** todo el dinero.   No pararé **hasta conseguir** ingresar en la policía.*

– *Hasta que* + subjuntivo, para referirse a algo futuro (diferentes sujetos).

> *No pararé **hasta que me devuelvan** mis cosas.*

● *Tras* (= después de) + infinitivo simple o compuesto se refiere a un momento posterior a la acción indicada por el infinitivo.

> ***Tras salir** de casa, se metió en el metro. (= después de salir)*
> ***Tras haber vivido** años en la selva, ya nada nos asusta. (= después de haber vivido)*

85.1. **Una las frases volviendo a escribir las subrayadas con *antes de* y *después de*.**

1. Ponte el abrigo. <u>Luego sal</u>. _____ Ponte el abrigo antes de salir. _____
2. <u>Alfredo se fue</u>. Jugamos a las cartas. _____
3. <u>Duermo</u>. Me siento mejor. _____
4. <u>Os fuisteis</u>. Llamó Carlos. _____
5. Me duché. <u>Me acosté</u>. _____

ACIERTOS ___ / 5

85.2. **Complete con la forma correcta de los verbos entre paréntesis.**

1. Piénsalo antes de que (*ser*) ___sea___ tarde.
2. Antes de que (*tú, llamar*) _____, ya me habían contado lo que pasó.
3. Continuamos el viaje después de que (*ellos, arreglar*) _____ las vías.
4. Prefiero decírtelo yo antes de que te lo (*decir*) _____ otro.
5. Héctor se fue antes de que sus padres (*enterarse*) _____ de que había suspendido.
6. No creo que se solucione la crisis antes de que (*cambiar*) _____ el gobierno.
7. Los ladrones escaparon antes de que la policía (*poder*) _____ detenerlos.
8. Gema y yo quedamos para después de que (*terminar*) _____ el partido.

ACIERTOS ___ / 8

85.3. **Vuelva a escribir las frases con *antes de* o *antes que*. Haga los cambios necesarios.**

1. No quiero trabajar con Elena. Prefiero pedir limosna. _____ Antes de/que trabajar con Elena, _____ _____ prefiero pedir / pido limosna. _____
2. Se acostó. No recogió la mesa. _____
3. No quiero tirar este abrigo. Prefiero dárselo a alguien. _____
4. No quiero que me despidan. Prefiero irme yo. _____
5. Marta destruyó la novela. No la acabó. _____
6. Mónica no quiere pedirme que la acompañe. Prefiere ir sola. _____
7. Me robaron la pulsera que me regaló Pedro. No la estrené. _____

ACIERTOS ___ / 7

85.4. **Rodee la forma correcta.**

1. Estoy mucho mejor desde que no (*trabajo*)/*trabaje*.
2. Es la primera noticia que tengo de Manoli desde que se *fue/vaya* a Manila.
3. Estuve hablando con Pilar hasta *convencerla / la convencí* de que no tenía razón.
4. Lucía es terrible. Hasta que no me *enfadar/enfada*, no para.
5. Conozco a Enrique desde que *íbamos/vayamos* al instituto.
6. El teatro no se abre hasta que *terminan/terminen* las obras.
7. Tras *saludarnos / que nos saludó*, nos presentó a sus padres.
8. No os levantéis de la mesa hasta que *terminéis/termináis* el postre.
9. Conozco esa librería desde que *vivo/viva* en Madrid.

ACIERTOS ___ / 9

85.5. **Complete con el verbo entre paréntesis en la forma adecuada.**

1. Conozco a Marta desde que (*nosotros, ir*) ___íbamos___ a la universidad.
2. Haz señales hasta que (*parar*) _____ algún taxi.
3. No paró hasta (*conseguir*) _____ lo que quería.
4. Normalmente no comemos hasta que (*llegar*) _____ Mario.
5. No he vuelto a ver a Cristina desde que (*casarse*) _____.
6. No se fue el mal olor hasta que (*nosotros, limpiar*) _____ el frigorífico.
7. Regresó a España tras (*vivir*) _____ ocho años en Japón.
8. Ángel parece más tranquilo desde que (*él, salir*) _____ con Beatriz.
9. Estuvimos en casa de Charo hasta que (*dar*) _____ las diez.
10. Desde que (*tú, hacer*) _____ deporte, te noto más delgada.
11. El asaltante quedó herido grave, tras (*recibir*) _____ dos tiros.

ACIERTOS ___ / 11

86 cuando llueve, en cuanto oye el timbre
Oraciones temporales (2)

● *Cuando, en cuanto, en el momento en que, tan pronto como, apenas, siempre que* dan información sobre el momento de realización de la acción principal.

> *–¿Cuándo vas a acabar el cuadro? –**Cuando tenga tiempo***.   Te devolveré el dinero **tan pronto como pueda**.
> ***Siempre que llueve** se inunda el sótano.*

– Se usan con indicativo para referirse a acciones habituales en el presente o en el pasado o a acciones acabadas en el pasado.

> ***Cuando llueve** me pongo triste.*   ***En cuanto oye** el timbre, el perro se pone a ladrar.*
> ***Cuando hacía** deporte, corría los 100 metros en 11 segundos.*   *Me levanté **en el momento en que sonó** el despertador.*

– Se usan con el presente de subjuntivo para referirse a acciones futuras.

> *Esto lo hago yo **cuando quiera**.*   *Llámame **apenas llegues** a casa esta noche.*

● También se puede usar el pretérito perfecto de subjuntivo para hacer énfasis en la finalización de la acción futura.

> *Avísame **cuando hayas acabado**.*

Compare:

acciones habituales o pasadas	acciones futuras
*El perro **se tumba en cuanto se lo dicen**.*	*Lo haré **en cuanto me lo digan**.*
*Me **levanté cuando sonó** el despertador.*	*Me **levantaré cuando suene** el despertador.*

– Se usa *cuando* + nombre para referirse a un período pasado.

> ***Cuando las inundaciones**, yo estaba en Valencia.*

● *Mientras* indica que una acción se realiza al mismo tiempo que otra.

– *mientras* (= al tiempo que) + indicativo   *Escucho música mientras trabajo.*

– *mientras* (= durante todo el tiempo que) + subjuntivo   *Seguiré trabajando **mientras tenga salud**.*

> *No pensaba llamarte **mientras estuvieras enfadada**.*

● *al, nada más* (= en el momento de) + infinitivo. Cuando el sujeto del infinitivo es diferente del de la acción principal, se suele indicar.

> ***Al oír** los disparos, nos agachamos. (= en el momento de oír los disparos)*
> ***Nada más llegar nosotros**, empezó la película. (= en el momento de llegar nosotros)*

● gerundio = después de, cuando, mientras

> ***Saludando** a todos, se marchó. (= después de saludar a todos)*
> *Tropezó **bajando** las escaleras. (= cuando bajaba las escaleras)*
> *Conocí a Víctor **viajando** por China. (= mientras viajaba por China)*

▶ UNIDADES 81-82: Gerundio (1) y (2)

● *A medida que, conforme, según* indican una progresión en el desarrollo de las acciones. Se suelen usar con *ir* + gerundio.

– *Ir* (indicativo) + gerundio para referirnos al presente, pasado o a una acción habitual.

> *Es una novela interesantísima. **A medida que vas avanzando**, te gusta más.*
> *Los chicos subían al autobús **según los íbamos llamando**.*
> ***Conforme vas conociendo** a la gente, te vas dando cuenta de cómo son.*

– *Ir* (subjuntivo) + gerundio para referirnos al futuro.

> *Ahora te parece difícil, pero **según vayas aprendiendo**, verás que no lo es tanto.*

86.1. Rodee la forma correcta.

1. Se puso bien en cuanto la (operaron)/operaran.
2. Ven a verme cuando quieres/quieras.
3. Siempre que fumo/fume, toso.
4. En el momento en que la vi/vea, supe que era ella.
5. Son unos maleducados. Apenas nos ven/vean, se van por otro sitio.
6. Cuando ves/veas a Marta, dile que quiero hablar con ella.
7. Siempre que salgan/salen juntos, van cogidos de la mano.
8. En cuanto sé/sepa lo de Carlos, te llamo.

ACIERTOS ....../8

86.2. Complete con el verbo entre paréntesis en la forma adecuada.

1. Cuando (yo, ver) ____vea____ la película, te diré si me ha gustado.
2. Eres un gafe. Siempre que (tú, cantar) _____, llueve.
3. Apenas (yo, llegar) _____ a casa, te llamo.
4. En cuanto (vosotros, oír) _____ la alarma, dejáis todo y salís del edificio.
5. Cuando (tú, querer) _____ que te ayude, me lo dices.
6. Este perro siempre ladra cuando (oír) _____ el timbre de la puerta.
7. Debes cambiar los grifos tan pronto como (tú, poder) _____.
8. Saldremos para Granada apenas (amanecer) _____.

ACIERTOS ....../8

86.3. Vuelva a escribir las frases subrayadas con cuando + nombre.

1. <u>Cuando operaron a su padre.</u> ____Cuando la operación de su padre.____, estuvo muy nerviosa.
2. <u>Cuando murió su gata.</u> _____, Mercedes lloró mucho.
3. <u>Cuando inauguraron el teatro.</u> _____, ya había goteras.
4. <u>Cuando Martín tuvo el accidente.</u> _____ Adela adelgazó mucho.
5. <u>Cuando se incendiaron los bosques de Australia.</u> _____estábamos en Sidney.

ACIERTOS ....../5

86.4. Una las dos frases con la expresión temporal dada. Haga los cambios necesarios.

1. No me jubilaré. Tengo trabajo. (mientras) ____No me jubilaré mientras tenga trabajo.____
2. Salí de casa. Me tropecé con José. (nada más) _____
3. No hables. No comas. (mientras) _____
4. Oí la cerradura. Apagué la televisión. (al) _____
5. Doblé la esquina. Vi la catedral. (al) _____
6. Pilar y Luis no pueden ir de vacaciones. Están en paro. (mientras) _____

ACIERTOS ....../6

86.5. Vuelva a escribir las frases con gerundio.

1. Se quemó mientras cocinaba. ____Se quemó cocinando.____
2. Lo vimos cuando paseaba por el parque. _____
3. Después de sentarse, sacó el móvil y llamó a Teresa. _____
4. José siempre cantaba cuando se afeitaba. _____
5. Tuvieron que jugar el partido mientras llovía. _____

ACIERTOS ....../5

86.6. Complete las frases con las palabras dadas y el verbo en el tiempo adecuado.

1. El trabajo es fácil. Tienes que cortar las entradas (según, ellos, entrar) ____según van entrando.____
2. Los hijos dan menos problemas (conforme, crecer) _____.
3. No te preocupes, Luisito, (a medida que, tú, crecer) _____ te irás haciendo más fuerte.
4. Tiene que atender a los invitados (a medida, ellos, llegar) _____.
5. Carmela se cansaba (según, subir) _____ los escalones.
6. Los chequeos de salud son convenientes (a medida que, hacerse) _____ uno mayor.
7. A Andrea la vida se le ponía difícil (según, pasar) _____ los años.
8. Ya decidiremos si nos compramos un piso (según, ahorrar) _____.

ACIERTOS ....../8

87 *donde no haya, como cocinaba su madre*
Oraciones de lugar y modo

● Las oraciones de lugar dan información sobre el lugar de realización de una acción.

> –¿Dónde dejo el coche? –***Donde no haya una señal de prohibición***.

● Las oraciones de lugar se introducen con (preposiciones +) *donde, adonde*. Pueden indicar procedencia, dirección, destino, situación...

Punto de partida: *de donde, desde donde*

> –¿De dónde venís? –***De donde*** hemos dejado el coche.

Dirección: *para donde, hacia donde, por donde*

> Ve ***por donde*** te indique el GPS.
> Caminad ***hacia donde*** señala la flecha.

Destino: *adonde, hasta donde*

> –¿Vamos ***adonde dice Sofía***? –Bueno.

Situación: *donde, en donde*

> Yo compro el bacalao ***donde / en donde*** lo compra mi padre.
> Ahí arriba es ***donde*** tenemos que llegar.

– Se usa el indicativo cuando hablamos de algo conocido o específico.

> –*Roberto, para un momento **donde está** la tienda de Rosario*. (La tienda está en un sitio conocido y específico.)
> *A ver si llegamos **hasta donde nace** el río*. (El río nace en un punto específico.)

– Se usa el subjuntivo cuando hablamos de algo no conocido o no específico.

> *Para **donde veas** un sitio libre*. (En cualquier parte con un sitio libre.)
> *Es mejor alojarse **donde haya** conexión a internet*. (En cualquier alojamiento con internet.)

● Para indicar situación, se pueden usar también las siguientes construcciones:

donde + nombre   *Julia, te esperamos. Estamos **donde Tere**.*

al + infinitivo   *El salón está **al entrar** a la derecha.*

● Las oraciones de modo dan información sobre la manera en la que se hace o sucede algo. Se introducen con *como, según*.

> –¿Cómo cocina Marcos? –***Como cocinaba su madre***, muy bien.

– Se usa el indicativo cuando hablamos de algo conocido o específico.

> *Yo lo he hecho **según me recomendasteis***. (Me dijisteis que lo hiciera así.)
> *No te preocupes. He hecho la tortilla **como a ti te gusta***. (Como sé que te gusta.)

– Se usa el subjuntivo cuando hablamos de algo no conocido o no específico.

> *Cuando te encarguen algo, hazlo **como quiera** el cliente*. (Cada cliente puede decir una cosa diferente.)
> *No sé cómo hizo la transferencia Ismael. Supongo que la haría **según le dijera** su padre.*

● Para indicar una manera de hacer algo comparándola con una situación hipotética, se pueden usar las siguientes construcciones.

como que + indicativo

> *Cuando nos ve, hace **como que no nos conoce***. (Nos conoce, pero se porta como si no nos conociera.)

como si + pretérito imperfecto o pretérito pluscuamperfecto de subjuntivo

> *Grita **como si estuviera** loco*. (No está loco pero se porta de esa manera.)
> *Me hablaba **como si yo tuviera** cinco años*. (No tengo cinco años.)
> *Actuaba **como si hubieran ganado** las elecciones*. (No han ganado las elecciones, pero se portan como si las hubieran ganado.)

87.1. **Complete las frases con *donde* o *adonde* y las preposiciones necesarias.**

1. Este vino es __de donde__ pasamos el verano.
2. Esta carretera pasa _____ vive Manuel.
3. Habrá que sacar los muebles _____ podamos.
4. El lago se ve _____ viven tus abuelos.
5. _____ trabaja mi novia han despedido a gente.
6. Esas aves volaban _____ se ponía el sol.
7. En coche solo podemos llegar _____ termina el camino.
8. Yo voy _____ tú me digas.

ACIERTOS ...../8

87.2. **Complete con el verbo entre paréntesis en la forma adecuada.**

1. Tenéis que encontrar donde os (*ellos, dar*) __den__ alojamiento.
2. No sé por qué no prestaste atención. Tenías que entregar el paquete donde te (*ellos, decir*) _____.
3. Hay que comprar el pan donde (*abrir*) _____ los domingos.
4. Para, por favor, donde (*ver*) _____ una farmacia.
5. Donde (*vivir*) _____ Andrés hay mucho tráfico.
6. Prefiero estar donde no se (*fumar*) _____.
7. Tenemos que llegar hasta donde se (*ver*) _____ esas casas.
8. Compro el pescado en donde lo (*comprar*) _____ Sara.

ACIERTOS ...../8

87.3. **Vuelva a escribir la parte subrayada con *donde* + nombre o *al* + infinitivo.**

1. Estamos en los cines Verdi. __donde los cines Verdi__ . Te esperamos.
2. La cafetería está a la salida del cine a la izquierda. _____
3. Ayer estuve en casa de mi hermana. Ha tenido una niña. _____
4. Los sábados vamos al restaurante de Ángela. Se come muy bien. _____
5. Verás un grifo a la entrada del garaje. _____

ACIERTOS ...../5

87.4. **Vuelva a escribir las frases con el nexo dado.**

1. Coloca las fichas de la manera en que estaban antes. (*como*) __Coloca las fichas como estaban antes.__
2. Vuelve a hacer el dibujo de la manera que te he indicado. (*según*) _____
3. Tienes que anotar los pedidos de la manera que te indique el encargado. (*como*) _____
4. Cristóbal planchó su camisa del modo que pudo. (*como*) _____
5. Casi todos morimos de la manera en que vivimos. (*según*) _____

ACIERTOS ...../5

87.5. **Complete con el verbo entre paréntesis.**

1. Haz el problema mañana, según te (*explicar*) __explique__ el profesor.
2. El cliente nos ha dado instrucciones. Tienes que hacerlo como él (*querer*) _____.
3. Hicimos todo según nos (*indicar*) _____ el director.
4. Aquí ninguno canta como (*cantar*) _____ Chavela.
5. A ver si por fin haces las cosas como Dios (*mandar*) _____.
6. Cuando era pequeña tenía que vestirme como (*decir*) _____ mi madre.
7. Cuando estaba en el Ejército tenía que hacer todo como me (*ellos, ordenar*) _____.
8. Cuando estuve en la India aprendí a cocinar como (*cocinar*) _____ los indios.

ACIERTOS ...../8

87.6. **Complete con el verbo entre paréntesis en la forma adecuada.**

1. Ella se quedó como si (*ver*) __hubiera visto__ un fantasma.
2. Raúl siempre habla como si (*saber*) _____ mucha historia.
3. Cuando le dices algo que no quiere oír, es como si (*estar*) _____ sordo.
4. Eva nos vio el otro día e hizo como si no nos (*conocer*) _____.
5. –Mira, Sonia. –Tú haz como que no la (*ver*) _____.
6. Cuando llamamos a Manuel, siempre hace como que (*estar*) _____ muy ocupado.

ACIERTOS ...../6

Porque me ha mentido. Es que no me gusta.
Oraciones causales (1)

Porque me ha mentido.

- Las oraciones causales dan información sobre la causa de una acción o situación.

- Para expresar causa se puede usar:

  – *porque, ya que, puesto que, como, gracias a que* + indicativo.

  > Te perdono **porque me caes simpático**.
  > No tienen problemas **gracias a que trabajan** todos sus hijos.

  - *Ya que, puesto que* son de uso formal y expresan una causa conocida por los hablantes.

    > **Ya que insistís**, os acompañaré.   **Puesto que no quieres** el cómic, se lo regalaré a Casilda.

  - La expresión de causa puede ir antes o después de la oración principal, excepto cuando va introducida por *como*, que va siempre al principio.

    > **Como hacía** muy mal tiempo, nos quedamos en casa.
    > No pasamos frío, **gracias a que teníamos** mucha leña. / **Gracias a que teníamos** mucha leña no pasamos frío.
    > Hablaré con Ana, **ya que tú no quieres** ayudarme. / **Ya que tú no quieres** ayudarme, hablaré con Ana.

  - Con *porque* la posición inicial tiene un matiz enfático.

    > **Porque eres** amigo mío, te dejo que montes en la moto.

  – *es que* + indicativo, para dar una excusa o justificación, en respuesta a una pregunta, a una petición o a una afirmación anterior.

  > –¿Por qué no dejas ya el ordenador? –**Es que quiero** terminar esto.
  > –Tienes manchada la camisa. –**Es que he estado arreglando** el coche.

  – *que* + indicativo, que se usa frecuentemente en el habla diaria para dar una causa como explicación, separado de la oración principal por una pausa en el habla y por una coma en la escritura.

  > Salgo un rato, **que tengo** que comprar unas cosas.

  – *no es que* + subjuntivo, para negar la causa.

  > –No comes. ¿No te gusta la comida? –**No es que no me guste**, es que no tengo hambre. (La causa no es que no me guste, sino otra.)
  > –¿Por qué no quieres invitar a Carlos? ¿No te gusta? –**No es que no quiera**. Es que no puedo invitar a más gente.

  – oración negativa + *(solo) porque* + subjuntivo, para indicar que no se acepta algo como causa suficiente.

  > –No quiero verte. ¡Vete! –No me voy a ir **solo porque tú lo digas**. (No es causa suficiente para irme.)

Compare:

indicativo	subjuntivo
*No se marcha **porque** está cansado.* (No se marcha y la causa <u>es</u> que está cansado.)	*No se marcha **porque esté** cansado, sino porque se ha enfadado.* (Se marcha, pero la causa <u>no es</u> que esté cansado.)
*Lo hago sólo **porque** me lo **pedís** vosotros.* (Me parece causa suficiente y lo voy a hacer.)	*No lo voy a hacer sólo **porque** me lo **pidáis** vosotros.* (No me parece causa suficiente y no lo voy a hacer.)

  - Se usa el presente de subjuntivo para referirse al presente o al futuro...

    > –¿Haces algo el domingo? ¿Salimos? –No, gracias. **No es que vaya** a hacer algo, es que prefiero quedarme en casa.

  ...el pretérito perfecto de subjuntivo para referirse al pasado inmediato...

    > –¿Te has olvidado de mi cumpleaños? –**No es que me haya olvidado**, es que estoy sin blanca.

  ...y el pretérito imperfecto de subjuntivo para referirse al pasado o detrás de una forma condicional.

    > –¿Por qué no invitaste a Lorenzo? ¿Te lo pidió Graciela? –No, y **no lo hice porque me lo pidiera** Graciela. Es que no me cae bien Lorenzo. Jamás **haría** algo así **solamente porque me lo pidiera alguien**.

88.1. **Complete con las expresiones del recuadro.**

~~Como~~ (2)	es que (3)	gracias a que	porque	que (3)	puesto que	ya que

1. ___Como___ vive muy cerca de aquí, nos vemos mucho.
2. No le pasó nada _____ lo sacaron a tiempo del río.
3. Los hemos invitado muchas veces, pero no vienen _____ no quieren.
4. –¿No has traído el pan? – _____ se me ha olvidado.
5. Me lo cuentas luego, _____ ahora tengo prisa.
6. _____ tienen muchos hijos, no están nunca solos.
7. Voy a encender la chimenea, _____ hace frío.
8. –¿No tienes dinero? –No, _____ estoy sin trabajo
9. –¿No vienes, Santi? – _____ tengo que estudiar.
10. Me marcho, _____ he quedado con Ángel en casa.
11. _____ eres de Madrid, conocerás bien El Prado.
12. _____ es tu cumpleaños, invítanos a algo.

ACIERTOS ...../12

88.2. **Una las frases con el nexo dado.**

1. Tengo varios diccionarios. Te voy a regalar uno. (*como*) ___Como tengo varios diccionarios___ ___te voy a regalar uno.___
2. Eres tú. Te permito que uses mi pluma. (*porque*) _____
3. Voy a preparar la comida. Tengo invitados. (*que*) _____
4. No vienen ellos. Iremos nosotros. (*puesto que*) _____
5. No me lo regalan. Me lo compraré yo. (*ya que*) _____
6. El niño no se perdió. Lo vio el policía. (*gracias a que*) _____
7. Me voy. Prefiero no discutir. (*que*) _____
8. No llevaba las gafas. No pude leer lo que decía el letrero. (*como*) _____
9. Nos conocemos hace mucho. Prefiero no enfadarme. (*porque*) _____
10. Hace sol. Podrías llevar al abuelo al parque. (*puesto que*) _____

ACIERTOS ...../10

88.3. **Complete con el verbo entre paréntesis en la forma adecuada.**

1. No iba a quedarme en casa sólo porque Teresa (*estar*) ___estuviera___ de mal humor.
2. Ramón dice que no sale porque le (*doler*) _____ un poco la cabeza.
3. No voy a quedarme en casa sólo porque me (*doler*) _____ un poco la cabeza.
4. Pensé que no me iban a regañar porque (*llegar*) _____ un poco tarde.
5. A Sonia le han puesto una multa porque no (*respetar*) _____ un stop.
6. –Te tienes que acostar ya. –Es que (*yo, querer*) _____ ver el partido.
7. Duerme por el día porque (*trabajar*) _____ de noche.
8. –¿Por qué no aceptaste el empleo? ¿No te gustaba? –No es que no me (*gustar*) _____, es que pagaban muy poco.
9. –¿No saludaste a Gina? ¿No la viste? –No es que no la (*ver*) _____, es que preferí no saludarla.
10. –Come más pescado. –Es que no me (*gustar*) _____ mucho.
11. No nadaba porque le (*gustar*) _____, sino porque se lo (*mandar*) _____ el médico.
12. –¿No quieres ir a ver a Almudena? –No es que no (*querer*) _____. Es que (*yo, estar*) _____ bastante ocupado.

ACIERTOS ...../14

gracias a vosotros, de tantos libros como tiene
Oraciones causales (2)

He ganado **gracias a vosotros**.
Sois extraordinarios.

La casa está siempre revuelta **de tantos libros como tiene**.

Otras formas de expresar causa son:

● *por* + infinitivo

> Han despedido a Tomás **por leer** el periódico en internet en horas de trabajo.
> Eso te pasa **por no haber elegido** un buen abogado.

● *a causa de, gracias a, por culpa (de), por* + nombre o pronombre

> Aquí no crecen árboles **por culpa** del viento.
> Todos los problemas son **por culpa tuya**.
> He logrado aprobar **gracias a vosotros**. Sois unos buenos amigos.

● *por* + adjetivo

> Tuvieron que echarlo **por vago**. (= porque es vago)

● *de* + *tanto/a/os/a* + nombre + *que/como* + indicativo

> No pudimos entrar en la discoteca **de tanta gente que/como había**. (= porque había mucha gente)
> No sé qué elegir **de tantas comidas buenas que/como** hay. (= porque hay muchas comidas buenas)

● *de* + *tan* + adjetivo/adverbio + *que/como* + indicativo

> No parece hijo mío **de tan soso que/como es**. (= porque es soso)
> **De tan rápido que/como corría** no pudimos cogerlo.

● *de* + *tanto que/como, tan poco que/como* + indicativo

> **De tanto que/como habla** se va a quedar ronco. (Porque habla mucho.)
> Se está quedando en los huesos **de tan poco que/como come**. (Porque come poco.)

– La causa puede ir antes o después de la consecuencia.

> **De tantos cuadros como he visto**, estoy mareado.
> Parece guapo **de tan simpático que es**.

● Gerundio

> **Sabiendo** que era aficionado a la música, le compré un cedé. (= Como sabía que era aficionado a la música...)
> **Viendo** que llovía decidimos quedarnos en casa. (= Como vimos que llovía...)

▶ UNIDADES 81-82: Gerundio (1) y (2)

89.1. Una las frases con el nexo dado. Haga los cambios necesarios.

1. Me han puesto una multa. Me he saltado un semáforo en rojo. (*por*) Me han puesto una multa por saltarme un semáforo en rojo.

2. Llegamos tarde. La culpable fue María. (*por culpa de*) _____

3. Las carreteras estaban cortadas. Había inundaciones. (*por*) _____

4. Chocó contra un poste. Iba mirando hacia atrás. (*por*) _____

5. Eres tonto. Por eso te ha pasado eso. (*por*) _____

6. Se fue la luz. Había una tormenta. (*a causa de*) _____

7. Nos castigaron. La culpa fue vuestra. (*por culpa de*) _____

8. Ganamos. El responsable fue Andrés. (*gracias a*) _____

9. Nos quedamos sin vacaciones. No habíamos reservado hotel. (*por*) _____

10. Sé lo del divorcio de Lola. Ángel me lo dijo. (*gracias a*) _____

11. El coche derrapó. En la carretera había hielo. (*por culpa de*) _____

12. Me olvidé del móvil. Salimos muy deprisa. (*por*) _____

ACIERTOS ...... /12

89.2. Una las frases con *de + tanto/a/os/as, de + tan, de + tanto / tan poco*. Haga los cambios necesarios.

1. No oíamos nada. Había mucho ruido. No oíamos nada de tanto ruido que/como había.

2. Luisa está siempre cansada. Duerme muy poco. _____

3. Los niños estaban excitadísimos. Habían recibido muchos regalos. _____

4. Carla está siempre estresada. Tiene mucho trabajo. _____

5. Lee mucho. Se va a quedar sin vista. _____

6. El tráfico va mal. Hay muchos coches. _____

7. Llevaba mucha ropa. Parecía gordo. _____

8. No pudimos comer el jamón. Estaba muy salado. _____

9. Nos quemamos la cara y los brazos. Hacía mucho sol. _____

10. Había mucha niebla. No veíamos la carretera. _____

11. Rodrigo está fuerte. Levanta un sillón con una mano. _____

12. Hablé mucho en la reunión. Tenía una sed tremenda. _____

ACIERTOS ...... /12

89.3. Vuelva a escribir las frases subrayadas usando el gerundio.

1. <u>Como pensaba que le gustaba la música clásica.</u> Pensando que le gustaba la música clásica, le compré un cedé de Mozart.

2. <u>Como creía que Celia quería verme.</u> _____ , fui a su casa.

3. <u>Como sospechaba que me iban a despedir.</u> _____ , me busqué otro trabajo.

4. <u>Como estaba de baja.</u> _____ , Pedro no se atrevía a salir a la calle.

5. <u>Como la veíamos tan triste.</u> _____ , nos daban ganas de ayudar a Teresa.

6. <u>Como Santi no estaba.</u> _____ , nos fuimos enseguida.

7. <u>Como estaba distraído.</u> _____ , no oí entrar a Tomás.

8. <u>Como había terminado de leer el periódico.</u> _____ , me puse a hacer el crucigrama.

9. <u>Como sabíamos que Álvaro estaba en cama.</u> _____ , nos dejamos caer por su casa.

10. <u>Como recordé que no teníamos leche.</u> _____ compré un par de cartones en el súper.

ACIERTOS ...... /10

Así que cállate. De ahí que regresara.
Oraciones consecutivas (1)

● Las oraciones consecutivas indican la consecuencia o el resultado de otra acción o situación. Con frecuencia van unidas a la oración que indica la causa.

causa ----------→ consecuencia o resultado

*No estoy de buen humor, **así que cállate por favor.*** (No estoy de buen humor; por eso te ruego que te calles.)
*Perdió el trabajo en Alemania; **de ahí que regresara** a España.* (Perdió el trabajo; por eso regresó a España.)
*Tiene **tal enfado que no quiere ni vernos**.* (Está muy enfadado; por eso no quiere vernos.)

● Formas de expresar consecuencia o resultado: *por eso, o sea que, así que, así pues, conque, de manera que, de forma que, de modo que, por (lo) tanto, por consiguiente, consecuentemente, consiguientemente.*

por eso		La empresa está en crisis, **por eso no nos suben el sueldo**.
o sea que		Esa excusa ya me la has puesto otras veces, **o sea que es mejor que no digas nada**.
así que		Te han pagado bien el piso, **así que ahora no te quejes**.
así pues		No tenía coche, **así pues**, *llevamos* a Julio hasta la Facultad.
conque	+ indicativo	Tenéis que estar en la estación dentro de 20 minutos, **conque daos prisa**.
de manera que	+ imperativo	Deberías hacer las paces con Tatiana, **de manera que llámala tú** primero.
de forma que		Sé lo que ha pasado, **de forma que no necesitáis** decirme nada.
de modo que		Tengo que acabar la redacción, **de modo que dejadme** tranquilo.
por (lo) tanto		Tú conoces mejor el terreno, **por lo tanto deberías** ir el primero.
por consiguiente		El martes es fiesta, **por consiguiente tenemos** que adelantar la reunión.
consecuentemente		Hizo mucho calor, no regaron las plantas y, **consecuentemente**, se secaron.
consiguientemente		Llevan mucho tiempo jugando mal y, **consiguientemente**, van los últimos en la Liga.

– El verbo puede ir en cualquier tiempo del indicativo.

*Estaba todo cerrado, **o sea que no hemos podido** comprar nada.*
*Nos conocemos hace mucho, **por eso le aguanté** las tonterías que me dijo.*
*Tú tampoco eres un santo, **de modo que deberías** criticar menos.*
*Parece que no quiere sacar la basura nadie, **así que tendré** que sacarla yo, como siempre.*

● Con el indicativo también sirven para introducir deducciones.

*El mayordomo estaba fuera a esa hora, **consecuentemente no pudo ser el asesino**.*
*–El director no ha querido recibirme. –**O sea que no te han subido el sueldo**.*

– Se usa el imperativo para expresar la consecuencia como una petición, una sugerencia o una orden.

*Me parece que estáis equivocados todos, **o sea que callaos**.*
*Me duele un poco la cabeza, **de modo que no gritéis** mucho, por favor.*

– *Conque* se usa con frecuencia en el habla diaria para expresar una orden o una advertencia como consecuencia natural de lo que acaba de decirse.

*Hoy el jefe no está de muy buen humor, **conque ten** cuidado.*

● *Luego* se usa para introducir una consecuencia lógica.

*Las manillas del reloj se mueven, **luego funciona**.*

Pienso, luego existo.

● *de ahí* + indicativo o subjuntivo

de ahí + indicativo	El director ha rechazado muchos contratos, y **de ahí vienen** los problemas de la empresa.
de ahí (el) que + subjuntivo	Es venezolano; **de ahí que tenga** ese acento.
	Me quedé sin batería; **de ahí que no pudiera** avisarte.

– Se puede usar *de ahí* + nombre.

*Es venezolano, **de ahí su acento**.*
*Su tío es argentino, **de ahí su afición** al tango.*

90.1. Una las frases con el nexo dado. Tenga cuidado con el orden de las frases.

1. Tenemos que hacer horas extra. Hay mucha gente enferma. (*por eso*) ___Hay mucha gente enferma,___ _____por eso tenemos que hacer horas extras._____

2. No puedo decirte nada. Todavía no me ha contestado Julio. (*de modo que*) _____

3. A lo mejor te arregla el ordenador Enrique. Sabe mucho de informática. (*de manera que*) _____

4. Todo será más barato. Pronto llegarán las rebajas. (*consecuentemente*) _____

5. Tengo derecho a la herencia. Yo también soy hijo vuestro. (*por lo tanto*) _____

6. Me fui. Esperé pero no veníais. (*así que*) _____

7. Raquel sigue enfadada conmigo. No me coge el teléfono. (*o sea que*) _____

8. No puede ser de Javi. Esta chaqueta es talla XL. (*de forma que*) _____

9. Has puesto poca sal. La verdura está sosa. (*por eso*) _____

10. La propuesta del director ha obtenido mayoría de votos. Queda aprobada. (*por consiguiente*) _____

ACIERTOS ...../10

90.2. Complete con las sugerencias.

1. Tengo hambre, (*así que, tú, preparar algo*), ___así que prepara algo._____

2. Tengo que hacer los ejercicios (*de manera que, tú, devolverme el diccionario*) _____ .

3. Hoy no hace frío, (*así que, vosotros, no encender la calefacción*) _____ .

4. Alfonso dice muchas tonterías, (*o sea que, vosotros, no hacerle caso*) _____ .

5. Javier dice que te deja su piso de Marbella. (*de modo que, darle las gracias*) _____

6. Ya son las ocho. (*o sea que, vosotros, recoger y marcharse*) _____ .

ACIERTOS ...../6

90.3. Complete con *conque* o *luego*.

1. Hoy no hay calefacción, ___conque___ abrigaos bien.

2. Respira, _____ está vivo.

3. La luz roja está encendida, _____ tiene corriente.

4. Mañana empezamos el inventario, _____ llegad pronto.

5. Solo hay entradas para cinco personas, _____ daos prisa si estáis interesados.

6. Come bien, _____ no está tan mal.

7. Aquí no puede haber nadie, _____ marchaos.

8. Ese dormitorio lleva cerrado varios días, _____ ventílalo un poco.

ACIERTOS ...../8

90.4. Complete con *de ahí* o *de ahí que*.

1. Es árabe; ___de ahí___ su nombre.

2. Es alérgico a la leche; _____ no pueda comer estos helados.

3. Comercia con alimentos; _____ procede su riqueza.

4. Hoy acaba el plazo de entrega de solicitudes; _____ su prisa.

5. No le gusta mucho la ópera; _____ no tenga interés en conseguir entradas.

6. Ha dejado de fumar, _____ esté un poco más gordo.

7. A Fito le mordió un galgo de pequeño; _____ su miedo a los perros.

ACIERTOS ...../7

90.5. Complete con el verbo entre paréntesis en el tiempo adecuado de indicativo o subjuntivo.

1. Están de vacaciones en la India; de ahí que no (*ellos, enterarse*) ___se hayan enterado___ de lo de Martín.

2. No se lleva bien con Marisa; de ahí que no (*él, querer*) _____ venir a la excursión.

3. En ese momento estábamos cansados; de ahí que nadie (*aceptar*) _____ tu sugerencia.

4. Su padre se dedicaba a la compra-venta de pisos; de ahí (*surgir*) _____ su empresa de construcción.

5. Los aeropuertos estaban cerrados por el mal tiempo; de ahí que (*tener*) _____ que quedarnos dos días más en Moscú.

6. Nuria no tiene buenos recuerdos de esa familia; de ahí que (*negarse*) _____ a acompañarnos a verlos.

7. Mi padre era napolitano: de ahí que (*yo, entender*) _____ italiano.

8. Julia come muy mal; de ahí (*proceder*) _____ todas sus enfermedades.

ACIERTOS ...../8

de un modo que parece, tal enfado que no quiere
Oraciones consecutivas (2)

Otras formas de expresar consecuencia o resultado:

● *de un modo / de tal modo, de una forma / de tal forma, de una manera / de tal manera*

de un / tal modo	Hace las cosas **de un modo que parece** que no tiene ningún interés.
de una / tal forma + *que* + indicativo	Me miró **de tal forma que parecía** que no me conocía de nada.
de una / tal manera	Hicieron el proyecto **de tal manera que ha habido** que repetirlo.

– El verbo puede ir en cualquier tiempo del indicativo:

> Llovió **de tal manera que se anegaron** los campos.
> Cerró el frasco **de tal modo que no se podía** abrir.

● *tal* + nombre

tal + nombre + *que* + indicativo	Emilio tiene **tal enfado que no quiere** ni vernos.
	Tenía tal dolor que solo quería estar tumbado.

● *cada* + nombre

cada + nombre + *que* + indicativo	Tiene **cada ocurrencia que parece** un viejo.

– *Cada* se usa para referirse a situaciones repetidas.

> Las amigas de Alberto tienen **cada idea que es** para echarse a temblar. (Tienen esas ideas con frecuencia.)

● *tan, tanto/a/os/as, tan poco, hasta tal punto*

tanto		Habla **tanto que nos aburre** a todos.
tan poco		Piensa **tan poco que le sale** todo mal.
tan + adjetivo	+ *que* + indicativo	Este problema es **tan difícil que no lo resuelve** nadie.
tan + adverbio		Llegaron **tan tarde que no pudimos** entrar al concierto.
tanto/a/os/as (+ nombre)		Tiene **tanto trabajo que no está** nunca en casa.
tan poco/a/os/as (+ nombre)		Hay **tan poca gente que no creo** que se celebre el curso.

● *hasta tal punto que* + indicativo = tanto Apretó el corcho de la botella **hasta tal punto que** luego no se **podía** sacar.
(= tanto que luego no se podía sacar)

Discutieron **hasta tal punto que casi llegaron** a las manos.
(= tanto que casi llegaron a las manos)

tanto	+ nombre		Sabe tanto **como para dar** la clase.
tanto/a/os/as		+ *como para* + infinitivo	No hace **tanto frío como para llevar** abrigo.
		(referencia a la misma persona)	No es **tan lista como para hacer** dos cursos en uno.
tan + adjetivo		+ *como para que* + subjuntivo	No es **tan vago como para que** le critiques.
tan + adverbio		(referencia a personas diferentes)	No iba **tan rápido como para estrellar**se.
			El niño no se ha portado **tal mal para que lo regañes** así.

E J E R C I C I O S

91.1. **Complete con las palabras entre paréntesis en la forma correcta.**

1. Agustín come (*de tal manera, parecer un salvaje*) _____de tal manera que parece un salvaje._____
2. Algunos poetas escriben (*de una forma, hacer soñar*) _____
3. Me miró (*de tal modo, darme miedo*) _____
4. Sonia vestía (*de tal manera, llamar la atención*) _____
5. La soprano cantó (*de tal modo, emocionar al público*) _____
6. El viento soplaba (*de tal forma, arrancar ramas de los árboles*) _____

ACIERTOS ...... /6

91.2. **Complete con *tal* o *cada* y las palabras entre paréntesis.**

1. Cuando Luis era pequeño hacía (*cosa, ellos, pensar*) _____cada cosa que pensaban_____ que no estaba bien.
2. Han armado (*lío, ellos mismos, no saber*) _____ cómo salir de él.
3. Ramón se mete en (*problema, nosotros, estar*) _____ hartos.
4. Tengo (*dolor en la pierna, yo, no poder*) _____ andar.
5. Los niños de Elvira tienen (*respuesta, ellos, parecer*) _____ mayores.
6. Arturo hacía (*dibujo, él, maravillar*) _____ a su profesora.
7. Ricardo tenía (*ocurrencia, él, dejarnos*) _____ boquiabiertos.
8. Marisa tenía (*genio, todos, huir*) _____ de ella.

ACIERTOS ...... /8

91.3. **Rodee la forma correcta.**

1. Llovía *tan/tanto* que me empapé.
2. Había *tanto/tanta* niebla que no se veía nada a dos metros de distancia.
3. Yago iba *tan/tanto* deprisa que lo paró la policía.
4. Alberto roncaba *tan/tanto* que nos despertaba a todos.
5. Carmen sabía *tan/tanto* de arte que nos asombraba.
6. La película era *tan/tanto* larga que tuvimos que salirnos sin que acabara.
7. Ascensión comía *tanto/tan poco* que nos extrañaba que no adelgazara.
8. Anduvimos *tanto/tan poco* que llegamos con los pies hinchados.
9. Los árboles tenían *tanto/tanta* fruta que se rompían las ramas.
10. Tiene *tanto/tantos* amigos que está siempre ocupado.

ACIERTOS ...... /10

91.4. **Una las frases con *tan/tanto + como*.**

1. Armando gana mucho. Puede ayudaros sin problemas. _____Armando gana tanto como_____ ___para poder ayudaros sin problema._____
2. Rita sabe alemán. Puede ayudarte con la traducción._____
3. Rodrigo vale mucho. Pueden nombrarlo director. _____
4. Rosa no bebió mucho. No pudo emborracharse. _____
5. Ángel no es tan ineficaz. No pueden despedirlo._____
6. ¿Vas a ser tonta? ¿Te vas a creer eso? _____

ACIERTOS ...... /6

91.5. **Complete con el verbo en la forma adecuada.**

1. Kaká no está tan bien como para (*jugar*) _____jugar_____ en este partido.
2. Vino tanta gente a la conferencia que no (*caber*) _____ en la sala.
3. Esta mañana te ha llamado tanta gente que no (*yo, recordar*) _____ sus nombres.
4. Le gusta el marisco hasta tal punto que (*él, estar*) _____ dispuesto a pagar lo que sea.
5. No es tan mala estudiante como para que la (*ellos, suspender*) _____.
6. Rubén no es tan bueno como para que lo (*contratar*) _____ un equipo de primera.
7. Agustín se puso tan pesado que (*irnos*) _____ enseguida.
8. No es tan fuerte como para (*poder*) _____ levantar esa caja él solo.
9. Comió tanto que (*ponerse*) _____ malo.
10. No soy tan listo como para (*saber*) _____ qué estás pensando.

ACIERTOS ...... /10

92 *un frío que no se puede, de un orgulloso que resulta*
Oraciones consecutivas (3)

Hace un frío
que no se puede salir.

Otras formas de expresar consecuencia o resultado:

● *un, una, unos, unas* + nombre + *que* + oración consecutiva

un, una, unos, unas + nombre + *que* + indicativo	*Hace **un frío que no se puede** salir.* *Ana **tiene unas ideas que parece** racista.*

● *una de* (= tanto/a/os/as) + nombre + *que* + oración consecutiva

una de + nombre + *que* + indicativo	*Tengo **una de trabajo que no tengo** un minuto libre.* *El pobre Cayo tenía **una de dolores** tras la operación **que no dejaba** de quejarse.*

● *ser de un* + adjetivo + *que* + oración consecutiva

ser de un + adjetivo singular + *que* + indicativo masculino	*Luisa es **de un orgulloso que** a veces **resulta** insoportable.* *En este restaurante son **de un lento que** se les **enfría** la comida antes de servirla.*

– Se puede usar la siguiente construcción con el mismo significado.

si + futuro simple de *ser* + adjetivo + *que* + indicativo	***Si será orgullosa** Luisa **que** a veces **resulta** insoportable.*

  ● El adjetivo va en la misma forma (masculino, femenino, singular, plural) que el nombre al que se refiere.
    ***Si serán lentos** en este restaurante **que se** les **enfría** la comida antes de servirla.*

● Es frecuente expresar solo la causa en exclamaciones, por considerar innecesario añadir el resultado o la consecuencia. El matiz positivo o negativo es obvio por el contexto.
    *¡**Tiene unos ojos** el niño...!* (Parece obvio que el resultado es positivo.)
    *¡**Son de un lento**...!* (Parece obvio que las consecuencias son negativas.)

● *lo* + *bastante/suficientemente* + adjetivo + *como para / como para que*

lo + *bastante* *suficientemente*	+ adjetivo	+ *como para* + infinitivo (referencia a la misma persona)	*Soy **lo bastante sensato como para poder** ir solo.*
		+ *como para que* + subjuntivo (referencia a personas diferentes)	*Eres **lo suficientemente adulta como para que** nadie te **diga** lo que tienes que hacer.*

– El adjetivo va en la misma forma (masculino, femenino, singular, plural) que el nombre al que se refiere.
    *Celia y Maribel son **lo suficientemente listas** como para no dejarse engañar por nadie.*

● *¡el, la, los, las* + nombre / *lo* + adjetivo/adverbio + *que* + indicativo + *que* + oración consecutiva!

¡el, la, los, las + nombre + *que* + indicativo + *que* + indicativo!	*¡**El disgusto que tendría que no quería** ver a nadie!*
¡lo + adjetivo + *que* + indicativo + *que* + indicativo!	*¡**Lo enfadado que estará que no nos ha saludado**!*
¡lo + adverbio + *que* + indicativo + *que* + indicativo!	*¡**Lo tarde que sería que no había** un alma en la calle!*

– El primer verbo suele ir en presente de indicativo o futuro simple cuando nos referimos al presente, y en pretérito imperfecto de indicativo, pretérito indefinido o condicional cuando nos referimos al pasado.
    *¡**Los dolores que tiene/tendrá que** no le **dejan** dormir!*
    *¡**La alegría que** le **dio/daría** la noticia **que** me **dio** un beso!*

92.1. **Complete las frases con las palabras entre paréntesis como en el ejemplo.**

1. Tengo (*hambre, yo, no poder*) _____ un hambre que no puedo _____ dormir.
2. Hace (*viento, asustar*) _____.
3. Tengo (*sueño, yo, caerme*) _____.
4. Elena dice (*cosas, ella, parecer*) _____ tonta.
5. María hace (*arroz con leche, chuparse uno*)_____ los dedos.
6. Hay (*niebla, no verse*) _____ nada a dos metros.
7. Caía (*lluvia, no poderse*) _____ cruzar la calle.
8. Hace (*calor, no poderse*) _____ estar al sol.

ACIERTOS ...... /8

92.2. **Complete las frases con *una de* y las palabras entre paréntesis como en el ejemplo.**

1. Álvaro tiene (*familiares, ellos, no caber*) _____ una de familiares que no caben _____ en una casa cuando se reúnen.
2. Hay (*obras, no poderse*) _____ andar por Madrid.
3. Está cayendo (*nieve, nosotros, no ir*) _____ a poder salir de casa.
4. Sofía tiene (*problemas, no extrañarme*) _____ que esté preocupada.
5. Vino (*gente, haber*) _____ que traer más sillas.
6. Había (*comida, quedar todos*) _____ hartos.

ACIERTOS ...... /6

92.3. **Una las frases comenzando por las palabras dadas. Haga los cambios necesarios.**

1. Miguel es muy trabajador. Hace el doble que el resto de nosotros.
   Miguel es de un trabajador que hace el doble que el resto de nosotros.
2. Mario es muy listo. Es el favorito de todos los profesores.
   Si será Mario _____.
3. Susana y Lola son muy orgullosas. Nunca confiesan sus errores.
   Susana y Lola son de _____.
4. Emilia es muy torpe. Rompe todos los móviles que le compramos.
   Si será Emilia _____.
5. Elvira es muy callada. Apenas habla.
   Si será Elvira _____.

ACIERTOS ...... /5

92.4. **Una las frases con las palabras entre paréntesis. Haga los cambios necesarios.**

1. Raquel es muy inteligente. Lo puede comprender ella sola. (*bastante*)
   _____ Raquel es lo bastante inteligente como para comprenderlo ella sola. _____
2. Creo que soy muy independiente. Nadie tiene que ayudarme. (*suficientemente*)
   _____
3. Miguel está preparado. Puede llevar el camión él solo. (*bastante*)
   _____
4. Armando es muy querido en la oficina. Sus compañeros le van a dar un homenaje. (*bastante*)
   _____
5. Maite no es valiente. No se atreve a decirle nada a Juan. (*suficientemente*)
   _____

ACIERTOS ...... /5

92.5. **Una las frases en exclamaciones con *el, la* o *lo*.**

1. Tiene mucho dinero. No sabe qué hacer con él. _____ ¡El dinero que tiene/tendrá que no sabe qué hacer con él!
2. Estaba muy cansado. Durmió más de diez horas. _____
3. Es muy tímido. Apenas levanta la voz. _____
4. Estábamos muy hartos de Fidel. Nos escondíamos al verlo. _____
5. Tenía mucha sed. Me bebí dos botellas de agua en un minuto. _____
6. Anda muy ocupada. Ni coge el teléfono. _____
7. Tenía mucha hambre. Se comió el pollo entero. _____
8. Tenía mucho miedo. Nunca bajaba al sótano. _____

ACIERTOS ...... /8

para comprarme, con idea de pasar, a tratar
Oraciones finales

Lo siento, pero hay que reducir gastos **con el fin de salvar** la empresa.

¿Para qué sirve esta máquina?

Para limpiar la fruta antes de meterla en las cajas.

● Formas de expresar finalidad:

– *a* (con verbos de movimiento), *para, con ánimo de, a fin de, con el fin de, con la finalidad de, con (la) idea de, con la intención de, con el propósito de* + infinitivo, cuando el sujeto es el mismo en las dos oraciones.

> Mañana queremos **ir a hacer** unas compras. Ya hay rebajas.
> Hemos alquilado una casa en la sierra **con idea de pasar** allí los fines de semana.
> Vinieron a verme **con la intención de convencerme**.
> Yo solo lo hago **con ánimo de ayudar**.

– *a* (con verbos de movimiento), *para, a fin de, con el fin de, con la finalidad de, con idea de, con la intención de, con el propósito de* + *que* + subjuntivo, cuando las dos oraciones tienen sujetos diferentes.

> Quieren convencerme **para que me una** a ellos en la expedición.
> –¿A qué ha venido Arturo? –**A que le cosa** un botón. Es un inútil.
> He escrito mis memorias **con el fin de que sepáis** cómo se vivía cuando yo era joven.

● Se usa el presente de subjuntivo cuando nos referimos al presente o al futuro.

> Dale algo al portero **para que nos deje** entrar.
> Van a subir los impuestos **con la intención de que mejore** la economía.

● Se usa el pretérito imperfecto de subjuntivo cuando nos referimos al pasado o después de un verbo en condicional.

> El año pasado matriculé a mis hijas **para que aprendieran** diseño, pero el curso no fue bueno.
> Me gustaría que aprendieran diseño **para que pudieran** ayudarme en mi empresa.

– imperativo, *que* + subjuntivo

> Ven aquí, **que te vea** bien.
> Habla bajo, **que no se despierten** los niños.

● Las oraciones finales también pueden referirse a nombres o adjetivos.

– nombre/adjetivo + *para* + infinitivo

> Es un nuevo **aparato para detectar** explosivos.
> Tengo un vino **excelente para tomarlo** con pescado.

– nombre + *a* + infinitivo = que hay que

> ¿Cuáles son los **temas a tratar** en la reunión de esta tarde? (= los temas que hay que tratar)

● Algunas oraciones finales se usan mucho en el habla diaria como expresiones: *para que lo sepas, para que te enteres, para ser sincero, para que te fastidies, para que te hagas idea, para que luego digas.*

> **Para que lo sepas**, no pienso ayudarte. (Te aviso.)
> Y ahora se lo voy a decir todo a Sonia, **para que te fastidies**.

93 EJERCICIOS

93.1. **Forme frases uniendo los elementos de las dos columnas.**

1. Esta mañana vino Luisa a que
2. Están siempre insultándome con intención de
3. Quiero alquilar un local con idea de
4. Quiero comprar queso para que
5. He trabajado mucho a fin de
6. Paco y Mariano han salido a
7. Vengo hoy un poco antes con la intención de
8. No te he dicho eso con ánimo de

a. comprarme una moto.
b. ofenderte.
c. correr un poco.
d. le contara lo de Armando.
e. Elena prepare una *fondue*.
f. enfadarme.
g. abrir una galería de arte.
h. marcharme pronto.

ACIERTOS /8

93.2. **Una las frases con los nexos dados.**

1. Puse el despertador. Quería levantarme temprano. (*con el fin de*) _____ Puse el despertador con el fin de levantarme temprano.
2. Julia me llamó. Quería que la acompañara al médico. (*para*) _____
3. He invitado a todos mis tíos. Quiero celebrar el nacimiento de Manoli. (*con el propósito de*) _____
4. Estos días estoy a dieta. Me conviene reducir peso. (*con el fin de*) _____
5. Enrique viene en verano. Quiere que conozcamos a su esposa. (*para*) _____
6. He puesto la calefacción. Quiero que el piso se caliente. (*con la intención de*) _____
7. Mañana voy de tiendas. Quiero comprarle un abrigo a mi madre. (*con la idea de*) _____

ACIERTOS /7

93.3. **Complete con la forma correcta del verbo entre paréntesis.**

1. Necesito verte para que me (*tú, firmar*) _____ firmes _____ unos documentos.
2. Anoche tuvimos que empujar el coche para que (*arrancar*) _____.
3. Voy a apuntar la dirección para que no (*a mí, olvidarse*) _____.
4. Ponte esta crema para que no te (*quemar*) _____ el sol.
5. Debo avisar a Santi a fin de que (*ir*) _____ a recogerme a la estación.
6. Pedí a Estela que trajera sus cedés a fin de que los (*nosotros, oír*) _____ en casa.
7. Pusimos a Fidel delante con ánimo de que no (*marearse*) _____ con las curvas de la carretera.

ACIERTOS /7

93.4. **Una las frases con *que*. Haga los cambios necesarios.**

1. Vigila. No quiero que se queme la comida. _____ Vigila, que no se queme la comida.
2. Estudia. No quiero que te suspendan. _____
3. Abre las ventanas. Quiero que entre el aire. _____
4. Cierra la jaula. No quiero que se escape el hámster. _____
5. Escribe eso en la pizarra. Quiero que lo vean todos. _____

ACIERTOS /5

93.5. **Complete con *para* o *a* y los verbos del recuadro.**

1. Me gustaría encontrar una loción _____ para detener _____ la caída del cabello.
2. Esa salsa es excelente _____ la carne de venado.
3. Los problemas _____ son complicados.
4. Hay un servicio telefónico _____ del estado de las carreteras.
5. ¿Tienes algo _____ los zapatos?
6. La herencia _____ tras la muerte de su tío es cuantiosa.
7. Mañana vienen _____ los teléfonos.

acompañar	~~detener~~
informar	limpiar
reparar	repartir
resolver	

ACIERTOS /7

93.6. **Complete las frases con las expresiones del recuadro.**

1. Esto me lo he comprado yo, _____ para que te enteres _____.
2. Y ahora no pienso dejarte que uses mi ordenador, _____.
3. _____, la película era bastante mala.
4. Y mañana no pienso salir contigo, _____.
5. _____, el nuevo hipermercado es como dos estadios de fútbol.

para que lo sepas   para ser sincero
~~para que te enteres~~
para que te fastidies
para que te hagas idea

ACIERTOS /5

195

Si nieva, habrá mucha agua.
Oraciones condicionales (1)

● Condiciones posibles de presente o futuro: para referirnos a condiciones en el presente o en el futuro, necesarias para la realización de otra acción o situación, usamos las siguientes construcciones.

condición ------------------------------→ consecuencia

si + presente de indicativo, pretérito perfecto de indicativo	futuro simple / presente de indicativo imperativo / condicional

Si nieva *este invierno,* **habrá** *mucha agua en verano.*　　**Si tenéis** *tiempo,* **venid** *a verme.*
Si acertamos *cinco números,* **podemos** *ganar bastante dinero.*　　**Si habéis acabado, podéis** *iros.*
Si ha llegado *don Jesús,* **hazlo** *pasar.*　　**Si tienes** *tiempo,* **podrías** *ayudarme.*

– Normalmente se usa el futuro simple en la consecuencia cuando nos referimos al futuro o para indicar deducción en el presente.

Si no aseguras *el coche,* **más adelante tendrás** *problemas.*　　**Si habéis comido** *tarde,* **ahora no tendréis** *hambre.*

– Se usa el presente de indicativo en la consecuencia cuando el hablante considera la relación entre la condición y la consecuencia muy segura...

Lógicamente, **si ganas** *más dinero,* **puedes** *ahorrar más.*　　**Si** *mañana* **estoy** *bien,* **vuelvo** *a la oficina.*

...cuando se trata de una decisión ya tomada...

Si no llegas *a la hora,* **nos vamos.**　　**Si llueve** *mañana,* **nos quedamos** *en casa.*

...o para hablar de verdades universales y acciones habituales o reiteradas. (*si* = cuando, siempre que)

Si *el agua* **hierve, se convierte** *en vapor.*　　**Si cojo** *peso,* **me duele** *la espalda.*

– Se usa el imperativo en la consecuencia cuando expresamos una orden, un ruego, una petición, una invitación o una sugerencia.

Si ves *a Tomás,* **pídele** *el teléfono de Elsa, por favor.*

– Se usa el condicional en la consecuencia cuando queremos hacer una recomendación o dar un consejo, o para indicar una posibilidad real más remota.

Si tienes *la oportunidad,* **deberías** *comprarte ese piso.*　　*Ten cuidado. Si no haces caso,* **podrías** *tener problemas.*

● Condiciones posibles de pasado: también podemos expresar condiciones posibles referidas al pasado. Indican que siempre que se cumplía la condición, se daba la consecuencia.

condición --------------------------------------→ consecuencia

si + pretérito imperfecto de indicativo, pretérito indefinido	pretérito imperfecto de indicativo / condicional

Antes **si** *se* **trabajaba, se vivía** *bien.*　　*Vivía cerca de la playa, y* **si hacía** *buen tiempo,* **me bañaba** *en el mar todas las mañanas.*

– Se usa el condicional en la consecuencia para indicar deducción en el pasado.

Si *estuvisteis en Londres,* **veríais** *a Geraldine.*　　**Si** *te vieron, te* **dirían** *algo, supongo.*

● Para referirnos a condiciones posibles pasadas con consecuencias en el presente:

condición --------------------------------→ consecuencia

si + pretérito imperfecto de indicativo,	presente de indicativo / futuro simple

Si estaba *tan cansada,* **es/será** *mejor no molestarla ahora.*

si + pretérito indefinido,	presente de indicativo / futuro simple / imperativo

Si llegó *tarde,* **prefiero** *no despertarlo.*　　**Si** *no cenasteis anoche,* **desayunad** *ahora bien.*
Si *vivisteis en Osaka,* **hablaréis** *japonés, ¿no?* (deducción)

94.1. **Rodee la forma correcta.**

1. Yo necesito un ordenador. Si no me dejas el tuyo *tengo/tendré* que comprarme uno.
2. No me gusta cómo tienes esa herida. Si no te la curan bien, *puedes/podrás* tener problemas.
3. A mí me da igual. Si no quieres hacerlo ahora, ya lo *harás/haces* más adelante.
4. Si no tengo las gafas, no *veo/veré* nada.
5. Si tienes problemas, *deberás/deberías* ir al psicólogo.
6. Si no contestan, *están/estarán* fuera.
7. Si ha llegado el correo, *lo repartirás/repártelo*.
8. Si no me suben el sueldo, me *voy/iré* de la empresa. Ya estoy harta.
9. Si han acabado el trabajo, *puedes/podrás* pagarles.
10. Si has hablado con Pedro, *sabes/sabrás* lo de Lola.

ACIERTOS
....../10

94.2. **Complete las frases con los verbos entre paréntesis en los tiempos adecuados, afirmativa o negativa.**

1. Si no nos suben el sueldo, (*nosotros, hacer*) ___haremos___ huelga.
2. Si se (*dar*) _____ a este botón, se para la máquina.
3. Si (*llover*) _____ pronto, no tendremos agua en verano.
4. Si (*llover*) _____ mucho esta noche, la tierra estará empapada.
5. Si la comida está salada, (*dar*) _____ mucha sed.
6. Si acabo este libro pronto, te lo (*yo, dejar*) _____.
7. (*tú, llamarme*) _____ si consigues otra entrada.
8. Si estáis cansados, (*vosotros, deber*) _____ acostaros.
9. Si Emilia se queda sin trabajo, (*ella, poder*) _____ pagar la hipoteca.
10. Si ya ha dejado de llover, (*nosotros, poder*) _____ irnos.
11. Si ya habéis visto la película, (*vosotros, querer*) _____ ir, supongo.

ACIERTOS
....../11

94.3. **Rodee la forma correcta.**

1. Si se acostaron tarde, *era/será* mejor que duerman.
2. Si llegaron tarde, *están/estarán* cansadas.
3. Los profesores eran muy severos. Si no te portabas bien en clase, te *castigarán/castigaban*.
4. Si no vinisteis la semana pasada, *mirad/miraréis* la lección 3.
5. Cuando nosotros éramos jóvenes, si queríamos salir hasta tarde, *tenemos/teníamos* que pedir permiso.
6. Si estuvisteis en Taipei, *subíais/subiríais* al Jim 101.
7. Antes, si un español viajaba a Estados Unidos, *necesitaba/necesitaría* un visado.
8. Si te pillaron sin billete, *tenías/tendrías* que pagar doble.

ACIERTOS
....../8

94.4. **Complete las frases con el verbo entre paréntesis en la forma adecuada.**

1. Cuando era pequeña, si me montaba en la noria, (*marearse*) ___me mareaba.___
2. Si ayer comisteis carne, hoy no (*querer*) _____ pescado otra vez, supongo.
3. Si estuviste en Pekín, (*tú, ir*) _____ a la Gran Muralla.
4. Antes, si hacías algo malo, te (*ellos, castigar*) _____.
5. Miguel, si no te duchaste ayer, te (*tener*) _____ que duchar hoy.
6. Si cumpliste la misión, te (*ellos, dar*) _____ una recompensa.
7. Si jugaban al ajedrez, (*ellos, desconectar*) _____ los teléfonos.
8. Si no hicisteis la redacción la semana pasada, (*vosotros, tener*) _____ que hacerla esta.
9. Cuando éramos pequeños, si hacía buen tiempo, (*nosotros, jugar*) _____ en la calle.
10. Si anoche fuisteis al cine, hoy no (*vosotros, ir*) _____ otra vez, ¿no?

ACIERTOS
....../10

como pierda el trabajo, de ser así
Oraciones condicionales (2)

● Para referirnos a condiciones posibles podemos usar también las siguientes construcciones:

– para expresar temor ante una condición no deseada o para expresar una amenaza.

como + subjuntivo, + indicativo	***Como pierda*** *el trabajo,* **no sé** *qué voy a hacer.* (= Si pierdo el trabajo...)
	Como se entere *mi madre, me* **mata.**
	Como vuelva *a llegar tarde, lo* **despido,** *señor Pardo.*
	Como no traigas *el dinero,* **no vienes** *a la excursión.*

● Es muy frecuente expresar solo la amenaza o el temor por considerar obvia la consecuencia.

*¡**Como vuelva** a llegar tarde... señor Pardo!*   *¡**Como se entere** mi madre...!*

– para expresar condiciones alternativas.

que + indicativo, + indicativo, + *que no* + indicativo, + indicativo
Que te **apetece,** *lo* **haces,** *que no te* **apetece,** *no lo* **haces.** (= Si te apetece...)
Que **estáis** *a gusto,* **os quedáis,** *que no* **estáis** *a gusto,* **os vais.**
Que **quería** *trabajar,* **trabajaba,** *que no* **quería** *trabajar, no* **trabajaba.**

– para expresar una advertencia, una amenaza o una promesa.

imperativo + *y/que* + futuro simple	***Llámame*** *otra vez tonto* **y verás.** (= Si me llamas otra vez tonto...)
presente de indicativo	*Tú* **acaba** *la carrera* **y** *yo te* **busco** *empleo./ Tú* **acaba** *la carrera,* **que** *yo te* **busco** *empleo.*
imperativo + *o/que* + presente de indicativo	***Cállate*** *o no te lo* **cuento.**/ ***Cállate,*** *que no te lo* **cuento.** (= Si no te callas...)

– gerundio

gerundio, + futuro simple	***Estudiando*** *español,* **encontrarás** *un buen trabajo.* (= Si estudias español...)
presente de indicativo	***Bajando*** *por esta calle,* **llegas** *a la Glorieta de Quevedo.* (= Si bajas por esta calle...)

▶ **UNIDADES 81-82:** Gerundio (1) y (2)

– *con* + infinitivo = *si*

con + infinitivo, + presente de indicativo	***Con comer*** *menos,* **adelgazas.**
condicional	***Con comer*** *menos,* **adelgazarías.** (= Si comes menos...)

– *de* + infinitivo = *si, en caso de que*

de + infinitivo, + futuro simple	***De ser*** *eso cierto,* **tendré** *que decírselo a Rosa.* (= Si eso es cierto...)
presente de indicativo	***De salir*** *esta noche,* **podemos ir** *a Casa Pepe.*
imperativo	*–Creo que las uvas están baratas. –Bien,* ***de ser*** *así,* **compra** *dos kilos.*
condicional	***De venir*** *tus primos, los* **llevaríamos** *al Thyssen.*

● A veces *de* + infinitivo equivale a *"si vas a..."*

*De comprarlo, **cómpralo** ya.* (= Si vas a comprarlo...)

– Algunas expresiones comunes usan *a* + infinitivo = *si: a ser posible, a decir verdad, a juzgar por sus actos.*

*A ser posible, **venid** antes de las siete.* (= Si es posible...)
*A decir verdad, **no me parece** justo el acuerdo.* (= Si digo la verdad...)
*A juzgar por sus actos, **no me parece** que podamos fiarnos de Jorge.* (= Si juzgamos por sus actos...)

95.1. **Vuelva a escribir las frases con *como*.**

1. A lo mejor llegamos tarde. No nos van a dejar entrar. _____ Como lleguemos tarde, no nos van a dejar entrar._____

2. A lo mejor se entera Raquel. Se va a enfadar. _____

3. A lo mejor me vuelve a gritar. Me voy. _____

4. A lo mejor te pones esa chaqueta. No voy contigo. _____

5. A lo mejor me da plantón. No vuelvo a quedar con ella. _____

ACIERTOS ...... /5

95.2. **Exprese temor o amenaza con *como* como en el ejemplo.**

1. He vuelto a llegar tarde y a lo mejor se lo dices al director. _____ ¡Como se lo digas al director!_____

2. He hecho mal el examen y a lo mejor vuelvo a suspender. _____

3. He roto el jarrón y a lo mejor se lo dices a mamá. _____

4. Vamos tarde y a lo mejor perdemos el avión. _____

5. No quiero que fumes y a lo mejor te vuelvo a ver fumando. _____

ACIERTOS ...... /5

95.3. **Vuelva a escribir las frases con *que* como en el ejemplo.**

1. Te lo puede pedir o no. Si lo hace, dáselo. _____ Que te lo pide, se lo das, que no te lo pide, no se lo das._____

2. Puede hacer bueno o no. Podemos ir a la playa o quedarnos en casa. _____

3. Te pueden invitar o no. Si lo hacen, vas. _____

4. Te puede gustar la comida o no. Si te gusta, cómela. _____

5. Te pueden dar la beca o no. Si te la dan, la aceptas, si no, vuelves a solicitarla. _____

ACIERTOS ...... /5

95.4. **Vuelva a escribir las frases con el imperativo.**

1. Si me llamas, te ayudo. _____ Llámame y te ayudo. / Llámame, que te ayudo._____

2. Si no te callas, me voy. _____

3. Si te atreves a hacerlo, verás. _____

4. Si lo haces te arrepentirás. _____

5. Si no apruebas el curso, no te compro la moto. _____

6. Su vuelves a contestarme, te quedas sin salir. _____

ACIERTOS ...... /6

95.5. **Vuelva a escribir las frases con el gerundio.**

1. Si trabajamos juntos, lo conseguiremos. _____ Trabajando juntos, lo conseguiremos._____

2. Si ayudas a la gente, te sientes mejor. _____

3. Si gritas, no me vas a convencer. _____

4. Ese dolor se te pasa si duermes. _____

5. Si llegáis a la hora, no habrá ningún problema. _____

ACIERTOS ...... /5

95.6. **Vuelva a escribir lo subrayado con *con* o *de* + infinitivo.**

1. Si os vais a ir _____ De iros _____, hacedlo antes de que se haga de noche.

2. Si gastáis menos un par de meses _____, ahorraréis para comprar la impresora.

3. Si es cierto lo que dices _____, me he equivocado.

4. Si tienes razón _____, ya deberías haber reservado las habitaciones.

5. Si me avisas un día antes _____, es suficiente.

6. Si vas a venir _____, ven cuanto antes.

7. Si te presentas al examen _____, es suficiente; apruebas.

8. Si no se lo dices a nadie _____, no sospecharán de ti.

ACIERTOS ...... /8

96 *Si tuviera dinero, te invitaría.*
Oraciones condicionales (3)

- **Condición presente hipotética o imaginaria**

  Cuando hablamos del presente y queremos indicar que la condición no es cierta y que estamos hablando solo de una situación hipotética o imaginaria, se usa la siguiente construcción.

  condición --------------------------------→ consecuencia

si + pretérito imperfecto de subjuntivo, condicional

  Si *tuviera* dinero, te **invitaría**. (No tengo dinero.)
  Si *fueras* más joven, **tendrías** más posibilidades de encontrar empleo. (No lo eres.)

  – Se suele usar para hacer recomendaciones o dar consejos.

  Si *fueras* más amable, **tendrías** más amigos.

- **Condición futura posible, pero poco probable**

  Se usa la misma construcción para indicar que la condición no se cumple en el presente y la posibilidad de que se cumpla en el futuro es poco probable.

  condición --------------------------------→ consecuencia

si + pretérito imperfecto de subjuntivo, condicional

  Si *trabajaras* más, **podrías** llegar a jefe de Sección. (Actualmente no trabajas mucho y el hablante considera posible, pero poco probable, que trabajes más.)
  Si *Jacobo tuviera* más paciencia, **sería** mejor profesor. (Actualmente no tiene paciencia y el hablante considera poco probable que la tenga en el futuro.)

  – Se usa la consecuencia en imperativo (instrucciones) o presente de indicativo cuando la condición es dudosa y no depende de nosotros.

  condición --------------------------------→ consecuencia

si + pretérito imperfecto de subjuntivo, imperativo/presente de indicativo

  Si *llamara* Roberto, **no le digas** que estoy. (Puede que llame Roberto pero no lo considero muy probable.)
  Si *Raúl te pidiera* dinero, **dáselo**.
  Si por casualidad mañana **estuviera** bien, te **aviso**.

- **Condición poco probable o hipotética, consecuencia segura**

  Cuando la posibilidad de que se dé la condición se considera muy remota, o simplemente hipotética, y se quiere resaltar la decisión de cumplir la consecuencia, se puede usar el pretérito imperfecto de indicativo en la consecuencia.

  condición --------------------------------→ consecuencia

si + pretérito imperfecto de subjuntivo, pretérito imperfecto de indicativo

  Si *estuviera*, desde luego que *me escuchaba*. (Sé que no está, pero en caso contrario estaba totalmente decidido a que me escuchara.)
  Si *me ofrecieran* el puesto, **lo aceptaba**. (No creo probable que me ofrezcan el puesto, pero en caso contrario desde luego que lo aceptaba.)
  Si *tuvieras* agallas, **presentabas** la denuncia ahora mismo.

  – Para referirnos a una condición como poco probable de cumplirse, se puede usar también la siguiente construcción cuando las dos oraciones se refieren al mismo sujeto.

de + infinitivo simple, + condicional

  De *encontrar* (él) un nuevo trabajo, **lo mantendría** (él) como fuera. (= Si encontrara…)

96.1. **Rodee la forma correcta.**

1. Si *vivirías/vivieras* más cerca, *sería/fuera* más fácil ir a verte.
2. *Sería/Fuera feliz*, si *tendría/tuviera* treinta años menos.
3. Si *trabajaría/trabajaras* más, *pudieras/podrías* ascender.
4. No *tendrías/tuvieras* ningún problema en clase si te *portarías/portaras* bien.
5. Si *tendría/tuviera* más cuidado, *haría/hiciera* todo mejor.
6. Si no *saldríamos/saliéramos* tanto, no *estaríamos/estuviéramos* tan cansados.
7. Si *tuvieras/tendrías* vergüenza, no *hablarías/hablaras* así a tu abuelo.
8. No *viviría/viviera* aquí si no *fuera/sería* porque conozco a todo el mundo.

ACIERTOS ...../16

96.2. **Complete con los verbos entre paréntesis en la forma adecuada.**

1. Javi se explica muy mal. Si (*él, explicarse*) ___se explicara___ mejor, le (*ellos, entender*) ___entenderían___ .
2. No vienen muchos, pero si (*haber*) _____ más turistas, (*nosotros, poder*) _____ ampliar el hotel.
3. *Si* (*yo, ser*) _____ tu padre, no te (*yo, dejar*) _____ hacerte ese *piercing*.
4. No tengo calculadora. Si la (*yo, tener*) _____ , (*yo, poder*) _____ resolver el problema.
5. Este barrio no está mal, pero (*estar*) _____ mejor si (*tener*) _____ más zonas verdes.
6. Pareces joven, pero si (*tú, teñirse*) _____ el pelo, (*tú, parecer*) _____ aún más joven.
7. ¡Qué pena no tener un día más de vacaciones! Si lo (*nosotros, tener*) _____ , (*nosotros, poder*) _____ acercarnos a visitar el castillo de Tordesillas.
8. ¡Lástima que no seas más trabajador, Felipe! Si lo (*tú, ser*) _____ , creo que (*tú, tener*) _____ más encargos.

ACIERTOS ...../16

96.3. **Vuelva a escribir las frases comenzando por *si*.**

1. Sé que no es muy probable que veas a Armando, pero en caso contrario, quiero que me llames, por favor.
   _____Si vieras a Armando, llámame, por favor._____
2. No es muy probable que cambies de opinión, pero en caso contrario, quiero que me lo digas. _____
3. No es probable que el niño se ponga peor, pero en caso contrario, debes llamar al médico. _____
4. No es probable que yo tenga tiempo mañana, pero en caso contrario, te llevo al cine. _____
5. No es probable que nos sigan, pero en caso contrario, quiero que llames a la policía. _____
6. No es probable que me olvide de su cumpleaños, pero en caso contrario, quiero que me lo recuerdes.
7. No es probable que me dejen el coche, pero en caso contrario, te ayudaría con la mudanza. _____
8. No es probable que llame el director de Unasa, pero en caso contrario, no quiero que me pase la llamada. _____

ACIERTOS ...../8

96.4. **Complete las frases con los verbos entre paréntesis en la forma adecuada.**

1. Lucía no me quiere, pero si me (*querer*) ___quisiera___ , desde luego que (*casarse*) ___me casaba___ con ella.
2. No tenemos un diccionario, pero si lo (*tener*) _____ , (*yo, traducir*) _____ eso en un minuto.
3. No es asunto mío, pero si yo (*tener*) _____ que solucionar el problema, lo (*yo, solucionar*) _____ inmediatamente.
4. Lo de Carlos no me importa, pero si me (*importar*), _____ me (*ocupar*) _____ de ello enseguida, no (*esperar*) _____ ni un minuto.
5. Lo siento, no tengo tiempo. Si lo (*yo, tener*) _____ , te (*yo, ayudar*) _____ sin problema.
6. Porque no quiero perjudicar a Laura, pero si yo (*querer*) _____ , le (*yo, poner*) _____ una demanda a su marido ahora mismo.

ACIERTOS ...../13

96.5. **Vuelva a escribir las frases subrayadas con *de* + infinitivo.**

1. Si pudiera ayudarte. ___De poder ayudarte.___ , lo haría el jueves.
2. Si supiera dónde está Jorge. _____ , te lo diría.
3. Si tuvieras que elegir tú al director. _____ , ¿a quién elegirías?
4. Si rodaras una película. _____ , ¿qué actores elegirías?
5. Si yo me fuera a Argentina. _____ , viviría en la Pampa.

ACIERTOS ...../5

Si hubieras trabajado antes, ahora no tendrías problemas.
Oraciones condicionales (4)

● Condiciones pasadas no cumplidas

Cuando nos referimos a condiciones del pasado que no se cumplieron o que eran imposibles por ser sobre algo no cierto, podemos usar las siguientes construcciones.

– Consecuencias presentes o futuras

condición --------------------------------------→ consecuencia

> *si* + pretérito pluscuamperfecto de subjuntivo, condicional simple

Si hubieras trabajado más antes, **ahora no tendrías** problemas. (No trabajaste.)
Si no hubieses emigrado a México, **ahora no serías** rico. (Emigraste a México.)
Si hubierais reservado mesa, **mañana podríamos** ir a cenar a Casa Luz.

– Consecuencias pasadas

condición --------------------------------------→ consecuencia

> *si* + pretérito pluscuamperfecto de subjuntivo, condicional compuesto

Si hubiera conocido antes a Elena, seguramente **nos habríamos casado**.
Si hubieras sido más joven, **habrías tenido** más posibilidades de encontrar empleo.

Compare:

consecuencias presentes	consecuencias pasadas
Si me hubieras hecho caso, **ahora no tendrías** ningún problema.	*Si me hubieras hecho caso*, **habrías llegado** antes a Málaga.
Si Marta hubiera tenido hijos, **ahora no estaría** sola.	*Si Marta hubiera tenido hijos*, **habría sido** muy feliz.

Si hubieras hecho la reserva, ahora no **tendríamos** que estar esperando.

Si no **hubiera fallado** el penalti, **habríamos ganado**.

● Algunas personas utilizan la siguiente construcción para expresar consecuencias pasadas.

> *si* + pretérito pluscuamperfecto de subjuntivo, pretérito pluscuamperfecto de subjuntivo (forma en *–ra*)

Si hubieses sido más joven, **hubieras tenido** más posibilidades de encontrar empleo.

● *de* + infinitivo compuesto

Se puede usar *de* + infinitivo compuesto para expresar condiciones pasadas no cumplidas, cuando las dos oraciones tienen el mismo sujeto.

De haberte visto (yo), *te* **habría saludado** (yo).
De haber tenido tiempo, **habría pasado** las diapositivas al ordenador.

97.1. Complete con los verbos entre paréntesis en la forma adecuada.

1. No he vivido en Alemania, pero si (*vivir*) ____hubiera vivido____ allí, ahora (*hablar*) ____hablaría____ alemán.
2. No he estudiado informática, pero si la (*estudiar*) _____, ahora (*saber*) _____ cómo arreglar este ordenador.
3. Si Santi no (*trabajar*) _____ mucho, ahora no (*vivir*) _____ como vive.
4. No deberías haber cogido ese dinero. Si no lo (*coger*) _____, ahora no (*estar*) _____ en la cárcel.
5. ¡Ojalá hubiera celebrado Ernesto su matrimonio! Si lo (*él, celebrar*) _____, ahora nosotros (*estar*) _____ en Chile.
6. Estoy preocupado. (*yo, estar*) _____ más tranquilo si Marta (*llamar*) _____ ya.
7. José es feliz, pero si no (*él, conocer*) _____ a Ingrid, su vida actual (*ser*) _____ muy diferente.

ACIERTOS /14

97.2. Complete con los verbos entre paréntesis en la forma adecuada.

1. No pude estudiar. Si (*estudiar*) ____hubiera estudiado____, (*tener*) ____habría tenido____ un trabajo mejor.
2. Te has quemado. No te (*quemar*) _____ si no (*estar*) _____ tanto al sol.
3. Menos mal que teníamos GPS. Si no lo (*tener*) _____, (*perdernos*) _____.
4. Hans no cogió el avión que se estrelló. (*él, morir*) _____ si lo (*él, coger*) _____.
5. Dice que ha enviado el libro, pero ya lo (*nosotros, recibir*) _____ si lo (*él, enviar*) _____.
6. No ha sido así, pero ese cine (*desaparecer*) _____ si el banco lo (*comprar*) _____.
7. A mí la alfombra me encantaba y te la (*regalar*) _____ si te (*gustar*) _____, pero como no te gustaba...

ACIERTOS /14

97.3. Rodee la forma correcta. Puede haber más de una respuesta correcta.

1. Si no *habrías comprado* / (hubieras comprado) un coche tan viejo, ahora no (tendrías) / *hubieras tenido* problemas.
2. No *habría sido* / *hubiera sido* presidente si no lo *habrían votado* / *hubieran votado* tantas personas.
3. Si *habrías ahorrado* / *hubieras ahorrado* antes, ahora *vivirías* / *habrías vivido* con más tranquilidad.
4. Si *habríamos reservado* / *hubiéramos reservado* antes, *habríamos conseguido* / *conseguiríamos* mejores habitaciones.
5. *Habríamos conseguido* / *Hubiéramos conseguido* más donantes si lo *anunciaríamos* / *hubiéramos anunciado* por internet.
6. Si *hubiera tenido* / *habría tenido* ganas, ya *arreglaría* / *habría arreglado* el grifo.
7. Si el tenor *hubiera estado* / *habría estado* enfermo, ya *habrían suspendido* / *hubieran suspendido* el concierto.

ACIERTOS /14

97.4. Complete con los verbos entre paréntesis en la forma adecuada.

1. ¡Lástima! Si (*tú, llegar*) ____hubieras llegado____ antes, (*tú, ver*) ____habrías visto____ la puesta de sol.
2. Si no (*tú, tirar*) _____ el periódico, ahora (*nosotros, poder*) _____ ver qué ponen en los cines.
3. Hemos tenido suerte. Si (*cerrar*) _____ los bancos, no (*nosotros, poder*) _____ cambiar dinero.
4. ¡Qué mala suerte. Si no (*cambiar*) _____ el calendario de fiestas, mañana (*nosotros, tener*) _____ el día libre.
5. ¡Qué pena! Si (*nosotros, llegar*) _____ un poco antes, (*nosotros, ver*) _____ el desfile.
6. Deberíais haber alquilado un coche. (*Vosotros, viajar*) _____ más cómodos si lo (*vosotros, hacer*) _____.

ACIERTOS /12

97.5. Vuelva a escribir lo subrayado con *de* + infinitivo compuesto.

1. Si hubiera sabido ____De haber sabido.____ que te ibas a enfadar, no te habría dicho nada.
2. Si hubieras tenido ganas, _____ lo habrías hecho.
3. Si te hubieras presentado, _____ te habrían elegido concejal.
4. Si hubieras esperado a las rebajas, _____ te habrías ahorrado un dinero.

ACIERTOS /4

● Además de *si*, las oraciones condicionales pueden ir introducidas por otros nexos.

siempre que *con tal de que* *con la condición de que* *a condición de que* *a menos que* (= si no) *a no ser que* (= si no) *salvo que* (= si no) *sin que* (= si no)	+ subjuntivo	*Llévate el diccionario, pero* **siempre que me lo devuelvas** *mañana.* *Puedes usar mi ordenador* **con tal de que lo cuides.** *Podéis salir hoy,* **con la condición de que regreséis** *antes de las doce.* *Te lo diré* **a condición de que guardes** *el secreto.* *Regresaré temprano,* **a menos que haya** *atasco de tráfico.* (= si no hay atasco) *Voy a preparar la comida* **a no ser que queráis** *comer fuera.* (= si no queréis comer fuera) *Me quedaré con Elvira,* **salvo que prefiera** *estar sola.* (= si no prefiere estar sola) *Yo no voy* **sin que me inviten.** (= si no me invitan)

● Los oraciones condicionales pueden estar en diferentes tiempos del subjuntivo y las consecuencias pueden estar en diferentes tiempos de indicativo. ▶ UNIDADES 94, 95, 96 y 97: Oraciones condicionales (1), (2), (3) y (4)

Con tal de que te vayas*, te presto el coche.*   **A no ser que nos demos prisa***, llegaremos tarde.*
Le he cambiado *el turno* **con la condición de que me lo cambie** *él cuando yo lo necesite.*
A menos que pase *algo,* **estaré** *aquí a las dos.*   **A no ser que haya sido** *Antonio, no sé quién puede haber llamado.*

Te **llevaría** *a casa* **siempre que Juan me dejara** *el coche.*   *Te lo* **diría a condición de que guardaras** *el secreto.*
Salvo que me lo pidieras *tú, no* **iría** *a la cena.*   *Te dije lo de Pablo* **a condición de que guardaras** *el secreto.*
Emilio no nos invitaba nunca **a no ser que fuera** *su cumpleaños.*
Con tal de que me hubieras avisado *un día antes, te* **habría ayudado.**

● Con *en caso de* (= si) para expresar una condición remota, se pueden dar las siguientes construcciones:

– *en caso de que* + subjuntivo

en caso de + *que* + subjuntivo,	+ indicativo	**En caso de que haya** *algún problema,* **me llamas.** **En caso de que haya** *algún problema,* **me llamará.** **En caso de que tuvieran** *algún problema, nos lo* **dirían.** **En caso de que hubiera habido** *alguna cancelación,* **nos habrían** *avisado.*
	+ imperativo	**En caso de que hubiera** *algún problema,* **llámame.**

– *en caso de* + infinitivo

en caso de + infinitivo,	+ indicativo	**En caso de tener tiempo***, te llamo.* **En caso de no poder** *asisitir, os lo* **diré.** **En caso de no haber** *entradas,* **nos volveríamos** *a casa.* **En caso de haber estado** *cerrado, nos* **habríamos vuelto.**
	+ imperativo	**En caso de no poder** *asistir,* **dínoslo.**

● Se usa el infinitivo compuesto para referirnos a algo pasado.

–¿Crees que le habrá llegado ya el paquete a Elena? –Supongo que sí. **En caso de no haberlo recibido***, nos lo hubiera dicho.* (= Si no hubiera recibido el paquete...)

– *en caso de* + nombre

en caso de + nombre,	+ indicativo + imperativo	**En caso de jaleo***, nos vamos.* **En caso de incendio***, no* **uséis** *el ascensor.*

98.1. Vuelva a escribir las frases con las expresiones entre paréntesis.

1. Dale lo que quiere si se calla. (*siempre que*) _Dale lo que quiere siempre que se calle._
2. Vuelvo pronto si no tengo trabajo. (*a menos que*) _____
3. Te presto 50 euros si me los devuelves pronto. (*a condición de que*) _____
4. Podemos ir en mi coche si no os da miedo cómo conduzco. (*a no ser que*) _____
5. Te ayudo con los ejercicios si no le dices nada a nadie. (*con tal de que*) _____
6. Pago esta ronda si pagas tú la siguiente. (*con la condición de que*) _____
7. Quedamos a las ocho si no dices otra cosa. (*salvo que*) _____
8. Llevamos al perro si no decides lo contrario. (*a no ser que*) _____
9. No cojas la bici si no te dan permiso. (*sin que*) _____
10. Nos vemos mañana si no tienes otros planes. (*a menos que*) _____

ACIERTOS ___/10

98.2. Complete las frases con los verbos entre paréntesis en la forma adecuada.

1. (*nosotros, poder*) _Podemos_ ir al teatro, a no ser que (*tú, preferir*) _prefieras_ ir al cine.
2. No creo que tenga tiempo, pero (*yo, ir*) _____ a verte con la condición de que me (*invitar*) _____ a comer.
3. Mañana (*nosotros, ir*) _____ seguro al campo, a no ser que (*hacer*) _____ muy mal tiempo.
4. Sergio se puso muy contento. Le (*yo, prometer*) _____ buscarle trabajo siempre que (*él, acabar*) _____ la carrera.
5. Paco tenía mucha cara. No (*él, ir*) _____ nunca de viaje a no ser que le (*invitar*) _____ alguien.
6. Por las mañanas me entreno en el parque a no ser que (*llover*) _____.
7. (*vosotros, poder*) _____ contar conmigo para el partido con la condición de que no (*ser*) _____ el domingo.
8. Cuando hablé con Rosa le (*yo, contar*) _____ lo de Rita con la condición de que no le (*decir*) _____ nada a ella.
9. Paco (*asistir*) _____ a la cena a no ser que (*estar*) _____ de servicio esa noche.
10. ¿Por qué no me dijiste nada? Te (*yo, ayudar*) _____ con tal de que me lo (*tú, pedir*) _____.
11. No (*tú, hacer*) _____ nada sin que ellos te lo (*pedir*) _____.
12. Vale. (*yo, jugar*) _____ contigo siempre que no (*tú, hacer*) _____ trampas.

ACIERTOS ___/23

98.3. Vuelva a escribir lo subrayado con *en caso de*. Haga los cambios necesarios.

1. Si hay una pelea _En caso de pelea_, te vas.
2. Si viene Laila _____, dile que se quede a cenar.
3. Si te encuentras algo por la calle _____, llévalo a una comisaría.
4. No es probable, pero si llama Juan. _____, estoy ocupado.
5. Si hay una nevada _____, echan sal por las calles.
6. Si hay un accidente _____, llama al 112.
7. Si se siente peor _____, se toma dos de estas pastillas.
8. Si cierra la empresa _____, nos dan una indemnización.

ACIERTOS ___/8

98.4. Complete con los verbos entre paréntesis en la forma correcta.

1. En caso de (*nosotros, encontrar*) _encontrar_ agua, (*nosotros, hacer*) _____ un pozo.
2. No os preocupéis, en caso de (*nosotros, ir*) _____ el domingo, os (*nosotros, llamar*) _____ antes.
3. Por favor, Alberto, no (*dejar de*) _____ llamarnos, en caso de que no (*tú, poder*) _____ venir.
4. En caso de (*yo, practicar*) _____ algún deporte, (*hacer*) _____ alpinismo.
5. He guardado el recibo en caso de que (*ella, querer*) _____ devolver la bufanda.
6. Supongo que estarán bien. En caso de que (*pasar*) _____ algo, (*nosotros, enterarse*) _____.
7. En caso de que el coche no (*arrancar*) _____, (*nosotros, tener*) _____ que empujar un poco.
8. Yo creo que la agencia tuvo suerte porque, en caso de (*ellos, perder*) _____ las maletas, nos (*ellos, tener*) _____ que indemnizar.

ACIERTOS ___/15

99 *aunque no están de acuerdo, a pesar del calor*
Oraciones concesivas (1)

● Las oraciones concesivas dan información sobre algún tipo de obstáculo, oposición u objeción a la acción principal, que no impide su realización...

> ***Aunque no están de acuerdo en muchas cosas**, son muy buenos amigos*. (No estar de acuerdo parece un obstáculo para ser amigos, pero lo son.)
> ***A pesar del calor**, bajamos andando a la estación*. (El calor parece un obstáculo para una caminata, pero la hicimos.)

...o expresan un contraste entre las acciones de la oración concesiva y de la principal.

> ***Por más que le dicen a Javi que estudie**, no estudia*. (Ellos le dicen que estudie, pero él no lo hace.)

● *aunque, a pesar de que, aun cuando, por más que*... + indicativo o subjuntivo

aunque		***Aunque digan** que es un buen presidente, yo no estoy de acuerdo.*
a pesar de que		***A pesar de que discuten** mucho, se llevan muy bien.*
a pesar de (lo) que		***A pesar de lo que digan**, de fútbol no saben nada.*
aun cuando	+ indicativo	***Aun cuando le ayudemos**, va a tardar tiempo en recuperarse.*
pese a que	+ subjuntivo	***Pese a que escribe bien**, ese escritor no vende mucho.*
por más que		***Por más que lo intenta**, no me gana nunca.*
por más + nombre + que		***Por más consejos que le des**, no te va a hacer caso.*
por mucho que		***Por mucho que cueste** esa chaqueta no puede ser muy cara.*

– La oración concesiva puede ir generalmente delante o detrás de la principal.

> ***Por más que lo intenta**, no me gana nunca. / No me gana nunca **por más que lo intenta**.*

● Se usa indicativo cuando damos información real, ya constatada. Se usa subjuntivo cuando la información es hipotética, no constatada, o presentada por el hablante como hipotética, aunque sea real.

Indicativo	Subjuntivo
***A pesar de que se han hecho** cambios, la economía no mejora*. (Constato que se han hecho los cambios.)	***A pesar de que se hicieran** cambios, la economía no mejoraría.* (No se han hecho los cambios; es una hipótesis.)
***Por más consejos que le doy**, no logro que cambie*. (Constato que le doy muchos consejos.)	*Ya conoces a Alberto. **Por más consejos que le den**, no cambia.* (Considero los consejos como hipotéticos, aunque sean reales.)

– Se pueden usar diferentes tiempos de indicativo y de subjuntivo. Se usa el presente de subjuntivo para referirse a una hipótesis presente o futura...

> *Saúl no se inmuta. **Por más que le critiquen**, él sigue haciendo lo que quiere.*
> ***Por mucho que hagan**, la economía no va a mejorar*. (No es seguro que vayan a hacer nada.)

...el pretérito perfecto de subjuntivo para referirse al pasado inmediato, a un período de tiempo no acabado o a experiencias pasadas sin referencia temporal...

> *Este jamón no está bueno **por mucho que te haya costado**.*
> ***Por más que hayas estudiado** esta semana, creo que no va a ser suficiente.*
> *Ernesto no habla bien alemán, **aunque haya vivido** en Hamburgo.*

...el pretérito imperfecto de subjuntivo para referirse a una hipótesis pasada o futura considerada poco probable.

> *No sé cuánto le costó el piso, pero **por mucho que le costara**, no sería muy caro.*
> *Creo que **por más que se esforzara** Antonio no lograría ser nunca médico.*

...y el pretérito pluscuamperfecto de subjuntivo para referirse a hechos pasados no sucedidos.

> ***Aunque hubiera frenado**, no habría evitado el accidente*. (No frenó.)

● *a pesar de, pese a* + nombre, pronombre o infinitivo

a pesar de	+ nombre	***A pesar del calor**, tuvimos que subir andando hasta la sexta planta.*
pese a	+ pronombre	***Pese a todo**, me cae simpática Raquel.*
	+ infinitivo	***A pesar de no haber vivido** nunca en España, hablas muy bien español.*

99.1. **Rodee la forma correcta.**

1. Por más que se *esfuerza*/*esfuerce*, no consigue ser agradable.
2. Aun cuando no te *gusta*/*guste* Joaquín, te tienes que llevar bien con él.
3. Por más que *insiste*/*insista*, su mujer no quiere que se vaya a Brasil.
4. No sé si Umberto trabajó mucho, pero por mucho que *trabajó*/*trabajara*, no trabajó más que yo.
5. Aunque me *gustaría*/*guste* conocer Canadá, no me lo puedo permitir.
6. Pese a que no me *gusta*/*guste* el marisco, tuve que comerme las gambas.
7. Aunque *suban*/*suben* los impuestos, no creo que la economía mejore.
8. Por mucho que *dices*/*digas*, a mí no me convences.
9. A pesar de lo que *leas*/*lees*, no te creas nada.
10. Aun cuando *salieran*/*salen* de noche, no llegarían al barco a tiempo.

99.2. **Complete con el verbo entre paréntesis en la forma adecuada.**

1. Por más dinero que se (*gastar*) _____gasta_____, Elena no consigue ir bien vestida.
2. Aunque la reunión (*durar*) _____ cerca de cinco horas, no lograron llegar a un acuerdo.
3. No te preocupes. Silvia no te habría perdonado aun cuando (*pedírselo*) _____ de rodillas.
4. Era imposible. Por más que le (*yo, decir*) _____ que tuviera cuidado, no me hizo caso.
5. Conchi está en Málaga, pero aunque (*ella, estar*) _____ aquí, no nos llamaría.
6. Yo creo que por mucho que (*nosotros, andar*) _____, no hemos andado más de cinco kilómetros.
7. La tienda está cerrada y por más que (*llamar*) _____ no te van a abrir.
8. Pese a que Raúl te (*decir*) _____ que no, creo que quería ayudarte.
9. A pesar de que (*yo, no ver*) _____ ese programa, lo detestaba.
10. Por mucho que (*tú, disfrazarse*) _____ te reconocerán.

99.3. **Complete los diálogos.**

1. –Alonso hace mucho ejercicio. –Sí, pero por más _ejercicio que hace_ no consigue adelgazar.
2. –Creo que Luisa fue directora. –Es igual. Aunque _____ tiene una pensión muy baja.
3. –Teníamos que haber llegado antes. Hemos perdido el ferry por llegar a las ocho. –Aunque _____ lo habríamos perdido. Sale a las siete.
4. –Se esfuerza por contentar a sus padres. –Sí, pero por más que _____, no lo consigue.
5. –No nos gusta el nuevo horario. –Bueno, pues aunque no os _____, no lo voy a cambiar.
6. –Haiko está siempre practicando español. –Sí, pero a pesar de lo que _____, la pronunciación le cuesta.
7. Antes comía mucha fruta, pero por más que _____, no adelgazaba.
8. Pese a que (*hacer*) _____ mucho calor esta noche, hemos dormido bastante bien.

99.4. **Vuelva a escribir las frases comenzando con las palabras dadas.**

1. Tuvo una enfermedad, pero logró sacar adelante a su familia.
Pese a _____la enfermedad, logró sacar adelante a su familia._____
2. No ha trabajado nunca, pero ha vivido siempre muy bien.
A pesar de _____ .
3. Hace frío, pero tengo que ir a la compra.
A pesar de _____ .
4. Tiene la oficina muy cerca de su casa, pero coge siempre el coche.
Pese a _____ .
5. Ha habido muchos cambios, pero la empresa sigue mal.
A pesar de _____ .
6. Hubo mucho viento, pero no hubo incidentes de importancia.
Pese a _____ .
7. Había una cola enorme, pero conseguimos sacar las entradas.
A pesar de _____ .

por fuerte que parezca, si bien hay mucha nieve
Oraciones concesivas (2)

Por fuerte que parezca Ramiro,
no puede con el sillón.

No tengas miedo. **Si bien hay mucha nieve,**
parece que no está helada.

Otras formas de expresar objeciones.

● *por mucho/a/os/as, por (muy) poco…* + subjuntivo

por mucho/a/os/as + nombre + *que*	**Por mucha gente que haya**, no hay más de cincuenta personas.
por (muy) poco que	**Por poco que esperáramos**, esperamos más de una hora.
por (muy) poco/a/os/as + nombre + *que* + subjuntivo	**Por pocos libros que tenga**, tengo más de mil.
por (+ muy) + adjetivo + *que*	**Por muy fuerte que parezca**, no me asusta.
por (+ muy) + adverbio + *que*	**Por temprano que salieran**, no salieron antes de las ocho.

● *si bien, si bien es cierto que* + indicativo

> **Si bien hace** frío, la verdad es que aquí se está muy bien.
> **Si bien es cierto que lo he dicho** yo, no quería ofender.

● *así, porque* + subjuntivo = aunque

> No ayuda **así lo maten**.
> **Porque seas** más alto no me vas a asustar.

● *ni aunque* + subjuntivo

> No me lo creo **ni aunque me lo digas** tú.
> **Ni aunque me lo regalaran** usaría yo ese coche.

● *aun, incluso, ni siquiera* + gerundio, *aun con, incluso con, ni siquiera con* + nombre

aun		**Aun teniendo** dos carreras, parece tonto.
incluso	+ gerundio	**Incluso habiéndolo visto** yo misma, todavía no me lo creo.
ni siquiera		No logra adelgazar **ni siquiera haciendo** ejercicio.
aun con		**Aun con dudas**, acepté colaborar con Julia.
incluso con	+ nombre	**Incluso con todos sus defectos**, Ana me gusta mucho.
ni siquiera con		La pierna no mejora **ni siquiera con los ejercicios** de rehabilitación.

▶ UNIDADES 81-82: Gerundio (1) y (2)

● *Y eso que* + indicativo indica contradicción o falta de relación lógica entre las dos oraciones. Sirve para introducir un elemento de disculpa o agravamiento.

> Es un hotel muy caro, **y eso que está** todo incluido. (El estar todo incluido hace más aceptable el precio, pero sigue siendo caro.)
> Insistió en comprarse un coche de segunda mano, **y eso que ya le había avisado** de que suelen estar mal. (El estar avisado hace más grave que insistiera en comprarse el coche.)

100.1. **Complete con por *mucho/a/os/as, por (muy) poco, por (muy) poco/a/os/as, por (muy)*.**

1. ___Por poco___ que esperáramos, esperamos una hora.
2. _____ que os esforcéis, no me vais a convencer.
3. _____ bajo que sea, a mí me parece normal.
4. _____ dinero que tenga, no es nada feliz.
5. _____ años que tenga, tiene ya cincuenta.
6. Yo no leo ese libro _____ interesante que sea.
7. _____ bien que hable árabe, le será difícil encontrar empleo.
8. _____ historia que sepa, no sabrá mucho de los Templarios.

ACIERTOS ...../8

100.2. **Complete los diálogos con *por (muy/muy poco), por mucho/a/os/as, por (muy) poco/a/os/as*.**

1. –Julia tiene mucha ropa. –___Por mucha ropa que tenga.___, va siempre mal vestida.
2. –Roberto parece muy listo. –_____, nunca nos aclara nada.
3. –Begoña no sabe mucho de cocina. –_____, sabe más que su hermano.
4. –Esos edificios parecen muy viejos. –_____ no tienen más de 50 años.
5. –Emilio toca bien el piano. –_____, le va a ser difícil encontrar trabajo.
6. –Jan sabe mucho latín. –_____, no podrá traducir ese documento. Es complicado.
7. –Roberto no tiene mucho dinero. –_____, puede permitirse alquilar algo mejor.
8. –Elías parece muy educado. –_____, a mí nunca me cede el paso en el portal.

ACIERTOS ...../8

100.3. **Vuelva a escribir las frases comenzando con las palabras dadas.**

1. Aunque venga siempre a clase, no avanza mucho. Si bien es cierto que ___viene siempre a clase,___ ___no avanza mucho.___
2. Aunque sea el director, no tiene que gritar. Porque _____.
3. A Elías no le dejo el coche aunque me lo pida de rodillas. Así_____.
4. Aunque la economía ha mejorado algo, el paro sigue aumentando. Si bien es cierto que _____.
5. Aunque Pedro no tiene mucho dinero, a mí me ha hecho un buen regalo. Si bien _____.
6. Aunque sabes bien inglés, no te van a dar ese empleo. Porque _____.
7. Aunque me maten, no volveré a hablar con Agustín. Así _____.
8. Aunque lo pasara mal en ese pueblo, no me importaría volver. Si bien _____.
9. Aunque hace mal tiempo, no vamos a dejar de jugar hoy el partido. Porque _____.
10. Aunque me apetezca, me resulta imposible asistir a esa reunión. Si bien _____.

ACIERTOS ...../10

100.4. **Vuelva a escribir las frases con *aun (con), incluso (con), ni siquiera (con)* o *ni aunque*. Haga los cambios necesarios.**

1. Aunque sea muy guapa, es insoportable. Aun ___siendo muy guapa, es insoportable___
2. Aunque me regalaran las entradas, no vería esa película. Ni aunque _____.
3. Aunque han bajado los impuestos, no mejora la economía. Incluso _____.
4. Elsa ha dado clases de cocina, pero no cocina bien. Aun con _____.
5. Aunque me subieran el sueldo, no me quedaría en esta empresa. Ni aunque _____.
6. Aunque hace mucho calor, me encanta el sur. Aun con _____.
7. Tiene "enchufe", pero no ha conseguido entrar en la policía. Ni siquiera con _____.
8. Ni aunque te pongas de rodillas te va a perdonar. Ni siquiera _____.

ACIERTOS ...../8

100.5. **Vuelva a escribir las frases con *y eso que*.**

1. Hacía un día extraordinario y a pesar de ello no quiso salir. No quiso salir ___y eso que hacía un___ ___día extraordinario.___
2. Lo anoto todo y a pesar de ello se me olvida. Se me olvida todo _____.
3. Alonso come muy poco, pero a pesar de ello está gordo. Alonso está gordo _____.
4. No conseguí entradas para el ballet a pesar de estar dos horas en la cola. No conseguí entradas ___.
5. Marisa se empeñó en ir al campo, aunque habían dicho que llovería. Marisa se empeñó en ir _____.
6. Ganaron el partido, aunque Ronaldo falló un penalti. Ganaron el partido _____.

ACIERTOS ...../6

con lo lista que es, digas lo que digas
Oraciones concesivas (3)

Otras formas de expresar objeciones

● Se expresa una acción muy intensa como objeción con las siguientes construcciones.

con el, la, los, las + nombre + *que*		***Con el viento que hace*** *y queréis salir a dar un paseo.* *(= Hace mucho viento...)*
con la de + nombre plural + *que*		***Con la de amigos que tenía*** *y ahora está totalmente solo.* *(= Tenía muchos amigos...)*
con lo + adjetivo + *que*	+ indicativo	***Con lo lista que*** *es y no logra encontrar trabajo.* *(= Es muy lista...)*
con lo + adverbio + *que*		*¿Por qué,* ***con lo bien que cocinas****, no abres un restaurante?*
con lo que		***Con lo que miente*** *no me extraña que nadie le crea.* *(= Miente mucho...)*

– Frecuentemente las objeciones van unidas a la oración principal con *y*.

> ***Con lo tarde que es y*** *no quiere acostarse.*
> *Parece mentira.* ***Con lo mal que habla*** *y que sea el portavoz del gobierno.*

● *con* + infinitivo o nombre para expresar un impedimento a algo que se desea conseguir.

> ***Con callarse*** *no se soluciona nada. (Queremos solucionarlo.)*
> ***Con buenas palabras*** *no vas a conseguir que te cambien la camisa. (Quiere que le cambien la camisa.)*

● Para expresar decisión o voluntad firme de superar la objeción para llevar a cabo la acción del verbo principal, se pueden usar las siguientes construcciones:

verbo A en subjuntivo + relativo: *lo que, como, quien, cuando...* + verbo A en subjuntivo

> ***Digas lo que digas****, no tienes razón. (Puedes insistir, pero no tienes razón.)*
> ***Cueste lo que cueste*** *ese móvil, me lo voy a comprar. (No me importa el precio; lo voy a comprar.)*
> ***Te pongas como te pongas****, pienso hacer reformas en la casa. (No me importan tus objeciones; voy a hacer las reformas.)*

verbo A en subjuntivo + *o no* (+ verbo A en subjuntivo)

> *Lo quieras o no (lo quieras), voy a invitar a María.*
> *Os guste o no (os guste), pienso estudiar Historia.*

adjetivo + *y todo*

> ***Enfermo y todo****, vino a clase.*
> ***Calvo y todo****, sigue siendo atractivo.*

con + nombre + *y todo*

> ***Con tráfico y todo****, hemos tardado solo quince minutos en llegar a tu casa.*

● Para expresar que la objeción es insuperable se usa la siguiente construcción:

imperativo, *que* + *ir a* + verbo

> ***Di*** *lo que quieras,* ***que no me vas a convencer****.*
> ***Quéjate*** *al defensor del consumidor,* ***que no te van a hacer*** *ni caso.*

101 EJERCICIOS

101.1. Complete con *con, con el, la, los, las, con la de, con lo, con lo que*. En algunos casos hay más de una posibilidad.

1. ___Con lo que___ habla y no dice ni una verdad.
2. _____ tiempo libre que tiene y lo mal que lo emplea.
3. _____ desagradable que es y la de amigos que tiene.
4. _____ tarde que es y no encontramos un taxi.
5. _____ llevar las cortinas a la tintorería quedan como nuevas.
6. _____ cosas que dice, no me extraña que lo miren mal.
7. _____ sabe Domingo, debería ya estar en la universidad.
8. _____ tenemos es suficiente. No necesitamos más.
9. _____ listo que es y la de tonterías que dice.
10. _____ buenos deseos solo no se consigue mucho.

....../10

101.2. Una las frases con *con el, la, los, las, con la de, con lo, con lo que* como en el ejemplo.

1. Carlos viaja mucho. Pero no habla inglés. ____Con lo que viaja Carlos y no habla inglés.____
2. Hace mucho calor. Quiere salir a dar una vuelta. _____
3. Hemos venido muy rápido. Hemos llegado tarde. _____
4. Había mucha gente. Nos tuvimos que encontrar con Antonio. _____
5. Eva gana mucho. Vive en un piso horrible. _____
6. La sopa está agria. No sé cómo te la tomas. _____
7. Tienes muchas camisas. Pero te has puesto una vieja. _____
8. Tengo mucha hambre. Pero faltan dos horas para la comida. _____

ACIERTOS
....../8

101.3. Vuelva a escribir las frases subrayadas como en los ejemplos.

1. A pesar de lo que escribas. ____Escribas lo que escribas____, no te lo van a publicar.
2. A pesar de que no nos ayude. ____Nos ayude o no____, pienso abrir el negocio.
3. A pesar de quien lo diga. _____, el clima no ha cambiado.
4. A pesar de cuando vengáis. _____, aquí estaremos nosotros.
5. A pesar de lo que hagas. _____, la gente te va a criticar.
6. A pesar de que no lo digas. _____, sé que te gusta Raquel.
7. A pesar de que no tenga dinero. _____, está siempre de juerga.
8. A pesar de que no lo creas. _____, ya tengo 60 años.

ACIERTOS
....../8

101.4. Vuelva a escribir lo subrayado con *y todo*.

1. Estaba cansada, pero se levantó a las siete. ____Cansada y todo, se levantó a las siete.____
2. Yo estaba hambriento, pero no me atreví a comer nada. _____
3. Enrique estaba con fiebre, pero se fue a la universidad. _____
4. Había niebla, conseguimos regresar a casa. _____
5. Había mucho ruido en la calle, pero pudimos dormir bien. _____
6. Estaba dormida, pero oyó llegar a sus hijas. _____

ACIERTOS
....../6

101.5. Una las frases comenzando con un imperativo.

1. Puedes hacer lo que quieras. Yo no me voy a mover de aquí. ____Haz lo que quieras, que yo no____
   ____me voy a mover de aquí.____
2. Puedes trabajar. Te va a dar igual. _____
3. Podéis decir lo que queráis. No os va a creer nadie. _____
4. Puedes esconderte donde quieras. Te van a encontrar. _____
5. Puedes protestar. No te van a hacer caso. _____
6. Puedes gritar. No me vas a asustar. _____

ACIERTOS
....../6

211

más guapo que inteligente, menos de lo que creía
Oraciones comparativas (1)

En las oraciones comparativas se establece una comparación entre dos términos referentes a cualidades, acciones o cantidades. La comparación puede ser de igualdad, de superioridad o de inferioridad.

● Comparación con adjetivos o adverbios

= *tan* + adjetivo/adverbio	+ *como* + *como el/la/los/las* + *que* + oración + *como* + oración	*Ana es **tan inteligente como testaruda**.* *Este árbol no está **tan sano como el que planté ayer**.* *No llegaron **tan pronto como dijeron**.*
+ *más* + adjetivo/adverbio *mejor* **-** *menos* + adjetivo/adverbio *peor*	+ *que* + *que* + *el/la/los/las* + *que* + oración + *de* + *lo que* + oración + *de* + *lo* + adjetivo/participio	*Hans es **más desconfiado que yo**.* *Hoy he llegado **más tarde que ayer**.* *Este libro es **mejor que el que te dio Merche**.* *Es **más temprano de lo que pensaba**.* *Julián es **menos tímido de lo que yo creía**.* *Tienes la habitación **más limpia de lo normal**.* *Hoy nos hemos levantado **más tarde de lo acostumbrado**.* *Esta solución es **peor que la que tú sugieres**.*

● Comparación con verbos

= verbo + *tanto*	+ *como* + *como* + *el/la/los/las* + *que* + oración + *como* + oración	*Este invierno **no ha nevado tanto como** el anterior.* *Yo **sé tanto como los que han aprobado**.* ***Come tanto como duerme**.*

+ verbo + *más*
       + *mejor*
 	
- verbo + *menos*
       + *peor*
	+ *que*
	+ *que* + *el/la/los/las* + *que* + oración
	+ *de* + *lo que* + oración
	+ *de* + *lo* + adjetivo/participio
		*Ahora la gente **vive más que** antes.*
		*Conduzco **mejor que el que me enseñó**.*
		***He gastado más de lo que pensaba**.*
		***Llueve menos que** hace un rato.*
		*Esta corbata vale **menos que la que me han regalado**.*
		*Me trataron **peor de lo que esperaba**.*
		*Siempre **gastamos más de lo necesario**.*

● Se pueden hacer comparaciones:

– entre dos elementos: personas, cosas, animales, momentos...

    ***Hoy** he comido **más de lo habitual**.*   ***Cerdeña** es bastante más grande que **Mallorca**.*
    ***Tú** eres tan tonto como **el que tuvo la idea**.*   ***Armando** trabaja tanto como **el resto de sus compañeros**.*

– entre dos cualidades o dos acciones referidas a un mismo elemento.

    ***Marta** es **tan alta como boba**.*   ***Ana miente más que habla**.*

– entre dos cualidades o dos acciones referidas a elementos distintos.

    ***Merche descansa tanto como yo trabajo**.*   *Creo que **Pepa es más simpática que tú gracioso**.*

  ● A veces estas comparaciones tienen un matiz sarcástico y significan lo contrario de lo que se dice.

    ***Ernesto** es **tan listo como yo guapo**.* (Yo no me considero guapo y por tanto no considero listo a Ernesto.)

– entre una cualidad o una acción y una idea expresada en otra oración.

    ***Javi** es **más listo de lo que pensaba**.*   *María no come **tanto como me habías dicho**.*

● La construcción *cuanto más/menos/mejor/peor..., más/menos/mejor/peor...* sirve para expresar comparaciones relacionadas. Se usa el indicativo en la primera parte de la comparación cuando hablamos de una situación real, y el subjuntivo cuando hablamos de una situación hipotética futura.

    ***Cuanto mejor tratas** al niño, **menos** te lo agradece.*   *Lógicamente, **cuanto menos comas**, **menos** engordarás.*
    *Alberto es terrible. **Cuanto más habla**, **más** miente.*   ***Cuanto peor huela** ese queso, **mejor** sabrá.*

102 EJERCICIOS

102.1. Complete con *tan, tanto, más, menos* y *como, que, de, el/la/los/las que, lo que, lo*.

1. Sara en persona es mucho ____más____ atractiva ____de lo que____ parece en fotografía.
2. A veces, el león no es _____ fiero _____ lo pintan.
3. Es un tragón y un bebedor. Come _____ _____ bebe.
4. ¡Qué bien! He adelgazado _____ _____ pensaba.
5. Me gusta _____ tu cuadro _____ ha pintado Isabel. Tiene más fuerza.
6. Esta furgoneta no es _____ rápida _____ un coche, pero caben más cosas.
7. Esa montaña es _____ peligrosa _____ piensan algunos.
8. Estoy contentísimo. Me han pagado _____ _____ acordado.
9. Me gustan _____ estas manzanas _____ compras tú.
10. Teo no es _____ fuerte _____ parece.
11. ¡Qué bien! El televisor cuesta _____ _____ me figuraba.
12. Javi está otra vez mal. Siempre come _____ _____ necesario.

ACIERTOS ____/24

102.2. Vuelva a escribir las frases con una estructura comparativa.

1. Mi hermano es muy trabajador y yo soy muy vago. Mi hermano ____es tan trabajador como yo vago.____
2. Alberto es poco eficaz. Yo creía que lo era más. Alberto _____.
3. Eres poco honrada. Los que te han engañado lo son más. Eres _____.
4. Es muy tarde. No pensaba que lo fuera. Es _____.
5. Elena es muy trabajadora y muy ahorradora. Elena _____.
6. Jesús es un buen alumno. Sus padres no lo creían. Jesús _____.
7. Las notas de Marta no son buenas. Las de su hermana son mejores. Las notas de Marta _____ _____.
8. Esta planta ha crecido mucho. Más de lo habitual. _____.
9. Alonso no habla inglés bien. Yo no hablo chino. _____.
10. China es muy grande y muy interesante. _____.
11. Adela no es amable. Yo no soy alta. _____.
12. Es muy rico. No me lo imaginaba. _____.

ACIERTOS ____/12

102.3. Vuelva a escribir las frases con una estructura comparativa.

1. En España no llueve mucho. En Portugal llueve más. ____En España no llueve tanto como en Portugal.____
2. He comido mucho. No quería. _____.
3. Jorge es un gran vendedor. Vende mucho. El resto de sus compañeros venden lo mismo. _____.
4. Ese piso no vale lo que Sonia piensa. _____.
5. Marina promete demasiado. Más que cumple. _____.
6. Antonio gana mucho, pero gasta más. _____.
7. Apenas desayuno por la mañana. Silvia desayuna más. _____.
8. No entreno mucho. Me gustaría entrenar más. _____.
9. No llovió mucho. Mucho menos de lo que decían los pronósticos. _____.
10. Está nevando mucho. No es lo habitual. _____.

ACIERTOS ____/10

102.4. Escriba frases con *cuanto* con las palabras dadas entre paréntesis.

1. Arturo es un poco raro. (*más, llover / más contento, ponerse*) ____Cuanto más llueve, más contento se pone.____
2. Descansa. Lógicamente. (*más, tú, correr / más, tú, cansarse*) _____
3. ¡Fenomenal! (*menos, ello, costar / mejor*) _____
4. Deberías saldar la deuda. (*más, tú, tardar en pagar / mayores, ser, los intereses.*) _____
5. Es mejor que no la veas. (*menos, yo, verla / menos, yo, acordarse de ella*) _____
6. Es normal. (*más, tú, comer / más, tú, engordar*) _____
7. Es lógico. (*mejor, él, explicar / mejor, yo, entenderlo*) _____
8. Es muy luchadora. (*peor, ellos, tratarla / más, ella, rebelarse*) _____
9. Tranquilo. (*menos, tú, correr / menos, tú, cansarse*) _____
10. No te preocupes. (*menos, tú, pensarlo / mejor*) _____

ACIERTOS ____/10

más años que Matusalén, menos frío de lo que pensaba
Oraciones comparativas (2)

Mira cómo va vestido. Y tiene **más años**
que Matusalén.

Es suficiente con una chaqueta.
Hace **menos frío de lo que pensaba**.

● Comparación con nombres

= *tanto/a/os/as* + nombre	+ *como* + *como* + *el/la/los/las* + *que* + oración + *como* + oración	Hoy no hay **tantas olas como** ayer. Este vino tiene **tantos años como el que has traído**. No vino **tanta gente como esperábamos**.
+ *más* + nombre **-** *menos* + nombre	+ *que* + *que/de* + *el/la/los/las* + *que* + oración + *de* + *lo que* + oración + *de* + *lo* + adjetivo/participio + *de* + *el/la/los/las* + adjetivo/participio	Tengo **más problemas que** soluciones. Tienes **menos dinero que** yo pelo. Esta casa tiene **más habitaciones que la que habéis comprado**. Hay **menos comida de la que hemos comprado**. Tiene **más años de lo que dijo**. Hace **menos frío de lo que pensaba**. Hay menos **gente de lo habitual**. Nos hacen trabajar **más horas de lo acordado**. Nos hacen trabajar **más horas de las acordadas**.

Se pueden hacer comparaciones:

– entre dos elementos: personas, cosas, animales...

    Sevilla tiene más habitantes que **Córdoba**.   **Este invierno** ha nevado más que **el año pasado**.

– entre dos cantidades referidas a un mismo elemento.

    Luisa tiene **tantos amigos como enemigos**.   **Este año** ha habido **más frío que agua**.

– entre dos cantidades referidas a elementos distintos.

    Daniel tiene **tanto dinero como yo deudas**.   **Yo** he escrito **más libros** que **tú has leído**.

– entre una cantidad y una idea expresada en otra oración.

    He comprado **tanta fruta como he podido**.   Había **más trabajo del que yo creía**.

● *Tanto/a/os/as*, *más* y *menos* se pueden usar solos cuando el nombre al que se refieren se ha mencionado anteriormente.

    –Hemos comido demasiadas **cerezas**. –Yo he comido **más de las que debía**.
    –Tengo que hacer algo. Tengo muchas **canas**. –Sí, pero tienes **menos que yo**.
    –Esta casa tiene muchas **escaleras**. –Sí, la mía no tiene **tantas**.

| PERO: –Mi piso tiene bastantes **metros** cuadrados. –Pues el mío tiene ~~tantos~~. → –Pues el mío tiene **tantos como el tuyo**.

● La construcción *cuanto/a/os/as más/menos* (+ nombre)... *más/menos* (+ nombre/adjetivo/adverbio), *mejor/peor* sirve para expresar comparaciones relacionadas.

    Cuanto más dinero, más problemas.   Venid todos. **Cuanta más** gente, mejor.
    Cuantas más horas duermo, **más cansado** estoy.

– Cuando se usa un verbo en la primera parte de la comparación, se usa el indicativo cuando hablamos de una situación considerada real, y el subjuntivo cuando hablamos de una situación hipotética futura.

    Cuántos más alumnos **aprueban**, más contento me pongo.   Cuántos más alumnos **aprueben**, mejor.
    Cuántos más números **aciertes**, mayor será el premio.

103.1. Complete con *tanto/a/os/as, más, menos* y *como, que, de, el/la/los/las que, lo que, lo.*

1. Raúl tiene __tantos__ amigos __como__ yo enemigos.
2. Sheila es muy buena estudiante. Tiene _____ interés _____ normal.
3. No hagas _____ comida _____ ayer. Hoy somos menos.
4. Hoy no te puedo ayudar. Tengo _____ trabajo _____ ayer.
5. Hoy ha venido _____ gente _____ esperaba.
6. Creo que ha habido _____ heridos _____ ha dicho la prensa.
7. El problema era que yo tenía _____ dinero _____ me hacía falta.
8. Esa chica tenía _____ ambición _____ ganas de trabajar.
9. Creo que esta guía está incompleta. Tiene _____ páginas _____ tú tienes.
10. María no tiene _____ años _____ tú.
11. Leonor ha donado _____ dinero _____ prometido.
12. Creo que no has andado _____ kilómetros _____ dijiste.
13. Esta memoria tiene _____ gigas _____ me gusta a mí.
14. ¡Cómo está la playa! Hay mucha _____ gente _____ habitual.
15. ¿Has sacado tú algo? Hay _____ dinero en la cuenta _____ había ayer.

ACIERTOS ...../15

103.2. Vuelva a escribir las frases con una estructura comparativa.

1. Sebastián y Marta tienen los mismos años. __Sebastián tiene tantos años como Marta.__
2. No había mucha gente. Yo esperaba más. _____
3. Nos ofrecieron muchos vuelos, pero anunciaban más. _____
4. Mi tía tenía 60 años, pero aparentaba 40. _____
5. Beatriz tiene muchos amigos. Yo tengo muchos enemigos. _____
6. Hago muchas horas en la empresa. Los demás no hacen tantas. _____
7. Tú tienes muchas preguntas. Yo no tengo tantas respuestas. _____
8. Nos han dado una semana de vacaciones. Decían que nos iban a dar más. _____
9. Actualmente hay mucha gente en este pueblo. Hace 25 años había menos. _____
10. Se han matriculado muchos alumnos. Son más de lo esperado. _____
11. Quieren plantar muchos árboles en esta ladera. No caben tantos. _____
12. Este verano ha habido pocos incendios. El verano pasado hubo más. _____
13. Yo he visitado muchos países. Tú no has visitado tantas ciudades. _____

ACIERTOS ...../13

103.3. Complete con *tanto/a/os/as, más, menos.*

1. –Tengo que perder algunos kilos. –Sí, pero yo tengo que perder ___más___.
2. –Hoy no hay mucha gente en la playa. –Pues yo creo que hay _____ como ayer.
3. –Silvia ha invitado a 200 personas a su boda. –¡Qué barbaridad! Yo no invité a _____.
4. –¿Cojo esta bolsa de patatas de 5 kilos? –No, no necesitamos _____.
5. –Me piden 50 yuanes por este bolso. –Es mucho. Ofrece _____.
6. –El mes pasado hubo 310 accidentes de carretera. –Este mes no ha habido _____, 285.
7. –Messi ha marcado 60 goles. –Eso no es nada. Raúl ha marcado muchos _____.
8. –Podemos recorrer 25 kilómetros al día. –Nosotros recorremos _____, unos 20.

ACIERTOS ...../8

103.4. Escriba frases con *cuanto/a/os/as* con las palabras dadas entre paréntesis.

1. Hay que hacer algo. (*más problemas, haber / peor, ser, la solución*) __Cuantos más problemas haya,__ __peor será la solución.__
2. Tú verás, pero (*menos horas, tú, trabajar / menos, tú, ganar*) _____ .
3. Alberto es muy egoísta. (*más regalos, yo, hacerle / más regalos, él, querer*) _____ .
4. Es horrible. (*más calor, hacer / más agua, yo, beber*) _____ .
5. Algunas personas (*más dinero, tener / más tacañas, ser*) _____ .
6. (*menos gente, venir / menos sillas, nosotros, necesitar*) _____ .
7. No te preocupes. (*menos comida, tú, preparar / menos, nosotros, comer*) _____ .

ACIERTOS ...../7

Dice que llegará tarde. / Dije que llegaría tarde.
Estilo indirecto (1)

● Se usa el estilo indirecto para referirnos a informaciones como dichas por otros o por nosotros mismos en otro momento.

Estilo directo:

Mamá. **Voy a cenar con unos amigos. Llegaré tarde.**

Estilo indirecto:

Lalo. **Dice que va a cenar con unos amigos y que llegará tarde.**

¿Has visto qué hora es, Lalo? Son más de las tres.

Te dije que llegaría tarde.

● La construcción más común en estilo indirecto es la siguiente:

> verbo de introducción + *que* + oración en indicativo

Dices que me vas a ayudar, pero nunca lo haces.   **Ha prometido que vendrá** a vernos en cuanto pueda.

– El verbo de introducción más común es *decir*. Otros verbos de introducción son: *aclarar, advertir, afirmar, agregar, anunciar, añadir, asegurar, avisar, comentar, confesar, contar, contestar, declarar, explicar, observar, prometer, quejarse, reclamar, reconocer, recordar, repetir...*

Galileo fue la primera persona que **afirmó que la Tierra giraba** alrededor del Sol.
He hablado con Lorena y me **ha asegurado que el banco me dará** el crédito.
Ayer estuve hablando con Marcos y me **contó que su hijo quiere** casarse.

● En general, los tiempos verbales en las oraciones de estilo indirecto son los mismos que si fueran oraciones independientes, teniendo en cuenta la referencia temporal del momento en el que transmitimos la información...

Me he tropezado con Tito esta mañana. Me ha dicho que **trabaja en una galería de arte**.
Ayer estuve con Lorenzo. Me dijo que **ahora vive en España**, pero que **el año pasado estuvo trabajando en Brasil**.
La última vez que hablé con Mónica fue **hace seis meses** y me dijo que **no quería regresar a España**.
Anoche hablé con Merche. Me dijo que **todavía no han encontrado hotel**.
Cuando llegamos a la estación, una señora nos dijo que **el tren a Córdoba ya había pasado**.
He recibido un correo de Ernesto. Dice que **vendrá a vernos la semana que viene**.
Anoche estuve charlando un rato con Fidel y me comentó que **va a pedir aumento de sueldo**.
Ayer me llamó Renata y me dijo que **nos ayudará con la limpieza cuando venga**.
De niño, Santiago decía siempre que **de mayor iba a ser bombero**.
–¿Aún no ha llamado Carla? –No, y nos aseguró que **llamaría esta mañana**.
Cuando hablé con Fermín el pasado miércoles me dijo que **vendría al día siguiente**, pero estoy esperando.
Carlos dice siempre que **va a trabajar en Estados Unidos cuando acabe la carrera**.
Begoña decía siempre que **vendría a vernos a Lisboa cuando tuviera tiempo**. Pero nunca lo hizo.

...pero cuando el verbo de introducción está en pasado, el verbo de la oración de estilo directo puede cambiar y no corresponder a la referencia temporal del momento en el que transmitimos la información.

Pretérito imperfecto de indicativo para hablar del presente: *Ayer estuve con Lorenzo.* **Me dijo que ahora vivía en** *España...* (Ahora vive en España.)

Pluscuamperfecto de indicativo para hablar del pasado: *...pero que* **el año pasado había estado trabajando** *en Brasil.* (El año pasado estuvo trabajando en Brasil.)
Anoche hablé con Merche. **Me dijo que todavía no habían encontrado hotel.** (No han encontrado hotel.)

Condicional para hablar del futuro: *No te preocupes. Renata dijo que* **nos ayudaría con la limpieza.** (Nos ayudará con la limpieza.)

104.1. Complete las frases con los verbos del recuadro en el tiempo adecuado.

anunciar asegurar contar contestar declarar explicar ~~prometer~~ quejarse reconocer recordar repetir

1. Estate tranquilo. __Ha prometido__ que llamará en cuanto llegue.
2. Le volví a preguntar y por segunda vez me _____ que no lo había hecho por falta de tiempo.
3. Cuando insistí, _____ que no tenía razón.
4. Cuando le pregunté si quería salir, _____ que ella no quiere nada con nosotros.
5. Te _____ que has prometido invitarnos a cenar.
6. Estoy contentísima. El jefe de Personal me _____ que me van a hacer jefe de Sección.
7. Lourdes siempre se _____ de que gana muy poco.
8. En el juicio, el acusado _____ que había entrado en la casa porque la puerta estaba abierta.
9. El profesor _____ que las clases serían en español.
10. Ayer hablé con Marta y me _____ que su hermano estaba feliz en Corea.
11. La radio _____ que la guerra había terminado.

ACIERTOS ...... /11

104.2. Complete las frases con los verbos entre paréntesis en el tiempo adecuado. **En algunos casos hay dos posibilidades.**

1. El lunes le dije al director que (*yo, llegar*) __había llegado__ tarde por la huelga de transportes.
2. ¿Quién de vosotros dijo que Fidel no (*ser*) _____ muy listo? Le han nombrado profesor auxiliar.
3. ¿A quién le has prometido que le (*tú, regalar*) _____ un coche cuando (*acabar*) _____ la carrera?
4. A Carlos no le gustaban los niños. Decía siempre que no (*él, tener*) _____ hijos.
5. Cuando vi a Luisa el domingo, me dijo que su hermana ya (*casarse*) _____.
6. Siempre he dicho que la culpa (*ser*) _____ del gobierno.
7. Te repito que yo no (*ser*) _____. Habrá sido otro.
8. Donato me ha contado que a un vecino suyo le (*tocar*) _____ la lotería.
9. La princesa y el príncipe han anunciado oficialmente que (*separarse*) _____.
10. Hay personas que afirman que el hombre no (*llegar*) _____ a la Luna, que (*ser*) _____ mentira.
11. Varios testigos del accidente declararon que el conductor (*saltarse*) _____ el semáforo en rojo.
12. Cuando le pregunté a Martín, me contestó que no (*poder*) _____ ayudarnos hasta dentro de unos días.
13. Mónica les ha confesado a sus padres que ya no (*salir*) _____ con Jacobo.
14. Dicen que (*ir*) _____ a cerrar la tienda si sigue la crisis.
15. Sonia ha aclarado que ella no (*insultar*) _____ a Jaime, que solo dijo que no (*ser*) _____ muy trabajador.
16. Cuando firmamos la póliza nos aseguraron que nos (*pagar*) _____ todo si teníamos un accidente.
17. Anoche hablé con Fidel y me comentó que (*ir*) _____ a pedir aumento de sueldo.
18. Dicen que el niño de Antonio (*llorar*) _____ todo el día.
19. He hablado con la profesora y me ha asegurado que el examen (*ser*) _____ muy fácil.
20. Cuando llegamos a casa de Matilde, su madre nos dijo que (*irse*) _____ al cine.

ACIERTOS ...... /23

104.3. Complete las frases con las palabras entre paréntesis.

1. Mis padres dicen (*yo, tener que, buscar un empleo*) __que tengo que buscar empleo.__
2. Susana nos prometió (*dejarnos su casa para la fiesta*) _____.
3. El profesor explicó (*el examen, ser en forma de test*) _____.
4. Carla me dice en su carta (*ella, pasárselo muy bien en Nápoles*) _____.
5. Sofía dice (*de pequeña, ella, ir todos los veranos a Grecia*) _____.
6. Yao se queja de (*su sueldo, ser muy bajo*) _____.
7. Como había nacido en Roma, Lucía decía siempre (*ella, ser italiana*) _____.
8. Costas me ha prometido (*ayudarme con mis clases de griego*) _____.

ACIERTOS ...... /8

105

Me han preguntado en qué países he trabajado. Me gustaría saber cómo se hace.
Estilo indirecto (2)

● Se usa el estilo indirecto para referirnos a preguntas como hechas por otros o por nosotros mismos en otro momento, o cuando queremos preguntar algo de forma indirecta.

Estilo directo: Estilo indirecto:

¿En qué países ha trabajado?

... y me han preguntado en qué países he trabajado.

Rosa, me **gustaría saber cómo se hace** la tortilla de patatas.

● Las construcciones más comunes son las siguientes.

verbo de introducción	+ *si* + interrogativo (*qué, cómo...*)	+ oración de indicativo

– Los verbos de introducción más comunes son *preguntar* y *saber*.

> Esta mañana he visto a Ron y le he **preguntado cuándo empiezan** las clases de pintura.
> Me gustaría **saber si vas a acompañarme** al concierto.

– En las preguntas indirectas con interrogativos, el sujeto va detrás del verbo.

> Si ves a Luis, pregúntale dónde **vive Arturo**.
> ¿Sabes cuándo **regresa Alba** de México?

● En general, los tiempos verbales en las oraciones de estilo indirecto son los mismos que si fueran oraciones independientes, teniendo en cuenta la referencia temporal del momento en el que transmitimos la información...

> He tenido un mensaje de Naoko. **Quiere saber cómo se hace** la tortilla de patatas.
> Ayer me llamó el gerente. **Me preguntó si quiero** trabajar este fin de semana.
> Me ha llamado el padre de Andrea y **me ha preguntado si yo creo** que su hija va a aprobar.
> Una vez **me preguntaron qué quería** ser en la vida y yo dije que escritor. Y ya ves, soy escritor.
> En la encuesta **preguntan en qué países hemos estado**.
> Como vi que estaban tan contentos, **les pregunté dónde habían comido**.
> Están llamando muchos alumnos. **Quieren saber si va a haber** clase el lunes.
> **Me gustaría saber cuándo llegarán** los libros que he pedido.
> **Me pregunto dónde estará** Luis. En su casa no está.
> Mi madre **le preguntó a Haruki qué iba** a ser de mayor.
> Roberto confía mucho en mí. Siempre **me está preguntando qué debería** hacer.
> El director **me preguntó si estaría** dispuesta a trabajar fuera de España.

...pero cuando el verbo de introducción está en pasado, el verbo de la oración de estilo directo puede cambiar y no corresponder a la referencia temporal del momento en el que transmitimos la información.

Pretérito imperfecto de indicativo para hablar del presente:

> Ayer fui a una entrevista de trabajo. **Me preguntaron qué idiomas hablaba**... (= qué idiomas hablo.)

Pluscuamperfecto de indicativo para hablar del pasado:

> ...y **en qué países había trabajado**. (= En qué países he trabajado.)
> En el concurso de anoche **preguntaron quién había ganado** el Óscar al mejor actor en 2009. (= quién ganó el Óscar al mejor actor en 2009.)

Condicional para hablar del futuro:

> El domingo pasado me llamó Adela. **Quería saber si iría** a la boda de su hija. (Quería saber si iré a la boda de su hija.)

105.1. **Coméntele a un amigo las preguntas de esta encuesta.**

Encuesta:
1. ¿Fuma usted?
2. ¿Bebe vino o cerveza?
3. ¿Bebe otras bebidas alcohólicas (whisky, ginebra...)?
4. ¿Hace usted ejercicio regularmente?
5. ¿Cuántas horas duerme al día?
6. ¿Cómo va al trabajo?
7. ¿Dónde come a mediodía?
8. ¿Come fruta regularmente?

–¿Qué preguntan en la encuesta? –En la encuesta preguntan (1) ___si fumas___, (2) _____, (3) _____, (4) _____, (5) _____, (6) _____, (7) _____ y (8) _____.

ACIERTOS ...../8

105.2. **Complete las frases con los verbos entre paréntesis en el tiempo adecuado.**

1. Me gustaría saber quién te (*contar*) ___ha contado___ lo de Julia.
2. Ayer recibí un mensaje de Adela. Quería saber si (*yo, ir*) _____ a ir a Alicante el domingo.
3. Me llaman mucho para preguntarme si (*yo, querer*) _____ cambiar de compañía telefónica.
4. En el juicio me preguntaron quién (*firmar*) _____ el documento.
5. En la empresa están interesados en saber cuándo (*yo, ir*) _____ a coger las vacaciones este año.
6. Como vi que estaban cansados, les pregunté qué (*ellos, hacer*) _____.
7. Alfonso, me gustaría saber cuándo me (*tú, ir*) _____ a devolver el dinero que me debes.
8. Me ha llamado Luisa para preguntarme si (*ella, deber*) _____ perdonar a Jorge.
9. Emilia es muy cotilla. Siempre quiere saber qué (*yo, hacer*) _____.
10. Tengo curiosidad por saber cuándo (*abrir*) _____ el nuevo museo.
11. Me gustaría saber qué te (*decir*) _____ Roberto anoche.
12. Esta mañana el jefe de Personal me ha preguntado si me (*gustar*) _____ mi nuevo puesto.
13. Si ves a Arturo, pregúntale cuándo (*casarse*) _____ sus padres. Tengo curiosidad.
14. Me pregunto qué (*hacer*) _____ Jorge en casa de Lola. No son muy amigos.
15. Le preguntaron al Presidente si (*él, ir*) _____ a subir los impuestos. Dijo que sí, pero que no sabía cuándo lo (*hacer*) _____.

ACIERTOS ...../16

105.3. **Complete las frases con las palabras entre paréntesis.**

1. Esta mañana le he preguntado a Inés (*Félix, llamarla anoche*) ___si Félix la había llamado anoche.___
2. Me gustaría saber (*cuántas horas, tú, perder viendo la televisión*) _____.
3. Ayer me preguntaron (*yo, querer*) _____ suscribirme a una revista nueva.
4. La policía le preguntó (*cuánto, valer la joyas robadas*) _____.
5. Mi abuela siempre me pregunta (*cuándo, yo, casarse*) _____.
6. Me gustaría saber (*cómo, decirse "sopa" en japonés*) _____
7. Recuerdo que hace un año el director me preguntó (*yo, acabar la carrera ya*) _____.
8. Me pregunto (*de dónde, esa chica, ser*) _____. No parece española.
9. Me gustaría saber (*con quién, Ana, vivir*) _____ cuando estaba en California.
10. Al llegar a la aduana nos preguntaron (*nosotros, tener algo que declarar*) _____.
11. En el examen me preguntaron (*cuántos habitantes, Egipto, tener*) _____.
12. Esos turistas quieren saber (*cómo, ellos, poder ir a Burgos*) _____.
13. ¿Te han preguntado (*tú, querer hacer horas extras*) _____?
14. ¿Para qué quieren saber en (*qué países, yo, estar*) _____?
15. Necesitamos saber (*vosotros, ya, recibir el programa de este año*) _____.
16. -¿Qué te preguntaron en el concurso? –(*cómo, San Petersburgo, llamarse, en 1960*) _____ y (*dónde, Dickens, estar enterrado*) _____.
17. Cuando veas a Rafael, pregúntale (*cuándo, las clases de griego, empezar*) _____.
18. La semana pasada me llamó Antón y me preguntó (*yo, pensar presentarse a alcalde*) _____. Le dije que no.
19. A mí nunca me han preguntado (*yo, estar a gusto en la nueva casa*) _____.
20. Una vez le pregunté a Marcos (*dónde, él, gustar vivir*) _____ y me dijo que en Nueva York, pero que su familia no quiso irse de Granada.

ACIERTOS ...../20

Ha dicho que recojamos. Os dije que recogierais.
Estilo indirecto (3)

● Se usa el estilo indirecto para referirnos a órdenes, peticiones, advertencias… como dichas por otros o por nosotros mismos en otro momento, o cuando queremos pedir algo de forma indirecta.

Estilo directo: Estilo indirecto:

Recoged las mesas.

¿Qué *os* **ha dicho**?

Que recojamos las mesas.

¿Qué hacéis hablando?

Os dije que recogierais las mesas.

● Las construcciones más comunes para transmitir órdenes o peticiones son las siguientes:

verbo de introducción en presente, pretérito perfecto de indicativo, pretérito indefinido, futuro o imperativo	+ *que* + oración en presente de subjuntivo

> Mamá **dice que os acostéis** ya, que es muy tarde.
> El jefe **me ha pedido que venga** el sábado por la mañana.
> –¿Qué te **dijo** Andrea? –**Que la avise** cuando regrese Tomás.
> Les **diré que nos esperen** en la estación.
> **Dile** a Pedro **que reserve** una mesa para el sábado.

– La orden o la petición transmitida puede referirse al presente o al futuro.

> Paquita **dice que os calléis**, que hacéis mucho ruido. (presente)
> **Me han pedido que toque** en el concierto del próximo domingo. No sé qué hacer. (futuro)

verbo de introducción en pretérito indefinido, imperfecto o pluscuamperfecto de indicativo	+ *que* + oración en pretérito imperfecto de subjuntivo

> Cuando vi a Casillas le **pedí que me firmara** un autógrafo, pero no quiso.
> **Decía que fuéramos** a su casa, pero me pareció que no quería que aceptáramos.
> El director ya le **había dicho** un par de veces **que no volviera** a llegar tarde.

– La orden o petición transmitida puede referirse al pasado.

> La semana pasada el gobierno **pidió a los secuestradores que liberaran** a los rehenes. (pasado)

– Los verbos de introducción más comunes para transmitir órdenes y peticiones son *decir* (= ordenar, no informar) y *pedir* respectivamente. Para transmitir órdenes se pueden usar también *mandar, ordenar, exigir,* y para transmitir peticiones se puede usar también *encargar, rogar, suplicar.*

> Lo siento, pero **me han ordenado que os arreste**.   Me **han encargado que te dé** las gracias.
> **Te ruego que me dejes** en paz.   Cuando tuve el segundo accidente, mi madre **me suplicó que vendiera** la moto.

● Las construcciones anteriores se pueden usar con otros verbos para transmitir consejos, sugerencias y advertencias.

– Consejos: *aconsejar, recomendar*

> **Le aconsejamos a Miguel que estudiara** algo útil, pero decidió hacer Bellas Artes.

– Sugerencias: *insinuar, proponer, sugerir*

> –Elsa se ha portado muy bien con Mario. –Sí, **le he sugerido a Mario que le haga** un regalo.
> Me **han propuesto que me presente** a alcalde.

– Advertencias: *advertir*

> –Iván ha tenido otro accidente. –Ya le **había advertido yo que tuviera** cuidado.

106.1. Complete las frases con los verbos entre paréntesis en el tiempo adecuado.

1. No puedo irme. El director me ha pedido que (*yo, quedarse*) ____me quede____ hasta las ocho.
2. Les pedí que (*ellos, callarse*) _____ pero no me hicieron caso.
3. Me ordenó que (*yo, irme*) _____, pero me quedé.
4. El profesor nos ha pedido que (*nosotros, traer*) _____ el diccionario mañana.
5. Tienes que ser firme. Tienes que exigirle que (*él, no llegar*) _____ tarde por la noche.
6. Le hemos pedido al profesor que (*él, hablar*) _____ más despacio.
7. Carolina me rogó que (*yo, no contarle*) _____ lo del accidente a su hermana.
8. Diles que (*ellos, irse*) _____.
9. El policía nos ordenó que (*nosotros, ponerse*) _____ en fila.
10. Diego nos decía siempre que (*nosotros, ir*) _____ a verlo a Canadá.
11. Laura me pidió que la (*yo, llevar*) _____ a casa después de la cena, pero estaba muy cansado.
12. Te suplico que (*tú, no volver*) _____ a ver más a Julio. No te conviene.
13. Les pediré que (*ellos, ser*) _____ puntuales, pero ya sabes cómo son.
14. El presidente pidió a los huelguistas que (*ellos, volver*) _____ al trabajo.
15. Les dije a mis hijos que (*ellos, no hacer*) _____ nada hasta que yo volviera.

ACIERTOS ...../15

106.2. Complete las frases con las palabras entre paréntesis.

1. Ernesto me pidió (*yo, no contar nada a su hermana*) ____que no le contara/contase nada a su hermana.____
2. Sebastián me ha encargado (*yo, comprarle un regalo a Teresa*) _____.
3. El nuevo director ha ordenado (*nadie, usar internet para asuntos personales*) _____.
4. Le supliqué (*él, darme otra oportunidad*) _____.
5. Unos compañeros me han pedido (*dejarles mis apuntes*) _____.
6. Como la chaqueta estaba rota, le exigí al dependiente (*devolverme el dinero*) _____.
7. El autobús no arrancaba y el conductor pidió a los pasajeros (*ellos, bajarse*) _____.
8. En las fiestas siempre me piden (*yo, cantar*) _____.
9. Dile a tu amigo (*él, echarte una mano*) _____.
10. ¿Quién te había pedido (*tú, explicarle el subjuntivo*) _____?
11. Pídele al cajero (*él, cambiarte, los euros*) _____.
12. Exígeles (*ellos, respetarte*) _____ Eres su padre.
13. Le encargué a José (*él, llevarme la chaqueta al tinte*) _____.
14. Te ruego (*tú, escucharme*) _____.
15. La soprano mandó (*ellos, dejarla sola en el camerino*) _____.

ACIERTOS ...../15

106.3. Complete las frases con las palabras entre paréntesis.

1. Les advertí (*ellos, tener cuidado con esos cables*) ____que tuvieran/tuviesen cuidado con esos cables.____
2. Me han aconsejado (*yo, leer el último libro de Vargas Llosa*) _____.
3. Me han advertido (*yo, tener cuidado con Lola*) _____.
4. Le hemos sugerido al director (*nosotros, necesitar aumento de sueldo*) _____.
5. Sugiéreles (*ellos, invitar a los profesores a la fiesta*) _____.
6. Yo les aconsejé (*ellos ir a ver la Alhambra*) _____.
7. Me han sugerido (*yo, pedirte que te vayas*) _____.
8. La policía nos advirtió (*nosotros, no tocar nada*) _____.
9. ¿Quién te ha sugerido (*tú, no salir conmigo*) _____?
10. Nos aconsejaron (*nosotros, regresar inmediatamente*) _____.
11. Me han propuesto (*yo, encargarme de la empresa en Japón*) _____.
12. Rocío me sugirió (*yo, irme*) _____ cuando llegara Arturo.
13. Adviérteles (*ellos, no decir nada a la prensa*) _____.
14. ¿Quién te aconsejó (*tú, comprar acciones de esa empresa*) _____?
15. Les propuse (*ellos, elegir a Sonia como tesorera*) _____.
16. Me han recomendado (*yo, ver la última película de Amenábar*) _____.

ACIERTOS ...../16

1. MASCULINO/FEMENINO. EL GÉNERO DE LOS NOMBRES

● **Personas**

hombres = masculino

mujeres = femenino

– Palabras terminadas en *-o, -e, -consonante*
    el hijo, el esposo
    el dependiente, el monje
    el doctor, el colegial, el dios
    el marqués, el ladrón

– Palabras terminadas en *-a, -consonante + a*
    la hija, la esposa
    la dependienta, la monja
    la doctora, la colegiala, la diosa
    la marquesa, la ladrona

PERO:

el piloto, el modelo, el testigo — *la piloto, la modelo, la testigo*
el soprano, el soldado — *la soprano, la soldado*
el paciente, el detective, el conserje — *la paciente, la detective, la conserje*
el agente, el gerente, el intérprete — *la agente, la gerente, la intérprete*
el pariente — *la pariente*
el joven — *la joven*
el atleta, el aristócrata, el colega, — *la atleta, la aristócrata, la colega,*
el policía, el cineasta, el suicida, — *la policía, la cineasta, la suicida,*
el homicida — *la homicida*
el médico, el ministro — *la médico / la médica, la ministro / la ministra*
el jefe, el cliente — *la jefe / la jefa, la cliente / la clienta*
el juez — *la juez / la jueza*

– Misma terminación: *-ista, -ante*   *-ista, -ante*
el periodista, el novelista, — *la periodista, la novelista,*
el turista, el artista — *la turista, la artista*
el estudiante, el cantante, — *la estudiante, la cantante,*
el amante — *la amante*

PERO:

el modisto, el infante — *la modista, la infanta*

– Diferentes terminaciones
el rey — *la reina*
el príncipe — *la princesa*
el actor, el emperador — *la actriz, la emperatriz*
el alcalde, el conde, el duque, — *la alcaldesa, la condesa, la duquesa*
el barón — *la baronesa*
el héroe — *la heroína*

– Formas diferentes
el padre — *la madre*
el papá — *la mamá*
el marido — *la mujer*
el hombre — *la mujer*
el yerno — *la nuera*
el poeta — *la poetisa*
el varón — *la hembra*

– Género único (consultar un diccionario)
el bebé — *la víctima*
el genio — *la estrella* (artista)
el personaje — *la visita* (persona)
el fantasma — *la persona*
el ángel
el ser

- **Animales**

macho = masculino	hembra = femenino

– Palabras terminadas en -*o*, -*e*, -consonante

    el zorro, el oso, el conejo, el mulo
    el lobo, el perro, el gato, el mono
    el burro
    el elefante
    el león

– Palabras terminadas en -*a*, -consonante + *a*

    la zorra, la osa, la coneja, la mula
    la loba, la perra, la gata, la mona
    la burra
    la elefanta
    la leona

– Formas diferentes

    el toro
    el carnero
    el caballo
    el gallo
    el tigre

    la vaca
    la oveja
    la yegua
    la gallina
    la tigresa

– Género único (consultar un diccionario)

    el avestruz, el gorila, el caracol
    el pingüino, el ratón, el chimpancé
    el saltamontes
    el avestruz macho
    el avestruz hembra

    la ardilla, la serpiente, la liebre
    la tortuga, la ardilla, la llama, la rata

    la tortuga macho
    la tortuga hembra

- **Cosas**

masculino	femenino

– Palabras terminadas en -*o*

    el cuaderno, el vaso, el teléfono,
    el ojo

– Palabras terminadas en -*a*
    la casa, la ventana, la botella,
    la mesa, la silla

PERO:

    el día, el mapa, el telegrama,
    el problema, el tema, el pijama,
    el sofá, el crucigrama, el aroma,
    el clima, el diploma, el idioma,
    el poema, el emblema, el sistema,
    el tranvía

    la mano, la radio,
    la moto (la motocicleta),
    la foto (la fotografía)

– Palabras de dos sílabas o más terminadas
en -*or*, -*ón*, -*ambre* y -*aje*.

    el ascensor, el televisor, el amor,
    el ordenador, el calor, el sudor,
    el valor, el temblor
    el millón, el montón
    el alambre, el enjambre
    el viaje, el garaje, el equipaje,
    el paisaje

– Palabras terminadas en -*ción*, -*sión*, -*dad*, -*tad*, -*tud* y -*umbre*.

    la habitación, la canción, la dirección,
    la estación, la exposición,
    la profesión, la procesión, la misión
    la pasión, la división
    la ciudad, la bondad, la amistad, la dificultad,
    la libertad, la voluntad
    la virtud, la esclavitud, la exactitud,
    la cumbre, la costumbre

– Los días de la semana
    el lunes, el martes...
– Los colores
    el amarillo, el azul, el rosa, el verde, el naranja, el violeta, el lila

– Las letras del alfabeto
    la a, la b, la c...

– Los nombres compuestos
    el microondas, el sacacorchos, el abrelatas, el paraguas, el lavaplatos

– Los idiomas
    el español, el chino, el japonés, el inglés

– Otros nombres de cosas acabados en otras vocales diferentes de *-o, -a* o en consonante pueden ser masculinos o femeninos (consultar un diccionario).

el coche, el pie, el restaurante,	*la noche, la leche, la nieve,*
el rubí, el bisturí, el bambú, el menú,	*la tribu*
el espíritu, el dominó	
el hotel, el árbol, el hospital,	*la miel, la cárcel, la sal*
el césped, el pan, el tren,	*la pared, la sartén, la razón*
el azúcar, el dolor, el lápiz	*la flor, la luz, la nariz, la paz*

2. SINGULAR/PLURAL. EL NÚMERO DE LOS NOMBRES

● **Formación del plural**

– Nombres acabados en *-a, -e, -i, -o, -u, -á, -é, -ó*   + *-s*

casa, noche, domingo	*casas, noches, domingos*
sofá, bebé, buró	*sofás, bebés, burós*

▌**PERO:**   no → no**es**, a → a**es**, o → o**es**

– Nombres acabados en *-í, -ú*   + *-s/-es*

maniquí, jabalí, marroquí	*maniquís/maniquíes, jabalís /jabalíes, marroquís/marroquíes*
tabú, bambú, iglú, hindú	*tabús/tabúes, bambús/bambúes, iglús/iglúes, hindús/hindúes*

▌**PERO:**   esquí → esquí**s**, bisturí → bisturí**s**, menú → menú**s**, champú → champú**s**
      i → i**es**, u → ú**es**, sí → sí**es**

– Nombres acabados en *-ay, -ey, -oy* (*y = i*)   + *-es* (*y* como en *yo*)

ley, rey, convoy	*leyes, reyes, convoyes*

▌**PERO:**   jersey → jers**éis**, espray → espr**áis**

– Nombres acabados en consonante (excepto *-s*)   + *-es*

hospital, tren	*hospitales, trenes*
pez, cruz	*peces, cruces*

● Con cambio de sílaba acentuada.

régimen, espécimen	*regímenes, especímenes*
carácter	*caracteres*

– Nombres acabados en vocal no acentuada + *-s*   no cambian

lunes, paraguas, tesis, virus, crisis	*lunes, paraguas, tesis, virus, crisis*

– Nombres acabados en vocal acentuada + *-s*   + *-es*

mes, autobús, país, tos	*meses, autobuses, países, toses*

– Palabras compuestas formadas por dos nombres separados: plural solo en el primer nombre

coche cama, hombre rana	*coches cama, hombres rana*
café teatro, casa piloto	*cafés teatro, casas piloto*
coche modelo	*coches modelo*

▌**PERO:**

guardia civil	*guardias civiles*

– Solo forma de plural

afueras, vacaciones, víveres, gafas, prismáticos, pantalones, vaqueros, bragas, tijeras, tenazas, alicates, esposas

3. DEMOSTRATIVOS

	SINGULAR			PLURAL		
MASCULINO	este	ese	aquel	estos	esos	aquellos
FEMENINO	esta	esa	aquella	estas	esas	aquellas
NEUTRO	esto	eso	aquello			

4. POSESIVOS

POSEEDOR	SINGULAR		MASCULINO	FEMENINO
	MASCULINO	FEMENINO		
(yo)	mi/mío	mi/mía	mis/míos	mis/mías
(tú)	tu/tuyo	tu/tuya	tus/tuyos	tus/tuyas
(usted)	su/suyo	su/suya	sus/suyos	sus/suyas
(él, ella)	su/suyo	su/suya	sus/suyos	sus/suyas
(nosotros, nosotras)	nuestro	nuestra	nuestros	nuestras
(vosotros, vosotras)	vuestro	vuestra	vuestros	vuestras
(ustedes)	su/suyo	su/suya	sus/suyos	sus/suyas
(ellos, ellas)	su/suyo	su/suya	sus/suyos	sus/suyas

5. ADJETIVOS: GÉNERO Y NÚMERO

- **Formas de masculino y femenino**

adjetivos calificativos

- masculino -o   femenino -a
  barato   *barata*

- masculino -or, -án, ón, ín   femenino + a
  trabajador   *trabajadora*
  glotón   *glotona*
  charlatán   *charlatana*
  chiquitín   *chiquitina*

adjetivos de nacionalidad

- masculino -o   femenino -a
  italiano   *italiana*

- masculino consonante   femenino + a
  japonés   *japonesa*
  español   *española*
  alemán   *alemana*

PERO:

mayor   *mayor*
menor   *menor*
mejor   *mejor*
peor   *peor*
marrón   *marrón*

- Otras terminaciones no cambian.

optimista	*optimista*	*belga*	*belga*
agradable	*agradable*	*costarricense*	*costarricense*
carmesí	*carmesí*	*paquistaní*	*paquistaní*
joven	*joven*	*hindú*	*hindú*
gris	*gris*		
débil	*débil*		
popular	*popular*		
veloz	*veloz*		

- Adjetivos compuestos no cambian.
  rojo oscuro   *rojo oscuro*
  amarillo claro   *amarillo claro*

- **Formas de singular y plural**

singular	plural		singular	plural
– vocal	+ -s		– vocal	+ -s
barato	*baratos*		*española*	*españolas*
cara	*caras*		*costarricense*	*costarricenses*
agradable	*agradables*			

PERO:	-í	+ -es		-í, -ú	+ -s / -es
	carmesí	*carmesíes*		*marroquí*	*marroquís/ marroquíes*
				hindú	*hindús/hindúes*

- • No cambian.

violeta	*violeta*
rosa	*rosa*
naranja	*naranja*
beige	*beige*
gris perla	*gris perla*
azul marino	*azul marino*
rosa pálido	*rosa pálido*

– consonante	+ -es		– consonante	+ -es
trabajador	*trabajadores*		*francés*	*franceses*
joven	*jóvenes*		*español*	*españoles*
mejor	*mejores*		*andaluz*	*andaluces*
fácil	*fáciles*			
feliz	*felices*			

PERO:

Vocales no acentuadas + -s no cambian.
rubiales   *rubiales*

Adjetivos compuestos no cambian.
rojo oscuro   *rojo oscuro*
azul claro   *azul claro*

6. PRONOMBRES PERSONALES

de sujeto	con preposición	de objeto directo	de objeto indirecto	reflexivos	recíprocos
yo	mí*	me	me	me	-
tú	ti*	te	te	te	-
usted	usted	lo/le*, la	le, se	se	-
él	él	lo/le*	le, se	se	-
ella	ella	la	le, se	se	-
ello	ello	lo	nos		-
nosotros, nosotras	nosotros, nosotras	nos	nos	nos	nos
vosotros, vosotras	vosotros, vosotras	os	les, se	os	os
ustedes	ustedes	los/les*, las	les, se	se	se
ellos	ellos	los/les*	les, se	se	se
ellas	ellas	las		se	se

conmigo*   *solo personas

contigo*

7. ADJETIVOS Y PRONOMBRES RELATIVOS

● Especificativas		● Explicativas
	Personas, animales o cosas	
que *(a, con, de, para... +) el que,* *la que, los que, las que*		*que* *a, con, de, para... + el que,* *la que, los que, las que* *(a, con, de, para... +) el cual,* *la cual, los cuales, las cuales*
	Solo personas	
(a, con, de, para... +) quien, *quienes*		*(a, con, de, para... +) quien, quienes*
	Informaciones o ideas	
(a, con, de, para... +) lo que		*(a, con, de, para... +) lo que, lo cual*
	Posesión	
cuyo		*cuyo*
	Cuantificador	
cuanto		*cuanto*
	Temporalidad	
cuando		*cuando*
	Lugar	
donde		*donde*
	Manera, modo	
como		*como*

8. INTERROGATIVOS

● ***Quién, quiénes***

¿*(a, de, con... +) quién/quiénes...?*
quién/quiénes + de + nosotros, vosotros...?
estos, esos... (+ nombre)...?
mis, tus... + nombre?
los, las (+ nombre) (+ *que* + oración de relativo)...?

● ***Qué***

¿*(a, de, con... +) qué (+ nombre)...?*

● ***Cuál, cuáles***

¿*(a, de, con... +) cuál/cuáles...?*
¿*(a, de, con... +) cuál/cuáles + de + nosotros, vosotros...?*
estos, esos... (+ nombre)?
mis, tus... + nombre...?
los, las (+ nombre) (+ *que* + oración de relativo)?

● ***Dónde, adónde***

¿*(de, desde, hacia, hasta, para, por +) dónde...?*
¿*Adónde...?*

● ***Cuándo***

¿*(desde/hasta +) cuándo...?*

● ***Cuánto, cuánta, cuántos, cuántas***

¿*(a, con, en... +) cuánto/a/os/as (+ nombre)...?*
¿*(a, con, en... +) cuánto/a/os/as + de + nosotros, vosotros...?*
estos, esos... (+ nombre)...?
mis, tus... + nombre...?
los, las (+ nombre) (+ *que* + oración de relativo)...?

- **Cómo**

  ¿Cómo...?

- **Por qué**

  ¿Por qué...?

- **Para qué, a qué**

  ¿Para qué...?
  ¿A qué...? (con verbos de movimiento)

9. CONJUGACIÓN VERBAL

En indicativo y subjuntivo, las formas corresponden a las siguientes personas: yo, tú, usted, él/ella, nosotros/-as, vosotros/-as, ustedes, ellos/ellas. En imperativo, las formas corresponden a las siguientes personas: tú, usted, nosotros/-as, vosotros/-as, ustedes.

- **Verbos acabados en -*ar***

1. Formas regulares: trabaj-ar

   – Indicativo

Presente: trabaj-o, trabaj-as, trabaj-a, trabaj-a, trabaj-amos, trabaj-áis, trabaj-an, trabaj-an

Pretérito indefinido: trabaj-é, trabaj-aste, trabaj-ó, trabaj-ó, trabaj-amos, trabaj-asteis, trabaj-aron, trabaj-aron

Pretérito imperfecto: trabaj-aba, trabaj-abas, trabaj-aba, trabaj-aba, trabaj-ábamos, trabaj-abais, trabaj-aban, trabaj-aban

Futuro simple: trabajar-é, trabajar-ás, trabajar-á, trabajar-á, trabajar-emos, trabajar-éis, trabajar-án, trabajar-án

Condicional simple: trabajar-ía, trabajar-ías, trabajar-ía, trabajar-ía, trabajar-íamos, trabajar-íais, trabajar-ían, trabajar-ían

Pretérito perfecto: he trabajado, has trabajado, ha trabajado, ha trabajado, hemos trabajado, habéis trabajado, han trabajado, han trabajado

Pretérito pluscuamperfecto: había trabajado, habías trabajado, había trabajado, había trabajado, habíamos trabajado, habíais trabajado, habían trabajado, habían trabajado

Futuro compuesto: habré trabajado, habrás trabajado, habrá trabajado, habrá trabajado, habremos trabajado, habréis trabajado, habrán trabajado, habrán trabajado

Condicional compuesto: habría trabajado, habrías trabajado, habría trabajado, habría trabajado, habríamos trabajado, habríais trabajado, habrían trabajado, habrían trabajado

   – Subjuntivo

Presente: trabaj-e, trabaj-es, trabaj-e, trabaj-e, trabaj-emos, trabaj-éis, trabaj-en, trabaj-en

Pretérito imperfecto: trabaj-ara/trabaj-ase, trabaj-aras/trabaj-ases, trabaj-ara/trabaj-ase, trabaj-ara/trabaj-ase, trabaj-áramos/trabaj-ásemos, trabaj-arais /trabaj-aseis, trabaj-aran/trabaj-asen, trabaj-aran/trabaj-asen

Pretérito perfecto: haya trabajado, hayas trabajado, haya trabajado, haya trabajado, hayamos trabajado, hayáis trabajado, hayan trabajado, hayan trabajado

Pretérito pluscuamperfecto: hubiera/hubiese trabajado, hubieras/hubieses trabajado, hubiera/hubiese trabajado, hubiera/hubiese trabajado, hubiéramos/hubiésemos trabajado, hubieras/hubieseis trabajado, hubieran/hubiesen trabajado

Imperativo afirmativo: trabaj-a, trabaj-e, trabaj-emos, trabaj-ad

Imperativo negativo: no trabaj-es, no trabaj-e, no trabaj-emos, no trabaj-éis

Infinitivo: trabaj-ar

Infinitivo compuesto: haber trabajado

Gerundio: trabaj-ando

Gerundio compuesto: habiendo trabajado

Participio: trabaj-ado

   – En los modelos siguientes, se incluyen únicamente las formas en las que hay algún cambio con respecto a la conjugación regular (*trabajar*).

1.1 Verbos acabados en -*car*: sacar

Pretérito indefinido: sa**qu**-é, sac-aste, sac-ó, sac-ó, sac-amos, sac-asteis, sac-aron, sac-aron
Presente de subjuntivo: sa**qu**-e, sa**qu**-es, sa**qu**-e, sa**qu**-e, sa**qu**-emos, sa**qu**-éis, sa**qu**-en, sa**qu**-en
Imperativo afirmativo: sac-a, sa**qu**-e, sa**qu**-emos, sac-ad, sa**qu**-en
Imperativo negativo: no sa**qu**-es, no sa**qu**-e, no sa**qu**-emos, no sa**qu**-éis, no sa**qu**-en

1.2 Verbos acabados en -*zar*: cruzar

Pretérito indefinido: cruc-é, cruz-aste, cruz-ó, cruz-ó, cruz-amos, cruz-asteis, cruz-aron

Presente de subjuntivo: cruc-e, cruc-es, cruc-e, cruc-e, cruc-emos, cruc-éis, cruc-en, cruc-en

Imperativo afirmativo: cruz-a, cruc-e, cruc-emos, cruz-ad, cruc-en

Imperativo negativo: no cruc-es, no cruc-e, no cruc-emos, no cruc-éis, no cruc-en

1.3 Verbos acabados en -*gar*: llegar

Pretérito indefinido: lle**gu**-é, lleg-aste, lleg-ó, lleg-ó, lleg-amos, lleg-asteis, lleg-aron, lleg-aron

Presente de subjuntivo: lle**gu**-e, lle**gu**-es, lle**gu**-e, lle**gu**-e, lle**gu**-emos, lle**gu**-éis, lle**gu**-en, lle**gu**-en

Imperativo afirmativo: lleg-a, lle**gu**-e, lle**gu**-emos, lleg-ad, lle**gu**-en

Imperativo negativo: no lle**gu**-es, no lle**gu**-e, no lle**gu**-emos, no lle**gu**-éis, no lle**gu**-en

1.4 Verbos acabados en -*guar*: averiguar

Pretérito indefinido: averi**g-üé**, averig-uaste, averig-uó, averig-uó, averig-uamos, averig-uasteis, averig-uaron, averig-uaron

Presente de subjuntivo: averi**g-üe**, averi**g-ües**, averi**g-üe**, averi**g-üe**, averigü-emos, averigü-éis, averi**gü-en**, averi**gü-en**

Imperativo afirmativo: averig-ua, averig-üe, averig-üemos, averig-uad, averig-üen

Imperativo negativo: no averigü-es, no averigü-e, no averigü-emos, no averigu-ad, no averigü-en

1.5 *e → ie*: cerrar

Presente de indicativo: c**i**err-o, c**i**err-as, c**i**err-a, c**i**err-a, cerr-amos, cerr-áis, c**i**err-an, c**i**err-an

Presente de subjuntivo: c**i**err-e, c**i**err-es, c**i**err-e, c**i**err-e, cerr-emos, cerr-éis, c**i**err-en, c**i**err-en

Imperativo afirmativo: c**i**err-a, c**i**err-e, cerr-emos, cerr-ad, c**i**err-en

Imperativo negativo: no c**i**err-es, no c**i**err-e, no cerr-emos, no cerr-éis, no c**i**err-en

1.5.1 *e → ie* acabados en -*gar*: fregar

Presente de indicativo: fr**ieg**-o, fr**ieg**-as, fr**ieg**-a, fr**ieg**-a, freg-amos, freg-áis, fr**ieg**-an, fr**ieg**-an

Pretérito indefinido: fre**gu**-é, freg-aste, freg-ó, freg-ó, freg-amos, freg-asteis, freg-aron, freg-aron

Presente de subjuntivo: fr**iegu**-e, fr**iegu**-es, fr**iegu**-e, fr**iegu**-e, freg-emos, freg-éis, fr**iegu**-en, fr**iegu**-en

Imperativo afirmativo: fr**ieg**-a, fr**iegu**-e, freg-emos, freg-ad, fr**iegu**-en

Imperativo negativo: no fr**iegu**-es, no fr**iegu**-e, no freg-emos, no freg-éis, no fr**iegu**-en

1.5.2 *e → ie* acabados en -*zar*: comenzar

Presente de indicativo: com**ienz**-o, com**ienz**-as, com**ienz**-a, com**iez**-a, comenz-amos, comenz-áis, com**ienz**-an, com**ienz**-an

Pretérito indefinido: comenc-é, comenz-aste, comenz-ó, comenz-ó, comenz-amos, comenz-asteis, comenz-aron

Presente de subjuntivo: com**ienc**-e, com**ienc**-es, com**ienc**-e, com**ienc**-e, comenc-emos, comenc-éis, com**ienc**-en, com**ienc**-en

Imperativo afirmativo: com**ienz**-a, com**ienc**-e, comenc-emos, comenz-ad, com**ienc**-en

Imperativo negativo: no com**ienc**-es, no com**ienc**-e, no comenc-emos, no comenc-éis, no com**ienc**-en

1.6 *o → ue*: contar

Presente de indicativo: c**uent**-o, c**uent**-as, c**uent**-a, c**uent**-a, cont-amos, cont-áis, c**uent**-an, c**uent**-an

Presente de subjuntivo: c**uent**-e, c**uent**-es, c**uent**-e, c**uent**-e, cont-emos, cont-éis, c**uent**-en, c**uent**-en

Imperativo afirmativo: c**uent**-a, c**uent**-e, cont-emos, cont-ad, c**uent**-en

Imperativo negativo: no c**uent**-es, no c**uent**-e, no cont-emos, no cont-éis, no cont-ad, no c**uent**-en

1.6.1 *o → ue* acabados en -*zar*: forzar

Presente de indicativo: f**uerz**-o, f**uerz**-as, f**uerz**-a, f**uerz**-a, forz-amos, forz-áis, f**uerz**-an, f**uerz**-an

Pretérito indefinido: forc-é, forz-aste, forz-ó, forz-ó, forz-amos, forz-asteis, forz-aron

Presente de subjuntivo: f**uerc**-e, f**uerc**-es, f**uerc**-e, f**uerc**-e, forc-emos, forc-éis, f**uerc**-en, f**uerc**-en

Imperativo afirmativo: f**uerz**-a, f**uerc**-e, forc-emos, forz-ad, f**uerc**-en

Imperativo negativo: no f**uerc**-es, no f**uerc**-e, no forc-emos, no forc-éis, no f**uerc**-en

1.6.2 *o → ue* acabados en -*gar*: rogar

Presente de indicativo: r**ueg**-o, r**ueg**-as, r**ueg**-a, r**ueg**-a, rog-amos, rog-áis, r**ueg**-an, r**ueg**-an

Pretérito indefinido: ro**gu**-é, rog-aste, rog-ó, rog-ó, rog-amos, rog-asteis, rog-aron, rog-aron

Presente de subjuntivo: r**uegu**-e, r**uegu**-es, r**uegu**-e, r**uegu**-e, ro**gu**-emos, ro**gu**-éis, r**uegu**-en, ro**gu**-en

Imperativo afirmativo: r**ueg**-a, r**uegu**-e, ro**gu**-emos, rog-ad, r**uegu**-en

Imperativo negativo: no r**uegu**-es, no r**uegu**-e, no ro**gu**-emos, no ro**gu**-éis, no r**uegu**-en

1.7 *u → ue*: jugar

Presente de indicativo: j**ueg**-o, j**ueg**-as, j**ueg**-a, j**ueg**-a, jug-amos, jug-áis, j**ueg**-an, j**ueg**-an

Presente de subjuntivo: j**uegu**-e, j**uegu**-es, j**uegu**-e, j**uegu**-e, ju**gu**-emos, ju**gu**-éis, j**uegu**-en, j**uegu**-en

Imperativo afirmativo: j**ueg**-a, j**uegu**-e, ju**gu**-emos, ju**gu**-éis, j**uegu**-en

Imperativo negativo: no j**uegu**-es, no j**uegu**-e, no ju**gu**-emos, no ju**gu**-éis, no j**uegu**-en

• Verbos acabados en *-er*

2. Formas regulares: comer

– Indicativo

Presente: com-o, com-es, com-e, com-e, com-emos, com-éis, com-en, com-en

Pretérito indefinido: com-í, com-iste, com-ió, com-ió, com-imos, com-isteis, com-ieron, com-ieron

Pretérito imperfecto: com-ía, com-ías, com-ía, com-ía, com-íamos, com-íais, com-ían, com-ían

Futuro simple: comer-é, comer-ás, comer-á, comer-á, comer-emos, comer-éis, comer-án, comer-án

Condicional simple: comer-ía, comer-ías, comer-ía, comer-ía, comer-íamos, comer-íais, comer-ían, comer-ían

Pretérito perfecto: he comido, has comido, ha comido, ha comido, hemos comido, habéis comido, han comido, han comido

Pretérito pluscuamperfecto: había comido, habías comido, había comido, había comido, habíamos comido, habíais comido, habían comido, habían comido

Futuro compuesto: habré comido, habrás comido, habrá comido, habrá comido, habremos comido, habréis comido, habrán comido, habrán comido

Condicional compuesto: habría comido, habrías comido, habría comido, habría comido, habríamos comido, habríais comido, habrían comido, habrían comido

– Subjuntivo

Presente: com-a, com-as, com-a, com-a, com-amos, com-áis, com-an, com-an

Pretérito imperfecto: com-iera/com-iese, com-ieras/com-ieses, com-iera/com-iese, com-iera/com-iese, com-iéramos/com-iésemos, com-ierais/com-ieseis, com-ieran/comiesen, com-ieran/comiesen

Pretérito perfecto: haya comido, hayas comido, haya comido, haya comido, hayamos comido, hayáis comido, hayan comido, hayan comido

Pretérito pluscuamperfecto: hubiera/hubiese comido, hubieras/hubieses comido, hubiera/hubiese comido, hubiera/hubiese comido, hubiéramos/hubiésemos comido, hubierais/hubieseis comido, hubieran/hubiesen comido, hubieran/hubiesen comido

Imperativo afirmativo: com-e, com-a, com-amos, com-ed, com-an

Imperativo negativo: no comas, no coma, no comamos, no comáis, no coman

Infinitivo: com-er

Infinitivo compuesto: haber comido

Gerundio: com-iendo

Gerundio compuesto: habiendo comido

Participio: com-ido

– En los modelos siguientes, se incluyen únicamente las formas en las que hay algún cambio con respecto a la conjugación regular (*comer*).

2.1 romper

Participio: roto

2.2 Verbos acabados en *-ger*: coger

Presente de indicativo: co**j**-o, cog-es, cog-e, cog-e, cog-emos, cog-éis, cog-en, cog-en

Presente de subjuntivo: co**j**-a, co**j**-as, co**j**-a, co**j**-a, co**j**-amos, co**j**-áis, co**j**-an, co**j**-an

Imperativo afirmativo: cog-e, co**j**-a, co**j**-amos, cog-ed, co**j**-an

Imperativo negativo: no co**j**-as, no co**j**-a, no co**j**-amos, no co**j**-áis, no co**j**-an

2.3 Verbos acabados en vocal + *-cer*: conocer

Presente de indicativo: cono**zc**-o, conoc-es, conoc-e, conoc-e, conoc-emos, conoc-éis, conoc-en, conoc-en

Presente de subjuntivo: cono**zc**-a, cono**zc**a-s, cono**zc**-a, cono**zc**-a, cono**zc**-amos, cono**zc**-áis, cono**zc**-an, cono**zc**-an

Imperativo afirmativo: conoc-e, conozc-a, conozc-amos, conozc-an
Imperativo negativo: no conozc-as, no conozc-a, no conozc-amos, no conozc-an

2.4 Verbos acabados en -ncer: vencer

Presente de indicativo: venz-o, venc-es, venc-e, venc-e, venc-emos, venc-éis, venc-en, venc-en
Presente de subjuntivo: venz-a, venz-as, venz-a, venz-a, venz-amos, venz-áis, venz-an, venz-an
Imperativo afirmativo: venc-e, venz-a, venz-amos, venc-ed, venz-an
Imperativo negativo: no venz-as, no venz-a, no venz-amos, no venz-áis, no venz-an

2.5 Verbos acabados en -eer: leer

Pretérito indefinido: le-í, le-íste, le-yó, le-yó, le-ímos, le-ísteis, le-yeron, le-yeron

2.6 e → ie: perder

Presente de indicativo: pierd-o, pierd-es, pierd-e, pierd-e, perd-emos, perd-éis, pierd-en, pierd-en
Presente de subjuntivo: pierd-a, pierd-as, pierd-a, pierd-a, perd-amos, perd-áis, pierd-an, pierd-an
Imperativo afirmativo: pierd-e, pierd-a, perd-amos, perd-ed, pierd-an
Imperativo negativo: no pierd-as, no pierd-a, no perd-amos, no perd-áis, no pierd-an

2.7 o → ue: volver

Presente de indicativo: vuelv-o, vuelv-es, vuelv-e, vuelv-e, volv-emos, volv-éis, vuelv-en, vuelv-en
Presente de subjuntivo: vuelv-a, vuelv-as, vuelv-a, vuelv-a, volv-amos, volv-áis, vuelv-an, vuelv-an
Imperativo afirmativo: vuelv-e, vuelv-a, volv-amos, volv-ed, vuelv-an
Imperativo negativo: no vuelv-as, no vuelv-a, no volv-amos, no volv-áis, no vuelv-an

2.7.1 o → ue acabados en -cer: torcer

Presente de indicativo: tuerz-o, tuerc-es, tuerc-e, tuerc-e, torc-emos, torc-éis, tuerc-en, tuerc-en
Presente de subjuntivo: tuerz-a, tuerz-as, tuerz-a, tuerz-a, torz-amos, torz-áis, tuerz-an, tuerz-an
Imperativo afirmativo: tuerc-e, tuerz-a, torz-amos, torc-ed, tuerz-an
Imperativo negativo: no tuerz-as, no tuerz-a, no torz-amos, no torz-áis, no tuerz-an

2.7.2 o → hue: oler

Presente de indicativo: huel-o, huel-es, huel-e, huel-e, ol-emos, ol-éis, huel-en, huel-en
Presente de subjuntivo: huel-a, huel-as, huel-a, huel-a, ol-amos, ol-áis, huel-an, huel-an
Imperativo afirmativo: huel-e, huel-a, ol-amos, ol-ed, huel-an
Imperativo negativo: no huel-as, no huel-a, no ol-amos, no ol-áis, no huel-an

● Verbos acabados en -ir

3. Formas regulares: vivir

– Indicativo

Presente: viv-o, viv-es, viv-e, viv-e viv-imos, viv-ís, viv-en, viv-en
Pretérito indefinido: viv-í, viv-iste, viv-ió, viv-ió, viv-ímos, viv-isteis, viv-ieron, viv-ieron
Pretérito imperfecto: viv-ía, viv-ías, viv-ía, viv-ía, viv-íamos, viv-íais, viv-ían, viv-ían
Futuro simple: vivir-é, vivir-ás, vivir-á, vivir-á, vivir-emos, vivir-éis, vivir-án, vivir-án
Condicional simple: vivir-ía, vivir-ías, vivir-ía, vivir-ía, vivir-íamos, vivir-íais, vivir-ían, vivir-ían
Pretérito perfecto: he vivido, has vivido, ha vivido, ha vivido, hemos vivido, habéis vivido, han vivido, han vivido
Pretérito pluscuamperfecto: había vivido, habías vivido, había vivido, había vivido, habíamos vivido, habíais vivido, habían vivido, habían vivido
Futuro compuesto: habré vivido, habrás vivido, habrá vivido, habrá vivido, habremos vivido, habréis vivido, habrán vivido, habrán vivido
Condicional compuesto: habría vivido, habrías vivido, habría vivido, habría vivido, habríamos vivido, habríais vivido, habrían vivido, habrían vivido

– Subjuntivo

Presente: viv-a, viv-as, viv-a, viv-a, viv-amos, viv-áis, viv-an, viv-an

Pretérito imperfecto: viv-iera/viv-iese, viv-ieras/viv-ieses, viv-iera/viviese, viv-iera/viv-iese, viv-iéramos/viv-iésemos, viv-ierais/viv-ieseis, viv-ieran/viv-iesen, viv-ieran/viv-iesen

Pretérito perfecto: haya vivido, hayas vivido, haya vivido, haya vivido, hayamos vivido, hayáis vivido, hayan vivido, hayan vivido

Pretérito pluscuamperfecto: hubiera/hubiese vivido, hubieras/hubieses vivido, hubiera/hubiese vivido, hubiera/hubiese vivido, hubiéramos/hubiésemos vivido, hubierais/hubieseis vivido, hubieran/hubiesen vivido, hubieran/hubiesen vivido

Imperativo afirmativo: viv-e, viv-a, viv-amos, viv-id, viv-an

Imperativo negativo: no viv-as, no viv-a, no viv-amos, no viv-áis, no viv-an

Infinitivo: viv-ir

Infinitivo compuesto: haber vivido

Gerundio: viv-iendo

Gerundio compuesto: habiendo vivido

Participio: viv-ido

   – En los modelos siguientes, se incluyen únicamente las formas en las que hay algún cambio con respecto a la conjugación regular (vivir).

3.1 Verbos en -*brir*: abrir

Participio: ab-**ierto**

3.2 escribir

Participio: escri-**to**

3.3 Verbos acabados en -*gir*: dirigir

Presente de indicativo: dirij-o, dirig-es, dirig-e, dirig-e, dirig-imos, dirig-ís, dirig-en, dirig-en

Presente de subjuntivo: dirij-a, dirij-as, dirij-a, dirij-a, dirij-amos, dirij-áis, dirij-an, dirij-an

Imperativo afirmativo: dirig-e, dirij-a, dirijamos, dirig-id, dirij-an

Imperativo negativo: no dirij-as, no dirij-a, no dirij-amos, no dirij-áis, no dirij-an

3.4 Verbos acabados en -*guir*: distinguir

Presente de indicativo: distin**g**-o, distin**gu**-es, distin**gu**-e, distin**gu**-e, distin**gu**-imos, distin**gu**-ís, distin**gu**-en

Presente de subjuntivo: distin**g**-a, distin**g**-as, distin**g**-a, distin**g**-a, distin**g**-amos, distin**g**-áis, distin**g**-an, distin**g**-an

Imperativo afirmativo: distin**g**-ue, distin**g**-a, distin**g**-amos, distin**gu**-id, distin**g**-an

Imperativo negativo: no distin**g**-as, no distin**g**-a, no distin**g**-amos, no distin**g**-áis, no distin**g**-an

3.5 Verbos acabados en -*quir*: delinquir

Presente de indicativo: delin**c**-o, delin**qu**-es, delin**qu**-e, delin**qu**-e, delin**qu**-imos, delin**qu**-ís, delin**qu**-en, delin**qu**-en

Presente de subjuntivo: delin**c**-a, delin**c**-as, delin**c**-a, delin**c**-a, delin**c**-amos, delin**c**-áis, delin**c**-an

Imperativo afirmativo: delin**qu**-e, delin**c**-a, delin**c**-amos, delin**qu**-id, delin**c**-an

Imperativo negativo: no delin**c**-as, no delin**c**-a, no delin**c**-amos, no delin**c**-áis, no delin**c**-an

3.6 Verbos acabados en -*cir*: conducir

Presente de indicativo: condu**zc**-o, conduc-es, conduc-e, conduc-e, conduc-imos, conduc-ís, conduc-en

Presente de subjuntivo: condu**zc**-a, condu**zc**-as, condu**zc**-a, condu**zc**-a, condu**zc**-amos, condu**zc**-áis, condu**zc**-an, condu**zc**-an

Pretérito imperfecto de subjuntivo: condu**j**-era/condu**j**-ese, condu**j**-eras/condu**j**-eses, condu**j**-era/condu**j**-ese, condu**j**-era/condu**j**-ese, condu**j**-éramos/condu**j**-ésemos, condu**j**-erais/condu**j**-eseis, condu**j**-eran/condu**j**-esen, condu**j**-eran/condu**j**-esen

Imperativo afirmativo: conduc-e, condu**zc**-a, condu**zc**-amos, conduc-id, condu**zc**-an

Imperativo negativo: no condu**zc**-as, no condu**zc**-a, no condu**zc**-amos, no condu**zc**-áis, no condu**zc**-an

3.7 Verbos acabados en -*uir*: huir

Presente de indicativo: hu**y**-o, hu**y**-es, hu**y**-e, hu**y**-e, hu-imos, hu-ís, hu**y**-en, hu**y**-en

Pretérito indefinido: hu-í, hu-iste, hu**y**-ó, hu**y**-ó, hu-imos, hu-isteis, hu**y**-eron, hu**y**-eron

Presente de subjuntivo: hu**y**-a, hu**y**-as, hu**y**-a, hu**y**-a, hu**y**-amos, hu**y**-áis, hu**y**-an, hu**y**-an

Pretérito imperfecto de subjuntivo: hu**y**-era/hu**y**-ese, hu**y**-eras/hu**y**-eses, hu**y**-era/hu**y**-ese, hu**y**-era/hu**y**-ese, hu**y**-éramos/hu**y**-ésemos, hu**y**-erais/hu**y**-eseis, hu**y**-eran/hu**y**-esen, hu**y**-eran/hu**y**-esen

Imperativo afirmativo: hu**y**-e, hu**y**-a, hu**y**-amos, hui-d, hu**y**-an

Imperativo negativo: no hu**y**-as, no hu**y**-a, no hu**y**-amos, no hu**y**-áis, no hu**y**-an

Gerundio: hu-**yendo**

3.8 *e → i*: ped-ir
Presente de indicativo: pid-o, pid-es, pid-e, pid-e, ped-imos, ped-ís, pid-en, pid-en
Pretérito indefinido: ped-í, ped-iste, pid-ió, pid-ió, ped-imos, ped-isteis, pid-ieron, pid-ieron
Presente de subjuntivo: pid-a, pid-as, pid-a, pid-a, pid-amos pid-áis, pid-an pid-an
Pretérito imperfecto de subjuntivo: pid-iera/pid-iese, pid-ieras/pid-ieses, pid-iera/pid-iese, pid-iera/pid-iese, pid-iéramos/pid-iésemos, pid-ierais/pid-ieseis, pid-ieran/pid-iesen, pid-ieran/pid-iesen

Imperativo afirmativo: pid-e, pid-a, pid-amos, pedid, pid-an
Imperativo negativo: no pid-as, no pid-a, no pid-amos, no pid-áis, no pid-an
Gerundio: pid-iendo

3.8.1 *e → i* acabados en -*gir*: elegir
Presente de indicativo: elij-o, elig-es, elig-e, elig-e, eleg-imos, eleg-ís, elig-en, elig-en
Pretérito indefinido: eleg-í, eleg-iste, elig-ió, elig-ió, eleg-imos, eleg-isteis, elig-ieron, elig-ieron
Presente de subjuntivo: elij-a, elij-as elij-a, elij-a, elij-amos, elij-áis, elij-an elij-an
Pretérito imperfecto de subjuntivo: elig-iera/elig-iese, elig-ieras/elig-ieses, elig-iera/elig-iese, elig-iera/elig-iese, elig-iéramos/elig-iésemos, elig-ierais/elig-ieseis, elig-ieran/elig-iesen, elig-ieran/elig-iesen
Imperativo afirmativo: elig-e, elij-a, elij-amos, eleg-id, elij-an
Imperativo negativo: no elij-as, no elij-a, no elij-amos, no elij-áis, no elij-an
Gerundio: elig-iendo

3.8.2 *e → i* acabados en -*guir*: seguir
Presente de indicativo: **sig**-o, **sig**u-es, **sig**u-e, **sig**u-e, segu-imos, segu-ís, **sig**u-en, **sig**u-en
Pretérito indefinido: segu-í, segu-iste, **sig**u-ió, **sig**u-ió, segu-imos, segu-isteis, **sig**u-ieron, **sig**u-ieron
Presente de subjuntivo: **sig**-a, **sig**-as, **sig**-a, **sig**-a, **sig**-amos, **sig**-áis, **sig**-an, **sig**-an
Pretérito imperfecto de subjuntivo: **sig**u-iera/**sig**u-iese, **sig**u-ieras/**sig**u-ieses, **sig**u-iera/**sig**u-iese, **sig**u-iera/**sig**u-iese, **sig**u-iéramos/**sig**u-iésemos, **sig**u-ierais/**sig**u-ieseis, **sig**u-ieran/**sig**u-iesen, **sig**u-ieran/**sig**u-iesen
Imperativo afirmativo: **sig**u-e, **sig**-a, **sig**-a, **sig**-amos, segu-id, **sig**-an
Imperativo negativo: no **sig**-as, no **sig**-a, no **sig**-a, no **sig**-amos, no **sig**-áis, no **sig**-an
Gerundio: **sig**u-iendo

3.9 *e → ie/i*: preferir
Presente de indicativo: **prefier**-o, **prefier**-es, **prefier**-e, **prefier**-e, preferi-mos, prefer-ís, **prefier**-en, **prefier**-en
Pretérito indefinido: prefer-í, prefer-iste, prefir-ió, prefir-ió, prefer-imos, prefer-isteis, prefir-ieron, prefir-ieron
Presente de subjuntivo: **prefier**-a, **prefier**-as, **prefier**-a, **prefier**-a, prefir-amos, prefir-áis, **prefier**-an, **prefier**-an
Pretérito imperfecto de subjuntivo: prefir-iera/prefir-iese, prefir-ieras/prefir-ieses, prefir-iera/prefir-iese, prefir-iera/prefir-iese, prefir-iéramos/prefir-iésemos, prefir-ierais/prefir-ieseis, prefir-ieran/prefir-iesen, prefir-ieran/prefir-iesen

3.10 *i → ie*: adquirir
Presente de indicativo: **adquier**-o, **adquier**-es, **adquier**-e, **adquier**-e, adquir-imos, adquir-ís, **adquier**-en, **adquier**-en
Presente de subjuntivo: **adquier**-a, **adquier**-as, **adquier**-a, **adquier**-a, adquir-amos, adquir-áis, **adquier**-an, **adquier**-an
Imperativo afirmativo: **adquier**-e, **adquier**-a, adquir-amos, adquir-id, **adquier**-an
Imperativo negativo: no **adquier**-as, no **adquier**-a, no adquir-amos, no adquir-áis, no **adquier**-an

3.11 *o → ue/u*: dormir
Presente de indicativo: **duerm**-o, **duerm**-es, **duerm**-e, **duerm**-e, dorm-imos, dorm-ís, **duerm**-en, **duerm**-en
Pretérito indefinido: dorm-í, dorm-iste, durm-ió, durm-ió, dorm-imos, dorm-isteis, durm-ieron, durm-ieron
Presente de subjuntivo: **duerm**-a, **duerm**-as, **duerm**-a, **duerm**-a, durm-amos, durm-áis, **duerm**-an, **duerm**-an
Pretérito imperfecto de subjuntivo: durm-iera/durm-iese, durm-ieras/durm-ieses, durm-iera/durm-iese, durm-iera/durm-iese, durm-iéramos/durm-iésemos, durm-ierais/durm-ieseis, durm-ieran/durm-iesen, durm-ieran/durm-iesen
Imperativo afirmativo: **duerm**-e, **duerm**-a, durm-amos, dorm-id, **duerm**-an
Imperativo negativo: no **duerm**-as, no **duerm**-a, no durm-amos, no durm-áis, no **duerm**-an

3.11.1 morir (Como *dormir* excepto el participio)
Participio: m**uer-to**

3.11.2 suscribir (Como *dormir* excepto el participio)
Participio: suscri-**to**

• **Verbos irregulares** (las formas no incluidas aquí se forman de manera regular según su terminación).

4 andar

Pretérito indefinido: and-**uve**, and-**uviste**, and-**uvo**, and-**uvo**, and-**uvimos**, and-**uvisteis**, and-**uvieron**, and-**uvieron**

Pretérito imperfecto de subjuntivo: and-**uviera**/and-**uviese**, and-**uvieras**/and-**uvieses**, and-**uviera**/and-**uviese**, and-**uviera**/and-**uviese**, and-**uviéramos**/and-**uviésemos**, and-**uvierais**/and-**uvieseis**, and-**uvieran**/and-**uviesen**, and-**uvieran**/and-**uviesen**

5 caber

Presente de indicativo: **quep**-o, cab-es, cab-e, cab-e, cab-emos, cab-éis, cab-en, cab-en

Pretérito indefinido: **cup**-e, **cup**-iste, **cup**-o, **cup**-o, **cup**-imos, **cup**-isteis, **cup**-ieron, **cup**-ieron

Futuro simple: **cabr**-é, **cabr**-ás, **cabr**-á, **cabr**-á, **cabr**-emos, **cabr**-éis, **cabr**-án, **cabr**-án

Condicional simple: **cabr**-ía, **cabr**-ías, **cabr**-ía, **cabr**-ía, **cabr**-íamos, **cabr**-íais, **cabr**-ían, **cabr**-ían

Presente de subjuntivo: **quep**-a, **quep**-as, **quep**-a, **quep**-a, **quep**-amos, **quep**-áis, **quep**-an, **quep**-an

Pretérito imperfecto de subjuntivo: **cup**-iera/ **cup**-iese, **cup**-ieras/ **cup**-ieses, **cup**-iera/ **cup**-iese, **cup**-iera/ **cup**-iese, **cup**-iéramos/ **cup**-iésemos, **cup**-ierais/ **cup**-ieseis, **cup**-ieran/ **cup**-iesen, **cup**-ieran/ **cup**-iesen

6 caer

Presente de indicativo: ca-**igo**, ca-es, ca-e, ca-e, ca-emos, ca-éis, ca-en, ca-en

Pretérito indefinido: ca-í, ca-íste, ca-**yó**, ca-**yó**, ca-ímos, ca-ísteis, ca-**yeron**, ca-**yeron**

Presente de subjuntivo: ca-**iga**, ca-**igas**, ca-**iga**, ca-**iga**, ca-**igamos**, ca-**igáis**, ca-**igan**, ca-**igan**

Gerundio: ca-**yendo**

7 dar

Presente de indicativo: d-**oy**, d-as, d-a, d-a, d-amos, d-ais, d-an, d-an

Pretérito indefinido: d-**i**, d-**iste**, d-**io**, d-**io**, d-**imos**, d-**isteis**, d-**ieron**, d-**ieron**

Presente de subjuntivo: d-**é**, d-es, d-**é**, d-**é**, d-emos, d-eis, d-en, d-en

Pretérito imperfecto de subjuntivo: d-**iera**/d-**iese**, d-**ieras**/d-**ieses**, d-**iera**/d-**iese**, d-**iera**/d-**iese**, d-**iéramos**/d-**iésemos**, d-**ierais**/d-**ieseis**, d-**ieran**/d-**iesen**, d-**ieran**/d-**iesen**

8 decir

Presente de indicativo: **dig**-o, dic-es, dic-e, **dic**-e, dec-imos, dec-ís, dic-en, dic-en

Pretérito indefinido: **dij**-e, **dij**-iste, **dij**-o, **dij**-o, **dij**-imos, **dij**-isteis, **dij**-eron, **dij**-eron

Futuro simple: **dir**-é, **dir**-ás, **dir**-á, **dir**-á, **dir**-emos, **dir**-éis, **dir**-án, **dir**-án

Condicional simple: **dir**-ía, **dir**-ías, **dir**-ía, **dir**-ía, **dir**-íamos, **dir**-íais, **dir**-ían, **dir**-ían

Presente de subjuntivo: **dig**-a, **dig**-as, **dig**-a, **dig**-a, **dig**-amos, **dig**-áis, **dig**-an, **dig**-an

Pretérito imperfecto de subjuntivo: **dij**-era/**dij**-ese, **dij**-eras/**dij**-eses, **dij**-era/**dij**-ese, **dij**-era/**dij**-ese, **dij**-éramos, **dij**-ésemos, **dij**-erais/**dij**-eseis, **dij**-eran/**dij**-esen, **dij**-eran/**dij**-esen

Gerundio: **dic**-iendo

Participio: **dich**-o

9 estar

Presente de indicativo: est-oy, est-ás, est-á, est-á, est-amos, est-áis, est-án, est-án

Pretérito indefinido: est-**uve**, est-**uviste**, est-**uvo**, est-**uvo**, est-**uvimos**, est-**uvisteis**, est-**uvieron**, est-**uvieron**

Presente de subjuntivo: est-**é**, est-**és**, est-**é**, est-**é**, est-emos, est-éis, est-**én**, est-**én**

Pretérito imperfecto de subjuntivo: est-**uviera**/est-**uviese**, est-**uvieras**/est-**uvieses**, est-**uviera**/est-**uviese**, est-**uviera**/est-**uviese**, est-**uviéramos**/est-**uviésemos**, est-**uvierais**/est-**uvieseis**, est-**uvieran**/est-**uviesen**

10 haber

Presente de indicativo: **h**-e, **h**-as, **h**-a, **h**-a, **h**-emos, hab-éis, **h**-an, **h**-an

(forma impersonal) **h**-ay

Pretérito indefinido: **hub**-o, **hub**-iste, **hub**-o, **hub**-o, **hub**-imos, **hub**-isteis, **hub**-ieron, **hub**-ieron

Futuro simple: **habr**-á, **habr**-ás, **habr**-á, **habr**-á, **habr**-emos, **habr**-éis, **habr**-án, **habr**-án

Condicional simple: **habr**-ía, **habr**-ías, **habr**-ía, **habr**-ía, **habr**-íamos, **habr**-íais, **habr**-ían, **habr**-ían

Presente de subjuntivo: **hay**-a, **hay**-as, **hay**-a, **hay**-a, **hay**-amos, **hay**-áis, **hay**-an, **hay**-an

Pretérito imperfecto de subjuntivo: **hub**-iera/**hub**-iese, **hub**-ieras/**hub**-ieses, **hub**-iera/**hub**-iese, **hub**-iera/**hub**-iese, **hub**-iéramos/ **hub**-iésemos, **hub**-ierais/**hub**-ieseis, **hub**-ieran/**hub**-iesen, **hub**-ieran/**hub**-iesen

11 hacer

Presente de indicativo: **hag**-o, hac-es, hac-e, hac-e, hac-emos, hac-éis, hac-en, hac-en
Pretérito indefinido: **hic-e**, **hic**-iste, **hiz-o**, **hiz-o**, **hic**-imos, **hic**-isteis, **hic**-ieron, **hic**-ieron
Presente de subjuntivo: **hag**-a, **hag**-as, **hag**-a, **hag**-a, **hag**-amos, **hag**-áis, **hag**-an, **hag**-an
Pretérito imperfecto de subjuntivo: **hic**-iera/**hic**-iese, **hic**-ieras/**hic**-ieses, **hic**-iera/**hic**-iese, **hic**-iera/**hic**-iese, **hic**-iéramos/**hic**-iésemos, **hic**-ierais/**hic**-ieseis, **hic**-ieran/**hic**-iesen, **hic**-ieran/**hic**-iesen
Imperativo: **haz**, **hag**-a, **hag**-amos, hac-ed, **hag**-an
Imperativo negativo: no **hag**-as, no **hag**-a, no **hag**-amos, no **hag**-áis, no **hag**-an
Participio: **hech-o**

12 ir

Presente de indicativo: **voy, vas, va, va, vamos, vais, van, van**
Pretérito indefinido: **fui, fuiste, fue, fue, fuimos, fuisteis, fueron, fueron**
Presente de subjuntivo: **vaya, vayas, vaya, vaya, vayamos, vayáis, vayan, vayan**
Pretérito imperfecto de subjuntivo: **fuera/fuese, fueras/fueses, fuera/fuese, fuera/fuese, fuéramos/fuésemos, fuerais/fueseis, fueran/fuesen, fueran/fuesen**
Imperativo: ve, **vaya**, vayamos, i-d, **vayan**
Imperativo negativo: no **vayas**, no **vaya**, no **vayamos**, no **vayáis**, no **vayan**
Gerundio: **yendo**

13 oír

Presente de indicativo: o-**igo**, o-**yes**, o-**ye**, o-**ye**, o-ímos, o-ís, o-**yen**, o-**yen**
Presente de subjuntivo: o-**iga**, o-**igas**, o-**iga**, o-**iga**, o-**igamos**, o-**igáis**, o-**igan**, o-**igan**
Pretérito indefinido: o-í, o-íste, o-**yó**, o-**yó**, o-ímos, o-ísteís, o-**yeron**, o-**yeron**
Pretérito imperfecto de subjuntivo: o-**yera**/o-**yese**, o-**yeras**/o-**yeses**, o-**yera**/o-**yese**, o-**yera**/o-**yese**, o-**yéramos**/o-**yésemos**, o-**yerais**/o-**yeseis**, o-**yeran**/o-**yesen**, o-**yeran**/o-**yesen**
Gerundio: o-**yendo**

14 poder

Presente de indicativo: **pued**-o, **pued**-es, **pued**-e, **pued**-e, pod-emos, pod-éis, **pued**-en, **pued**-en
Presente de subjuntivo: **pued**-a, **pued**-as, **pued**-a, **pued**-a, pod-amos, pod-áis, **pued**-an, **pued**-an
Pretérito indefinido: **pud**-e, **pud**-iste, **pud-o**, **pud-o**, **pud**-imos, **pud**-isteis, **pud**-ieron, **pud**-ieron
Futuro simple: **podr**-é, **podr**-ás, **podr**-á, **podr**-á, **podr**-emos, **podr**-éis, **podr**-án, **podr**-án
Condicional simple: **podr**-ía, **podr**-ías, **podr**-ía, **podr**-ía, **podr**-íamos, **podr**-íais, **podr**-ían, **podr**-ían
Pretérito imperfecto de subjuntivo: **pud**-iera/**pud**-iese, **pud**-ieras/**pud**-ieses, **pud**-iera/**pud**-iese, **pud**-iera/**pud**-iese, **pud**-iéramos, **pud**-iésemos, **pud**-ierais/**pud**-ieseis, **pud**-ieran/**pud**-iesen
Gerundio: **pud**-iendo

15 poner

Presente de indicativo: pon-**go**, pon-es, pon-e, pon-e, pon-emos, pon-éis, pon-en, pon-en
Pretérito indefinido: **pus-e**, **pus**-iste, **pus-o**, **pus-o**, **pus**-imos, **pus**-isteis, **pus**-ieron, **pus**-ieron
Presente de subjuntivo: pon-**ga**, pon-**gas**, pon-**ga**, pon-**ga**, pon-**gamos**, pon-**gáis**, pon-**gan**, pon-**gan**
Pretérito imperfecto de subjuntivo: **pus**-iera/**pus**-iese, **pus**-ieras/**pus**-ieses, **pus**-iera/**pus**-iese, **pus**-iera/**pus**-iese, **pus**-iéramos, **pus**-iésemos, **pus**-ierais/**pus**-ieseis, **pus**-ieran/**pus**-iesen
Futuro simple: pon-**dré**, pon-**drás**, pon-**drá**, pon-**drá**, pon-**dremos**, pon-**dréis**, pon-**drán**, pon-**drán**
Condicional simple: pon-**dría**, pon-**drías**, pon-**dría**, pon-**dría**, pon-**dríamos**, pon-**dríais**, pon-**drían**, pon-**drían**
Imperativo: **pon**, pon-**ga**, pon-**gamos**, pon-ed, pon-**gan**
Imperativo negativo: no pon-**gas**, no pon-**ga**, no pon-**gamos**, no pon-**gáis**, no pon-**gan**
Participio: **pues-to**

16 querer

Presente de indicativo: **quier**-o, **quier**-es, **quier**-e, **quier**-e, quer-emos, quer-éis, **quier**-en, **quier**-en
Pretérito indefinido: **quis-e**, **quis**-iste, **quis-o**, **quis-o**, **quis**-imos **quis**-isteis, **quis**-ieron, **quis**-ieron
Presente de subjuntivo: **quier**-a, **quier**-as, **quier**-a, **quier**-a, quer-amos, quer-áis, **quier**-an, **quier**-an
Pretérito imperfecto de subjuntivo: **quis**-iera/**quis**-iese, **quis**-ieras/**quis**-ieses, **quis**-iera/**quis**-iese, **quis**-iera/**quis**-iese, **quis**-iéramos/**quis**-iésemos, **quis**-ierais/**quis**-ieseis, **quis**-ieran/**quis**-iesen, **quis**-ieran/**quis**-iesen

Futuro simple: **querr**-é, **querr**-ás, **querr**-á, **querr**-á, **querr**-emos, **querr**-éis, **querr**-án, **querr**-án

Condicional simple: **querr**-ía, **querr**-ías, **querr**-ía, **querr**-ía, **querr**-íamos, **querr**-íais, **querr**-ían, **querr**-ían

Imperativo: **quier**-e, **quier**-a, quer-amos, quer-ed, **quier**-an

Imperativo negativo: no **quier**-as, no **quier**-a, no **quier**-a, no quer-amos, no quer-áis, no **quier**-an

17 saber

Presente de indicativo: **s-é**, sab-es, sab-e, sab-e, sab-emos, sab-éis, sab-en, sab-en

Pretérito indefinido: **sup**-e, **sup**-iste, **sup**-o, **sup**-o, **sup**-imos, **sup**-isteis, **sup**-ieron, **sup**-ieron

Presente de subjuntivo; sep-a, **sep**-as, **sep**-a, **sep**-a, **sep**-amos, **sep**-áis, **sep**-an, **sep**-an

Pretérito imperfecto de subjuntivo: **sup**-iera/**sup**-iese, **sup**-ieras/**sup**-ieses, **sup**-iera/**sup**-iese, **sup**-iera/**sup**-iese, **sup**-iéramos/**sup**-iésemos, **sup**-ierais/**sup**-ieseis, **sup**-ieran/**sup**-iesen, **sup**-ieran/**sup**-iesen

Futuro simple: **sabr**-é, **sabr**-ás, **sabr**-á, **sabr**-á, **sabr**-emos, **sabr**-éis, **sabr**-án, **sabr**-án

Condicional simple: **sabr**-ía, **sabr**-ías, **sabr**-ía, **sabr**-ía, **sabr**-íamos, **sabr**-íais, **sabr**-ían, **sabr**-ían

18 salir

Presente de indicativo: sal-**go**, sal-es, sal-e, sal-e, sal-imos, sal-ís, sal-en, sal-en

Presente de subjuntivo: sal-**ga**, sal-**gas**, sal-**ga**, sal-**ga**, sal-**gamos**, sal-**gáis**, sal-**gan**, sal-**gan**

Futuro simple: **saldr**-é, **saldr**-ás, **saldr**-á, **saldr**-á, **saldr**-emos, **saldr**-éis, **saldr**-án, **saldr**-án

Condicional simple: **saldr**-ía, **saldr**-ías, **saldr**-ía, **saldr**-ía, **saldr**-íamos, **saldr**-íais, **saldr**-ían, **saldr**-ían

Imperativo: **sal**, sal-**ga**, sal-**gamos**, sal-id, sal-**gan**

Imperativo negativo: no sal-**gas**, no sal-**ga**, no sal-**gamos**, no sal-**gáis**, no sal-**gan**

19 ser

Presente de indicativo; s-oy, **eres**, **es**, **es**, s-**omos**, s-**ois**, s-**on**, s-**on**

Pretérito imperfecto de indicativo: **era, eras, era, era, éramos, erais, eran, eran**

Pretérito indefinido: **fui, fuiste, fue, fue, fuimos, fuisteis, fueron, fueron**

Pretérito imperfecto de subjuntivo: **fuera/fuese, fueras/fueses, fuera/fuese, fuera/fuese, fuerámos/fuésemos, fuerais/fueseis, fueran/fuesen, fueran/fuesen**

Imperativo: s-**é**, s-**ea**, s-**eamos**, s-ed, s-**ean**

Imperativo negativo: no s-**eas**, no s-**ea**, no s-**eamos**, no s-**eáis**, no s-**ean**

20 tener

Presente de indicativo: ten-**go**, **tien**-es, **tien**-e, **tien**-e, ten-emos, ten-éis, **tien**-en, **tien**-en

Pretérito indefinido: **tuv**-e, **tuv**-iste, **tuv**-o, **tuv**-o, **tuv**-imos, **tuv**-isteis, **tuv**-ieron, **tuv**-ieron

Presente de subjuntivo: ten-**ga**, ten-**gas**, ten-**ga**, ten-**ga**, ten-**gamos**, ten-**gáis**, ten-**gan**, ten-**gan**

Pretérito imperfecto de subjuntivo: **tuv**-iera/**tuv**-iese, **tuv**-ieras/**tuv**-ieses, **tuv**-iera/**tuv**-iese, **tuv**-iera/**tuv**-iese, **tuv**-iéramos/**tuv**-iésemos, **tuv**-ierais/**tuv**-ieseis, **tuv**-ieran/**tuv**-iesen, **tuv**-ieran/**tuv**-iesen

Futuro simple: **tendr**-é, **tendr**-ás, **tendr**-á, **tendr**-á, **tendr**-emos, **tendr**-éis, **tendr**-án, **tendr**-án

Condicional simple: **tendr**-ía, **tendr**-ías, **tendr**-ía, **tendr**-ía, **tendr**-íamos, **tendr**-íais, **tendr**-ían, **tendr**-ían

Imperativo: **ten**, ten-**ga**, ten-**gamos**, ten-ed, ten-**gan**

Imperativo negativo: no ten-**gas**, no ten-**ga**, no ten-**gamos**, no ten-**gáis**, no ten-**gan**

21 traducir

Presente de indicativo: traduz**c**-o, traduc-es, traduc-e, traduc-e, traduc-imos, traduc-ís, traduc-en, traduc-en

Pretérito indefinido: **traduj**-e, **traduj**-iste, **traduj**-o, **traduj**-o, **traduj**-imos, **traduj**-isteis, **traduj**-eron, **traduj**-eron

Presente de subjuntivo: traduz**c**-a, traduz**c**-as, traduz**c**-a, traduz**c**-a, traduz**c**-amos, traduz**c**-áis, traduz**c**-an

Pretérito imperfecto de subjuntivo: **traduj**-era/**traduj**-ese, **traduj**-eras/**traduj**-eses, **traduj**-era/**traduj**-ese, **traduj**-era/**traduj**-ese, **traduj**-éramos/**traduj**-ésemos, **traduj**-erais/**traduj**-eseis, **traduj**-eran/**traduj**-esen

Imperativo afirmativo: traduc-e, traduz**c**-a, traduz**c**-amos, traduc-id, traduz**c**-an

Imperativo negativo: no traduz**c**-as, no traduz**c**-a, no traduz**c**-amos, no traduz**c**-áis, no traduz**c**-an

22 traer

Presente de indicativo: **trai**-go, tra-es, tra-e, tra-e, tra-emos, tra-éis, tra-en, tra-en

Pretérito indefinido: **traj**-e, **traj**-iste, **traj**-o, **traj**-o, **traj**-imos, **traj**-isteis, **traj**-eron, **traj**-eron

Presente de subjuntivo: **trai**-ga, **trai**-gas, **trai**-ga, **trai**-ga, **trai**-gamos, **trai**-gáis, **trai**-gan, **trai**-gan

Pretérito imperfecto de subjuntivo: **traj**-era/**traj**-ese, **traj**-eras/**traj**-eses, **traj**-era/**traj**-ese, **traj**-era/**traj**-ese, **traj**-éramos/**traj**-ésemos, **traj**-erais/**traj**-eseis, **traj**-eran/**traj**-esen, **traj**-eran/**traj**-esen

Imperativo: tra-e, **trai-ga**, **trai-gamos**, tra-ed, **trai-gan**
Imperativo negativo: no **trai-gas**, no **trai-ga**, no **trai-gamos**, no **trai-gáis**, no **trai-gan**
Gerundio: tra-**yendo**

23 valer

Presente de indicativo: val-**go**, val-es, val-e, val-e, val-emos, val-éis, val-en, val-en
Presente de subjuntivo: val-**ga**, val-**gas**, val-**ga**, val-**ga**, val-**gamos**, val-**gáis**, val-**gan**, val-**gan**
Futuro simple: **valdr**-é, **valdr**-ás, **valdr**-á, **valdr**-á, **valdr**-emos, **valdr**-éis, **valdr**-án, **valdr**-án
Condicional simple: **valdr**-ía, **valdr**-ías, **valdr**-ía, **valdr**-ía, **valdr**-íamos, **valdr**-íais, **valdr**-ían, **valdr**-ían

24 venir

Presente de indicativo: ven-**go**, **vien**-es, **vien**-e, **vien**-e, ven-imos, ven-ís, **vien**-en, **vien**-en
Pretérito indefinido: **vin**-e, **vin**-iste, **vin**-o, **vin**-o, **vin**-imos, **vin**-isteis, **vin**-ieron, **vin**-ieron
Presente de subjuntivo: ven-**ga**, ven-**gas**, ven-**ga**, ven-**ga**, ven-**gamos**, ven-**gáis**, ven-**gan**, ven-**gan**
Pretérito imperfecto de subjuntivo: **vin**-iera/**vin**-iese, **vin**-ieras/**vin**-ieses, **vin**-iera/**vin**-iese, **vin**-iera/**vin**-iese, **vin**-iéramos/**vin**-iésemos, **vin**-ieran/**vin**-iesen, **vin**-ieran/**vin**-iesen
Futuro simple: **vendr**-é, **vendr**-ás, **vendr**-á, **vendr**-á, **vendr**-emos, **vendr**-éis, **vendr**-án, **vendr**-án
Condicional simple: **vendr**-ía, **vendr**-ías, **vendr**-ía, **vendr**-ía, **vendr**-íamos, **vendr**-íais, **vendr**-ían, **vendr**-ían
Imperativo: **ven**, ven-**ga**, ven-**gamos**, ven-id, ven-**gan**
Imperativo negativo: no ven-**gas**, no ven-**ga**, no ven-**gamos**, no ven-**gáis**, no ven-**gan**
Gerundio: **vin**-iendo

25 ver

Presente de indicativo: v-**eo**, v-es, v-e, v-e, v-emos, v-éis, v-en, v-en
Pretérito indefinido; v-i, v-iste, v-io, v-io, v-imos, v-isteis, v-ieron, v-ieron
Presente de subjuntivo: v-**ea**, v-**eas**, v-**ea**, v-**ea**, v-**eamos**, v-**eáis**, v-**ean**, v-**ean**
Pretérito imperfecto de subjuntivo: v-iera/v-iese, v-ieras/v-ieses, v-iera/v-iese, v-iera/v-iese, v-iéramos/v-iésemos, v-ierais/v-ieseis, v-ieran/v-iesen, v-ieran/v-iesen
Imperativo: v-e, v-**ea**, v-eamos, v-ed, v-**ean**
Imperativo negativo: no v-**eas**, no v-**ea**, no ve-**amos**, no v-**eáis**, no v-**ean**
Participio: v-**isto**

10. VERBOS CON PREPOSICIONES

● Verbo + *a*

acercarse a, acogerse a, acostumbrar(se) a, aficionarse a, ajustar(se) a, animar a, apelar a, aprender a, arriesgarse a, asistir a, atenerse a, atreverse a, autorizar a, ayudar a, brindarse a, ceder a, comenzar a, comprometerse a, condenar a, conducir a, consagrarse a, contribuir a, convidar a, correr a, decidirse a, dedicarse a, desafiar a, disponerse a, echarse a, empezar a, enseñar a, exponerse a, forzar a, habituarse a, imponerse a, incitar a, invitar a, ir(se) a, limitarse a, llegar a, llevar a, mandar a, meterse a, negarse a, obligar a, ofrecerse a, oponerse a, pasar a, prepararse a, probar a, quedarse a, re-mitirse a, renunciar a, resignarse a, resistirse a, saber a, salir a, someterse a, sonar a, sumarse a, tender a, venir a, volver a.

● Verbo + *con*

acabar con, amenazar con, casarse con, conformarse con, entusiasmarse con, ilusionarse con, soñar con

● Verbo + *de*

abstenerse de, acabar de, acordarse de, acusar de, alegrarse de, arrepentirse de, asombrarse de, asustarse de, avergon-zarse de, beneficiarse de, cansarse de, carecer de, cesar de, cuidar de, dejar de, depender de, desesperarse de, despedirse de, disuadir de, encargarse de, enojarse de, fiarse de, guardarse de, hartarse de, inhibirse de, jactarse de, lamentarse de, maravillarse de, olvidarse de, parar de, pasar de, preocuparse de, quejarse de, retractarse de, sorprenderse de, terminar de, tratar de, venir de, ufanarse de

● Verbo + *en*

adentrarse en, confiarse en, consentir en, consistir en, convenir en, convertirse en, dudar en, empeñarse en, esforzarse en, insistir en, interesarse en, molestarse en, pensar en, quedar en, tardar en, vacilar en

● Verbo + *por*

acabar por, dar por, darse por, decidirse por, destacar por, enfadarse por, entusiasmarse por, esforzarse por, interesarse por, luchar por, optar por, tener por, terminar por

Índice analítico

Soluciones a los ejercicios

Unidad 1: Masculino/femenino. `1.1.` 1. *La.* 2. *el.* 3. *El.* 4. *El/La.* 5. *El.* 6. *Las; del.* 7. *La.* 8. *Los.* 9. *la.* 10. *la.* `1.2.` 1. *la jarra.* 2. *unas ramas.* 3. *Química.* 4. *un huerto.* 5. *un ramo.* 6. *una cuchilla.* 7. *un barco.* 8. *una partida.* 9. *una barca.* 10. *un anillo.* 11. *químico.* 12. *el cuchillo.* `1.3.` *una.* 2. *el.* 3. *la.* 4. *la.* 5. *La.* 6. *un.* 7. *la.* 8. *las.* 9. *los.* 10. *la.* `1.4.` 1. *la capital.* 2. *la batería.* 3. *el batería.* 4. *La editorial.* 5. *El cura.* 6. *del coma.* 7. *El orden.* 8. *El capital.* 9. *la guía.*

Unidad 2: Singular/plural. `2.1.` 1. *oes.* 2. *síes; noes.* 3. *hombres rana.* 4. *caracteres.* 5. *regímenes.* 6. *niñas prodigio.* 7. *tabús/ tabúes.* 8. *crisis.* `2.2.` 1. *hippies.* 2. *jerséis.* 3. *whiskys.* 4. *penaltis.* 5. *espráis.* 6. *samuráis.* 7 *paparazis* 8 *ponis.* `2.3.` 1. *pósters.* 2. *líderes; mítines.* 3. *córners.* 4. *boxes.* 5. *pins/pines.* 6. *chándals/chándales.* 7. *escáners/ escáneres.* 8. *megapíxeles.* 9. *best-seller/best-sellers.* 10. *óscar.* 11. *cruasáns/cruasanes.* `2.4.` 1. *chips.* 2. *álbums/álbumes.* 3. *hábitats.* 4. *sandwiches.* 5. *pubs.* 6. *cómics.* 7. *bistecs.* 8. *másters/másteres.* 9 *complots.* 10. *sets.* 11. *ballets* .12. *airbags.* 13. *déficits.* 14. *chalets.* 15. *campings.* 16. *tics.* 17. *sketches.*

Unidad 3: Artículos: uso y omisión. `3.1.` 1. *un.* 2. *un.* 3. *un.* 4. *una.* 5. *El.* 6. *un.* 7. *una.* 8. *el.* 9. *los.* 10. *la.* 11. *un.* 12. *el.* 13. *El.* 14. *el.* 15. *los.* 16. *del.* `3.2.` 1. *las.* 2. *una.* 3. *un; El.* 4. *el.* 5. *un; al; La; El.* `3.3.` 1. *ø.* 2. *la.* 3. *ø.* 4. *las.* 5. *la.* 6. *ø.* 7. *los.* 8. *ø.* 9. *ø.* 10. *ø.* `3.4.` 1. *ø.* 2. *ø.* 3. *al.* 4. *ø.* 5. *ø.* 6. *al.* 7. *ø.* 8. *ø.* 9. *ø.* 10. *ø.* `3.5.` 1. *ø.* 2. *el.* 3. *la.* 4. *ø.* 5. *la.* 6. *ø.* 7. *la.* 8. *la* 9. *ø.* 10. *ø.*

Unidad 4: Los artículos con nombres de persona y de lugares. `4.1.` 1. *ø.* 2. *ø; un.* 3. *el.* 4. *la.* 5. *ø.* 6. *un.* 7. *un.* 8. *La.* 9. *Los.* 10. *Los.* `4.2.` 1. *Almodóvar.* 2. *Los Machado.* 3. *el Africano.* 4. *la Caballé.* 5. *La Loren.* 6. *Los García.* 7. *los Velasco.* 8. *Los Gandhi.* 9. *Los Grimaldi.* 10. *la Rusa.* `4.3.` 1. *un.* 2. *ø.* 3. *El.* 4. *ø.* 5. *un.* 6. *ø.* 7. *un.* 8. *unos.* 9. *La.* 10. *unas.* `4.4.` 1. *ø.* 2. *El.* 3. *un.* 4. *El; ø.* 5. *La; la.* 6. *el.* 7. *la.* 8. *ø.*

Unidad 5: El artículo indefinido con valor intensificador. `5.1.` 1. *un infeliz.* 2. *un sinvergüenza.* 3. *una mujer.* 4. *un cobarde.* 5. *un listo.* 6. *un santo.* 7. *un impresentable.* 8. *unos roñosos.* `5.2.` 1. *todo un.* 2. *todo un / un señor.* 3. *una señora.* 4. *un señor.* 5. *toda una* 6. *todo un / un señor.* 7. *toda una / una señora.* `5.3.` 1. *Antonio es todo un señor médico.* 2. *Tomás era todo un señor policía.* 3. *Charo López es toda una señora actriz.* 4. *Bolaño fue todo un señor escritor.* 5. *La piscina de Juani es toda una señora piscina.* `5.4.` 1. *Es una preciosidad de lago.* 2. *Es una maravilla de ciudad.* 3. *Es un encanto de persona.* 4. *Es un aburrimiento de novela.* 5. *Es un horror de casa.* 6. *Fue un desastre de boda.* 7. *Son una preciosidad de islas.* 8. *Es un espanto de peinado.* `5.5.` 1. *¡Hace un viento!* 2. *¡Tengo una sed!* 3. *¡Hace un sol!* 4. *¡Hace un calor!* 5. *¡Tengo un dolor de estómago!* 6. *¡María tiene una suerte !* 7. *¡Pasamos un frío!* 8. *¡Pasé un miedo!* `5.6.` 1. *¡Marisa tiene una de amigas!* 2. *¡Tengo una de trabajo!* 3. *¡Se gasta una de dinero!* 4. *¡Tiene una de ropa!* 5. *¡Tiene una de accidentes!* 6. *¡Tiene una de líos!*

Unidad 6: El artículo definido y *lo* con valor intensificador. `6.1.` 1. *¡El sueño que tengo!* 2. *No sabes el sueño que tengo.* 3. *¡El calor que ha hecho este verano!* 4. *¡El sueño que teníamos anoche!* 5. *¡El hambre que pasé de pequeño!* 6. *¡El champán que bebimos en la fiesta!* 7. *¡El salto que dio Juana cuando nos vio!* 8. *¡El dinero que nos hemos gastado estas vacaciones!* 9. *¡Los sufrimientos que he pasado en mi vida!* `6.2.` 1. *¡La de zapatos que tiene!* 2. *¡La de amigos que tiene!* 3. *¡La de países que conoce!* 4. *¡La de idiomas que hablaba!* 5. *¡La de coches que ha vendido!* 6. *¡La de calamidades que ha pasado!* `6.3.` 1. *No sabes lo inteligente que es Manuela.* 2. *No te imaginas lo raros que son los Aguirre.* 3. *¡Lo feliz que está Arturo con su nuevo trabajo!* 4. *¿Has visto lo bien que cocina Pedro?* 5. *¡Lo aburrido que es este chico!* 6. *¿Has oído lo mal que canta Aurora?* 7. *¿Habéis visto lo contenta que está Paula con su niño?* 8. *¡Lo estrecha que es esta cama!* `6.4.` 1 *¡Lo que llueve aquí!* 2. *¡Lo que nos quiere Carlos!* 3. *No sabéis lo que se trabaja en esta empresa.* 4. *¡Lo que ronca Lucio!* 5. *¡Lo que me reí con los chistes de Tomás!* 6. *¡Lo que he dormido esta noche!* `6.5.` 1. *¡Lo que fuma Martín!* 2. *¡Lo que dormía de pequeño!* 3. *¡La de monedas que tiene Alberto!* 4. *¡Lo bien que he dormido hoy!* 5. *¡El dolor que tenía anoche Cecilia!* 6. *¡La de cosas raras que dice Felipe!* 7. *¡La de historias que sé!*

Unidad 7: Demostrativos (1). `7.1.` *Este.* 2. *ese.* 3. *este.* 4. *aquellas/esas.* 5. *Esta.* `7.2.` 1. *¿Ves el coche negro ese? Ese es el mío.* 2. *¿Ves esas barcas? ¿Cuáles? ¿Esas azules?* 3. *¿Es tuya la chaqueta verde esta? Sí. Esa verde es la mía.* 4. *No he podido encontrar la película esa de la que te hablé.* 5. *Las macetas estas huelen muy bien. ¿Por qué no me regalas esas dos?* 6. *¡Cuidado! Estas losas están levantadas. Puedes resbalar con esta lluvia.* `7.3.` 1. *este.* 2. *aquel.* 3. *este.* 4. *Este.* 5. *Esa.* 6. *aquel.* 7. *esta.* `7.4.` 1. *esta; aquella.* 2. *ese.* 3. *esa.* 4. *estas.* 5. *Este/Aquel; aquel/este.* 6. *esa.* 7. *aquella.* `7.5.` 1. *esto.* 2. *esto.* 3. *Eso.* 4. *esto.* 5. *aquello.* 6. *eso.* 7. *Eso.* 8. *eso.*

Unidad 8: Demostrativos (2). `8.1.` 1. *¡Esta Amelia!* 2. *¡Estas niñas!* 3. *¡Este Pablo!* 4. *¡Esta Rocío!* 5. *¡Este niño!* 6. *¡Esta Alicia!* 7. *¡Estos alumnos!* 8. *¡Estas chicas!* 9. *Esta Belén* 10. *¡Este Daniel!* `8.2.` 1. *Esos.* 2. *El; ese.* 3. *Esa.* 4. *La; esa.* 5. *El; este.* 6. *Ese.* 7. *la; esa.* `8.3.` 1. *¡Qué mujer esta!* 2. *¡Qué chicos estos!* 3. *¡Qué hombre este!* 4. *¡Qué empresa esta!* 5. *¡Qué chicas estas!* 6. *¡Qué calle esta!* 7. *¡Qué tráfico este!* `8.4.` 1. *¡Qué días aquellos!* 2. *¡Qué directores aquellos!* 3. *¡Qué año aquel!* 4. *¡Qué partido aquel!* 5. *¡Qué actrices aquellas!* 6. *¡Qué noches aquellas!* 7. *¡Qué canciones aquellas!*

Unidad 9: El adjetivo. `9.1.` 1. *buen tipo.* 2. *zapatos marrón oscuro.* 3. *mal gusto.* 4. *pintor español.* 5. *buena película.* 6. *divinidad hindú.* 7. *medias violeta.* 8. *mejor amiga.* 9. *conocimientos elementales.* 10. *mala memoria.* `9.2.` 1. *verdes praderas.* 2. *madrileña calle.* 3. *fría estepa.* 4. *triste incidente.* 5. *adorada esposa.* 6. *Valiente amigo.* 7. *blanca espuma.* 8. *Menudo cocinero.* `9.3.` 1. *primer piso.* 2. *chaqueta azul.* 3. *guitarra española.* 4. *peor día.* 5. *altas cumbres.* 6. *platos limpios.* 7. *segunda esposa.* 8. *buena parte.* `9.4.` 1. *gran músico.* 2. *pobre mujer.* 3. *elefantes pequeños.* 4. *hijos únicos.* 5. *grandes hombres.* 6. *único acertante.* 7. *botella grande.* 8. *antiguo colegio.* 9. *sola persona.* 10. *rara vez.* 11. *gente rara.* 12. *tamaño medio.*

Unidad 10: El adjetivo con verbos. 10.1. 1. *sordo.* 2. *viejos.* 3. *mojado.* 4. *enferma.* 5. *rotos.* 6. *callados.* 7. *cansada.* 8. *pálido.* 9. *descalzos.* 10. *limpias.* 11. *silencioso.* 12. *sudorosa.* 10.2. 1. *tristes.* 2. *cara.* 3. *sucios.* 4. *pálida.* 5. *rojo.* 6. *seca.* 7. *alegres.* 8. *rubio.* 10.3. 1. *Está verde.* 2. *Estoy orgulloso/-a.* 3. *está rica.* 4. *Es aburrido.* 5. *están atentos.* 6. *Son verdes.* 7. *Estará consciente.* 8. *Estaba malo.* 9. *Eres consciente.* 10. *Es listo.* 11. *es atenta.* 12. *está ciega.* 13. *seas; interesado.* 14. *es; morena.* 15. *estás; interesada.*

Unidad 11: Modificación de adjetivos. 11.1. 1. *poco de orgullosa.* 2. *muy complicados.* 3. *nada de sincero.* 4. *nada creativa.* 5. *poco de simpático.* 6. *poco de divertido/divertidas.* 7. *algo caros.* 8. *mucho de cobarde.* 9. *algo de primitivo.* 10. *bastante pesimistas.* 11.2. 1. *no es nada baja.* 2. *no es nada tonto.* 3. *no son nada caros.* 4. *no está nada cerca.* 5. *no era nada fácil.* 6. *es nada raro.* 7. *no son nada malas.* 8. *no está nada limpia.* 9. *no está nada soso.* 11.3. 1. *Felisa es bien guapa.* 2. *Los de este pueblo son más brutos...* 3. *Alberto es tan interesante...* 4. *Agustín está bien fuerte.* 5. *"Casablanca" es una película tan buena...* 6. *Lola está bien morena.* 7. *Mis tíos son más majos...* 8. *Me han regalado una corbata bien bonita.* 11.4. 1. *Sonia tiene unos amigos de lo más divertido/divertidos.* 2. *Ese bar es de lo más cutre.* 3. *He visto una película de lo más violento/-a.* 4. *Sonia sale con un chico de lo más pijo.* 5. *Paco cuenta unos chistes de lo más desagradable/desagradables.* 6. *Tengo que hacer una traducción de lo más complicado/-a.* 7. *Luis lleva siempre unas chaquetas de lo más elegante/elegantes.* 8. *Jorge tiene unos modales de lo más basto/bastos.*

Unidad 12: Modificación de adjetivos y nombres. 12.1. 1. *La carne estaba todo/toda quemada.* 2. *Los vecinos han bajado todo preocupados.* 3. *Las niñas salieron del colegio todo contentas.* 4. *Los platos estaban todo sucios.* 5. *La piel se me ha quedado todo/toda seca.* 6. *Me pilló la tormenta y llegué a casa todo/toda empapada.* 7. *Cuando perdieron se quedaron todo tristes.* 8. *Tenéis que dejar la casa toda/todo limpia.* 12.2. 1. *todo.* 2. *mucha/demasiada.* 3. *mucho/demasiado.* 4. *demasiada/mucha.* 5. *muy.* 6. *muy.* 7. *todo/toda.* 8. *todo.* 9. *demasiado/mucho.* 10 *demasiado/mucho.* 12.3. 1. *En esta empresa hay mucho vago.* 2. *En ese equipo hay mucho torpe.* 3. *En este país hay mucho farsante.* 4. *Cuidado que en esta ciudad hay mucho ladrón.* 5. *En esta empresa hay mucho pelota.* 6. *En este pueblo hay mucho canalla.* 12.4. 1. *todo enfadado.* 2. *mucho interesado.* 3. *demasiado filete.* 4. *todo huesos.* 5. *mucho machista.* 6. *muy hombre.* 7. *mucha/demasiada casa.* 8. *mucha/demasiada moto.* 9. *todo/toda rota.* 10. *muy niña.* 12.5. 1. *Cobran muy caro la basura de comida que dan.* 2. *El caradura de Paco nos da siempre plantón.* 3. *No se puede vivir con la miseria de sueldo que me dan.* 4. *El buenazo de Jorge nos ha prestado el chalé.* 5. *El pesado de tu hermano no me deja en paz.* 6. *La mandona de la directora nos hace trabajar mucho.* 7. *Las antipáticas de mis vecinas nunca saludan.*

Unidad 13: Posesivos. 13.1. 1. *tuyas; las tuyas.* 2. *vuestras.* 3. *vuestras.* 4. *los suyos.* 5. *nuestras.* 6. *suyo.* 7. *su.* 13.2. 1. *Luis estaba tumbado en su sillón, con su whisky, viendo su partido de fútbol.* 2. *Dibujé un paisaje con sus árboles, sus montañas, su río...* 3. *Nos costó nuestro buen dinero.* 4. *Mis vicios son pocos: mis libros y mi música.* 5. *Siempre, antes de ir a trabajar tomamos nuestro café y nuestros churros.* 6. *Adela está muy organizada. En su habitación tiene su televisión, su ordenador y su equipo de música.* 7. *Tengo mis motivos personales para no querer llamar a Rebeca.* 13.3. 1. *¿Qué hay de lo mío?* 2. *Lo tuyo con Carmen es fenomenal.* 3. *María ha pasado lo suyo.* 4. *¿Y dónde está lo mío?* 5. *Luis ha vivido lo suyo.* 6. *¿Le has hablado a Dolores de lo nuestro?* 7. *Lo vuestro es la radio y la televisión.* 8. *Lo tuyo es exagerado.* 9. *Los López han viajado lo suyo.* 10. *Elvira ha estudiado lo suyo.* 13.4. 1. *amor mío.* 2. *¡Pobrecito mío!* 3. *hijo mío.* 4. *cariño mío.* 5. *amigo mío.* 13.5. 1. *Esta es la tuya.* 2. *salirse con la suya.* 3. *Nosotros a lo nuestro.* 4. *Es muy suyo.* 5. *hacer alguna de las tuyas.* 6. *va a lo suyo.*

Unidad 14: Cuantificadores. 14.1. 1. *todas.* 2. *todo.* 3. *toda; todo.* 4. *todas.* 5. *todo; todos.* 6. *todas.* 14.2. 1. *todos nosotros.* 2. *todos.* 3. *todos mis.* 4. *todas las.* 5. *todas / todas vosotras.* 6. *todas.* 7. *todos estos.* 8. *todos (ustedes).* 14.3. 1. *cada una de.* 2. *Cada.* 3. *Cada.* 4. *cada.* 5. *cada una de.* 6. *Cada una de.* 7. *Cada uno de.* 14.4. 1. *cada uno de.* 2. *Cada uno.* 3. *cada uno.* 4. *Cada.* 5. *cada.* 6. *cada una.* 7. *Cada uno de.* 8. *Cada uno.* 14.5. 1. *He regalado sendos relojes a mis hijos.* 2. *Los dos amigos fueron en sendas motos.* 3. *Los cinco turistas se alojaron en sendas tiendas.* 4. *El alcalde y la ministra pronunciaron sendos discursos.* 5. *Los cuatro niños llevaban sendas bicis y mochilas.* 14.6. 1. *Cada; Todos.* 2. *Cada; cada.* 3. *Cada una de; cada una.* 4. *cada.* 5. *cada.* 6. *todas.* 7. *sendas.*

Unidad 15: Pronombres personales de sujeto. 15.1. 1. *yo.* 2. *vosotros/vosotras.* 3. *ustedes/ellos.* 4. *tú.* 5. *yo.* 6. *tú.* 7. *nosotros/nosotras.* 8. *él/ella.* 15.2. 1. *yo/ø.* 2. *Yo/ø; ellas.* 3. *yo.* 4. *Vosotras/ø.* 5. *Él; ella.* 6. *vosotros/ø.* 7. *ø.* 8. *Yo; él.* 15.3. 1. *Él; yo.* 2. *él.* 3. *usted.* 4. *usted.* 5. *ellos.* 6. *Yo; usted; usted.* 15.4. 1. *ella.* 2. *Tú.* 3. *yo.* 4. *Vosotras; tú.* 5. *Usted; Ustedes.* 6. *ellos.* 15.5. 1. *él solo.* 2. *yo misma.* 3. *ella sola.* 4. *ellos mismos.* 5. *él solo.* 6. *yo mismo/yo misma.* 7. *nosotros solos / nosotras solas.* 8. *ella misma.* 15.6. 1. *Me duele la pierna. Ello no me impide ir a verte.* 2. *Llegué tarde. Pero eso no justifica que me gritaras.* 3. *No me acuerdo de eso que me dices. Pero eso/ello no significa que no me haya leído el libro.* 4. *Martín no nos ha llamado. Eso no significa que esté enfadado con nosotros.*

Unidad 16: Pronombres personales de objeto directo. 16.1. 1. *Cómpralas.* 2. *la veo.* 3. *hazlo.* 4. *verlos.* 5. *Me oyes; te oigo.* 6. *le ve.* 7. *Miradme.* 8. *hacerlos.* 9. *la entiende.* 10. *le ve.* 11. *nos critican.* 12. *Estoy pelándolas.* 16.2. 1. *Esa película ya la he visto.* 2. *No te preocupes. Los helados los pago yo.* 3. *Estos ejercicios ya los hemos hecho.* 4. *El informe lo he redactado yo.* 5. *El accidente lo ha provocado un camión.* 6. *A tus hermanas ya las conocemos.* 16.3. 1. *Los hay que no ayudan nunca.* 2. *Los hay que no hacen nada.* 3. *Las hay que tienen mucha suerte.* 4. *Los hay que son muy molestos.* 5. *Los hay que viven del cuento.* 6. *Los hay que no tienen sentido del ridículo.* 16.4. 1. *se las arregla.* 2. *La han tomado.* 3. *La he fastidiado.* 4. *arreglártelas.* 5. *No la toméis.* 6. *no la fastidies.* 16.5. 1. *la; Lo.* 2. *lo.* 3. *lo; la* 4. *lo.* 5. *lo.* 6. *lo.* 7. *lo.* 8. *lo.*

Unidad 17: Pronombres personales de objeto indirecto. 17.1. 1. *Sírvemelo.* 2. *te dice.* 3. *comprarle.* 4. *dile.* 5. *lávame.* 6. *Le has preguntado; preguntárselo.* 7. *le pasa; le duele.* 8. *Nos han subido.* 9. *Tráeme.* 10. *Le he roto.* 11. *Les has invitado; invitarlos.* 12. *Me han bajado.* 13. *Arreglándole.* 14. *haciéndole.* 15. *ayudándome.* 16. *Le has devuelto; devolvérselo.* 17. *Les has dado; dárselas.* 17.2. 1. *Se nos muere.* 2. *Se nos va de casa.* 3. *No le come nada.* 4. *Se te casa.* 5. *No te me escondas.* 6. *Se le muere.* 17.3. 1.

Anoche nos cayó encima una lluvia tremenda. 2. Le colocó un altavoz al lado. 3. Le pusieron flores alrededor. 4. Os van a abrir un bar enfrente. 5. La rama me ha caído delante. 6. Los perros les venían detrás. ☐17.4.☐ *1. No le gusta a nadie. 2. Esto le preocupa a todo el mundo. 3. Eso no le importó a nadie. 4. Esto le interesa a cualquiera.* ☐17.5.☐ *1. ¡Qué le vas a hacer! 2. ¡No te fastidia! 3. ¡Nos las pagaréis! 4. ¡Qué le vamos a hacer! 5. ¡No te fastidia! 6. ¡Me las pagarás! 7. ¡Qué le van a hacer! 8. ¡Qué le voy a hacer!*

Unidad 18: Usos de *me, te, se...* ☐18.1.☐ *1. Me. 2. Me. 3. ø. 4. se. 5. me. 6. nos. 7. os. 8. se. 9. me. 10. ø. 11. ø. 12. se. 13. se. 14. ø.* ☐18.2.☐ *1. cortarte. 2. enloquecen. 3. se enfada; se convierte. 4. cortar. 5. te levantas; me levanto; levanto. 6. alegran. 7. te preocupes. 8. maquillarme.* ☐18.3.☐ *1. cómete. 2. Bebe. 3. come. 4. te quejes. 5. Te sabes. 6. arrepentirte. 7. Tómate. 8. te creo. 9. Os habéis comido. 10. se gasta.* ☐18.4.☐ *1. Se parecen. 2. Te acuerdas. 3. llamar. 4. Hemos acordado. 5. sale. 6. te bajes. 7. se encuentra. 8. Nos salimos. 9. Márchate. 10. se ha llevado.*

Unidad 19: Pronombres con preposición. ☐19.1.☐ *1. mí. 2. ti. 3. él. 4. yo. 5. tú. 6. usted. 7. ella. 8. yo.* ☐19.2.☐ *1. mí. 2. usted/ustedes. 3. conmigo. 4. nosotras. 5. tú; yo. 6. ella. 7. ti. 8. contigo. 9. ti. 10. tú. 11. él. 12. él. 13. tú.* ☐19.3.☐ *1. contigo. 2. ti. 3. sí. 4. ella. 5. sí. 6. usted. 7. sí. 8. consigo.* ☐19.4.☐ *1. sí mismo. 2. sí mismo. 3. sí mismas. 4. ustedes mismos. 5. sí mismo. 6. mí mismo. 7. ti mismo. 8. conmigo mismo/a. 9. contigo misma.*

Unidad 20: *Se* impersonal. ☐20.1.☐ *1. se madruga. 2. se respira. 3. se siente uno. 4. se duerme / duerme uno. 5. se trata. 6. se viajará. 7. se come. 8. la gente se acuesta. 9. se gasta. 10. se vive.* ☐20.2.☐ *1. No se puede ir en coche por este bosque. 2. En España (antes) se solía cenar muy tarde. 3. Se necesita tener visado para viajar a China. 4. No se puede vivir bien sin trabajar. 5. No se debe usar el móvil mientras se conduce. 6. Antes no se podía viajar a los países de la Europa del Este. 7. Antes, para ser policía, no se necesitaba tener estudios. 8. En España se suele beber vino en las comidas. 9. No se debe hacer fuego en el campo. 10. Antes no se podía viajar de España a Portugal sin pasaporte. 11. Pronto se sabrá curar el cáncer.* ☐20.3.☐ *1. Se rumorea que. 2. Se dice que. 3. Se sospecha que. 4. Se pensaba que. 5. Se espera que. 6. Se dice/decía que. 7. Se rumoreaba que. 8. Se sabe que. 9. Se supone que. 10. se sabía que.* ☐20.4.☐ *1. dimita. 2. ha habido. 3. se pusieran. 4. estaba. 5. estuvo / había estado. 6. vuelva. 7. ha mejorado. 8. hubiera. 9. subiera. 10. cambie.*

Unidad 21: Otras construcciones con *se*. ☐21.1.☐ *1. Se acusó a los agentes de traición. 2. Se dio un gran aplauso a la orquesta. 3. Allí se respetaba mucho a los ancianos. 4. Se auxilió a los heridos inmediatamente. 5. Se vio a los jugadores bajar del autobús. 6. Se criticó mucho al entrenador. 7. Se recibió a los socios en el gimnasio del club. 8. Se alojó a los turistas en un buen hotel.* ☐21.2.☐ *1. A mí se me engaña fácilmente. 2. A algunas personas se les/las convence fácilmente. 3. A los ratones se les asusta fácilmente. 4. A los turistas se les divierte fácilmente. 5. A los niños se les impresiona fácilmente. 6. A mi jefe se le irrita fácilmente. 7. A Julio se le anima a salir fácilmente.* ☐21.3.☐ *1. se llevaban los pantalones campana. 2. Se compran los billetes. 3. No se permite fumar. 4. se necesitan músicos. 5. se come poca pasta. 6. Se venden pocos pisos. 7. no se pagaban impuestos. 8. se pueden ver muchas cadenas de televisión.* ☐21.4.☐ *1. No se sujeta bien. 2. no se seca bien. 3. no se ensucian. 4. se arruinará. 5. no se arruga. 6. no se oxida. 7. no se oye. 8. se abre. 9. se ha averiado. 10. se ha secado.* ☐21.5.☐ *1. Se me abre la boca. 2. Se me parte el corazón. 3. al abuelo se le cierran los ojos. 4. se nos hace un nudo en la garganta. 5. se me pone el pelo de punta. 6. se me alegra el ánimo. 7. Se me quitó el apetito. 8. a Eva se le ilumina el rostro.*

Unidad 22: Relativos (1). ☐22.1.☐ *1. que. 2. del que. 3. con quien. 4. con que. 5. por la que. 6. El que. 7. que. 8. que.* ☐22.2.☐ *1. el que / quien. 2. la que / quien. 3. el que / quien. 4. el que / quien. 5. el que / quien. 6. los que. 7. los que / quienes. 8. la que / que. 9. la que. 10. la que.* ☐22.3.☐ *1. Quien / El que. 2. Quienes / Los que. 3. El que / Quien. 4. El que / Quien. 5. Las que. 6. Los que. 7. Los que / Quienes. 8. Quien / El que.* ☐22.4.☐ *1. lo que. 2. el que. 3. los que. 4. lo que. 5. la que 6. lo que. 7. Lo que. 8. las que. 9. Lo que.* ☐22.5.☐ *1. Lo que tengo es hambre. 2. Lo que no me gusta es trabajar gratis. 3. Lo que quiero es que me digas cómo se hace. 4. Lo que no me gustó fue que me despertarais con tanto ruido. 5. Lo que pasó es que llegamos tarde. 6. Lo que no me gustan son las verduras. 7. Lo que pasa es que estoy aburrido. 8. Lo que te pedí fue que no me mintieras.*

Unidad 23: Relativos (2). ☐23.1.☐ *1. que. 2. que/quien. 3. la que. 4. el que / quien. 5. la que. 6. que/quienes. 7. que. 8. que.* ☐23.2.☐ *1. El director del museo, con quien / el que habíamos hablado antes, nos enseñó la exposición. 2. Agustín, que es muy aficionado al cine, nos recomendó que viéramos esta película. 3. El viento, que era muy fuerte, se llevó todas las nubes. 4. A mi madre le alegró ver a Roberto, que/quien había estado antes en casa. 5. Esa película, que bate récords de taquilla, ganará un Óscar. / Esa película, que ganará un Óscar, bate récords de taquilla. 6. Los invitados, entre los que yo estaba, brindamos por los novios. 7. Esos pueblos, en los que antes vivía mucha gente, están abandonados. 8. Juani, a la que conozco desde pequeña, se ha casado con un futbolista. 9. Al novio de Rebeca, que es de Irlanda, le ha tocado la lotería. 10. El restaurante de Andrea, que está siempre lleno, tiene una estrella Michelín / El restaurante de Andrea, que tiene una estrella Michelín, está siempre lleno. 11. Un periodista argentino, que estaba en Ucrania, fue secuestrado ayer.* ☐23.3.☐ *1. lo cual / lo que. 2. que. 3. que. 4. lo que/cual. 5. del que/cual. 6. lo que/cual. 7. la que/cual. 8. las que. 9. los que.* ☐23.4.☐ *1. cosa que. 2. hecho que. 3. algo que. 4. cosa que. 5. algo que. 6. hecho que.*

Unidad 24: Relativos (3). ☐24.1.☐ *1. cuyos. 2. cuyas. 3. cuyos. 4. cuyo. 5. cuyo. 6. cuya. 7. cuyos. 8. cuyas. 9. cuyos. 10. cuyos.* ☐24.2.☐ *1. He conocido a un chico cuya madre es profesora tuya. 2. He visto a Andrés, cuya madre acaba de morir. 3. He conocido a un chico (nuevo) cuyos padres son psicólogos. 4. Deben esperar los alumnos cuyos nombres no están en las listas. 5. Estoy leyendo una novela cuyo autor estudió conmigo. 6. He estado revisando la puerta cuyo picaporte no funciona.* ☐24.3.☐ *1. cuantos. 2. cuanto. 3. cuantas. 4. cuantas. 5. cuanta. 6. cuanto. 7. cuanto. 8. cuanto.* ☐24.4.☐ *1. Compra cuanto pan necesites. 2. Llevaos cuantas sillas necesitéis. 3. Estáis de vacaciones. Jugad cuanto (tiempo) queráis. 4. No me importa. Di cuantas mentiras quieras. 5. Traed cuantos cubiertos podáis. 6. Se llevaron (todo) cuanto había en el piso. 7. Come cuantas manzanas desees. 8. Tira (todo) cuanto te sobre. 9. Ya me has dicho (todo) cuanto necesito saber. 10. Abrimos cuantas latas había en la despensa. 11. Coged (todo)* *cuanto necesitéis.* 12. *Me quitaron (todo) cuanto tenía.*

Unidad 25: Interrogativos (1). `25.1.` 1. *Cuál de vosotros.* 2. *Cuál de tus hijas.* 3. *qué profesor.* 4. *Quién.* 5. *cuál.* 6. *Cuál de ustedes.* 7. *cuál de mis hermanas.* 8. *Quiénes.* `25.2.` 1. *qué periódico.* 2. *Cuál de estos libros.* 3. *Qué.* 4. *qué hotel.* 5. *Cuáles.* 6. *Qué gafas.* 7. *Cuál de esos.* 8. *Cuál.* `25.3.` 1. *Dónde.* 2. *Qué.* 3. *Dónde/Adónde.* 4. *Por qué.* 5. *Para qué / A qué.* 6. *Cómo.* 7. *Hasta cuándo.* 8. *Para qué.* 9. *Cuántos.* 10. *Cuánto.* `25.4.` 1. *Para quién.* 2. *Con quién.* 3. *en qué.* 4. *En qué.* 5. *A quién.* 6. *Por dónde.* 7. *Para qué.* 8. *Desde cuándo.*

Unidad 26: Interrogativos (2). `26.1.` 1. *¿Por qué no vienes a mi casa?* 2. *¿Por qué no cogen ustedes un taxi?* 3. *¿Por qué no vemos una peli?* 4. *¿Por qué no se prepara una oposición?* 5. *¿Por qué no hacéis un máster?* 6. *¿Por qué no montamos un negocio?* `26.2.` 1. *Qué diablos/demonios.* 2. *Quién diablos/demonios.* 3. *Qué diablos/demonios.* 4. *Cuándo diablos/demonios.* 5. *por qué diablos/demonios.* 6. *Cómo diablos/demonios.* 7. *Dónde diablos/demonios.* `26.3.` 1. *¿Cómo es que no hay fruta?* 2. *¿Cómo es que llegas ahora?* 3. *¿Cómo es que no estás en clase?* 4. *¿Cómo es que no has llamado a tu amigo?* 5. *¿Cómo es que no has ido/ venido con tu novio?* 6. *¿Cómo es que no has aprobado?* `26.4.` 1. *¿Cómo que trabaja mucho?* 2. *¿Cómo que estás agotado? / ¿Cómo vas a estar agotado?* 3. *¿Cómo no va a estar abierto?* 4. *¿Cómo que no tienes tiempo? / ¿Cómo no vas a tener tiempo?* 5. *¿Cómo que estás mejor? / ¿Cómo vas a estar mejor?* 6. *¿Cómo no nos van a devolver el dinero?* 7. *¿Cómo que no hemos pagado la luz?* 8. *¿Cómo te voy a dejar algo de dinero?* 9. *¿Cómo que está durmiendo? / ¿Cómo va a estar durmiendo?* 10. *¿Cómo que lo van a ascender? / ¿Cómo lo van a ascender?* 11. *¿Cómo no te van a seleccionar para este partido?* `26.5.` 1. *¿Cómo que qué hago aquí?* 2. *¿Cómo que cómo he conseguido tu número de teléfono?* 3. *¿Cómo que para qué te he llamado?* 4. *¿Cómo que para qué quería verme?* 5. *¿Cómo que quién me ha arreglado el abrigo?* 6. *¿Cómo que qué quiero?* 7. *¿Cómo que por qué no voy a la fiesta de Rosa?* 8. *¿Cómo que cuándo he llegado a la oficina?*

Unidad 27: Exclamativos (1). `27.1.` 1. *¡Quién iba a / podía / podría pensar que tendríamos un accidente!* 2. *¡Quién pudiera hablar español como tú! / ¡Quién hablara español como tú!* 3. *¡Quién tuviera tantos amigos como Elsa! / ¡Quién pudiera tener tantos amigos como Elsa!* 4. *¡Quién se iba a imaginar / podía imaginarse / podría imaginarse que tendría gemelos!* 5. *¡Quién iba a sospechar / podía sospechar /podría sosperchar que Pilar nos engañaba!* 6. *¡Quién iba a pensar / podía pensar / podría pensar que Ángel y Luisa salían juntos!* 7. *¡Quién iba a imaginar / podía imaginar / podría imaginar que Eugenio se iba a jubilar!* `27.2.` 1. *¡Qué bien escribe Luisa!* 2. *¡Qué buen gusto tiene Fermín!* 3. *¡Qué paisaje!* 4. *¡Qué guapas son tus hijas!* 5. *¡Qué listo es mi hijo!* 6. *¡Qué sed tengo!* 7. *¡Qué olas!* 8. *¡Qué tarde acaba la ópera!* 9. *¡Qué buena suerte tenemos!* `27.3.` 1. *¡Qué mala suerte la suya!* 2. *¡Qué poca vergüenza la vuestra!* 3. *¡Qué suerte la mía!* 4. *¡Qué buenas paellas las suyas!* 5. *¡Qué gran música la suya!* 6. *¡Qué poca memoria la tuya!* `27.4.` 1. *¡Qué vestido tan/más elegante!* 2. *¡Qué montañas tan/más altas!* 3. *¡Qué chica tan/más amable!* 4. *¡Qué mujer tan/más valiente!* 5. *¡Qué piso tan/más acogedor!* 6. *¡Qué personas tan/más raras!* `27.5.` 1. *¡Vaya casa!* 2. *¡Vaya montañas!* 3. *¡Vaya idea más/tan interesante!* 4. *¡Vaya paseo más/tan agradable!* 5. *¡Vaya montañas más/tan altas!* 6. *¡Vaya película más/tan aburrida!* `27.6.` 1. *¡Qué golpe (que) me han dado!* 2. *¡Qué jóvenes (que) se han muerto los padres de Sofía!* 3. *¡Qué tarde (que) ha empezado la conferencia!* 4. *¡Qué susto (que) nos ha dado tu padre!* 5. *¡Qué bien (que) actúa Sara en esta obra!* 6. *¡Qué bronca (que) he tenido con Rafa!*

Unidad 28: Exclamativos (2). `28.1.` 1. *¿Qué de gente vino!* 2. *¡Qué de gente corriendo!* 3. *¡Qué de ruido!* 4. *¡Qué de polvo!* 5. *¡Qué de extranjeros vinieron a la conferencia!* 6. *¡Qué de comida habéis comprado!* 7. *¡Qué de contaminación hay en Madrid!* 8. *¡Qué de coches han salido estas fiestas!* `28.2.` 1. *¡Qué pocos kilómetros tiene este coche!* 2. *¡Cuánto tiempo queda para las vacaciones!* 3. *¡Qué pocos pasajeros hay en este vuelo!* 4. *¡Qué poco tiempo queda para Año Nuevo!* 5. *¡Cuánto vago hay en esta empresa!* 6. *¡Cuánto(s) loco(s) hay en el mundo!* 7. *¡Qué pocas ganas tengo de trabajar!* 8. *¡Cuántos turistas hay!* 9. *¡Cuánto(s) sinvergüenza(s) hay en esta oficina!* 10. *¡Cuánta hambre hay en el mundo!* `28.3.` 1. *¡Cuánto ladra ese perro!* 2. *¡Cuánto le interesan a Javier las ciencias!* 3. *¡Qué poco duerme Sara!* 4. *¡Cuánto quiere Lorena a sus padres!* 5. *¡Cuánto viaja Miguel!* 6. *¡Qué poco estudia Rebeca!* 7. *¡Cuánto me arrepiento de no haber estudiado!* 8. *¡Cuánto lamento la marcha de Anselmo!* 9. *¡Qué poca verdura comes!* `28.4.` 1. *¡Qué de regalos (que) nos trajeron! / ¡Cuántos regalos (que) nos trajeron!* 2. *¡Cuánto me duele tener que darle una mala noticia!* 3. *¡Qué de gente (que) vive del cuento! / ¡Cuánta gente (que) vive del cuento!* 4. *¡Qué pocos corredores (que) hubo el año pasado en la maratón!* 5. *¡Qué de niños vinieron al concierto de Navidad! / ¡Cuántos niños vinieron al concierto de Navidad!* 6. *¡Cuánto siento no poder ir a vuestra boda!* 7. *¡Qué poco dinero (que) hemos recaudado para el regalo de Silvia!* 8. *¡Qué de mensajes de felicitación (que) he recibido! / ¡Cuántos mensajes de felicitación (que) he recibido!* 9. *¡Qué de camisas se compró Marcos en China! / ¡Cuántas camisas se compró Marcos en china!* 10. *¡Qué poco (que) ha llovido este año!*

Unidad 29: Exclamativos (3). `29.1.` 1. *¡Cómo quiere Lorenzo a Teresa!* 2. *¡Cómo nos recibieron de bien!* 3. *¡Cómo escribe (de bien) Lucía!* 4. *¡Cómo se lo pasaron (de bien) los niños en el circo!* 5. *¡Cómo habla (de mal) Lolo!* 6. *¡Cómo ha adelgazado Eva!* 7. *¡Cómo toca (de bien) la guitarra Gabriel!* 8. *¡Cómo cantan (de mal) tus alumnos!* 9. *¡Cómo cocina (de bien) su novio!* `29.2.` 1. *¡Cómo era de listo el perro de Manuel!* 2. *¡Cómo es de guapo tu hermano!* 3. *¡Cómo son de bordes tus amigas!* 4. *¡Cómo son de atentos mis vecinos!* 5. *¡Cómo son de duras las leyes aquí!* 6. *¡Cómo es de rebelde tu hija!* 7. *¡Cómo es de trabajador Jorge!* 8. *¡Cómo era de generosa mi abuela!* 9. *¡Cómo era de rara esa chica!* 10. *¡Cómo es de testarudo nuestro profesor!* `29.3.` 1. *¡Adónde nos envió Tomás!* 2. *¡Por dónde estuvimos paseando!* 3. *¡Dónde está el chalé de Luis!* 4. *¡Dónde vive Paco!* 5. *¡Dónde compra Sergio!* 6. *¡Adónde nos llevó Cristina!* 7. *¡Dónde aparcó Selma!* 8. *¡Dónde duerme Valentín!* `29.4.` 1. *Hasta cuándo.* 2. *Desde cuándo.* 3. *Cuándo.* 4. *Cuándo.* 5. *Hasta cuándo.* 6. *Hasta cuándo.* 7. *Cuándo.* `29.5.` 1. *¡Qué va a hacer frío!* 2. *¡Qué va a ser precioso!* 3. *¡Qué vas a tener razón!* 4. *¡Qué van a subir las pensiones!* 5. *¡Qué va a ayudar Antonia!* 6. *¡Qué me van a hacer pagar lo que rompa!*

Unidad 30: Adverbios en –mente (1). `30.1.` 1. *cariñosamente.* 2. *gravemente.* 3. *heroicamente.* 4. *sigilosamente.* 5. *amablemente.* 6. *urgentemente.* 7. *claramente.* 8. *casualmente.* 9. *fácilmente.* 10. *silenciosamente.* `30.2.` 1. *de modo/manera imperceptible.* 2. *de modo/manera fraudulento/a.* 3. *de modo/manera correcto/a.* 4. *de modo/manera sencillo/a.* 5. *de modo/manera milagroso/a.* 6. *de modo/manera experimental.* 7. *de modo/manera magistral.* 8. *de modo/manera sospechoso/a.* 9. *manera precipitada.* `30.3.` 1. *Evidentemente, no dice la verdad.* 2. *Aparentemente, Toñi no tiene el título de enfermera.* 3. *No quieren* *trabajar el domingo, lógicamente.* 4. *Supuestamente, Arturo nos envió la invitación hace dos semanas.* 5. *Andrea pensaba, falsamente, que nosotros nos íbamos a ocupar de todo.* 6. *Indudablemente, la crisis va para largo.* 7. *La empresa tendrá que cerrar muy pronto, irremediablemente.* 8. *Ciertamente, estamos atravesando un mal momento.* 9. *Evidentemente, nadie sabe cómo solucionar esto.* 10. *Innegablemente la empresa no va bien.* 11. *Indiscutiblemente, yo a Juan no le resulto simpático.* 12. *Tenéis que presentaros a los tres exámenes, obligatoriamente.* 30.4. 1. *Técnicamente hablando, es posible levantar aquí un puente.* 2. *Egoístamente hablando, no deberíamos ayudaros.* 3. *Teóricamente hablando, aumentando el consumo se mejora la economía.* 4. *Históricamente hablando, en España se produjo un encuentro entre Occidente y Oriente.* 5. *Científicamente hablando, el inglés es el idioma universal.* 6. *Gramaticalmente hablando, el texto está bien traducido.*

Unidad 31: Adverbios en –*mente* (2). 31.1. 1. *Algunos restaurantes modernos son absurdamente caros.* 2. *Es excesivamente temprano.* 3. *Ese pueblo está terriblemente lejos.* 4. *Tu gata es extraordinariamente inteligente.* 5. *Ese libro es enormemente útil.* 6. *Es considerablemente difícil aparcar aquí.* 7. *Alfonso es verdaderamente tímido.* 8. *Tus hijos son horrorosamente maleducados.* 31.2. 1. *escasamente.* 2. *exactamente.* 3. *profundamente.* 4. *plenamente.* 5. *igualmente.* 6. *infinitamente.* 7. *horriblemente.* 8. *vagamente.* 31.3. 1. *visiblemente.* 2. *notoriamente.* 3. *definitivamente.* 4. *recientemente.* 5. *temporalmente.* 6. *posiblemente.* 7. *largamente.* 8. *sucesivamente.* 9. *expresamente.* 10. *eternamente.* 31.4. 1. *pésimamente.* 2. *conjuntamente.* 3. *mutuamente.* 4. *debidamente.* 5. *ampliamente.* 6. *perfectamente.* 7. *profundamente.* 8. *internamente.* 9. *cuidadosamente.* 10. *estrechamente.*

Unidad 32: *Ser* y *estar*. 32.1. 1. *era.* 2. *son.* 3. *Está.* 4. *sois; Somos.* 5. *Estaba.* 6. *está.* 7. *es.* 8. *éramos.* 32.2. 1. *está; era.* 2. *estoy.* 3. *Estoy.* 4. *está.* 5. *Eres.* 6. *Estás.* 7. *es; está.* 8. *estaba.* 9. *era; estaba.* 10. *estuviste.* 32.3. 1. *fue; Fue; está.* 2. *Estaban.* 3. *estuvo.* 4. *es.* 5. *es.* 6. *estamos.* 7. *estará.* 32.4. 1. *Está de.* 2. *Estoy con.* 3. *Estoy por.* 4. *Está de.* 5. *Está para.* 6. *estoy de.* 7. *Están por.* 8. *está para.* 9. *estoy para.* 10. *Estoy de.* 11. *Estoy por.* 12. *está por.*

Unidad 33: Presente de indicativo para presente y futuro. 33 33.1. 1. *Empiezo / No empiezo.* 2. *Pertenezco / No pertenezco.* 3. *Me siento / No me siento.* 4. *Me parezco / No me parezco.* 5. *traduzco / no traduzco.* 6. *Conduzco / No conduzco.* 7. *Friego / No friego.* 8. *Pierdo / No pierdo.* 9. *Sueño / No sueño.* 10. *Mido / No mido.* 11. *duele/ No... duele.* 12. *Padezco/ No padezco.* 33.2. 1. *gira.* 2. *se pone.* 3. *desemboca.* 4. *viven.* 5. *agradezco; prefiero.* 6. *crecen.* 7. *padezco.* 8. *duele.* 9. *huele.* 10. *miente; dice.* 11. *Supongo.* 12. *atraviesa.* 13. *hierve.* 14. *te ríes.* 33.3. 1. *cojo.* 2. *empiezan.* 3. *vemos.* 4. *ayudo.* 5. *cierro.* 6. *nieva.* 7. *tropiezan.* 8. *llamo.* 9. *Me examino.* 10. *termina.* 11. *llueve.* 12. *dura.* 13. *operan.* 14. *llegan.*

Unidad 34: Presente de indicativo para pasado. 34.1. *nace; siente; piensa; organiza; llega; desembarca; hace; comienza; Muere;* 34.1. *En 1976 se celebra en España un referéndum a favor de la reforma política y en 1977 se llevan a cabo elecciones generales, que dan la victoria a la UCD, que consigue un 31% de los votos. En 1978 se aprueba una nueva Constitución, que permite iniciar todas las reformas de la España actual.* 34.3. 1. *Oíd lo que me pasó el otro día. Estoy yo solo en casa cuando suena el teléfono. Lo cojo y una voz de hombre me pregunta si yo soy familia de un famoso deportista. Le digo que si sabe qué hora es. Pero él vuelve a hacerme la pregunta. No le contesto, cuelgo y desenchufo el teléfono.* 34.4. 1. *Muere un premio nobel.* 2. *El Partido Centrista gana las elecciones.* 3. *Unos piratas raptan a dos periodistas.* 4. *Talibanes atacan la base española.* 5. *El Discovery vuelve a la Tierra sin problemas.* 6. *Grupos gais exigen un avance en sus derechos.* 34.5. 1. *se estrella.* 2. *me saco.* 3. *se mata.* 4. *me rompo.* 5. *muerde.* 6. *te das.*

Unidad 35: Presente de indicativo: otros usos. 35.1. 1. *Pones; Rompes; bates; echas.* 2. *enchufas; das; Metes; vuelves.* 3. *Hierves; pelas; cortas; echas.* 4. *aprietas; marcas; esperas; aprietas.* 35.2. 1. *¿Por qué no / Qué tal si... alquilamos un coche?* 2. *¿Por qué no buscáis hotel en internet?* 3. *¿Por qué no aprendes japonés?* 4. *¿Por qué no cogen un taxi?* 5. *¿Por qué no / Qué tal si... damos una vuelta por el centro?* 6. *¿Por qué no / Qué tal si... sacamos las entradas para un concierto?* 35.3. 1. *¿Qué hago?* 2. *¿Te explico el problema?* 3. *¿Llamo a Marta?* 4. *¿Me coses un botón?* 5. *¿Me echas una mano?* 6. *¿Te/Le hago la compra?* 7. *¿Le bajo el carrito de la compra?* 8. *¿Me abre el garaje?* 9. *¿Me dice la hora?* 35.4. 1. *O cuidas bien el coche o no te lo dejo.* 2. *Pórtate bien o se lo digo a tus padres.* 3. *O deja el perro fuera o aquí no entra.* 4. *Saca un poco la llave de la cerradura o no abres esa puerta.* 5. *O escuchas o me callo.* 6. *O vienes o me voy.* 7. *O viene Nacho o no doy la fiesta.* 35.5. 1. *¡Te vas ahora mismo!* 2. *¡Te sientas a mi lado y no te mueves, Carlitos!* 3. *¡Es muy tarde. Vais a vuestro cuarto, apagáis la luz y os dormís!* 4. *¡Lo haces ahora mismo!* 5. *¡Me lo devuelves ya!* 6. *¡Te callas ya y me dejas!*

Unidad 36: Presente de indicativo: duración. 36.1. 1. *Hace mucho que no voy a la ópera.* 2. *Hace un año que vive en Roma.* 3. *Hace dos meses que trabajo en esta agencia.* 4. *Hace dos semanas que no veo a Luis.* 5. *Hace años que uso lentillas.* 6. *Hace un año que Gregorio estudia grafología.* 7. *Hace tiempo que Iliana no viene aquí.* 8. *Hace un mes que no veo a Nerea.* 9. *Hace cinco minutos que hierve el agua.* 36.2. 1. *No hablo con Teresa desde hace seis meses.* 2. *Dirijo la empresa desde el verano pasado.* 3. *Padezco insomnio desde hace tres años.* 4. *No veo a Juan desde su boda.* 5. *Emilio sale con Laura desde Navidad.* 6. *Amelia toca el violín desde hace mucho tiempo.* 36.3. 1. *Trabaja en un banco desde que acabó la carrera.* 2. *Duermo mal desde que nació mi hijo.* 3. *Marisa sueña con ser bailarina desde que era niña.* 4. *María escribe novelas desde que tenía 19 años.* 5. *A Paco le duele la espalda desde que llegó a Ávila.* 6. *Mario es abogado desde que tenía 24 años.* 36.4. 1. *¿Cuánto tiempo hace que eres traductor?* 2. *¿Desde cuándo conduces?* 3. *¿Desde cuándo llevas gafas?* 4. *¿Desde cuándo trabajas en Iberia?* 5. *¿Cuánto tiempo hace que tienes perro?* 6. *¿Cuánto tiempo hace que Juan es director?* 36.5. 1. *El domingo hace una semana que estamos en Taiwán.* 2. *En enero hace un año que trabajo en esta empresa.* 3. *El día 3 hace 10 años que estamos casados.* 4. *El día 5 de enero hace dos años que Óscar y Ana viven juntos.* 5. *Mañana hace un mes que salgo con Olga.* 6. *El sábado hace tres meses que mi abuelo está en el hospital.* 7. *Mañana hace dos meses que no fumo.*

Unidad 37: *Llevar* para expresar duración. 37.1. 1. *Llevamos una hora despiertos./ Llevamos despiertos una hora.* 2. *Llevamos un mes en Manila.* 3. *La ducha lleva una semana averiada. / La ducha lleva averiada una semana.* 4. *Esa estatua lleva cien años aquí. / Esa estatua lleva aquí cien años.* 5. *El restaurante lleva cerrado meses. / El restaurante lleva meses cerrado.* 6. *La* *calefacción lleva encendida un rato.* / *La calefacción lleva un rato encendida.* [37.2.] *1. Llevo en Pekín desde 2010. 2. Fidel lleva enfermo desde que tenía 30 años. 3. Luis lleva jubilado desde 2005. 4. Llevamos reunidos desde las ocho. 5. El sofá lleva roto desde que nos mudamos de casa. 6. Emilio lleva deprimido desde que lo despidieron del banco.* [37.3.] *1. Llevamos viajando un mes. / Llevamos un mes viajando. 2. Alberto lleva haciendo la carrera seis años. / Alberto lleva seis años haciendo la carrera. 3. Llevan viviendo en el chalé treinta años. / Llevan treinta años viviendo en el chalé. 4. Sandra lleva conduciendo camiones desde hace tiempo. 5. Dicen que llevas haciendo pilates un mes. / Dicen que llevas un mes haciendo pilates. 6. Llevan arreglando la calle cuatro años. / Llevan cuatro años arreglando la calle.* [37.4.] *1. Daniel lleva operando desde que tenía 25 años. 2. Charo lleva quejándose de la muela desde ayer tarde. 3. Lleva nevando desde esta madrugada. 4. Llevo comprando la prensa en ese quiosco desde hace tiempo. 5. Blanca lleva trabajando en Correos desde que acabó el Bachillerato. 6. Llevo invirtiendo en bolsa desde que me jubilé.* [37.5.] *1. Llevamos tres años sin ir a Escocia. 2. Llevo sin probar el alcohol desde la boda de Rocío. 3. Llevo sin ver a Esteban desde que nos reunimos todos los amigos. 4. Llevo sin jugar al billar desde el verano pasado. 5. Llevamos una semana sin discutir. 6. Llevo mucho tiempo sin correr una maratón.* [37.6.] *1. ¿Cuánto llevan hablando? / ¿Cuántas horas llevan hablando? 2. ¿Cuánto (tiempo) lleva Jorge en cama? / ¿Cuántos meses lleva Jorge en cama? 3. ¿Cuánto (tiempo) llevas sin ver a Elena? 4. ¿Cuánto (tiempo) lleva peinándose Álvaro? 5. ¿Cuántas horas lleva Carla durmiendo?/ ¿Cuánto (tiempo) lleva durmiendo Carla?*

Unidad 38: Presente de *estar* + gerundio. [38.1.] *1. Estoy viviendo. 2. está saliendo. 3. sale. 4. Sirve; devuelve; responde; Sube. 5. haces / estás haciendo; estoy cuidando. 6. está haciendo. 7. Están bajando.* [38.2.] *1. respondes; estoy comiendo. 2. Ves; veo. 3. Quiero; Se está bañando. 4. Prefieres; Pienso. 5. significa; La estoy buscando. 6. duele; está fastidiando.* [38.3.] *1. sientes; está costando. 2. está gustando; Estoy deseando. 3. hueles; Cuesta. 4. Estoy admirando; (estoy) oliendo. 5. Admiro; está llevando. 6. está doliendo. 7. está costando.* [38.4.] *1. haces; Estoy esperando. 2. Ves; no veo. 3. Llegan; avanza. 4. Estoy deseando. 5. pasa; duele. 6. Está viendo. 7. regatea; tira. 8. No sabe*

Unidad 39: Pretérito imperfecto. [39.1.] *1. Hacías; hacía. 2. estabais. 3. jugaba. 4. era; Escribía. 5. trabajaba; ganaba. 6. tenía. 7. se duchaba.* [39.2.] *1. Quería saber si tienen vacantes. 2. Buenos días. Buscaba al Sr. Moreno. 3. Perdona, Alberto. ¿Querías algo? 4. Llamaba para preguntar por Rosario Alcocer. 5. Necesitaba dos días libres, don Manuel.* [39.3.] *1. no estaba enferma. 2. podías verlo. 3. No tenías gripe. 4. acababas. 5. no querías.* [39.4.] *1. Creía. 2. sabía. 3. quería; necesitaba. 4. suponía.* [39.5.] *1. Me acostaba y no me levantaba hasta dentro de dos días. 2. Me tomaba un par de cervezas bien frías. 3. Me iba a Cancún y me pasaba allí quince días. 4. Salía ahora mismo y no volvía nunca más a esta oficina. 5. Me comía una buena paella y me echaba luego una siesta.* [39.6.] *1. era. 2. estaba. 3. empezaba. 4. se alojaban. 5. operaban. 6. había.*

Unidad 40: Pretérito indefinido. [40.1.] *1. terminó; Duró. 2. empezaste; Tardé; hice. 3. nació. 4. anduvimos; conseguimos. 5. fuimos; fuisteis; Tardó; Tuvimos. 6. duró; Empezó; acabó. 7. murió; hizo. 8. empezó. 9. te enteraste; Me enteré.* [40.2.] A. *vio; Se acercó; dijo; salió; regresó; entregó; abrió; sonrió; se fue.* B. *nació; Creció; se fue; terminó; se fue; comenzó; creó; hizo; ganó.* C. *fueron; realizaron; se conocieron; se casaron; estudiaron; ganaron; murió; siguió; volvió; tuvieron; continuó; recibieron.* [40.3.] *1. fue fácil convencerla. 2. Fue desagradable con Eva. 3. fue imposible localizarla. 4. De la Cierva fue un gran inventor. 5. Los mayas fueron grandes astrónomos. 6. Las olimpiadas de 2008 fueron espectaculares.*

Unidad 41: Contraste pretérito imperfecto / pretérito indefinido. [41.1.] *1. vivía; fuimos. 2. dieron; jugaba / estaba jugando. 3. iba; escuchaba; conducía. 4. mordió. 5. atropelló; cruzaba / estaba cruzando. 6. tomaban; explicaba.* [41.2.] *1. llegamos; estaban. 2. murió; Nevaba; hacía; pudo; estaban. 3. tomó; amanecía / estaba amaneciendo; hacía. 4. fuimos; Salimos; pinchó; teníamos; Llovía; tuvimos; llegamos. 5. pasó; Estábamos durmiendo; despertó; Eran; Cerré; nos quedamos; llamó; cogí; llamé; oímos; miramos; estaban hablando.* [41.3.] *1. nos conocimos; Era; había; Hacía; llevaba; cubría; iba; estaba esperando; me di; estaba; empecé; vio; golpeó; tiró. 2. Salíamos; oímos; llegaba; Había; hablaba / estaba hablando; paró; bajaron; metieron; sangraba; llevaron; comentaba.* [41.4.] *1. hice; llevaba. 2. nació; vivíamos. 3. llevaba; pasó. 4. hacía; veía. 5. hacía; no ibas. 6. llevaban; oyeron.*

Unidad 42: Contraste entre tiempos del pasado. [42.1.] *1. ha viajado. 2. estuviste. 3. Habéis perdido. 4. ha mordido. 5. han costado. 6. He empezado. 7. inventó. 8. ha crecido. 9. he ganado. 10. fuimos; recorrimos.* [42.2.] *1. llamaste; estaba. 2. murió; conocíamos; éramos. 3. jugábamos; divertíamos. 4. tuve; dolían. 5. sonó; estaba soñando. 6. Estaba acabando; llegó.* [42.3.] *1. hacía; ibas. 2. vi; estaba hablando. 3. vivía; discutíamos. 4. hablamos; llamabas. 5. hacía. 6. Preguntó. 7. robó; estaba hablando / hablaba. 8. estabas haciendo; llegaron; Estaba intentando.* [42.4.] *1. vivía; traducía. 2. regresó; llevaba. 3. ha trabajado; tocó; era; ha vivido. 4. he discutido. 5. se divirtió; Hacía; pasaba. 6. pude; llamaste; estaba visitando.*

Unidad 43: Pretérito pluscuamperfecto. [43.1.] *1. Regresé; había caducado. 2. pudimos; había averiado. 3. había pagado; reservaron. 4. llegué; se había marchado. 5. pudieron; había llovido. 6. cerró; se había arruinado. 7. fuiste; había suspendido. 8. expulsaron; había copiado. 9. pude; me había hecho daño. 10. No llegamos; se había averiado.* [43.2.] *1. ya se había marchado. 2. todavía no se había ido. 3. todavía no habían cortado las carreteras. 4. el concierto ya había empezado. 5. las entradas ya se habían agotado. 6. los bancos ya habían cerrado. 7. todavía no habían embarcado. 8. todavía no habían firmado el contrato. 9. ya habían fallecido. 10. ya lo había vendido.* [43.3.] *1. Cuando acabé el informe, me fui a casa. 2. Cuando llegamos al banco, el director se había ido. 3. Cuando me tocó la lotería, compré el piso. 4. Cuando le dieron el premio, había publicado cinco novelas. 5. Cuando heredó de sus padres, puso un negocio. 6. Cuando acabó la carrera, tuvo un hijo. / Cuando tuvo un hijo, ya había acabado la carrera.* [43.4.] *1. habías dicho. 2. había pedido. 3. Habían reservado. 4. había llamado. 5. Habían quedado.* [43.5.] *1. No te habías ido 2. No habías encontrado 3. No os habíais mudado 4. No te habías comprado 5. No lo habías dejado 6. No lo habías aprobado 7. No os habíais arruinado 8. No habíais regañado 9. No te habías casado*

Unidad 44: Duración en el pasado. [44.1.] *1. Hacía seis meses que no hablaba con Arturo. 2. Hacía dos años que trabajaba en la empresa. 3. Hacía una semana que no funcionaba el ascensor. 4. ¿Cuánto tiempo hacía que no fumabas? 5. Hacía un año que*

Lorenzo no actuaba. 6. *Hacía dos semanas que no salía de casa.* `44.2.` 1. *No montaba desde que.* 2. *Nos conocíamos desde que.* 3. *No iba al teatro desde hacía.* 4. *No se hablaban desde.* 5. *No hacía ejercicio desde que.* 6. *No me bañaba desde.* 7. *No comíamos tortilla de patata desde que.* 8. *No se divertía tanto desde hacía.* `44.3.` 1. *Llevaba un año enferma.* 2. *llevaba ocho años en España.* 3. *llevaba seis meses cerrado.* 4. *llevaban rotas desde la tormenta.* 5. *llevaba veinte minutos en la parada.* 6. *Llevábamos allí desde enero.* 7. *llevaban dos años casados.* 8. *Llevaba acabada desde el verano.* `44.4.` 1. *Llevaba media hora esperando.* 2. *Llevaba trabajando desde los dieciséis años.* 3. *Llevaba sin escribir desde que gané el último premio.* 4. *Llevaba sin hablar italiano desde la última vez que estuve en Roma.* 5. *¿Cuánto tiempo llevaba jugando al fútbol?* 6. *Llevaba una semana esperándola.* 7. *Llevaba sin saber nada de él desde el año pasado.* 8. *Llevaba dando clases desde que acabó la carrera.* 9. *Llevaba sin pintar desde el verano pasado.* 10. *Llevaba dos meses tomando pastillas para dormir.*

Unidad 45: Futuro simple (1). `45.1.` 1. *Se recuperará.* 2. *devolveré.* 3. *lloverá.* 4. *serán.* 5. *Aprobarás.* 6. *haré.* 7. *recibirá.* 8. *irá; ascenderán; tendrás.* 9. *contarás.* 10. *avisaré.* 11. *contaré.* 12. *aportará; ayudará.* 13. *podremos.* 14. *dirás.* `45.2.` 1. *preparé.* 2 *traeré.* 3. *permitiré.* 4. *No escribiré.* 5. *invitaré.* 6. *vendré.* 7. *llevaré.* 8. *No volveré.* 9. *Tendremos.* 10. *devolveré.* 11. *sacaré.* 12. *no usaré.* `45.3.` 1. *dará.* 2. *volverás.* 3. *habrá.* 4. *Volverá.* 5. *Ganará.* 6. *regresarás.* 7. *ganará.* 8. *vendrás.* 9. *querrás.* 10. *encontrarás.* 11. *molestará.* `45.4.` 1. *Sacarás al perro esta noche.* 2. *Hablaréis cuando se os pregunte.* 3. *Os quedaréis en el centro hasta las ocho.* 4. *Haréis los ejercicios que mande.* 5. *Irás al dentista esta misma tarde.* 6. *No jugaréis con la consola hasta acabar los deberes.*

Unidad 46: Futuro simple (2). `46.1.` 1. *Cocinará.* 2. *Tendrán.* 3. *Estará.* 4. *Querrá.* 5. *Habrá.* 6. *Será.* 7. *Habrá.* 8. *hará.* 9. *Estará.* 10. *Serán.* 11. *Costará.* 12. *querrá.* 13. *Querrá.* 14. *Estaréis.* `46.2.` 1. *Ganará.* 2. *Entenderá.* 3. *Verás.* 4. *Comerán.* 5. *Mandará.* 6. *Cocinará.* 7. *Conducirá.* 8. *tendrá.* 9. *Tendrá.* 10. *serán.* `46.3.` 1. *irás.* 2. *Tendrán.* 3. *Será.* 4. *Se creerá.* 5. *Tendrá.* 6. *será.* 7. *dirás.* 8. *te atreverás.* 9. *supondrás.* 10. *creerás.* `46.4.` 1. *dirás.* 2. *sabrás.* 3. *sabré.* 4. *verán.* 5. *será.* 6. *conoceré.* 7. *verás.* 8. *tendrán.*

Unidad 47: Futuro compuesto. `47.1.` 1. *ya habremos superado la crisis económica.* 2. *ya habrá mejorado la televisión.* 3. *todavía no se habrá acabado el petróleo.* 4. *habrá aumentado la población mundial.* 5. *todavía no habrán desaparecido las guerras.* 6. *ya se habrá detenido el cambio climático.* `47.2.` 1. *habré acabado.* 2. *habrá tenido.* 3. *habrán cerrado.* 4. *habré acabado.* 5. *habremos encontrado.* 6. *habrá llegado.* 7. *habremos pagado.* `47.3.` 1. *Lo habrá cogido tu hijo.* 2. *Se lo habrá contado Adela.* 3. *la habrá empezado Ramón.* 4. *Te lo habrás dejado en la oficina.* 5. *Habrá dormido poco.* 6. *Lo habrá comprado Marta.* 7. *Habrá sido Mari.* 8. *habrá llegado Sole.* `47.4.` 1. *Habrás hecho.* 2. *Habrá nevado.* 3. *Habrá hecho.* 4. *Habrán bajado.* 5. *Habrá bajado.* 6. *habrá recogido.* `47.5.` 1. *¿No te habrás dejado la cocina encendida?* 2. *¿No se habrá quedado dormida?* 3. *¿No me habré dejado la puerta abierta?* 4. *¿No habrán aparcado mal?* 5. *¿No se nos habrá acabado la gasolina?* `47.6.` 1. *Habrás reservado.* 2. *habré comido.* 3. *habrás sido.* 4. *habrás visto.* 5. *habrás tenido.* 6. *Habrás apagado.*

Unidad 48: Contraste futuro simple / futuro compuesto. `48.1.` 1 *Acabarán.* 2. *habrán acabado.* 3. *pagaré.* 4. *daré.* 5. *habré acabado.* 6. *contaré.* 7. *habrá regresado.* 8. *habré terminado.* 9. *se habrán ido.* 10. *llegará.* 11. *habré preparado.* 12. *nos iremos.* `48.2.` 1. *habrán desayunado.* 2. *Será.* 3. *Habrá sido.* 4. *Será.* 5. *Habrá habido.* 6. *Habrá hecho.* 7. *se habrán quedado.* 8. *Cerrarán.* 9. *Habrá suspendido.* 10. *Habrán salido.* `48.3.` 1. *Se habrá dado prisa.* 2. *Será.* 3. *Se habrá curado.* 4. *habrán vendido.* 5. *Saldrá.* 6. *habrán vendido muchos.* 7. *habrá subido.* 8. *habrá.* 9. *habrán arreglado.* 10. *No cocinará muy bien.* `48.4.` 1. *Será.* 2. *habré dicho.* 3. *Se creerá.* 4. *habrán multado.* 5. *habrá llovido.* 6. *Será.* 7. *sabré.* 8. *habrá estado.*

Unidad 49: Condicional simple. `49.1.` 1. *debería; buscaría.* 2. *encantaría.* 3. *Dejaría; me iría.* 4. *Estarías.* 5. *me pondría.* 6. *te apetecería.* 7. *acompañaría.* 8. *iría.* `49.2.` 1. *¿Le importaría dejarme el periódico?* 2. *¿Podríamos reunirnos en casa de Arturo?* 3. *¿Te importaría llevarme a casa en tu coche?* 4. *¿Podrías llevar(me) un paquete a Correos?* 5. *Necesitaría ayuda con la mudanza.* 6. *¿Me podría recomendar / Podría recomendarme un buen restaurante?* `49.3.` 1. *Lola sería ingeniera.* 2. *la economía estaría muy mal.* 3. *Roberto tendría casi sesenta años.* 4. *Teresa tendría un hijo.* 5. *habría crisis en el cine.* 6. *Andrés trabajaría de camarero.* `49.4.` 1. *Sería.* 2. *Estaría.* 3. *Tendría.* 4. *dejarías.* 5. *cogería.* 6. *Estarías.* 7. *diría.* 8. *echaría/echarías.* `49.5.` 1. *Empecé a competir en 2003 y tres años después, ganaría mi primera carrera.* 2. *Me fui a México en 1997 y al año siguiente conocería a mi mujer.* 3. *Juan Carlos fue proclamado jefe del Estado Español en 1975 y horas después nombraría su primer Gobierno.* 4. *Ramiro empezó en el restaurante de pinche de cocina y, dos años después, le harían cocinero.* 5. *Publicó su primera novela a los veinte años y treinta años después le darían el Premio Nobel de Literatura.*

Unidad 50: Condicional compuesto. `50.1.` 1. *habría podido.* 2. *no habríamos aprendido.* 3. *habríamos acabado.* 4. *no habrían encontrado.* 5. *habría alquilado.* 6. *habría conseguido.* 7. *habría hecho.* 8. *habría encantado.* `50.2.` 1. *habría comprado.* 2. *habría ido.* 3. *habría llamado.* 4. *habría cogido.* 5. *habría reservado.* 6. *habría hablado.* `50.3.` 1. *Habría estudiado.* 2. *Me habría gustado.* 3. *Me habría casado.* 4. *Me habría encantado.* 5. *Me habría quedado.* 6. *Habría llamado.* `50.4.` 1. *Se habría resfriado.* 2. *habría hecho.* 3. *Se habría lesionado.* 4. *Se habrían peleado.* 5. *habría prometido.* 6. *Habrías comido.* 7. *Habría discutido.* 8. *Habría bebido.* `50.5.` 1. *habría pagado.* 2. *habría ofrecido.* 3. *habría perdido.* 4. *habría subido.* 5. *habría iniciado.*

Unidad 51: Contraste condicional simple / condicional compuesto. `51.1.` 1. *Saldrían.* 2. *habríamos tenido.* 3. *habría triunfado.* 4. *habría podido.* 5. *habría dicho; enfadarías.* 6. *vendría.* `51.2.` 1. *habría invitado.* 2. *habría apetecido.* 3. *cambiaría.* 4. *Tendrías.* 5. *me iría / me habría ido.* 6. *Habría sido.* `51.3.` 1. *se recuperaría.* 2. *prohibiría.* 3. *tendría.* 4. *habría fichado.* 5. *habría aumentado.* 6. *habría sonado.* 7. *habrían abandonado.* `51.4.` 1. *habría tocado.* 2. *Llegaría.* 3. *Estaría.* 4. *Tendría.* 5. *pediría.* 6. *habría comido.* 7. *habría hecho.* `51.5.` 1. *querría.* 2. *tendría.* 3. *Habrían salido.* 4. *habría avisado.* 5. *portarían.* 6. *Habría trabajado.* 7. *sabría.* 8. *habrían arreglado.*

Unidad 52: Imperativo (1). `52.1.` 1. *Dejad propina.* 2. *Embarquen por la puerta 3A.* 3. *No tomes tantas aspirinas.* 4. *Desalojen el edificio.* 5. *Pague en la caja.* 6. *No coma alimentos con grasas.* 7. *Píde(le) la carta al camarero.* 8. *Muele el café.* 9. *Leed/Lean las instrucciones con cuidado.* 10. *Descanse después de comer.* 11. *Venid a cenar el sábado.* 12. *No te preocupes.* 13. *Explícame* *cómo se graba un DVD.* 52.2. 1. *llama, llama.* 2. *Usa.* 3. *sigue, sigue.* 4. *cojas.* 5. *no te vayas.* 6. *cerréis.* 52.3. 1. *Responda esta pregunta y ganará 500 euros.* 2. *Ayúdame o me enfado.* 3. *Di la verdad o me voy.* 4. *Regresa tarde y se lo digo a mamá.* 5. *Dense prisa o perderán el vuelo.* 6. *Siga por esa calle y verá el hospital a la derecha.* 7. *Coged un taxi y llegaréis antes.* 8. *Gástate todo el dinero y no podremos ir a la India.* 52.4. 1. *Empezad a comer ya.* 2. *No os vayáis todavía.* 3. *No hagáis el ejercicio todavía.* 4. *Cuelga el teléfono ya.* 5. *No aplaudáis todavía.* 6. *Dejad de fumar ya.* 7. *No salgáis todavía.* 8. *Servid la cena ya.*

Unidad 53: Imperativo (2). 53.1. 1. *huyamos.* 2. *acostémonos.* 3. *seamos.* 4. *sigamos.* 5. *despertémonos.* 6. *pongamos.* 7. *digamos.* 8. *recordemos.* 9. *cantemos.* 10. *veamos.* 11. *pongámonos.* 12. *corramos.* 13. *sentémonos.* 14. *sintamos.* 15. *pidamos.* 53.2. 1. *Vamos.* 2. *Vámonos.* 3. *Vamos a.* 4. *Vámonos.* 5. *Vamos a.* 6. *vámonos.* 7. *Vamos a.* 8. *Vamos a.* 53.3. 1. *Sentémonos.* 2. *Subamos.* 3. *juguemos.* 4. *No seamos.* 5. *No compremos; Vamos.* 6. *Hagamos.* 7. *Seamos.* 8. *Esperemos.* 9. *Sigamos.* 10. *mantengamos; juguemos.* 11. *Ayudemos; Usemos; No malgastemos.* 12. *Cuidemos.* 13. *Salvemos.* 14. *Tengamos. No nos precipitemos.* 15. *No hagamos.* 53.4. 1. *comprémosla.* 2. *démosela.* 3. *hagámosla.* 4. *pensémoslo.* 5. *no se lo digamos.* 6. *entreguémoselos.* 7. *no lo compremos.* 8. *bajémonos.* 9. *olvidémoslo.* 10. *subámoslas.* 11. *empujémoslo.* 12. *hagámosla.* 13. *soltémoslo.*

Unidad 54: Imperativo (3). 54.1. 1. *Mira qué bien.* 2. *mire usted.* 3. *Mirad.* 4. *mira tú.* 5. *Mira qué bien.* 6. *Mira.* 7. *Mire.* 8. *Mire qué bien.* 9. *Mira qué bien.* 10. *Mirad.* 11. *miren ustedes.* 12. *mire usted.* 13. *mira tú.* 14. *Mire usted.* 15. *Miren.* 54.2. 1. *Mira que eres pesado, Antonio.* 2. *Mira que si se casa Félix.* 3. *Mira que si llueve mañana.* 4. *Mira que os lo he repetido.* 5. *Mira que si acierto la quiniela.* 6. *Mire que son protestones.* 7. *Mira que si le ha pasado algo a la abuela.* 8. *Mira que si me admiten en el ejército.* 9. *Mira que tenéis prisa.* 10. *Mira que si nos coge la lluvia en el parque.* 11. *Mira que es tranquilo.* 12. *Mira que si despiden a Ana.* 13. *Mire que si salimos en la tele.* 14. *Mira que si nos han concedido la beca.* 15. *Mira que eres despistada, Sofía.* 54.3. 1. *Oye.* 2. *Oiga usted.* 3. *Oiga.* 4. *Oye.* 5. *Oigan.* 6. *Oiga usted.* 7. *Oíd.* 8. *Oye.* 9. *Oye.* 10. *Oiga usted.* 11. *Oíd.* 12. *Oigan ustedes.*

Unidad 55: Imperativo (4). 55.1. 1. *Anda.* 2. *¡Anda ya!* 3. *Anda.* 4. *Anda.* 5. *¡Anda que!* 6. *Anda ya.* 7. *¡Anda ya!* 8. *Anda.* 9. *¡Anda que!* 55.2. 1. *Anda que no.* 2. *Anda que sí.* 3. *Anda que sí.* 4. *Anda que sí.* 5. *Anda que sí.* 6. *Anda que no.* 7. *Anda que no.* 8. *Anda que sí.* 9. *Anda que no.* 55.3. 1. *¡Venga ya!* 2. *Venga/Vamos.* 3. *vamos.* 4. *¡Venga ya!* 5. *Venga/Vamos.* 6. *¡Venga ya!* 7. *Venga.* 8. *Venga.* 55.4. 1. *¡Anda!* 2. *¡Anda que!* 3. *Venga ya.* 4. *Vamos/Venga.* 5. *Venga; Venga ya.* 6. *¡Venga!/¡Vamos!* 7. *¡Anda!* 8. *Venga/ Vamos.*

Unidad 56: Imperativo (5) 56.1. 1. *Vaya con.* 2. *Vaya.* 3. *Vaya.* 4. *Vaya si.* 5. *Vaya con.* 6. *Vaya con.* 7. *Vaya si.* 8. *Vaya.* 9. *Vaya si.* 56.2. 1. *fíjate.* 2. *Fíjate.* 3. *Dese cuenta / Fíjese.* 4. *Fíjate / Date cuenta.* 5. *Date cuenta.* 6. *Fíjate.* 7. *Fíjese.* 8. *Daos cuenta.* 9. *Date cuenta. / Fíjate.* 56.3. 1. *Y dale con.* 2. *Toma.* 3. *Toma.* 4. *Toma ya.* 5. *(Y) Dale.* 6. *(Y) Dale con que.* 7. *(Y) Dale con.* 8. *Toma / Toma ya.* 56.4. 1. *¡Vaya!* 2. *Fíjate.* 3. *Toma.* 4. *Vaya si.* 5. *Toma ya.* 6. *Vaya con.* 7. *Toma (ya).* 8. *Dale con.*

Unidad 57: Presente de subjuntivo (1). 57.1. 1. *¡Que vivas muchos años!* 2. *¡Que tengáis un buen vuelo!* 3. *¡Que le den el trabajo!* 4. *¡Que bailéis mucho!* 5. *¡Que Rodolfo encuentre trabajo!* 6. *¡Que durmáis bien!* 7. *¡Que vendas muchos cuadros!* 8. *¡Que encontréis las maletas!* 57.2. 1. *¡Ojalá vaya todo bien!* 2. *¡Así se arruine! / ¡Ojalá se arruine!* 3. *¡Ojalá (que) nos toque!* 4. *¡Ojalá (que) me admitan!* 5. *¡Así se le caiga el pelo! / ¡Ojalá se le caiga el pelo!* 6. *¡Ojalá (que) ganen!* 7. *¡Ojalá (que) aterricen sin problemas!* 8. *¡Así se hunda la empresa! / ¡Ojalá se hunda la empresa!* 57.3. 1. *¡Qué extraño que no funcionen los autobuses!* 2. *¡Qué raro que Marta no conteste al teléfono!* 3. *¡Qué bien que pague hoy Luis la cena!* 4. *¡Qué alegría que mañana tengamos fiesta!* 5. *¡Qué pena que la empresa esté mal!* 6. *¡Qué vergüenza que aún haya mucha pobreza en algunos países!* 7. *¡Qué extraño que no haya mucha gente en el teatro!* 8. *¡Qué fenomenal que Rosa vaya a tener un niño!* 9. *¡Qué lástima que no podamos ir a casa de Rodri!* 57.4. 1. *quizá venga.* 2. *Posiblemente esté.* 3. *Posiblemente sea.* 4. *Probablemente coma.* 5. *quizás me nombren.* 6. *acaso lo sepa.* 7. *tal vez vayamos.* 8. *probablemente no sea.* 57.5. 1. *Que pasen.* 2. *Que (le) diga.* 3. *Que venga.* 4. *Que os calléis.* 5. *Que vuelvan.* 6. *Que entren.* 7. *Que cojas.* 8. *Que se callen.*

Unidad 58: Presente de subjuntivo (2). 58.1. 1. *Prefiero que esperéis en casa de Elena.* 2. *Es importante que prestes atención.* 3. *Necesito que me planches los pantalones.* 4. *Juan quiere que organicéis vosotros la despedida de soltero.* 5. *Veo conveniente que reservéis la mesa del restaurante.* 6. *Prefiero que no cantéis victoria antes de tiempo.* 7. *Me parece importante que tengáis buenas relaciones con los vecinos.* 8. *Espero que me digas la verdad.* 9. *Tengo ganas de que vengáis a verme.* 10. *Hace falta que traigas raquetas y pelotas.* 11. *Me parece fundamental que acabes la carrera.* 12. *¿Os parece necesario que me quede a ayudaros?* 58.2. 1. *que nos despierte a las siete.* 2. *que cojamos un taxi.* 3. *que me haga caso.* 4. *que os pongáis abrigo.* 5. *que esperemos aquí.* 6. *que Pedro haga la comida.* 7. *que te disculpes con Elena.* 8. *que no digas nada.* 9. *que tengáis una buena excusa.* 10. *que vayamos a Sevilla en el AVE.* 11. *que te quedes en la cama.* 12. *que me devuelvas mis cosas.* 13. *que vayamos todos juntos.* 58.3. 1. *Luis me ha pedido que le eche una mano.* 2. *Os quiero pedir que me hagáis un favor.* 3. *Te ruego que no grites.* 4. *No me pidas que te cuente lo de Antonio.* 5. *Os suplico que no le digáis nada a Alberto.* 6. *Te pido que me escuches un momento.* 7. *Os ruego que no hagáis nada.* 8. *Te suplico que tengas mucho cuidado.* 58.4. 1. *Permítame que le recomiende la carne.* 2. *No hagas que me enfade.* 3. *¿Me permites que te dé un consejo?* 4. *Disculpa que no me levante.* 5 *Siento que no podáis venir.* 6. *Perdona que te pida un favor.* 7. *Deja que te explique.* 8. *Siempre haces que llegue tarde.* 9. *Nunca me dejas que pague (yo).* 10. *¿Me permites que te haga una pregunta?*

Unidad 59: Presente de subjuntivo (3). 59.1. 1. *No soporto que Mariano hable gritando.* 2. *Odio que me manden.* 3. *Te agradezco que te preocupes por nosotros.* 4. *Tengo miedo de que me despidan / Tengo miedo de que me puedan despedir.* 5. *María está encantada de que le suban el sueldo.* 6. *Dudo que Juan llame.* 7. *Sentimos que tengan que esperar un rato.* 8. *No te reprocho que seas tan ambiciosa.* 9. *No soporto que Iván vaya siempre sucio.* 59.2. 1. *No me importa que no venga Armando.* 2. *Me molesta que sean poco puntuales.* 3. *Me sorprende que suspendan el concierto / Me sorprende que vayan a suspender el* concierto. 4. ¿Te importa que nos acompañe María? 5. ¿Le molesta que abra la ventana? 6. Me encanta que me digan cosas bonitas. 7. Me repugna que algunas personas maltraten a los animales. 8. ¿Te ofende que te diga la verdad? 9. Me extraña que las tiendas estén cerradas. 59.3. 1. Resulta sorprendente que Alberto tenga tanta suerte. 2. Es preocupante que Rosa no consiga encontrar trabajo. 3. Parece sospechoso que Julián esté otra vez de baja. 4. Me resulta inquietante que no haya nadie por la calle. 5. Es increíble que te llame para pedirte dinero. 6. Parece mentira que Ángel sea tacaño. 7. Me parece admirable que Javier cuide a sus padres. 8. Me parece extraño que no salgas mucho. 9. Me resulta asombroso que Tomás no quiera ser amigo de Enrique. 10. Es increíble que Fermín siga viviendo en casa de sus padres. 59.4. 1. Me da rabia que no puedas venir a mi boda. 2. Me pone nervioso que te muerdas las uñas. 3. Me pone de buen humor que haga sol. 4. Me saca de quicio que nunca me hagan caso. 5. Me da lo mismo que no quieras ayudarme. 6. Nos da asco que haya corrupción. 7. Me llena de alegría que seáis felices. 8. Me llena de indignación que Armando se ría de la gente. 9. Me llena de tristeza que Lola y Arturo se vayan a separar. 10. A Roberto le pone de mal humor que sus hijos no estudien. 11. Me hace gracia que Toñín sea tan decidido. 12. Me da igual que la economía mejore. 13. Me saca de mis casillas que la gente sea maleducada. 14. Me pone histérica que la gente no respete a los demás. 15. Me pone de mal humor que me engañen.

Unidad 60: Presente de subjuntivo (4). 60.1. 1. Es una pena que Miguel sea tan vago. 2. Resulta de mal gusto que Eva solo invite a una tía a su boda. 3. Me parece una injusticia que quieran congelar las pensiones. 4. Es una vergüenza que Marcelo no ayude nunca a sus padres. 5. Me parece un error que prohíban las corridas de toros / Me parece un error que vayan a prohibir las corridas de toros. 6. Considero un acierto que el gobierno baje los impuestos. 7. Es una pena que no haya dinero para mejorar la educación. 8. Me parece de mal gusto que sirvan el gazpacho en vasos. 9. Es una lástima que Jessica regrese a Perú. 10. Es una vergüenza que muchos niños no vayan a la escuela. 11. Es un error que María no coja / quiera coger el trabajo que le ofrecen. 12. Es un escándalo que haya gente sin trabajo. 13. Me parece un acierto que Mario quiera estudiar Derecho. 14. Me parece una vergüenza que trabajemos los sábados. 60.2. 1. Es imposible que Raúl tarde una hora en venir aquí. 2. Es inútil que quieras agradar al director. 3. Es peor que te resistas. 4. Me parece lamentable que Celia no sepa conducir. 5. Me parece lógico que Carlota coma mucha fruta. 6. Es raro que no se oiga nada en la calle. 7. Es normal que a estas horas mis padres estén acostados. 8. Me parece fatal que las tiendas abran los domingos. 9. Parece lógico que haya muchos accidentes por la niebla. 10. Me parece fenomenal que haya farmacias abiertas 24 horas al día. 11. No me parece bien que Arturo se vaya solo de vacaciones. 12. Considero injusto que María no tenga parte en el negocio de sus padres. 13. Resulta vergonzoso que no nos dejen entrar al Club de Campo. 14. Me resulta incomprensible que el marido de Mercedes no hable español. 15. Es mejor que vengáis pronto. 60.3. 1. Puede que esté enfermo. 2. Es posible que cancelen el vuelo. 3. Es probable que no se casen ya. 4. Puede que se hielen las plantas. 5. Es probable que lo consigas. 6. Puede que vendan pan. 7. Es dudoso que gane el Liverpool. 8. Es imposible que puedas (engañarme). 9. Es dudoso que actúe Plácido Domingo. 10. Puede que me bajen el sueldo.

Unidad 61: Verbos seguidos de indicativo o de subjuntivo (1). 61.1. 1. hay; haya. 2. estoy; estás. 3. quiere; vaya. 4. tienes; sea. 5. es; sea. 6. estás; esté. 7. sabe; sepa. 8. invite; va. 9. sabe; sepa. 10. estudia; estudia. 11. dice; diga. 12. tenga. 13. deja. 14. esté. 61.2. 1. No tengo constancia de que Carlos esté enfermo. 2. Es falso que Tomás venda coches usados. 3. No tengo claro que sus jefes estimen a Roberto. 4. No está claro que Ramón sepa chino. 5. No es cierto que en Escocia haga muy mal tiempo. 6. No es cierto que Julio viva en Miami. 7. Es dudoso que sea superdotado. 8. Es mentira que Alicia deteste a Iván. 9. No tengo la seguridad de que el Gobierno vaya a cambiar. 10. Me consta que quieren subir la gasolina otra vez. 61.3. 1. suben. 2. haya. 3. hay. 4. se casa. 5. está. 6. acaba. 7. dimite. 8. dimita. 9. sabe. 10. sea. 11. tengo; tengas. 12. tenemos; tengamos.

Unidad 62: Pretérito imperfecto de subjuntivo (1). 62.1. 1. ¡Ojalá fuera/fuese más joven! 2. ¡Ojalá anoche no helara/helase! 3. ¡Así te atragantaras/atragantases con el paste! 4. ¡Así te arruinaras/arruinases por egoísta! 5. ¡Así perdieras/perdieses hasta la camisa en el casino! 6. ¡Ojalá viera/viese a Inés en Navidad! 7. ¡Ojalá fuera/fuese director de cine! 8. ¡Ojalá viajara/viajase a Marte! 62.2. 1. ¡Quién supiera/supiese hablar muchos idiomas! 2. ¡Quién pudiera/pudiese viajar al espacio! 3. ¡Quién tuviera/tuviese un Picasso! 4. ¡Quién fuera/fuese alto! 5. ¡Quién tocara/tocase el piano como tú! 62.3. 1. Ni que trabajara/trabajase mucho. 2. Ni que tuviera/tuviese miedo a los sótanos. 3. Ni que fuera/fuese a dar la vuelta al mundo. 4. Ni que fuera/fuese a las Olimpiadas. 5. Ni que fuera/fuese chino. 6. Ni que fueran/fuesen vegetarianos. 7. Ni que estuviéramos/estuviésemos en el Polo. 8. Ni que leyera/leyese el pensamiento. 62.4. 1. ¡Como si tú fuera/fueses muy simpático! 2. ¡Como si él tuviera/tuviese mucha! 3. ¡Como si tú supieras/supieses mucho! 4. ¡Como si vosotras vistierais/vistieseis muy bien! 5. ¡Como si ella condujera/condujese muy bien! 62.5. 1. ¡Qué pena que no acertaras/acertases la quiniela por muy poco! 2. ¡Qué extraño que Miguel no viniera/viniese a dormir anoche! 3. ¡Qué alegría que os gustara/gustase mucho Japón! 4. ¡Qué vergüenza que Arturo no saludara/saludase a sus tíos! 5. ¡Qué desgracia que se les extraviara/extraviase el perro! 6. ¡Qué raro que Ronaldo fallara/fallase el penalti! 7. ¡Qué extraño que Luis no quisiera/quisiese beber nada! 8. ¡Qué casualidad que os encontrarais/encontraseis a Lola en el Rastro! 62.6. 1. pasara/pasase. 2. Quisiéramos. 3. quisiera. 4. renovaran/renovasen. 5. pudiera/pudiese.

Unidad 63: Pretérito imperfecto de subjuntivo (2). 63.1. 1. pusieras/pusieses. 2. viéramos/viésemos. 3. viniera/viniese. 4. hicieras/hicieses; pidieras/pidieses. 5. se portaran/portasen; se acostaran/acostasen. 6. estuviera/estuviese. 7. prestara/prestase. 63.2. 1. que no hiciera/hiciese muchos esfuerzos. 2. que no le dijéramos/dijésemos nada a Sofía. 3. que me acompañaras/acompañases a casa. 4. que hicierais/hicieseis un poco de ejercicio. 5. que la acompañara/acompañase al dentista. 6. que no gritaras/gritases. 7. que no fumara/fumase mi pipa en su casa. 8. que pasaras/pasases la aspiradora más a menudo. 9. que no abusara/abusase del café. 63.3. 1. Sería increíble que trasladaran/trasladasen la empresa a otro país. 2. ¿Te importaría que me llevara/llevase este libro? 3. Me sorprendió que no dijeras/dijeses nada de mi vestido nuevo. 4. Me molestó que Jacinto se presentara/presentase sin regalo. 5. Me encantaba que me leyeran/leyesen cuentos de pequeña. 6. Odiaba que no me dejaran/dejasen acostarme tarde. 7. No soportaba que los domingos me pusieran/pusiesen ropa especial. 8. Me encantaba que a veces mis tías me llevaran/llevasen al parque. 63.4. 1. que Anabel llamara/llamase cuando estábamos fuera. 2.

que no le gustara/gustase. 3. que se inundara/inundase la carretera. 4. que tuviera/tuviese miedo. 5. que fuera/fuese ella. 6. hubiera/hubiese hielo en la carretera. 63.5. 1. Es una lástima que Ana no consiguiera/consiguiese plaza en la Universidad. 2. Sería una pena que Alberto dejara/dejase la carrera. 3. Sería mejor que se pusiera/pusiese a trabajar. 4. Era lógico que Alberto protestara/protestase. 5. Es una vergüenza que solo invitara/invitase a la boda a sus hermanos. 6. Me pareció bien que Antonio repartiera/repartiese el premio con sus hermanos. 7. Me pareció mal que todos los alumnos se pusieran/pusiesen en huelga.

Unidad 64: Verbos seguidos de indicativo o subjuntivo (2). 64.1. 1. era; fuera/fuese. 2. había; hubiera/hubiese. 3. estaba; estuviera/estuviese. 4. quedaste; quedáramos/quedásemos. 5. habló; hablara/hablase. 6. explicó; explicara/explicase. 7. estabas; estuviera/estuviese; estaba. 8. estudió; estudiara/estudiase. 9. estaba. 10. estaba; estuviera/estuviese. 11. había; hubiera/hubiese. 12. estaba. 64.2. 1. No es verdad que Julio estuviera/estuviese loco. 2. Es falso que antes hiciera/hiciese más frío. 3. No está claro que antes hubiera/hubiese menos contaminación. 4. No es cierto que antes se viviera/viviese mejor. 5. Es cierto que la ciudad estaba más limpia antes. 6. Es falso que Maradona fuera/fuese mejor que Di Stéfano. 7. Era mentira que Sandra tuviera/tuviese un problema de adicción. 8. Es evidente que antes había menos paro. 9. No es cierto que yo fuera/fuese más delgado antes. 64.3. 1. fue. 2. hubo/había; hubiera/hubiese. 3. sucediera/sucediese; sucedió. 4. hubo. 5. fuera/fuese. 6. estuvieran/estuviesen. 7. pagara/pagase. 8. fue; estaban. 9. sabía.

Unidad 65: Pretérito perfecto subjuntivo (1). 65.1. 1. ¡Ojalá no le haya pasado nada a mi mujer! 2. ¡Ojalá me haya tocado la lotería! 3. ¡Ojalá haya aprobado! 4. ¡Ojalá no lo hayan vendido todavía! 5. ¡Ojalá no se haya infectado! 6. ¡Ojalá me hayan seleccionado! 7. ¡Ojalá lo hayan vendido bien! 8. ¡Ojalá haya salido bien la operación! 9. ¡Ojalá no haya tenido ninguna avería en el coche! 10. ¡Ojalá René haya reservado entradas! 65.2. 1. ¡Que haya ido todo bien! 2. ¡Que lo hayan encontrado ya! 3. ¡Que no hayan detenido a Conchi! 4. ¡Así le hayan sacado todos los dientes! 5. ¡Que no hayan despedido a Pablo! 6. ¡Que no le hayan hecho nada! 7. ¡Que se la hayan concedido a Miguel! 8. ¡Que no haya habido víctimas! 65.3. 1. ¡Qué pena que los Serrano no hayan tenido hijos! 2. ¡Qué vergüenza que Jesús no haya trabajado nunca! 3. ¡Qué raro que me hayan devuelto una carta a unos amigos! 4. ¡Qué extraño que Carmen no haya oído hablar de Madonna! 5. ¡Qué mala suerte que no hayamos logrado sacar entradas para el concierto! 6. ¡Qué maravilla que hayas vendido todos los cuadros! 7. ¡Qué curioso que Yuri no haya visto nunca una jirafa! 8. ¡Qué fastidio que no nos hayan ingresado la nómina todavía! 65.4. 1. haya pintado. 2. hayan salido. 3. haya llamado. 4. hayan tenido. 5. hayan cambiado. 6. haya recibido.

Unidad 66: Pretérito perfecto de subjuntivo (2). 66.1. 1. hayas pagado. 2. hayas traído. 3. no haya ido. 4. haya terminado. 5. haya trabajado. 6. hayas hecho; hayas copiado. 7. haya llegado. 8. haya sido. 66.2. 1. Tengo miedo de que me hayan reconocido. 2. Dudo que Luis haya asado el pollo. 3. Me sorprende que no hayas visto el paquete. 4. Parece mentira que hayas vivido en Marruecos y no hables árabe. 5. Nos alegramos de que hayáis conseguido el premio. 6. Me pone de mal humor que se haya bloqueado el ordenador. 7. Me encanta que hayas escrito un poema. 8. Me divierte que te hayas enfadado por la broma. 66.3. 1. que me hayan elegido delegado. 2. que hayan llegado ya, salieron muy tarde. 3. que lo haya escrito Raquel, escribe muy bien. 4. que por esa parte del país haya habido tormentas. 5. que hayan aplazado el partido. 6. que Clara haya arreglado el enchufe. 7. que el ascensor se haya averiado. 8. que ya haya aterrizado el avión de Marga. 9. que hayan cerrado los bancos. 66.4. 1. Es una pena que haya perdido nuestro equipo. 2. Es lógico que haya subido la Bolsa. 3. Es natural que hayan cerrado ya ese pub. 4. Es lógico que hayan suprimido el tráfico en el centro. 5. Me parece bien que Román se haya operado de la rodilla. 6. Me parece normal que tu mujer haya utilizado el coche muy poco. 7. Es raro que te hayan regalado un libro de poemas. 8. Es un desastre que hayan suspendido la venta de billetes de tren a Santiago.

Unidad 67: Verbos seguidos de indicativo o subjuntivo (3). 67.1. 1. ha pasado; hayan tenido. 2. han ganado; hayan ganado. 3. ha fregado; haya sido. 4. ha entrado; haya entrado. 5. ha dicho; haya dicho. 6. ha seguido; ha venido. 7. ha sacado; haya suspendido. 8. ha pasado; haya pasado. 9. haya pasado; ha pasado. 10. ha vuelto; hayan cobrado. 67.2. 1. Es falso que Alberto haya tenido boutiques. 2. No es cierto que hoy haya hecho mucho calor. 3. Está claro que no hemos sabido educar a Julia. 4. No está claro que este año haya sido malo. 5. No es cierto que Jesús haya vivido en Nueva Zelanda. 6. Es mentira que los Gómez hayan alquilado un barco. 7. No está muy claro que Jiménez haya estado en la cárcel. 8. Es evidente que el precio del oro ha vuelto a subir. 9. Es falso que Ángel haya visto un ovni. 10. No es verdad que el presidente haya presentado su dimisión. 67.3. 1. ha habido; haya habido; ha habido. 2. ha sido. 3. haya suspendido. 4. ha preparado. 5. haya terminado; ha terminado; ha faltado. 6. han ofrecido. 7. haya estado; haya pedido. 8. ha cerrado; haya sido. 9. ha tenido. 10. ha subido.

Unidad 68: Pretérito pluscuamperfecto de subjuntivo. 68.1. 1. hubiera/hubiese podido ir a la universidad. 2. hubiera/hubiese tenido tiempo para viajar 3. hubiera/hubiese ido a visitar a Tomás en Chile. 4. le hubiera/hubiese caído bien a Marta. 5. hubiera/hubiese podido ir al concierto de Barenboim. 6. hubiera/hubiese podido ser bombero. 7. hubiera/hubiese aceptado el contrato. 8. hubiera/hubiese prestado atención a los consejos de mis padres. 68.2. 1. hubiera/hubiese perdonado. 2. hubiera/hubiese acompañado. 3. hubiéramos/hubiésemos terminado. 4. hubiera/hubiese hablado. 5. hubieran/hubiesen concedido. 6. hubiera/hubiese ayudado. 7. hubieran/hubiesen venido. 8. hubiéramos/hubiésemos devuelto. 9. hubieras/hubieses dedicado. 10. hubiera/hubiese comprado. 68.3. 1. que lo hubiera/hubiese pintado Goya. 2. que el poema hubiera/hubiese sido de Quevedo. 3. que la canción la hubiera/hubiese compuesto Jaime. 4. que hubieran/hubiesen robado las joyas. 5. que Jacinto se hubiera/hubiese llevado el libro. 6. que la tumba hubiera/hubiese sido saqueada. 68.4. 1. Me extrañó que no hubieran/hubiesen avisado. 2. Me sorprendió que Javier hubiera/hubiese vuelto de Francia sin Mariana. 3. No le perdoné a Armando que me hubiera/hubiese engañado. 4. Me molestó que los alumnos hubieran/hubiesen entrado a mi despacho sin llamar. 5. A Charo no le gustó que no la hubiera/hubiese llamado. 6. Parecía mentira que les hubieran/hubiesen atracado en pleno día. 7. Yo dudaba que Sara se hubiera/hubiese casado en Venezuela. 8. Nos agradó que se hubieran/hubiesen acordado de nosotros. 68.5. 1. que se hubieran/hubiesen alegrado. 2. que Enrique hubiera/hubiese abierto una pizzería. 3. que hubierais /hubieseis cogido un taxi. 4. hubieran/hubiesen cambiado los ordenadores. 5. que Alberto hubiera/hubiese regalado la bici. 6. que hubiera/hubiese *acabado el plazo para presentar la solicitud de becas.*

Unidad 69: Verbos seguidos de indicativo o subjuntivo (4). |69.1.| 1. *se había ido.* 2. *se había teñido; se hubiera hecho.* 3. *hubiéramos aprobado.* 4. *se hubiera ido.* 5. *se había matado.* 6. *había robado; hubiera hecho.* 7. *se habían equivocado.* 8. *había empeorado; hubiera habido.* 9. *había pasado; hubiera sido.* 10. *había cambiado; hubiera cambiado.* 11. *habían robado.* |69.2.| 1. *No era cierto que Sara hubiera tenido otro novio antes de Pedro.* 2. *Era falso que Luis hubiera heredado una fortuna.* 3. *¿Era verdad que Armando se había ido de la empresa?* 4. *Era evidente que los Suárez se habían arruinado.* 5. *No era cierto que la ministra de Hacienda hubiera tenido un accidente.* 6. *Era mentira que el clima hubiera cambiado.* 7. *No era cierto que el Presidente hubiera dimitido.* 8. *Era evidente que Martina había adelgazado mucho.* 9. *No estaba claro que el Gobierno hubiera perdido las elecciones.* |69.3.| 1. *habían llegado; hubieran llegado.* 2. *había habido; hubiera habido.* 3. *había perdido; hubiera habido.* 4. *había crecido; había hecho.* 5. *se habían divorciado; se hubieran divorciado; se habían separado.* 6. *había cerrado; hubiera cerrado; había reducido.* 7. *habían detenido; hubiesen detenido.* 8. *había bajado; hubiera bajado.* 9. *había saltado; hubiera entrado.*

Unidad 70: El subjuntivo para expresar indeterminación. |70.1.| 1. *pudiera.* 2. *creas.* 3. *ayudó.* 4. *eche.* 5. *dé.* 6. *está.* 7. *haya vivido.* 8. *gustara.* 9. *visitan.* 10. *quiera.* |70.2.| 1. *manden.* 2. *quiero.* 3. *era.* 4. *volamos.* 5. *consuma.* 6. *dije; digas.* 7. *esté.* 8. *ordenó.* |70.3.| 1. *resulte.* 2. *pueda.* 3. *expliqué.* 4. *indica.* 5. *quisimos.* 6. *quisiéramos.* 7. *venga.* 8. *haya.* |70.4.| 1. *tú quieras.* 2. *parezca.* 3. *venga.* 4. *ha preparado.* 5. *siente.* 6. *haga; coma.* 7. *parecían/parecieron.* 8. *apetezca.* |70.5.| 1. *estuvieran.* 2. *traduzca.* 3. *hubiera.* 4. *quisiera.* 5. *están.* 6. *estuviera.* 7. *haya realizado.*

Unidad 71: Infinitivo. |71.1.| 1. *Montar.* 2. *Salir.* 3. *Acompañarte.* 4. *Haber estudiado.* 5. *pintar; pintar.* 6. *haber dormido.* 7. *Ayudar, ayudar.* 8. *querer, querer.* |71.2.| 1. *No lavar; Lavar.* 2. *marcar.* 3. *Cocer; Poner; calentar; echar; Añadir; cubrir; Mantener.* 4. *consultar.* |71.3.| 1. *Descansar es necesario.* 2. *Esperar me pone nervioso.* 3. *Los andares de Esther son extraños.* 4. *A mi entender, esto no es un Matisse.* 5. *Ir al pueblo no fue tan pesado como venir.* 6. *Reír es sano.* 7. *Mentir suele traer resultados nefastos.* 8. *Los cantares de mi tierra me conmueven.* |71.4.| 1. *¡A callar!* 2. *A jugar; a ganar.* 3. *a bailar.* 4. *a correr.* 5. *¡a trabajar!* 6. *a levantarse; a desayunar.* 7. *a lavárse(las).* 8. *a comer.*

Unidad 72: Construcciones con infinitivo o subjuntivo. |72.1.| 1. *abrir.* 2. *que fume.* 3. *cambiar.* 4. *ayudarnos.* 5. *entender.* 6. *que nos acordemos.* 7. *que hayas venido.* 8. *salir.* 9. *conseguir.* |72.2.| 1. *que no hables.* 2. *ser.* 3. *que no fuera.* 4. *hagan.* 5. *ver.* 6. *que me llamarais.* 7. *que no haya acabado.* 8. *que Pedro entendiera.* 9. *entender.* 10. *aceptaras / hayas aceptado.* |72.3.| 1. *encontrar.* 2. *que se haya caído.* 3. *llegar.* 4. *que perdamos.* 5. *que te pongas.* 6. *seguir.* 7. *sacar.* 8. *que me multaran.* |72.4.| 1. *que la gente te ayude / que te ayude la gente.* 2. *que la Bolsa bajara / que bajara la Bolsa.* 3. *que hayas perdido.* 4. *que se haya divorciado Luisa / que Luisa se haya divorciado.* 5. *que suba el euro / que el euro suba.* 6. *que los niños lean / que lean los niños.* 7. *que ganen.* 8. *que estés.* 9. *que el Gobierno convoque.* 10. *que dijeras.*

Unidad 73: Verbos seguidos de infinitivo o subjuntivo. |73.1.| 1. *que me aceptaran.* 2. *aprobar.* 3. *ver; encontrarse.* 4. *que haga.* 5. *quedarme.* 6. *llegar.* 7. *engañarme.* 8. *que me alquilen.* 9. *salir.* 10. *que estudie.* |73.2.| 1. *usar / que usemos.* 2. *vacunarme / que me vacune.* 3. *callar / que nos callemos.* 4. *hablar / que hable.* 5. *hacer / que hagamos.* 6. *leer / que lea.* 7. *tomar / que tome.* 8. *hablarme / que me hables.* 9. *llorar / que llore.* 10. *pasar / que pasáramos.* |73.3.| 1. *que me envíes.* 2. *que prepare.* 3. *que la ayudara.* 4. *ir.* 5. *que me enfade.* 6. *ingresar.* 7. *cerrar.* 8. *que me subieran.* 9. *que os mojarais.* 10. *equivocarme.* 11. *que lo pasarais / hayáis pasado.* 12. *que nos buscara.* 13. *que vinieran.* 14. *que nadie me asustara.* 15. *que entrara.*

Unidad 74: Verbos seguidos de infinitivo, indicativo o subjuntivo. |74.1.| 1. *saber / que sé.* 2. *que no era.* 3. *que tú tienes.* 4. *haber aparcado / que he aparcado.* 5. *la habían castigado.* 6. *que hablas.* 7. *haber perdido / que había perdido.* 8. *ir / que iba.* |74.2.| 1. *soy.* 2. *conocía.* 3. *estar.* 4. *hay.* 5. *tener / que tengo / haber tenido.* 6. *tiene.* 7. *haber estudiado.* 8. *gusta.* |74.3.| 1. *nieve.* 2. *saber / que sabe.* 3. *prestó / había prestado.* 4. *engañas / has engañado.* 5. *estuvieran.* 6. *tenía.* 7. *haber forzado / que había forzado.* 8. *Anselmo juega.* 9. *Elsa tenga.* 10. *nadie sepa.* 11. *llevas.* 12. *estar.* |74.4.| 1. *llegaba.* 2. *llamara.* 3. *cantar.* 4. *entrar.* 5. *ha salido.* 6. *temblar.* |74.5.| 1. *Vi que el avión despegaba.* 2. *¿Viste que Pedro bailaba con Pilar?* 3. *Noté que Jesús tosía.* 4. *Valeria oyó que su gato maullaba desde la escalera.* 5. *Sentí que se movía el edificio.* 6. *No notamos que arrancara el autobús.* 7. *Vimos que Julia se escondió / se escondía.* 8. *No oí que los pájaros cantaran.*

Unidad 75: El infinitivo con preposiciones. |75.1.| 1. *antes de regresar ellos.* 2. *por no haberme denunciado.* 3. *sin esforzarme.* 4. *hasta no haber terminado.* 5. *después de haber llamado Roberto.* 6. *sin saberlo los profesores.* |75.2.| 1. *a quedarse.* 2. *de salir.* 3. *de no resfriarte.* 4. *por no enfadarte.* 5. *de invertir.* 6. *de haberte visto.* 7. *de pasar.* 8. *en conseguir.* 9. *de no volver.* 10. *de avisar.* 11. *en salir.* |75.3.| 1. *de decir.* 2. *de creer.* 3. *a separarse.* 4. *de arreglar.* 5. *por irse.* 6. *para dirigir.* 7. *en comprar.* 8. *a sacar.* 9. *de hacer.* 10. *en tener.* |75.4.| 1. *al cruzar la calle.* 2. *De haber tenido dinero.* 3. *De ir a algún sitio.* 4. *al saberlo.* 5. *Al ver el paraguas.* 6. *De salir.* 7. *De haber tenido tiempo.* 8. *al cortar el jamón.*

Unidad 76: Verbos con preposición seguidos de infinitivo o subjuntivo. |76.1.| 1. *con.* 2. *en.* 3. *a.* 4. *en.* 5. *en.* 6. *de.* 7. *de.* 8. *a.* |76.2.| 1. *a obedecer.* 2. *De haber aparcado.* 3. *con no renovar(nos).* 4. *de haber visto.* 5. *por detener.* 6. *en saber.* 7. *de haber podido.* 8. *a no decir.* |76.3.| 1. *de ser.* 2. *organizar tú.* 3. *que Luis haya aprobado.* 4. *que salga.* 5. *en llamarme.* 6. *a obedecer.* 7. *que cierra.* 8. *que termines.* |76.4.| 1. *en que fuéramos.* 2. *que tú defendieras.* 3. *a vivir.* 4. *a llamar.* 5. *a que haya.* 6. *de que tuvierais.* 7. *de que cometas.* 8. *en que alquilemos.* 9. *que Lucía dejara.* 10. *a entrenar.* 11. *de que no tenéis.* 12. *que tenemos.*

Unidad 77: Expresiones con infinitivo (1). |77.1.| 1. *se pone a cantar.* 2. *No te pongas a silbar otra vez.* 3. *me eché a reír.* 4. *se puso a gritar.* 5. *tan pronto se echa a reír / se pone a reír como a llorar.* 6. *El pájaro se echó a volar.* 7. *se echó a correr / se puso a correr.* |77.2.| 1. *Acabo de terminar el proyecto.* 2. *Acabo de fregarlo.* 3. *Acababa de poner a secar la ropa cuando se puso a llover.* 4.

Acaban de decir que hoy va a llover a cántaros. 5. Acababa de comprarme el coche cuando me lo robaron. 77.3. *1. que acabé por odiarlo / que llegué a odiarlo. 2. acabó por irse. 3. se acaba de ir / acaba de irse. 4. acabó por acercarse a mí. 5. me acaban de gustar estos zapatos. 6. llegó a amenazarme con el despido / acabó por amenazarme con el despido.* 77.4. *1. no deja de molestarme. 2. Deja de hablar ya. 3. no dejes de decírmelo. 4. Dejad de fumar aquí dentro. 5. No deja de llorar todo el día.* 77.5. *1. viene a costar. 2. vienen a decir lo mismo. 3. viene a confirmar. 4. vino a resolver. 5. viene a decir.* 77.6. *1. No dejes de probar el sushi. 2. se pone a bailar. 3. Eché a correr / Me puse a correr. 4. venían a decir. 5. no dejes de llamarme. 6. Acaban de llamar a la puerta. 7. llegué a / acabé por tomarle cariño. 8. se echó / rompió / se puso a llorar. 9. Deja de decir (más) sandeces. 10. llegó a ser ministro.*

Unidad 78: Expresiones con infinitivo (2). 78.1. *1. Tenía que. 2. tienes que; tengo que; no tengo que 3. tenemos que. 4. tengo que. 5. tengo que. 6. Tuve que. 7. No tenéis que. 8. Tenía que; he tenido que.* 78.2. *1. Hay que. 2. hubo que. 3. haber que. 4. hay que. 5. había que. 6. habrá que.* 78.3. *1. Deben de. 2. debéis. 3. No debes. 4. debe de. 5. Debería. 6. debía de. 7. no debe de. 8. Debe. 9. Debe de. 10. debía/debería.* 78.4. *1. Debe de ser para ti. 2. Tengo que ir a la oficina esta tarde. 3. Deberías estudiar informática. 4. Tenía que haber leído el informe esta mañana. 5. No tengo que sacar al perro. 6. no deberíamos. 7. Tendría que haber ayudado a Álvaro / Debería haber ayudado a Álvaro. 8. había que. 9. Hay que. 10. Deberías revisarte.*

Unidad 79: Participio (1). 79.1. *1. rotos. 2. hechos. 3. destruidos. 4. muertas. 5. cerrada. 6. rotos. 7. pintada. 8. decorado. 9. acordado.* 79.2. *1. lesionado. 2. despedido. 3. tumbadas. 4. casado. 5. expulsado. 6. Dormido. 7. acostado. 8. Asustado.* 79.3. *1. Derrotado el enemigo. 2. hasta acabada la primera parte. 3. una vez abiertas las puertas. 4. Después de empezado el concierto. 5. Una vez declarado culpable. 6. Acabada la boda. 7. Eliminado del torneo. 8. nada más terminado. 9. Recién estrenada.* 79.4. *1. muertos. 2. heridos. 3. invitadas. 4. acusados. 5. herida. 6. vuelta. 7. tostadas. 8. hechos.*

Unidad 80: Participio (2). 80.1. *1. afectados. 2. complacido. 3. teñida. 4. inundados. 5. herida. 6. grabados. 7. aparcado. 8. dañado. 9. pintada. 10. complicado. 11. helado/a. 12. enamorados.* 80.2. *1. La periodista habló en la radio completamente enfadada. 2. Mis hermanos llegaron de la excursión aburridos. 3. Me devolvió el cartel partido en dos. 4. Los representantes sindicales se fueron de la reunión enfadados. 5. Encontré los juguetes de los niños mordidos por los perros. 6. Pablo volvió a casa totalmente empapado. 7. Los inquilinos volvieron a sus casas muy asustados. 8. Ayer me encontré una cartera perdida en el parque.* 80.3. *1. tengo. 2. Llevamos. 3. dejado. 4. Tengo. 5. llevas. 6. dejar. 7. llevo. 8. dejado. 9. dejó. 10. Tienes. 11. lleva. 12. Tiene.*

Unidad 81: Gerundio (1). 81.1. *1. Dando. 2. conduciendo. 3. habiendo cerrado. 4. Contemplando. 5. Habiendo despegado. 6. Haciendo. 7. saliendo. 8. habiendo bebido.* 81.2. *1. ¡Siempre pidiendo dinero! 2. ¡Otra vez bebiendo! 3. ¿Todavía fumando!? 4. ¿Otra vez jugando? 5. ¿Aún estudiando? 6. ¡Siempre quejándote!* 81.3. *1. ¿Ustedes paseando por aquí? 2. ¿Yo durmiendo? 3. ¿Tomás y Elsa discutiendo? 4. ¿Echando un cigarrito? 5. ¿Yo roncando? 6. ¿Mirando para otro lado?* 81.4. *1. corriendo todos. 2. llorando. 3. pintando. 4. viendo la tele. 5. subiendo a la izquierda. 6. bajando las escaleras. 7. vendiendo fruta. 8. levantándote. 9. esforzándose mucho. 10. conduciendo.*

Unidad 82: Gerundio (2). 82.1. *1. He estado pintando. 2. estuve trabajando. 3. están cambiando. 4. estaré esperando. 5. estás perdiendo. 6. ha estado viviendo. 7. estuvieron viajando. 8. está cambiando.* 82.2. *1. Jorge andaba diciendo que la culpa era mía. 2. Vamos paseando por la playa. 3. Ese Mercedes viene costando unos 25 000 euros. 4. Seguro que Rafa anda perdiendo el tiempo con esa chica. 5. Los problemas se iban resolviendo poco a poco. 6. No veo bien a Lola. Hace tiempo que me viene preocupando. 7. Cuando tuvimos el accidente iba conduciendo Manuel. 8. Jesús siempre anda pidiendo dinero a los amigos. 9. Voy mejorando muy lentamente. 10. Es algo que vengo meditando desde hace un tiempo.* 82.3. *1. Hay una serpiente subiendo. 2. Había mucha gente paseando. 3. había una multitud esperando. 4. hay alguien llamando. 5. habrá más gente leyendo. 6. haber pajaritos viviendo.* 82.4. *1. Sigo viviendo en Alicante. 2. Continuad empujando / Seguid empujando. 3. Terminamos/Acabamos comprándonos el apartamento de la costa. 4. Seguiremos estudiando español. 5. Acabaréis/Terminaréis separándoos. 6. Marta sigue colaborando con una ONG. 7. ¿Sigues saliendo con Alicia? 8. No sé cómo hemos terminado/acabado alojándonos en este hotel. 9. El bebé continuó/siguió llorando hasta que nos fuimos. 10. Al cabo de un tiempo acabaron/terminaron haciéndose grandes amigos.* 82.5. *1. Conocí a Pilar haciendo un crucero. 2. Han fotografiado a nuestro director hablando con el Presidente. 3. Me he encontrado con Ezequiel saliendo de su casa. 4. Esa estatua representa a Narciso mirándose en el lago. 5. El jefe pilló a Pablo leyendo la prensa en internet. 6. Te he hecho una foto saliendo del museo. 7. Nos han filmado en la manifestación llevando la pancarta.*

Unidad 83: Oraciones de relativo especificativas. 83.1. *1. Esta es la calle en la que / donde van a hacer obras. 2. He hablado con la señora cuyo marido es capitán del Ejército. 3. Es aquí donde encontré los documentos. 4. ¿Dónde está la postal que ha enviado Gema? 5. No es eso lo que yo quiero. 6. Me vieron con Sandra cuando estábamos desayunando en un café. 7. Conozco a los alumnos cuyos padres vienen siempre de excursión. 8. Compraremos un regalo de los que venden en las tiendas de artesanía. 9. Es en invierno cuando me pongo malo. 10. ¿Recuerdas el verano de 2005 cuando fuimos a Japón?* 83.2. *1. Quien hizo eso no sabía nada de pintura. 2. Como tú cocinas cocina cualquiera. 3. Quien dejó la jaula abierta no vio que ahí estaba el canario. 4. Donde trabajabas ganabas poco. 5. Quien toca así no sabe de música. 6. Quien escribió eso no sabía nada de español. 7. Donde trabaja Lucio hay muchos trabajadores de fuera. 8. Cuando llueve, tenemos goteras.* 83.3. *1. hace. 2. tenga. 3. paguen. 4. quiere. 5. preparan. 6. llegan. 7. lleguen. 8. indique. 9. indican. 10. crea. 11. creen. 12. enseñe. 13. digas. 14. quieren. 15. quieran. 16. explique. 17. explica. 18. hablen.*

Unidad 84: Oraciones de relativo explicativas. 84.1. *1. que. 2. lo que. 3. que. 4. donde. 5. cuyo. 6. lo cual. 7. cuando. 8. con quien.* 84.2. *1. El padre de Andrea, que es multimillonario, nos ha invitado a cenar a todos. 2. Que lo haga Sofía, que tiene más tiempo. 3. Lola, cuyo aniversario de boda es la semana que viene, quiere hacer una gran fiesta. 4. Tomelloso, donde trabajé un* año, es un pueblo manchego. 5. *En agosto, cuando cierra la empresa, nos vamos de vacaciones.* 6. *Llama tú, que hablas español mejor.* 7. *Estoy leyendo "Noches en blanco", que es la última novela de Sara Mago.* 8. *Me ha llamado Alberto, que acaba de regresar de la India.* 9. *Dijeron que no venían cuando ya estaba todo preparado, lo que no nos gustó nada.* 10. *Voy a trabajar con Ana, a la que / a quien tú ya conoces.* 11. *El hotel Intercontinental, en el que nos alojamos, es uno de los mejores de Datong.* 12. *Pídeselo a Andrés, que tiene más dinero.* 13. *Han ascendido a Alberto, cuyo jefe, por cierto, es amigo de su padre.* 14. *Me regalaron un grabado de Picasso, lo que me sorprendió mucho.* 15. *Ayer me encontré con Mercedes, cuya hermana ha tenido un hijo.* 84.3. 1. *Alberto salió dando un portazo, algo que nos extrañó a todos.* 2. *Cuando se fueron dejaron dos meses sin pagar, hecho que enfureció a la casera.* 3. *Aurora es bastante desagradable, cosa que no me sorprende.* 4. *Elsa siempre se acuerda de mi cumpleaños, cosa que me hace muy feliz.* 5. *Ha vuelto a subir la luz en enero, algo que es ya una costumbre.* 6. *Marita se va a vivir a Bélgica, algo que no les ha gustado nada a sus padres.* 84.4. 1. *Me ha llamado Marcos. Quien, por cierto, hacía un año que no me llamaba.* 2. *Siempre vamos a Polop. Donde ya sabes que tenemos una casa.* 3. *Rosario está saliendo con Alonso. A quien, por cierto, lo han nombrado jefe de Sección.* 4. *El domingo vamos a comer en casa de Lu. Quien, por cierto, cocina de maravilla.* 5. *Se casa Inés. Con quien, por cierto, Mariano estuvo saliendo.* 6. *Ayer nos presentó Miguel a Silvia. A quien, por cierto, no conocéis todavía.*

Unidad 85: Oraciones temporales (1). 85.1. 1. *Ponte el abrigo antes de salir.* 2. *Después de irse / que se fuera Alfredo, jugamos a las cartas.* 3. *Después de dormir me siento mejor.* 4. *Después de iros / que os fuerais, llamó Carlos.* 5. *Me duché antes de acostarme.* 85.2. 1. *sea.* 2. *llamaras/llamases.* 3. *arreglaran/arreglasen.* 4. *diga.* 5. *se enteraran / se enterasen.* 6. *cambie.* 7. *pudiera/pudiese.* 8. *terminara/terminase.* 85.3. 1. *Antes de/que trabajar con Elena, prefiero pedir / pido limosna.* 2. *Se acostó antes de recoger la mesa.* 3. *Antes de/que tirar este abrigo, prefiero dárselo / se lo doy a alguien.* 4. *Antes (de) que me despidan, prefiero irme / me voy yo.* 5. *Marta destruyó la novela antes de acabarla.* 6. *Antes de/que pedirme que la acompañe, Mónica prefiere ir / va sola.* 7. *Me robaron la pulsera que me regaló Pedro antes de estrenarla.* 85.4. 1. *trabajo.* 2. *fue.* 3. *convencerla.* 4. *enfada.* 5. *íbamos.* 6. *terminen.* 7. *saludarnos.* 8. *terminéis.* 9. *vivo.* 85.5. 1. *íbamos.* 2. *pare.* 3. *conseguir.* 4. *llega.* 5. *se casó.* 6. *limpiamos.* 7. *haber vivido.* 8. *sale.* 9. *dieron.* 10. *haces.* 11. *recibir / haber recibido.*

Unidad 86: Oraciones temporales (2). 86.1. 1. *operaron.* 2. *quieras.* 3. *fumo.* 4. *vi.* 5. *ven.* 6. *veas.* 7. *salen.* 8. *sepa.* 86.2. 1. *vea.* 2. *cantas.* 3. *llegue.* 4. *oigáis.* 5. *quieras.* 6. *oye.* 7. *puedas.* 8. *amanezca.* 86.3. 1. *Cuando la operación de su padre.* 2. *Cuando la muerte de su gata.* 3. *Cuando la inauguración del teatro.* 4. *Cuando el accidente de Martín.* 5. *Cuando los incendios (de los bosques) de Australia.* 86.4. 1. *No me jubilaré mientras tenga trabajo.* 2. *Nada más salir de casa me tropecé con José.* 3. *No hables mientras comes.* 4. *Al oír la cerradura apagué la televisión.* 5. *Al doblar la esquina, vi la catedral.* 6. *Pilar y Luis no pueden ir de vacaciones mientras estén en paro.* 86.5. 1. *Se quemó cocinando.* 2. *Lo vimos paseando por el parque.* 3. *Sentándose sacó el móvil y llamó a Teresa.* 4. *José siempre cantaba afeitándose.* 5. *Tuvieron que jugar el partido lloviendo.* 86.6. 1. *según van entrando.* 2. *conforme van creciendo.* 3. *a medida que vayas creciendo.* 4. *a medida que vayan llegando.* 5. *según iba subiendo.* 6. *a medida que va haciéndose.* 7. *según iban pasando.* 8. *según vayamos ahorrando.*

Unidad 87: Oraciones de lugar y modo. 87.1. 1. *de donde.* 2. *por donde.* 3. *por donde.* 4. *desde donde.* 5. *Donde / En donde.* 6. *hacia donde.* 7. *hasta donde.* 8. *adonde.* 87.2. 1. *den.* 2. *dijeron.* 3. *abran.* 4. *veas.* 5. *vive.* 6. *fume.* 7. *ven.* 8. *compra.* 87.3. 1. *donde los cines Verdi.* 2. *al salir del cine a la izquierda.* 3. *donde mi hermana.* 4. *donde Ángela.* 5. *al entrar al garaje.* 87.4. 1. *Coloca las fichas como estaban antes.* 2. *Vuelve a hacer el dibujo según te he indicado.* 3. *Tienes que anotar los pedidos como te indique el encargado.* 4. *Cristóbal planchó su camisa como pudo.* 5. *Casi todos morimos según vivimos.* 87.5. 1. *explique.* 2. *quiere.* 3. *indicó.* 4. *canta.* 5. *manda.* 6. *decía.* 7. *ordenaban.* 8. *cocinan.* 87.6. 1. *hubiera visto.* 2. *supiera.* 3. *estuviera.* 4. *conociera.* 5. *ves.* 6. *está.*

Unidad 88: Oraciones causales (1). 88.1. 1. *Como.* 2. *gracias a que.* 3. *porque.* 4. *Es que.* 5. *que.* 6. *Como.* 7. *que.* 8. *es que.* 9. *Es que.* 10. *que.* 11. *Puesto que.* 12. *Ya que.* 88.2. 1. *Como tengo varios diccionarios te voy a regalar uno.* 2. *Te permito que uses mi pluma porque eres tú / Porque eres tú, te permito que uses mi pluma.* 3. *Voy a preparar la comida, que tengo invitados.* 4. *Puesto que no vienen ellos, iremos nosotros.* 5. *Ya que no me lo regalan, me lo compraré yo.* 6. *El niño no se perdió gracias a que lo vio el policía.* 7. *Me voy, que prefiero no discutir.* 8. *Como no llevaba las gafas no pude leer lo que decía el letrero.* 9. *Prefiero no enfadarme porque nos conocemos hace mucho / Porque nos conocemos hace mucho, prefiero no enfadarme.* 10. *Puesto que hace sol, podrías llevar al abuelo al parque.* 88.3. 1. *estuviera.* 2. *duele.* 3. *duela.* 4. *llegara.* 5. *ha respetado.* 6. *quiero.* 7. *trabaja.* 8. *gustara.* 9. *viera.* 10. *gusta.* 11. *gustara; mandó / había mandado.* 12. *quiera; estoy.*

Unidad 89: Oraciones causales (2). 89.1. 1. *Me han puesto una multa por saltarme un semáforo en rojo.* 2. *Llegamos tarde por culpa de María.* 3. *Las carreteras estaban cortadas por las inundaciones.* 4. *Chocó con un poste por ir mirando hacia atrás.* 5. *Te ha pasado eso por tonto.* 6. *Se fue la luz a causa de una tormenta.* 7. *Nos castigaron por culpa de vosotros.* 8. *Ganamos gracias a Andrés.* 9. *Nos quedamos sin vacaciones por no haber reservado hotel.* 10. *Sé lo del divorcio de Lola gracias a Ángel.* 11. *El coche derrapó por culpa del hielo.* 12. *Me olvidé del móvil por salir muy deprisa.* 89.2. 1. *No oíamos nada de tanto ruido que/como había.* 2. *Luisa está siempre cansada de tan poco que/como duerme.* 3. *Los niños estaban excitadísimos de tantos regalos que/como habían recibido.* 4. *Carla está siempre estresada de tanto trabajo que/como tiene.* 5. *Se va a quedar sin vista de tanto que/como lee.* 6. *El tráfico va mal de tantos coches que/como hay.* 7. *Parecía gordo de tanta ropa que/como llevaba.* 8. *No pudimos comer el jamón de tan salado que/como estaba.* 9. *Nos quemamos la cara y los brazos de tanto sol que/como hacía.* 10. *No veíamos la carretera de tanta niebla que/como había.* 11. *Rodrigo levanta un sillón con una mano de tan fuerte que/como está.* 12. *Tenía una sed tremenda de tanto que/como hablé / había hablado en la reunión.* 89.3. 1. *Pensando que le gustaba la música clásica.* 2. *Creyendo que Celia quería verme.* 3. *Sospechando que me iban a despedir.* 4. *Estando de baja.* 5. *Viéndola tan triste.* 6. *No estando Santi.* 7. *Estando distraído.* 8. *Habiendo terminado de leer el periódico.* 9. *Sabiendo que Álvaro estaba en cama.* 10. *Recordando que no teníamos leche.*

Unidad 90: Oraciones consecutivas (1). `90.1.` 1. *Hay mucha gente enferma, por eso tenemos que hacer horas extras.* 2. *Todavía no me ha contestado Julio de modo que no puedo decirte nada.* 3. *Enrique sabe mucho de informática, de manera que a lo mejor te arregla el ordenador.* 4. *Pronto llegarán las rebajas, consecuentemente todo será más barato.* 5. *Yo también soy hijo vuestro, por lo tanto tengo derecho a la herencia.* 6. *Esperé pero no venías, así que me fui.* 7. *Raquel no me coge el teléfono, o sea que sigue enfadada conmigo.* 8. *Esta chaqueta es talla XL, de forma que no puede ser de Javi.* 9. *Has puesto poca sal, por eso la verdura está sosa.* 10. *La propuesta del director ha obtenido mayoría de votos, por consiguiente queda aprobada.* `90.2.` 1. *así que prepara algo.* 2. *de manera que devuélveme el diccionario.* 3. *así que no encendáis la calefacción.* 4. *o sea que no le hagáis caso.* 5. *de modo que dale las gracias.* 6. *o sea que recoged y marchaos.* `90.3.` 1. *conque.* 2. *luego.* 3. *luego.* 4. *conque.* 5. *conque.* 6. *luego.* 7. *conque.* 8. *conque.* `90.4.` 1. *de ahí.* 2. *de ahí que.* 3. *de ahí.* 4. *de ahí.* 5. *de ahí que.* 6. *de ahí que.* 7. *de ahí.* `90.5.` 1. *se hayan enterado.* 2. *quiera.* 3. *aceptara.* 4. *surgió.* 5. *tuviéramos.* 6. *se niegue.* 7. *entienda.* 8. *proceden.*

Unidad 91: Oraciones consecutivas (2). `91.1.` 1. *de tal manera que parece un salvaje.* 2. *de una forma que hacen soñar.* 3. *de tal modo que me dio miedo.* 4. *de tal manera que llamaba la atención.* 5. *de tal modo que emocionó al público.* 6. *de tal forma que arrancaba/arrancó ramas de los árboles.* `91.2.` 1. *cada cosa que pensaban.* 2. *tal lío ellos mismos que no saben.* 3. *cada problema que estamos.* 4. *tal dolor en la pierna que no puedo.* 5. *cada respuesta que parecen.* 6. *cada dibujo que maravillaba.* 7. *cada ocurrencia que nos dejaba.* 8. *tal genio que todos huíamos.* `91.3.` 1. *tanto.* 2. *tanta.* 3. *tan.* 4. *tanto.* 5. *tanto.* 6. *tan.* 7. *tan poco.* 8. *tanto.* 9. *tanta.* 10. *tantos.* `91.4.` 1. *Armando gana tanto como para poder ayudaros sin problema.* 2. *Rita sabe tanto alemán como para poder ayudarte con la traducción.* 3. *Rodrigo vale tanto como para nombrarlo director.* 4. *Rosa no bebió tanto como para emborracharse.* 5. *Ángel no es tan ineficaz como para despedirlo.* 6. *¿Vas a ser tan tonta como para creerte eso?* `91.5.` 1. *jugar.* 2. *cabían.* 3. *recuerdo.* 4. *está.* 5. *suspendan.* 6. *contrate.* 7. *nos fuimos.* 8. *poder.* 9. *se puso.* 10. *saber.*

Unidad 92: Oraciones consecutivas (3). `92.1.` 1. *un hambre que no puedo.* 2. *un viento que asusta.* 3. *un sueño que me caigo.* 4. *unas cosas que parece.* 5. *un arroz con leche que se chupa uno.* 6. *una niebla que no se ve.* 7. *una lluvia que no se podía.* 8. *un calor que no se puede.* `92.2.` 1. *una de familiares que no caben.* 2. *una de obras que no se puede.* 3. *una de nieve que no vamos.* 4. *una de problemas que no me extraña.* 5. *una de gente que hubo.* 6. *una de comida que quedamos/quedaron todos.* `92.3.` 1. *un trabajador que hace el doble que el resto de nosotros.* 2. *listo que es el favorito de todos los profesores.* 3. *un orgulloso que nunca confiesan sus errores.* 4. *torpe que rompe todos los móviles que le compramos.* 5. *callada que apenas habla.* `92.4.` 1. *Raquel es lo bastante inteligente como para comprenderlo ella sola.* 2. *Creo que soy lo suficientemente independiente como para que nadie me ayude.* 3. *Miguel está lo bastante preparado como para llevar el camión él solo.* 4. *Armando es lo bastante querido en la oficina como para que le vayan a dar un homenaje.* 5. *Maite no es lo suficientemente valiente como para atreverse a decirle nada a Juan.* `92.5.` 1. *¡El dinero que tiene/tendrá que no sabe qué hacer con él!* 2. *¡Lo cansado que estaba/estaría que durmió más de diez horas!* 3. *¡Lo tímido que es/será que apenas levanta la voz!* 4. *¡Lo hartos que estábamos/estaríamos de Fidel que nos escondíamos al verlo!* 5. *¡La sed que tenía/tendría que me bebí dos botellas de agua en un minuto!* 6. *¡Lo ocupada que anda/andará que ni coge el teléfono!* 7. *¡El hambre que tenía/tendría que se comió el pollo entero!* 8. *¡El miedo que tenía/tendría que nunca bajaba al sótano!*

Unidad 93: Oraciones finales. `93.1.` 1. *Esta mañana vino Luisa a que le contara lo de Armando.* 2. *Están siempre insultándome con intención de enfadarme.* 3. *Quiero alquilar un local con idea de abrir una galería de arte.* 4. *Quiero comprar queso para que Elena prepare una fondue.* 5. *He trabajado mucho a fin de comprarme una moto.* 6. *Paco y Mariano han salido a correr un poco.* 7. *Vengo hoy un poco antes con la intención de marcharme pronto.* 8. *No te he dicho eso con ánimo de ofenderte.* `93.2.` 1. *Puse el despertador con el fin de levantarme temprano.* 2. *Julia me llamó para que la acompañara al médico.* 3. *He invitado a todos mis tíos con el propósito de celebrar el nacimiento de Manoli.* 4. *Estos días estoy a dieta con el fin de reducir peso.* 5. *Enrique viene en verano para que conozcamos a su esposa.* 6. *He puesto la calefacción con la intención de que el piso se caliente.* 7. *Mañana voy de tiendas con la idea de comprarle un abrigo a mi madre.* `93.3.` 1. *firmes.* 2. *arrancara/arrancase.* 3. *se me olvide.* 4. *queme.* 5. *vaya.* 6. *oyéramos/oyésemos.* 7. *se mareara/marease.* `93.4.` 1. *Vigila, que no se queme la comida.* 2. *Estudia, que no te suspendan.* 3. *Abre las ventanas, que entre el aire.* 4. *Cierra la jaula, que no se escape el hámster.* 5. *Escribe eso en la pizarra, que lo vean todos.* `93.5.` 1. *para detener.* 2. *para acompañar.* 3. *a resolver.* 4. *para informar.* 5. *para limpiar.* 6. *a repartir.* 7. *a/para reparar.* `93.6.` 1. *para que te enteres.* 2. *para que te fastidies / lo sepas.* 3. *Para ser sincero.* 4. *para que lo sepas / te fastidies.* 5. *Para que te hagas idea.*

Unidad 94: Oraciones condicionales (1). `94.1.` 1. *tendré.* 2. *puedes.* 3. *harás.* 4. *veo.* 5. *deberías.* 6. *estarán.* 7. *repártelo.* 8. *voy.* 9. *puedes.* 10. *sabrás.* `94.2.` 1. *haremos.* 2. *da.* 3. *no llueve.* 4. *llueve.* 5. *da.* 6. *dejo.* 7. *Llámame.* 8. *deberíais.* 9. *no podrá.* 10. *podemos.* 11. *querréis.* `94.3.` 1. *es/será.* 2. *estarán.* 3. *castigaban.* 4. *mirad.* 5. *teníamos.* 6. *subiríais.* 7. *necesitaba.* 8. *tendrías.* `94.4.` 1. *me mareaba.* 2. *querréis.* 3. *irías.* 4. *castigaban.* 5. *tienes/tendrás/tendrías.* 6. *darían.* 7. *desconectaban.* 8. *tenéis/tendréis.* 9. *jugábamos.* 10. *iréis.*

Unidad 95: Oraciones condicionales (2). `95.1.` 1. *Como lleguemos tarde, no nos van a dejar entrar.* 2. *Como se entere Raquel, se va a enfadar.* 3. *Como me vuelva a gritar, me voy.* 4. *Como te pongas esa chaqueta, no voy contigo.* 5. *Como me dé plantón, no vuelvo a quedar con ella.* `95.2.` 1. *¡Como se lo digas...!* 2. *¡Como vuelva a suspender...!* 3. *¡Como se lo digas a mamá...!* 4. *¡Como perdamos el avión...!* 5. *¡Como te vuelva a ver fumando...!* `95.3.` 1. *Que te lo pide, se lo das, que no te lo pide, no se lo das.* 2. *Que hace bueno, vamos a la playa, que no hace bueno, nos quedamos en casa.* 3. *Que te invitan, vas, que no te invitan, no vas.* 4. *Que te gusta la comida, te la comes, que no te gusta, no te la comes.* 5. *Que te dan la beca, la aceptas, que no te dan la beca, vuelves a solicitarla.* `95.4.` 1. *Llámame y te ayudo. / Llámame, que te ayudo.* 2. *Cállate o me voy. / Cállate, que me voy.* 3. *Atrévete a hacerlo y verás.* 4. *Hazlo y te arrepentirás.* 5. *Aprueba el curso y te compro la moto. / Aprueba el curso, que te compro la moto.* 6. *Vuelve a contestarme y te quedas sin salir. / Vuelve a contestarme, que te quedas sin salir.* `95.5.` 1. *Trabajando juntos, lo conseguiremos.* 2.

Ayudando a la gente, te sientes mejor. 3. *Gritando, no me vas a convencer.* 4. *Ese dolor se te pasa durmiendo.* 5. *Llegando a la hora, no habrá ningún problema.* [95.6.] 1. *De iros.* 2. *Con gastar menos un par de meses.* 3. *De ser cierto lo que dices.* 4. *De tener razón.* 5. *Con avisarme un día antes.* 6. *De venir.* 7. *Con presentarte al examen.* 8. *Con no decírselo a nadie.*

Unidad 96: Oraciones condicionales (3). [96.1.] 1. *vivieras; sería.* 2. *Sería; tuviera.* 3. *trabajaras; podrías.* 4. *tendrías; portaras.* 5. *tuviera; haría.* 6. *saliéramos; estaríamos.* 7. *tuvieras; hablarías.* 8. *viviría; fuera.* [96.2.] 1. *se explicara; entenderían.* 2. *hubiera; podríamos.* 3. *fuera; dejaría.* 4. *tuviera; podría.* 5. *estaría; tuviera.* 6. *te tiñeras; parecerías.* 7. *tuviéramos; podríamos.* 8. *fueras; tendrías.* [96.3.] 1. *Si vieras a Armando, llámame, por favor.* 2. *Si cambiaras de opinión, dímelo.* 3. *Si el niño se pusiera peor, llama al médico.* 4. *Si tuviera tiempo mañana, te llevo al cine.* 5. *Si nos siguieran, llama a la policía.* 6. *Si me olvidara de su cumpleaños, recuérdamelo.* 7. *Si me dejaran el coche, te ayudo con la mudanza.* 8. *Si me llamara el director de Unasa, no me pase la llamada.* [96.4.] 1. *quisiera; me casaba.* 2. *tuviéramos; traducía.* 3. *tuviera; solucionaba.* 4. *importara; ocupaba; esperaba.* 5. *tuviera; ayudaba.* 6. *quisiera; ponía.* [96.5.] 1. *De poder ayudarte.* 2. *De saber dónde está Jorge.* 3. *De tener que elegir tú al director.* 4. *De rodar una película.* 5. *De irme a Argentina.*

Unidad 97: Oraciones condicionales (4). [97.1.] 1. *hubiera/hubiese vivido; hablaría.* 2. *hubiera/hubiese estudiado; sabría.* 3. *hubiera/hubiese trabajado; viviría.* 4. *hubieras/hubieses cogido; estarías.* 5. *hubiera/hubiese celebrado; estaríamos.* 6. *Estaría; hubiera/hubiese llamado.* 7. *hubiera/hubiese conocido; sería.* [97.2.] 1. *hubiera/hubiese estudiado; habría tenido.* 2. *habrías quemado; hubieras/hubieses estado.* 3. *hubiéramos/hubiésemos tenido; nos habríamos perdido.* 4. *Habría muerto; hubiera/hubiese cogido.* 5. *habríamos recibido; hubiera/hubiese enviado.* 6. *habría desaparecido; hubiera/hubiese comprado.* 7. *habría regalado; hubiera/hubiese gustado.* [97.3.] 1. *hubieras/hubieses comprado; tendrías.* 2. *habría sido / hubiera sido; hubieran votado.* 3. *hubieras ahorrado; vivirías.* 4. *hubiéramos reservado; habríamos conseguido.* 5. *Habríamos conseguido / Hubiéramos conseguido; hubiéramos anunciado.* 6. *hubiera tenido; habría arreglado.* 7. *hubiera estado; habrían suspendido.* [97.4.] 1. *hubieras/hubieses llegado; habrías visto.* 2. *hubieras/hubieses tirado; podríamos.* 3. *hubieran/hubiesen cerrado; habríamos podido.* 4. *hubiera/hubiese cambiado; tendríamos.* 5. *hubiéramos/hubiésemos llegado; habríamos visto.* 6. *Habríais viajado; hubierais/hubieseis hecho.* [97.5.] 1. *De haber sabido.* 2. *De haber tenido ganas.* 3. *De haberte presentado.* 4. *De haberte esperado a las rebajas.*

Unidad 98: Oraciones condicionales (5). [98.1.] 1. *Dale lo que quiere siempre que se calle.* 2. *Vuelvo pronto a menos que tenga trabajo.* 3. *Te presto 50 euros a condición de que me los devuelvas pronto.* 4. *Podemos ir en mi coche, a no ser que os dé miedo cómo conduzco.* 5. *Te ayudo con los ejercicios con tal de que no le digas nada a nadie.* 6. *Pago esta ronda con la condición de que pagues tú la siguiente.* 7. *Quedamos a las ocho, salvo que digas otra cosa.* 8. *Llevamos al perro, a no ser que decidas lo contrario.* 9. *No cojas la bici sin que te den permiso.* 10. *Nos vemos mañana a menos que tengas otros planes.* [98.2.] 1. *Podemos; prefieras.* 2. *iría; invitaras/invitases.* 3. *iremos/vamos; haga.* 4. *prometí; acabara/acabase.* 5. *iba; invitara/invitase.* 6. *llueva.* 7. *Podéis; sea.* 8. *conté; dijera/dijese.* 9. *asistirá; esté.* 10. *habría ayudado; hubieras/hubieses pedido.* 11. *hagas; pidan.* 12. *Juego; hagas.* [98.3.] 1. *En caso de pelea.* 2. *En caso de venir / de que venga Laila.* 3. *En caso de encontrarte algo por la calle. / En caso de que te encuentres algo por la calle.* 4. *En caso de llamar / que llamara/llamase Juan.* 5. *En caso de (haber) una nevada.* 6. *En caso de accidente.* 7. *En caso de sentirse peor / que se sienta peor.* 8. *En caso de cerrar la empresa / que cierre la empresa.* [98.4.] 1. *encontrar; haríamos.* 2. *ir; llamaríamos.* 3. *dejes de; puedas.* 4. *practicar; haría.* 5. *quiera.* 6. *hubiera/hubiese pasado; nos habríamos enterado.* 7. *arrancara/arrancase; tendríamos.* 8. *haber perdido; habrían tenido.*

Unidad 99: Oraciones concesivas (1). [99.1.] 1. *esfuerza.* 2. *guste.* 3. *insiste.* 4. *trabajara.* 5. *gustaría.* 6. *gusta.* 7. *suban.* 8. *digas.* 9. *leas.* 10. *salieran.* [99.2.] 1. *gasta.* 2. *duró.* 3. *se lo hubieras pedido.* 4. *dije/dijera.* 5. *estuviera.* 6. *hayamos andado.* 7. *llames.* 8. *dijo.* 9. *no había visto.* 10. *te disfraces.* [99.3.] 1. *ejercicio que hace.* 2. *fuera directora.* 3. *hubiéramos/hubiésemos llegado antes.* 4. *que se esfuerza.* 5. *guste.* 6. *practica.* 7. *comía.* 8. *ha hecho.* [99.4.] 1. *la enfermedad, logró sacar adelante a su familia.* 2. *no haber trabajado nunca, ha vivido siempre muy bien.* 3. *del frío / hacer frío, tengo que ir a la compra.* 4. *tener la oficina cerca de casa, coge siempre el coche.* 5. *los cambios, la empresa sigue mal.* 6. *al viento, no hubo incidentes de importancia.* 7. *haber una cola enorme, conseguimos sacar las entradas.*

Unidad 100: Oraciones concesivas (2). [100.1.] 1. *Por poco.* 2. *Por mucho.* 3. *Por muy.* 4. *Por mucho.* 5. *Por pocos.* 6. *por muy.* 7. *Por muy.* 8. *Por mucha.* [100.2.] 1. *Por mucha ropa que tenga.* 2. *Por muy listo que parezca.* 3. *Por poco que sepa.* 4. *Por muy viejos que parezcan.* 5. *Por muy bien que toque el piano.* 6. *Por mucho latín que sepa.* 7. *Por poco (dinero) que tenga.* 8. *Por muy educado que parezca.* [100.3.] 1. *viene siempre a clase, no avanza mucho.* 2. *sea el director no tiene que gritar.* 3. *me lo pida de rodillas, a Elías no le dejo el coche.* 4 *la economía ha mejorado, el paro sigue aumentando.* 5. *Pedro no tiene mucho dinero, a mí me ha hecho un buen regalo.* 6. *sepas bien inglés, no te van a dar ese empleo.* 7. *me maten, no volveré a hablar con Agustín.* 8. *lo pasé mal en ese pueblo, no me importaría volver.* 9. *haga mal tiempo, no vamos a dejar de jugar hoy al partido.* 10. *me apetece, me resulta imposible asistir a esa reunión.* [100.4.] 1. *Aun siendo muy guapa, es insoportable.* 2. *me regalaran las entradas, vería esa película.* 3. *bajando los impuestos, no mejora la economía.* 4. *clases de cocina, Elsa no cocina bien.* 5. *me subieran el sueldo, me quedaría en esta empresa.* 6. *mucho calor, me encanta el sur.* 7. *"enchufe" ha conseguido entrar en la policía.* 8. *poniéndote de rodillas te va a perdonar.* [100.5.] 1. *y eso que hacía un día extraordinario.* 2. *y eso que lo anoto.* 3. *y eso que come muy poco.* 4. *y eso que estuve dos horas en la cola.* 5. *al campo y eso que habían dicho que llovería.* 6. *y eso que Ronaldo falló un penalti.*

Unidad 101: Oraciones concesivas (3). [101.1.] 1. *Con lo que.* 2. *Con el.* 3. *Con lo.* 4. *Con lo.* 5. *Con.* 6. *Con las.* 7. *Con lo que.* 8. *Con lo que.* 9. *Con lo.* 10. *Con.* [101.2.] 1. *Con lo que viaja Carlos y no habla inglés.* 2. *Con el calor que hace y quiere salir a dar una vuelta.* 3. *Con lo rápido que hemos venido y hemos llegado tarde.* 4. *Con la de gente que había y nos tuvimos que encontrar con Antonio.* 5. *Con lo que gana Eva y vive en un piso horrible.* 6. *Con lo agria que está la sopa y te la tomas.* 7. *Con la de camisas que tienes y te has puesto una vieja.* 8. *Con el hambre que tengo y faltan dos horas para la comida.* [101.3.] 1. *Escribas lo que escribas.* 2. *Nos ayude o no.* 3. *Lo diga quien lo diga.* 4. *Vengáis cuando vengáis.* 5. *Hagas lo que hagas.* 6. *Lo digas o no (lo digas).* 7. *Tenga o no* tenga dinero. 8. Lo creas o no (lo creas). [101.4.] 1. Cansada y todo, se levantó a las siete. 2. Hambriento y todo, no me atreví a comer nada. 3. Con fiebre y todo, (Enrique) se fue a la universidad. 4. Con niebla y todo, conseguimos regresar a casa. 5. Con ruido y todo en la calle, pudimos dormir bien. 6. Dormida y todo, oyó llegar a sus hijas. [101.5.] 1. Haz lo que quieras, yo no me voy a mover de aquí. 2. Trabaja, que te va a dar igual. 3. Decid lo que queráis, que no os va a creer nadie. 4. Escóndete donde quieras, que te van a encontrar. 5. Protesta, que no te van a hacer caso. 6. Grita, que no me vas a asustar.

Unidad 102: Oraciones comparativas (1). [102.1.] 1. más; de lo que. 2. tan; como. 3. tanto; como. 4. más; de lo que. 5. más; que el que. 6. tan; como. 7. menos; de lo que. 8. más; de lo. 9. más; que las que. 10. tan; como. 11. menos; de lo que. 12. más; de lo. [102.2.] 1. es tan trabajador como yo vago. 2. es menos eficaz que lo que yo creía. 3. menos honrada que los que te han engañado. 4. más tarde de lo que pensaba. 5. es tan trabajadora como ahorradora. 6. es mejor alumno de lo que creían sus padres. 7. son peores que las de su hermana. 8. Esta planta ha crecido más de lo habitual. 9. Alonso habla tan bien inglés como yo hablo chino. 10. China es tan grande como interesante. 11. Adela es tan amable como yo soy alta. 12. Es más rico de lo que me imaginaba. [102.3.] 1. En España no llueve tanto como en Portugal. 2. He comido más de lo que quería. 3. Jorge es tan buen vendedor como el resto de sus compañeros. 4. Ese piso no vale tanto como piensa Sonia. 5. Marina promete más de lo que cumple. 6. Antonio gasta más de lo que gana / gana menos de lo que gasta. 7. Silvia desayuna más que yo / Yo desayuno menos que Silvia. 8. No entreno tanto como me gustaría. 9. Llovió mucho menos de lo que decían los pronósticos. 10. Está nevando más de lo habitual. [102.4.] 1. Cuanto más llueve, más contento se pone. 2. Cuanto más corras, más te cansarás. 3. Cuanto menos cueste, mejor. 4. Cuanto más tardes en pagar, mayores serán los intereses. 5. Cuanto menos la veas, menos te acordarás de ella. 6. Cuanto más comes, más engordas. 7. Cuanto mejor explica, mejor lo entiendo. 8. Cuanto peor la tratan, más se rebela. 9. Cuanto menos corras, menos te cansarás. 10. Cuanto menos lo pienses, mejor.

Unidad 103: Oraciones comparativas (2). [103.1.] 1. tantos; como. 2. más; de lo. 3. tanta; como. 4. más; que. 5. más; de la que. 6. más; de los que. 7. menos; del que. 8. más; que. 9. menos; que la que. 10. más; que / tantos; como. 11. menos; del. 12. tantos; como. 13. menos; de lo que. 14. más; de lo. 15. menos; del que. [103.2.] 1. Sebastián tiene tantos años como Marta. 2. No había tanta gente como yo esperaba. 3. Nos ofrecieron menos vuelos de los que anunciaban. 4. Mi tía tenía más años de los que aparentaba. 5. Beatriz tiene tantos amigos como yo enemigos. 6. Hago más horas en la empresa que los demás. 7. Tú tienes más preguntas que yo respuestas. 8. Nos han dado menos vacaciones de las que decían que nos iban a dar. 9. Actualmente hay más gente en este pueblo que hace 25 años. 10. Se han matriculado más alumnos de los esperados / de lo esperado. 11. Quieren plantar más árboles de los que caben. 12. Este verano ha habido menos incendios que el verano pasado. 13. Yo he visitado más países que tú ciudades. [103.3.] 1. más. 2. tanta. 3. tantas. 4. tantas. 5. menos. 6. tantos. 7. más. 8. menos. [103.4.] 1. Cuantos más problemas haya, peor será la solución. 2. cuantas menos horas trabajes, menos ganas. 3. Cuantos más regalos le hago, más regalos quiere. 4. Cuanto más calor hace, más agua bebo. 5. cuanto más dinero tienen, más tacañas son. 6. Cuanta menos gente venga, menos sillas necesitaremos. 7. Cuanta menos comida prepares, menos comeremos.

Unidad 104: Estilo indirecto (1). [104.1.] 1. Ha prometido. 2. repitió. 3. reconoció. 4. contestó. 5. recuerdo. 6. ha asegurado. 7. queja. 8. declaró. 9. explicó. 10. contó. 11. anunció. [104.2.] 1. había llegado. 2. era. 3. regalarás; acabe. 4. tendría. 5. se había casado. 6. es. 7. he sido. 8. ha tocado. 9. se separan. 10. llegó; es. 11. se saltó / se había saltado. 12. podía/podría. 13. sale. 14. van. 15. insultó; era. 16. pagarían. 17. iba. 18. llora / está llorando. 19. será. 20. se había ido. [104.3.] 1. que tengo que buscar un empleo. 2. que nos dejaría su casa para la fiesta. 3. que el examen sería en forma de test. 4. que se lo está pasando muy bien en Nápoles. 5 que de pequeña iba todos los veranos a Grecia. 6. que su sueldo es muy bajo. 7. que era italiana. 8. que me ayudaría con mis clases de griego.

Unidad 105: Estilo indirecto (2). [105.1.] 1. si fumas. 2. si bebes vino o cerveza. 3. si bebes otras bebidas alcohólicas. 4. si haces ejercicio regularmente. 5. cuántas horas duermes al día. 6. cómo vas al trabajo. 7. dónde comes a mediodía. 8. si comes fruta regularmente. [105.2.] 1. ha contado. 2. voy/iba. 3. quiero. 4. firmó / había firmado. 5. voy. 6. habían hecho / habían estado haciendo. 7. vas. 8. debe/debería. 9. hago. 10. abrirá. 11. dijo. 12. gusta. 13. se casaron. 14. hará. 15. iba; haría. [105.3.] 1. si Félix la había llamado anoche. 2. cuántas horas pierdes viendo la televisión. 3. si quería. 4. cuánto valían las joyas robadas. 5. cuándo voy a casarme. 6. cómo se dice "sopa" en japonés. 7. si había acabado la carrera ya. 8. de dónde es/será esa chica. 9. con quién vivía Ana. 10. si teníamos algo que declarar. 11. cuántos habitantes tiene/tenía Egipto. 12. cómo pueden ir a Burgos. 13. si quieres hacer horas extras. 14. qué países he estado. 15. si ya habéis recibido el programa de este año. 16. que cómo se llamaba San Petersburgo en 1960 y dónde estaba enterrado Dickens. 17. cuándo empiezan las clases de griego. 18. si pensaba presentarme a alcalde. 19. si estaba a gusto en la nueva casa. 20. dónde le hubiera gustado vivir.

Unidad 106: Estilo indirecto (3). [106.1.] 1. me quede. 2. se callaran / se callasen. 3. me fuera / me fuese. 4. traigamos. 5. no llegue. 6. hable. 7. no le contara/contase. 8. se vayan. 9. nos pusiéramos/pusiésemos. 10. fuéramos/fuésemos. 11. llevara/llevase. 12. no vuelvas. 13. sean. 14. volvieran/volviesen. 15. no hicieran/hiciesen. [106.2.] 1. que no le contara/contase nada a su hermana. 2. que le compre un regalo a Teresa. 3. que nadie use internet para asuntos personales. 4. que me diera/diese otra oportunidad. 5. que les deje mis apuntes. 6. que me devolviera/devolviese el dinero. 7. que se bajaran / se bajasen. 8. que cante. 9. que te eche una mano. 10. que le explicaras el subjuntivo. 11. que te cambie los euros. 12. que te respeten. 13. que me llevara/llevase la chaqueta al tinte. 14. que me escuches. 15. que la dejaran/dejasen sola en el camerino. [106.3.] 1. que tuvieran/tuviesen cuidado con esos cables. 2. que lea el último libro de Vargas Llosa. 3. que tenga cuidado con Lola. 4. que necesitamos aumento de sueldo. 5. que inviten a los profesores a la fiesta. 6. que fueran/fuesen a ver la Alhambra. 7. que te pida que te vayas. 8. que no tocáramos/tocásemos nada. 9. que no salgas conmigo. 10. que regresáramos/regresásemos inmediatamente. 11. que me encargue de la empresa en Japón. 12. que me fuera. 13. que no digan nada a la prensa. 14. que compraras/comprases acciones de esa empresa? 15. que eligieran a Sonia como tesorera. 16. que vea la última película de Amenábar.

Glosario

| --- | --- |
abandonar (1)	leave, abandon
abogado	lawyer
abrigo	coat
abrir (3.1)	open
abstenerse (20)	abstain
abstracto	abstract
aburrido	bored, boring
aburrimiento	boredom
abusar (1)	abuse
acabar(se) (1)	finish, have / there be (none) left
acabar de	have just (done something)
acatarrarse (1)	catch cold
accidentarse (1)	have an accident
acción	share; action
accionista	shareholder
aceite	oil
acelga	chard
acento	accent, stress
aceptar (1)	accept, agree to
acercarse (1.1)	go/come near
acertante	winner
acertar (1.5)	hit; guess; get right
acierto	hit, success, good guess
aclamar (1)	acclaim
aclarar (1)	make clear, clarify
acogedor	cosy, friendly
acompañante	companion, escort
acompañar (1)	accompany
aconsejar (1)	advise
acordar (1.6)	agree
acordarse	remember
acosar (1)	harass, bully
acostarse (1.6)	go to bed
acostumbrarse (1)	get used to
actitud	attitude
actuación	performance
actual	present-day
actuar (1)	act, perform
acuerdo	agreement
acusar (1)	accuse
adaptarse (1)	adapt
adelantar (1)	overtake
(más) adelante	later on
adelanto	advance
adelgazar (1.2)	slim, get thin
adentrarse (1)	go into, get into
adicción	addiction
adicto	addict
adivinar (1)	guess
adjudicación	award
admirar (1)	admire
admitir (3)	admit
adobe	adobe
adorar (1)	adore
aduana	customs
adulto	adult
advertencia	warning
advertir (como 3.9)	warn
afectar (1)	affect
afeitar(se) (1)	shave
afición	fondness, liking
aficionado	fan
afirmación	affirmation, statement
afirmar (1)	affirm, assert
afortunadamente	fortunately, luckily
afueras	outskirts
agacharse (1)	stoop, crouch
agencia	agency
agenda (diario)	diary
agobiar (1)	weigh down, oppress
agotar (1)	tire out, exhaust
agotador	exhausting
agradable	pleasant, agreeable
agradar (1)	please
agradecer (2.3)	thank
agradecido	thankful
agrado	pleasure; to one's taste
agregar (1.3)	add
agrio	sour
aguantar(se) (1)	bear, stand
ahorrador	thrifty
ahorrar (1)	save
ahorros	savings
airbag	airbag
aire	air
ajedrez	chess
alacena	cupboard
alarma	alarm
albotoro	disturbance
álbum	album
alcalde	mayor
alcaldesa	mayoress
aldea	village, hamlet
alegrar (1)	cheer
alegrarse	be glad, be happy
alegre	glad, happy
alegría	joy
alejado	distant, remote
alejarse (1)	go away, move away
alfombra	carpet
alimenticio	nourishing
al menos	at least
alojar(se) (1)	lodge, stay
alma	soul
almendra	almond
almendro	almond tree
alojamiento	lodging
alpinismo	climbing
alquilar (1)	rent, hire
alrededor (de)	(a)round
altavoz	loudspeaker
altitud	height
altura (a mí)	up (to me/my standard)
amabilidad	kindness
amable	kind
amanecer (2.3)	dawn, begin the day
amar (1)	love
ambiental	environmental
ambiente	environment
ambulancia	ambulance
amenaza	threat
amenazar (1.2)	threaten
ampliamente	amply, extensively
ampliar (1)	enlarge
amueblar (1)	furnish
anciano	aged, old man
andar (4)	walk
andino	Andean, of the Andes
anegarse (1.3)	flood
animado	lively
animal	animal
animar (1)	cheer up
ánimo	courage
aniversario	anniversary
antiguo	old
anilla	ring
anillo	ring
anotar (1)	note (down)
ante	before
anteayer	the day before yesterday
anterior	anterior, front
antes (de)	before
antipático	unpleasant, disagreeable
anunciar (1)	announce
añadir (3)	add
apagar (1.3)	turn off
aparato	device
aparcamiento	parking
aparcar (1.1)	park
aparecer(se) (2.7.1)	appear, turn up; see in dreams
aparentar (1)	feign, pretend
apartamento	apartment
apenas	hardly
apestar (1)	stink
apetecer (2.7.1)	crave; be tempting
apiadarse (1)	take pity
aplaudir (3)	applaud
aplazar (1.2)	put off
aplicar (1.1)	apply
apostar (1.6)	bet
apoyar (1)	support
apoyarse	rest on, lean on
aprender (2)	learn
apretar (1.5)	press
aprobar (1.6)	pass
apuntes	notes
árbitro	arbiter, umpire
arena	sand
armar (lío) (1)	make trouble, cause a row
arrancar (1.1)	start, pull up
arreglar (1)	repair
arrepentimiento	regret, repentance
arrepentirse (2.6)	repent
arriba	upstairs
arriesgado	risky
arroz	rice
arroz con leche	rice pudding
arte	art
artificial	artificial
arrugar (1)	wrinkle

arruinar(se) (1)	go bankrupt	barro	mud
artista	artist	base	base
asaltante	attacker, assailant	bastante	enough, quite
asaltar (1)	attack, assail, storm	basto	coarse, rough
asamblea	assembly	basura	rubbish, garbage
asar (1)	roast	batería	drums; battery
ascender (2.6)	promote, ascend, climb	batir (3)	beat
ascenso	promotion	bebedor	hard-drinker
ascensor	lift	beber (2)	drink
asco	loathing, disgust	bebida	drink
asegurar (1)	affirm; insure; make sure, verify	beca	grant
aseo (cuarto de baño)	bathroom, toilet	Bellas Artes	Fine Arts
asesino	murderer, killer	beneficioso	beneficial, useful
asiento	seat	beso	kiss
asignatura	subject	bici(cleta)	bike, bicycle
así pues	so, so then	bienvenida (dar la)	welcome
así que	so, anyway	bienvenido	welcome
asistir (3)	attend	billar	billiards, snooker
aspiradora	vacuum cleaner	billete	ticket
asombrar (1)	astonish	billetero	wallet
asombro	astonishment	bisabuelo	great-grandfather
asombroso	amazing	bistec	steak
aspecto	look, appearance	(sin) blanca	broke
asunto	affair	bloquear (1)	block
asustar (1)	frighten	bloquearse	lock, jam, freeze
atascar (1.1)	clog	blusa	blouse
atasco	obstruction, traffic jam	bobo	fool
atención	attention	bocadillo	sandwich
atender (1.5)	take care of; wait on; attend to, pay attention to	boda	wedding
		bolera	bowling alley
atenerse (2)	keep to	Bolsa	Stock Exchange
atentado	terrorist attack; assassination attempt; affront	bolso	bag
		bombero	fireman
atento (amable)	kind, polite	bombilla	light bulb
(consciente)	watchful	bombón	chocolates
aterrizar (1.2)	land	boquiabierto	spellbound
atleta	athlete	borde (adj)	rude, stroppy
atracar (1.1)	rob (a bank)	bosque	forest
atraco	robbery	bota	boot
atragantarse (1)	choke	botella	bottle
atravesar (1.5)	cross (over)	botón	button; switch
atreverse (2)	dare	boutique	boutique
atropellar (1)	run over	box (garajes de coches de carreras)	pit, box
auditorio	audience, auditorium	brazo	arm
aumentar (1)	increase	breve	brief
aumento	increase	brindar (1)	drink to, toast
aún	still, yet	broma	joke
aun	even	(de) broma	in a joking mood, as a joke
aunque	although	bromear (1)	joke
ni aunque	not even	bronca	row
autógrafo	autograph	bruja	witch
automatizar (1.2)	automate	bruto	brute, ignorant
autoría	authorship	bucear (1)	dive
auxiliar	auxiliary, assistant	buenazo	good-natured
avance	progress, advance	buen/bueno	good
avanzar (1.2)	advance	bufanda	scarf
ave	bird	burro	stupid, donkey
AVE	HST (High speed train)	buscar (1.1)	look for, look up
avergonzado	ashamed		
avería	damage, breakdown	caballero	gentleman
averiarse (1)	break down	caballo	horse
avisar (1)	warn	cabello	hair
aviso	notice	caber (5)	fit
ayuda	help	cabeza	head
ayudante	assistant	cabezón	stubborn, big headed
ayuntamiento	town hall	cable	cable
azafata	stewardess, hostess	cada	every, each
azar	chance	cadáver	corpse, body
		cadena	network, channel; chain
bacalao	cod	caducar (1.1)	expire
bachillerato	high school degree or studies	caer(se) (6)	fall (down)
bailarín	dancer	caerse el pelo	lose (one´s hair)
baja (de)	on sick leave	caer (bien, simpático)	fit; become; be well received
bajar (1)	go down	caída	fall
bajarse	get off, go down, download	cajero	cashier, cash dispensing machine
bajo cero	below zero	cajón	drawer
ballena	whale	calamidad	calamity, misfortune
balonazo	blow (from a ball)	calarse (1)	get soaked
banda	band, gang	cálculo	calculation, estimate; count
bandera	tray	caldo	broth
bañarse (1)	have a bath, go for a swim	calefacción	heating
bañera	bathtube	calentador	heater
baño	bathroom, a swim	calentar (1.5)	heat
barato	cheap	calidad	quality
barba	beard	caliente	hot
barbaridad	atrocity; wild statement or action	callado	quiet
barca	boat	callar(se) (1)	be quiet
barco	ship	calvo	bald
barra (de pan)	loaf	calma	calm
barrer (2)	sweep	cambiar (1)	change
barrio	quarter, district	cambio	change

camerino	dressing room
camilla	stretcher
caminar (1)	walk
camino	path, track
camión	lorry, truck
camisa	shirt
camiseta	T-shirt
campana	bell
campaña (política)	campaign
campeón	champion
campeonato	championship
campo	countryside, field
cana	grey hair
canalla	swine, scoundrel
cancelación	cancellation
cancelar (1)	cancel
cáncer	cancer
canción	song
cansado	tired, tiring
cansar (1)	tire (out)
cantante	singer
cantar (1)	sing
(a) cántaros	(in) buckets, cats and dogs
cantidad	quantity
canto	song
capacidad	capacity
capital (ciudad)	capital (city)
capital (dinero)	capital
capitán	captain
cara	face
(tener) cara	be cheeky
carabela	caravel
característico	characteristic, typical
caradura	cheeky
cárcel	prison
carácter	character
caramba	good grief!
carecer (como 2.3)	lack
cariño	affection, love
cariñoso	affectionate, loving
caro	expensive
carne	meat
carné	card
carné de identidad	identity card
carrera	career; race
carretera	road
carrito	trolley
carta	letter; menu; card
cartel	poster, notice board
cartera	briefcase; wallet
cartón	cardboard, carton
cartucho	cartridge
casado	married
casarse (1)	marry, get married
casera	landlady
casi	almost, nearly
(sacar de sus) casillas	drive someone crazy
caso (hacer)	attention (to pay)
castaña	chestnut
castaño	chestnut tree
castigar (1)	punish
castillo	castle
casualidad	chance, coincidence
cataratas	cataracts
catarro	(a) cold
catastrófico	catastrophic
cauteloso	cautious
cazadora	windbreaker
cebolla	onion
ceder (el paso) (2)	give way
celebrar (1)	celebrate
celebrarse	take place
cenar (1)	have dinner, supper
censura	censorship
centrar (1)	pass
centrarse	centre on, focus on
cerámica	pottery
cerca (de)	near
cercano	nearby, close
cereza	cherry
cerezo	cherry tree
cero (al)	crew cut (hair)
cerradura	lock
cerrajero	locksmith
cerrar (2.6)	close, shut
cerrojo	bolt
certeza	certainty
cerveza	beer
césped	lawn
chalado	dotty, cranky
chalé	cottage, bungalow
chándal	tracksuit
chaparrón	shower
chaqueta	jacket
charlar (1)	chat, talk
chequeo	check (up)
chillido	scream
chimenea	chimney
chip	chip
chiste	joke
chocar (1.1)	collide
chupar(se) (1)	suck
churro	fritter
ciego	blind
científico (n)	scientist
cierre	closing, locking; latch, clasp
cierto	certain
(por) cierto	by the way
cima	summit
cineasta	film maker
círculo	circle
circunstancia	circumstance
ciruela	plum
ciruelo	plum tree
cirujano	surgeon
cita	date
ciudad	city, town
claridad	brightness
claramente	clearly
claro	clear, bright
clavo	nail
cliente	customer
cobarde	coward
cobrador	collector
cobrar (1)	charge
cocer (2.7.1)	boil
cocido (n)	stew
cocina	kitchen, cooking, cuisine
cocinar (1)	cook
cocinero	cook
codo	elbow
coger (2.2)	catch
cola	queue
colaborador	collaborator
colaborar (1)	collaborate
colarse (1.6)	jump the queue
colección	collection
coleccionar (1)	collect
colgar (como 2.2)	hang; freeze
colina	hill
colocar (1.1)	place, put
color	colour
coma	coma; comma
comarca	area, region
combinar	combine
comentar (1)	comment
comentarista	commentator
comenzar (1.5.2)	start, begin
comer (2)	eat
comerciar (1)	trade
comida	food
comilón	glutton
comisaría	police station
comisión	assignment, secondment
como	as, like
cómodo	comfortable
compañero	companion, mate
compañía	company, firm
compartir (3)	share
competir (3.8)	compete
complacer (2.3)	please
complicado	complicated
complicar (1.1)	complicate
complot	plot
comportamiento	behaviour
comportarse (1)	behave
compra	shopping
comprador	buyer
comprar (1)	buy
comprender (2)	understand
comprobar (1.6)	check
comprometerse (2)	commit oneself
común	common
comunicado	communiqué; notice
comunicar (como 1.1)	communicate
comunidad	community
conceder (2)	grant, concede
concejal	town councillor
concernir (2.6)	concern
concienciarse (1)	become aware
concurso	contest
condición	condition

conducir (3.6)	drive
conductor	driver
conectar (1)	connect
conexión	connection
confesar (1)	confess
confianza	trust
confiar (1)	trust
confirmar (1)	confirm
conforme	as
congelar (1)	freeze
conjuntamente	jointly
conmover (2.7)	move, touch
conocer (2.3)	know; to meet
conocerse	know (each other), to meet
conocido	well-known
conocimiento	knowledge
consciente	conscious
consecuencia	consequence
consecuentemente	consistently
conseguir (como 3.8.2)	achieve
consejo	advice
considerablemente	considerably
considerar (1)	consider
por consiguiente	therefore
consiguientemente	consequently
consola	play station
constancia	constancy, perseverance; certainty, proof
constantemente	constantly
constar (1)	consist (of)
Constitución	constitution
constructor	builder
consulta	doctor's practice
consultar (1)	consult
consumidor	consumer
consumo	consumption
contable	accountant
contaminación	pollution
contar (1.6)	tell, count
contemplar (1)	look at, gaze at
contener (como 20)	contain
contenido	content
contento	happy, pleased
contestar (1)	answer, reply; answer back
continente	continent
continuamente	continuously
continuar (1)	continue
contra	against
(llevar la) contraria	oppose, contradict
contraste	contrast
contratar (1)	hire
contrato	contract
controlador	controller
convencer (2.4)	convince
conveniente	convenient
convenir (24)	suit; agree
conversación	conversation, talk
convertir(se) (3.9)	become
convincente	convincing
convocar (1.1)	summon
copiar (1)	copy
corazón	heart
corbata	tie
corcho	cork
cordial	cordial, hearty
córner	corner kick
coro	chorus
coronel	colonel
corregir (3.8.1)	correct
correcto	correct
correo (electrónico)	e-mail
por correo	by mail
correos	post office
correr (2)	run
corresponder (2)	correspond
corrida (de toros)	bullfight
corriente	current
corrupción	corruption
(café) cortado	coffee with a dash of milk
cortar (1)	cut
cortina	curtain
corto	short
cosa	thing
cosecha	harvest
coser (2)	sew
costa	coast
costa (a toda)	at any price
costar (1.6)	cost
costumbre	custom, habit
cotilla	gossip
crear (1)	create
creativo	creative
crecer (2.3)	grow
crédito	credit
creer (2.5)	think, believe
creído	vain, conceited
crema	cream
criar (1)	breed
crisis	crisis
cristal	crystal, glass
crítica	criticism
criticar (1.1)	critize
crucero	cruise
crucigrama	crossword
cruzar (1.2)	cross
cruzarse con alguien	pass somebody (in the street)
cuadro	picture, painting
cualificado	qualified
cualquiera	any, anybody
cuantioso	numerous
en cuanto	as soon as
cuartel	barracks
cuarto	room
cubierto (de mesa)	piece of cutlery
cubrir (3.1)	cover
cuchilla	blade
cuchillo	knife
cuello	neck
cuenta	account
cuenta (darse) (7)	realise
cuento	story, fairy tale
cuento (tener)	be a big fibber; put it on, make things up
cuero	leather
cuidado	care
cuidadoso	careful
cuidar (1)	look after
culpa	guilt
culpable	guilty
cultura	culture
cumbre	summit
cumpleaños	birthday
cumplir (3)	fulfil; be years old
cura	cure; priest, father
curar (1)	cure
curiosidad	curiosity
curioso (adj)	curious
curso	course
curva	bend
cutre	shabby, squalid
dañar (1)	hurt, damage
daño	damage
dar (1)	give
(miedo)	scare
(plantón)	stand (somebody) up
darse (un baño)	have a bath, a swim
(cuenta)	realise
(prisa)	hurry
deber (de)	must
deber (2)	owe
(n)	duty
debidamente	properly
debido a	proper, due
débilmente	feebly
(ser) decidido	(to be) determined, resolute
decidir (2)	decide
decir (8)	say, tell
decision	decision
decorar (1)	decorate
décimo (de lotería)	lottery ticket
declaración	statement
declarar (1)	declare
decreto	decree
dedicarse (1.1)	devote oneself to
dedo	finger
deducción	deduction
defecto	fault
defensa	defender, back
defensor (del consumidor)	consumer's ombudsman
déficit	deficit
definitivo	definitive, final
dejar (poner) (1)	leave, put; lend; abandon
dejarse	forget, leave behind
delante (de)	in front (of), before
delegado	delegate
deleite	delight
delgado	thin, slim
delicioso	delicious
delincuente	criminal
demanda	demand, claim
(lo) demás	(the) rest

261

demasiado	too, too much	difunto	dead
democracia	democracy	dimitir (3)	resign
demonio	devil	dirección (señas)	address
(¡Qué demonios!)	(What the devil!)	dirigirse (3.8.1)	head for
dentista	dentist	disciplina	subject
departamento	department	disculpa (pedir)	apology (to make)
depender (2)	depend	disculpar (1)	forgive
dependiente	shop-assistant	disculparse	apologize
deportivo	sportsmanlike	discurso	speech
deprimido	depressed	discutible	debatable
deprimirse (3)	get depressed	discutir (3)	argue, have a row
a la derecha	on the right	diseñador	designer
derecho	right, straight	diseñar (1)	design
Derecho	Law	diseño	design
derecho (a algo)	a right to something	disfraz	disguise
derechos	rights	disgustar (1)	annoy
derrapar (1)	skid	disgusto	annoyance
derrocar (como 1.1)	overthrow, oust	dislocar (1.1)	sprain
derrota	defeat	disparo	shot
derrumbar (1)	demolish	dispuesto a	willing to
desafinar (1)	be out of tune, sing out of tune	distinguir (3.8.2)	distinguish
desagradable	disagreeable, pleasant	distinto	different
desagradar (1)	displease	distraerse (22)	amuse oneself
desagrado	displeasure, dislike	distraído	absent-minded
desalojar (1)	eject, oust	distribuir (3.7)	distribute
desaparecer (2.3)	disappear	diversidad	diversity
desarrollado	developed	divertido	funny, merry
desastre	disaster	divertir (3.9)	amuse
desastroso	disastrous	divertirse	have fun
desayunar (1)	have breakfast	dividir (3)	divide
desayuno	breakfast	divinidad	divinity
descansar (1)	have a rest	división	division, partition
descanso	rest	divorciarse (1)	get divorced
descarado	shameless, cheeky	divorcio	divorce
descargarse (1.3)	download	doblar (1)	double, bend
descender (2.6)	go down	doble	double
desconectar (1)	disconnect	documento	document
desconocido	unknown	doler (2.7.2)	hurt
descolgar (como 1.6)	take down, unhook	dolor	pain
desconfiar (1)	distrust	doloroso	painful
descontento	dissatisfied	donante	donor
descorchar (1)	uncork	donar (1)	donate
descubrimiento	discovery	dormido	asleep
descubrir (3.1)	discover	dormir (3.11)	sleep
desear (1)	want, wish	dormirse	fall asleep
desembarcar (1.1)	land, disembark	dormitorio	bedroom
desembocar (1.1)	flow into	dotes	gifts
desenchufar (1)	unplug	dramático	dramatic
deseo	wish	ducha	shower
desenvolverse (como 2.7)	cope, manage	ducharse (1)	have a shower
desesperado	desperate, hopeless	duda (n)	doubt
desfile	parade	dudar (1)	doubt
desierto (adj)	desert, empty	dueño	owner
designar (1)	appoint	dulce	sweet
desinteresado	disinterested	duración	duration
desgracia	misfortune	durante	during, for
desolador	distressing, desolating	durar (1)	last
desordenar (1)	disarrange	duro	hard, harsh
despacho	office		
despacio	slow	echar (de menos) (1)	miss
despedida	farewell	(a perder)	spoil
despedida de soltero	stag party	(el cerrojo)	bolt (the door)
despedir (3.8)	fire	(despedir)	fire
despedirse	say goodbye, leave a job	(una mano) (1)	lend a hand
despegar (1)	take off	ecologista (n)	ecologist
despensa	pantry	economía	economy
despertador	alarm clock	económico	economic(al)
despertar (1.5)	wake up	edad	age
despido	dismissal	edificio	building
despierto	awake; sharp, alert	editorial	editorial, leading article; publishing house
despreciar (1)	despise		
destruir (3.7)	destroy	educación	education, training
detectar (1)	detect	educado	well-mannered
detener (como 20)	arrest, catch	educar (1.1)	educate
detener(se)	stop	eficaz	effective
detergente	soap powder	egoísta	selfish
deterioro	damage	eje	axis
detestar (1)	dislike	ejercicio	exercise
detrás (de)	behind	ejército	army
deuda	debt	elecciones	elections
devolver (2.7)	return, give back	electricidad	electricity
diapositiva	slide	eléctrico	electric(al)
diario (n)	diary	electrónico	electronic
dibujar (1)	draw	elefante	elephant
dibujo	drawing; art	elegir (3.3)	choose
diccionario	dictionary	elemental	elementary
diente	tooth	eliminar (1)	eliminate
dieta	diet	embarcar (1.1)	embark
diferenciar (1)	differentiate	embargar (1.3)	seize
diferente	different	embajador	ambassador
dificultad	difficulty	emborracharse (1)	get drunk

emigrar (1)	emigrate
emocionado	moved, stirred
emocionar (1)	excite
emotivo	emotive
empanado	breaded
empapar(se) (1)	soak
empedernido	hardened
empeñarse (1)	insist, persist
empeorar (1)	get worse
empezar (1.2)	begin
empleado	worker, clerk
emplear (1)	use
empleo	job
empresa	firm, company
empresario	businessman
empujar (1)	push
enamorar (1)	win the love of
enano	dwarf
encantado	pleased
encantador	charming
encantar (1)	charm
encanto	charm
encargado	manager
encargar (1)	entrust, order
encargarse	take over
encargo	assignment
encender (2.6)	turn on, switch on
encerrar (1.5)	shut (in), lock (in)
enchufar (1)	plug
enchufe	plug; connection
encima (quitarse de) (1)	get rid of
enemigo	enemy
encontrar (1.6)	find
encontrarse	meet
encuentro	meeting
encuesta	opinion poll
energía	energy
enfadado	angry
enfadar (1)	anger, irritate
enfadarse (1)	get angry
enfado	annoyance
énfasis	emphasis
enfatizar (1.2)	emphasize
enfermar (1)	fall ill
enfermedad	illness
enfermero	nurse
enfermo (n)	patient
(adj)	ill, sick
enfrentar (1)	face
enfrentarse	confront; stand up to, face (up)
enfriar (1)	cool
enfurecer (2.3)	enrage
engañar (1)	cheat
engaño	deceit
engordar (1)	fatten, get fat, put on weight
engrasar (1)	grease
enloquecer (2.3)	madden
enorgullecer (2.3)	fill with pride
enorme	spacious; huge, vast
enormemente	enormously
ensayar (1)	rehearse
enseguida	at once
enseñar (1)	teach; show
ensuciar (1)	soil
entender (2.6)	understand
enterarse (1)	find out
entero	entire, whole, complete
enterrar (1.5)	bury
entierro	funeral, burial
entrada	ticket
entrar (1)	go in, enter
entrar en calor	get warm
entre	among, between
entrega	delivery
entregar (1)	give, hand
entrenador	coach
entrenar (1)	train
entretenerse (20)	amuse oneself; linger
entrevista	interview
entusiasmado	excited
enviar (1)	send
envidiar (1)	envy
equipo	kit, team
equipo (de música)	hi-fi system, stereo
equivocarse (1.1)	make a mistake, be wrong
erróneo	mistaken
error	error, mistake
escalar (1)	climb
escalera(s)	stairs
escalón	step
escándalo	scandal, outrage
escandaloso	scandalous, shocking
escáner	scanner
escasamente	scarcely
escenario	scenery, stage
escribir (3)	write
escritor	writer
escuchar (1)	listen
esforzarse (1.2)	make an effort
esfuerzo	effort
esmoquin	dinner jacket
espacio	space
espalda	back
espanto	fright
especialista	specialist
especificar (1.1)	specify
especulación	speculation
espera	wait, delay
esperanza	hope
esperar (1)	hope; wait
espíritu	spirit
espléndido	splendid
esposar (1)	handcuff
esposos	married couple
espray	spray
espuma	foam
esquí acuático	water skiing
esquina	corner
estación (de ferrocarril)	station (railway)
estadio	stage, stadium
estadística	statistics
estado	state
estanco	tobacconist´s
estándar	standard
estar (9)	be
estatua	statue
estatuilla	statuette
estatura	stature, height
estepa	steppe
esteticista	beautician
estimar (1)	esteem
estómago	stomach
estornudar (1)	sneeze
estrechamente	closely
estrecho	narrow
estrella	star
estrellarse (1)	crash
estreno	première
estresar (1)	stress
estropear (1)	damage, ruin
estudiar (1)	study
estudio	studio
estudioso	studious
estupendo	marvellous, fantastic
eternamente	eternally
evidente	obvious
evitar (1)	avoid
exactamente	exactly
exagerado	exaggerated, exorbitant
examen	exam(ination)
examinar (1)	examine
excepto	except
excesivamente	excessively
excitar (1)	excite
excursión	excursion
excusa	excuse
exigir (3.8.1)	demand
existir (3)	exist
éxito	success
expedición	expedition
experiencia	experience
experto	expert
explicar (como 1.1)	explain
exploración	exploration
explosivo	explosive
exponer (15)	show, exhibit
exposición	exhibition
expresamente	specifically
expresar (1)	express, state
expresión	expression
expulsar (1)	expel, eject
extenso	vast, extensive
exteriores	location shots
extinguirse (3.4)	die out
extra	extra
extra (cinematográfico)	extra
extranjero	foreign; foreigner
(en el) extranjero	abroad
extrañar(se) (1)	wonder, be surprised
extrañeza	oddity; surprise
extraño	strange
extraordinariamente	extraordinarily

extraordinario	unusual
extraviarse (1)	lose one's way
fabada	bean stew
fábrica	factory
fabricante	manufacturer
fabuloso	fabulous
fabricar (1.1)	manufacture, make
fácil	easy
facilidad	ease
fácilmente	easily
facultad	faculty, college
falda	skirt
fallar (1)	miss, fail
fallecer (2.3)	pass away, die
falso	false
falta (hacer)	want, need
faltar (1)	lack; miss
fama	fame
familiar (n)	relative
famoso (n)	celebrity
famoso (adj)	famous
fantasma	phantom, ghost
fantástico	fantastic
farmacia	chemist's
faro	beacon, headlight
farola	lamppost
farsante	fraud, fake
fascinante	fascinating
fascinar (1)	fascinate
fastidiar (1)	annoy, bother
fastidiarse	get annoyed; have to do with something
fastidio	nuisance
fatal	fatal, awful
fauna	fauna
favor	favour
a favor	in favour (of)
favorito	favourite
felicitación	congratulation
felicitar (1)	congratulate
fenomenal	great
feroz	fierce
fiarse (1)	trust
ficha	card
fichar (1)	clock in; file; hire
fiebre	fever
fiero	ferocious, fierce
fiesta	party, festivity
figurarse (1)	imagine
figurativamente	figuratively
fijarse (1)	pay attention
fijo	fixed
fila	file, line
filmar (1)	film, shoot
fin	purpose
final	final; end, conclusion
finalidad	finalidad
finalmente	finally
fin de semana	week end
fingir (3.3)	pretend
firmar (1)	sign
firme (adj)	firm, steady
Física	Physics
físico (n)	physicist
flauta	flute
flecha	arrow
flequillo	fringe
flor	flower
fondo	bottom
fondo (al)	at the back
fontanero	plumber
forma	form, shape
(en) forma	fit
formar (parte) (1)	be part of
formidable	formidable
fortuna	fortune
forzar (como 1.6.1)	force
forzoso	necessary, unavoidable
foto	photo
fotocopia	photocopy
fotografiar (1)	photograph
fotógrafo	photographer
frac	tail coat
frasco	flask, bottle
frase	sentence
fraudulento	fraudulent
frecuencia	frequency
frecuente	frequent
fregar (como 1.5.1)	scrub; mop; wash up
freír (3.8)	fry
frenar (1)	brake
fresa	strawberry
fresco	fresh
frigorífico	fridge
frío	cold
frontera	border, frontier
frotar (1)	rub
fruta	fruit
fruto	fruit
fuego	fire
fuente	dish
fuera (de)	out (of)
fuerte	strong
fuerza	strength
fumar (1)	smoke
función	performance
funcionar (1)	work
fundamental	fundamental, basic
fundir (3)	melt; blow, fuse
funeral	funeral
furgoneta	van
furioso	furious
futuro	future
gafe	jinx
galería	gallery
galgo	greyhound
gamba	prawn
gana (dar la)	feel like
ganar (1)	win; earn; beat
ganas	desire
ganga	bargain
garaje	garage
garganta	throat
gasolina	petrol, gas
gasolinera	petrol station
gastar (1)	spend
gasto	expenditure
gazpacho	cold tomato soup
gemelos	binoculars
generoso	generous
genial	brilliant
(mal) genio	bad temper
gente	people
gerente	manager
gigante	giant
gimnasia	gymnastics
gimnasio	gymnasium, gym
ginebra	gin
girar (1)	turn, rotate
globo	hot-air balloon
glorieta	circus
gobernante	ruler
gobernar (1.5)	govern, rule
gobierno	government
gol	goal
golfo	gulf, bay
golondrina	swallow
golpe	blow
gordo	fat
gorra	cap
gorro	cap
gorrón	gatecrasher, scrounger
gota	drop
gotera	leak
grabado	etching
grabar (1)	record
(hacer) gracia	amuse
gracias a	thanks to
gracioso	funny
grado	degree
grafología	graphology
grande	big, large; great
grasa	fat
gratis	free
grave	serious
gravedad	gravity; seriousness
(ausencia de ~)	weightlessness
grifo	tap
gripe	flu
gritar (1)	shout
grito	shout, yell
grosero	rude
grupo	group, band; group
guapo	good-looking, handsome
guardar (1)	keep, put away
(de) guardia	(on) duty
guerra	war
guerrero	warrior
guía	guide; guidebook
guisado (n)	stew

gustar (1)	like
gusto	taste
(a) gusto	(at) ease
haber (10)	there (+ be); have
habitante	inhabitant
habitual	usual
habituarse (1)	get used to
hablante	speaker
hablar (1)	speak, talk
hace (tiempo)	ago
hacer (11)	do, make
hacerse	become
Hacienda	Treasury
hallar (1)	find
hambre	hunger
hambriento	hungry
hartazgo	satiety
harto	fed up; full up
hecho	fact
helado (n)	ice cream
(adj)	frozen
helar (1.5)	freeze
heredar (1)	inherit
herencia	heritage
herida	wound
herido	wounded
herir (3.9)	injure, wound
héroe	hero
hervir (3.9)	boil
hielo	ice
higo	fig
higo chumbo	prickly pear
hincha	fan, supporter
hinchar(se) (1)	swell
hipoteca	mortgage
historia	story, History
hogar	home
hoguera	bonfire
hoja	leaf; sheet
hombre rana	frogman
homenaje	homage
honrado	honest
hora	time; hour
horas extras	overtime
horario	timetable
horrible	horrible
horror	horror, dread
horrorizar (1.2)	terrify
horroroso	terrifying
huelga	strike
huelguista	striker
huerta	vegetable garden
huerto	orchard, kitchen garden
hueso	bone
huevo	egg
huir (3.7)	flee, escape
humilde	humble
humo	smoke
(mal) humor	temper (bad)
humorista	humorist
hundirse (3)	sink
identificar (como 1.1)	identify
idéntico	identical
idioma	language
iglesia	church
igual	equal, the same
igualmente	equally
iluminar (1)	illuminate, light
ilusión	illusion
ilusionar (1)	build up somebody's hopes, excite
imaginar(se) (1)	imagine
imbécil	stupid, moron
impaciencia	impatience
impedir (como 3.8)	prevent, hamper
imperceptible	imperceptible
importancia	importance
importante	important
importar	import; matter
imposible	impossible
imprenta	printing works
imprescindible	essential
impresentable	unpresentable
impresionar (1)	impress
impresora	printer
imprudente	imprudent, careless
impuesto	tax
inaceptable	unacceptable
inauguración	opening, inauguration
inaugurar (1)	open, inaugurate
incendiarse (1)	catch fire
incendio	fire
incidente	incident
incluir (3.7)	include
incluso	even
incompleto	incomplete
incomprensible	incomprehensible
incorrecto	incorrect
incrédulo	incredulous
increíble	incredible
incumplir (3)	fail to keep, break
indefectible	unfailing
indefinido	indefinite
indemnización	compensation, indemnity
indemnizar (1.2)	compensate
independiente	independent
indicación	indication, hint
indicar (1.1)	indicate, show, hint
indígena	indigenous, native
indigestarse (1)	get indigestion
indignación	indignation
indirecta	hint
indiscutible	unquestionable
indispensable	indispensable, essential
indudable	unquestionable
ineficaz	ineffective
inevitable	unavoidable
inexperto	inexperienced
inexplicable	inexplicable
infancia	childhood
infanta	infanta, princess
infantil	childish
infección	infection
infectarse (1)	become infected
infeliz	unhappy
infinitamente	infinitely
influenciable	easily influenced
informar (1)	inform
informática	computing (science)
informe	report
ingeniería	engineering
ingeniero	engineer
ingenuo	naive
ingresar (1)	deposit, pay in
ingresos	income
iniciar (1)	begin
inicio	beginning
injusticia	injustice
injusto	unjust
inmediato	immediate
inmutarse	get perturbed, become disturbed
innegable	undeniable
inquietante	disturbing
inmobiliaria	estate agent´s
inocencia	innocence
inquietante	worrying
inquietar (1)	disturb, worry
inquilino	tenant
insinuar (1)	insinuate, hint
insistente	persistent
insistir (3)	insist
insomnio	insomnia
insoportable	unbearable
instalar (1)	install
instintivo	instinctive
instituto	high school, secondary school
instrucción	instruction
insuficiente	insufficient
insultar (1)	insult
intención	intention
intentar (1)	try
interesar (1)	interest
interior	interior
internamente	internally
interfaz	interface
inundación	flood
inundar(se) (1)	flood, be flooded
inútil	useless
inventario	inventory
inventor	inventor
inversión	investment
invertir (3.9)	invest
investigación	research
investigar (1.3)	investigate, research
investigador (n)	researcher
(adj)	investigative
invitación	invitation
invitado	guest
invitar (1)	invite
ir (12)	go
irregularidad	irregularity

265

irremediable	irreparable
irreparable	irreparable
irritación	irritation
irritar (1)	irritate
irse (12)	go away, leave
isla	island
izquierda	left
jactarse (1)	boast
jaleo	row, racket
jamás	never
jamón	ham
jardín	garden
jarra	jug
jarro	jug
jarrón	vase
jaula	cage
jefe	boss
jefe de estado	head of state
jefe de personal	personnel manager
jefe de ventas	sales manager
jersey	jersey, pullover
joya	jewel
joyería	jeweller's
joven (adj)	young
(n)	youth
jubilarse (1)	retire
judías	beans
juego (juegos olímpicos)	game (Olympic Games)
juerga	binge
juerguista	reveller
juez	judge
jugador	player
jugar (1.7)	play
juguete	toy
juguetón	playful
juicio	trial
junto a	next to
juntos	together
justicia	justice, law
justificar	justify
justo	just
juzgar (1.3)	judge
ladera	slope, hillside
lado	side
ladrar (1)	bark
ladrón	thief, burglar
lago	lake
lágrima	tear
laguna	lake, pool
lamentable	regrettable
lamentar (1)	regret
lámpara	lamp
lana	wool
largamente	a long time, at length
largo	long
lástima	pity
lata	tin, can
(dar la) lata	pester
lanzar (1.2)	throw
lavadora	washing machine
lavar (1)	wash
leer (2.5)	read
lejano	distant
lejos (de)	far (from)
lengua	language
lentejas	lentils
lentillas	contact lenses
lento	slow
leña	firewood
leño	log
lesionar (1)	injure
lesionarse	get hurt, injure oneself
letrero	sign
levantar (1)	raise, lift
ley	law
liberar (1)	free
libre	free
librería	bookshop
licenciado	graduate
liceo	lyceum
líder	leader
liga	league
ligero	light
lima	lime; file
limonada	lemonade
limosna	alms
limpiar (1)	clean
limpieza	cleaning
limpio	clean
lío	mess
lista	list
listín (telefónico)	telephone book
listo	literature
llamada	call
llamar (1)	call
llamar la atención	call one's attention
(en) llamas	on fire
llamarse	to be called
llave	key
llegar (1.3)	arrive; reach
llegar a	to come to; to succeed in
llegar a las manos	come to blows
llenar de (1)	fill with
lleno	full
llevar (1)	wear; carry; have been (+ for, since)
(a cabo)	carry out
llevarse	take away
llorar (1)	cry
llorón	crybaby
llover (2.7)	rain
lluvia	rain
local	premises
localizar (1.2)	find, locate
locamente	madly
loción	lotion
loco	mad, crazy
lograr (1)	obtain, get
lógico	logical
lona	canvas
losa	slab, flagstone
lotería	lottery
luchador	fighter
luchar (1)	fight
lúcido	lucid, clear
luego	therefore, so; then, after that
lugar	place
luna	moon
luz	light, electricity
maceta	flower pot
madera	wood
madero	(piece of) timber
madrugada	dawn
madrugar (1.3)	get up early
madurar (1)	ripen
maestría	mastery
magistral	masterly
magnífico	splendid, superb
maitre	head waiter
majo	nice, lovely
mal	bad
maleducado	rude
maleta	suitcase
malgastar (1)	waste
malo	bad
malpensado	evil-minded
maltratar (1)	mistreat
manantial	spring (fountain)
mancha	stain
manchar (1)	soil, stain
manchego	from La Mancha
mandar (1)	order; send
mandón	bossy
manera	manner, way
manifestación	demonstration
manifestante	demonstrator
manifestarse (1)	demonstrate
manifiestamente	clearly
manilla	hand
mano	hand
mansión	mansion
mantener (20)	hold
mantequilla	butter
manual (n)	manual
manzana	apple
mañana	morning; tomorrow
maquillar(se) (1)	make up
mar	sea
maravilla	wonder
maravillar(se) (1)	wonder
maravilloso	wonderful
marca	mark, sign
marcar (goles) (1.1)	score
marchar (1)	walk, march
marcharse	leave
marearse (1)	feel sick, feel dizzy
mareo	sickness, dizziness
(a) mares	in buckets, cats and dogs
marisco	sea-food
marítimo	maritime

martillo	hammer	motivo	reason
más	more	moto	motorbike
más de	more than, over	motor	engine, motor
matar (1)	kill	mover (1.6)	move, stir
matarse	die, get killed	moverse	move
matemático	mathematician	mudanza	removal
maternal	motherly	mueble	(piece of) furniture
matrícula	registration; plate	muela	(back) tooth
matricular (1)	register, enrol	mudarse (1)	move house; change one´s clothes
matricularse	register	muerte	death
matrimonio	marriage	muerto	dead
maullar (1)	mew	multa	ticket, fine
mayor	old, older; bigger	multar (1)	fine
mayordomo	butler	multitud	crowd
mayoría	majority	mundial (adj)	world-wide
mecenas	patron, sponsor	Mundial (de fútbol)	The World Cup (soccer)
medias	stockings, tights	municipal	municipal
medicina	medicine, drug	mundo	world
medida (a)	(made to) measure	muralla	wall
(a) medida (que)	as	músico	musician
medio	half	mutuamente	mutually
medios	(the) media; means		
mediodía	noon	nacer (2.3)	be born
medioambiente	environment	nacimiento	birth
medir (3.8)	measure	naranjo	orange tree
meditar (1)	ponder	nariz	nose
(a lo) mejor	probably, maybe	náuseas	nausea, sickness
mejorar (1)	improve, get better	Navidad	Christmas
melón	melon	necesario	necessary
memoria	memory	necesidad	necessity, need
memorias	memoirs	necesitar	need
mendigar (1.3)	beg	nefasto	harmful
menos	less, fewer	negar(se) (1.3)	refuse, deny
menos (prep)	except	negocio	business
(a) menos (que)	unless	nervios	nerves
mensaje	message	nervioso	nervous
mental	mental	nevada	snowfall
mente	mind	nevar (1.5)	snow
mentir (3.9)	lie	nevera	fridge
mentira	lie	nido	nest
mentiroso	liar	niebla	fog
menudo (lío)	some (mess)	nieve	snow
(a) menudo	often	nivel	standard
mercadillo	street market	Nochevieja	New Year's Eve
mercado	market	nogal	walnut tree
merecer (2.7.1)	deserve	nombrar (1)	appoint
merendar (1.5)	have an afternoon snack	nómina	payroll
merluza	hake	noria	ferry wheel
meter (2)	put in	notablemente	remarkably
meter (la pata)	put one´s foot in	notar (1)	note, notice
(goles)	score	notas	marks
(prisa)	rush	noticia(s)	news
meterse (2)	get into	notoriamente	obviously
metro	underground	novela	novel
metro cuadrado	square metre	novelista	novelist
miedo	fear	novio	fiancé
miedoso	afraid	novios (en boda)	the bride and groom
miel	honey	nube	cloud
mientras	while, in the meantime	nudo	knot
milagroso	miraculous	nuestro	our(s)
militar (n)	soldier, military man	nuez	nut
(adj)	military	numeroso	numerous
mina	mine		
ministerio	ministry	obedecer (2.3)	obey
ministro	minister	objeción	objection
mirar (1)	look	obligar (1.3)	force
miserable	mean	obligatorio	compulsory
miseria	poverty, misery	obra	work, play
misión	mission, job	obra(s)	works
mismo	same	obrero	worker
misterio	mystery	observar (1)	observe, watch
mitad	half	obstáculo	obstacle
mochila	rucksack	obstinarse	be obstinate
modales	manners	obvio	obvious
modelo (adj)	model	ocasión	occasion
(n)	model	ocasionalmente	occasionally
modisto	couturier	occidente	(the) West
modo	way	océano	ocean
mojado	wet	ocupado	engaged; busy
mojarse (1)	get wet	ocupar	occupy
moler (2.7.2)	grind	ocurrencia	occurrence
molestar (1)	annoy, bother	ocurrir (3)	happen, occur
molesto	bother, nuisance	odiar (1)	hate
moneda	coin	ofender (2)	offend
montaña	mountain	oficina	office
montar (en moto) (1)	ride	ofrecer (como 2.3)	offer
monte	mountain	oído	ear
morder	bite	oír (13)	hear, listen
moreno	dark	ojalá (que)	I wish
morir (3.11.1)	die	ojo	eye
mostrar (1.6)	show	ola	wave

oler (2.7.2)	smell
oler a	smell like
olor	smell
olvidar(se) (1)	forget
operación	operation
operar (1)	operate on
opinar (1)	give an opinion
opinión	opinion
oportunidad	opportunity, chance
oportuno	timely
oposición	competitive exam; opposition
optar (1)	choose, opt
optativo	optional
orden	order, arrangement; order
ordenador portátil	laptop computer
de sobremesa	desktop computer
ordenar (1)	order, command
organizar (1.2)	organise
orgulloso	proud
oriente	(the) East
origen	origin
oro	gold
oscuro	dark
OVNI	UFO
oxidarse (1)	rust, go rusty
paciencia	patience
padecer (2.3)	suffer, endure
paella	paella (rice dish)
pagar (1.3)	pay
página	page
país	country
paisaje	landscape
pájaro	bird
palabra	word
palacio	palace
pálido	pale
palillos	chopsticks
pan	bread
panadería	baker's
pancarta	placard, banner
pánico	panic
pantalla	screen
pantalones	trousers
papel	paper
paquete	parcel
(un) par	a pair
parada	stop
paraguas	umbrella
parar (1)	stop
parcial	partial
parecer (como 2.3)	seem
parecerse	resemble, look like
pared	wall
pariente	relative
paro	unemployment
parte	part
participante	participant, contestant
partida	game
partido	match; (political) party
partir (3)	start, set off; split
(a) partir (de)	(starting) from
pasado	past
pasajero	passenger
pasar (1)	pass, happen; spend; transfer
(hambre)	be hungry
pasarse	go too far
pasárselo (bien) (1)	have fun
pasear (1)	walk
paseo	walk
paso	step
pastel	cake
pastilla	pill
pata	leg
patada	kick
patata	potato
patín	skate
patinar (1)	skate
pausa	pause
pavo	turkey
payaso	clown
paz	peace
(en) paz	in / at peace
peatón	pedestrian
pedal	pedal
pedazo	piece
pedido	order
pedir (3.8)	ask (for)
peinado	hairdo
peinarse (1)	brush/comb your hair
pegar (1.3)	hit
pelar (1)	peel
pelea	fight
pelearse (1)	fight
peligro	danger
peligroso	dangerous
pelo	hair
pelota	ball; yes man, crawler
peluquería	hairdresser´s, barber´s
peluquero	hairdresser, barber
pena	pity
penalti	penalty kick
pendiente (adj)	pending
penicilina	peniciline
pensamiento	thought
pensar (1.5)	think
pensión	pension
pera	pear
percepción	perception
percha	hanger
percibir (3)	feel
perder (2.6)	lose; waste; miss
perderse	get lost
pérdida	loss
perdón	sorry; excuse me, forgiveness
perdonar (1)	forgive
pereza	laziness
perezoso	lazy
perfectamente	perfectly
perfecto	perfect
perfume	perfume
periódico	newspaper
periodista	journalist
perjudicar (1.1)	damage, harm
permanecer (2.3)	remain
permiso	permit; permission
permitir (3)	let, allow, permit
permitirse	afford
persiana	blind
persona	person
personaje	personage, character
personal	personal
personalidad	personality
pertenecer (2.3)	belong
pesado	heavy; tiresome
pésame	condolences
pesca	fishing
pescado	fish
(a) pesar	despite
pésimamente	abominably
pesimista	pessimist
peso	weight
petición	petition
petróleo	oil
petrolífero	related to oil
piano	piano
piar (1)	chirp
picaporte	door-handle
pie	foot
(de) pie	standing
(a) pie	on foot
piel	skin; leather, fur
pierna	leg
pieza	piece
pijo	posh
píldora	pill
pillar (1)	grasp, catch
pilates	pilates
piloto (n)	pilot
pinchar (1)	prick
pincharse	prick oneself
pinche	kitchen assistant, commis
pintada	graffiti
pintar (1)	paint
pintarse	put make-up on
pintor	painter
pintura	painting
pipa	pipe
pirata	pirate
pisar (1)	tread (on)
piscina	swimming pool
piso	flat; floor
pista	track
pitar (1)	blow
placa	plate
placer	pleasure
plan	plan
(a la) plancha	grilled
planchar (1)	iron
planear (1)	plan
planta	floor; plant
plantar (1)	plant

plantilla	staff	probablemente	probably
plantón	long wait	probar (1.6)	try
plataforma	platform	probeta	test-tube
plátano	banana	problema	problem
plato	plate, dish	proceder (2)	proceed, come from
plaza	square	proclamar (1)	proclaim
(de garaje)	garage space	procurar (1)	try
playa	beach	producirse (3.6)	take place, happen
pleno	in full	profundidad	depth
pluma	(fountain) pen	profundo	deep
población	population	programar (1)	plan
pobreza	poverty	prodigio	prodigy
pobremente	poorly	Producto Interior Bruto	Gross National Product
poder (2.7)	be able; manage	propiedad	property
(n)	power	prohibición	prohibition, ban
poema	poem	prohibir (3)	forbid
poeta	poet	promesa	promise
político (n)	politician	prometer (2)	promise
(adj)	political	pronto	soon
póliza	policy	pronunciar (1)	pronounce; deliver
polo	pole	proponer (15)	propose
pollo	chicken	propina	tip
poner (15)	put	propio	own
(una película en un cine)	show	propósito	purpose
(una demanda)	lay a claim, sue	propuesta	proposal
ponerse (15)	put on	protestar (1)	protest
(el sol)	set	protestón	moaner, grouch
poquito	bit	provocar (como 1.1)	provoke
porcelana	porcelain	próximo	near, close
porquería	filth	proyecto	project
portal	street door, gateway	prudencia	prudence, wisdom
portarse (1)	behave	psicólogo	psychologist
portavoz	spokesperson	pub	pub, bar
portazo	bang, slam	publicación	publication
portero	housekeeper, doorman	publicar (1.1)	publish
poseer (como 2.5)	own	publicitario	advertising
posesión	possession	público (adj)	public
posibilidad	possibility	(n)	audience, public
posibilitar (1)	make possible	pudrirse (3)	rot
posible	possible	pueblo	village
posiblemente	possibly	puente	bridge; bank holiday
postal	postcard	puerta	gate, door
poste	post, pole	puesta de sol	sunset
póster	poster	puesto	post, position
posteriormente	later, afterwards	puesto (que)	since
postre	dessert	pulsera	bracelet
potente	powerful	(de) punta	on end
pozo	well	(en) punto	o´clock
prácticamente	practically	(en su) punto	just right
practicar (1.1)	practise	punto de vista	viewpoint
práctico	practical	puntual	punctual
pradera	meadow	pupitre	desk
precaución	precaution	puro (adj)	pure
precio	price		
preciosidad	a beauty, a beautiful thing	quebrar (1.5)	go bankrupt
precioso	beautiful, pretty	quedar (1)	arrange to meet; have left
precipitado	hasty, sudden	quedarse	stay
precipitarse (1)	rush	queja	complaint
preciso	precise, exact	quejarse (1)	complain
predicción	prediction, forecast	quemar(se) (1)	burn (oneself)
prefabricado	prefabricated	quena	reed flute
preferir (3.9)	prefer	querer (16)	love; want, wish
pregunta	question	queso	cheese
preguntar (1)	ask	(sacar de) quicio	drive somebody crazy
premio	prize	quiebra	bankruptcy
prensa	press	quieto	still
preocupado	worried	Química	chemistry
preocupante	worrying	químico	chemical
preocupar(se) (1)	worry	quiniela	football pool
preparado	ready	quirófano	operating theatre, operating room
preparar (1)	prepare	quitar (1)	take away
prepararse	get ready	quitarse	take off
presentación	presentation, introduction		
presentador	presenter	rabia	fury, rage
presentar (1)	present, introduce	ración	portion
presentarse	run, stand for; introduce oneself	racista	racist
prestar (1)	lend	rama	branch
prestidigitador	conjurer, magician	ramo	bunch (of flowers)
pretender (2)	try to, expect	rana	frog
previsor	far-sighted	rapado	close-cropped
primatólogo	primatologist	rápido (adj)	fast
primitivo	primitive	raptar (1)	kidnap
primo	cousin	raqueta	racket
principal	principal, main	raro	strange
príncipe	prince	rascacielos	skyscraper
principio	beginning	rato	while
principios	principles	ratón	mouse
prisa	hurry	raza	race
prisión	prison	razón	reason
probabilidad	probability	(tener) razón	be right
probable	probable, likely	reaccionar (1)	react

269

realista	realistic	reunión	meeting
rebajas	sales	reunir (3)	assemble, gather
rebelarse (1)	revolt, rebel	reunirse	meet, gather
rebelde	rebellious	reventar (1.5)	burst
rebosar (1)	overflow	revés	reverse; setback
recado	message, errand	revista	magazine
recepción	reception	revuelto	mixed up
rechazar (1)	reject; repel; refuse	rey	king
rechazo	rejection; refusal	riada	flood
recibir (3)	receive	ribera	wine from the region of Ribera del Duero
reciclar (1)	recycle		
recién	newly	ridículo	ridiculous
reciente	recent	rincón	corner
recientemente	recently	río	river
reclamar (1)	claim	rioja	wine from the region of La Rioja
recoger (2.2)	fetch, collect	riqueza	wealth
recomendar (1.5)	recommend	risa	laughter
recompensa	reward	rizar (1.2)	curl
reconocer (2.3)	recognize	robar (1)	steal, rob
recontar (1.6)	recount	robo	theft, robbery
recordar (1.6)	remember, remind	roca	rock
recorrer (2)	go over; tour	rodaja	slice
recriminación	recrimination	rodar (1.6)	film, shoot
recuperarse (1)	recover	rodear (1)	surround
recurso	resource	rodilla	knee
red	net	(de) rodillas	on one´s knees
redacción	composition; news room	rogar (1.6.2)	pray
redactar (1)	write, draft	romper(se) (2.1)	break
reducir (3.6)	reduce, decrease	roncar (1.1)	snore
referéndum	referendum	ronco	hoarse, throaty
referirse (3.9)	refer	ronda	round
reforma	reform	roñoso	mean, tight
regalar (1)	give	ropa	clothes
regalo	gift, present	rostro	face
regañar (1)	scold	roto	broken
regar (como 1.5)	water	rubio	fair, blond(e)
regatear	tackle; haggle	rueda	wheel
régimen	diet; regime	ruido	noise
región	region, area	ruina	ruin
registro	list, roll	rumor	rumour
regresar (1)	return	rumorearse (1)	be rumoured
regularmente	regularly	rural	rural
rehabilitación	rehabilitation; restoration	rústico	rustic, rural
rehén	hostage	ruta	route
reina	queen	rutinario	monotonous
reinar (1)	reign, rule		
reír(se) (3.8)	laugh	saber (17)	know; taste; be able to
relación	relation	saber a	taste like
relajado	relaxed	sabroso	tasty
relevante	outstanding, relevant	sacar (1.1)	publish, bring out; kick off; pull out
reloj	watch, clock	(adelante)	get something off the ground
reloj de cuco	cuckoo clock	(al perro)	walk the dog
remar (1)	row	sacrificarse (1.1)	make sacrifices
remedio	remedy, solution	sala	hall, room
remoto	remote; far-fetched	salado	salty
renovar (1.6)	renew	saldar (1)	pay (off)
renta(s)	income	salir (18)	go out, come out, leave; turn out
repasar (1)	revise	salirse	go off, run off
(de) repente	suddenly	salón	lounge, hall
repercusión	repercussion	saltarse (un semáforo) (1)	jump the lights
repetir (3.8)	repeat	salto	jump
repollo	cabbage	salud	health
representante	representative	saludar (1)	greet
representar (1)	represent	salvaje	wild
reprobación	disapproval, reproof	salvar (1)	save
reprochar (1)	reproach	sandez	stupidity
repuesto	spare part	sangrar	bleed
repugnante	loathsome, repulsive	sangre	blood
repugnar (1)	disgust, revolt	sanitario	paramedic
resbaladizo	slippery	sano	healthy
resbalar (1)	slip	santo	saint, holy
rescate	rescue	sartén	frying-pan
resfriado	(a) cold	sastre	tailor
reservar (1)	book	satisfacción	satisfaction
resignación	resignation	satisfacer	satisfy
resistirse (3)	refuse to; be reluctant	secar(se) (como 1.1)	dry, dry up
resolver (como 2.7)	solve	sección	section
respaldo	back; support	seco	dry
respetar (1)	respect	secretaría	secretary's office
respirar (1)	breathe	secreto	secret
responder (2)	answer	sector	sector
responsabilidad	responsability	secuestrador	kidnapper, hijacker
responsable	responsible	secuestrar (1)	kidnap, hijack
respuesta	reply, answer	sed	thirst
resuelto a	resolute	sede	headquarters, head office
resultado	result, outcome, solution	según	according to, as
resultar (1)	prove (to be), turn out (to be)	seguir (3.8.2)	continue, go on; follow, chase
retirar (2)	move away, take away	seguramente	probably
retirarse	move back, move away	seguridad	security
retraso	delay	seguro	safe, sure
retrato	portrait	selección	selection

seleccionar (1)	pick, choose
selva	jungle
semáforo	traffic lights
Semana Santa	Easter
semifinal	semifinal
sendos	one each, each
sencillo	easy; plain, simple
senderismo	trekking
sensación	feeling
sensacional	sensational
sensato	sensible
sensible	sensitive
sentarse (como 1.5)	sit (down)
sentido	sense
sentimiento	feeling
sentir (como 3.9)	feel, perceive
sentirse	feel
señal	sign
separación	separation
separarse (1)	separate
ser (19)	be
ser (n)	being
serio	serious
(en) serio	seriously
serpiente	snake
servicio	service, duty
servicio militar	military service
servir	serve
severo	severe, harsh
siempre que	whenever
sierra	mountains
sigilo	secrecy, stealth
sigiloso	secret, stealthy
siglo	century
significar (.1)	mean
silbar (1)	whistle
silencio	silence
silencioso	silent
sillón	armchair
simpático	nice, pleasant
simple	simple
sincero	sincere, frank
sindicar (1.1)	unionize, syndicate
sindicato	union
sinvergüenza	scoundrel, rascal
ni siquiera	not even
sirena	siren
sitio	place, site; room
situación	situation
situar (1)	place
(de) sobra	spare, extra
sobrino	nephew
sociable	sociable, friendly
sociedad	society
socio	partner
(a) solas	alone, by oneself
soler (2.7)	used to
solicitar (1)	request, ask for, apply for
solidario	supportive
solo (adv)	only
(adj)	lonely, alone
soltero	bachelor
solucionar (1)	solve
sombrero	hat
sonar (1.6)	ring
sonreír (3)	smile
sonrojar (1)	make somebody blush
soñar (1.6)	dream
soplar (1)	blow
soportar (1)	stand, bear
sordo	deaf
sorprendente	surprising
sorprender (2)	surprise
sorprenderse	be surprised, be amazed
sorpresa	surprise
sorteo	draw
soso	tasteless; boring
sospechar (1)	suspect
sospechoso	suspect, suspicious
sótano	basement
subida	rise, increase
subir (3)	turn up, go up
subrayar (1)	underline
suceder (2)	happen
sucesivamente	successively
suciedad	dirt, filth
sudar (1)	sweat
sudoroso	sweaty
suegro	father-in-law
suegros	parents-in-law
sueldo	salary

suelo	floor
sueño (tener sueño)	be sleepy
(tener un sueño)	have a dream
suerte	luck
suficiente	enough, sufficient
sufrimiento	suffering
sufrir (3)	suffer
sugerencia	suggestion
sugerir (3.9)	suggest
suicidarse (1)	commit suicide
sujetar (1)	hold
súper	supermarket
superar (1)	surpass, beat
superdotado	highly gifted
superior	superior
supervisor	supervisor
suplicar (1.1)	beg
suponer (15)	suppose, assume
supuestamente	allegedly
supuesto	assumption
surgir (3.3)	arise
suscribirse (3.11.2)	subscribe
suspender (2)	fail; put off
tacaño	mean
taco	taco
tajante	sharp, cutting
talla	size
tallar (1)	carve
taller	workshop
tamaño	size
también	also, too
(las) tantas	the wee hours, very late at night
tapar (1)	cover
taquilla	ticket office
tardar (1)	be late
tardío	late
tarta	cake
técnico	technician
tejado	roof
tela	cloth
televisar (1)	televise
tema	theme
temblar (1.5)	tremble
temer (2)	fear
temperatura	temperature
templario	Templar
temporada	season
temporal (adj)	temporary, temporal
temprano	early
tener (20)	have
tener cara	be cheeky
teniente	lieutenant
teñir(se) (3.8)	dye; dye one´s hair
teórico	theoretical
tercio	(a) third
terraza	terrace
terreno	terrain, soil
terrible	terrible, awful
terriblemente	terribly
tesoro	treasury
tesorero	treasurer
testamento	will, testament
testarudo	stubborn
testigo	witness
tiburón	shark
tiempo libre	free time
(a) tiempo	(in, on) time
tienda (de campaña)	tent
Tierra	the Earth
tierra	land
timbre	bell
tímido	shy
tinta	ink
tinte	dry-cleaner's; dye
tío	uncle, guy
típico	typical
tipo	kind, type; build
tirado	lying
tirar (1)	throw
tirarse	throw oneself
tirolés	Tyrolese
titular (adj)	permanent, with tenure
título	title
tobillo	ankle
tocar (1.1)	touch; play
tocar la lotería	win the lottery
(el turno)	be one's turn
todavía	still, yet
tomar (1)	take; drink; eat
tontería	nonsense

tonto	silly, foolish
tormenta	storm
torneo	tournament
toro	bull
torpe	awkward, clumsy
torre	tower
torta	cake, tart
tortazo	slap, punch
tortilla	omelette
toser (2)	cough
tostar (1.6)	toast
totalmente	totally
toxicológico	toxicological
trabajador	hard-working
trabajar (1)	work
tradición	tradition
tradicional	traditional
traducción	translation
traducir (21)	translate
traductor	translator
traer (22)	bring
tráfico	traffic
traición	treachery
tragón	glutton
traje	suit
trama	plot
trampa	trap, trick
tranquilidad	stillness, calmness
tranquilo	still, calm
transferencia	transfer, giro
transportar (1)	transport
trapo	rag
tras	after
trasladar (1)	move, transfer
traslado	move, change
trastada	prank, dirty trick
tratar (1)	treat; be about; deal
a través de	through, across
travesía	crossing
travieso	naughty
trazar (como 1.2)	trace, draw
tremendo	tremendous
triste	sad
tristeza	sadness
triunfar (1)	triumph
tropa	troop
tropezar(se) (1.2)	trip; come across
trozo	piece
truco	trick
tubería	pipe
tumbado	lying
tumbarse (1)	lie down
turbio	dim, misty
turno	turn
ubicar (1.1)	place, put
ufanarse (1)	boast
último	last
único	unique
unido	joined, linked
unir (3)	join, link
uña	nail
urbanización	estate, development
urgencia	urgency
urgente	urgent
usar (1)	use
uva	grape
vacante	vacancy
vacunar(se) (1)	vaccinate, get vaccinated
vagamente	vaguely
vago	lazy
vagón restaurante	dining car
vale	OK; voucher
valer (23)	be worth
más vale / más valía	it´s better / had better
valiente	brave
valla	wall, fence
valor	courage; value
valoración	valuation
vanguardista	avant-garde
vanidoso	vain, conceited
vapor	steam
variedad	variety
varios	several
vecino (n)	neighbour
vehículo	vehicle
vejez	old age
velocidad	speed
venado	venison
vendar (1)	bandage, dress

vendedor	seller, salesman
vender (2)	sell
venir(se) (24)	come
venta	sale
ventilar (1)	ventilate
ver (25)	see, watch
verdad	truth
verdaderamente	truly
verdura	greens, green vegetables
vergonzoso	bashful, shameful; shy
vergüenza	shame
vestido	dress
vestir (3.8)	dress
vez	time
de vez en cuando	from time to time
vía	track
viajar (1)	travel
viaje	journey, trip
vicio	vice
víctima	victim
victoria	victory
vídeo	video
videojuego	videogame
viento	wind
vigilar (1)	watch (over)
violencia	violence
violento	violent
violín	violin
visado	visa
visiblemente	visibly
visita	visit
visitar (1)	visit
vista	sight
viuda	widow
vivienda	housing, dwelling, flat
vivir (3)	live
vivo	sharp, clever; lively, vivid; alive
volante	steering wheel
volar (1. 6)	fly
voluntad	will, will-power
volver(se) (2.7)	return, go back
votación	voting
voto	vote, ballot
voz	voice
vuelo	flight
vuelta (al mundo)	world tour
ya	already, yet
ya que	since
zanja	ditch

ENGLISH	SPANISH
a long time	largamente
a pair	(un) par
a right to something	derecho (a algo)
abandon	abandonar (1)
abominably	pésimamente
abroad	(en el) extranjero
absent-minded	distraído
abstain	abstenerse (20)
abstract	abstracto
abuse	abusar (1)
accent	acento
accept	aceptar (1)
acclaim	aclamar (1)
accompany	acompañar (1)
according to	según
account	cuenta
accountant	contable
accuse	acusar (1)
achieve	conseguir (como 3.8.2)
act	actuar (1)
action	acción
adapt	adaptarse (1)
add	agregar (1.3), añadir (3)
addict	adicto
addiction	adicción
address	dirección (señas)
adjust to	atenerse (2)
admire	admirar (1)
admit	admitir (3)
adobe	adobe
adore	adorar (1)
adult	adulto
advance	adelanto, avance
advance	avanzar (1.2)
advertising	publicitario
advice	consejo
advise	aconsejar (1)
affair	asunto
affect	afectar (1)
affection	cariño
affectionate	cariñoso
affirm	asegurar (1), afirmar (1)
affirmation	afirmación
afford	permitirse
afraid	miedoso
after	tras
afterwards	posteriormente
against	contra
age	edad
aged	anciano
agency	agencia
agenda	agenda (diario)
ago	hace (tiempo)
agree	acordar (1.6)
agree to	aceptar (1)
agreement	acuerdo
air	aire
airbag	airbag
alarm	alarma
alarm clock	despertador
album	álbum
alive	vivo
allegedly	supuestamente
allow	permitir (3)
almond	almendra
almond tree	almendro
almost	casi
alone	solo (adj)
already	ya
also	también
although	aunque
amazing	asombroso
ambassador	embajador
ambulance	ambulancia
among	entre
amuse	(hacer) gracia, divertir (3.9)
amuse oneself	distraerse (22), entretenerse (20)
Andean, of the Andes	andino
anger	enfadar (1)
angry	enfadado
animal	animal
ankle	tobillo
anniversary	aniversario
announce	anunciar (1)
announcement	comunicado
annoy	disgustar, fastidiar, molestar (1)
annoyance	disgusto, enfado
answer	contestar (1), responder (2)
answer	respuesta
anterior	anterior
anybody	cualquiera
anyway	así que
apartment	apartamento
apologize	disculparse
apology (to make)	disculpa (pedir)
appear	aparecer(se) (2.7.1)
appearance	aspecto
applaud	aplaudir (3)
apple	manzana
apply	aplicar (1.1)
appoint	designar, nombrar (1)
area	comarca, área
argue	discutir (3)
arise	surgir (3.3)
arm	brazo
armchair	sillón
army	ejército
arrange to meet	quedar (1)
arrest	detener (como 20)
arrive	llegar (1.3)
arrow	flecha
art	arte
artificial	artificial
artist	artista
as	como
as soon as	en cuanto
ascend	ascender (2.6)
ashamed	avergonzado
ask	preguntar (1)
ask for	solicitar (1), pedir (3.8)
asleep	dormido
assail	asaltar (1)
assailant	asaltante
assemble	reunir (3)
assembly	asamblea
assert	afirmar (1)
assignment	comisión; encargo
assistant	ayudante
assume	suponer (15)
assumption	supuesto
astonish	asombrar (1)
astonishment	asombro
at any price	costa (a toda)
at least	al menos
at once	enseguida
at the back	fondo (al)
athlete	atleta
atrocity	barbaridad
attack	asaltar (1)
attacker	asaltante
attend	asistir (3)
attend to	atender (1.5)
attention	atención
attention (to pay)	caso (hacer)
attitude	actitud
audience	auditorio, público (n)
auditorium	auditorio
authorship	autoría
autograph	autógrafo
automate	automatizar (1.2)
auxiliary	auxiliar
avoid	evitar (1)
awake	despierto
award	adjudicación
awful	terrible
awkward	torpe
axis	eje
axle	eje
bachelor	soltero
back	espalda; respaldo
back tooth	muela
backpack	mochila
bad	mal, malo
bad temper	(mal) genio
bag	bolso
baker's	panadería
bald	calvo
ball	pelota
ballot	voto
ban	prohibición
banana	plátano
band	grupo, banda
bandage	vendar (1)
bang	portazo
bangs	flequillo
bank holiday	puente (vacaciones)
bankruptcy	quiebra
banner	pancarta
bargain	ganga

bark	ladrar (1)
barracks	cuartel
base	base
basement	sótano
bashful	vergonzoso
basic	fundamental
bathroom	aseo (cuarto de baño)
bathtube	bañera
battery	batería
bay	bahía, golfo
be	estar (9), ser (19)
be a big fibber	tener cuento
be able	poder (2.7)
be born	nacer (2.3)
be glad	alegrarse
be happy	alegrarse
be hungry	pasar o tener (hambre)
be late	tardar (1)
be obstinate	obstinarse
be one´s turn	tocar (el turno)
be out of tune	desafinar (1)
be part of	formar (parte) (1)
be quiet	callar(se) (1)
be reluctant	resistirse (3)
be right	(tener) razón
be rumored	rumorearse (1)
be sleepy	tener sueño
be stood up	plantón
be surprised	sorprenderse
be worth	valer (23)
be wrong	equivocarse (1.1)
be years old	cumplir años (3)
beach	playa
beacon	faro
bean stew	fabada
beans	judías
bear	soportar, aguantar(se) (1)
beard	barba
beat	golpear; vencer, batir, superar (1)
beautician	esteticista
beautiful	precioso
become	convertir(se) (3.9)
become aware	concienciarse (1)
become infected	infectarse (1)
bedroom	dormitorio
beer	cerveza
before	antes (de)
beg	mendigar (1.3), suplicar (1.1)
begin	comenzar (1.5.2), empezar (1.2), iniciar (1)
beginning	inicio, principio
behave	portarse, comportarse (1)
behaviour	comportamiento
behind	detrás (de)
being	ser (n)
believe	creer (2.5)
bell	campana, timbre
belong	pertenecer (2.3)
below zero	bajo cero
bend	doblar (1)
beneficial	beneficioso
bet	apostar (1.6)
between	entre
big	grande
bike	bici(cleta)
binge	juerga
binoculars	gemelos
bird	ave, pájaro
birth	nacimiento
birthday	cumpleaños
bit	poquito
bite	morder
blade	cuchilla
bleed	sangrar
blind	ciego
blind	persiana
block	bloquear (1)
blond(e)	rubio
blood	sangre
blouse	blusa
blow	golpe
blow	pitar (1), soplar (1)
blow (from a ball)	balonazo
boast	ufanarse, jactarse (1)
boat	barca
boil	cocer (2.7.1), hervir (3.9)
bolt (the door)	echar (el cerrojo)
bone	hueso
bonfire	hoguera
book	reservar (1)
book	libro
bookshop	librería
boot	bota
border	frontera
bored	aburrido
boredom	aburrimiento
boring	aburrido
boss	jefe
bossy	mandón
bother	molestar, fastidiar (1)
bother	molesto
bottle	botella
bottom	fondo
bouquet (of flowers)	ramo
boutique	boutique
bowling alley	bolera
bracelet	pulsera
brake	frenar (1)
branch	rama
brave	valiente
bread	pan
breaded	empanado
break	romper(se) (2.1)
break down	averiarse (1)
breakdown	avería
breakfast	desayuno
breathe	respirar (1)
breed	criar (1)
bridge	puente
brief	breve
briefcase	cartera
bright	claro
brightness	claridad
brilliant	genial
bring	traer (22)
bring out	sacar (1.1)
broke	(sin) blanca
broken	roto
broth	caldo
brush	peinarse (1)
brute	bruto
builder	constructor
building	edificio
bull	toro
bullet train	AVE
bullfight	corrida (de toros)
bully	acosar (1)
bunch	ramo
bungalow	chalé
burglar	ladrón
burial	entierro
burn (oneself)	quemar(se) (1)
burst	reventar (1.5)
bury	enterrar (1.5)
business	negocio
businessman	empresario
busy	ocupado
butler	mayordomo
butter	mantequilla
button	botón
buy	comprar (1)
buyer	comprador
by mail	por correo
by the way	(por) cierto
bycicle	bici(cleta)
cabbage	repollo
cable	cable
cage	jaula
cake	torta, tarta, pastel
calamity	calamidad
calculation	cálculo
call	llamada
call	llamar (1)
call one's attention	llamar la atención
calm	calma
calm	tranquilo
calmness	tranquilidad
campaign	campaña (política)
can	lata
cancel	cancelar (1)
cancellation	cancelación
cancer	cáncer
canvas	lona
cap	gorra, gorro
capacity	capacidad
capital	capital (dinero)
capital (city)	capital (ciudad)
captain	capitán
caravel	carabela
card	carné, carta, ficha
cardboard	cartón
care	cuidado

career	carrera	coarse	basto
careful	cuidadoso	coast	costa
carpet	alfombra	coat	abrigo
carry out	llevar a cabo	cod	bacalao
cartridge	cartucho	coffee with a dash of milk	(café) cortado
carve	tallar (1)	coin	moneda
cashier	cajero	coincidence	casualidad
castle	castillo	cold	catarro, resfriado
cataracts	cataratas	cold	frío
catastrophic	catastrófico	collaborate	colaborar (1)
catch	coger (2.2), pillar (1), detener (como 20)	collaborator	colaborador
catch a cold	acatarrarse (1)	collect	coleccionar (1), recoger (2.2)
catch fire	incendiarse (1)	collection	colección
cautious	cauteloso	collector	cobrador
celebrate	celebrar (1)	college	facultad
celebrity	famoso (n)	colonel	coronel
censorship	censura	color	color
center on	centrarse	combine	combinar
century	siglo	come	venir(se) (24)
certain	cierto	come across	tropezar(se) (1.2)
certainty	certeza	come from	proceder (2)
chain	cadena	come to	llegar a
champion	campeón	come to blows	llegar a las manos
championship	campeonato	comfortable	cómodo
chance	azar, casualidad, oportunidad	comma	coma
change	cambiar (1)	command	ordenar (1)
change	cambio	comment	comentar (1)
channel	cadena	commentator	comentarista
character	carácter; personaje	commit oneself	comprometerse (2)
characteristic, typical	característico	commit suicide	suicidarse (1)
chard	acelga	common	común
charge	cobrar (1)	communicate	comunicar (como 1.1)
charm	encantar (1)	community	comunidad
charm	encanto	companion	acompañante, compañero
charming	encantador	company	compañía, empresa
chat	charlar (1)	compensate	indemnizar (1.2)
cheap	barato	compensation	indemnización
cheat	engañar (1)	compete	competir (3.8)
check	comprobar (1.6)	competitive exam	oposición
check (up)	chequeo	complain	quejarse (1)
cheeky	caradura	complaint	queja
cheer	alegrar (1)	complete	entero, completo
cheer up	animar (1)	complicate	complicar (1.1)
cheese	queso	complicated	complicado
chemical	químico	composition	redacción
chemistry	Química	compulsory	obligatorio
cherry	cereza	computing (science)	informática
cherry tree	cerezo	concede	conceder (2)
chess	ajedrez	concern	concernir (2.6)
chestnut	castaña	condition	condición
chestnut tree	castaño	condolences	pésame
chicken	pollo	confess	confesar (1)
childhood	infancia	confirm	confirmar (1)
childish	infantil	confront	enfrentarse
chimney	chimenea	congratulate	felicitar (1)
chip	chip	congratulation	felicitación
chirp	piar (1)	conjurer	prestidigitador
chocolates	bombón	connect	conectar (1)
choke	atragantarse (1)	connection	conexión
choose	elegir, optar (1)	conscious	consciente
chopsticks	palillos	consequence	consecuencia
chorus	coro	consequently	consiguientemente
Christmas	Navidad	consider	considerar (1)
church	iglesia	considerably	considerablemente
circle	círculo	consist (of)	constar (1)
circumstance	circunstancia	consistently	consecuentemente
circus	glorieta	constancy	constancia
city	ciudad	constantly	constantemente
claim	reclamar (1)	constitution	Constitución
claim	demanda	consult	consultar (1)
clarify	aclarar (1)	consumer	consumidor
clean	limpiar (1)	consumer's defender	defensor (del consumidor)
clean	limpio	consumption	consumo
cleaning	limpieza	contact lenses	lentillas
clear	claro	contain	contener (como 20)
clearly	claramente	content	contenido
clerk	empleado	contest	concurso
climb	ascender (2.6), escalar (1)	contestant	participante
climbing	alpinismo	continent	continente
clock	reloj	continue	continuar (1), seguir (3.8.2)
clock in	fichar (1)	continuously	continuamente
clog	atascar (1.1)	contract	contrato
close	cercano, próximo	contrast	contraste
close	cerrar (2.6)	controller	controlador
closely	estrechamente	convenient	conveniente
cloth	tela	conversation	conversación
clothes	ropa	convince	convencer (2.4)
cloud	nube	convincing	convincente
clown	payaso	cook	cocinar (1)
clumsy	torpe	cook	cocinero
coach	entrenador	cooking	cocina

cool	enfriar (1)	definitive	definitivo
cope	desenvolverse (como 2.7)	degree	grado
copy	copiar (1)	delay	espera, retraso
cordial	cordial	delegate	delegado
cork	corcho	delicious	delicioso
corner	esquina, rincón	delight	deleite
corner kick	córner	delinquent	delincuente
corpse	cadáver	delivery	entrega
correct	corregir (3.8.1)	demand	exigir (3.8.1)
correct	correcto	demand	demanda
correspond	corresponder (2)	democracy	democracia
corruption	corrupción	demolish	derrumbar (1)
cost	costar (1.6)	demonstrate	manifestarse (1)
cottage	chalé	demonstration	manifestación
cough	toser (2)	demonstrator	manifestante
count	cálculo	dentist	dentista
count	contar (1.6)	deny	negar(se) (1.3)
country	país	department	departamento
countryside	campo	depend	depender (2)
courage	ánimo	deposit	ingresar (1)
courage	valor	depressed	deprimido
course	curso	depth	profundidad
cousin	primo	desert	desierto (adj)
cover	tapar (1), cubrir (3.1)	deserve	merecer (2.7.1)
coward	cobarde	design	diseñar (1)
cozy	acogedor	design	diseño
crash	chocar (1.1), estrellarse (1)	designer	diseñador
crazy	loco, chalado	desire	ganas
cream	crema	desk	pupitre
create	crear (1)	desktop computer	ordenador de sobremesa
creative	creativo	desolating	desolador
credit	crédito	desperate	desesperado
crew cut (hair)	cero (al)	despise	despreciar (1)
crisis	crisis	despite	(a) pesar
criticism	crítica	dessert	postre
criticize	criticar (1.1)	destroy	destruir (3.7)
cross	cruzar (1.2)	detect	detectar (1)
cross (over)	atravesar (1.5)	detergent	detergente
crossing	travesía	deterioration	deterioro
crossword	crucigrama	detest	detestar (1)
crouch	agacharse (1)	developed	desarrollado
crowd	multitud	device	aparato
cruise	crucero	devil	demonio
cry	llorar (1)	devote oneself to	dedicarse (1.1)
crybaby	llorón	diary	diario (n)
crystal	cristal	dictionary	diccionario
cuckoo clock	reloj de cuco	die	morir (3.11.1), fallecer (2.3)
cuff links	gemelos	die out	extinguirse (3.4)
cuisine	cocina	diet	dieta, régimen
culture	cultura	different	diferente, distinto
cupboard	alacena	differentiate	diferenciar (1)
cure	cura	difficulty	dificultad
cure	curar (1)	dining car	vagón restaurante
curiosity	curiosidad	dirt	suciedad
curious	curioso (adj)	dirty	sucio
curl	rizar (1.2)	disagreeable	desagradable
current	corriente	disappear	desaparecer (2.3)
curtain	cortina	disapproval	reprobación
curve	curva	disarrange	desordenar (1)
custom	costumbre	disaster	desastre
customer	cliente	disastrous	desastroso
customs	aduana	disconnect	desconectar (1)
cut	cortar (1)	discover	descubrir (3.1)
		discovery	descubrimiento
damage	avería, daño	disembark	desembarcar (1.1)
damage	estropear, dañar (1), perjudicar (1.1)	disguise	disfraz
dancer	bailarín	disgust	asco
danger	peligro	disgust	repugnar (1)
dangerous	peligroso	dish	plato, fuente
dare	atreverse (2)	disinterested	desinteresado
dark	moreno, oscuro	dislocate	dislocar (1.1)
date	cita	dismissal	despido
dawn	madrugada, amanecer (2.3)	displease	desagradar (1)
dead	difunto, muerto	displeasure	desagrado
deaf	sordo	dissatisfied	descontento
deal	tratar (1)	distant	lejano, alejado
death	muerte	distinguish	distinguir (3.8.2)
debatable	discutible	distressing	desolador
debt	deuda	distribute	distribuir (3.7)
deceit	engaño	district	barrio
decide	decidir (2)	distrust	desconfiar (1)
decision	decisión	disturb	inquietar (1)
declare	declarar (1)	disturbance	albotoro
decorate	decorar (1)	disturbing	inquietante
decrease	reducir (3.6)	ditch	zanja
decree	decreto	dive	bucear (1)
deduction	deducción	diversity	diversidad
deep	profundo	divide	dividir (3)
defeat	derrota	divinity	divinidad
defender	defensa	division	división
deficit	déficit	divorce	divorcio

dizziness	mareo
do	hacer (11)
doctor's office	consulta médico
document	documento
dodge	regatear
donate	donar (1)
donkey	burro
donor	donante
door	puerta
doorknocker	picaporte
doorman	portero
doorway	portal
double	doblar (1)
double	doble
doubt	duda (n)
doubt	dudar (1)
download	bajarse, descargarse (1.3)
draft	redactar
dramatic	dramático
draw	dibujar (1)
draw	sorteo
drawer	cajón
drawing	dibujo
dream	soñar (1.6)
dress	vestido
dress	vestir (3.8)
dressing room	camerino
dressmaker	modisto
drink	bebida
drink	beber (2), tomar (1)
drink to	brindar (1)
drive	conducir (3.6)
drive somebody crazy	sacar de quicio
driver	conductor
drop	gota
drug	medicina, droga
drug store	farmacia
drums	batería
dry	secar(se) (como 1.1)
dry	seco
due to	debido a
duration	duración
during	durante
duty	deber (n)
dwarf	enano
dye	tinte
dye; dye one's hair	teñir(se) (3.8)
each	cada
ear	oído
early	temprano
earn	ganar (1)
ease	facilidad
easily	fácilmente
easily influenced	influenciable
Easter	Semana Santa
easy	fácil, sencillo
eat	comer, tomar
ecologist	ecologista (n)
economic(al)	económico
economy	economía
editorial	editorial
educate	educar (1.1)
education	educación
effective	eficaz
effort	esfuerzo
egg	huevo
eject	expulsar (1)
elbow	codo
elections	elecciones
electric(al)	eléctrico
electricity	electricidad, luz
electronic	electrónico
elementary	elemental
elephant	elefante
eliminate	eliminar (1)
e-mail	correo (electrónico)
embark	embarcar (1.1)
emigrate	emigrar (1)
emotive	emotivo
emphasis	énfasis
emphasize	enfatizar (1.2)
empty	desierto (adj)
end	final
enemy	enemigo
energy	energía
engaged	ocupado
engine	motor
engineer	ingeniero
engineering	ingeniería
enlarge	ampliar (1)

enormously	enormemente
enough	bastante, suficiente
enrage	enfurecer (2.3)
enrol	matricular (1)
enter	entrar (1)
entrust	encargar (1)
environment	ambiente, medioambiente
environmental	ambiental
envy	envidiar (1)
equal	igual
equally	igualmente
error	error
escape	huir (3.7)
essential	imprescindible
esteem	estimar (1)
estimate	cálculo
etching	grabado
eternally	eternamente
even	aun, incluso
evil-minded	malpensado
exactly	exactamente
exaggerated	exagerado
exam(ination)	examen
examine	examinar (1)
except	excepto
except	menos (prep)
excessively	excesivamente
excite	excitar, ilusionar, emocionar (1)
excited	entusiasmado
excursion	excursión
excuse	excusa
excuse me	perdón
exercise	ejercicio
exhaust	agotar (1)
exhausting	agotador
exhibit	exponer (15)
exhibition	exposición
exist	existir (3)
expect	pretender (2)
expedition	expedición
expel	expulsar (1)
expense	gasto
expensive	caro
experience	experiencia
expert	experto
expire	caducar (1.1)
explain	explicar (como 1.1)
exploration	exploración
explosive	explosivo
express	expresar (1)
expression	expresión
extra	extra
extraordinarily	extraordinariamente
extraordinary	extraordinario
eye	ojo
fabulous	fabuloso
face	cara, rostro
face	enfrentar (1)
face (up)	enfrentarse
fact	hecho
factory	fábrica
faculty	facultad
fail	fallar (1), suspender (2)
fail to keep	incumplir (3)
fair	rubio
fairy tale	cuento
fall	caída
fall (down)	caer(se) (6)
fall asleep	dormirse
fall ill	enfermar (1)
false	falso
fame	fama
famous	famoso (adj)
fan	aficionado, hincha
fantastic	estupendo, fantástico
far (from)	lejos (de)
farewell	despedida
fascinate	fascinar (1)
fascinating	fascinante
fast	rápido (adj)
fat	gordo
fat	grasa
fatal	fatal
father-in-law	suegro
fatten	engordar (1)
faucet	grifo
fault	defecto
fauna	fauna
favor	favor
favorite	favorito

fear	miedo	free	liberar (1)
fear	temer (2)	free	libre, gratis
fed up	harto	free time	tiempo libre
feebly	débilmente	freeze	congelar (1), helar (1.5)
feel	percibir (3), sentir (como 3.9)	frequency	frecuencia
feel like	apetecer (2.7.1)	frequent	frecuente
feel sick	marearse (1)	fresh	fresco
feeling	sensación, sentimiento	fridge	frigorífico
feign	aparentar (1)	fridge	nevera
fence	valla	friendly	amigable, sociable
ferocious	fiero	fright	espanto
ferry wheel	noria	frighten	asustar (1)
festivity	fiesta	frog	rana
fetch	recoger (2.2)	frogman	hombre rana
fever	fiebre	from time to time	de vez en cuando
fiancé	novio	frontier	frontera
field	campo	frozen	helado (adj)
fierce	feroz	fruit	fruta, fruto
fig	higo	fry	freír (3.8)
fight	luchar (1), pelearse (1)	frying pan	sartén
fight	pelea	fulfil	cumplir (3)
fighter	luchador	full	lleno
figuratively	figurativamente	full up	harto
file	archivo, carpeta; lima; fila	fundamental	fundamental
fill with	llenar de (1)	funeral	entierro, funeral
fill with pride	enorgullecer (2.3)	funny	divertido, gracioso
film	filmar (1), rodar (1.6)	furious	furioso
film maker	cineasta	furnish	amueblar (1)
filth	porquería	furniture	mueble
final	final	fury	rabia
finalidad	finalidad	future	futuro
finally	finalmente		
find	encontrar (1.6), hallar (1), localizar (1.2)	gallery	galería
find out	enterarse (1)	game	partida
fine	multar (1)	game (Olympic Games)	juego (juegos olímpicos)
fine	multa	gang	banda
Fine Arts	Bellas Artes	garage	garaje
finger	dedo	garbage	basura
finish	acabar(se) (1)	garden	jardín
fire	echar, despedir (3.8)	gas	gasolina
fire	fuego, incendio	gas station	gasolinera
firefighter	bombero	gate	puerta
fireplace	chimenea	gazpacho	gazpacho
firewood	leña	generous	generoso
firm	compañía, empresa	gentleman	caballero
firm	firme (adj)	get	obtener, lograr
fish	pescado	get angry	enfadarse (1)
fishing	pesca	get annoyed	fastidiarse
fit	caber (5)	get depressed	deprimirse (3)
fit	(en) forma	get divorced	divorciarse (1)
fixed	fijo	get drunk	emborracharse (1)
flask	frasco	get hurt	lesionarse
flat	piso	get indigestion	indigestarse (1)
flee	huir (3.7)	get into	meterse (2)
flight	vuelo	get lost	perderse
flight attendant	azafata	get married	casarse (1)
flood	anegarse (1.3), inundar(se) (1)	get off	bajarse
flood	inundación, riada	get perturbed	inmutarse
floor	planta, suelo, piso	get ready	prepararse
flow into	desembocar (1.1)	get rid of	quitarse de encima (1)
flower	flor	get soaked	calarse (1)
flower pot	maceta	get something off the ground	sacar (adelante)
flu	gripe	get up early	madrugar (1.3)
flute	flauta	get used to	acostumbrarse (1), habituarse (1)
fly	volar (1. 6)	get warm	entrar en calor
foam	espuma	get wet	mojarse (1)
focus on	centrarse	get worse	empeorar (1)
fog	niebla	ghost	fantasma
follow	seguir (3.8.2)	giant	gigante
fondness	afición	gift	regalo
food	comida	gifts	dotes
fool	bobo	gin	ginebra
foolish	tonto	give	dar, regalar, entregar (1)
foot	pie	give an opinion	opinar (1)
football pool	quiniela	give back	devolver (2.7)
forbid	prohibir (3)	give way	ceder (el paso) (2)
force	forzar (como 1.6.1), obligar (1.3)	glad	alegre
forecast	predicción	glass	cristal, vaso
foreign	extranjero	glutton	comilón
foreigner	extranjero	glutton	tragón
foresighted	previsor	go	ir (12)
forest	bosque	go away	alejarse (1), irse (12)
forget	olvidar(se) (1)	go back	volver(se) (2.7)
forgive	perdonar, disculpar (1)	go bankrupt	arruinar(se) (1)
form	forma	go bankrupt	quebrar (1.5)
formidable	formidable	go down	bajar (1), descender (2.6)
fortunately	afortunadamente	go for a swim	bañarse (1)
fortune	fortuna	go in	entrar (1)
fountain pen	pluma	go into	adentrarse (1)
fraud	farsante	go near	acercarse (1.1)
fraudulent	fraudulento	go off	salirse

go on	seguir (3.8.2)
go out	salir (18)
go over	recorrer (2)
go to bed	acostarse (1.6)
go too far	pasarse
go up	subir (3)
goal	gol
gold	oro
good	buen/bueno
good grief!	caramba
good-looking	guapo
good-natured	buenazo
gossip	cotilla
govern	gobernar (1.5)
government	gobierno
graduate	licenciado
graffiti	pintada
grant	beca
grape	uva
graphology	grafología
grasp	pillar (1)
grass	césped
gravity	gravedad
grease	engrasar (1)
great	fenomenal
great-grandfather	bisabuelo
greens	verdura
greet	saludar (1)
grey hair	cana
greyhound	galgo
grilled	(a la) plancha
grind	moler (2.7.2)
Gross National Product	Producto Interior Bruto
grouch	protestón
group	grupo
grow	crecer (2.3)
guess	adivinar (1)
guest	invitado
guide, guidebook	guía
guilt	culpa
guilty	culpable
gulf	golfo
gym	gimnasio
gymnasium	gimnasio
gymnastics	gimnasia
habit	costumbre
haggle	regatear
hair	cabello, pelo
hairdo	peinado
hairdresser	peluquero
hairdresser's	peluquería
hake	merluza
half	medio, mitad
hall	sala, salón
ham	jamón
hammer	martillo
hamper	impedir (como 3.8)
hand	mano
handcuff	esposar (1)
handle	manilla
hand-out	limosna
handsome	guapo
hang	colgar (como 2.2)
hanger	percha
happen	ocurrir (3), suceder (2)
happy	alegre, contento
harass	acosar (1)
hard	duro
hardened	empedernido
hardly	apenas
hard-working	trabajador
harm	perjudicar (1.1)
harmful	nefasto
harsh	severo
harvest	cosecha
hasty	precipitado
hat	sombrero
hate	odiar (1)
have	tener (20)
have a bath	bañarse (1)
have a dream	tener un sueño
have a lot of nerve	tener cara
have a rest	descansar (1)
have a shower	ducharse (1)
have a swim	bañarse
have an accident	accidentarse (1)
have an afternoon snack	merendar (1.5)
have breakfast	desayunar (1)
have dinner	cenar (1)
have fun	divertirse, pasárselo (bien) (1)
have just (done something)	acabar de
have left	quedar (1)
head	cabeza
head for	dirigirse (3.8.1)
head of state	jefe de estado
head office	sede
head waiter	maitre
headlight	faro
headquarters	sede
health	salud
healthy	sano
hear	oír (13)
heart	corazón
heat	calentar (1.5)
heater	calentador
heating	calefacción
heavy	pesado
heavy drinker	bebedor
height	altitud, estatura
help	ayuda
heritage	herencia
hero	héroe
hi-fi system	equipo (de música)
high school	liceo, instituto
high school degree or studies	bachillerato
highly gifted	superdotado
hijack	secuestrar (1)
hijacker	secuestrador
hiking	senderismo
hill	colina
hillside	ladera
hint	indirecta
hire	contratar, fichar (1)
History	Historia
hit	pegar (1.3), acertar (1.5)
hit	acierto
hoarse	ronco
hold	mantener (20), sujetar (1)
holy	santo
homage	homenaje
home	hogar
honest	honrado
honey	miel
hope	esperanza
hope	esperar (1)
horrible	horrible
horror	horror
horse	caballo
hostage	rehén
hostess	azafata
hot	caliente
hot air balloon	globo
hour	hora
huge	enorme
humble	humilde
humorist	humorista
hunger	hambre
hungry	hambriento
hurry	darse (prisa)
hurry	prisa
hurt	dañar (1), doler (2.7.2)
I wish	ojalá (que)
ice	hielo
ice cream	helado (n)
identical	idéntico
identify	identificar (como 1.1)
identity card	carné de identidad
ill	enfermo (adj)
illness	enfermedad
illuminate	iluminar (1)
illusion	ilusión
imagine	figurarse (1), imaginar(se) (1)
immediate	inmediato
impatience	impaciencia
imperceptible	imperceptible
import	importar
importance	importancia
important	importante
impossible	imposible
impress	impresionar (1)
improve	mejorar (1)
imprudent	imprudente
in / at peace	(en) paz
in buckets, cats and dogs	(a) mares
in favor (of)	a favor
in front (of), before	delante (de)
in full	pleno
in, on time	a tiempo
inaugurate	inaugurate
inauguration	inauguración

incident	incidente	kid	bromear (1)
include	incluir (3.7)	kidnap	raptar (1), secuestrar (1)
income	ingresos, renta(s)	kidnapper	secuestrador
incomplete	incompleto	kill	matar (1)
incomprehensible	incomprensible	killer	asesino
incorrect	incorrecto	kind	amable, atento
increase	aumentar (1)	kind	tipo
increase	aumento	kindness	amabilidad
incredible	increíble	king	rey
incredulous	incrédulo	kiss	beso
indefinite	indefinido	kit	equipo
indemnity	indemnización	kitchen	cocina
independent	independiente	kitchen assistant	pinche
indicate	indicar (1.1)	knee	rodilla
indication	indicación	knife	cuchillo
indigenous	indígena	knot	nudo
indignation	indignación	know	conocer (2.3), saber (17)
indispensable	indispensable	knowledge	conocimiento
ineffective	ineficaz		
inexperienced	inexperto	lack	carecer (como 2.3), faltar (1)
inexplicable	inexplicable	lagoon	laguna
infection	infección	lake	lago
infinitely	infinitamente	lamp	lámpara
inform	informar (1)	lamppost	farola
inhabitant	habitante	land	tierra
inherit	heredar (1)	land	aterrizar (1.2)
injure	herir (3.9), lesionar (1)	landlady	casera
injustice	injusticia	landscape	paisaje
ink	tinta	language	idioma, lengua
innocence	inocencia	laptop computer	ordenador portátil
insinuate	insinuar (1)	large	grande
insist	insistir (3)	last	durar (1)
insomnia	insomnio	last	último
install	instalar (1)	late	tardío
instinctive	instintivo	later	posteriormente
instruction	instrucción	later on	(más) adelante
insufficient	insuficiente	laugh	reír(se) (3.8)
insult	insultar (1)	laughter	risa
insure	asegurar (1)	Law	Derecho
intention	intención	law	ley, justicia
interest	interesar (1)	lawyer	abogado
interface	interfaz	lay a claim	poner (una demanda)
interior	interior	laziness	pereza
internally	internamente	lazy	perezoso, vago
interview	entrevista	leader	líder
introduce oneself	presentarse	leaf	hoja
introduction	presentación	league	liga
inventor	inventor	leak	gotera
inventory	inventario	lean on	apoyarse
invest	invertir (3.9)	learn	aprender (2)
investigate	investigar (1.3)	leather	cuero, piel
investigative	investigador (adj)	leave	salir, abandonar (1)
investment	inversión	leave behind	dejarse
invitation	invitación	left	izquierda
invite	invitar (1)	leg	pata, pierna
iron	planchar (1)	lemonade	limonada
irregularity	irregularidad	lend	prestar (1)
irreparable	irremediable, irreparable	lend a hand	echar una mano (1)
irritate	irritar, enfadar (1)	lentils	lentejas
irritation	irritación	less	menos
IRS	Hacienda	letter	carta
island	isla	liar	mentiroso
it's better	más vale	lie	mentir (3.9)
		lie	mentira
jacket	chaqueta	lie down	tumbarse (1)
jewel	joya	lieutenant	teniente
jewelry shop	joyería	lift	ascensor
jinx	gafe	lift	levantar (1)
job	empleo	light	iluminar (1)
join	unir (3)	light	ligero
joined	unido	light	luz
jointly	conjuntamente	light bulb	bombilla
joke	broma, chiste	like	como
joke	bromear (1)	like	gustar (1)
journalist	periodista	liking	afición
journey	viaje	lime	lima
joy	alegría	line	fila
judge	juez	link	unir (3)
judge	juzgar (1.3)	linked	unido
jug	jarro	list	lista
jump	salto	listen	oír, escuchar
jump the queue	colarse (1.6)	literature	listo
jungle	selva	live	vivir (3)
just	justo	lively	animado
just right	(en su) punto	loaf	barra (de pan)
justice	justicia	loathing	asco
justify	justificar	loathsome	repugnante
		locate	localizar (1.2)
keep	guardar (1)	location shots	exteriores
key	llave	lock	bloquearse, echar (el cerrojo)
kick	patada	lock	cerradura, cerrojo

locksmith	cerrajero
lodge	alojar(se) (1)
lodging	alojamiento
log	leño
logical	lógico
lonely	solo (adj)
long	largo
look	aspecto
look	mirar (1)
look after	cuidar (1)
look at	contemplar (1)
look for	buscar (1.1)
look like	parecerse
look up	buscar (1.1)
lose	perder (2.6)
lose (one´s hair)	caerse el pelo
lose one's way	extraviarse (1)
loss	pérdida
lotion	loción
lottery	lotería
lottery ticket	décimo (de lotería)
loudspeaker	altavoz
lounge	salón
love	cariño
love	amar, querer (16)
lovely	encantador
loving	cariñoso
lucid	lúcido
luck	suerte
luckily	afortunadamente
lying	tirado, tumbado
mad	loco
madden	enloquecer (2.3)
madly	locamente
magazine	revista
magnificent	magnífico
main	principal
majority	mayoría
make	hacer, fabricar (1.1)
make a mistake	equivocarse (1.1)
make an effort	esforzarse (1.2)
make clear	aclarar (1)
make possible	posibilitar (1)
make sacrifices	sacrificarse (1.1)
make somebody blush	sonrojar (1)
make trouble	armar (lío) (1)
make up	maquillar(se) (1)
manager	encargado, gerente
mandatory	forzoso
manner	manera
manners	modales
mansion	mansión
manual	manual (n)
manufacture	fabricar (1.1)
manufacturer	fabricante
maritime	marítimo
mark	marca
market	mercado
marks	notas
marriage	matrimonio
married	casado
married couple	esposos
marry	casarse (1)
marvellous	estupendo
masterly	magistral
mastery	maestría
match	partido
mate	compañero
mathematician	matemático
matter	importar
mayor	alcalde
mayoress	alcaldesa
meadow	pradera
mean	miserable
mean	significar (.1)
measure	medir (3.8)
meat	carne
media	medios
medicine	medicina
meet	conocer (2.3), encontrarse, reunirse
meeting	encuentro, reunión
melon	melón
melt	fundir (3)
memoirs	memorias
memory	memoria
mental	mental
menu	carta
mess	lío
message	mensaje, recado
mew	maullar (1)
military service	servicio militar
mind	mente
mine	mina
minister	ministro
ministry	ministerio
miraculous	milagroso
misery	miseria
misfortune	desgracia, calamidad
miss	echar de menos, faltar (1), perder (2.6), fallar (1)
mission	misión
mistake	error
mistaken	erróneo
mistreat	maltratar (1)
mixed up	revuelto
moaner	protestón
model	modelo
monotonous	rutinario
moon	luna
more	más
morning	mañana
mortgage	hipoteca
mother-in-law	suegra
motherly	maternal
motor	motor
motorcycle	moto
mountain	montaña, monte
mountains	sierra
mouse	ratón
move	mudarse, trasladar (1); conmover (2.7)
move	traslado
move away	retirar (2)
move back	retirarse
move house	mudarse (1)
move, stir	mover (1.6)
moved	emocionado
mud	barro
muddy	turbio
mug	jarra
municipal	municipal
murderer	asesino
murky	turbio
musician	músico
must	deber (de)
mutually	mutuamente
mystery	misterio
nail	clavo; uña
naive	ingenuo
narrow	estrecho
native	nativo, indígena
naughty	travieso
nausea	náuseas
near	cerca (de), próximo
nearby	cercano
nearly	casi
necessary	necesario
necessity	necesidad
neck	cuello
need	necesitar
need	necesidad
neighbor	vecino (n)
nephew	sobrino
nerves	nervios
nervous	nervioso
nest	nido
net	red
network	cadena
never	jamás, nunca
New Year's Eve	Nochevieja
newly	recién
news	noticia(s)
newspaper	periódico
next to	junto a
nice	amable, majo, simpático
noise	ruido
nonsense	tontería
noon	mediodía
nose	nariz
not even	ni siquiera
note	notar (1)
notes	apuntes
notice	comunicado, aviso
notice board	cartel
nourishing	alimenticio
novel	novela
novelist	novelista
nuisance	fastidio
numerous	cuantioso, numeroso
nurse	enfermero
nut	nuez

		pass away	fallecer (2.3)
obey	obedecer (2.3)	pass somebody (in the street)	cruzarse con alguien
objection	objeción	passenger	pasajero
observe	observar (1)	past	pasado
obstacle	obstáculo	path	camino
obstruction	atasco	patience	paciencia
obtain	lograr (1)	patient	enfermo (n)
obvious	evidente, obvio	patron	mecenas
obviously	notoriamente	pause	pausa
occasion	ocasión	pay	pagar (1.3)
occasionally	ocasionalmente	pay (off)	saldar (1)
occupy	ocupar	pay attention	fijarse (1)
occurrence	ocurrencia	pay attention to	atender (1.5)
ocean	océano	payroll	nómina
o'clock	(en) punto	peace	paz
oddity	extrañeza	pear	pera
offend	ofender (2)	pedal	pedal
offer	ofrecer (como 2.3)	pedestrian	peatón
office	despacho, oficina	peel	pelar (1)
often	(a) menudo	penalty kick	penalti
oil	aceite, petróleo	pending	pendiente (adj)
old	antiguo, mayor	peniciline	penicilina
old age	vejez	pension	pensión
old man	anciano	people	gente
omelet	tortilla	perception	percepción
on duty	de guardia	perfect	perfecto
on end	(de) punta	perfectly	perfectamente
on fire	(en) llamas	perform	actuar (1)
on foot	(a) pie	performance	actuación, función
on one's knees	(de) rodillas	perfume	perfume
on sick leave	baja (de)	permission	permiso
on the right	a la derecha	permit	permitir (3)
onion	cebolla	perseverance	constancia, perseverancia
only	solo (adv)	persist	empeñarse (1)
open	abrir, inaugurar (1)	persistent	insistente
opening	inauguración	person	persona
operate on	operar (1)	personage	personaje
operating room	quirófano	personal	personal
operation	operación	personality	personalidad
opinion	opinión	personnel manager	jefe de personal
opinion poll	encuesta	pessimist	pesimista
opportunity	oportunidad	pester	(dar la) lata
oppose	(llevar la) contraria	petition	petición
opposition	oposición	phantom	fantasma
optional	optativo	pharmacy	farmacia
orange	naranja	photo	foto
orange tree	naranjo	photocopy	fotocopia
orchard	huerto	photograph	fotografiar (1)
order	mandar (1), ordenar (1)	photographer	fotógrafo
order	orden, pedido	physicist	físico (n)
organize	organizar (1.2)	Physics	Física
origin	origen	piano	piano
our(s)	nuestro	pick	seleccionar (1)
oust	desalojar (1)	picture	cuadro
out (of)	fuera (de)	piece	pedazo, pieza, trozo
outskirts	afueras	pilates	pilates
outstanding	relevante	pill	pastilla, píldora
overflow	rebosar (1)	pilot	piloto (n)
overtake	adelantar (1)	pipe	pipa, tubería
overthrow	derrocar (como 1.1)	pirate	pirata
overtime	horas extras	pitcher	jarro
owe	deber (2)	pits	box (garajes de coches de carreras)
own	poseer (como 2.5)	pity	lástima, pena
own	propio	place	situar (1), colocar, ubicar (1.1)
owner	dueño, titular	place	lugar, sitio
		plain	sencillo
package	paquete	plan	plan
page	página	plan	planear, programar (1)
pain	dolor	plant	planta
painful	doloroso	plant	plantar (1)
paint	pintar (1)	plate	matrícula, placa; plato
painter	pintor	platform	plataforma
painting	cuadro, pintura	play	obra
palace	palacio	play	jugar (1.7); tocar
pale	pálido	play station	consola
panic	pánico	player	jugador
pantry	despensa	playful	juguetón
paper	papel	pleasant	agradable, simpático
parade	desfile	please	agradar (1), complacer (2.3)
paramedic	sanitario	pleased	contento, encantado
parents-in-law	suegros	pleasure	agrado, placer
park	aparcar (1.1)	plot	complot, trama
parking	aparcamiento	plug	enchufar (1)
parking space	plaza (de garaje)	plug	enchufe
part	parte	plum	ciruela
partial	parcial	plum tree	ciruelo
participant	participante	plumber	fontanero
partition	división	poem	poema
partner	socio	poet	poeta
party	partido (político); fiesta	pole	polo
pass	aprobar (1.6), centrar (1), pasar (1)	police station	comisaría

282

policy	póliza	psychologist	psicólogo
polite	atento, educado	pub	pub
political	político (adj)	public	público (adj)
politician	político (n)	publication	publicación
pollution	contaminación	publish	publicar (1.1)
ponder	meditar (1)	publishing house	editorial
pool	billar	pullover	jersey
poorly	pobremente	punctual	puntual
population	población	punish	castigar (1)
porcelain	porcelana	pure	puro (adj)
portion	ración	purpose	fin, propósito
portrait	retrato	push	empujar (1)
posh	pijo	put	colocar (1.1), poner (15)
position	puesto	put away	guardar (1)
possession	posesión	put in	meter (2)
possibility	posibilidad	put make-up on	pintarse
possible	posible	put off	aplazar (1.2)
possibly	posiblemente	put on	ponerse (15)
post	poste	put on weight	engordar (1)
post office	correos	put one's foot in	meter (la pata)
postcard	postal		
poster	cartel	qualified	cualificado
poster	póster	quality	calidad
potato	patata	quantity	cantidad
pottery	cerámica	quarter	barrio
pouring	(a) cántaros	queen	reina
poverty	miseria, pobreza	question	pregunta
power	poder (n)	queue	cola
powerful	potente	quiet	callado
practical	práctico		
practically	prácticamente	race	carrera; raza
practise	practicar (1.1)	racist	racista
prank	trastada	racket	jaleo
prawn	gamba	racket	raqueta
pray	rogar (1.6.2)	rag	trapo
precaution	precaución	rage	rabia
precise	preciso	rain	llover (2.7)
prediction	predicción	rain	lluvia
prefabricated	prefabricado	rainshower	chaparrón
prefer	preferir (3.9)	raise	levantar (1)
première	estreno	rascal	sinvergüenza
premises	local	reach	llegar, alcanzar
prepare	preparar (1)	react	reaccionar (1)
present	presentar (1)	read	leer (2.5)
present	regalo	ready	preparado
presentation	presentación	real estate agency	inmobiliaria
present-day	actual	realistic	realista
presenter	presentador	realize	darse cuenta
press	apretar (1.5)	reason	motivo, razón
press	prensa	rebel	rebelarse (1)
pretend	aparentar (1), fingir (3.3)	rebellious	rebelde
pretty	precioso, guapa	receive	recibir (3)
prevent	impedir (como 3.8)	recent	reciente
price	precio	recently	recientemente
prick	pinchar (1)	reception	recepción
prickly pear	higo chumbo	recognize	reconocer (2.3)
priest	cura	recommend	recomendar (1.5)
primatologist	primatólogo	record	grabar (1)
primitive	primitivo	recount	recontar (1.6)
prince	príncipe	recover	recuperarse (1)
princess	infanta	recrimination	recriminación
principal	principal	recycle	reciclar (1)
principles	principios	reduce	reducir (3.6)
printer	impresora	reed flute	quena
printing house	imprenta	refer	referirse (3.9)
prison	cárcel, prisión	referee	árbitro
prize	premio	referendum	referéndum
probability	probabilidad	reform	reforma
probable	probable	refusal	rechazo
probably	probablemente, seguramente	refuse	negar(se) (1.3), rechazar (1)
problem	problema	refuse to	resistirse (3)
proceed	proceder (2)	region	comarca, región
proclaim	proclamar (1)	register	matricular (1)
prodigy	prodigio	registration	matrícula
progress	avance	regret	arrepentimiento
prohibition	prohibición	regret	arrepentirse (2.6), lamentar (1)
project	proyecto	regrettable	lamentable
promise	promesa	regularly	regularmente
promise	prometer (2)	rehabilitation	rehabilitación
promote	ascender (2.6)	rehearse	ensayar (1)
promotion	ascenso	reign	reinar (1)
pronounce	pronunciar (1)	reject	rechazar (1)
properly	debidamente	rejection	rechazo
property	propiedad	related to oil	petrolífero
proposal	propuesta	relation	relación
propose	proponer (15)	relative	pariente, familiar (n)
protest	protestar (1)	relaxed	relajado
proud	orgulloso	relevant	relevante
prove (to be)	resultar (1)	remain	permanecer (2.3)
provoke	provocar (como 1.1)	remarkably	notablemente
prudence	prudencia	remedy	remedio

remember	acordarse, recordar (1.6)	salesman	vendedor
remind	recordar (1.6)	salty	salado
remote	remoto, alejado	same	mismo
removal	mudanza	sand	arena
renew	renovar (1.6)	sandwich	bocadillo
rent	alquilar (1)	satiety	hartazgo
repair	arreglar (1)	satisfaction	satisfacción
repeat	repetir (3.8)	satisfy	satisfacer
repent	arrepentirse (2.6)	save	ahorrar (1); salvar (1)
repentance	arrepentimiento	savings	ahorros
repercussion	repercusión	say	decir (8)
reply	contestar (1)	say goodbye	despedirse
reply	respuesta	scandal	escándalo
report	informe	scandalous	escandaloso
represent	representar (1)	scanner	escáner
representative	representante	scarcely	escasamente
reproach	reprochar (1)	scare	dar (miedo)
reproof	reprobación	scarf	bufanda
request	solicitar (1)	scenery	escenario
rescue	rescate	scientist	científico (n)
research	investigación	scold	regañar (1)
researcher	investigador (n)	score	marcar (goles) (1.1)
resemble	parecerse	scoundrel	sinvergüenza
residential area	urbanización	scream	chillido
resign	dimitir (3)	screen	pantalla
resignation	resignación	scrub	fregar (como 1.5.1)
resolute	resuelto a	sea	mar
resource	recurso	seafood	marisco
respect	respetar (1)	season	temporada
responsability	responsabilidad	seat	asiento
responsible	responsable	secondary school	instituto
rest	descanso	secrecy	sigilo
rest on	apoyarse	secret	secreto
result	resultado	secretary's office	secretaría
retire	jubilarse (1)	section	sección
return	volverse, devolver (2.7), regresar (1)	sector	sector
reveller	juerguista	security	seguridad
reverse	revés	see	ver (25)
revise	repasar (1)	seem	parecer (como 2.3)
revolt	rebelarse (1)	seize	embargar (1.3)
revolt	repugnar (1)	selection	selección
reward	recompensa	selfish	egoísta
rice	arroz	sell	vender (2)
rice pudding	arroz con leche	semifinal	semifinal
ride	montar (en moto) (1)	send	enviar, mandar (1)
ridiculous	ridículo	sensational	sensacional
right	derecho	sense	sentido
ring	anilla, anillo	sensible	sensato
ring	sonar (1.6)	sensitive	sensible
ripen	madurar (1)	sentence	frase, oración
rise, increase	subida	separate	separarse (1)
risky	arriesgado	separation	separación
river	río	serious	grave; serio
road	carretera	seriously	(en) serio
roast	asar (1)	serve	servir
rob	robar (1)	service	servicio
rob (a bank)	atracar (1.1)	set	ponerse (el sol)
robbery	atraco, robo	set off	partir (3)
rock	roca	several	varios
roll	registro	severe	severo
roof	tejado	sew	coser (2)
room	habitación, sala, cuarto	shabby	cutre
rot	pudrirse (3)	shame	vergüenza
rotate	girar (1)	shameful	vergonzoso
rough	basto	shameless	descarado
round	ronda	shape	forma
route	ruta	share	acción
row	remar (1)	share	compartir (3)
rub	frotar (1)	shareholder	accionista
rubbish	basura	shark	tiburón
rude	borde (adj), grosero, maleducado	sharp	tajante
ruin	ruina	shave	afeitar(se) (1)
ruler	gobernante	shaved head	rapado
rumor	rumor	sheet	hoja; placa
run	correr (2)	ship	barco
run over	atropellar (1)	shirt	camisa
run the lights	saltarse (un semáforo) (1)	shop-assistant	dependiente
rural	rural, rústico	shopping	compra
rush	meter (prisa), precipitarse (1)	shopping cart	carrito
rust	oxidarse (1)	short	corto
rustic	rústico	shot	disparo
		shout	gritar (1)
saber	ahorrador	shout	grito
sad	triste	show	mostrar, enseñar (1)
sadness	tristeza	shower	ducha
safe	seguro	shut (in), lock (in)	encerrar (1.5)
saint	santo	shy	tímido, vergonzoso
salary	sueldo	sick	enfermo (adj)
sale	venta	sickness	mareo
sales	rebajas	side	lado
sales manager	jefe de ventas	sight	vista

sign	firmar (1)	standard	estándar
sign	letrero, marca, señal	standard	nivel
sign up for	matricularse	standing	(de) pie
silence	silencio	star	estrella
silent	silencioso	start	arrancar (1.1), comenzar (1.5.2)
silly	tonto	state	estado
silverware	cubierto (de mesa)	statement	afirmación, declaración
simple	simple	station (railway)	estación (de ferrocarril)
sincere	sincero	statistics	estadística
sing	cantar (1)	statue	estatua
singer	cantante	statuette	estatuilla
sink	hundirse (3)	stature	estatura
siren	sirena	stay	quedarse, alojar(se) (1)
sit (down)	sentarse (como 1.5)	steady	firme (adj)
situation	situación	steak	bistec
size	talla, tamaño	steal	robar (1)
skate	patín	stealth	sigilo
skate	patinar (1)	stealthy	sigiloso
skid	derrapar (1)	steam	vapor
skin	piel	steering wheel	volante
skirt	falda	step	escalón, paso
skyscraper	rascacielos	steppe	estepa
slab	losa	stereo	equipo (de música)
slap	tortazo	stew	guisado (n), cocido (n)
sleep	dormir (3.11)	still	aún, todavía
slice	rodaja	still	quieto, tranquilo
slide	diapositiva	stillness	tranquilidad
slim	adelgazar (1.2)	stingy	roñoso, tacaño
slim	delgado	stink	apestar (1)
slip	resbalar (1)	stirred	emocionado
slippery	resbaladizo	Stock Exchange	Bolsa
slope	ladera	stockings	medias
slow	despacio, lento	stomach	estómago
smell	oler (2.7.2)	stoop	agacharse (1)
smell	olor	stop	detener(se), parar (1)
smell like	oler a	stop	parada
smile	sonreír (3)	storm	tormenta
smoke	fumar (1)	story	cuento, historia
smoke	humo	straight	derecho
snake	serpiente	strange	extraño, raro
sneeze	estornudar (1)	strawberry	fresa
snore	roncar (1.1)	street market	mercadillo
snow	nevar (1.5)	strength	fuerza
snow	nieve	stress	acento
snowfall	nevada	stress	estresar (1)
so	luego	stretcher	camilla
soak	empapar(se) (1)	strike	huelga
sociable	sociable	striker	huelguista
society	sociedad	strong	fuerte
soil	manchar, ensuciar (1)	stubborn	cabezón, testarudo
soil	terreno	studio	estudio
soldier	militar, soldado	studious	estudioso
solve	resolver (como 2.7), solucionar (1)	study	estudiar (1)
song	canción, canto	stupid	estúplido, imbécil
soon	pronto	stupidity	sandez
sorry	perdón	subject	asignatura, disciplina
soul	alma	subscribe	suscribirse (3.11.2)
sour	agrio	success	acierto, éxito
space	espacio	successively	sucesivamente
spacious	enorme	suck	chupar(se) (1)
spare	(de) sobra	sudden	repentino, precipitado
spare part	repuesto	suddenly	(de) repente
speak	hablar (1)	suffer	padecer (2.3), sufrir (3)
speaker	hablante	suffering	sufrimiento
specialist	especialista	suggest	sugerir (3.9)
specifically	expresamente	suggestion	sugerencia
specify	especificar (1.1)	suit	convenir (24), ajustarse
speculation	especulación	suit	traje
speech	discurso	suitcase	maleta
speed	velocidad	summit	cima, cumbre
spellbound	boquiabierto	summon	convocar (1.1)
spend	gastar (1)	sunset	puesta de sol
spirit	espíritu	superior	superior
splendid	espléndido	supermarket	súper
spoil	echar (a perder)	supervisor	supervisor
spokesperson	portavoz	support	apoyar (1)
sponger	gorrón	support	respaldo, apoyo
sportsmanlike	deportivo	supportive	solidario
spray	espray	suppose	suponer (15)
spring (fountain)	manantial	surgeon	cirujano
square	plaza	surpass	superar (1)
square meter	metro cuadrado	surprise	sorprender (2)
stadium	estadio	surprise	sorpresa
staff	plantilla	surprising	sorprendente
stag party	despedida de soltero	surround	rodear (1)
stage	escenario, estadio	suspect	sospechar (1)
stain	mancha	suspect	sospechoso
stain	manchar (1)	suspicious	sospechoso
stairs	escalera(s)	swallow	golondrina
stand	soportar, aguantar(se) (1)	sweat	sudar (1)
stand (somebody) up	dar (plantón)	sweater	jersey

sweatsuit	chándal	toast	tostar (1.6); brindar (1)
sweaty	sudoroso	tobacco shop	estanco
sweep	barrer (2)	toe	dedo
sweet	dulce	together	juntos
swell	hinchar(se) (1)	toilet	aseo (cuarto de baño)
swim	nadar	tomorrow	mañana
swimming pool	piscina	too	también
swine	canalla	too much	demasiado
switch on	encender (2.6)	tooth	diente
syndicate	sindicar (1.1)	totally	totalmente
		touch	tocar (1.1)
taco	taco	tournament	torneo
tail coat	frac	tower	torre
tailor	sastre	town	ciudad, pueblo
take away	llevarse; quitar (1)	town councilman/woman	concejal
take care of	atender (1.5), cuidar (1)	town hall	ayuntamiento
take down	descolgar (como 1.6)	toxicological	toxicológico
take off	quitarse; despegar (1)	toy	juguete
take over	encargarse	trace	trazar (como 1.2)
take pity	apiadarse (1)	track	pista; vía
take place	celebrarse, producirse (3.6)	trade	comerciar (1)
talk	hablar, charlar (1)	tradition	tradición
talk	conversación, charla	traditional	tradicional
tap	grifo	traffic	tráfico
taste	gusto	traffic jam	atasco
taste	saber (17)	traffic lights	semáforo
taste like	saber a	train	entrenar (1)
tasteless	soso	training	educación, entrenamiento
tasty	sabroso	transfer	transferencia
tax	impuesto	translate	traducir (21)
teach	enseñar (1)	translation	traducción
team	equipo	translator	traductor
tear	lágrima	transport	transportar (1)
technician	técnico	trap	trampa
telephone book	listín (telefónico)	travel	viajar (1)
televise	televisar (1)	tray	bandera
tell	decir (8), contar (1.6)	treachery	traición
telling off	bronca	tread (on)	pisar (1)
temper (bad)	(mal) humor	treason	traición
temperature	temperatura	treasurer	tesorero
Templar	templario	treasury	tesoro
temporary	temporal (adj)	treat	tratar (1)
tenant	inquilino	tremble	temblar (1.5)
tent	tienda (de campaña)	tremendous	tremendo
terrace	terraza	trend setting/setter	vanguardista
terrain	terreno	trial	juicio
terrible	terrible	trick	trampa, truco
terribly	terriblemente	trip	viaje
terrify	horrorizar (1.2)	triumph	triunfar (1)
terrorist attack	atentado	troop	tropa
terryfying	horroroso	trousers	pantalones
test tube	probeta	truck	camión
testament	testamento	truly	verdaderamente
thank	agradecer (2.3)	trust	confianza
thankful	agradecido	trust	confiar, fiarse (1)
thanks to	gracias a	truth	verdad
the bride and groom	novios (en boda)	try	intentar (1), probar (1.6), procurar (1)
the day before yesterday	anteayer	try to	pretender (2)
the Earth	Tierra	T-shirt	camiseta
The World Cup (soccer)	Mundial (de fútbol)	turkey	pavo
theft	robo	turn	girar (1)
theme	tema	turn	turno
then	entonces, luego	turn off	apagar (1.3)
theoretical	teórico	turn on	encender (2.6)
there (+ be)	haber (10)	turn up	aparecer(se) (2.7.1); subir (3)
therefore	por consiguiente	tuxedo	esmoquin
thief	ladrón	twins	gemelos
thin	delgado	type	tipo
thing	cosa	typical	típico
think	pensar (1.5), creer (2.5)	Tyrolese	tirolés
thirst	sed		
thought	pensamiento	UFO	OVNI
threat	amenaza	umbrella	paraguas
threaten	amenazar (1.2)	umpire	árbitro
throat	garganta	unacceptable	inaceptable
throaty	ronco	unavoidable	inevitable
through	a través de	unbearable	insoportable
throw	lanzar (1.2), tirar (1)	uncle	tío
ticket	billete, entrada	uncork	descorchar (1)
ticket office	taquilla	undeniable	innegable
tie	corbata	underground	metro
tight	roñoso, tacaño	underline	subrayar (1)
tights	medias	understand	comprender (2), entender (2.6)
time	hora; vez	unemployment	paro
timely	oportuno	unfailing	indefectible
timetable	horario	unhappy	infeliz
tip	propina	unhook	descolgar (como 1.6)
tire out	agotar, cansar (1)	union	sindicato
tired	cansado	unionize	sindicar (1.1)
title	título	unique	único
to be called	llamarse	unjust	injusto

286

unknown	desconocido	wet	mojado
unless	(a) menos (que)	whale	ballena
unpleasant	antipático	What the devil!	¡Qué demonios!
unplug	desenchufar (1)	wheel	rueda
unpresentable	impresentable	whenever	siempre que
unquestionable	indiscutible, indudable	while	mientras
up (to me/my standard)	altura (a mí)	while	rato
upstairs	arriba	whistle	silbar (1)
urgency	urgencia	whole	entero
urgent	urgente	widely	ampliamente
use	usar, emplear (1)	widow	viuda
used to	soler (2.7)	wild	salvaje
useful	beneficioso	will	testamento; voluntad
useless	inútil	willing to	dispuesto a
usual	habitual	win	ganar (1)
		win the lottery	tocar la lotería
vacancy	vacante	win the love of	enamorar (1)
vaccinate	vacunar(se) (1)	wind	viento
vacuum cleaner	aspiradora	windbreaker	cazadora
vaguely	vagamente	winner	acertante
vain	creído, vanidoso	wisdom	prudencia
valuation	valoración	wish	deseo
value	valor	wish	querer, desear (1)
van	furgoneta	witch	bruja
variety	variedad	witness	testigo
vase	jarrón	wonder	maravilla
vast	extenso	wonder	maravillar(se) (1)
vegetable garden	huerta	wonderful	maravilloso
vegetables	verdura	wood	madera
vehicle	vehículo	wool	lana
venison	venado	word	palabra
ventilate	ventilar (1)	work	trabajar; funcionar (1)
verify	asegurar (1)	work	obra
vice	vicio	worker	empleado, obrero
victim	víctima	workshop	taller
victory	victoria	world	mundo
video	vídeo	world tour	vuelta (al mundo)
videogame	videojuego	world-wide	mundial (adj)
viewpoint	punto de vista	worried	preocupado
village	aldea, pueblo	worry	preocupar, inquietar (1)
violence	violencia	worrying	inquietante, preocupante
violent	violento	wound	herida
violin	violín	wound	herir (3.9)
visa	visado	wounded	herido
visibly	visiblemente	wrinkle	arrugar (1)
visit	visita	write	escribir (3), redactar (1)
visit	visitar (1)	write down	anotar (1)
voice	voz	writer	escritor
vote	voto		
voting	votación	yet	ya, aún, todavía
voucher	vale	young	joven (adj)
		youth	joven (n)
wait	espera		
wait	esperar (1)		
wake up	despertar (1.5)		
walk	andar (4), caminar, pasear (1)		
walk	paseo		
walk the dog	sacar (al perro)		
wall	muralla, pared, valla		
wallet	billetero, cartera		
walnut tree	nogal		
want	querer, desear (1)		
war	guerra		
warn	advertir (como 3.9), avisar (1)		
warning	advertencia		
warrior	guerrero		
wash	lavar (1)		
wash up	fregar (como 1.5.1)		
washing machine	lavadora		
waste	malgastar (1); perder (2.6)		
watch	mirar, observar, ver (25)		
watch	reloj		
watch (over)	vigilar (1)		
watch hand	manilla (reloj)		
watchful	atento (consciente)		
water	regar (como 1.5)		
water skiing	esquí acuático		
wave	ola		
way	camino, modo, manera		
wealth	riqueza		
wear	llevar (1)		
wedding	boda		
weekend	fin de semana		
weigh down	agobiar (1)		
weight	peso		
weightlessness	ausencia de gravedad		
welcome	dar la bienvenida		
welcome	bienvenido		
well	pozo		
well-known	conocido		
well-mannered	educado		

Adjetivo

Los adjetivos son las palabras que acompañan a los nombres e indican cómo son o cómo están las cosas, las personas, los animales, los lugares, las acciones.

El adjetivo puede variar en género y número. El género y número del adjetivo son los mismos que los del nombre al que acompaña (*un jarrón rojo, una taza pequeña, unos jardines preciosos, unas camisas coloridas*).

Los adjetivos suelen ir detrás del nombre, aunque muchos adjetivos pueden ir también delante del nombre cuando no se usan para diferenciar. Algunos adjetivos tienen significado distinto según aparezcan delante o detrás del nombre (*un antiguo novio, un reloj antiguo; un pobre hombre, un hombre pobre*). De igual forma, algunos adjetivos tienen significado diferente con los verbos *ser* y *estar* (*Es rico / Está rico; Es aburrido / Está aburrido*).

Adjetivo calificativo

Los adjetivos calificativos expresan una cualidad o un estado de una persona, animal o cosa (*un coche pequeño, una chica inteligente, unos chicos altos, unas flores rosadas*).

- **Adjetivo de nacionalidad**

  Los adjetivos de nacionalidad son aquellos que expresan la nacionalidad de una persona o cosa (*comida italiana, un chico asiático, la bandera americana, una escritora chilena*).

- **Formas comparativas y superlativas de los adjetivos**

  Los adjetivos que expresan una cualidad o estado de un nombre pueden mostrar distinta intensidad o grado. El adjetivo puede tener grado comparativo o superlativo.

  Grado comparativo:
  Expresa la intensidad de una cualidad o de un estado comparándolo con otro. Hay tres tipos:

  - Igualdad: *Tu casa es tan antigua como la mía.*

  - Superioridad: *Tu casa es más antigua que la mía.*

  - Inferioridad: *Tu casa es menos antigua que la mía.*

  Grado superlativo:
  Expresa una cualidad o un estado en grado máximo: *Tu casa es la más antigua.*

Adverbio

Los adverbios son palabras que expresan en qué circunstancias ocurre la acción del verbo: lugar, tiempo, modo, cantidad, etc. Los adverbios no varían en masculino o femenino ni en singular o plural.

Los adverbios en *–mente* se usan para indicar la forma de hacer algo o el resultado de una acción, así como para matizar el significado de una acción.

> *Me dijo <u>claramente</u> que no.*

> *Levantó la mesa <u>fácilmente</u>.*

> *Lucía pensaba <u>erróneamente</u> que le habíamos engañado.*

También se usan los adverbios en *–mente* con adjetivos, participios y otros adverbios para matizar su significado.

> *Esta gramática es <u>extraordinariamente</u> práctica.*

Algunos adverbios se forman añadiendo la terminación *–mente* a la forma del femenino singular de un adjetivo (*rápida › rápidamente*).

Existen distintos tipos de adverbios:

- **Adverbios de cantidad**
  Por ejemplo, *mucho, poco, demasiado, suficiente, muy, bastante*.
  > *Hoy he comido <u>demasiado</u>.*

- **Adverbios de frecuencia**
  Por ejemplo, *frecuentemente, asiduamente, siempre, nunca*.
  > *Leo <u>frecuentemente</u>.*

- **Adverbios de lugar**
  Por ejemplo, *aquí, allí, debajo, arriba, alrededor, encima, lejos, cerca*.
  > *La pelota está <u>debajo</u>.*

- **Adverbios de modo**
  Por ejemplo, *deprisa, despacio, bien, mal, fácilmente, peor, mejor*.
  > *Iré <u>deprisa</u>.*

- **Adverbios de tiempo**
  Por ejemplo, *hoy, mañana, luego, después, ahora, pronto, tarde*.
  > *Iré <u>luego</u>.*

Artículo

Los artículos acompañan a los nombres y aparecen siempre con el mismo género y número que el nombre al que acompañan: *el chico, la chica, los chicos, las chicas, un chico, una chica, unos chicos, unas chicas.*

- **Artículo definido**

   Se utiliza el artículo definido especialmente cuando el nombre al que acompaña se refiere a algo o alguien conocido por el hablante y el oyente (*He perdido el libro*), para referirnos a algo concreto (*La lámpara azul es preciosa*) o para hablar de algo en sentido general (*El perro es el mejor amigo del hombre*).

- **Artículo indefinido**

   Se utiliza el artículo indefinido especialmente cuando hablamos de algo nuevo para el oyente (*He perdido un libro*), cuando hablamos de alguien o algo como parte de una clase o un grupo (*He visto una película de terror*) o para indicar cantidad (*He visto un león en el zoo*).

No se usan artículos con el objeto directo de un verbo cuando nos referimos a algo en general (*Tengo entradas para la ópera*). Tampoco se usan en algunas expresiones con medios de transporte o con nombres de lugares cuando se refieren a una situación (*No me gustan los viajes en autobús; Tengo que ir a clase*). Pero usan artículos defenidos cuando nos referimos al medio de transporte o al lugar como lugares físicos (*Me he dejado las llaves en el autobús*).Normalmente los nombres propios tampoco llevan artículos (*Luis y Ana son hermanos*).

Conjunción

Las conjunciones son palabras que unen y relacionan conjuntos de palabras u oraciones (*Tengo que comprar manzanas y naranjas; ¿Quieres salir a dar un paseo o prefieres quedarte en casa?*).

Demostrativos

Los demostrativos sirven para señalar algo o alguien. Identifican el objeto o la persona a los que se refiere el hablante.

- **Este, esta, estos, estas.** Se utilizan para señalar a alguien o algo próximo al hablante: *Este libro está muy interesante.*

- **Ese, esa, esos, esas.** Se usan para señalar a alguien o algo un poco alejado del hablante: _Ese libro está muy interesante._

- **Aquel, aquella, aquellos, aquellas.** Se usan para señalar a alguien o algo alejado del hablante: _Aquel libro está muy interesante._

o **Esto, eso** y **aquello** se usan solos. Se usan para señalar algo (una cosa o un conjunto de cosas) sin decir el nombre correspondiente porque no se sabe, no es necesario, o para referirse a una idea o una cosa mencionada anteriormente: _Eso que me dijiste no se ha cumplido._

Exclamativos

Los exclamativos se usan para expresar diferentes sentimientos: alegría, sorpresa, admiración, desagrado.

> _¡Cuánta gente hay!_
>
> _¡Qué alegría verte!_
>
> _¡Cómo nieva!_
>
> _¡Quién iba a pensar que no iban a venir!_
>
> _¡Qué horror! ¡Qué de gente!_

Género: masculino y femenino.

Los nombres tienen género y pueden ser masculinos (_el vaso; el billete_) o femeninos(_la mesa; la calle_). La mayoría de los nombres terminados en –o son masculinos (_el juego_) y la mayoría que terminan en –a son femeninos (_la casa_). Algunos nombres tienen una forma masculina (_un perro; un actor_) y otra forma femenina (_una perra; una actriz_). Algunos nombres no varían en masculino y en femenino (_el guía, la guía; el estuadiante, la estudiante_).

Algunas palabras tienen forma masculina en -o y forma femenina en -a con significados diferentes, pero relacionados (_el fruto, la fruta; el jarro, la jarra; el barco, la barca; el músico, la música_).

Indefinidos

Los indefinidos acompañan a los nombres. Se usan para referirse de una manera imprecisa a los componentes de un grupo. Algunos ejemplos de indefinidos: *algunos, varios, muchos, todos, uno, ninguno, alguno, demasiados...*

> Hay <u>muchos</u> libros en el aula.
>
> <u>Varios</u> de mis amigos viven en las afueras.

Interrogativos

Los interrogativos se usan para pedir información sobre personas, animales o cosas.

> *¿<u>Qué</u> ha pasado?*
>
> *¿<u>Quién</u> ha llamado?*
>
> *¿<u>Cuánto</u> cuesta?*
>
> *¿<u>Cuál</u> es tu coche?*

También se usan los interrogativos para hacer sugerencias, expresar recriminación, sorpresa o enfado, para pedir una explicación o para mostrar desacuerdo.

> *¿<u>Por qué</u> no llamamos a Lola?*

Nombre:

- **Nombre común**

  Los nombres comunes nombran seres, objetos o ideas en general. Algunos ejemplos de nombres comunes: *paz, amistad, tabla, pared, silla, idea...*

- **Nombre propio**

  Los nombres propios nombran seres, objetos o una idea en particular. Se escriben con mayúscula inicial. Algunos ejemplos de nombres propios: *Mario, Pilar, Italia, Roma, Renacimiento...*

Números

- **Números cardinales**

  Los números cardinales indican una cantidad exacta.

    Me he comprado <u>dos</u> libros.

- **Números ordinales**

  Los números ordinales indican el orden en una clasificación o secuencia (*primero* = ocupa el lugar número uno; *décimo* = ocupa el lugar número diez).

Oraciones
Tipos

- **Estilo indirecto**

  Se usa el estilo indirecto para transmitir palabras dichas en otro momento sin repetirlas exactamente. Normalmente se utiliza el verbo *decir, afirmar, comentar, contestar... + que* para introducir informaciones en estilo indirecto.

    Dice que mañana vendrá.

    Comentó que te llamaría.

  El estilo directo se usa también para hacer referencia a preguntas hechas en otro momento o cuando queremos preguntar algo de forma indirecta.

    He visto a Juan y le he preguntado si vendrá mañana.

  También se usa el estilo directo para hacer alusión a órdenes, peticiones o advertencias hechas en otro momento.

    Les diré que nos esperen un rato.

- **Oraciones causales**

  Las oraciones causales indican la causa, el motivo o la razón de una acción o situación.

  Juan no come carne <u>porque es vegetariano</u>.

  <u>Como tenían hambre</u>, se compraron un bocadillo.

  La expresión de causa puede ir antes o después de la oración principal, excepto cuando va introducida por *como*, que va siempre al principio.

  <u>Como no le avisé</u>, no vino.

- **Oraciones concesivas**

  Las oraciones concesivas dan información sobre algún obstáculo u objeción a una acción determinada.

  <u>Aunque llueva mañana</u>, iremos de excursión.

  <u>A pesar de que salimos temprano</u>, llegamos tarde.

  Se usa indicativo cuando damos información real, ya constatada. Se usa subjuntivo cuando la información es hipotética, no constatada, o presentada por el hablante como hipotética, aunque sea real.

  Por más consejos que le <u>doy</u>, no logro que cambie.

  Por más consejos que le <u>diera</u>, no lograría que cambiaría.

- **Oraciones condicionales**

  Las oraciones condicionales expresan una condición, que puede cumplirse o no, o que puede ser verdad o no, para la realización de otra acción o situación.

  <u>Si mañana llueve</u>, no iremos de excursión.

  <u>Si te hubiera visto</u>, te habría saludado.

- **Oraciones consecutivas**

  Las oraciones consecutivas indican la consecuencia o el resultado de otra acción o situación. *Estaba agotado, <u>por eso me quedé dormido</u>.*

  No quieren venir a casa, <u>así que iremos nosotros a la suya</u>.

  El verbo puede ir en cualquier tiempo del indicativo.

- **Oraciones de lugar**

  Las oraciones de lugar dan información sobre el lugar (situación, procedencia, destino o dirección).

  Mañana podemos ir <u>donde tú digas</u>.

Las oraciones de lugar se introducen con (preposiciones +) *donde, adonde*. Pueden indicar procedencia, dirección, destino, situación...Se usa el indicativo cuando hablamos de algo conocido o específico. Y si no es conocido o específico se usa el subjuntivo.

Podemos descansar donde <u>nace</u> el río.

Mejor nos alojamos donde <u>haya</u> internet.

- **Oraciones de modo**
  Las oraciones de modo dan información sobre la manera en la que se hace o sucede algo.

  Lo haremos <u>como tú digas</u>.

  Se usa el indicativo cuando hablamos de algo conocido o específico. Y si no es conocido o específico se usa el subjuntivo.

  Lo he hecho como a ti te <u>gusta</u>.

  Hazlo como <u>quiera</u> el cliente.

- **Oraciones de relativo**
  Las oraciones de relativo dan información sobre una persona, animal, cosa o lugar. Las oraciones pueden ser especificativas (*No encuentro el libro <u>que te gusta</u>*) o explicativas (*Ese libro<u>, que tiene muy buena pinta,</u> está agotado*).

  En las oraciones especificativas la información es esencial para definir e identificar a ese elemento o añadir información necesaria. En las oraciones explicativas la información es complementaria, no necesaria para describir o identificar a la persona, animal o cosa de la que hablamos.

- **Oraciones finales**
  Las oraciones finales indican el objetivo o la finalidad de una acción.

  Llamé a tu hermana <u>para ir al cine</u>.

  Algunas oraciones finales se usan mucho en el habla diaria como expresiones: *para que lo sepas, para que te enteres, para ser sincero, para que te fastidies, para que te hagas idea, para que luego digas.*

- **Oraciones impersonales**
  Las oraciones impersonales no tienen un sujeto concreto.

  Aquí <u>se vive</u> muy bien.

  <u>Es importante</u> que aprendas bien este concepto.

- **Oraciones temporales**

  Las oraciones temporales dan información sobre el momento de realización de la acción o situación principal.

  Cuando llegues, cenamos.

  Me voy antes de que llueva.

  Antes de, *antes de que* sitúan la acción principal como anterior a otra; *después de*, *después de que* sitúan la acción principal como posterior a otra.

  Me voy antes de que llueva.

  Después de trabajar, iré en vuestra busca.

Partes de una oración

- **Sujeto**

  El sujeto de una oración corresponde a la persona, animal o cosa que recibe la acción del verbo. El sujeto tiene concordancia con el verbo de la oración.

  Los niños han salido de la clase.

  El perro enterró el hueso.

- **Predicado**

  El predicado es la parte de la oración que informa sobre el sujeto. El núcleo del predicado es el verbo.

  Mi vecino trabaja en una fábrica de colchones.

  El libro se centra en una historia de amor.

- **Objeto directo**

  Completa el significado de un verbo e indica qué persona o qué cosa recibe directamente la acción del verbo

  Le he escrito una carta.

- **Objeto indirecto**

  Complementa el significado de un verbo e indica el destinatario o beneficiario de la acción.

  He escrito una carta al director del centro.

Ortografía

• Reglas de acentuación

Las palabras con una sola sílaba no suelen llevar tilde.

En las palabras que llevan el acento en la última sílaba, se escriben con tilde cuando terminan en –n (*león, canción*), en –s (*inglés, parchís*) o en vocal (*mamá, carné*). No se escriben con tilde el resto de casos (*mujer, mantel, comer...*).

En las palabras que llevan el acento en la penúltima sílaba, se escriben con tilde cuando no terminan en –n, –s o en vocal (*fácil, lápiz, ángel*). No se escriben con tilde en el resto de casos (*elefante, comen, cometa, crisis*).

Las palabras que llevan el acento en la antepenúltima sílaba siempre se escriben con tilde (*música, último, lámpara*).

En algunas palabras, los grupos formados o *i/u* acentuadas y *e/a/o* forman dos sílabas. Llevan siempre tilde cuando el acento va en i o u (*día, maíz, búho*).

Posesivos

Los posesivos indican a quién pertenece lo nombrado por el nombre u otro tipo de relación (familia, origen, autoría).

Nuestro coche está empezando a dar problemas.

Mi casa está retirada.

Sus padres viven en Valencia.

Vuestro pueblo tiene muchos habitantes.

Preposiciones

Las preposiciones sirven para unir y relacionar unas palabras con otras. Las preposiciones en español son: *a, ante, bajo, con, contra, de, desde, durante, en, entre, hacia, hasta, mediante, para, por, según, sin, sobre, tras.*

Estoy en el cine.

He desayunado leche con galletas.

Pronombres personales

- #### Pronombres personales de objeto directo y de objeto indirecto
  Los pronombres personales de objeto directo (*me, te, lo, la, se...*) se usan para hacer referencia a alguien presente o a personas, animales o cosas mencionadas anteriormente.

  Vi a Sofía y a Carlos = Los vi.(pronombre personal de objeto directo)
  ¿Qué te ha preguntado? (pronombre personal de objeto indirecto)

- #### Pronombres personales de sujeto
  Los pronombres personales de sujeto se usan para hacer referencia a la persona que hace la acción del verbo o de la que se dice algo.

  Yo he viajado por todo el mundo.

- #### Pronombres reflexivos
  Los pronombres reflexivos se usan para indicar que la acción del verbo la recibe la misma persona que la realiza, una parte del cuerpo de esa persona o la ropa de esa persona.

  En verano me baño todos los días en la playa.
  Me he torcido un tobillo.

Relativos
Los relativos se usan para añadir información sobre un nombre anterior. La información que se transmite a partir del relativo sirve para identificar el

nombre al que se refiere o para definir el nombre al que se refiere.

El chico <u>que está hablando con la profesora</u> es mi hermano.

Un carnívoro es un animal <u>que se alimenta de carne</u>.

Cuando la información sirve para identificar o diferenciar, se pueden usar *que, el que, la que, los que, las que* para referirse a personas, animales o cosas, y *quien, quienes* para referirse únicamente a personas.

Singular y plural

El singular se usa para hablar de una sola persona, animal o cosa. El plural se utiliza para hablar de más de una persona, animal o cosa. Los nombres tienen número plural o número singular. El plural de los nombres se forma de diferente manera según cómo termina el nombre:

una casa ····⟩ dos casas

un león ····⟩ unos leones

un lápiz ····⟩ unos lapiceros

un árbol ····⟩ varios árboles

el lunes ····⟩ los lunes

una vez ····⟩ dos veces

Tiempos verbales:

- **Formas no personales**

  - **Gerundio**
    El gerundio se refiere al acto de realización de la acción indicada por el verbo.
    Está <u>estudiando</u> matemáticas.
    Me contestó <u>sonriendo</u>.
    ¡Otra vez <u>comiendo</u>!
    ¿Qué haces? <u>Estudiando</u> un poco.

- **Infinitivo**

  El infinitivo es la forma básica del verbo y es la que aparece en los diccionarios. Los infinitivos acaban en *–ar, –er* o *–ir*.

  Me encanta <u>bailar</u>.
  Límpiate los dientes después de <u>comer</u>.
  Reconozco <u>ser</u> un poco cabezón.
  No creo <u>equivocarme</u>.
  Lo he hecho sin <u>querer</u>.

- **Participio**

  El participio se usa con el verbo *haber* para formar los tiempos compuestos y con el verbo *ser* para formar la voz pasiva. También se puede usar el participio para el adjetivo.

  Hoy he <u>estudiado</u> dos horas seguidas.

  El centro fue <u>inaugurado</u> en 2012.

  Tengo la camisa <u>manchada</u>.

  El participio indica el resultado de una acción o un estado.

  ¡Mira los platos! ¡todos <u>rotos</u>!

  El participio también se puede usar como nombre. En ese caso puede ir con *el, la..., un, una..., este...* y adjetivos.

  Los <u>acusados</u> insistían en su inocencia.

- **Indicativo**

  El indicativo se suele usar para presentar un hecho como real u objetivo.

  - **Condicional**

    Se usa el condicional para expresar una posibilidad teórica o para referirnos a situaciones imaginarias, distintas de la situación real. El condicional también se usa para expresar deseos, especialmente con verbos como *gustar, encantar, preferir*.

    Creo que <u>serías</u> una buena médica.

    Me encantaría <u>visitar</u> México.

- **Futuro simple**

  Se usa el futuro simple para hablar de acciones o situaciones futuras, hacer predicciones, expresar opiniones o hipótesis sobre el futuro.

  Iré a verte la semana próxima.

  Dice que mañana no asistirá a clase.

- **Futuro perfecto o compuesto**

  Se usa el futuro perfecto para referirse a una acción futura que estará acabada antes de un momento posterior en el futuro o antes de otra acción también posterior en el futuro.

  En julio ya habremos terminado el curso.

  Cuando tengamos treinta años más, habremos pagado el piso.

- **Presente**

  Se usa el presente para pedir o dar información sobre el presente, hablar de lo que hacemos habitualmente, hablar de verdades generales o para describir acciones que están sucediendo en el momento de hablar.

  Trabajo en un colegio.
  Por las tardes voy al gimnasio.
  Los osos comen pescado.
  Estoy en la oficina.

  También se puede usar el presente de indicativo para hacer referencia al futuro o al pasado. Algunos ejemplos:
  Espérame un momento. Acabo pronto.
  Apareció un coche y casi me atropella.

- **Pretérito imperfecto**

  Se usa el pretérito imperfecto principalmente para hablar de acciones habituales o en desarrollo en el pasado, describir personas, cosas o lugares en pasado, o para expresar cortesía en el presente.

  Cuando era pequeño quería ser bombero.
  Estaba en la cocina cuando sonó el teléfono.
  Buenos días. Buscaba un libro de cocina china.

- **Pretérito indefinido o pretérito perfecto simple**

  Se usa el pretérito indefinido para hablar de acciones o situaciones pasadas.

  Ayer me acosté muy tarde.
  Comimos y luego dimos un paseo.

Podemos referirnos a una secuencia de acciones, todas acabadas una después de otra.

Llegué a casa, preparé la cena, cené y me acosté.

- **Pretérito perfecto**

  Se usa el pretérito perfecto para hablar de acciones o situaciones pasadas ocurridas en un período de tiempo que llega hasta ahora o ocurridas recientemente, dar noticias recientes, o hablar de experiencias pasadas sin decir cuándo ocurrieron.

  Hoy no hemos estudiado mucho.

  He estado con tu madre hace un momento.

  He visto esa película dos veces.

- **Pretérito pluscuamperfecto**

  Se usa el pretérito pluscuamperfecto para referirse a una acción pasada concluida antes de otra acción o situación también pasada.

  Cuando llegué al banco, ya había cerrado.

  Sin embargo, cuando nos referimos a una acción que sucedió después de otra en el pasado, se usa el pretérito indefinido.

  Cuando salimos del cine, regresamos a casa.

- **Subjuntivo**

  El subjuntivo se suele usar para presentar un deseo, un hecho posible o un hecho irreal.

  - **Presente**

    El presente de subjuntivo se usa con algunos verbos y construcciones que expresan deseo, probabilidad, duda o diversos sentimientos (sorpresa, alegría, agrado). También se usa para valorar acciones o situaciones.

    Puede que tu madre esté ya en casa.

    Espero que seáis muy felices.

    Me alegra que queráis participar.

    No está bien que veáis tanto la tele.

  - **Pretérito imperfecto**

    El pretérito imperfecto se usa con expresiones con *ojalá*. También se usa con verbos o construcciones en pasado o condiciones que expresan deseos, probabilidad o duda, diversos sentimientos (agrado, alegría, miedo), o para valorar acciones o situaciones.

¡Ojalá pudiera ir!

Mi padre quería que estudiara Medicina.

No me gustó que no me invitaran.

Era lógico que fueras a verle.

El pretérito imperfecto de subjuntivo se usa en determinadas oraciones que dependen de otra, cuando los dos verbos se refieren a personas diferentes o detrás de oraciones impersonales.

Siento que no pudierais venir anoche.

- **Pretérito perfecto**

  El pretérito perfecto se usa para expresar probabilidad sobre una acción futura acabada antes de otro momento futuro o de otra acción futura. También se usa con verbos y construcciones que sirven para expresar deseos, probabilidad o duda, diversos sentimientos o hacer valoraciones.

  Quizá la próxima semana ya haya llegado su pedido.

  Dudo que no haya ido.

  Me alegro de que hayáis llegado bien.

- **Imperativo**

  El imperativo se usa para dar órdenes o instrucciones o para pedir algo.

  Copiad este texto en el cuaderno.

  Cierre la puerta, por favor.

  Paga tú, por favor.

- **Voz pasiva**

  Se utiliza un verbo en voz pasiva cuando la acción no la realiza el sujeto de la frase, sino que se realiza sobre él.

  La penicilina fue descubierta por Fleming.

  Ese libro está escrito en chino.

SPORTS CLASSIC

THE TRIPLE CROWN

By JULIAN MAY

Creative Education
Childrens Press

Photo Credits

UPI..Cover, 2, 8, 43, 44
Wide World..1, 11, 28, 33, 37
Keeneland-Cook..12, 15, 17
Keeneland-Morgan...19, 21, 24, 27, 31, 46, 47
Keeneland-Meadors... 41
Calumet Farm..23, 35
Canfield & Shook.. 38

Published by Creative Educational Society, Inc., 123 South Broad Street,
Mankato, Minnesota 56001. Copyright © 1976 by Creative Educational
Society, Inc. International copyrights reserved in all countries.
No part of this book may be reproduced in any form without written
permission from the publisher. Printed in the United States.
Library of Congress Cataloging in Publication Data
May, Julian.   The Triple Crown of horseracing.
   SUMMARY: Discusses the nine horses that have won in a single
year all three races comprising the Triple Crown Championship: the
Kentucky Derby, the Preakness Stakes, and Belmont Stakes.
   1. Triple Crown, American (Horse racing)—Juvenile literature.
[1. Triple Crown, American (Horse racing) 2. Horse racing. 3. Horses]
1. Title. SF347.M38   798'.43'0973   76-13189   ISBN 0-87191-527-8

Contents

Three Jewels of Racing

Which are the greatest horses of all?

Some people would point to the racehorses that win the most money. Others cite horses that have won the most and lost the fewest races; but to many fans of the turf, the greatest steeds of all are the Triple Crown winners.

Horseracing's Triple Crown Championship is won by the three-year-old that is victorious in the Kentucky Derby, the Preakness Stakes, and the Belmont Stakes. These three turf classics, all run within a period of five weeks in late spring, make up the greatest challenge in American racing.

In the 100 years that the Triple Crown races have been in existence, only nine horses have won all three in a single year. Seven others have had "near misses" — winning the first two races only to falter in the third.

The first event of the Triple Crown is the Kentucky Derby. Today, the Derby is run on the first Saturday in May. It is the best-known horse race in America and was first run in 1875. The winner is draped with a blanket of roses, so the contest is nicknamed the "Run for the Roses."

Each year, the best three-year-olds in the country (and out of it as well) meet at Churchill Downs track in Louisville, Kentucky. Some 100,000 fans watch the race which is 1¼ miles in length. The horse that wins the Derby automatically becomes the "horse to beat" for the rest of the racing season.

Canonero II, a longshot with a deformed right foreleg, came from Venezuela to win the Kentucky Derby and the Pimlico in 1971. This set the stage for a dramatic Triple Crown try by the "Cinderella Horse." Trainer Juan Arias kisses Canonero in this photo, while jockey Gustavo Avila pats the Pimlico victory blanket of black-eyed susans.

Two weeks after the Derby, the turf spotlight shifts to Pimlico Race Course in Baltimore, Maryland, for the second leg of the Triple Crown — the Preakness Stakes. This race is named after a great race horse of the 1870's. The Stakes were first run in 1873. The distance is slightly less than that of the Derby, a mile and three-sixteenths. The winning colt is decked with a blanket of daisies disguised as black-eyed Susans, the state flower of Maryland.

The first week in June brings the final and most difficult leg of the Triple Crown — the Belmont Stakes. First raced in 1867, it is the oldest of the classic races. It was named after August Belmont I by his son, August Belmont II, one of the "founding fathers" of modern American racing. Beginning in 1905, the Belmont Stakes were raced at Belmont Park on New York's Long Island. The beautiful old race course was rebuilt in 1968.

Belmont's distance is a grueling 1½ miles — a race that will tire all but the most stout-hearted three-year-old. For this reason, the race is nick-named "the Test of the Champion." The Belmont winner is draped with a blanket of white carnations.

If the Belmont winner has won the Derby and the Preakness as well, he joins the company of turf immortals. His name is inscribed on the Triple Crown trophy, and he is honored as one of the greatest horses of them all.

Sir Tender Toes

The tradition of a Triple Crown in horseracing first began in England. There the winner of three venerable races — the St. Leger, the Epsom Derby, and the 2,000 Guinea Stakes — receives Triple Crown honors. The first horse to sweep all three classics was West Australian in 1853.

American racing fans did not begin speaking of a "Triple Crown" of their own until the 1930's. Then a turf reporter named Charles Hatton began using the phrase when referring to winners of the three American classics. Three horses accomplished the feat during that decade.

But there had been an earlier Triple Crown winner. He was the grandson of an English Triple Crown champion!

Back in 1893, a horse named Isinglass became Britain's sixth Triple Crown winner. He had a son named Star Shoot who was also pretty speedy, despite having delicate hooves. Star Shoot was brought to the United States where he sired a chestnut colt named Sir Barton. Unfortunately, the foal had feet even more tender than those of his father.

Sir Barton didn't win a single race as a two-year-old. Nevertheless, his owner, Canadian John K. L. Ross, planned to enter him in the Kentucky Derby of 1919. Ross also owned a more promising colt named Billy Kelly. His plan was for the fast-starting Sir Barton to tire out the Derby field so that Billy Kelly could surge forward and win.

On the day of the race, things first went as Ross

One of the most famous horses to win the newly christened Triple Crown during the 1930's was War Admiral, shown here as he won the 1937 Kentucky Derby. His immortal sire, Man o' War, never won the Crown because his owner would not race him in the 1920 Derby.

had hoped. Sir Barton took the lead, then Billy Kelly drew up into second place at the far turn. Now it was time for Sir Barton to fade in the stretch because of his tender hooves which had never carried him home a winner.

On this Kentucky Derby day of 1919, however, Sir Barton's feet felt fine. His jockey sensed it; so instead of easing up in favor of Billy Kelly, the jockey tapped Sir Barton twice with his whip, and the "pacemaker" horse won by five lengths!

It was called a fluke; but just the same, John Ross entered Sir Barton in the Preakness instead of Billy Kelly. Once again, the grandson of the English champion breezed home — this time by four lengths.

Then he won the Belmont by five lengths, setting a new record. Ill-tempered, hard to train, Sir Barton nevertheless had the fire of greatness. He later beat the great Exterminator at Saratoga. But in a so-called "match of the century" against Man o' War, Sir Barton trailed by seven lengths. The defeat seemed to break his heart, for he never won another race.

Retired to stud, he wasn't much of a success. He was banished to a U.S. Cavalry Remount Station in Nebraska, where he sired army foals. In his old age, Sir Barton was owned by a Wyoming doctor, who let the first Triple Crown champion live his last days under peaceful Western skies.

Sir Barton, a non-winner in six races, became a surprise Kentucky Derby winner. Jockey Johnny Loftus is up and trainer H.G. "Hard Guy" Bedwell holds the horse.

The Wall-Eyed Wonder

No doubt about it, Gallant Fox was an odd-looking colt. His right eye had a wide rim of white around it. This gave the horse a wild, "wall-eyed" expression. Nevertheless, he could see very well, and he drove trainer Sunny Jim Fitzsimmons crazy by watching the scenery during races instead of looking where he was going!

Fitzsimmons told owner William Woodward that Gallant Fox had the makings of a winner, but he would have to be brought along slowly as a two-year-old. Woodward was a wealthy man who could afford to coddle the funny-looking colt. Patiently, Fitzsimmons cured Gallant Fox of his laziness and lack of attention. The Fox ran better and better and began to look like a Triple Crown contender.

Some racehorses could win if ridden by a little old lady, but not Gallant Fox. Fitzsimmons and Woodward knew that the Wall-Eyed Wonder needed a jockey who could coax greatness out of him. The man for the job was Earl Sande, who agreed to come out of retirement to ride Gallant Fox.

In April, 1930, Gallant Fox ran his first race as a three-year-old with Sande up. The duo won by four lengths. Woodward was delighted. That year, the Preakness Stakes was run before the Kentucky Derby. The Fox and Sande got into trouble at the outset, and the colt fell behind. But Sande spoke to

14

The strange eye of Gallant Fox was said to frighten other horses, allowing the Fox to win!

his mount and guided him on a skillful dash through the field that had the crowd yelling. Neck and neck with Crack Brigade, Gallant Fox thundered toward the finish. He pulled ahead at the last moment to win by three-quarters of a length.

The Kentucky Derby was run in the rain, but that didn't bother Gallant Fox. He won easily in the mud, giving Earl Sande his third Derby victory.

In the Belmont, the Fox faced a formidable challenger. Whichone was the top two-year-old money-winner of 1929. Sore knees had kept him out of the Derby and the Preakness, but he was favored for the Belmont. Only two other horses were entered in the classic race.

Gallant Fox took the lead at once, with Whichone saving his strength. Jockey Sande tried to restrain the Wall-Eyed Wonder, but the colt knew he was the best runner on the track that day. He simply breezed along; and when Whichone made his bid, the Fox simply accelerated a bit and won by three lengths.

Gallant Fox won over $300,000 that year, a new record. Then he retired to stud at Woodward's Claiborne Farm. One of the Fox's first progeny was a colt named Omaha, another slow-starting two-year-old destined for glory at the age of three.

Omaha followed in his sire's hoofprints, winning the Triple Crown for 1935. He was not as consistent a winner as his father, however, and was very temperamental. Taken to England by Woodward, Omaha ran a thrilling Ascot Gold Cup race against the great filly, Quashed. She nosed him out at the finish. Not long afterward, an injury put an end to his racing career. Omaha went West to the

Nebraska city that gave him his name. There he became a local hero and tourist attraction until his death in 1959.

Omaha, son of Gallant Fox, gave racing its only father-son Triple Crown championship combination.

The Mighty Atom

The Triple Crown races are a tough challenge, not only because they attract the top horses, but also because the horses that run in them are only three years old. The animals are not yet full grown. Their bones, not fully hardened, may not be able to withstand the strain of the three long races run so closely together so early in the season.

Some owners have simply declined to enter promising horses in all three races. To them, the glory of the Triple Crown is not worth the possibility of injuring a valued horse with too much, too soon.

One owner who felt this way was Samuel Riddle. He would not enter his magnificent Man o' War in the 1920 Kentucky Derby. The horse did start in the Preakness and the Belmont, and in nine other races as well. He won all of them; and he had won nine out of ten races as a two-year-old, too. When his racing days were over, he sired many winners.

One of his sons, born in 1934, was named War Admiral. He was much smaller than The Man, but he had inherited his father's ability on the race track. As a two-year-old, he finished in the money in all six of his starts and won three of the races.

Samuel Riddle decided to enter War Admiral in the 1937 Kentucky Derby, even though he still had his doubts about the desirability of the Triple Crown. War Admiral was a tough little horse; and he won the Derby handily against his chief rival, Pompoon.

At the Preakness, War Admiral made two bad

Man o' War won 20 out of 21 races and lived for 30 years as a renowned stud and celebrity. His famous groom, Will Harbut, said of him: "He was the mostest hoss that ever was."

mistakes, swinging wide around the sharp turns. This let Pompoon close in. At the final turn, War Admiral went wide again. The two colts came neck and neck into the stretch in one of the most exciting finishes ever seen.

War Admiral won it by a nose.

Now they called him "The Mighty Atom." He won the Belmont despite having slashed himself with his own hoof. His time was 1/5 second better than that of Man o' War, and he was acclaimed a worthy Triple Crown champion.

But he had a formidable turf rival who actually surpassed his 1937 money record. Seabiscuit was a California grandson of Man o' War who won a lot of races out West. Racing fans demanded a match between the two animals. There was a lot of snobbish squabbling between the eastern and western racing establishments at that time, but finally a match was arranged.

It took place at Pimlico on November 1, 1938, before the largest crowd ever to jam the track. War Admiral was the favorite despite the fact that Seabiscuit had won more races and earned more money.

As the race began, Seabiscuit took the lead. War Admiral drew even after they made the turn. For a half mile, the two great colts raced side by side. Then War Admiral's jockey felt his mount begin to tire. The colt responded briefly to the whip, but he had given all he had. He fell behind in the home stretch, and Seabiscuit won.

In later years, War Admiral became an outstanding stud. His offspring won over 6 million dollars.

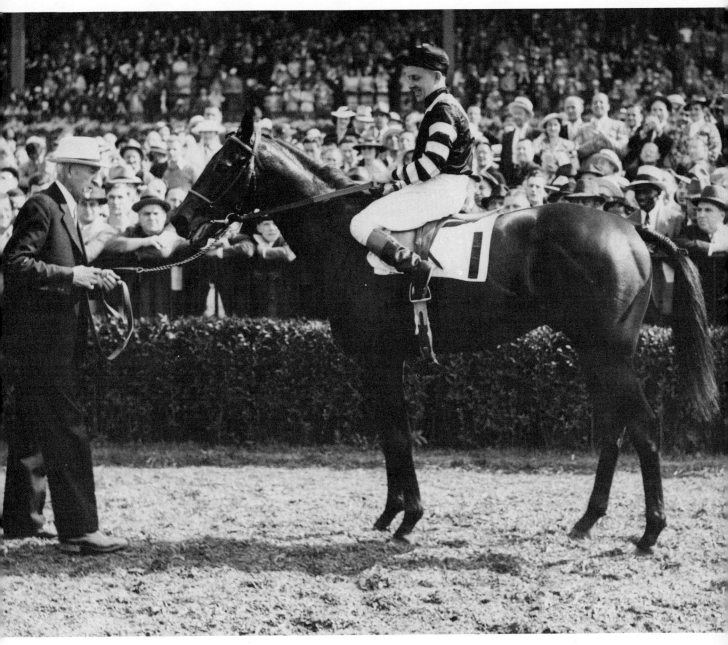

The small but handsome War Admiral poses
with jockey Charlie Kurtsinger.

Crazy Flying Tail

It was the racing stable that baking powder built.

Calumet Farms was owned by Warren Wright, whose father had made a fortune out of the simple kitchen product. Wright's great ambition was to own a show place of a stable that would produce champion thoroughbreds. It was easy, given Wright's 30 million dollars, to polish and manicure Calumet Farms into the fanciest breeding establishment in Kentucky; but producing great horses was another matter.

For a number of years, the Calumet entries did only so-so at the track. Then Wright bought a part-interest in a European stallion named Blenheim II, who had won England's Epsom Derby and sired another Derby winner. Blenheim was talented but insane. When he was mated to a Calumet brood-mare named Dustwhirl, the result was a crazy chestnut colt named Whirlaway.

Warren Wright hired the country's top trainer, Ben Jones, in 1939. The following year, Jones was introduced to Whirly.

"Dumbest horse I've ever trained," muttered the brilliant Jones.

Whirlaway could run — oh, my, yes! And he had a splendid golden tail that nearly touched the ground when he stood still, which was hardly ever. It took three grooms to saddle the colt and a brave rider to take him for a run. He was a slow learner, startled by every new experience and likely to run

Whirlaway won not only the Kentucky Derby,
but the Preakness and Belmont as well. Ben
Jones's other Derby winners were Pensive
(1944), Citation (1948), Ponder (1949), and Hill
Gail (1952). Whirly's track record stood until
1962, when Decidedly shaved it by one second.

Whirlaway stands quietly in the winner's circle
with jockey Eddie Arcaro and trainer Ben Jones.

into the outside rail when making a turn. Any other trainer would have given up on him, but not Ben Jones.

He hand-walked Whirlaway around every track before his two-year-old races. The colt had blinding speed when he felt like running and specialized in a jet-assist finish when he seemed all but beaten.

Wright and Jones decided to run Whirlaway in the 1941 Kentucky Derby. The colt behaved at his goofy worst in the weeks before the classic, losing two important races. Warren Wright felt that the trouble was with the jockey. So he hired Eddie Arcaro, an experienced rider with a gentle touch who had won the 1938 Run for the Roses.

Arcaro felt he knew how to handle the skittish Whirly. As the Derby began, he let the colt fall back and eat a little dust. Then he began to move up slowly. Whirlaway was in fourth place with a quarter-mile to go when Arcaro turned him loose. Whirlaway ate up a ten-length deficit in a meteoric rush, then took the lead to win by eight lengths. He won in record time. His last-quarter dash was so amazing that some people thought he was doped! He wasn't, of course.

He proved that by winning the Preakness by six lengths despite a last-place start. He sauntered to an easy victory in the Belmont. For the rest of the season, he was a long-tailed marvel. He won $272,000 as a three-year-old and nearly as much the following year. They called him "The Flying Tail;" and despite his craziness, turf fans made him one of the most beloved race horses of all time.

The Winner
Nobody Wanted

John D. Hertz came to America from Czecho-slovakia and lived a life of poverty in Chicago in the late 1880's. He ran away from home when he was ten, sold newspapers, and later became a sports reporter. In 1915, he founded a small taxicab company. Luck and hard work paid off for the immigrant, whose Yellow Cab Company would become a million-dollar business.

Hertz's early interest in sports led him into the hobby of racing. His jockeys wore yellow, just like his cabs! Later Hertz would make even more millions as a pioneer of the rent-a-car business, but he and his wife retained their love for racehorses.

One day in 1927, the couple watched a race in which a young colt displayed such spirit that he tried to bite a horse that passed him.

"That's the colt for me," said John D. Hertz.

He bought the scrappy Reigh Count, and the next year the colt won the Kentucky Derby. After a fine racing career, Reigh Count retired to stud at the Hertzes' Stone Creek Farm.

In 1940 a son of Reigh Count named Count Fleet was born. He was homely and hard to handle as a yearling. Hertz tried to sell him for $5,000, but there were no takers. So Count Fleet was trained to be a racer.

As a two-year-old, he was considered danger-ous. Once more, Hertz tried to sell him, lowering the

Jockey Johnny Longden was not afraid to ride
the "dangerous" Count Fleet.

Count Fleet wins the 69th Kentucky Derby by
three lengths.

price to $4,500. Only one man seemed to have faith in the small brown colt. He was jockey Johnny Longden, a veteran rider with an excellent record. He begged Hertz not to sell Count Fleet.

"All right, Johnny," Hertz said at last. "If you're game enough to ride him, I'll keep him."

Count Fleet soon justified Longden's faith in him. As a two-year-old, he began shakily; but before the season was over, he had won 10 out of 15 races and was named Best Two-Year-Old of 1942.

As a three-year-old, he kept on winning. The Kentucky Derby of 1943 had a field kept small by war-time restrictions, and Count Fleet won easily. In the Preakness, only three horses dared to challenge him. He came home victorious by eight lengths.

The Belmont Stakes was even more of a laugher, with only two long-shots entered to give the impression that it was a horse race and not a walkover. Jockey Longden, perhaps disappointed that Count Fleet would not be able to show his style against decent rivals, raced against the clock instead. Count Fleet zoomed home 2/5 of a second ahead of the record set by War Admiral and 25 lengths in front of his sorry opposition.

Unfortunately, after the Belmont, Count Fleet became lame. He retired and became one of the most outstanding stud horses in history. His son, Count Turf, won the Kentucky Derby in 1951. Another son, One Count, won the Belmont in 1952. One of Count Fleet's daughters became the mother of the great Kelso.

It was quite a record for the horse nobody wanted.

Texas Thoroughbred

The King Ranch of Texas is famed as the biggest, richest spread in the whole country. Most of the horses to be found there in 1943 were tough cow ponies and hard-working quarter horses. But there were some racing thoroughbreds, too. Owner Robert Kleberg had purchased the great Bold Venture, winner of the 1936 Derby and Preakness (he did not start in the Belmont). This outstanding horse became the founding sire of Kleberg's racing stable.

In 1943, a sickly mare named Igual produced a son of Bold Venture. The foal was named Assault. He was a rather puny chestnut with a lively disposition; and before he was even weaned, he got into serious trouble. Assault stepped on a surveyor's stake one day, severely injuring his right forefoot. The ranch veterinarian, Dr. J. K. Northway, treated the terrible wound carefully. Despite his best efforts, however, Assault healed with a deformed hoof. The colt had a strange, limping gait when he moved slowly. On the other hand, he was sound when he galloped!

The crippled colt was sent to be trained by Max Hirsch, who had trained Bold Venture. Assault came along well enough, showing a good turn of speed that led jokesters to dub him "the Club-Footed Comet." He won only two races in his second year — one of them as a 70-to-1 long-shot.

Assault was ridden to victory by young Warren Mehrtens.

Hirsch and Kleberg had enough faith in Assault to enter him in the 1946 Kentucky Derby. He was only an 8-to-1 shot in the classic race. As if avenging this insult to his ability, Assault won the Derby by eight lengths!

At the Preakness held one week later, he ranked as favorite; but his inexperienced jockey, Warren Mehrtens, called for a burst of speed too soon in the race. A horse named Lord Boswell closed in on Assault as the Club-Footed Comet began to tire. The Texas horse was able to win the Preakness by a neck, but a lot of turf fans were disappointed with his performance.

For the Belmont Stakes, Lord Boswell became the favorite.

As the all-important Belmont began, jockey Mehrtens was horrified to feel Assault stumble. Only the young rider's skill kept him in the saddle. He helped Assault recover quickly and led the colt to the inside. Then the Texas horse began to move up.

By the mile post, Assault was fourth. He moved to third at the mile-and-one quarter mark. Poor Lord Boswell wasn't even in contention. The horses to beat were Hampden, the pace-setter, and second-place Natchez.

As the three horses turned for home, Natchez took the lead. Midway in the stretch, Assault caught up and passed. Mehrtens drove his mount onward, and Assault won by three lengths.

Flags flew in his native Texas to honor the seventh Triple Crown winner. Max Hirsch's cook baked a cake for Assault, who was very fond of goodies. The colt gobbled it up.

He finished the 1946 season as Horse of the Year, earning a record $424,195. In his fourth year, he won five out of seven starts to become the top four-year-old of all time.

Far ahead of the field, Assault romps home during the 1946 Kentucky Derby.

Big Cy

The same Calumet Farm barn that was the birthplace of Whirlaway would also produce the 1948 Triple Crown champion, Citation.

The son of Whirly's trainer, Ben Jones, took Citation in hand. By the time Jimmy Jones got through with the big bay two-year-old, Citation had won eight out of nine starts and was named best youngster in 1947.

He began his third year brilliantly with four victories under his regular jockey, Al Snider. Then Snider was drowned in a fishing accident. Veteran Eddie Arcaro, who had won with Whirlaway, took over in the emergency. Arcaro believed that Citation's stablemate, Coaltown, was more likely to win the Kentucky Derby in 1948. Just before the classic, Arcaro asked Ben Jones, "Are you sure I'm on the right horse?"

"You are," said Jones tartly. He helped Arcaro aboard, and Citation won by three-and-a-half lengths.

The Preakness was a waltz at five lengths, and the Belmont another easy victory. Eddie Arcaro who had had his doubts about Big Cy thus became the only jockey to ride two Triple Crown winners.

Citation went on to become the most widely acclaimed horse since Man o' War. He eventually won over a million dollars — the first horse to do so — and had 32 wins in 45 starts.

But few people could have suspected that he would be the last Triple Crown winner for 25 years!

Citation, one of the greatest horses to come
from Calumet Farm, was the first horse to earn a
million dollars and the first to be considered
superior to Man o' War.

Where Are the Crowns

During the 1930's and 40's, the United States suffered first from the Great Depression and then from World War II. The breeding of racehorses was not easy during these years since only the wealthiest people had the resources to support thoroughbred stables.

After World War II, though, the United States began to enter one of its most prosperous eras. More people went to the races, and more people began to breed thoroughbred horses. More races were scheduled for two-year-olds, and this tempted the less-affluent stables to push promising young horses harder. Many could not stand the pace and broke down before they could contend for the Triple Crown.

For those three-year-olds that remained fit, there was increased competition. The odds against one single horse winning the Kentucky Derby, the Preakness, and the Belmont Stakes grew longer with each passing year.

It was ironic that the Thoroughbred Racing Association should decide in 1950 to award a Triple Crown Trophy. A beautiful triangular silver cup was designed, and nine copies were made. At yearly dinners of the Association beginning in 1950, the first eight cups were awarded on behalf of the first eight winners, beginning with Sir Barton.

In 1930, a mechanical starting gate was used for the first time to start the Kentucky Derby. This race was won by Triple Crown champion Gallant Fox.

Riva Ridge, wearing the blue-and-white check-erboard colors of Meadow Stable, leads the field in the 1972 Kentucky Derby. The jockey is Ron Turcotte. Riva took command from the very beginning of the race and led all the way to finish 3¾ lengths ahead of No Le Hace. The bay colt was the son of First Landing, a Meadow horse that had finished third in the 1959 Run for the Roses.

Then there was the ninth cup.

In 1958 right on schedule, it looked like Calumet Farm's Tim Tam would win the trophy. He made a brilliant start as a three-year-old by taking five preliminary races, the Kentucky Derby, and the Preakness Stakes.

In the Belmont he was a tremendous favorite; but as the horse passed the quarter pole, he broke the sesamoid bone in his right front leg. Despite the injury which was unknown to his jockey, Tim Tam ran valiantly. At the mile-and-a-quarter, he was second by a head to Cavan. Despite the colt's great heart, the injury prevented him from passing Cavan. Tim Tam finished second.

In 1961 Carry Back won the Derby and the Preakness, then faltered badly to lose the Belmont. He finished seventh behind a long-shot named Sherluck.

The 1964 season saw Northern Dancer win the Derby in sizzling time that would stand as a record until the coming of Secretariat. Foaled in Canada, the colt proceeded to win the Preakness, but finished third to Quadrangle in the Belmont. He had class and courage, but he also had tremendous competition. By the time Northern Dancer was ready to race, 14,474 other colts and fillies rivaled him in his age group.

In contrast, Citation had only 5,818 rivals, and Sir Barton a mere 2,128!

In 1966 Kauai King won the Derby and became the first Maryland-bred horse to win that state's Preakness. He ran only fourth in the Belmont, and many people thought the pressure of three tough races simply used him up.

A more heart-breaking Triple Crown failure was 1969's Majestic Prince. He came unbeaten to Belmont, having narrowly won over Arts and Letters in the Derby and the Preakness. His trainer, former jockey Johnny Longden, knew the horse was tired and wanted to rest him; but the Prince's wealthy Canadian owner insisted that the Colt have his chance at the coveted ninth Triple Crown trophy.

So Majestic Prince raced at Belmont, and finished second to Arts and Letters. Longden muttered; "They ought to call it the Cripple Crown."

A marvelous "dark horse" from Venezuela would become the next challenger. Canonero II, a lowly field horse, stunned turf fans by winning the 1971 Derby. He set a new track record at the Preakness, and they called him the "Cinderella Horse." If he could win the Belmont, it would be a fairy tale come true!

But Canonero was not well. He injured his leg before the race and tired during the long haul, finishing fourth to a long-shot named Pass Catcher. The Cinderella Horse was never the same again.

Some fans began to say that the ninth Triple Crown would *never* be won! By 1970, the annual crop of thoroughbred foals topped 25,000. A horse that could win the three classics against such competition would have to be a four-legged superstar.

Kauai King was one of the seven horses to win the first two legs of the Triple Crown, only to falter in the tough Belmont Stakes. The jockey is Don Brumfield.

The Superhorse

His name was Secretariat.

He was beautiful, strong, quick-witted, and fast-moving. In fact he was so perfect he seemed too good to be true!

Trainer Lucien Laurin, a dour French-Canadian, said, "He is so good-looking he probably won't be worth ten cents as a racer."

Mrs. Penny Tweedy, who managed her father's Meadow Farm stable, looked at the big red colt and found that all she could say was, "Wow!"

Mrs. Tweedy had taken over Meadow Farm when her father became ill. She had turned it from a money-loser into a profit-making venture. Meadow's Riva Ridge had won the Kentucky Derby and the Belmont in 1972. In that same season, Secretariat was lighting up the turf as a two-year-old. He won seven of his first nine starts and was named not only Best Two-Year-Old, but also Horse of the Year.

Secretariat's third year was awaited eagerly. Early in 1973, Mrs. Tweedy's elderly father died. In order to help pay taxes on the estate, Mrs. Tweedy syndicated the breeding rights to Secretariat for $6 million, an unheard-of price for a two-year-old. What if he turned out to be a dud in this third year?

Secretariat won two pre-Derby races handily; but in the important Wood Memorial, he finished third behind Sham. Gloom-mongers had a field day.

When the horses broke from the starting gate on Derby Day, 1974, Secretariat was last. A horse

All four feet off the ground, Secretariat rockets
around the final turn during the 1973 Belmont
Stakes.

named Shecky Greene led for the first three-quarters of a mile, then faltered as Sham took the lead.

Meanwhile, jockey Ron Turcotte brought the big red colt with the blue-and-white checked hood up on the outside. At the mile post, Sham led Secretariat by only half a length. Then Secretariat drew into the lead and won by 2½ lengths, setting a new Derby record.

Two weeks later, Secretariat did it again, beating Sham by the same margin. If the electric clock at Pimlico hadn't malfunctioned, he might have set a new record there, too!

The 1973 Belmont was the most-watched race in turf history. The track was jammed to the eyeballs, and millions more watched on television as Secretariat and four other horses left the post.

The big chestnut set a record pace as he took the lead at the half mile. His only competition was Sham, who dropped back, heart-broken, at that point. Secretariat roared into the lead. Seven lengths! Twenty! Twenty-eight!

The awe-struck crowd went wild as the "superhorse" came home an amazing 31 lengths ahead of the pack. His time shaved 2-3/5 seconds off the old record.

The ninth Triple Crown trophy was by now a little shopworn after standing unclaimed for 25 years; so they made a brand-new one and presented it to Secretariat, the king of all Triple Crown Champions.

Secretariat comes pounding down the home stretch at Pimlico, beating arch-rival Sham in the Preakness Stakes.

Horseracing Triple Crown Champions

Horse	Year	Total Starts	1st	2nd	3rd	Total Earnings
Sir Barton	1919	31	13	6	5	$ 116,857
Gallant Fox	1930	17	11	3	2	328,165
Omaha	1935	22	9	7	2	154,755
War Admiral	1937	26	21	3	1	273,240
Whirlaway	1941	60	32	15	9	561,161
Count Fleet	1943	21	16	4	1	250,300
Assault	1946	42	18	6	7	675,460
Citation	1948	45	32	10	2	1,085,760
Secretariat	1973	21	16	3	1	1,316,808

Citation with Eddie Arcaro, who was the only
jockey to ride two Triple Crown Winners. His
other champion mount was Whirlaway.

Kentucky Derby and Preakness Winners

Horse	Year	Finish in Belmont Stakes (3rd Leg Triple Crown)
Pensive	1944	2nd to Bounding Home
Tim Tam	1958	2nd to Cavan
Carry Back	1961	7th to Sherluck
Northern Dancer	1964	3rd to Quadrangle
Kauai King	1966	4th to Amberoid
Majestic Prince	1969	2nd to Arts and Letters
Canonero II	1971	4th to Pass Catcher

The horses listed above had a chance to win the Trip Crown but failed in the last of the three races. Fourteen other horses won two of the three races but failed in either the Kentucky Derby or the Preakness. Nine horses were winners in two of the races but did not start a third.

Handsome Pensive won both the Derby and the Preakness, but finished second in the 1944 Belmont Stakes.

SPORTS CLASSICS

WORLD SERIES
U.S. OPEN GOLF CHAMPIONSHIP
WIMBLEDON TENNIS TOURNAMENT
KENTUCKY DERBY
INDIANAPOLIS 500
OLYMPIC GAMES
SUPER BOWL
MASTERS TOURNAMENT OF GOLF
STANLEY CUP
NBA PLAY-OFFS
ROSE BOWL
AMERICA'S CUP YACHT RACE
WINTER OLYMPICS
PGA CHAMPIONSHIP TOURNAMENT
TRIPLE CROWN
AMERICAN TENNIS CHAMPIONSHIP
DAYTONA 500
GRAND PRIX
BOXING'S HEAVYWEIGHT CHAMPIONSHIP

CREATIVE EDUCATION